KB039155

젠더와 법

사단법인 올 편

박영사

발간사

우리는 2018. 11. 19. "사단법인 올" 젠더와 법 연구소를 만들었다. 지향한 것은 평등하고 평화로운 세상이었고 젠더는 그에 이르는 하나의 모멘텀이자 핑계였다. 인문·사회·철학·종교·의학 등 어느 것 하나 젠더에 관련되지 않는 분야는 없음을 알기에 여러 분야의 지혜로운 이들과 교류하겠다는 희망도 품었다. 그 출발점에 우선은 법학자와 재야 법조인이 모인 것뿐이라고 생각했는데, 걸음을 떼고 3년이 지난 지금도 다른 분야의 지혜로운 분들을 충분히 모시지는 못했다. 마침 기승전 '코로나' 시대, 이 또한 코로나 때문이라고 변명해 본다.

'올 연구소'는 힘도 아니고 큰 목소리도 아닌 지혜, 군중의 함성이 아니라 조근조근 지혜를 모으는 광장이 되겠다고 했다. 준비된 답은 없고 정답을 제시할 수도 없지만, 모두가 안다고 할 때 과연 그럴까 의문을 갖고, 모른다는 말이 정답이 될 수도 있다는 생각으로 시작했다. 연구소로서는 한계이겠지만, 광장에 모이는 이들의 지혜에 기대어 질문과 답을 모색할 기대에 설레었다.

그러한 기대로 여러 전문가를 모시고 해마다 봄·가을 2회로 나누어 10주간에 걸친 '올 아카데미'를 이어왔으며, 분기마다 포럼과 세미나를 열었다. 어렵게 모신 각 분야 최고의 강사들은 턱없이 부족한 예우와 강의료에도 기꺼이 재능을 기부해 주셨다. 강의 원고를 출판을 위해 정리하거나 새로 작성하는 데에도 선뜻 시간과 열정을 더해 주셨다. 뭐라 다 감사의 말씀을 드릴 수가 없다.

코로나 이후로는 화상 강의로 진행되는 불편 속에도 대면 강의 못지않은 출석과 열의로 참여해 오신 '올 아카데미' 수강자 한 분 한 분께 특별히 감사드린다. 강의 사이사이에 수강자 여러분의 숨결과 호응이 스며들어 옥고가 완성되었음을 느낀다.

　무엇보다 편집위원장을 맡아 구슬 서말을 보배로 꿰어주신, 올의 이사이자 석학 윤진수 서울대 명예교수가 아니었으면 책 발간을 용기내지 못했을 것이다. 보답할 방도가 없으니 이 또한 연구소의 빚이다. 윤 교수를 통해 이어진 박영사와의 인연과 그 노고에도 감사드린다.

　올을 시작할 때 인용했던 제임스 도티(James. R. Doty)의 말은 이 시점에서도 여전히 유용하다. "사람들은 저마다 이야기를 갖고 있다. 이야기의 핵심으로 가면 우리들의 이야기는 서로 닮아 있다. 유대감은 강한 힘이 있다. 짧은 만남으로도 누군가의 삶을 영원히 바꿀 수 있다." 앞으로도 올은 이제까지와 같이 여러 모습으로 광장을 열고 지혜를 모으는 만남을 지속할 것이다. 저마다의 이야기로 모여서 우리들의 이야기를 엮어 주시기를 희망하면서.

올 대 표 전 　수 　안

서 문

이 책을 출간하는 사단법인 올은 모든 법 분야를 평등이념과 인권의 관점에서 연구하고 교육하는 것을 주된 목적으로 하여 설립된 비영리 사단법인이다. 회원들은 인간의 존엄과 가치, 평등이라는 이념을 실현하기 위해 법과 법률가가 어떠한 역할을 해야 할 것인지를 고민하고 실천하고자 하는 법학자와 법실무가들이다.

다원적이고 구조적인 사회적 불평등을 제거하고 평등의 이념을 실현하는 것은 궁극적으로 국가가 정책과 법제도를 통해 이루어야 할 과제이지만, 법률가를 포함한 개개인도 공동선으로서의 평등이념을 인식하고 격차를 줄이는 일에 동참해야만 평등한 사회로의 변화가 빨라질 것이다.

사단법인 올에서는 법률가 및 일반인들에게 성평등 및 인권에 대한 관심을 끌어 올리고 저변을 확산시키기 위해 젠더와 법에 관한 이론과 실무를 교육하는 젠더와 법 아카데미를 정기적으로 열고 있다. 올이 성평등에 관한 교육을 우선적으로 실시하게 된 이유는, 국내외의 각종 지표에 나타난 바와 같이 근래에 우리 사회에서 젠더 갈등이 심화되었을 뿐 아니라 다른 나라와 비교해서 낮은 성평등 수준이 크게 개선되지 않은 점, 성평등을 해결하기 위한 이론적 제도적 시도들이 장애, 인종, 이주민 등 다른 소수자의 인권 보장과 실현에도 기여할 수 있다는 점 등을 고려하였다.

교육과정에서 부닥친 어려움 중 하나가 학교 밖의 교육기관에서 이용할 수 있는 적절한 교재가 부족하다는 것이었다. 이 책은 그 어려움을 덜기 위해 기획된 것인데, 그동안 젠더와 법 아카데미에서 또는 대학교에서 법학 강의를 한 분들의 강의안이나 논문을 가다듬어 엮은 것이다.

전공이 다르고 다양한 지식과 경험을 갖춘 여러 저자들이 쓴 글을 엮은 것이므로 글의 형식이나 내용, 논조 등이 일관되지 않으며 의도적으로 어느 하나의 이론을 옳다고 하거나 어느 하나의 방법론을 지향하지 않았다. 독자들은 여러 이론과 방법론의 내용과 장·단점을 이해하고 비판하는 과정을 통해 더 적합하고 타당한 이론과 방법론을 재창조할 수 있는 능력을 기를 수 있기를 기대한다.

이 책의 제목을 '젠더와 법'으로 정한 것은 젠더 법학의 정체성에 관한 학계의 확립된 정의가 없기도 하고, 다양한 법 분야에 대한 젠더(gender)적인 분석은 각 그 분야에서 발달해 온 고유한 법 원리나 체계와 관련해서도 논해져야 한다는 점을 고려하였기 때문이다. 그에 따라 논문을 엮는 체계도 기존 법학 분류 방법을 택하였다. 이러한 분류는 자칫 젠더 법학이 기존 법 분야의 극히 일부분에서 스치고 지나가는 문제를 다루는 것으로 오인될 소지가 있으나, 오히려 기존 법 분야에서 젠더적인 분석이 반드시 필요하다는 점을 강조하는 효과도 있을 것이고, 입문자도 젠더 법학에 더 쉽게 접근할 수 있게 하는 장점도 있다고 생각한다.

이 책의 내용은 크게 제1장 총론, 제2장 헌법과 인권, 제3장 가족법, 제4장 형법, 제5장 노동법으로 나누어 짜여졌다.

제1장 총론에는 법여성학과 젠더법학에 관하여 선행연구가들이 어떠한 주제를 어떠한 방법으로 연구해 왔는지를 조감할 수 있는 논문을 배치하였다.

"법여성학과 젠더법학의 의의와 동향"은 김엘림 교수가 우리나라에서 젠더법학이 어떻게 형성·전개·발전되어 왔는지를 검토하고 현존하는 문제점과 앞으로의 발전 방향을 제시하는 글이다. 젠더법학은 법여성학의 이념이나 특성과 방법을 계승하되, 분석의 핵심적 요소와 대상은 모든 성에 대한 불평등과 억압을 발생시키는 법과 사회이고, 추구하는 목표는 모든 사람의 실질적 평등임을 강조한다. 아직 젠더법학의 자리매김이 불확실하고 연구 활동 등이 정체된 현황을 다각적으로 분석한 후 젠더법학을 중흥시키기 위한 여러 방안들을 구체적으로 제시하고 있다.

"다시 쓰는 여성의 '목소리' 방법론: 페미니즘 법이론의 관점에서"는 양현아 교수가 여성주의 법학(Feminist Jurisprudence)의 방법론 중 여성의 목소리에 대한 법여성주의의 다양한 이론적 입장들을 다룬다. 여성주의 법학은 사회와 마찬가지로 법도 남성중심성을 극복하지 못했다는 발견에서 출발하였는데, 법에 내재한 남성중심성 내지 남성편향성을 찾아내고 여성의 관점을 법 안에 구축하기 위한 방법론을 모색하는 길잡이로 캐롤 길리건, 캐더린 맥키논, 로빈 웨스트, 조안 스콧 등 저명한 학자들의 이론에서 여성의 목소리가 가지는 의미에 대해 논의한다. 이러한 이론들을 구체적인 사건에 적용한 결과 여성들의 개인적이고도 집합적인 목소리를 법률가와 시민사회가 청취할 때, 사안에 대한 이해도가 어떻게 달라지는지를 검토한다. 이로써 법여성학은 불평등을 구제할 수 있는 수단을 강구하고 새로운 법적 추론 방식을 찾아가는 것을 목표로 하는 학문임을 강조한다.

제2장 헌법과 인권 부분에는 헌법 관련 논문, 차별에 관한 논문, 젠더 문제를 국제적인 관점에서 본 논문을 실었다.

"젠더평등과 평등헌법"은 김하열 교수가 법과 제도의 개선을 통해 젠더평등을 실현하는 것이 가능하다는 것을 전제로 젠더평등을 실현하는데 헌법이 어떠한 역할을 할 수 있는지 젠더 관련 헌법 규범에 대한 해석론을 중심으로 살펴본 글이다. 젠더평등이 정치적, 도덕적 선(善)임을 전제하지만, 특정한 젠더 관점이나 이론보다는 헌법학 이론을 토대로 젠더평등 문제를 바라본다. 전반적으로 젠더에 관련된 여러 헌법 규정을 평등규범, 사회국가원리에 기초한 규범, 자유규범으로 나누어 각 규범의 특성과 판단구조를 살펴보고 젠더 관점이 어떠한 지점에서 문제가 되며 젠더평등에 관한 헌법재판소의 위헌심사기준이 무엇인지도 검토한다. 헌법 자체의 경직성, 규범적 해석론의 이분법적 사고에 갇혀 있는 헌법재판의 한계로 인해 젠더평등 실현이 어려운 경우 입법이나 헌법개정 등을 통해 젠더 평등의 지평을 확장할 수 있을 것이라는 정책적 제언도 하고 있다.

"헌법판례와 젠더"에서 최희경 교수는 헌법이 보장하는 기본권 중 평등권과 프라이버시권에 관한 헌법재판소의 주요 결정을 심도 있게 분석한다. 위 두 기본권에 관한 결정이 헌법상 젠더에 관한 관점이 어떻게 적용되고 있는지를 가장 잘 드러낸다고 보기 때문이다. 젠더평등과 관련하여서는 성별 간의 차이와 차별, 여성에 대한 특별한 보호라는 쟁점을 어떻게 다루어 실질적 평등을 이룩할 것인지가 문제이며, 여성의 프라이버시권 보장과 관련하여서는 출산 여부 결정권, 성적 결정권에 대한 국가권력의 제한이 허용되는 범위가 문제라는 인식하에 헌법재판소 주요 결정에 나타난 젠더 관점을 평가하고 있다. 이로써 헌법재판소 결정에 나타난 합헌 또는 위헌의 논리가 시대의 흐름에 따라 어떻게 변화하였는지를 알 수 있다. 특히 낙태에 관한 미국 연방대법원 판례들을 첨부하여 우리나라 헌법재판소의 결정에 나타난 논리와 비교할 수 있도록 하였다.

"혐오·차별의 법정책과 젠더 문제"에서 홍성수 교수는 젠더차별을 포함하여 차별과 혐오에 관한 전반적인 문제점과 입법론을 다룬다. 혐오의 개념에서부터 편견이 혐오로, 혐오가 차별로 이어지고 더 나아가 증오범죄나 집단학살에 이르게 되는 단계적 과정을 설명한다. 차별이 있었는지는 헌법상 평등권 위배 여부를 판단하기 위한 전제가 되는데, 사적 영역에서 기본권의 효력을 적용하는 데는 한계가 있으므로 차별을 금지하는 개별입법은 평등원칙의 확산을 위해 중요하다. 그렇지만 국가인권위원회법 등 개별 입법에서 차별금지사유와 그에 위반되는 경우의 법적 효과를 각기 달리 정하고 있어 복잡한 양상을 보여 준다. 이러한 복잡한 차별 금지 사유 중에서 성별에 의한 차별은 다른 차별 사유와 중복해서 행해지는 경우 그 폐해가 심각하기에 더욱 문제 된다. 따라서 성별뿐 아니라 종교, 장애, 나이 등 여러 가지 차별 금지 사유를 아우르는 포괄적 차별금지법을 제정할 필요가 있다는 것을 역설한다.

"인공지능 시대의 젠더 문제"는 한애라 교수가 최근 상업화가 활발해지면서 두드러진 인공지능에 의한 젠더차별의 양상을 파악하고, 그 해결책을 제시하는 글이다. 인공지능에 의한 젠더차별은 개발자가 이미 사회적으로 고착화된 편견을 반영하여 AI 알고리즘을 디자인하거나, 학습 과정에서 데이터의 부족이나 편향으로 인해서 또는 시장의 압력에 의해서 나타나고 강화되기도 한다. 의도적이든 비의도적이든 인공지능에 의한 젠더차별은 무의식적으로 기존의 젠더차별을 고착화하고 강화하는 악영향을 끼친다는 점을 강조하면서 그 대책으로 차별금지법, 인공지능 윤리와 규제에 관한 일반법의 제정 등 법제적인 개선과 평등 인식 제고를 위한 교육의 필요성을 제시한다.

"인권과 젠더 — 국제사회의 관점"에서 백강진 부장판사는 국제사회에서 먼저 논의되어 온 인권과 젠더라는 주제를 우리나라에서 어떻게 받아들이고 있는지를 점검한다. 추상적이고 광범위한 주제에 관해 일반적인 서술을 하는 대신 우리나라에서 현안이 되고 있는 구체적 사안을 대표적 예로 들면서 논의를 전개한다. 국제적 관점의 올바른 수용과 관련하여서는 '성인지 감수성' 문제를, 국제사회에서의 젠더 관련 논의의 수용·발전과정에 대해서는 국제 형사법에서의 '성범죄, 특히 강간의 개념 정립' 문제를 논하고 일제 치하 종군 위안부 이슈에 관해서도 언급한다. 전 캄보디아 크메르루즈 특별재판소 국제재판관으로서의 경험과 안목으로 우리나라에서의 젠더와 인권에 관한 이해도를 예리하게 분석한다.

　제3장 가족법 부분에서는 가족법의 변화를 전반적으로 조감하는 논문과 아직 미해결된 문제를 중점으로 다루는 글을 배치하였다.

　"가족법의 변화와 앞으로의 과제"에서 윤진수 교수는 가족법이 제정, 개정되어 온 경과를 전반적으로 살펴보고 앞으로 남은 과제가 무엇인지도 제시한다. 특히 가족법 개정의 중요한 동인이 되었던 헌법재판소의 주요 결정들을 분석하여 헌법재판소가 어떠한 논리로 전통을 넘어 시대의 변화를 이끌어 갔는지를 알 수 있게 한다. 제정민법의 가족법 편에는 유독 남녀를 불평등하게 취급하는 조항이 많아 가족법 개정은 여성운동의 중요한 테마가 되어 왔지만 환골탈태한 가족법이 여성만을 위한 변화를 가져온 것은 아니다. 양성평등과 자녀의 복리 내지 가족의 행복추구권 실현이라는 관점에서 긍정적인 평가를 할 수 있지만 아직도 성소수자를 포용하는 가족제도, 아동 복리를 우선시하는 출생통보제, 합리적인 부부재산제 등 개선되어야 할 문제를 남기고 있다는 것을 지적한다.

　"가족법과 젠더"는 배인구 변호사가 젠더의 관점에서 아직 해결되지 아니한 가족법의 몇 가지 문제들에 관하여 판례들을 분석, 비판하고 입법안에 관한 검토를 하는 글이다. 자녀의 성과 본, 제사 주재자에 관한 현행법과 판례에는 가부장제의 그늘이 여전하고, 부부만 친양자 입양을 할 수 있는 제도는 비정상가족에 대한 편견을 드러낸다. 비양육 부모로부터의 양육비 이행확보 방안이나 배우자 사망 시 생존배우자의 주거권 보장 필요성 역시 여성의 경제력이 더 약한 현실을 감안하면 젠더 불평등의 문제를 안고 있다. 미성년 상속인이 부모의 빚을 떠안거나 대리모, 인공수정으로 태어난 아이의 부모 결정 문제 등은 아동 복리를 위해 가족법이 어떠한 태도를 취해야 할 것인지 숙제를 남긴다. 현대적 의미의 가족이 남녀의 혼인과 혈연으로 생성된 관계만이 아니라 생계를 같이 하는 사람으로 변해가고 있는 현실을 가족법이 제대로 반영하지 않아 보호받아야 할 가족을 오히려 차별하고 있다는 점을 지적한다.

제4장 형사법 부분에서는 젠더폭력을 전반적으로 다루는 논문과 디지털 성범죄를 중점적으로 다루는 논문을 실었다.

"젠더폭력에 대한 형법적 과제"에서 정현미 교수는 젠더폭력 범죄 중 가정폭력, 스토킹 범죄, 성매매에 관한 법제와 정책의 변화에 관하여 전반적으로 검토한다. 폭력 범죄의 피해자가 대부분 여성이기에 여성운동이 법제와 정책의 변화를 이끈 동력이 되었다고 할 수 있다. 그러나 성폭력을 포함하여 젠더폭력이 사회적으로 시끄러운 문제가 될 때마다 급히 특별법을 만들고 다시 개정하는 일이 반복되다 보니 형벌체계에 맞지 않는 특별법이 양산되었다. 이러한 법제들이 젠더폭력 대응과 인식 변화에 크게 기여하기도 했지만 아직도 실효성이 낮은 제도, 복잡한 법절차, 중형주의 등의 부작용과 젠더폭력범죄에 대한 사법부의 인식 부족 등 한계를 노출하고 있다고 평가한다. 문제점을 타개하기 위해 현행법제와 정책에 대해 냉정한 재점검을 하고 각 영역에서의 개선방안 내지 과제를 제시하고 있다.

"새로운 유형의 디지털 성범죄와 피해자 보호"는 박수진 변호사가 새로운 유형의 성범죄 중 디지털 성범죄에 초점을 맞추어 법적 규율 내용을 전반적으로 검토하고 피해자 보호를 위한 개선책을 모색하는 글이다. 이른바 텔레그램 성착취 사건을 계기로 상당한 유형의 디지털 성범죄가 형사 실정법의 규율을 받게 되고 법정형이나 양형기준도 상향되었지만, 기술의 발달에 따라 새로운 유형의 성범죄는 계속 등장한다. 더구나 디지털 성범죄는 시공간의 제약이 없고 피해영상물의 영구삭제가 불가능해서 추가적인 유포나 피해자의 신상정보 유출로 인한 심각한 2차 피해를 유발할 가능성이 높다. 그런데도 디지털 성범죄의 태양과 특성을 고려하지 않는 수사 및 재판과정의 문제점을 신랄하게 비판하고 디지털 성범죄 피해자를 확실히 보호하고 지원을 내실화할 수 있는 소송법적 개정을 강력하게 촉구한다.

제5장 노동법 부분에서는 일터에서의 성차별과 성희롱 문제를 전반적으로 다루는 글을 두 편 배치하였다.

"고용상 성차별 구제 제도와 사례"에서 김진 변호사는 고용상 성차별을 금지하는 현행 법률들을 차별금지사유와 차별금지영역 등을 중심으로 정리하고 개개 법률에서 규정하는 권리구제 방법을 분석한다. 나아가 헌법재판소와 법원의 판결을 사항별, 기간별로 젠더 관점에서 분석하고 비판을 아끼지 않고 있다. 채용에서 근로관계의 종료에 이르기까지 성을 이유로 한 차별에 대해 법원이 어떠한 관점과 논리로 판단해 왔는지, 그동안 사용자들이 주로 여성 노동자를 어떠한 사유로 차별대우를 해왔는지를 알게 해준다. 일터에서 여성의 지위가 어떠한지가 양성평등 기준을 정립하는 척도가 된다는 것을 다시 깨닫게 한다.

　"직장 내 성희롱의 판단과 구제"에서 박귀천 교수는 직장 내 성희롱의 개념, 판단기준, 관련 사업주 등의 의무, 직장 내 성희롱 관련 분쟁 해결 및 구제 절차 등 직장 내 성희롱 관련 법률 규정과 판례를 상세하게 분석하고 있다. 현행법상으로는 남성, 여성, 동성 간의 행위도 직장 내 성희롱이 될 수 있지만, 성희롱이란 원래 일하는 여성들이 전형적으로 겪는 이름 없는 고충을 '성적 괴롭힘(sexual harassment)'이라고 명명한 것에서 유래하는 것으로서 성 불평등의 역사를 지니고 있다. 성희롱을 예방하고 근절하기 위해서는 조직 내에서의 성평등 및 인권존중의 조직문화, 성희롱에 대해 엄격하고 공정하게 처리하는 조직문화 확립이 중요하다는 점을 강조한다.

　여러 가지 제약으로 인해 이 책에서 정치, 복지, 과학기술, 예술 등 여러 분야에 관한 법제와 논의를 다 싣지 못했는데 후일을 기약할 수밖에 없다. 이 책이 젠더와 법에 관한 모든 문제와 해결책을 망라한 것은 아니지만 젠더가 법에서 어떻게 취급되는지를 알고 싶어 하는 분들에게 길잡이가 되고 더 깊은 연구와 실천을 위한 토대가 되기를 바란다.

　이 글을 마무리 지을 즈음 국내외 상황은 이렇다. 지난 2년간 인류를 괴롭힌 코로나 19 팬데믹의 최대 피해자는 여성을 포함한 약자라는 연구 결과가 넘쳐나고, 소련과 우크라이나의 전쟁에서는 여성에 대한 성폭행이 무기로 쓰이고 있다고 보도된다. 그리고 우리나라에서는 성 불평등이 존재하지 않고 남성 위주의 능력주의가 공정의 척도라고 주장하는 사람들의 목소리가 요란하다.

　과학은 엄청난 속도로 발달하여 개인도 우주여행이 가능한 뉴스페이스 시대, 현실과 가상이 혼재하는 메타버스의 시대를 열었는데 왜 인권과 평등의 역사는 뒤뚱거리고 뒷걸음질 치고 흔들리는 것일까? 하지만 인권과 평등의 역사는 가끔 속도를 내기도 하고 느리지만 결국은 전진해 왔다는 사실을 기억하면서 이 책이 출간될 수 있도록 도움을 주신 많은 분들을 떠올려 본다.

공사다망함에도 공익을 위해 강의와 저작을 맡아 주신 저자분들, 편집을 맡아 주신 윤진수 교수님, 이유정 변호사님, 홍성수 교수님, 사단법인 올을 이끌고 지탱해주신 전수안 대표님과 임원 및 회원 여러분, 유한결 전 연구원, 정상혁 상근 변호사, 올의 든든한 지원군 법무법인 원의 강금실 대표님, 윤기원 대표님, 원고 교정을 맡아 준 숙명여대 문유진 법학석사, 그리고 이 책이 출간될 수 있도록 여러모로 애쓰신 박영사 조성호 이사님, 김선민 이사님과 직원 여러분께 깊이 감사드린다.

올 이사장 전 효 숙

차 례

제 1 장 총 론

• 법여성학과 젠더법학의 의의와 동향······[김 엘 림] ································· 3

  Ⅰ. 서언 ·· 3

  Ⅱ. 법여성학과 젠더법학의 의의와 특성 ······································ 4

    1. 법여성학의 의의와 특성 ··· 4

    2. 젠더법학의 의의와 특성 ··· 8

  Ⅲ. 법여성학과 젠더법학의 국제적 동향 ··································· 11

    1. 국제적 동향 ·· 11

    2. 미국의 동향 ·· 14

    3. 일본의 동향 ·· 17

  Ⅳ. 우리나라 법여성학과 젠더법학의 동향 ····························· 22

    1. 법여성학의 발아기(해방 후~1960년대) ························· 22

    2. 법여성학의 태동기(1970~1980년대) ····························· 24

    3. 법여성학의 성장 초기(1990년대) ··································· 26

    4. 법여성학의 성장기와 젠더법학의 출현기(2000년대) ········· 29

    5. 젠더법학의 성장기(2010년 이후) ··································· 33

  Ⅴ. 법여성학과 젠더법학의 최근 상황과 과제 ························· 38

    1. 법여성학과 젠더법학을 둘러싼 최근 상황 ····················· 38

    2. 법여성학과 젠더법학의 과제 ·· 40

• 다시 쓰는 여성의 "목소리" 방법론: 페미니즘 법이론의
  관점에서……[양 현 아] ·· 46
  Ⅰ. 서론 ·· 46
  Ⅱ. 페미니즘 법이론에서 여성들의 "목소리"가 가지는 의미 ······················· 49
    1. "다른 목소리": 캐롤 길리건 ·· 49
    2. 권력 표출로서의 목소리: 캐더린 맥키논 ·· 53
    3. 내면 표현으로서의 목소리: 로빈 웨스트 ·· 58
    4. 집합성으로서의 목소리: 조안 스콧 ·· 61
    5. 새로운 역사쓰기를 위한 기층 여성의 목소리: 포스트식민 법여성주의 66
  Ⅲ. 종회회원 확인의 소와 일본군 성노예제 피해생존자의 증언을 통해 본
    "목소리" 방법론 ··· 72
    1. 여성 종중 확인의 소 ·· 72
    2. "딸들의 반란"을 통해서 본 목소리 방법론의 의미 ······························· 74
    3. 일본군 성노예제 피해생존자의 증언 ·· 85
  Ⅳ. 결론 ·· 94

제 2 장   헌법과 인권

• 젠더평등과 평등헌법……[김 하 열] ·· 103
  Ⅰ. 서언 ·· 103
  Ⅱ. 젠더 관련 헌법규범과 판단 구조 ·· 105
    1. 젠더 관련 헌법규범 ··· 105
    2. 젠더 관련 헌법규범의 판단 구조 ··· 106
  Ⅲ. 젠더 관점이 평등헌법에 작용하는 주요 지점들 ··· 109
    1. 평등헌법의 적용 여부 ··· 109
    2. 동일성 관점과 차이 관점 ·· 111
    3. 실질적 평등의 문제 ··· 115
    4. 위헌심사기준 설정과 젠더평등의 관계 ·· 119

5. 젠더관점과 평등규범의 관계 ·· 120

Ⅳ. 평등헌법의 구체적 의미와 작용 ·· 121

1. 헌법 제11조 제1항 ··· 121

2. 헌법 제25조, 제31조 ·· 125

3. 헌법 제32조 제4항 ·· 126

4. 헌법 제36조 제1항 ·· 127

Ⅴ. 정책적 고려사항 ·· 129

1. 입법을 통한 젠더평등 실현의 중요성 ···························· 129

2. 헌법개정 ··· 130

3. 참여 통로의 확충 ·· 130

Ⅵ. 결어 ·· 132

• 헌법판례와 젠더······[최 희 경] ··· 135

Ⅰ. 헌법과 젠더 ·· 135

Ⅱ. 평등권에 관한 헌법재판소 판례와 젠더 ···························· 138

1. 평등권에 대한 심사기준과 성차별 ································· 138

2. 젠더평등에 관한 헌법재판소 주요 결정 ························ 141

Ⅲ. 프라이버시권에 관한 헌법재판소 판례와 젠더 ·················· 154

1. 헌법상 프라이버시 권리의 의미와 헌법적 근거 ············· 154

2. 성적 영역에서의 여성의 프라이버시 권리와 판례 ·········· 156

3. 생식적 영역에서의 여성의 프라이버시 권리 ·················· 160

Ⅳ. 결론 ·· 174

• 혐오·차별의 법정책과 젠더 문제······[홍 성 수] ················ 177

Ⅰ. 새로운 사회 문제로서의 혐오와 차별 ······························· 177

Ⅱ. 혐오와 차별이란 무엇인가? ·· 178

Ⅲ. 혐오표현의 의의와 관련 법제 ··· 180

1. 혐오표현의 의의 ··· 180

2. 혐오표현 관련 법제 ·· 183

Ⅳ. 차별의 의의와 관련 법제 ·· 185

    1. 차별의 의의 ··· 185

    2. 차별 관련 법제 ·· 188

Ⅴ. 혐오범죄의 의의와 관련 법제 ······································ 189

Ⅵ. 집단살해의 의의와 관련 법제 ······································ 191

Ⅶ. 혐오·차별에 대한 법정책 ·· 192

Ⅷ. 젠더 문제와 혐오·차별에 대한 법정책 ························ 194

• 인공지능 시대의 젠더 문제 ······[한 애 라] ·················· 198

  Ⅰ. 들어가며 ··· 198

  Ⅱ. 인공지능과 관련된 젠더차별의 양상 ·························· 199

    1. 알고리즘 디자인 단계에서의 의도적인 젠더 차별 ·········· 200

    2. 알고리즘 학습데이터의 부족과 대표성 결여로 인한 비의도적

      젠더 차별 ··· 203

    3. 학습데이터 자체의 편향으로 인한 비의도적 젠더 차별 ······ 205

  Ⅲ. 인공지능 맥락에서의 젠더 차별 개선 방향 ················· 208

    1. 인공지능 연구개발 및 관련 산업에서의 여성 참여 확대 ···· 208

    2. 인공지능 알고리즘의 공정성, 설명 가능성, 투명성 증진과 이를 통한

      젠더 차별 시정 ··· 211

    3. 기존의 젠더 차별 확인 및 개선을 위한 인공지능 활용 ······· 214

  Ⅳ. 가능한 정책적 수단 ··· 215

  Ⅴ. 결어 ··· 217

• 인권과 젠더 ─ 국제사회의 관점 ······[백 강 진] ·········· 223

  Ⅰ. 서론 ··· 223

  Ⅱ. 국제적 인권 및 젠더 논의와 국내 수용 ····················· 224

    1. 유엔에서의 개인적 경험 ··· 224

    2. 유엔의 젠더 관련 기본 전략 ···································· 226

    3. 한국 사법부의 수용 ─ 이른바 '성인지 감수성'의 문제 ······ 232

Ⅲ. 국제형사법에서 성범죄의 처벌 과정 ·· 245

   1. 초기 단계 ··· 245

   2. 발전 단계 ··· 247

   3. 시사점 ··· 257

Ⅳ. 결론 ·· 262

제 3 장　가족법

• 가족법의 변화와 앞으로의 과제······[윤 진 수] ································· 273

 Ⅰ. 서론 ·· 273

 Ⅱ. 가족법의 제정 ·· 273

   1. 제정 경위 ··· 273

   2. 중요한 내용 ··· 274

 Ⅲ. 친족법과 상속법의 개정 ·· 277

   1. 1977년 개정 ··· 277

   2. 1990년 개정 ··· 279

   3. 2005년 개정 ··· 280

   4. 2011년 성년후견제 도입 ··· 282

   5. 2011년 친권법 개정 ··· 283

   6. 2012년 입양법 개정 ··· 283

   7. 2014년 개정 ··· 283

   8. 기타 ··· 284

 Ⅳ. 가족법의 개정과 헌법재판소의 판례 ··· 284

   1. 친족법 ··· 284

   2. 상속법 ··· 292

 Ⅴ. 「포용적 가족문화를 위한 법제개선위원회」의 권고 ······························· 298

   1. 국내 아동을 위한 출생통보제 도입 ·· 299

   2. 자녀의 성 ··· 301

   3. 부모의 징계권 규정 개정 ·· 301

Ⅵ. 앞으로의 과제 ·· 302

　　1. 성소수자 ··· 303

　　2. 금혼규정의 재검토 ··· 307

　　3. 부부재산제도 ·· 310

　　4. 친생추정과 친생부인 ·· 313

　　5. 보조생식 ··· 316

　　6. 배우자의 상속법상의 지위 ······································ 320

　　7. 유류분 ·· 323

Ⅶ. 결론 ··· 325

• 가족법과 젠더······[배 인 구] ······································· 329

　Ⅰ. 서론 ··· 329

　Ⅱ. 자녀의 성과 본 ··· 330

　　1. 민법의 규정 ·· 330

　　2. 성본제도의 역사 ··· 330

　　3. 헌재 2005. 12. 22. 선고 2003헌가5 등 결정 ············· 332

　　4. 민법 제781조 제1항의 문제 ······································ 334

　　5. 민법 제781조 제5항의 문제 ······································ 337

　Ⅲ. 친생추정과 친생부인의 소 ·· 340

　　1. 민법의 친생자 추정 규정 ·· 340

　　2. 친생추정의 의미 ··· 340

　　3. 친생추정의 제한에 관한 대법원 판결 ·························· 341

　　4. 친생추정에 대한 제한 논의 ······································· 344

　　5. 친생부인의 소 ·· 347

　Ⅳ. 부부만 친양자 입양을 할 수 있는가? ······························ 348

　　1. 헌재 2013. 9. 26. 선고 2011헌가42 결정 ··················· 348

　　2. 법무부의 민법 개정안 입법 예고 ································ 351

　Ⅴ. 제사주재자 관련 ··· 352

　　1. 대법원 2008. 11. 20. 선고 2007다27670 전원합의체 판결 ·········· 352

2. 비판 ·· 352

Ⅵ. 미성년 상속인의 보호 ··· 357

1. 대법원 2020. 11. 19. 선고 2019다232918 전원합의체 판결 ··············· 357

2. 빚만 상속받은 미성년자 보호의 필요성 ··· 359

Ⅶ. 가사사건과 집행 ·· 362

1. 민사집행법상 압류금지채권 규정의 개정 필요성 ······························· 362

2. 민사집행법의 규정 ·· 362

3. 양육비 직접지급명령 ··· 363

4. 보론 — 재산분할대상인 임대차보증금의 압류 가능성 ······················ 365

Ⅷ. 그 밖에 ··· 366

1. 미성년 비혼모와 미성년자의 성년의제 ··· 366

2. 이른바 자궁(출산) 대리모 계약 ··· 367

3. 사후 남편 정자로 인공수정하여 태어난 아이의 인지청구는

가능한가? ·· 367

4. 생존배우자의 주거권 보장의 필요성 ··· 368

제 4 장   형사법

• 젠더폭력에 대한 형법적 과제 ······[정 현 미] ······································· 373

Ⅰ. 서론 ··· 373

Ⅱ. 가정폭력 ··· 374

1. 입법배경과 제정 및 개정을 통한 변화 ·· 374

2. 가정폭력 관련 법제와 정책의 검토 ··· 378

3. 가정폭력법제의 한계 및 정책적 과제 ··· 386

Ⅲ. 스토킹범죄 ·· 390

1. 스토킹의 특성 및 관련 입법의 배경 ··· 390

2. 스토킹처벌법의 검토 ·· 394

3. 스토킹처벌법의 한계 및 정책적 과제 ··· 401

4. 요약 및 소결 ·· 407

Ⅳ. 성매매범죄 ·· 407

   1. 성매매처벌법의 입법과정 ··· 408

   2. 성매매방지를 위한 대응전략 ····································· 409

   3. 성매매처벌법의 검토 ·· 412

   4. 성매매처벌법의 한계 및 정책적 과제 ···················· 420

   5. 요약 및 소결 ··· 423

Ⅴ. 결론: 젠더폭력에 대한 형법적 과제 ······················· 423

• 새로운 유형의 디지털 성범죄와 피해자 보호 ······[박 수 진] ·········· 427

Ⅰ. 서론 ·· 427

Ⅱ. 새롭게 등장한 디지털 성범죄의 유형 및 주요 제·개정 내용 ·········· 428

   1. 불법촬영(비동의 촬영) ··· 428

   2. 비동의 유포, 재유포 ·· 429

   3. 유포 협박 ··· 432

   4. 합성 제작(딥페이크) 및 유포 ································· 432

   5. 불법촬영물 등의 소지·구입·저장·시청 ················ 435

   6. 아동·청소년에 대한 성적 착취를 목적으로 한 대화 등

      (일명 '온라인 그루밍') ··· 437

Ⅲ. 피해자 보호 및 지원을 위하여 남은 과제 ··············· 439

   1. "성적 욕망 또는 수치심을 유발할 수 있는" 문구의 삭제 ········· 439

   2. 피해자 인권을 보다 고려한 피해영상물 증거조사 방법 마련 ······· 441

   3. 피해영상물을 신속하고 복구불가능하게 폐기하기 위한 압수 및

      몰수 제도 개선 ·· 444

   4. 피해자의 신고 등이 없어도 피해영상물에 대한 선제적 삭제 지원

      근거 마련 ·· 447

Ⅳ. 결론 ··· 448

제 5 장   노동법

• 고용상 성차별 구제 제도와 사례……[김　진] ································· 451

　Ⅰ. 현행법상 고용상 성차별금지 및 권리구제절차 ····················· 451

　　1. 고용상 차별금지 관련 법제 내용 및 특징 ························· 451

　　2. 사법적 구제와 비사법적 구제 ··· 453

　Ⅱ. 고용상 성차별 관련 국내 법원 판결례 ····························· 459

　　1. 사법적(司法的) 구제 개관 ·· 459

　　2. 모집·채용상 성차별 사건 ·· 462

　　3. 임금 및 복리후생 상 성차별 사건 ·································· 464

　　4. 정년·퇴직·해고 성차별 사건 ··· 477

　Ⅲ. 결론에 갈음하여 ··· 503

　　1. 차별의 비가시화, 과소대표 ·· 503

　　2. 유형별 사건의 다과(多寡) ·· 504

　　3. 간접차별 ··· 505

　　4. 소송구조와 입증책임의 문제 ·· 506

　　5. 국가인권위원회 등 다른 구제 절차와의 관계 ··················· 506

• 직장 내 성희롱의 판단과 구제……[박 귀 천] ····························· 508

　Ⅰ. 성희롱의 개념 ··· 508

　　1. 성희롱 개념 형성의 발전 과정 ·· 508

　　2. 현행법상 성희롱의 개념 ·· 510

　Ⅱ. 직장 내 성희롱의 판단 ·· 511

　　1. 판단 절차 ··· 511

　　2. 직장 내 성희롱 당사자 요건 판단 ··································· 511

　　3. 직장 내 성희롱의 행위 요건 ·· 514

　　4. 행위로 인한 피해 ·· 518

　Ⅲ. 직장 내 성희롱 관련 사업주 등의 의무 ··························· 520

1. 직장 내 성희롱 관련 사업주 의무 규정의 의의 ·································· 520

2. 사업주 의무의 구체적 내용 ·· 522

Ⅳ. 직장 내 성희롱 관련 분쟁해결 및 구제절차 ································ 535

1. 자율적 고충처리 ·· 535

2. 노동위원회를 통한 분쟁 처리 절차 ·· 536

3. 고용노동부를 통한 진정, 고소, 고발 ····································· 538

4. 국가인권위원회를 통한 분쟁 처리 절차 ·································· 539

5. 검찰에의 고소, 고발 ··· 539

6. 민사소송 ·· 539

Ⅴ. 성희롱과 조직문화 ·· 540

1. 조직문화의 의미 ·· 540

2. 우리나라 조직문화의 특성 ·· 541

3. 조직문화와 성희롱의 관계 ·· 542

4. 조직문화의 개선과 성희롱 예방 ··· 543

색인 ·· 547

제 1 장 총 론

법여성학과 젠더법학의 의의와 동향

김 엘 림*

Ⅰ. 서언

우리나라에서 '법여성학'이란 용어는 1980년대부터 사용되었는데 1990년대 중반부터는 '여성주의 법학', '페미니즘 법학'이란 용어와 혼용되고 있다. 그런데 2000년대부터는 '젠더법', '젠더법학'이란 용어가 널리 사용되면서 그 의의와 '법여성학'과의 관계가 주목되고 있다.

이 글은 이러한 상황에 관한 다음과 같은 의문에 대해 생각을 나누기 위해 작성되었다.

(1) '법여성학'과 '젠더법학'이란 어떠한 학문을 말하는지? 일반법학과 다른 특성이 무엇인지?

(2) '법여성학'과 '젠더법학'이란 같은 것인지? 같다면 왜 '법여성학'을 처음 생성·발전시킨 미국은 1990년대부터, 일본과 우리나라에서는 2000년대 이후 관련 연구모임과 학회, 학술지, 교과목에 '법여성학'이란 용어 대신에 '젠더법', '젠더법학이란 용어를 붙였는지? 다르다면 어떠한 점에서 차이가 있는지?

(3) '젠더법학'이란 용어에서 '젠더'란 무엇인지?

(4) 일본과 우리나라에서 '법여성학'과 '젠더법학'이란 용어 사용과 그 전개에 차이가 있는데 그 양상은 각각 어떠한지?

(5) 우리나라에서 '법여성학'과 '젠더법학'은 어떻게 도입·발전되어 왔고 현재 어떠한 상황에 처해 있는지?

---

* 한국방송통신대학교 법학과 교수

(6) 앞으로 우리나라에서 '법여성학'과 '젠더법학'이 더욱 발전되려면 어떠한 것이 필요한지?

Ⅱ. 법여성학과 젠더법학의 의의와 특성[1]

1. 법여성학의 의의와 특성

(1) 법여성학의 의의

'법여성학'이란 미국에서 1970년대 말부터 'Feminist Jurisprudence'로 지칭되기 시작한 학문을 말한다. 이에 관한 미국 최초의 문헌[2]은 1981년에 발표되었는데 저자인 Ann Scales 교수는 "여성의 시각과 경험에 기초한 여성주의 사고와 연구 방법을 도입한 법학"으로 'Feminist Jurisprudence'를 설명하였다.[3]

일본에서는 이러한 학문을 '法女性學'이라 지칭한 최초의 문헌이 1983년에 발간되었는데 저자인 金城淸子 변호사는 이를 "여성의 시각에서 법과 법실무를 검토하는 법학"으로 정의하였다.[4]

우리나라에서는 '법여성학' 명칭을 붙인 최초의 문헌이 1989년 12월에 「법여성학 — 평등권과 여성」이란 책으로 출간되었는데 저자인 윤후정 · 신인령 교수는 '법여성학'을 "여성의 관점에서 이제까지의 학문을 재검토하고 여성이 주체적 · 능동적 노력을 통해 성별 불평등의 조건들을 변화시키려는 '여성학' 가운데 법적 측면에서의 그것을 지칭하는 용어"라고 정의하였다.[5] 신인령 교수는 일본에서 1995년에 작성한 논문에서 "여성의 관점에서 법의 세계에서 성차별 문제에 관심을 두고, 모든 인간이 성에 의한 차별을 받지 아니하고, 인간의 존엄성을 실현하는 사회 및 이를 가능하게 하는 수단으로서의 법체계를 구축하기 위한 대안을 모색하는 새로운 학문"이라고 정의하며, "여기서 말하는 여성의 시각이란 피억압자, 소

---

1) 김엘림, "젠더법학에 관한 고찰", 젠더법학 제4권 제2호, 한국젠더법학회(2013), 106-124면.
2) Ann C. Scales, "Towards a Feminist Jurisprudence", Indiana Law Journal Vol. 56, No. 3, 1981.
3) Ann Scales, "The Emergence of Feminist Jurisprudence: An Essay", The Yale Law Journal Vol. 95, 1986, pp. 1373-1403. in D. Kelly Weisberg(ed.), Feminist Legal Theory: Foundations, Temple University Press, 1993, pp. 40-57.
4) 金城淸子, 法女性學のすすめ — 女性からの法律への問いかけ(第1版), 有斐閣, 1983, 서문.
5) 윤후정 · 신인령, 법여성학 — 평등권과 여성(초판), 이화여자대학교 출판부, 1989, 서문.

수자의 경험과 관점을 의미한다."6)라고 하였다. 법여성학의 위상과 이념에 관하여 구체적으로 논의한 최초의 논문은 1993년에 발표되었는데 저자인 이은영 교수는 '법여성학'을 "여성해방이론(feminism)을 이론적 기초로 하여 법의 분야에서 이를 연구하고 실천하는 법학의 한 갈래"이면서 "가부장적 사회와 그에 바탕을 둔 학문풍토를 변화시키려는 적극적 지식 운동인 여성학의 한 분야"라고 정의하였다. 그리고 "여성의 경험과 관점에서 가부장제의 남녀 역할 차이를 당연한 전제조건으로 하여 법논리를 전개하고 있는 전통 법학의 편파성을 발견해 내고 이를 성차별로 판정, 제거하며 실정법과 법원칙, 법실무를 여성의 경험에 상응하고 양성평등 실현을 위해 변화시키려는 목표와 경향을 가진다."고 하였다.7) '법여성학'에 대하여 양현아 교수는 "여성의 시각으로 바라보는 새로운 법학이론이자 법학방법론으로서 법에 내재한 남성편향성을 드러내고, 여성의 관점을 법안으로 들여와서 구축해야 하는 과제를 안는다."고 하였다.8)

한편, '법여성학' 대신에 '여성주의 법학'이란 용어를 사용한 최초의 문헌은 1995년에 발표되었는데 저자인 박은정 교수는 이를 "여성주의를 적용하여", "남녀평등에 초점을 맞추어", "성중립적임을 표방하는 법과 법이론에 숨겨진 가부장제와 성차별적·성억압적인 법제도와 관행에 대해 비판하고, 여성의 불평등과 억압 구조를 구성·유지·강화시키는 법의 역할을 탐구하여, 여성의 경험에 상응하게 법세계를 재구성하는 것을 목표로 한다."고 하였다.9) 양현아 교수는 '여성주의 법학'을 "여성의 시각에서 법을 재해석하고 입법하고자 하는 분야로서 '법과 여성' 간의 역동적 관계를 다루며 실정법상 여성의 지위 분석에 머물지 않고 페미니즘이라는 지식 패러다임을 수반하는 철학적·이론적 학문"으로 정의하였다.10) '페미니즘 법학'이란 용어를 사용한 최초의 문헌은 1999년에 발표되었는데 저자인 오정진 교수는 "페미니즘 법학(Feminist Jurisprudence)이란 페미니즘의 입장에

---

6) 辛仁羚, "法女性學をぬざして — 法女性學的觀點にみる韓國の女子大學の法學敎育の經驗について", 社會學紀要 第23號, 東京女子大學(1995), 63面.

7) 이은영, "법여성학의 위상과 이념", 법과 사회 제8호, 법과사회이론연구회(1993), 56-78면.

8) 양현아, "여성의 목소리와 법여성학 방법론", 가지 않은 길, 법여성학을 향하여, 서울대 BK21 법학연구단 공익인권법센터 기획, 양현아 편, 사람생각(2004), 82면.

9) 박은정, "양성평등의 법철학적 접근", 양성평등과 한국의 법체계, 조형(편), 이화여자대학교 출판부(1995), 15-43면.

10) 양현아, "서구의 여성주의 법학 — 평등과 차이의 논쟁사", 법사학연구 제26호, 한국법사학회(2002), 230면.

서 법을 바라보고 분석하는 법이론을 의미한다."라고 하였다.[11]

그런데 '법여성학', '여성주의 법학', '페미니즘 법학'은 모두 미국의 'Feminist Jurisprudence', 'Feminist Legal Theory'라고 지칭되는 학문을 뜻하는 용어이다. '여성주의'(페미니즘)란 여성에 대한 차별과 폭력 등 여성 억압의 원인을 규명하고 문제해결을 위해 기존의 사회 구조를 변화시키려는 사상이자 이를 실현하려는 사회운동으로, '여성학'이란 여성주의를 연구·교육하고 각 분야에 실현하려는 학문으로 정의할 수 있다.

이러한 상황을 감안하여, 필자는 '법여성학', '여성주의 법학'을 "법학과 여성주의·여성학을 결합하여 여성의 경험과 시각에서 가부장적 사회에서 남성 위주로 생성된 법이론과 실정법, 법실무와 법교육의 문제를 규명하고, 여성의 인권과 남녀평등을 실현하기 위한 대안을 모색하는 학문"이라고 정의한다. 여기서 '남녀평등'이란 '양성평등'과 같은 의미를 가지는 용어로서 "남성과 여성이 성별에 따른 차별·편견·비하와 폭력 없이 인권을 동등하게 보장받고, 상호 간의 차이를 고려하며, 가정과 모든 사회 영역에 동등하게 참여·협력하고 권한과 책임을 분담함으로써 남녀관계와 가정·사회·국가에 실질적 평등과 상생 발전 및 평화를 이루는 것"을 뜻한다.[12]

(2) 법여성학의 특성

1) 법여성학의 가장 큰 특성이자 출발점은 법과 정책, 판결에 대하여 남성들이 주도하여 남성의 시각에서 이루어지는 경우가 많아 여성에 대해 불공정, 불합리하다는 여성들의 경험적 비판이다. 특히 여성은 임신·출산과 양육·돌봄에 적합한 기질·능력·역할을 가지는 반면, 논리성·책임감·러더십과 육체적·정신적 능력이 약하여 사회활동에는 적합하지 않다는 가부장제 사회의 편견과 통념(성별분업관·성별특질론)을 무비판적으로 수용하였다고 비판한다. 이 점에서 법의 객관성·중립성·공정성·합리성을 전제로 하는 일반법학과 차이가 있다.

---

11) 오정진, "비판 페미니즘 법학: 미국의 경우를 중심으로", 법과 사회 하반기 제16·17 합본호, 법과 사회이론연구회(1999), 163면.

12) 김엘림, 남녀평등과 법(전면개정판), 한국방송통신대학교 출판문화원(KNOUPRESS), 2022, 20-27면; 우리나라 「양성평등기본법」은 "양성평등"을 "성별에 따른 차별, 편견, 비하 및 폭력 없이 인권을 동등하게 보장받고 모든 영역에 동등하게 참여하고 대우받는 것"으로 정의하고 있다(제3조 제1호).

2) 법여성학은 이념과 방법에 있어서 성인지적 법학, 인권법학, 진보법학, 실천법학, 통합 및 융합법학의 특성을 가진다.

① 법여성학은 법이론, 실정법과 법실무를 '여성의 시각과 경험, 입장'에서 '성(性)'을 핵심적 분석 요소로 하여 남성과 여성을 어떻게 대우하며 그 각각의 지위와 삶에 어떠한 영향을 미치는지를 분석·평가하여 불평등이 발생하지 않도록 대안을 제시한다. 그러므로 성인지적(性認知的) 법학이라고 할 수 있다.[13]

② 법여성학은 사회적 소수자인 여성의 인권의 보장과 실현을 목표로 한다. 일반법학이 생활영역을 공적 영역과 사적 영역으로 구분하고 대다수 여성들이 경험하는 성차별, 성희롱, 성폭력, 성매매, 가정폭력, 임신, 출산, 육아, 가사노동 등의 문제를 법의 개입이 필요하지 않은 사적 영역의 문제와 사소한 것으로 취급한다고 비판하고, 이러한 여성문제를 중요한 인권침해문제로 부각시키며 법적 대책을 강구한다. 그러므로 인권법학이라 할 수 있다.

③ 법여성학은 기존의 체제 옹호적인 성격을 가진 일반법학과 달리 가부장적 사회와 법의 변화를 추구하는 점에서 진보법학이라 할 수 있다.

④ 법여성학은 일반법학과 달리 법의 해석에 치중하지 않는다. 법에 관한 상담, 시행 실태와 의견조사를 실시하여 가부장적 법과 법실무, 사회에서 여성들이 처한 상황을 규명하고 피해 사례를 발굴한다. 또한 법의 내용을 알려 주는 정보제공의 교육뿐 아니라 그 법의 생성 배경과 영향, 문제를 알게 하는 법문해 교육(legal literacy)을 통하여 여성문제에 관한 의식을 고양시키고 법적으로 문제를 해결하는 능력을 향상시키며, 문제해결을 위하여 입법·정책·사법과 권리구제를 추진하거나 그에 참여하는 등의 활동을 수행한다. 그러므로 실천법학이라 할 수 있다.

⑤ 법여성학은 공법, 사법 등의 전통적인 법영역이나 법학 교과목의 경계를

---

13) 성인지적 법학이 무엇인지에 관하여 "성인지적·대안적 법학방법론: 여성주의법학"이란 논문(법학연구 제19권 제2호, 경상대학교(2011), 159-184면)의 저자인 엄순영 교수는 정의하지 않았다. 다만, "기존의 법학은 이성과 논리를 중심으로 하는 합리성을 주축으로 법을 해석한 반면, 여성주의법학은 여성의 주체성과 구체적 경험, 고통의 사례를 중요시하는 성인지적 연구방법이다."라고 하였다. 한편, 「양성평등기본법」은 예산이 여성과 남성에게 미치는 영향을 분석하고 이를 재정운용에 반영하는 것을 "성인지 예산"이라 하며(제16조), 성별 상황과 특성을 알 수 있도록 성별로 구분한 통계를 "성인지 통계"라 하고(제17조), "모든 영역에서 법령, 정책, 관습 및 각종 제도 등이 여성과 남성에게 미치는 영향을 인식하는 능력을 증진시키는 교육"을 "성인지 교육"이라 규정하고 있다(제18조).

탈피하고 성에 관련된 모든 법령과 국제협약 및 법실무, 관습이나 관행, 자치규범, 정책 등을 종합적으로 분석하므로 통합법학이다. 또한 사안에 대한 심도 있고 다각도의 분석을 위해 다양한 학문과의 다학제간 연구를 수행하므로 융합법학이다.

2. 젠더법학의 의의와 특성

(1) 젠더법학의 의의

'젠더법학'이란 용어는 1990년대부터 미국에서 사용되기 시작한 'Gender Jurisprudence', 'Gender Legal Studies', 'Gender & Law'란 용어로 지칭되는 학문을 말한다.

일본에서는 이를 'ジェンダー法学'(젠더법학)이라 하며, 2000년대 이후 '법여성학'과 구별되고 '법여성학'을 대체하는 용어로 널리 사용되고 있다. 이에 관한 최초의 문헌[14]은 2002년에 발간되었는데 저자는 일본 최초의 법여성학 문헌을 발간하였던 金城淸子 변호사이다. 저자는 '젠더법학'을 "젠더의 관점에서 법률학을 재검토하고 개선방안을 탐구하는 학문"으로 정의하고 "가부장적인 사회에서 사회문화적으로 형성된 젠더에 의해 남성도 억압받고 있으므로 여성과 남성이 함께 참여하여 젠더의 관점에서 법률학을 재검토하고 개선방안을 탐구할 필요가 있다."며 젠더법학의 도입 필요성을 주장하였다.[15] 浅倉むつ子 교수는 '젠더법학'을 "사회에 내재하는 구조적인 젠더 바이어스(편견)를 해명하고, 법분야에서 젠더 평등을 추구함과 동시에, 사회적 다수자(majority)가 만들어 온 기존의 법제도에서의 성별이원론(性別二元論)이나 이성애주의(異性愛主義)를 검토하고 비판적으로 분석하는 학문"이라고 정의하였다.[16]

한편, 우리나라에서는 일본과 달리 '법여성학', '여성주의 법학'과 '젠더법학'을 동일시하는 경향이 크다. '젠더법학'이란 용어는 이화여대가 법과대학 창립 50주년을 기념하여 2001년 5월에 'Gender법학연구센터'를 설치하면서 처음 사용되었다. 당시 센터장이었던 김선욱 교수는 "Gender법학이란 법학에서의 젠더 연구

---

14) 金城淸子, ジェンダーの法律学(第1版), 有斐閣, 2002.
15) 金城淸子, ジェンダー法學の歷史と課題, ジェンダーと法, No. 1, 日本ジェンダー法學會, 2004, 3-12面.
16) 浅倉むつ子 編, ジェンダー法研究 創刊第1号, 申山社, 2014, 序文.

를 의미한다. 법여성학과 같은 의미를 갖지만 법여성학이 여성만을 위한 법학으로 이해되는 한계를 극복하기 위한 개념의 시도이다."라고 하였다.[17] 그런데 그후 발표한 논문[18]에서는 "법학에서의 젠더 연구는 '법여성학'이라는 법학의 새로운 분야를 형성하고 있다."라고 하였다. 2007년 1월에 출범한 한국젠더법학회는 젠더법학의 추구를 표방한 일본의 학회와 달리 그 목적을 '여성주의 법학의 연구와 발전을 도모하고 이 분야 연구자와 법률 실무자들 간의 협력과 교류를 촉진하는 것"으로 하였다. 차선자 교수도 "궁극적으로 법여성학은 사회적으로 형성된 젠더에 따라 각각의 경험과 그로부터 형성된 사고체계의 차이가 있음을 전제로 이 차이를 법체계에 반영하여 법의 진정한 중립성을 확보하는 것을 목적으로 젠더와 법의 관계를 논의하고 교육하는 것을 지향하는 것이므로 법여성학 대신에 '젠더와 법', '젠더 법학'이라는 표현이 적절하다."[19]고 하여 '젠더법학'과 '법여성학' 사이에 차이를 두지 않았다. 그후 2007년 12월에 '대법원 젠더법연구회', 2008년 9월에 '이화여자대학교 젠더법학연구소'가 설립되면서 '젠더법', '젠더법학'이란 용어는 더욱 널리 사용되었지만, '젠더법', '젠더법학이 무엇인지에 관한 논의는 거의 이루어지지 않고 있다.

그러나 필자는 젠더법학이 법여성학의 이념이나 특성과 방법을 계승하되, 분석의 핵심적 요소와 대상과 추구하는 목표에 차이가 있고 그 차이는 법여성학의 진보에서 발생하는 것이라고 본다. 법여성학은 여성만을 위하거나 여성만이 참여하는 법학이 아님에도 그 명칭과 여성의 경험과 시각, 목소리를 중시하여 그러한 오해를 받고 남성의 참여를 활성화시키지 못하는 경향이 있다. 그런데 가부장적 사회에서 생성된 성별 분업관과 이성애주의 등의 젠더 바이어스의 피해자는 여성만이 아니고 남성과 성소수자도 포함된다. 이러한 관점에서 젠더법학은 분석의 핵심적 요소와 대상을 "여성의 경험과 시각", "여성에 대해 불평등과 억압을 발생시키는 법과 정책, 판례"로 제한하지 아니하고 남성과 성소수자 문제를 포함한 성별에 대한 불평등과 억압을 발생시키는 법과 사회로 확대한다. 또한 추구하는

---

17) 김선욱, "왜 Gender 법학인가", Gender와 법학(이화여자대학교 법과대학 창립 50주년 및 Gender 법학연구센터 개원 기념 학술심포지엄 자료집), 이화여자대학교 법학연구소(2001), 2면.

18) 김선욱, "법학에서의 젠더 연구의 의의와 과제", 법학논집 제6권 제1호, 이화여자대학교 법학연구소(2001), 370-371면.

19) 차선자, "법학전문대학원에서 젠더법학의 교육", 법사학연구 제43호, 한국법사학회(2011), 137-138면.

목표를 여성에 대해 불평등과 억압을 해방시키는 법과 사회의 구축에서 나아가 모든 사람이 성별을 이유로 차별과 폭력 등의 인권 침해를 받지 아니하고 개인의 존엄과 인권을 존중받으며 가정과 사회에 동등하게 참여하는 법과 사회의 구축으로 확대한다. 그 궁극적인 목표는 UN이 여성의 인권과 발전의 구현, 성평등을 추구하는 사업과 정책을 실시하면서 내세우는 슬로건이자 목표인 "평등 · 발전 · 평화"(Equality, Development and Peace))[20]를 이루는 것이라고 본다. 이러한 관점에서 필자는 2013년 1월에 한국젠더법학회가 발간한 학술지 「젠더법학」에 "젠더법학에 관한 고찰"이란 논문을 기고하여 젠더법학의 정립 필요성과 방안을 논의한 바 있다.[21] 이 글에서는 '젠더법학'의 개념을 "법이론과 실정법, 법실무와 법교육의 성에 관한 이해(젠더)를 탐구하여 문제를 규명하며, 모든 사람이 성별을 이유로 차별과 폭력 · 소외와 편견을 받지 아니하고 개인의 존엄과 인권을 존중받으며 가정과 사회에 동등하게 참여하여, 실질적으로 성평등하고 상생 · 발전하며 평화롭게 살아갈 수 있도록 하는 법과 사회의 구축 방안을 모색하는 학문"으로 정의한다. 여기서 '성평등'이란 모든 사람이 성별에 따른 차별 · 편견 · 비하와 폭력 없이 인권을 동등하게 보장받고, 상호 간의 차이를 고려하며, 가정과 모든 사회 영역에 동등하게 참여 · 협력하고 권한과 책임을 분담함으로써 인간관계와 가정 · 사회 · 국가에 실질적 평등과 상생 발전 및 평화를 이루는 것을 뜻한다.

(2) 젠더법학의 특성

젠더법학의 특성에 관하여 일본의 辻村みよ子 변호사는 "법여성학은 여성의 관점을 중시하고, 여성의 해방이나 구제라는 목적을 가지는 반면, 젠더법학은 성차(性差) 자체를 문제로 하고 섹슈얼리티(sexuality)와 젠더 바이어스를 규명하는 학문이라는 차이가 있다."라고 하였다. 그리고 젠더법학의 목적이자 방법으로 "법학이나 사법 · 입법 등에 있어서 젠더 바이어스의 발견 · 분석 · 비판, 젠더 관점에 의한 법구조의 재구축 · 이론화, 법실천에의 이론제공 · 정책제언 · 입법제안"으

---

20) UN은 1975년을 '세계여성의 해'로 정하고 제1차 세계여성회의를 개최할 때부터 "Equality, Development and Peace"를 추구하는 목표로 제시하여 왔다. "Development"를 1980년대는 여성의 개발, 발전이라는 의미로 사용하기도 했지만, 필자는 이를 여성의 발전을 통한 모든 사람, 사회와 국가의 상생 · 발전으로 해석한다.

21) 김엘림, 앞의 논문(2013), 106-124면.

로 제시하였고, 젠더법학 교육은 "젠더 센서티브한 법조의 양성·교육을 지향한다."라고 하였다.[22]

필자는 젠더법학의 특성을 일반법학과의 관계, 법여성학과의 관계, 다른 학문과의 관계로 구분하여 다음과 같이 설명하고자 한다.

1) 젠더법학은 일반법학과의 관계에서 법여성학과 같이 성인지적 법학, 인권법학과 진보법학, 실천법학, 통합 및 융합 법학의 특성을 가진다

2) 젠더법학은 법여성학과의 관계에서 성별에 기반한 차별과 폭력·편견·비하를 해소하고 여성의 인권과 성평등을 추구하는 법여성학의 이념이나 특성과 방법을 계승하되, 앞에서 설명한 바와 같이 법여성학의 한계를 해소하고 성평등을 실질적으로 구현하기 위해 법여성학의 명칭, 분석 및 논의의 대상, 지향점을 변화시키는 특성이 있다.

3) 젠더법학은 성별에 관한 인식(젠더)을 핵심주제로 하는 점에서 여성의 문제를 주제로 한 여성학뿐 아니라 남성의 문제를 주제로 한 남성학과 성소수자의 문제를 주제로 한 학문에도 관심과 연계를 가진다.

Ⅲ. 법여성학과 젠더법학의 국제적 동향

1. 국제적 동향

(1) 법여성학의 생성과 전개의 배경

법여성학이 생성하게 된 역사적 배경은 남성이 주도한 인권의 역사와 법에 대한 여성들의 경험적 비판과 법과 사회의 개혁을 위한 도전에서 찾을 수 있다고 본다. 그 계기는 프랑스에서 시민혁명 성공 후 모든 사람은 태어날 때부터 자유·평등·인권을 가진다는 것을 천명한 「인간과 시민의 권리선언」이 1789년에 선포되어 남성 시민들은 투표권, 재산권 등의 인권을 가졌지만, 여성들은 인권을 부여받지 못하자 1791년에 항의 집회를 열고 「여성과 여성 시민의 권리선언」을 선포한 사건이라 할 수 있다. 이 선언은 여성도 인간이자 시민이므로 남성과 동등하게 인권을 가져야 한다는 주장을 담고 있다. 당시 집권세력은 주도자들을 단두대

22) 辻村みよ子, 槪說ジェンダーと法(第2版), 信山社, 2016, 1-4面.

에 처형시키고 여성들의 정치적 활동을 금지하며 가정에 복귀하라는 법령을 공포하는 등으로 대처하였다.[23]

미국에서는 노예제 철폐 운동에 참여한 여성들이 여성이라는 이유로 논의에서 배제당하고 존중받지 못한 경험을 하고 뉴욕의 세네카 폴즈에서 여성 인권을 위한 대회(First Convention for Woman's Rights)를 열고 「여성의 감정선언」(Declaration of Sentiments)를 1848년에 선포한 사건이 법과 남성, 사회에 대한 여성들의 비판과 도전의 계기가 되었다. 이 선언은 "모든 남성과 여성은 조물주에 의해 평등하게 만들어지고 생명, 자유, 행복추구권을 포함하여 양도할 수 없는 인권을 부여받았다", "인류의 역사는 남성이 여성우위의 절대적인 권력체제를 확립하기 위해 여성의 권리를 침해하고 억압한 역사이다. 남성은 시민으로서의 가장 기본적 권리인 선거권, 재산권, 직업을 가질 권리, 교육을 받을 권리, 의회와 교회 등에서 대표자가 될 권리 등을 여성에게 인정하지 않았다. 남성은 법을 만드는 데에 여성의 발언권을 인정하지 않으면서 여성에게 법의 복종을 강요한다. 우리는 국민의 절반인 여성에게 시민으로서 가져야 할 권리와 특권을 즉각 부여할 것을 주장한다."라고 천명하였다.[24]

이러한 사건들을 계기로 법에 대한 여성들의 자각이 높아지면서 투표권 등의 인권을 확보하려는 여성인권운동이 전개되었다[25] 그 결실로 여성도 투표권을 가지게 되었지만, 시민혁명의 발생지인 프랑스에서는 시민혁명 후 156년이 지난 1945년에, 미국은 1920년에, 영국은 1928년에야 비로소 이를 허용하였다.

그런데 여성들의 인권이 각국에서 법으로 보장되게 된 데에는 1945년 10월에 설립된 UN(국제연합)의 영향과 1960년대부터 전개된 여성해방운동(제2물결 페미니즘) 영향이 크다. UN은 설립할 때부터 세계 인구의 반수를 차지하는 여성들

---

23) 이 선언문은 여성인 작가이자 정치가인 올랭프 드 구즈(Olympe de Gouges)가 주도하여 작성되었다. 1793년에 모든 여성의 정치결사를 금지하는 법령이 공포되었다. 1795년에는 여성만의 의회 방청과 정치적 집회 참가를 금지하는 법령이 공포되었다. 또한 질서가 회복될 때까지 모든 여성은 각자의 가정으로 돌아가야 하며 5명 이상의 여성이 거리에서 같이 모여 있는 것이 발견되면 무력으로 해산하고 이를 따르지 않는 사람은 체포한다는 「가정복귀령」도 공포되었다(辻村みよ子·金城淸子, 女性の權利の歷史, 岩波書店, 1992, 35-45面).

24) 辻村みよ子·金城淸子, 앞의 책, 1992, 66-68面, 246-249面.

25) 윤진숙(역), 여성인권의 역사 — 서양 페미니즘을 중심으로 — (원문: Margaret Walters의 FEMINISM: A VERY SHORT INTRODUCTION), 동방문화사, 2020, 195-128면; 辻村みよ子·金城淸子, 앞의 책, 1992, 53-90面.

이 성차별을 받고 있는 문제를 중시하고 성차별의 철폐를 UN의 주요활동으로 정하였으며 1979년 12월에 채택한 「여성차별철폐협약」 등의 각종 국제인권문서들을 통해 가입국에 여성에 대한 차별철폐 조치를 할 것을 촉구하였다. 그러나 한편, UN은 여성에 대한 성희롱, 성폭력, 가정폭력, 강제적 성매매 등의 폭력 문제에 대해서는 1990년대에야 문제를 삼고 1993년 12월에 「여성폭력철폐선언」을 총회에서 채택하여 국제적 인권 문제로 부각시켰다.

(2) 젠더법학의 생성과 전개의 배경

1980년대 후반부터 국제적으로 '젠더'란 용어가 많이 사용되고 1990년대부터 젠더법학이 출현하게 된 배경에는 여성주의(페미니즘), 법여성학에 대한 비판과 UN의 21세기 성평등(gender equality) 실현 전략이 있다.

1) 여성주의에 대한 비판의 요지는 여성 지위가 상당히 향상되고 있음에도 여성을 피해자와 약자, 남성은 가해자와 강자로 여기고 여성과 남성의 대결을 조장시키며 남성과 성소수자의 입장을 경시한다는 것이다. 법여성학에 대한 비판의 요지는 여성의 경험과 시각, 목소리를 중시하여 남성의 참여를 활성화시키지 못하는 경향이 있고, 가부장적 사회에서 생성된 이성애주의를 젠더 바이어스로 인식하지 못한다는 점 등이다.

2) UN의 21세기 성평등 실현 전략은 1995년 9월에 북경에서 제4차 세계여성대회를 개최하여 채택한 행동강령에서 제시되었다. 이 강령은 여성이 남성과 달리 임신·출산하는 생물학적 차이 외에 '여성다움과 남성다움'으로 표현되는 성별에 따른 기질·능력·역할의 차이, 즉 사회문화적 차이와 여성과 남성의 성적 욕구와 표현, 감수성과 같은 성적인 차이는 생래적인 것이 아니라 가부장적 사회에서 만든 통념이라는 것을 분명히 하였다. 나아가 성별의 차이와 정체성에 대한 생물학적 이해(성, sex), 사회문화적 이해(성별, gender), 성적인 이해(성애, sexuality)는 명확히 구별되는 것이 아니라 유기적으로 결합하여 성별을 이유로 한 차별과 폭력을 발생키는 요인이 된다며 이 세 가지를 통합하여 넓은 의미의 '젠더(gender)'라는 용어를 사용하였다.[26] 이 '젠더'란 성별, 성차에 관한 인식을 말한다.

---

26) 辻村みよ子, 앞의 책, 2013, 1-2面; 三成 美保 外 3人, ジェンダー法学 入門, 法律文化社, 2011, 4-6面.

그리고 젠더에 따른 불평등이 없는 젠더(성)평등(gender equality)을 실현하기 위해서는 성별에 관한 고정관념(성별분업관, 성별특질론)의 해소와 아울러 모든 의사결정과 입안, 계획에서부터 여성을 참여시켜 남성 주류의 의사결정과 권력구조를 민주적이고 평등하게 변화시키는 성주류화(gender mainstreming), 법과 정책·예산·사업과 프로그램·관행 등이 여성과 남성에게 미치는 영향이 다를 수 있다는 것을 인지하고 성별에 따른 불평등이 발생하지 않도록 하는 성인지(gender sensitive) 정책과 예산, 교육이 필요하다고 하였다. 특히 법을 집행하는 공무원과 법조인에 대하여 여성 피해자의 입장을 고려하는 성인지 교육이 중요하다고 하였다.

2. 미국의 동향[27]

(1) 법여성학의 동향

미국에서 법여성학의 발아기는 1960년대부터 전개된 여성해방운동으로 '여성주의(페미니즘)'에 대한 관심이 증대되고 '여성학'이 생성된 것을 계기로 남성의 전유물로 여겨졌던 법의 영역에 여성들의 진출이 증가하고 법과 법실무를 여성주의에 기초해 재검토하는 시도가 이루어진 때이다. 1969년에 듀크대를 비롯하여 여러 로스쿨에 '여성과 법'(Women and Law)이란 교과목이 신설되었으며 여성 법학자와 법실무가들이 양성되기 시작하였다.

법여성학의 성장은 1978년에 하버드 대학에 'Women's Law Journal이 발간된 것과 1981년에 'Feminist Jurisprudence'란 명칭을 붙인 문헌 발간을 계기로 한다. 1980년대에 다수의 문헌[28]이 발간되었고 여러 대학에서 일반 법학술지와

---

27) 김문현, "남녀평등에 관한 미국 법여성학적 시각들에 대한 일고찰", 공법연구 제29집 제3호, 한국공법학회(2001), 224-241면; 이은영, 앞의 글(1993), 59-62면; 엄순영, 앞의 논문(2011), 161-179면; 오정진, 앞의 논문(1999), 163-180면; 양현아, 앞의 논문, 2002, 230-262면; 최일숙, "미국 여성주의 법학의 소개", 젠더법학 제1권 제1호, 한국젠더법학회(2009), 47-67면; 金城淸子, 앞의 책, 2004, 1-12面; 辻村みよ子, 앞의 책, 2016, 2-3面; Nancy Levit & Robert R. M. Verchick, Feminist Legal Theory — A Primer, New York University Press, 2006, pp. 1-56 등.

28) Ann C. Scales, 앞의 논문, 1981; Catharine A. Mackinnon, "Feminism, Marxism, Method, and the State: Toward Feminist Jurisprudence, Signs: Journal of Women in Culture and Society Vol. 8, No. 4, 1983; Ann C. Scales, "The Emergence of Feminist Jurisprudence: An Essay", The Yale Law Journal Vol. 95, No. 7, 1986; Patricia A. Cain, "Feminist Jurisprudence: Grounding the Theories", The Berkeley Women's Law Journal Vol. 4, No. 2, 1989; Mary Becker, Cynthia Grant Bowman, Feminist Jurisprudence-Taking Women Seriously(Third

는 별개로 법여성학 학술지가 발간되었으며, 대학의 관련 교과목 개설이 확산되었다. 한편, 올센(Frances E.Olsen) 교수를 비롯한 법여성학자들은 1980년대 초기에 기존의 법학을 사회주의(마르크스주의)의 관점에서 비판한 비판법학(Critical Legal Studies)학회에 분파를 만들어 활동하였다. 그리하여 법여성학은 'Feminist Critical Theory'란 명칭으로 불리기도 하였다. 그러나 비판법학에 여성주의가 완전히 통합되지 못하고 여성주의 연구가 주변화되는 경향이 있어 1980년대 후반부터 독립하여 'Feminist Legal Theory'란 명칭을 붙인 문헌[29] 발간과 강좌 개설 등을 통해 발전하여 오고 있다.

법여성학자들은 법과 판례의 평석에 그치지 아니하고 직접 법안을 마련하고 소송에 참여하여 법과 판례, 정책을 변화시키는 활동을 적극적으로 수행하였다. 대표적인 사례로서 맥키논(Catharine A. Mackinnon) 교수는 1983년에 법여성학 구축의 필요성을 주장하는 논문[30]을 작성하였다. 또한 여성들이 사업장 등에서 성적 언동으로 괴롭힘을 당하는 문제를 성희롱(sexual harassment)이라 이름 붙이고 이를 남성의 여성에 대한 지배 체제에서 발생하는 권력형 차별 문제로 부각시켰으며 1980년대에 연방고용평등위원회(EEOC)가 성희롱에 관한 지침을 제정하고 법원이 성희롱을 인정하는 판결들을 내리는 데 기여하였다.[31] 또한 드워킨(Andrea Dworkin)과 함께 포르노를 규제하기 위한 지방의회 조례들의 초안을 작성하고 시행하게 하였다.[32]

그런데 여성들이 억압당한 원인과 해결에 관한 시각은 여성주의(페미니즘)의 갈래마다 다르기 때문에 법여성학의 유형도 다양하다. 1970년대까지는 남녀 동일론이 대세였다. 이에 자유주의 페미니즘은 남성을 표준으로 하여 남녀에게 동일

Edition), West Group, 2007 등.

29) D. Kelly Weisberg(ed.), Feminist Legal Theory: Foundations, Temple University Press, 1993; Frances Olsen(ed.), Feminist Legal Theory — Foundations and Outlooks (Ⅰ), (Ⅱ), New York University Press, 1995; Nicola Lacey, "Feminist Legal Theory and The Rights", in Karen Knop(ed.), Gender and Human Rights, Oxford University Press, 2004; Nancy Levit & Robert R. M. Verchick, 앞의 책, 2006 등.

30) Catharine A. MacKinnon, 앞의 논문(1983), pp. 635-658.

31) Catharine. A. MacKinnon, The Sexual Harassment of Working Women — A Case of Sex Discrimination, Yale University Press, 1979.

32) 심영희, "포르노의 법적 규제와 페미니즘", 한국여성학의 전망과 과제: 여성학과 여성운동(10주년 기념학술대회 자료집), 한국여성학회(1994), 152-156면.

한 권리와 기회를 부여하기 위한 여성에 대한 차별의 해소에 주력하였다. 여성문제의 해결방안으로 마르크스주의 페미니즘은 자본주의 생산양식의 해체를, 사회주의 페미니즘은 자본주의와 가부장제의 해체를 제시하였다. 1980년대에는 성 특히 성애(sexuality)에 의한 여성의 종속과 성적 대상화, 성적 자기결정권, 남성의 성적 지배와 성희롱에 관심을 주력한 급진적 페미니즘과 남성을 비교 대상으로 하는 것을 거부하고 남녀 차이론을 중시하며 여성의 돌봄과 배려에 중요한 가치를 부여하는 문화적 페미니즘이 주목받았다. 1990년대에는 다양성을 중시하는 시대로서, 기존의 페미니즘이 집단으로서 여성과 남성의 대결 구도로 논의를 하는 것을 비판하고 여성 내부에 다양한 상황과 입장이 존재하므로 개개인을 타인과 비교하지 않고 각자의 삶과 권리, 선택에 동등한 가치를 부여해야 한다는 포스트모던 페미니즘이 주목받았다.[33]

　　그런데 미국의 법여성학은 실행에 있어 일본, 유럽 등과 다른 특성이 있다. 미국은 현재 190여개 국가가 가입하여 성평등 실현을 위한 보편적 규범이 되고 있는 「UN 여성차별철폐협약」에 가입하지 않고 있으며 또한 ILO가 1981년에 채택한 「가족부양책임을 가진 남녀근로자의 고용평등에 관한 협약」(제156호 협약)에도 가입하지 않았다. 이것은 미국 법여성학이 법이론, 법의 철학적 측면에 중점을 두고 실정법과 법실무의 개선에 국제인권협약들을 크게 활용하지 않는 상황과 관련이 있다. 또한 미국은 자유주의, 개인주의를 중시하여 국가가 개입하여 여성문제 해결을 하는 방식을 지양하는 경향이 있는 점도 국가가 여성 등의 사회적 소수자 문제에 적극적으로 개입하여 보호를 통하여 사회통합과 국가발전을 이루려는 유럽 등과는 차이가 있다. 이 차이는 여성의 임신, 출산 문제에 대한 대처에서도 선명하게 나타난다. 미국의 임신차별금지법(Pregnancy Discrimination Act)과 판결은 임신·출산을 다른 질병과 다르게 취급하는 것을 금지할 뿐, 유럽 등에서와 같이 임신·출산을 이유로 한 유급휴가와 사회보험에 의한 비용 부담 등의 모성보호 조치를 옹호하지 않는다.

---

33) 김문현, 앞의 논문, 255면; 양현아, 앞의 논문(2004), 84-101면; 엄순영, 앞의 논문(2011), 161-168면; 윤진숙, "미국의 포스트모던 페미니즘 법담론에 관한 연구", 법과 사회 제28호, 법과사회이론학회(2005), 151-177면 등.

(2) 젠더법학의 동향

미국에서 1980년대 후반부터 1990년대에 젠더법학이 출현한 것은 여성주의와 젠더에 관한 국제적 동향과 맥락을 같이한다. 이러한 배경으로 학술지와 대학교과목 명칭에 '여성'(women)이 '젠더'(gender)로 대체되는 경향이 커졌다. 예를 들면, 1989년에 창간된 콜롬비아의 잡지는 'Colombia Journal of Gender and Law'로, 1993년 이후의 아메리칸 대학, 미시간 대학, 듀크 대학의 학술지도 'Journal of Gender and Law'로 이름이 붙여졌다. 2004년에는 'Havard Women's Law Journal'은 'Havard Journal of Law & Gender'로 변화되었다. 아울러 대학의 법 강좌에도 "Gender"를 붙이는 경우가 증가하고 있다.[34]

3. 일본의 동향[35]

(1) 법여성학의 동향

1) 일본에서 법여성학은 1970년대부터 변호사들이 여성정년차별사건(여성결혼·출산퇴직 사건, 여성조기정년제 사건)과 여성임금차별사건의 소송들을 수행하면서 전통적 성별분업관·성별특질론을 당연시하고 기업의 여성차별문제를 사법(私法)상의 문제로만 보고 「헌법」의 평등권침해문제로 보는 데에는 매우 소극적인 주류법학과 선행 판결에 부딪히자 여성주의에 기초한 법이론과 해결 방안이 필요함을 느껴 1980년대 초반에 도입하였다. 이러한 배경에서 일본 법여성학은 교수보다 법실무가인 변호사들이 주도하였다. 일본 법여성학 선구자인 金城清子 변호사는 미국 연수 중에 Feminist Jurisprudence를 연구한 후 일본에서 「법여성학의 지향 – 여성들의 법률에 대한 문제제기」란 책의 제1판을 1983년에, 제2개정판을 1988년에, 제3개정판을 1992년에 발간하였다.[36] 또한 辻村みよ子 변호사와 공저

---

34) 辻村みよ子, 앞의 책(第2版), 2016, 2-3面.

35) 金城清子, 앞의 논문, 2004, 1-14面; 辻村みよ子, ジェンダー法學敎育の構想, ジェンダーと法, No. 1, 日本ジェンダー法學会(2004), 60-64面; 松本克美, "ジェンダーと法敎育研究の課題と主體形成 — ジェンダー法學会10年の活動おまえて", 講座ジェンダーと法 第4卷, 日本ジェンダー法學会編, 日本加除出版株式會社(2002), 189-190面; 戒能 民江, "ジェンダー法學会の10年, そしてセカソドステージへ", ジェンダーと法, No.10, 日本ジェンダー法學会(2013), 1-5面; 일본젠더법학회 홈페이지(http://jagl.jp(검색일 2022. 8. 22).

36) 金城清子, 法女性學のすすめ — 女性からの法律への問いかけ, 有斐閣, 1983(第1版), 1988(第2版), 1992(第3版).

한 「여성권리의 역사」란 책37)을 1992년에 발간하였고, 1996년에는 「법여성학의 구축과 과제」라는 책38)을 발간하였다. 金城淸子 변호사와 辻村みよ子 변호사는 교수가 된 후에도 관련 연구를 계속 수행하였다. 한편, 淺倉むつ子 교수는 남녀 고용평등법론에 관한 책39)을 1991년에 발간하여 노동 분야의 여성주의 법연구에 많은 영향을 끼쳤다.

2) 일본에서 법여성학은 특히 노동 분야의 입법과 소송 등 법실무 과정에서 성장하게 되었다. 여성에 대한 차별적 정년제도 등 고용상의 여성차별이 문제가 된 소송 사건을 진행하면서 법여성학자들은 1970년대 후반부터 고용상의 성차별을 구체적으로 금지하는 「남녀고용기회균등법」의 제정을 위해 노력하였다. 입법 과정에서 여성 보호규정과 남녀평등의 충돌 여부를 둘러싸고 전개된 논쟁이 지속되면서 여성들의 경험과 관점에 기초한 법여성학과 국제인권문서의 평등권론이 크게 주목받았다.

3) 일본 법여성학은 미국과 달리 국제인권문서들을 많이 활용하고 있다. 일본 정부는 국제사회에서 인정받기 위해 UN의 「여성차별철폐협약」과 ILO의 「가족부양책임을 가진 남녀근로자의 고용평등에 관한 협약」등 여성 인권과 남녀평등의 실현을 위한 국제협약을 비준하려고 노력하였다. 법여성학을 추구하는 전문가와 활동가들은 일본 주류의 법학자와 법조인, 정치가, 행정가들에게 이러한 국제협약의 비준에 필요한 일본의 성차별적 법제도와 판례의 변화 필요성을 설득하고 협약 비준을 위해 적극적인 활동을 전개하였다. 그 결실로 1985년에 「여성차별철폐협약」 등의 협약 비준과 「남녀고용기회균등법」의 제정이 이루어졌다.

4) 이러한 배경으로 여러 대학에서 1980년대와 1990년대에 걸쳐 '법여성학', '여성과 법'이란 명칭의 교과목이 개설되고 연구가 활성화되었다.

(2) 젠더법학의 동향

일본에서 법여성학은 2000년대부터 다음과 같은 배경과 사건을 계기로 젠더 법학으로 전환되었다.

1) 1990년대 중반부터 여성주의에 대한 반격이 시작되고 '젠더'(gender)라는

---

37) 辻村みよ子・金城淸子, 女性の權利の歷史, 岩波書店, 1992.
38) 金城淸子, 法女性學 — その構築と課題, 日本評論社, 1996.
39) 淺倉むつ子, 男女雇用平等法論 — イギリスと日本, ドメス出版, 1991.

용어가 국제적으로 널리 사용된 국제적 추세의 영향을 받았다.

2) 일본은 1994년에 21세기 국가발전전략 중의 하나로 '남녀공동참획사회(男女共同参劃社会)의 형성'을 채택하였다. 이에 따라 총리와 장관으로 구성된 남녀공동참획 본부를 출범시키고 남녀공동참획담당 장관을 두었다. 그리고 1995년부터 지방자치단체가 남녀 주민, 공무원과 협력하여 남녀공동참획의 도시 또는 마을을 만들겠다고 선언하고 추진하면 중앙정부가 지원하는 사업을 실시하였다. 여기서 '남녀공동참획'이란 UN이 추진하고 있는 성주류화(Gender Mainstreaming)와 유사한 것으로서 모든 부문에서 남성이 주도하던 계획 수립, 의사결정에 여성의 참여를 증대시켜 남녀평등을 촉진시키는 전략이다. 「남녀공동참획사회기본법」은 1999년에 제정되었다. 이러한 사업과 법은 국제인권문서와 함께 일본의 법과 사회를 남녀평등하게 발전시키는 데 크게 활용되고 있다.[40]

3) 2002년부터 법여성학을 주도하던 金城淸子, 淺倉むつ子 등의 법실무가, 학자들이 법분야에서의 남녀공동참획사회를 실현하자며 남녀가 함께 참여하는 젠더법학의 도입을 주장하는 문헌을 발간하기 시작하였다. 2003년 12월에는 일본젠더법학회(日本ジェンダ-法学, Japan Association Gender and Law)가 창립되었다. 이 학회는 "법학을 젠더의 시점(視點)에서 심층 연구하는 것"과 "젠더 법학에 관한 교육 방안을 개발, 탐구하는 것", "법학에 관한 연구와 실무의 가교(架橋)를 하는 것"을 목적과 설립취지로 한다. 학회에 남성이 회장이나 사무국장이 될 정도로 남성의 참여가 활발한 편이다. 또한 매년 심포지엄과 학술지 [젠더와 법]을 발간하고 있는데 2004년에 발간된 창간호부터 지속적으로 성소수자 문제를 취급하고 있다. 학회는 창립 10주년 기념 심포지엄을 2012년 12월에 개최하였는데, '젠더법학 교육', '섹슈얼리티와 젠더', '성적 소수자의 인권보장'을 주요한 논의 주제로 하였다. 또한 특별히 "동아시아에서의 젠더법학의 전개와 과제"라는 주제의 국제심포지엄[41]과 "미국에서의 성적 소수자의 권리보장"이란 주제의 특별강연을

---

40) 필자는 2000년에 당시 지방자치단체에서 여성정책을 담당하던 공무원들과 함께 일본에 가서 남녀공동참획선언도시화사업 시찰을 하고 2001년에 한국여성개발원에서 「남녀평등도시 모델개발 연구」를 하였다. 또한 2002년에 서울 행정학회 세미나에서 "일본지자체의 남녀공동참획선언도시화사업" 발제를 하였다.

41) 국제심포지엄의 진행은 일본 최초의 성희롱 소송사건의 변호사이자 당시 후쿠오카(福岡) 법과대학의 林弘子 교수가 하였고, 필자는 당시 한국젠더법학회 회장으로서 일본젠더법학회의 요청에 따라 "한국에서의 젠더정책과 여성의 정치참가"라는 제목의 발제를 하였다. 그 외 馬憶南 중국북

개최하였다. 또한 "강좌 젠더와 법"이란 명칭으로 4권의 책[42]을 발간하였다. 최근 학회는 심포지엄 주제로 "젠더평등, 성피해의 사법"(2020년), "코로나 19와 성범죄 개정의 과제"(2021년)를 채택하였다.

4) 한편, 일본에서 1980년대부터 1990년대에 걸쳐 '법여성학', '여성과 법'이라는 교과목이 법학부 등에 설치되었지만, 법학전문대학원이 2004년에 개원되면서 '젠더법학'이란 명칭의 교과목이 설치되었다. 일본젠더법학회는 2003년 12월에 개최된 창립대회의 심포지엄 주제로 "젠더법학교육의 현상과 과제"를 채택한 것을 비롯하여 지속적으로 젠더법학 교육을 주제로 한 심포지엄 개최를 하고 있다. 또한 젊은 연구자와 실무자 양성을 위해 매년 학술 장려상을 시상하고 있다. 대학원의 교육 연구 기능을 강화하여 국제적으로 탁월한 연구 기반하에 세계를 리드하는 창조적 인재 육성을 도모하고, 연구 교육 거점을 구축할 수 있도록 지원하는 COE(Center of Excellence) 프로그램에 젠더법학 연구가 포함되어 젠더법학의 후속세대 양성과 연구거점을 구축하였다.

그런데 일본의 법여성학, 젠더법학의 동향에서 우리나라와 다른 상황에 주목할 필요가 있다.

1) 일본의 법여성학, 젠더법학이 겪는 주요한 난제는 가부장적 가족제도 관련 문제이며 일본의 법과 판결은 우리나라와 달리 변화가 느린 편이다. 이러한 상황에 대해 법연구자들은 국제인권기준을 들어 문제를 지적하면서도, 성평등 실현을 위한 법의 강제를 요구하지 않고 교육과 자율적 실행 의지를 조장하는 조치를 촉구하고 있다.

① 우리나라에서는 여성은 이혼 후 6개월이 경과하여야 재혼할 수 있다는 법규정은 여성차별 논란이 있어 2005년 3월말, 가족법 개정 시에 삭제되었다. 반면, 일본에서는 그 법규정으로 인해 재혼을 못한 여성이 국가에 배상을 요구하는

경대학 법학원 교수이자 여성연구센터 부주임의 "중국에서의 여성법학연구의 현상과 동향", 陳惠馨 대만정치대학 법학원 교수의 "대만에서의 「성평등(Gender Equality) 교육법」의 제정과 발전", 李玉璽 박사의 "대만의 대학과정에서의 젠더법학 교육의 실천과 문제점"이란 발제가 있었다. 그 후 3명의 일본 법학교수(神尾眞知子 등)의 지정토론이 있은 후, 浅倉むつ子 교수의 총괄평이 있었다(발제 원고와 총평은 일본젠더법학회의 학술지 「ジェンダーと法」(2013년 제10호: "ジェンダー法學の10年")의 23-67면에 수록되어 있다).

42) 제1권 젠더법학의 영향(第1卷 ジェンダー法学のインパケト), 제2권 고정된 성역할로부터의 해방(第2卷 固定された性役割からの解放), 제3권 폭력으로부터의 해방(第3卷 暴力からの解放), 제4권 젠더법학의 전망(第4卷 ジェンダー法学が切り拓く展望).

소송을 제기하여 성차별 논란이 제기되자 2015년 12월, 일본 최고재판소는 "여성의 재혼 금지 기간이 100일이 넘는 것은 과잉 제약으로 헌법 위반"이며 "100일이면 이혼 후 태어난 자녀의 아버지를 판정하는 데 합리적 제한"이라고 판결하였다. 이에 따라 2016년 6월에 「민법」이 개정되어 재혼금지기간을 100일로 단축하되, UN 여성차별철폐위원회가 "재혼금지기간 규정 자체가 차별적"이라고 폐지를 권고한 사실을 감안해 부칙으로 "3년 후에 제도의 변경을 검토한다"는 조항을 넣었다. 그리고 2022년 2월 15일, 일본 법제심의회가 폐지안을 법무부 장관에 제출하여 폐지에 대한 기대를 높이고 있다.[43]

② 우리나라에서는 부부는 각자의 성(姓)을 사용한다. 다만, 자녀의 성과 본은 아버지의 것에 따르도록 하는 것을 원칙으로 하여 「UN여성차별철폐협약」 중 부부가 가족성을 동등하게 정할 권리를 규정한 조항에 대한 비준 유보를 해제하지 못하고 있다. 그런데 일본 「민법」은 1898년 제정될 때 혼인 후 아내가 남편의 성을 따르는 것을 원칙으로 하였다가 1947년, 부부가 부부 어느 한쪽의 성을 따라 가족성을 만들도록 개정되었지만, 실제 부부 대다수가 남편의 성을 따라 가족성을 정하였다. 그런데 1985년에 「UN여성차별철폐협약」 비준을 계기로 부부별성제 도입 요구가 확산되었으나 최고재판소는 2015년에 이어 2021년에도 부부동성조항에 합헌 판결을 내렸다.[44]

2) 우리나라는 모성보호 규정을 포함한 「근로기준법」과 남녀차별금지규정, 직장 내 성희롱 규정을 포함한 「남녀고용평등법」을 위반한 사업주에 대하여 징역형을 포함한 처벌 규정을 두고 있다. 반면, 일본에서는 사업주 처벌 규정을 두지 않고, 사업주에게 법 준수를 권유하며 행정 지도와 지원을 한다.

3) 우리나라는 성희롱·성폭력·가정폭력·성매매 예방 교육의 실시, 대학 내 인권센터의 설치, 성별영향평가·성인지 예산·성인지 교육의 실시를 법으로 의무화시키고 있다. 반면, 일본에서는 기업이나 기관, 대학의 자율에 맡기고 법적 의무 규정을 두고 있지 않다.

---

43) 중앙일보, "日 법원 '여성은 이혼 후 100일 내 재혼 못한다' 합헌 판결", 2018. 3. 14. 기사; 한국일보, "日, '여성 재혼 금지기간' 120년 만에 없앤다", 2022. 2. 15. 기사; 서울신문, "일본 '이혼여성 100일간 재혼 금지' 조항 … 124년 만에 폐지되나", 2022. 2. 16. 기사 등.
44) 한국일보, "'일본에선 부부가 같은 성(姓) 써야'… 또다시 '합헌' 결정", 2021. 6. 23. 기사; 경향신문, "'부부가 성씨가 다르면 정이 없다' 일본 이번에도 부부동성 존치", 2021. 6. 24. 기사.

IV. 우리나라 법여성학과 젠더법학의 동향[45]

1. 법여성학의 발아기(해방 후~1960년대)

(1) 여성주의 입법운동의 발아

1945년 해방 후 미군정기에 여성단체들이 여성 대상의 인신매매, 공창제, 축첩제의 폐지를 위하여 적극적으로 전개한 입법청원 운동은 여성의 경험과 시각에서 여성인권과 남녀평등을 위한 입법을 요구하는 여성주의 입법운동의 효시라 할수 있다. 이 운동은 미군정청이 1946년에「부녀자 매매를 금지하는 법령」을 공포한 데 이어 1947년에는 "일본 이래의 악습을 배제하고 인도(人道)를 창명하기 위하여 남녀평등의 민주주의적 견지에서"라는 입법취지를 명시한「공창제도 폐지령」을 공포함으로서 결실을 이루었다. 그런데 축첩 폐지 운동[46]은 남성들의 저항이 많아 축첩 폐지를 위한 법령이 제정되지는 않았지만, 1948년에 제정된「헌법」에 "혼인은 남녀동권을 기본으로 하며 혼인의 순결과 가족의 건강에 관하여는 법률이 정하는 바에 의하여 국가의 특별한 보호를 받는다."라는 조항(제20조)이 도입되고, 1953년에 제정된「형법」에 간통 쌍벌주의가 도입된 데 마중물이 되었다.

여성주의 입법운동은 1948년 대한민국 정부 수립 후에는 각종 법령을 제정하는 과정에서 가족법 개정운동으로 전개되었다.「헌법」에 혼인에서의 남녀동권이 명시되었는데도「민법」의 제정 과정에서 남성들로만 구성된 민법편찬위원회가「친족상속법」에서는 법원칙보다는 민족의 윤리나 역사적 전통을 중시해야 한다며 호주제, 동성동본금혼제 등 가부장적 가족제도를 법제화하려고 하였다. 이에 이태영 변호사 등과 여성단체, 남성 지원자(정일형 의원, 정광현·김주수 교수 등)가 위헌론을 주장하고 1957년 11월에「민법」의 제정안에 대한 수정안을 국회에 제출하였다.

---

45) 김엘림, "법학에서의 여성주의 연구의 도전과 과제", 각 학문 영역에서 여성주의 연구의 도전과 과제, 한국여성연구학회협의회 엮음, 한울아카데미(2013); 김엘림, 앞의 논문(2013), 115-119면, 122-124면; 김엘림, "한국젠더법학의 전개와 과제", 이화젠더법학 제10권 제2호, 이화여자대학교 젠더법학연구소(2018), 6-26면 등.
46) 마정윤, "해방 후 1950년대까지의 여성관련 법제화와 축첩제 폐지운동", 이화젠더법학, 제8권 제3호, 이화여자대학교 젠더법학연구소(2016), 165-181면.

(2) '남녀평등'을 명시한 판례와 여성주의 법적 논쟁의 발아[47]

1) 1947년에 대법원은 처가 남편의 허락 없이 재산처분이나 소송 제기 등의 법률행위를 하는 것을 금지한 「일본 민법」 제14조는 남편에게 우월적 지배권을 부여하고 남녀평등을 부인하며 여성에 대하여 현저히 성차별을 한 것이므로 민주주의에 기초삼아 국가를 건설해야 하는 우리 상황에 적합하지 않다며 적용을 거부한 판결(1947. 9. 2. 선고 민상 제88호)을 하였다. 이 판결은 우리나라 최초로 '남녀평등'을 명시한 판결이다.

2) 이 대법원 판결에 관하여 남성 법학자들 사이에 처의 행위능력 제한 조항이 남녀평등에 반하는 것인지, 여성의 지위와 역할 차이에 따른 합리적 차등인지 여부에 관하여 논쟁이 발생했다. 이것은 우리나라 여성주의 법적 논쟁의 발아라 할 수 있다.

(3) 여성주의 법교육과 법문헌의 발아

1) 이화여대는 1950년에 법률학과를 창설하고 '여성과 법률' 교과목을 개설하여 교육을 실시하며 여성 법학도들을 양성하였다. 이것은 여성주의 법교육의 발아라 할 수 있다.

2) 인권변호사인 김춘봉 변호사가 「여성의 법률」이란 책을 1956년에 발간하였는데 이 책은 여성주의 법교육의 최초의 교재로 볼 수 있다.[48]

(4) 여성주의 권리구제 활동의 발아

1) 이태영 변호사 등이 1956년에 여성법률상담소를 창립하고 1966년에 한국가정법률상담소로 전환시켜 상담과 법률구조를 실시한 것은 가족 분야에서의 여성주의 법률구조활동의 효시라 할 수 있다.

2) 한국여성단체협의회가 1964년에 여성문제상담실을 개설하고 주로 근로여성에 대한 상담을 하고 '버스 여차장', '간호원' 등의 권리구제 활동을 전개한 것은

---

47) 김엘림, 앞의 책, 2013, 103-106면; 양창수, "우리나라 최초의 헌법재판논의 — 처의 행위능력 제한에 관한 1947년 대법원 판결에 대하여 — ", 서울대학교법학 제40권 2호, 서울대학교 법학연구소(1999), 127-138면.

48) 김춘봉, 여성의 법률, 1956, 삼협문화사; 차선자, "법학전문대학원에서의 젠더법학의 교육", 법사학연구 제43호, 한국법사학회(2011), 146면.

노동 분야의 여성주의 법률구조활동의 효시라 할 수 있다.

2. 법여성학의 태동기(1970~1980년대)

(1) 여성주의 법교육의 태동

이화여대는 1977년에 여러 학과의 교수들이 참여하여 여성주의에 기초한 통합적인 '여성학' 교육을 학부 교양과목으로 실시하고 교재를 발간하였는데 그중에 '여성과 법' 교과과정이 편성되었다. 1982년에는 여성주의적 관점을 훈련하며 전문직 지식을 갖춘 학술연구자 및 여성주의 활동 리더를 배출하고자 대학원 여성학과를 개설하였다. 이것은 여성주의 법교육을 태동시킨 것이라고 할 수 있다.

(2) 여성주의 법연구의 태동

1970년대에 여성주의에 기초하여 신인령 교수의 여성 노동문제에 관한 글[49]과 이은영 교수의 여성운동과 법의 관계에 관한 글[50]이 출현하였다. 1980년대에 윤후정 교수의 「헌법」과 「형법」의 양성평등에 관한 논문들[51]과 1989년 12월에 '법여성학' 이름을 붙인 최초의 책이 윤후정·신인령 교수에 의해 출현하였다. 이러한 연구는 여성주의 법연구의 길라잡이가 되었다.

(3) 여성주의 입법운동의 태동

1980년대에는 여성주의 입법을 위한 연구와 운동이 체계적이고 조직적으로 이루어졌다. 이러한 태동에 다음 두 가지 요인이 주요하게 작용하였다.

1) 1980년부터 여성에 대한 차별철폐와 인적 자원화를 통하여 국가발전을 추구하려는 '여성정책'이 수립되었다. 그 실행을 위해 여성문제에 관한 연구와 교육 등을 전담하는 정부출연기관으로 한국여성개발원이 1983년 4월에 설립되었

---

49) 신인령, "여성운동과 근로여성", 기독교사상, 대한기독교교회(1978); 신인령, 여성·노동·법, 풀빛, 1985; 신인령, "한국의 여성노동문제", 노동법과 노동운동, 일월서각(1987); 김엘림, "신인령 교수의 여성노동기본권에 관한 고찰", 노동법의 이론과 실천, 신인령선생님정년기념논문집간행위원회, 박영사(2008), 3-27면; 그외 윤성천 교수가 저술한 "여성근로자의 보호와 남녀평등 — 최근의 동향을 중심으로", 고시연구 7월호(1979)란 글도 1980년대의 여성보호규정과 남녀고용평등 입법의 관계 정립에 유용한 문헌이다.

50) 이은영, "여성운동과 법", 여성해방의 이론과 현실, 이효재 엮음, 창작과 비평, 1979.

51) 윤후정 교수의 "미국 헌법상 성차별과 평등권"(1980)과 "형벌과 양성평등"(사회과학논집 제8집, 이화여대 법정대학(1988)).

다. 이 곳에 필자를 포함한 법전공자들로 구성된 여성 법제 전문연구팀이 조직되어 여성 관련 법제와 정책에 관한 연구를 하고 「남녀고용평등법」의 제·개정안, 「윤락행위등방지법」·「헌법」의 개정안 등의 입법안들을 제시하였다.52)

2) 여성단체들은 여성문제의 해결방안으로 법의 제정과 개정을 여성운동의 주요 방법으로 삼았다. 기존의 한국여성단체협의회뿐 아니라 1980년대에 새로 생긴 진보적 여성단체들은 한국여성단체연합, 한국여성노동자회, 한국여성의전화 등과 같은 연대조직을 만들고 남녀 법전문가들과 협력하여 입법청원서 제출, 토론회 개최, 서명운동과 캠페인 등 다양한 방법으로 입법화를 추진하였다.

당시 여성주의 입법 연구와 운동은 「헌법」 개정,53) 「가족법」 개정,54) 「UN 여성차별철폐협약」 비준, 「남녀고용평등법」 제정과 개정,55) 「윤락행위등방지법」 개정,56) 「영유아보육법」 제정을 주요 대상으로 추진되었다.

---

52) 이은영 교수는 "여성개발원이 설치되어 이곳에서 법여성학 연구를 전담하는 법률가가 생기게 된 것도 법여성학의 개척에 큰 도움을 주었다. 이들은 주로 정책적 연구를 담당하였으며 특별법의 분야에서 새로운 제도를 신설하기 위한 각론적 연구에 집중하였다. 1980년대 이후 여성 관련 특별법의 제정과 개정에는 이들의 연구가 큰 도움이 되었다."라고 평가하였다(이은영, 앞의 논문 (2004), 33면).

53) 1980년 「헌법」 개정 시에 윤후정 교수 등 여성법학자들이 참여한 '헌법연구위원회'는 양성평등조항 신설을 위한 개정안을 마련하였다(한국여성유권자연맹, 여성유권자운동과 정치발전, 시공사, 2000). 1987년 「헌법」 개정 시에는 한국여성단체연합은 신인령 교수의 자문을 받아 「여성이 바라는 민주헌법에 대한 우리의 견해」라는 입법의견서를 제출하였다. 한국여성개발원은 필자가 작성한 「여성의 권익을 위한 헌법개정 의견서」를 정부와 국회, 각계에 제출하고 여성 의원들과 언론에 대한 설명회를 개최했다

54) 가족법 개정을 위한 여성·시민단체들의 연대조직에 이태영 변호사, 박병호·김주수·한봉호 교수 등이 가족법 개정안을 제시하였다(김엘림, "개정가족법과 가족법개정운동에 관한 연구", 여성연구 제9권 제4호, 한국여성개발원(1991), 72-75면; 안경희, "가족법 개정사와 여성운동", 이화젠더법학 제6권 제2호, 이화여자대학교 젠더법학연구소(2014), 74-128면; 한국가정법률상담소, 가족법 개정운동 60년사, 2009 등).

55) 한국여성개발원은 1985년 12월에 필자가 수행한 「여성고용촉진법제에 관한 연구」에서 남녀고용평등법의 제정안을 처음 제시하였다; 1986년 12월에 민주정의당 정책위원회 여성정책특별분과위원회가 「가칭 남녀취업평등법 제정에 관한 정책토론회」에서 이은영 교수의 "고용상 남녀평등을 위한 법제", 손창희 교수의 "남녀고용균등법 제정의 필요성과 국제동향"의 발제가 있었다. 1988년 5월에 한국여성민우회와 여성한국사회연구회는 "남녀고용평등법, 무엇이 문제인가"라는 토론회를 개최하고 개정안에 관해 논의하였다. 이 개정안 마련에 이은영 교수와 필자 등이 참여하였다(김엘림, "여성노동관계법 60년사의 성찰", 노동법학 제47호, 한국노동법학회(2013), 70-71면).

56) 한국여성개발원은 1989년에 「윤락행위등방지법 개정을 위한 연구」를 하고, 공청회를 개최하여 필자가 "매매음방지법 시안"을 발표하였다(김엘림, "윤락행위등방지법 개정을 위한 연구", 여성연구 제8권 제1호, 한국여성개발원(1989)).

(4) 여성주의 권리구제 활동의 태동

1) 가부장적 가족제도에 관한 무료 법률상담, 법률구조가 한국가정법률상담소를 중심으로 실시되었고 여기에 남녀 법전문가들과 변호사들이 참여하였다.

2) 최초의 여성 고용차별 소송인 여성 교환원 정년차별 소송이 1983년 1월에 제기되고 여성결혼퇴직제(25세 여성조기정년제)를 당연시하는 재판에 여성들이 항의하는 사건이 1985년 4월에 발생한 데 이어 여성 차별적 고용 관행에 대한 법정투쟁이 활발하게 이루어졌다. 이 투쟁에 근로 여성들과 여성단체, 여성주의 전문가들이 적극적으로 후원하였다. 특히 '인권변호사'들(홍성우·조영래·강기원 변호사 등)과 법전문가들(신인령 교수 등)이 참여하여 국내외 판례와 문헌을 분석하여 논리를 개발하고 피해자에게 무료변론 등으로 소송을 지원하였다.[57]

3) 한국여성의전화가 직장 내 여성 차별 문제와 성폭력 피해에 관한 상담을 하는 '여성문제고발창구'를 1986년에 개설하고 1987년에 국내 최초 가정폭력 피해 여성 긴급피난처 '쉼터'를 개설하는 등 여성에 대한 폭력 문제에 관한 권리구제 활동을 전개하기 시작하였다. 여기에도 남녀 법전문가들의 지원이 있었다.

3. 법여성학의 성장 초기(1990년대)

(1) 법여성학에 관한 연구와 문헌 발간의 활성화

1) 1992년 6월에 '법여성학을 연구하는 모임'이 결성되었다. 이은영 교수가 주도하여 당시 한국여성개발원의 책임연구원으로 있던 필자와 김선욱 교수, 최일숙·최은순 변호사, 강금실 판사 등이 참여하였다. 주로 외국의 법여성학 문헌들을 함께 탐구하였고, '법과 사회'이론연구회의 학술지「법과 사회」제8호의 '여성문제와 법' 특집을 기획하여 함께 논의하며 작성한 글들[58]을 게재하였다.

2) 1994년 8월부터 조형 교수가 주도하여 '양성평등과 한국 법체계'에 관한 다학제간 연구모임을 결성하였다. 1995년 7월에 학술대회를 개최한 후 1996년 11월에 같은 이름의 책을 발간하였다.[59]

---

57) 여성차별정년무효소송후원회 편, 여성차별정년소송기록집 — 김영희 사건 재판을 중심으로, 일월서각, 1986; 신인령, "여성차별 정년문제 연구", 여성·노동·법, 풀빛(1985), 135-182면; 윤후정·신인령, 앞의 책, 2001, 172-196면 등.

58) 이 특집에 이은영 교수의 "법여성학의 위상과 이념", 조은 교수의 "가족법에 대한 사회학적 비판", 최은순 변호사의 "여성과 형사법", 필자의 "여성과 노동복지관계법"이란 글이 수록되어 있다.

59) 이 책에 박은정 교수의 "양성평등의 법철학적 접근", 조주현 교수의 "여성주의에서 본 평등 문제:

3) 1990년대에 진보적 학술단체들과 여성·시민단체들이 심포지엄이나 학술
지의 특집을 마련하여 법여성학에 관한 논의의 장을 열어 준 사실도 특기할 만하다.

① 한국여성학회는 1990년에 '여성과 법'을 주제로 하여 학술대회를 개최하
였다.60) 1994년에 개최된 '한국여성학의 전망과 과제: 여성학과 여성운동'을 주제
로 한 창립 10주년 기념 춘계학술대회는 "페미니즘의 딜레마"를 주제로 한 분과
에서 법여성학의 이슈를 논의하게 하였다.61)

② '법과 사회' 이론연구회는 학술지 「법과 사회」의 특집으로 1993년에는
"여성문제와 법", 1999년에는 "여성·인권·페미니즘 법학"62)을 편성하였다.

④ 민주주의법학연구회는 1994년에 학술지 「민주법학」에 "한국 현대여성,
과연 그들은 평등한가"를 특집63)으로 편성하였다.

⑤ 한국법학교수회는 1998년에 제1회 한국법학자대회의 제5분과를 "여성과
법"으로 편성하였다.64)

4) 한편, 배경숙 교수를 회장으로 하여 아시아 여성 법학자들의 학술연구 및
교류 등을 위한 '아세아여성법학연구소'가 1996년 12월에 출범했고, 1998년에 학
술지 「아세아여성법학」을 창간하였다.

(2) 여성주의 입법 연구와 운동의 활성화

1) 한국여성개발원은 1990년대에 법연구자들을 더 충원하여 더욱 다양한 주

대안적 다름의 정치학", 김선욱 박사의 "총론: 평등권과 평등지위 실현의 과제", 이은영 교수의
"일에서의 여성의 법적 지위", 심영희 교수의 "권력·성·몸의 권리와 성 관련법의 개선안", 최금
숙 교수의 "재산에 관한 법제에서의 양성평등", 조형 교수의 "법적 양성평등과 성의 정치" 등의
글이 수록되어 있다(조 형 엮음, 양성평등과 한국 법체계, 이화여자대학교 출판부, 1996).
60) 이 학술대회에 윤후정 교수의 "평등권에 관하여"(기조 발제), 김혜숙 교수의 "가족법과 가부장제",
최광 변호사의 "세법과 성평등", 이혜경 교수의 "사회복지관련법과 여성", 박주현 변호사의 "탁아
정책과 입법안", 조순경 교수의 "남녀고용평등법의 한계와 과제"에 관한 발제가 있었다.
61) 이 학술대회에 심영희 교수의 "포르노그래피와 페미니즘", 조순경 교수의 "고용과 평등의 딜레
마", 필자의 "남녀고용평등과 여성보호"의 발제가 있었다.
62) 이 특집에 석인선 교수의 "헌법상 양성평등과 할당제", 필자의 "여성노동권의 보장과 현실", 강진
철 교수의 "매매춘", 최일숙 변호사의 "여성에 대한 폭력", 오정진 박사의 "비판 페미니즘 법학"이
란 글들이 수록되었다.
63) 이 특집에 필자의 "여성의 인권침해고발사건: 고용상의 여성용모제한의 문제", 김광수 박사의 "성
희롱 유감", 이경희 교수의 " 공무원채용시험시 제대군인에 대한 가점부여제도의 헌법적 고찰"이
수록되었다.
64) 이 대회에서 이화숙 교수는 "한국여성의 신분관련법상의 지위", 이영란 교수는 "폭력 등 여성피해
자에 대한 법의 보호", 이은영 교수는 "고용에 있어서의 남녀평등"에 관한 발제를 하였다.

제로 입법과 정책 연구를 수행하였고 입법안을 제시하였다. 법제와 관련한 연구주제는 가족법 개정(1991년), 성차별적 고용분쟁처리제도(1993년), 육아휴직제(1993년), 여성정책담당 행정기구(1993년), 여성관계조약과 국내법의 비교(1994년), 여성공천할당제(1994년), 가족간호휴직제(1995년), 남녀차별법령(1995년), 여성발전기본법(1996년), 직장 내 성희롱(1998년), 남녀고용평등법(1999년) 등이었다.

2) 1990년대에 「가족법」의 개정(1991년), 「남녀고용평등법」의 개정(1995년, 1999년), 「영유아보육법」의 제정(1991년), 「성폭력특별법」의 제정(1994년), 「윤락행위등방지법」의 개정(1995년), 「여성발전기본법」의 제정(1995년), 「가정폭력특별법」의 제정(1997년), 「남녀차별금지법」의 제정(1999년) 등 다양한 법령이 입법화되었다. 이러한 입법들은 대학과 한국여성개발원의 법연구자들과 여성 변호사들, 여성주의 활동가들, 공무원들과 의원들의 협력으로 이루어졌다. 가족법 분야의 김주수 교수, 노동법 분야의 이광택 교수, 형사법 분야의 한인섭 교수 등 남성 법학자들도 적극적으로 참여하였다.

3) 이 시기에는 여성용모 채용사건, 성희롱 사건, 간접차별, 여성에 대한 우선적 해고사건과 비정규직화 등의 구체적 사건에 대하여 전문가들과 여성단체 등이 연대하여 문제를 이슈화하고 입법 등 개선방안을 모색하기 위한 토론회 개최도 활발하게 이루어졌다. 이화여대 여성학과 조순경 교수의 주도로 1994년에 필자를 포함한 다양한 전공의 교수와 연구자들이 참여하여 결성된 '모집, 채용고발사건대책 교수모임'과 '남녀고용평등을 위한 교수모임'은 "용모제한, 어떻게 볼 것인가? — 모집, 채용차별 고발사건을 계기로", "직장 내 성희롱, 어떻게 볼 것인가: 서울대 성희롱사건을 계기로"라는 제목으로 토론회를 각각 개최하였다.[65] 한국여성단체연합·한국여성노동자회협의회는 1993년에 「여성노동의 현실과 법·제도적 개선방안」을 주제로 여성의 고용안정과 촉진을 위한 공개토론회를 개최하였다.[66]

(3) 여성주의 권리구제 활동의 활성화

가정법률상담, 여성 노동문제, 여성 폭력 문제에 대한 여성주의 상담과 법적

---

65) 다수의 참여자 중 법연구자로서 필자는 여성용모제한의 법적 문제로, 이은영 교수는 직장 내 성희롱의 법적 문제에 관하여 발제하였다.

66) 이 토론회에서 조순경 교수의 "여성고용불안정과 정부정책의 이중성", 필자의 "우리나라 여성노동관계법의 현황과 개정방향" 등의 발제가 있었다.

투쟁 지원 등의 권리구제 활동이 1980년대보다 더욱 다양하고 적극적으로 전개되었다. 특히 1990년대부터 성희롱, 성폭력, 가정폭력, 성매매와 같은 여성에 대한 폭력 사건들이 법정 투쟁화되고 사회 이슈화되었는데 여기에는 대학생들도 참여하였고 '한국성폭력상담소'가 1990년에 설립되어 더욱 활성화되었다. 이 운동에 많은 남녀 법학자·변호사 등이 참여하여 자문하고 입법안을 제시하여 법적해결에 도움을 주었다.

(4) 법여성학 담당교수와 교과목의 출현

이화여대는 1995년 7월에 한국여성개발원의 김선욱 책임연구원을 국내 최초로 법여성학 담당 교수로 임용하였고, 1997년에 국내 최초로 대학과 대학원에 법여성학 교과목을 개설하였다.

4. 법여성학의 성장기와 젠더법학의 출현기(2000년대)

(1) 법여성학 담당교수와 교과목의 증가

이 시기에는 대학교수의 남성 편중 임용에 대한 비판과 여교수의 채용목표제 도입이 논의되었다. 이 배경으로 한국방송통신대 법학과는 2002년에 필자를, 서울대 법과대학은 2003년에 양현아 교수를 최초의 여성 교수로 임용하고 '법여성학' 관련 교과목을 담당하게 하였다. 이 사례들이 증폭하게 된 계기는 법학전문대학원 인가 요건에 여교수 비율이 포함된 것이다. 이에 따라 법학전문대학원이 2009년에 개원된 후 여성 법연구자들과 법조인들이 법여성학 또는 주류법 교과목 담당 교수가 되는 경우가 많아졌다.

(2) 법여성학 학술행사와 문헌의 증가

1) 서울대 공익인권법센터는 2003년 11월에 "한국 법여성학의 전망과 과제"라는 학술회의를 개최하고 2004년 7월에 그 결과물을 책[67]으로 발간하였다.

2) 이 시기에는 '법여성학', '여성주의 법학'을 이름 붙인 논문과 책들[68]이 많

---

67) 양현아(편), "여성의 목소리와 법여성학 방법론", 가지 않은 길, 법여성학을 향하여, 서울대 BK21 법학연구단 공익인권법센터 기획, 사람생각(2004).
68) 김문현, 앞의 논문(2001); 김엘림, 법여성학의 교육방법에 관한 연구, 논문집 제40집, 한국방송통신대학교(2005); 김홍영 외, 법여성학, 충남대 출판부, 2003; 박선영, 법여성학, 법문사, 2003; 소

이 나왔다. 여성주의에 기초하여 판례와 결정례들을 분석한 문헌[69]들도 출현되었다.

(3) 젠더법학 학술조직과 학술지의 출현

한편, 이 시기에는 여성주의 법학을 추구하면서도 '젠더법학'이란 명칭을 붙인 대학 연구소와 연구회, 학회, 학술지 등이 출현하였다.

1) 이화여대는 2001년에 'Gender법학연구센터'(소장: 김선욱 교수)를 설치하여 2008년 8월까지 11회의 세미나를 개최하였다.

2) 2005년 12월에는 법학 연구와 실무에 제기되는 다양한 쟁점들을 여성주의 법학 관점으로 해석 논의하는 법학 연구 단체로서 '한국젠더법학연구회'(운영위원장: 양현아 교수)가 발족되어 2007년 1월까지 격월로 8회에 걸쳐 세미나를 개최하였다.

3) 2007년 1월에는 한국젠더법학회(회장: 필자)가 한국젠더법학연구회를 모태로 하여 "여성주의 법학의 연구와 발전을 도모하고, 이 분야 연구자와 법률 실무자들 간의 협력과 교류를 촉진하는 것"을 목적으로 창립되었고, 같은 해 2월 13일에 한국학술진흥재단의 학술단체로 등록되었다. 2009년 3월부터 학술지(「젠더법학」)를 발간하였고 학술행사도 활발히 개최하였다.

4) 2008년 9월에 이화여자대학교 법학전문대학원의 교육목표의 실현을 위한 특성화 분야의 하나인 '젠더법학'의 학문적 발전과 사회적 실천에 기여하고자 '이화여대 젠더법학연구소'(Institute for Gender and Law)가 창립되었다. 이 연구소는 2010년부터 정기학술지 「이화젠더법학」을 발간하였고 학술행사도 활발히 개최하였다.

성규, 법여성학 강의(초판), 동방문화사, 2004; 양현아, "서구의 여성주의 법학 — 평등과 차이의 논쟁사", 법사학연구 제26호, 한국법사학회(2002); 양현아, "여성의 목소리와 법여성학 방법론", 가지 않은 길, 법여성학을 향하여, 서울대 BK21 법학연구단 공익인권법센터 기획, 양현아 편, 사람생각(2004); 양현아, "실증주의 방법론과 여성주의 법학", 서울대학교 법학 제46권 제2호, 서울대학교 법학연구소(2005); 윤진숙, 앞의 논문(2005); 윤후정·신인령, 앞의 책(개정판), 2001; 이은영, 앞의 논문(2004); 이은영, 법여성학 강의(개정판), 박영사, 2006; 최윤희, 오늘의 법여성학, 건국대학교 출판부, 2007; 최일숙, 앞의 논문(2009) 등.

69) 오정진, "한국 최고재판소 판결에 대한 여성주의적 분석 — 여성 당사자 사건을 중심으로 —", 법철학연구 제10권 제1호, 한국법철학회(2007); 윤진숙, "헌법재판소의 호주제헌법불합치결정에 대한 법여성학적 분석", 연세법학연구 제12권 제1호, 연세법학회(2005) 등.

(4) 연구자와 법실무가 및 남성참여도의 증가

1) 한국여성개발원은 법여성학·젠더법학 연구자들을 양성시키고 배출하는 연구기관이 되었다. 이곳의 연구원이었던 김선욱 박사는 1995년에, 필자는 2002년에, 그후 오정진 박사와 조은희 박사가 각각 대학에서 법여성학·젠더법학 담당교수가 되었다. 이를 전후로 다양한 법학 세부 전공의 법학박사(박선영, 윤덕경, 구미영, 박복순, 김정혜 박사 등)가 연구원이 되어 여성 인권과 남녀평등을 위한 다양한 입법 연구들을 하고 있다. 2007년에는 한국여성정책연구원으로 명칭이 변경되었다.

2) 대학원에서 법여성학 이슈를 주제로 석·박사학위논문을 작성한 연구자들70)과 법여성학 전공자들71)이 늘어나기 시작하였다.

3) 한편, 조순경 교수를 비롯하여 여성학을 전공하고 법에 대한 여성주의적 분석을 한 연구자들도 늘어났다.72) 또한 사회학을 전공하고 법여성학 논의와 활동에 적극 참여하는 전문가들도 늘어났다.73)

4) 법여성학 논의와 문헌 발간에 법조인들의 참여가 한국젠더법학회, 자체 법여성학 연구모임 등을 통하여 활발해졌다. 여성법관들은 2000년 12월에 '여성

---

70) 법학박사 학위논문으로는 오정진의 "포르노그라피에 관한 규범적 담론 연구"(서울대, 2000); 구미영의 "고용상 성차별의 개념과 판단"(서울대, 2009); 최희경의 "미국 헌법상 여성의 프라이버시에 관한 연구"(이화여대, 2000); 박경순의 "여성을 위한 적극적 조치에 관한 헌법적 연구"(건국대, 2009) 등이 있다.

71) 2000년대에 이화여대에서 법여성학 전공의 박사는 4명, 석사는 12명이 배출되었다. 박사학위논문으로는 장명선의 "성평등실현을 위한 적극적 조치에 관한 연구"(2007), 전해정의 "미국 로스쿨의 임상법학교육을 결합한 법여성학교육의 방법론 연구 — 가정폭력클리닉을 중심으로"(2008), 김은애의 "생명의료과학기술의 발전에 따른 여성의 재생산권리에 관한 연구 — 생식세포 기증 및 보조생식술에 관한 법과 제도를 중심으로"(2008), 윤정화의 "조세법에서의 성주류화 연구"(2009) 등이 있다.

72) 조순경 엮음, 노동과 페미니즘, 이화여자대학교출판부, 2000; 조순경, "법조인이 법을 모른다?", 법원은 성차별을 판단할 능력이 있는가(토론회 자료집), 이화여자대학교 한국여성연구원(2001); 조순경, "합법을 가장한 위법의 논리: 농협의 사내부부 우선해고와 '의도적 차별'", 노동과 페미니즘, 이화여자대학교출판부(2001); 국미애, 성희롱과 법의 정치, 푸른사상, 2004; 정형옥, "남녀고용평등의 법적 실효성 고찰: 해고소송사건을 중심으로", 이화여대 여성학과 박사학위 논문(2008); 정형옥, 여성노동권과 법의 정치, 푸른사상, 2009 등.

73) 신상숙, "한국 반(反) 성폭력운동의 제도화와 자율성에 관한 연구", 서울대 박사학위논문(2007); 신상숙, "젠더, 섹슈얼리티, 폭력 — 성폭력 개념사를 통해 본 여성인권의 성정치학", 페미니즘 연구, 한국여성연구소, 제8권 제2호(2008); 차인순, "법의 중립성과 성인지적 관점: 평등원칙을 중심으로", 한국여성학 17권 제1호, 한국여성학회(2001); 차인순, 성인지 정책 — 이슈와 제도, 푸른사상, 2007 등.

법연구회'를 만들어 여성 법관의 친목 도모와 여성관계법 연구를 주요 목적으로 활동하였다. 그 후 2007년 12월에 "여성, 아동 및 소수자의 법적 권익에 관한 연구 및 세계 각국 법관들의 교류"를 목적으로 하여 남녀 법관 모두를 위한 전문분야연구회로 '젠더법연구회'를 설립하였다.[74] 여성변호사들은 '민주사회를 위한 변호사 모임 여성복지위원회'를 통해 2006년에 판례를 평석한 「사법정의와 여성」이란 무크지를 발간하였다.

5) 2001년에 문강분, 민대숙 등의 여성공인노무사들이 여성 근로자가 겪고 있는 어려움을 직시하고, 여성 근로자의 권리를 실현하는 데 일조하고자 '(사)여성노동법률지원센터'를 설립하였다. 이들은 세미나를 개최하고 한국젠더법학회의 학술행사에도 적극적으로 참여하였고 2009년 12월에는 「여성노동」이란 정기간행물도 발행하였다.

6) 법여성학 관련 다양한 주제의 논의에 남성 법학교수들의 참여도가 많이 증가하였다. 김문현,[75] 강동욱,[76] 소성규,[77] 이호중,[78] 조국,[79] 한인섭[80] 교수 등

---

74) 노정희, "법원에서의 젠더법 교육사례", 젠더법교육의 현황과 과제(동계 공동학술대회 자료집), 한국젠더법학회·전북대 법학연구소(2012), 64-67면.

75) 김문현, "군필자가산점제의 위헌결정에 대한 평가", 시민과 변호사 3월호, 서울지방변호사회(2000); 김문현, 앞의 논문(2001); 김문현, "평등에 관한 헌법재판소 판례의 다단계 위헌심사기준에 대한 평가", 미국헌법연구 제17권 제2호, 미국헌법학회(2006).

76) 강동욱, "직장 내 성희롱에 대한 법적 대책에 관한 고찰", 사회과학논총 제7집, 관동대학교 사회과학연구소(2002); 강동욱, "직장 내 성희롱의 의의와 그 유형에 관한 고찰", 한양법학 제19권 제3호, 한양법학회(2008) 등.

77) 소성규 교수는 「법여성학 강의」란 책을 2004년에 발간하였고, 2009년에 개정판을 각각 발간하였다.

78) 이호중, "성매매방지법안에 대한 비판적 고찰 — 성매매에 관한 여성학적 담론과 형사정책의 담론 사이에서", 형사정책 제14권 제2호, 한국형사정책학회(2002); 이호중, "성폭력처벌규정에 대한 비판적 성찰 및 재구성", 형사정책연구 제17권, 한국형사정책연구원(2005); 이호중, "직장 내 성희롱에서 피해자의 관점", 회식자리 술따르기 강요 성희롱 항소심 평석회 자료집, 전국교직원노동조합·한국성폭력상담소·한국여성민우회, 2005; 이호중, "성매매의 합리적 규제를 위한 법정책적 방향", 한국공안행정학회보 제20권, 한국공안행정학회(2005); 이호중, "성폭력범죄의 친고죄 폐지론", 성폭력, 법정에 서다 — 여성의 시각에서 본 법담론, 한국성폭력상담소, 푸른사상(2005) 등.

79) 조 국, "아내강간의 성부와 강간죄에서의 '폭행·협박의 정도에 대한 재검토", 형사정책 제13권 제1호, 한국형사정책학회(2001); 조 국, "여성주의 관점에서 본 성폭력범죄", 서울대학교 법학 제43권 제2호, 서울대학교 법학연구소(2002); 조 국, 형사법과 성편향(초판), 박영사, 2003; 조 국, "아내 강간", 성폭력, 법정에 서다 — 여성의 시각에서 본 법담론, 한국성폭력상담소, 푸른사상, (2007) 등.

80) 한인섭 교수는 '한국여성의 전화'가 2000년 6월에 "가정폭력 피해자에 의한 가해자 살해, 정당방위 인정될 수 없는가"라는 주제로 개최한 토론회에서 발제를 하였고, 2005년 5월에 "여성인권과 아내 강간"을 주제로 개최한 토론회에서 발제하였다, 또한 양현아 교수와 공동으로 「성적 소수자

이 그 대표적인 학자이다.

(5) 법·판례·법률가에 대한 여성주의 비판 제기

한편, 이 시기에 여성문제에 둔감한 법·판례·법률가에 대하여 여성주의 비판과 대안이 제기되었다.

1) 한국여성단체연합은 "법원과 권리구제절차, 얼마나 양성평등한가"라는 토론회를 2001년 11월에 개최하였다.[81]

2) 이화여대 한국여성연구원은 "법원은 성차별을 판단할 능력이 있는가"라는 토론회를 2001년에 개최하였다. 이 토론회에서 조순경 교수는 "법조인이 법을 모른다?"란 발제를 통해 여성문제에 둔감한 판결들을 비판하였다.

3) 한국성폭력상담소는 전문가들과 공동작업을 하여 2003년에 법조인의 성별 의식과 양성평등 교육 실태를 조사한 결과를 발표하고 대안모색을 하기 위한 토론회를 개최하였다. 2006년에는 성폭력에 관한 대법원 판례를 분석한 자료를 매월 발간하여 판사들에게 보냈고 이 자료들을 모아 「성폭력을 조장하는 대법원 판례바꾸기 운동 1~12차 자료집 모음」을 발간하였다. 그리고 2007년에 여러 전문가들이 참여하여 「성폭력, 법정에 서다-여성의 시각에서 본 법담론」 책을 발간하였다.

4) '한국여성의 전화'는 2000년 6월에 "가정폭력 피해자에 의한 가해자 살해, 정당방위 인정될 수 없는가"는 주제로 토론회 개최하였고, 2005년 5월에는 "여성인권과 아내 강간"을 주제로 토론회를 개최하였다.

5. 젠더법학의 성장기(2010년 이후)

(1) 젠더법학 학회와 연구소·학술지의 확충과 성장

1) 한국젠더법학회는 2011년에 '젠더 정의와 여성 법조인의 미래'를 주제로 춘계학술대회를 개최하였고 2022년 2월에 대법원 젠더법연구회가 발간한 「젠더

의 인권」이란 책을 2002년 말에 발간하였다.

81) 이 토론회에 이유정 변호사는 "법원의 고용차별관련 판례에 대한 분석과 개선방안", 필자는 "여성 고용문제에 관한 권리구제절차의 과제"를 발제하였고, 알리안츠생명 해고자 1인, 법적 구제절차 진행 경험자 1인의 사례발표와 조순경 교수, 곽노현 교수, 이상덕 여성부 차별개선국장, 신명 노동부 근로여성 국장 등이 토론하였다.

판례백선」의 기념 세미나를 개최하는 등 법연구와 법조인의 가교를 위해 노력을 많이 하고 있다. 또한 다른 기관이나 단체와 연대한 학술행사도 활발히 개최하고 있다. 2012년에는 15개의 여성 관련 학회가 모여 창설된 한국여성연구학회협의회와 연합심포지엄에 회원단체로서 참여하였다.[82] 2014년 10월에는 한국법학원, 대법원, 한국법학교수회, 대한변호사협회가 공동 주최하는 한국법률가대회에서 "여성의 인권보장을 위한 사법의 역할"이란 세션을 주관하였다.[83] 근래 학회는 한국여성정책연구원, 국가인권위원회 등 유관 기관이나 학술단체들과 공동으로 성희롱·성폭력, 여성 노동문제, 판례 평석에 관한 학술대회를 개최하고 '젠더브런치'란 소모임을 통해서도 활발히 젠더 이슈와 판례에 관해 논의하고 있다. 2022년 5월에는 "노동시장의 젠더평등을 위한 과제"를 주제로 한 춘계학술대회와 "여의도 미투, 정치 영역의 구조적 특징과 위계 넘어서기"란 주제의 제29차 젠더브런치를 개최하였고, 학술지 [젠더법학]은 통권 제25호를 발행하였다.

2) 이화여대 젠더법학연구소도 다양한 국내외 학술행사를 활발히 개최하고 있다. 2010년부터 2022년 7월까지 95회의 학술행사를 개최하였고, 2018년에는 창립 10주년과 김선욱 교수의 정년퇴임을 기념한 세미나를 개최하고 주제를 "젠더법학의 최근 이슈와 나가야 할 길"로 하였다. 2022년에는 7월까지 "정치영역에서의 여성대표성, 현주소와 앞으로의 과제", "변화하는 가족 다양성과 젠더", "여성노동, 현주소와 앞으로의 과제", "아동·청소년 보호와 젠더"를 각 주제로 한 4회의 학술세미나를 개최하였고, 학술지 [이화젠더법학]은 통권 제34호를 발행하였다.

3) 한국여성정책연구원은 2013년부터 여성·가족 관련 주요 이슈에 대한 입법과제를 공론화하기 위해 '젠더와 입법 포럼'을 개최하고 있는데 2022년 7월에는 "여성의 경제활동 촉진과 경력단절 예방법 시행의의와 과제"를 주제로 제33차 포럼을 개최하였다. [젠더와 입법 Brief]는 2013년부터 2020년 12월까지 제12호

---

82) 2012년에 개최된 제1회 연합심포지엄에서 필자는 회장으로서 "법학에서의 여성주의 연구의 도전과 과제"란 발제를 하였다. "여성에 대한 폭력문화비판과 대안"을 주제로 2013년에 개최된 제2차 연합심포지엄에서는 박은정 검사가 "성폭력관련법의 실효성"에 관하여 발제하였다.

83) 이 세션에서 전수안 (전)대법관이 진행을 맡았고 필자가 "여성차별에 대한 사법 동향", 이유정 변호사가 "여성폭력에 대한 사법의 동향"에 관하여 발제하였다. 토론은 김진 변호사, 노정희 판사, 박선영 박사, 황은영 검사가 하였다. 발제자들의 발제 원고는 2015년에 한국법학원이 발간한 학술지 저스티스(통권 제146-3, 한국법률가 대회 특집호)에 수록되었다.

를 발간하였다.

4) 2016년에 이화여대 법학전문대학원 젠더법학회가 결성된 것을 비롯하여 여러 법학전문대학원에서 재학생들이 젠더법학회를 결성하였다. 전국적인 연대조직('전국 법전원 젠더법학회 연합') 도 결성하여 페미니즘, 젠더이론 및 제반 법이슈를 연구하고 공동 세미나 개최와 성명서 발표도 하고 있다.

5) '사단법인 올'은 2018년 11월에 '젠더와 법 연구소'를 창립하고, "젠더와 법, 과제와 전망"이란 창립 기념 컨퍼런스를 개최하였다. 2019년부터 매년 청소년을 대상으로 젠더와 인권 법 관련 이슈들을 올바른 시각으로 바라보고 이해할 수 있도록 하기 위한 '성평등과 법 캠프'를 개최하고 있다. 또한 "법률가 및 유관업무 종사자 기타 젠더, 인권과 법에 관심 있는 사람들에게 교육프로그램을 제공하여 젠더, 인권과 법에 대한 기본적인 지식을 습득하고 다양한 법 영역 및 사회이슈를 젠더 및 인권과 관련된 시각으로 바라보고 검토 분석할 수 있는 역량을 키울 수 있도록 함"을 목적으로 공개강좌 '젠더와 법 아카데미'를 개최하고 있다, 또한 이화여대 젠더법학연구소와 공동으로 "산업패러다임의 전환과 젠더"란 주제의 학술행사를 개최하였다. 2020년에는 제2회 "젠더와 법 아카데미"(9.24~12.3)를 개최하였고, "가정폭력범죄의 처벌 등에 관한 특례법의 변화와 과제"를 주제로 한 정기 학술행사를 개최하였다. 2021년에 "젠더와 법 아카데미"의 제3회(4.15~5.27)와 제4회(9.30~), 제2회 "성평등과 법" 캠프를 각각 개최하였고, "ESG, 기업에서의 성평등"을 주제로 정기 학술행사도 개최하였다. 2022년에 「젠더와 법」이란 책을 발간할 예정이다.

(2) 연구자와 문헌의 다양화와 성장

이 시기에 법여성학, 젠더법학 관련한 주제를 논의하는 연구자들의 증가와 이들의 왕성한 활동으로 관련 문헌들도 상당히 늘어났다.

1) 대학에서 법여성학, 젠더법학 관련 책과 교재, 논문을 발간·발표하고 관련 교육을 실시하는 여성 교수들이 더욱 늘어났다. 이들이 대학에서 젠더 관련연구소나 인권센터의 책임을 맡는 경우도 늘어났다.[84] 남성 법학자들의 논의 참여

---

84) 이화여대의 김선욱·석인선·박귀천·최희경 교수, 서울대의 양현아·신상숙 교수, 숙명여대의 김용화 교수, 숭실대의 윤진숙 교수, 중앙대의 김태선 교수, 국민대의 전혜정 교수, 부산대의 오정진 교수, 전남대의 차선자·안진 교수, 전북대의 신옥주 교수, 제주대의 조은희·김은주 교수 등이 이

도 증가하였다.[85]

2) 대학원에서 석·박사학위를 받은 법여성학 전공자들[86]과 관련 주제로 학위를 받은 연구자들[87]은 더욱 늘어났다.

(3) 젠더 입법연구의 성장

1) 법여성학, 젠더법학에 기초한 다양한 주제의 입법 연구는 한국여성정책연구원의 법연구자들과 한국형사법무정책연구원의 박미숙·장다혜 박사 등의 법전공자들의 지속적이고 활발한 연구로 활성화되고 있다.

2) 국회여성가족위원회는 2014년 2월에 '여성발전기본법 전부개정법률안 공청회'[88]와 '성차별·성희롱 금지 및 권리구제 등에 관한 법률안' 공청회[89]를 동시에 개최하였다. 2019년 3월에 다시 '성차별·성희롱 금지법'에 관한 공청회[90]를

에 해당된다. 필자는 한국방송통신대에서 학부의 '남녀평등과 법', 대학원의 '젠더판례연구', '차별과 법' 강의를 담당하고 있다.

85) 강동욱, "직장내 성희롱에 대한 국가인권위원회의 결정과 법원의 판단의 비교고찰", 한양법학 제22권 제1호, 한양법학회(2011); 강동욱, "구체적 사례를 통한 직장내 성희롱의 사실인정과 판단기준에 관한 고찰", 형사정책연구 제22권 제3호, 한국형사정책구원(2011); 소성규, 법여성학 강의(제8판), 동방문화사, 20018; 이광택, "성차별로서의 성희롱 예방을 위한 한국의 법제도", 법학논총, 국민대학교 법학연구소(2012); 이호중, "성형법 담론에서 섹슈얼리티(Sexuality)의 논의지평과 한계 — 혼인빙자간음죄와 간통죄 폐지 논의를 중심으로 — ", 형사정책 제23권 제1호; 정경수, "페미니즘의 국제법 이론과 실천", 법학논총 제25권 제3호, 국민대학교 법학연구소(2013); 홍성수, "소송을 통한 사회변동전략의 한계 — 미국의 성희롱 소송을 중심으로", 법과 사회 제38호, 법과 사회이론학회(2010); 홍성수, "대학 내 반성폭력정책의 과제와 전망: '작은 것들의 정치'를 중심으로", 성평등연구 제5집, 카톨릭대학교 성평등연구소(2012) 등.

86) 이화여대의 법여성학 박사학위 논문으로 이유정, "사법관계(私法關係)에서 평등권의 적용에 관한 연구"(2010); 한지영, "일·가정양립제도의 성주류화 실현을 위한 노동관계법의 입법과제"(2010); 박소현, "가정폭력의 가부장성 분석을 통한 법제도 개선에 관한 연구"(2013); 김현아, "성폭력범죄의 처벌 등에 관한 특례법상 카메라 등 이용촬영죄에 관한 연구"(2017) 등이 있다. 서울대에서도 장다혜, "성폭력 '형사합의'에 관한 페미니즘 법학적 경험 연구"(2012); 김정혜, "장애여성 성폭력 범죄에 대한 법원의 판단연구: 지적 장애여성 성폭력판결을 중심으로"(2015) 등의 박사학위 논문이 나왔다.

87) 윤덕경, "형사법상 성적 자기결정권의 보호에 관한 연구", 이화여자대학교 법학박사학위논문(2012); 이새라, "양성평등한 법제도를 위한 조선 전기 전통사상의 현대적 의미", 충북대학교 법학박사학위논문(2013) 등.

88) 신경림 의원과 김상희 의원이 발의한 전부개정법률안에 대하여 설명하고 김용화 교수, 김정숙 한국여성단체협의회 회장, 박진경 교수, 장명선 이화여대 젠더법학연구소 연구원이 공술인으로 토의하였다.

89) 구미영 박사, 필자, 이명숙 한국여성변호사회 회장, 정문자 한국여성단체연합 공동대표가 공술인으로 참가하였다.

90) 박선영 한국여성정책연구원 선임연구위원, 장명선 이화여대 젠더법학연구소 교수, 최은순 디케 법

개최하였다. 이 공청회에 법연구자들이 참여하였다.

(4) 젠더 판례연구와 권리구제활동의 성장

1) 필자는 광복 후 2012년까지의 성차별 관련 판례와 결정례 304건을 분석한 「성차별 관련 판례와 결정례 연구」란 책을 2013년에 발간하였다. 또한 직장 내와 대학의 성희롱·성폭력 관련 판례와 결정례를 평석한 논문들을 발표하였다.[91]

2) 판사·변호사 등의 법실무가들이 젠더법학에 기초하여 판결을 분석하는 경우들이 크게 증가하였다. 민주사회를 위한 변호사모임 여성인권위원회는 2020년에 「세상을 바꾼 성평등 판결」이란 책을 발간하였다. 또한 대법원 젠더법연구회는 「젠더판례백선」이란 책을 2021년에 각각 발간하였다.

3) 여성인권 단체들의 젠더 판례연구와 권리구제활동도 전개되었다. 예를 들면, 2012년에 '한국여성의전화'는 상담활동가, 법전원 재학생들과 함께 남성 배우자에게 여성이 가정폭력으로 살해당한 121건의 판례와 가정폭력피해자에 의한 가해자가 사망한 21건의 판례를 수집하여 법전문가들의 자문을 받아 분석하고 2013년 12월에 "가정폭력 가해자 사망사건과 피해자 살해사건에 대한 판결분석"을 제목으로 하는 토론회를 개최하였다.[92] 2016년에는 13개 단체들[93]이 연대하여 '르노삼성자동차 직장 내 성희롱 사건 해결을 위한 공동대책위원회'를 조직하고 원고의 소송을 후원하면서 대법원 판결을 앞두고 "법원, 성희롱에 대한 사용자책임과 사측의 불리한 조치를 인정하다 — 르노 삼성 성희롱 사건 항소심 판결의 의의와 과제"라는 제목의 판례 평석회를 개최하였다.[94]

률사무소 변호사가 공술인으로 참석해 의원들의 질의에 답변했다.

91) "성희롱 사건의 사용자 책임론에 관한 판례의 동향"(젠더법학 제8권 제1호, 한국젠더법학회 (2016)), "교수의 성희롱에 관한 법적 분쟁"(법학논집 제20권 제3호, 이화여자대학교 법학연구소 (2016)), "대학생의 성희롱·성폭력 사건과 법적 분쟁"(젠더법학 제13권 제1호, 한국젠더법학회 (2021)) 등.

92) 이 토론회에서 고미경 가정폭력상담소장과 허민경 교수가 "살인과 젠더 — 가정폭력피해자에 대한 사법부의 인권과 정의를 말한다"라는 발제를 하고, 필자와 원민경 변호사 등이 토론하였다.

93) 다산인권센터, 전국민주노동조합총연맹 여성위원회, 민주사회를 위한 변호사모임 여성인권위원회, 여성노동법률지원센터, 전국여성노동조합, 전국여성연대, 지구지역행동네크워크, 한국노동조합총연맹, 한국성폭력상담소, 한국여성노동자회, 한국여성단체연합, 한국여성민우회, 한국여성의전화.

94) 이 평석회에서 필자는 "성희롱 사건에서의 사용자책임에 관한 판례의 흐름과 르노 삼성 사건의 판단"을, 장면선 교수는 "남녀고용평등법 제14조 제2항 불리한 조치에 대한 판단과 입법적 과제"를 발제하였고, 손영주 서울여성노동자회 회장, 구미영 박사, 이경환 변호사가 토론하였다.

V. 법여성학과 젠더법학의 최근 상황과 과제

1. 법여성학과 젠더법학을 둘러싼 최근 상황

(1) 법여성학과 젠더법학이 핵심 분석 요소로 하는 '성별'과 '성별에 관한 인식'(젠더), 추구하는 '성평등'(gender equality)이 구체적으로 무엇을 의미하는 지에 관한 논란이 더욱 커지고 있다.

이러한 논란은 필자가 1995년 12월에 제정되어 '여성의 발전과 남녀평등'을 도모하기 위한 여성정책의 기본법이었던 「여성발전기본법」을 시행 10년을 계기로 「성평등기본법」으로 전환하자는 제언과 입법안을 제시한 연구보고서를 2004년에 한국여성개발원과 여성부에 제출하면서 점화되었다.[95] 이화여대 법학연구소와 젠더법학연구센터도 국회 여성가족위원회로부터 수주받아 2006년에 수행한 연구에서 대안으로 「성평등기본법」의 제정을 제안하였다.[96]

그후 여성가족부와 국회가 「여성발전기본법」의 개정방안을 논의하면서 법안의 명칭을 「여성발전기본법」으로 존치시킬 것인지? 「양성평등기본법」 또는 「성평등기본법」으로 전환할 것인지? '남녀평등', '양성평등', '성평등'이 무엇을 의미하는지? '성평등'은 성소수자에 대한 평등을 의미하는 것인지? 여성에 대한 차별과 폭력, 편견, 비하가 여전히 심각한 상황인데 「양성평등기본법」 또는 「성평등기본법」으로 전환하는 것이 시기상조가 아닌지?, 「여성발전기본법」이 여성의 발전을 중시하는 것이 과연 불공정하고 여성편향적인 것인지? 등에 관한 논란이 많았다.

결국 국회는 약 10년간 전개된 논란 속에 「여성발전기본법」을 전부 개정하는 형식으로 「양성평등기본법」을 제정하기로 의결하여 「양성평등기본법」은 2014년 5월에 제정되어 2015년 7월부터 시행되게 되었다. 이 법은 '양성평등'을 "성별에 따른 차별, 편견, 비하 및 폭력 없이 인권을 동등하게 보장받고 모든 영역에 동등하게 참여하고 대우받는 것"(제3조 제1호)으로 정의하고 "여성발전기본계획"을 "양성평등기본계획", "여성발전기금"을 "양성평등기금"으로 변경하였다. 그런데

---

95) 한국여성개발원, 여성발전기본법의 효과 및 발전방향(연구책임자: 김엘림), 여성부, 2004.
96) 이화여대 법학연구소·젠더법학연구센터, 여성발전기본법의 개정방향(연구책임자: 장영민), 국회 여성가족위원회, 2006.

이 법의 일부 조항들에서는 '성평등'이란 용어를 개념 정의 없이 사용하고 있어[97] 이 법은 '남녀평등', '양성평등', '성평등'을 같은 의미를 가진 용어로 사용하고 있다고 볼 수 있다. 그럼에도 일부 행정관청에서 여성단체 특히 여성동성애자 단체에 대한 지원을 「양성평등기본법」에 상충된다는 이유로 거부하여 여성단체들이 항의하는 사태가 발생하였다.

그런데 문재인 대통령이 취임하면서 '성평등 내각', '성평등 정책'을 이루겠다고 하면서 여성가족부의 정책과 지방자치단체의 조례 명칭에서 '성평등', '양성평등'이란 용어가 다시 혼용되기 시작하면서 그 의미에 관한 논란이 재연되었다. 어느 지방자치단체는 도지사의 선거공약이었던 '성평등 교육센터'의 설립을 추진하다가 '성평등'을 성소수자의 인권보장을 위한 용어로 인식한 특정종교단체의 거센 항의로 '양성평등 교육센터'로 명칭을 변경하는 사태가 발생하였다.

(2) '성별'의 의미에 관한 논란도 커지고 있다. 종래 법령들은 '성별'을 여성과 남성의 구분으로 인식해 왔다. 그런데 국가인권위원회가 2006년에 국무총리에게 입법을 권고한 「차별금지법안」과 2020년에 국회의장에게 입법을 권고한 「평등 및 차별금지에 관한 법률」, 정의당 소속 의원들이 2020년에 국회에 발의한 「차별금지법안」, 민주당 소속 의원들이 2021년에 발의한 「평등에 관한 법률안」은 모두 "성별"을 "여성, 남성, 그 외에 분류하기 어려운 성"으로 정의하고, 정당한 이유 없이 '성별', '성적 지향', '성별 정체성'을 이유로 한 차별을 금지하였다. 이 법안들에 대하여 진보적 시민사회단체들은 입법화를 강하게 요구하고 있지만, 남성과 여성으로 인간을 창조한 하나님의 창조 질서에 어긋나고 성경이 금지한 동성애를 합법화한다며 보수 기독교계가 강하게 반대하였다. 결국 2006년에 이어 2021년에도 국회에서 본격적 논의조차 없이 포괄적 차별금지법안은 폐기되었다. 또한 서울대에서도 성적 소수자의 인권을 보장하려는 데 학내외 저항이 커서 아직 대학 인권 헌장을 공포하지 못하고 있다.

(3) 2022년 5월에 치러진 20대 대통령 선거 과정에서 보수적 정치인들과 언론은 남성 병역의무제, 여성가족부, 페미니즘 등에 공정을 중시한다는 20-30대 남성, 소위 '이대남'들이 강하게 반대한다는 등을 이유로 젠더 갈등을 쟁론화시켰

---

97) 제14조(성 주류화 조치), 제15조(성별영향평가), 제19조(국가성평등지수 등), 제30조(성폭력 · 가정폭력 · 성매매범죄의 예방 및 성희롱 방지)에 '성평등'이란 용어가 사용되고 있다.

다. "페미니즘은 반헌법적, 여성가족부는 반헌법기구이다"라는 현역 남성 의원의 발언[98])도 나와 국내외적으로 충격을 주었다. 이러한 상황을 우려한 반론도 제기되고 있으나,[99]) 윤석열 대통령과 보수적 집권당, 심지어 여성가족부장관은 여성가족부 폐지의 선거공약을 이행하겠다고 한다.[100])

2. 법여성학과 젠더법학의 과제

필자는 법여성학과 젠더법학은 오늘날 여전히 남성 편중이 심한 법학계에서 아직 신생 학문, 비주류 법학으로서의 어려움을 겪고 있지만, 그 진보성과 역동적 활동은 상당한 주목을 받고 있다고 본다. 그런데 젠더법학이 보다 발전하려면 다음과 같은 과제를 해결하는 것이 필요하다고 본다.

(1) 앞에서 언급한 법여성학과 젠더법학을 둘러싼 최근 상황에 대처하여 '성별', '젠더', '성인지 감수성', '성평등'의 의미와 아울러 '법여성학과 젠더법학'의 의의와 상호 관계' 등에 관한 논의를 하여 공감대를 형성하는 것이 필요하다. 근래 관련 학회와 연구자들은 입법연구, 정책 연구, 판례 분석에 치중하여 이러한 기본적 개념에 관한 논의를 거의 하지 않고 있다. 특히 미국, 일본 등 국제적 동향과 우리나라에서의 동향을 비교 고려하여 우리나라에서 법여성학과 젠더법학을 동일시하여 젠더법학의 특성과 지향점에 관한 논의를 하지 않는 경향에 대한 재검토가 필요하다.

(2) 이에 따라 일본젠더법학과 달리 한국의 젠더법학회, 젠더법학연구센터는 지금까지 남성과 성소수자 대한 인권침해에 관한 논의를 거의 하고 있지 않는 상황은 젠더법학의 발전을 위해 개선되어야 할 과제이다.

(3) 법여성학과 젠더법학에 관심을 가진 연구자들이 늘어나고 있지만, 대학이나 법학전문대학원에서 법여성학과 젠더법학이 필수 수강과목이 된 경우는 아

---

98) 경향신문, "하태경 '페미니즘은 반헌법적, 여가부는 반헌법적 기관'", 2022. 1. 13. 기사 등.

99) 여성신문, "문 대통령, '여성가족부 폐지론'에 반박… 여가부 업무 매우 중요", 2022. 3. 8. 기사; 여성신문의 [2022 여성주의를 위한 변론]에 정대현 교수의 "헌법적 여성주의"(2022. 1. 28. 게재), 김태일 장안대 총장의 "여성주의 비틀기, 그리고 이념적 불러내기"(2020. 1. 31. 게재), 김찬호 교수의 "구조적 불평등을 개인의 탓으로 돌리지 말리"(2022. 2. 10. 게재), "헌법정신에 어긋난 '여성가족부 폐지론'은 온당하지 못하다"(2022. 3. 11. 게재)의 글들이 있다. 여성신문, "역풍 부는 '여성가족부 폐지'… 차별과 혐오 정치는 실패했다", 2022. 3. 11. 기사 등.

100) 경향신문, "윤석열, '여가부 폐지' 공약에 '선거 때 국민들에 거짓말하나' 추진 재확인", 2022. 3. 24. 기사; 경향신문, "'여가부 폐지' 재확인한 김현숙 여가부 장관의 한 달", 2022. 6. 17. 기사 등.

주 적고 변호사 시험 과목도 아니다 보니 이를 전공하려는 사람들이 매우 적은 상황이다. 연구자의 양성과 법여성학과 젠더법학 관련 교과목의 개설 확충이 절실하다.

(4) 법여성학과 젠더법학 관련 학술지의 부족으로 연구물을 발표하고 공유할 기회가 적은 문제도 해결해야 할 과제이다. 한국젠더법학회의 학술지 「젠더법학」이 수록된 논문이 다른 유사한 학술지에 비해 적지 않고 수준이 높음에도 불구하고 2014년에 제5권 제1호와 제2호의 합병호를 발간함으로써 한국연구재단으로부터 연 2회 이상 학술지 발간을 연속하지 않았다는 이유로 등재학술지로 인정하지 않은 사건의 해결은 학회와 회원들의 오랜 숙원과제이다.

(5) 법여성학과 젠더법학의 가치를 확산시키고 전문연구자를 양성하기 위해서는 그에 관한 교육을 실시하는 대학과 담당 교수, 교과목, 전공생의 확충이 절실히 필요하다. 또한 경찰, 법원, 검찰, 변호사 단체, 정부, 법률구조기구에도 교육을 확산시켜 법여성학과 젠더법학을 법실무에 번영할 수 있는 법실무가의 양성도 필요하다. 또한 중고등학생과 공직자, 언론인, 정치가, 종교인에 대한 교육도 필요하다.

참고문헌

국내문헌

김엘림, 남녀평등과 법(2022년 전면개정판), 한국방송통신대학교 출판문화원, 2022.

김엘림, 성차별 관련 판례와 결정례 연구, 에피스테메, 2013.

김엘림·윤덕경·박현미, 20세기 여성인권법제사(연구보고서), 한국여성개발원, 2000.

김태선·오정진·조은희·차선자, 법여성학(로스쿨 교재), 세창출판사, 2011.

대법원 젠더법연구회, 젠더판례백선, 사법발전재단, 2021.

민주사회를 위한 변호사모임 여성인권위원회, 사법정의와 여성, 2006.

민주사회를 위한 변호사모임 여성인권위원회, 세상을 바꾼 성평등 판결, 푸른사상, 2020.

소성규, 법여성학 강의, 동방문화사, 2004(초판), 2021(제9판).

신인령, 여성·노동·법, 풀빛, 1985.

양현아(엮음), 가지 않은 길, 법여성학을 향하여, 서울대 BK21 법학연구단 공익인권법
　　　센터 기획, 사람생각, 2004.

양현아(편역), 평등, 차이, 정의를 그리다 ─ 페미니즘 법이론, 서울대학교 출판문화원,
　　　2019.

윤진숙(역). 여성인권의 역사 ─ 서양 페미니즘을 중심으로(원문: Margaret Walters의
　　　FEMINISM: A VERY SHORT INTRODUCTION), 동방문화사, 2020.

윤후정·신인령, 법여성학 ─ 평등권과 여성, 이화여자대학교 출판부, 1989(초판), 1996
　　　(제2개정판), 2001(제3개정판).

이병화, 법여성학 판례연구, 에듀컨텐츠휴피아, 2013(초판), 2021(개정판).

이은영, 법여성학 강의, 박영사, 1999(초판), 2006(개정판).

조 국, 형사법의 성편향, 박영사, 2003(초판), 2020(개정판).

조순경(엮음), 노동과 페미니즘, 이화여자대학교 출판부, 2000.

조 형(엮음), 양성평등과 한국 법체계, 이화여자대학교 출판부, 1995

한국성폭력상담소, 성폭력 조장하는 대법원 판례바꾸기 운동 자료집, 2006.

한국성폭력상담소, 성폭력, 법정에 서다 ─ 여성의 시각에서 본 법담론, 푸른사상, 2007.

한국여성단체연합, 법원과 권리구제절차, 얼마나 양성평등한가(토론회 자료집), 2001.

한국여성의전화, 가정폭력 가해자 사망사건과 피해자 살해사건에 대한 판결분석(토론
　　　회 자료집), 2013.

한국여성유권자연맹, 여성유권자운동과 정치발전, 시공사, 2000.

김문현, "남녀평등에 관한 미국 법여성학적 시각들에 대한 일고찰", 공법연구 제29집 제3호, 한국공법학회(2001).

김선욱, "왜 Gender 법학인가", Gender와 법학(이화여자대학교 법과대학 창립 50 주년 및 Gender 법학연구센터 개원 기념 학술심포지엄 자료집), 이화여자대학교 법학연구소(2001).

김선욱, "법학에서의 젠더 연구의 의의와 과제", 법학논집 제6권 제1호, 이화여자대학교 법학연구소(2001).

김엘림, "여성노동자의 보호와 평등에 관한 법적 고찰", 여성연구 제9권 제3호, 한국여성개발원(1991).

김엘림, "일본지자체의 남녀공동참획선언도시화사업", 기획세미나논문집, 서울행정학회 (2002).

김엘림, "법여성학의 교육방법에 관한 연구", 논문집 제40집, 한국방송통신대학교(2005).

김엘림, "광복 60년, 여성입법운동의 전개와 성과", 여성과 역사 제4집, 한국여성사학회 (2006).

김엘림, "헌정 60년의 법과 여성의 관계", 젠더법학 제1권 제1호, 한국젠더법학회(2009).

김엘림, "젠더법학에 관한 고찰", 젠더법학 제4권 제2호, 한국젠더법학회(2013).

김엘림, "여성노동관계법 60년사의 성찰", 노동법학 제47호, 한국노동법학회(2013).

김엘림, "법학에서의 여성주의 연구의 도전과 과제", 각 학문 영역에서 여성주의 연구의 도전과 과제, 한국여성연구학회협의회 엮음, 한울아카데미(2013).

김엘림, "여성차별에 관한 사법의 동향", 저스티스 통권 제146-3호, 한국법학원(2015).

김엘림, "한국 젠더법학의 전개와 과제", 이화젠더법학 제10권 제2호, 이화여자대학교 젠더법학연구소(2018).

박은정, "양성평등의 법철학적 접근", 양성평등과 한국의 법체계, 조형(편), 이화여자대학교출판부(1995).

신인령, "한국의 여성노동문제", 노동법과 노동운동, 일원서각(1987).

신인령, "여성차별 정년문제 연구", 여성·노동·법, 풀빛(1985).

양현아, "서구의 여성주의 법학 — 평등과 차이의 논쟁사", 법사학연구 제26호, 한국법사학회(2002).

양현아, "여성의 목소리와 법여성학 방법론", 가지 않은 길, 법여성학을 향하여, 서울대 BK21 법학연구단 공익인권법센터 기획, 양현아 편, 사람생각(2004).

양현아, "실증주의 방법론과 여성주의 법학", 서울대학교 법학 제46권 제2호, 서울대학교 법학연구소(2005).

양창수, "우리나라 최초의 헌법재판논의 — 처의 행위능력 제한에 관한 1947년 대법원 판결에 대하여 — ", 서울대학교 법학 제40권 2호, 서울대학교 법학연구소(1999).

엄순영, "성인지적 · 대안적 법학방법론: 여성주의법학, 법학연구 제19권 제2호, 경상대
　　　학교 법학연구소(2011).

윤진숙, "미국의 포스트모던 페미니즘 법담론에 관한 연구", 법과 사회 제28호, 법과사
　　　회이론학회(2005).

이은영, "법여성학의 위상과 개념", 법과 사회 제8호, 법과사회이론연구회(1993).

이은영, "한국 여성관련법의 변천과 법여성학의 전개", 가지 않은 길, 법여성학을 향하
　　　여, 서울대 BK21 법학연구단 공익인권법센터 기획, 양현아 편, 사람생각(2004).

오정진, "비판 페미니즘 법학: 미국의 경우를 중심으로", 법과 사회 하반기 제16 · 17 합
　　　본호, 법과사회이론연구회(1999).

차선자, "법학전문대학원에서 젠더법학의 교육", 법사학연구 제43호, 한국법사학회(2011).

최일숙, "미국 여성주의 법학의 소개", 젠더법학 제1권 제1호, 한국젠더법학회(2009).

외국문헌

金城淸子, 法女性學のすすめ — 女性からの法律への問いかけ, 有斐閣, 1983(第1版),
　　　1988(第2版), 1992(第3版).

金城淸子, 法女性學 — その構築と課題, 日本評論社, 1996.

金城淸子, ジェンダーの法律学(第1版), 有斐閣, 2002.

三成 美保 外 3人, ジェンダー法学 入門, 法律文化社, 2011.

日本ジェンダー法学会編, 講座 ジェンダーと法: 第1巻 ジェンダー法学のインパケト,
　　　日本加除出版株式會社, 2012.

日本ジェンダー法学会編, 講座 ジェンダーと法: 第4巻 ジェンダー法学が切り拓く展
　　　望, 日本加除出版株式會社, 2012.

辻村みよ子 · 金城淸子, 女性の權利の歴史, 岩波書店, 1992.

辻村みよ子, ジェンダーと法, 不磨書房, 2005.

辻村みよ子, 概説ジェンダーと法 — 人權論の視點から学ぶ(第2版), 申山社, 2016.

淺倉むつ子, 男女雇用平等法論 —イギリスと日本, ドメス出版, 1991.

浅倉むつ子 外, 導入對話によるジェンダー法学 不磨書房, 2003(第1版), 2005(第2版).

浅倉むつ子 編, ジェンダー法研究, 創刊第1号, 申山社, 2014.

角田由紀子, "法律實務とジェンダー法學", ジェンダーと法, No. 1, 日本ジェンダー法
　　　學会(2004).

金城淸子, "ジェンダー法學の歴史と課題", ジェンダーと法, No. 1, 日本ジェンダー法
　　　學会(2004).

戒能 民江, "ジェンダー法學会の10年, そしてセカソドステージへ", ジェンダーと法,

No. 10, 日本ジェンダー法學会(2013).

松本克美, "ジェンダーと法敎育硏究の課題と主體形成 ― ジェンダー法學会10年の活動おまえて", 講座ジェンダーと法 第4卷, 日本ジェンダー法學会編, 日本加除出版株式會社(2012).

辻村みよ子, "ジェンダー法學敎育の構想", ジェンダーと法, No. 1, 日本ジェンダー法學会(2004).

Carol Smart, Feminism and the Power of Law, Routledge, 1989.

D.Kelly Weisberg(ed.), Feminist Legal Theory: Foundations, Temple University Press, 1993.

Nancy Levit & Robert R. M. Verchick, Feminist Legal Theory ― A Primer, New York University Press, 2006.

Mary Becker, Cynthia Grant Bowmanl, Feminist Jurisprudence-Taking Women Seriously(Third Edition), West Group, 2007.

Tove Stang Dahl, Women's Law ― An Introduction to Feminist Jurisprudence, Norweigian University Press, 1987.

UN, The United Nation and The Advancement of Women(1945-1995), 1996.

Ann Scales, "The Emergence of Feminist Jurisprudence: An Essay", The Yale Law Journal, Vol. 95(1986), in D. Kelly Weisberg(ed.), Feminist Legal Theory: Foundations, Temple University Press, 1993.

Catharine A. Mackinnon, "Feminism, Marxism, Method, and the State: Toward Feminist Jurisprudence", Signs: Journal of Women in Culture and Society Vol. 7, No. 3(1982), in D. Kelly Weisberg(ed.), Feminist Legal Theory: Foundations, Temple University Press, 1993.

Nicola Lacey, "Feminist Legal Theory and The Rights", in Karen Knop(ed.), Gender and Human Rights, Oxford University Press, 2004.

Robin West, "Jurisprudence and Gender", The University of Chicago Law Review Vol. 55, No. 1(1983), in D. Kelly Weisberg(ed.), Feminist Legal Theory: Foundations, Temple University Press, 1993.

다시 쓰는 여성의 "목소리" 방법론: 페미니즘 법이론의 관점에서*

양 현 아**

Ⅰ. 서론

버지니아 울프(Virginia Wolf)는 「자기만의 방 A Room of One's Own」에서 "여성과 소설"의 관계에 관해 돌아보았다. 울프는 여성은 가난하기 때문에, 성별에 부과된 환경 때문에 글을 쓰기 어렵다고 하였다. 그런 장애를 극복했다손 치더라도 그녀들에겐 따라야 할 글쓰기의 전통이란 것이 없다. 따라서 여성 작가들은 자신들의 삶에 적합한 문장을 개발해야 한다. 여성의 글쓰기에는 숨겨지고 이름 없는 여성의 삶에 담긴 아름다움과 기록되지 않은 무한한 다양성을 포착할 수 있는 도전이 있다고 울프는 생각하였다.[1]

비슷한 질문이 "여성과 법"의 관계에 대해서도 제기될 수 있을 것 같다. 법에서 여성이란 누구인가. 여성과 법의 관계란 무엇을 의미하는가. 그것은 법의 형성, 적용, 집행에서 차지하는 여성 법률가, 여성 법학자, 여성 입법자의 역할에 관한 것일 수 있다.[2] 그리고, 법 안에서 규율되거나 규정되는 여성, 그래서 그것이 여성의 삶에 미치는 효과에 관한 것일 수 있다. 나아가, 법의 추론방식(reasoning)

---

* 이 글은 졸고, "여성의 목소리와 법여성학 방법론", 가지 않은 길, 법여성학을 향하여, 양현아 편, 서울대 공익인권법센터 기획, 사람생각, 2004를 대폭 수정·보완한 것이다.
** 서울대학교 법학전문대학원/법과대학 교수
1) Virginia Wolf, *A Room of One's Own*, Harvest/HBJ Book, 1981.
2) 1990년대 이후 입법부와 사법부에서의 여성의 확대는 괄목할 만하다. 특히 법학전문대학원 개원 이후 여성 법학교수, 여성 변호사 비율이 꾸준히 증가하였다. 그럼에도 불구하고 2022년 현재 법조계에 젠더평등이 달성되었는지는 의문이다.

과 여성의 존재 방식 간의 관계에 관한 이론적 문제를 뜻하기도 할 것이다. 울프 가 물었듯이, 여성 법률가가 "여성으로서" 따라야 할 법학의 전통이 있는지는 불 분명하다. 여성의 삶에 적합한 법적 추론방식이 남성과 다른 것이라면 그것은 법 학이 존중하는 보편성과 공존하기 어려울 수도 있다. 도대체 여성들이 여성으로 서 법과 만난다는 것은 어떤 것이며 가능한 일인가. 이런 질문들이 우리를 고민 에 잠기게 하기에 오늘날 여성주의 법학이 대두되었다.

여성주의 법학(Feminist Jurisprudence)은 "여성의 시각으로" 법을 바라보는 새 로운 법학 이론이자 법학 방법론이다. 여성주의 법학은 법에 내재한 남성중심성 내지 남성편향성을 폭로하고, 여성의 관점을 법 안에 구축해야 하는 과제를 안고 있다. 그렇다면, "여성의 관점"이란 과연 무엇이며 어떻게 찾고 법에 반영할 수 있는지 여성주의 법학의 관심사가 아닐 수 없다. 여성주의 법학의 의미와 중요성 에 대해서는 여러 학자들이 논의하였다. 파인만(M. Fineman)은 여성주의 법이론 은 그 주제와 방법론을 통해서만 드러난다고 본다. 여성주의 법학 방법론에 의해 서만 법의 중립성과 객관성에 감추어진 '권력관계'를 폭로·비판·재구성할 수 있 기 때문이다.[3] 바트렛(K. Bartlett)은 여성주의 방법론이 곧 여성주의 법학의 목적 (ends)이라고 한다. 여성주의 법률가 역시 여느 법학자와 같이 귀납, 연역, 유추, 가설 등과 같은 일반적 방법을 사용한다. 사실을 조사하고 그 사실에서 핵심적 성격을 색출하고, 다툼을 해소할 수 있는 법적 원리를 결정하며, 그 사실에 이 원 리를 적용한다. 그런데, 이 과정에서 여성주의 법학자는 전통적 방법 외에 다른 방법을 쓴다. 그것을 여성문제가 무엇인지 묻기, 여성주의적 실용적 추론을 사용 하기, 그리고 의식 고양(consciousness raising) 등이라고 하였다.[4]

웨스트(R. West)는 기존의 남성적 법학에서는 여성의 삶을 특징짓는 딜레마 가 문제시되지 않았다고 하면서 여성주의 법학 방법론은 기존 법학에 대하여 "비

---

3) Martha Fineman, "Introduction", *At the Boundaries of Law — Feminism and Legal Theory*, Martha Fineman & Nancy Sweet Thomadson(eds.) Routledge, 1991, pp. xi-xvi.

4) 바트렛은 여성주의 법학의 인식의 근거로서 합리적/경험적 위치, 전망 인식론(Standpoint episte-mology), 포스트모더니즘, 위치성(positionality)을 제시하였다. [Katharine T. Bartlett, "Feminist Legal Methods", *Feminist Legal Theory — Readings in Law and Gender*, Katharine T. Bartlett & Rosanne Kennedy(eds.) Westview, 1991, pp. 370-403; 양현아 외 편역, 평등, 차이, 정의를 그리다 — 페미니즘 법이론, 서울대학교 출판부, 2019, 27-83면에 번역 수록됨. 이하 위 책은 양현 아 외 편역(2019)으로 표기함].

판"의 성격을 띤다고 한다.5) 비판은 주로 두 방향으로 제시된다. 한편으로는 구술적이고 현상학적 비판(The narrative and phenomenological critique)인데 그것은 여성의 관점에서 법을 바라봄으로써 현재의 법의 지배의 현실 속에 놓인 여성들의 물적, 내적, 현상학적, 주관적 이야기를 하는 방향이다. 다른 한편으로는 해석적 비판(The interpretive critique)인데, 법 안에 수용된 여성이 누구인지를 해석함으로써 여성이 법에서 단지 부재한 존재가 아니라 법정책의 대상, 이차적 존재, 의존자, 혹은 보이지 않는 존재로 규정되고 제한되어 있다는 것을 드러내는 방향이다. 이상과 같이 볼 때, 학자에 따라 여성의 관점에 대한 접근방법이 다양하다. 여성의 관점이란 무엇을 의미하며, 그것은 어떻게 찾을 수 있을까는 경험적인 문제이자 이론적인 문제거리이다. 예컨대, 여성의 관점이란 여성들의 관점에 대한 수학적 합(合)이자 평균치라고 하기는 어려울 것이다. 여성의 관점 안에 내재해 있는 가부장적 편견도 있을 것이다. 무엇보다, 여성들 간에도 관점의 커다란 편차가 있을 것이다. 이러한 딜레마에도 불구하고 본 논문에서는 여성의 관점이란 남성의 입장에서 "바라보는" 여성의 관점이 아니라 여성의 체험, 입장, 고통에 "입각한" 관점이라고 일단 정의하고 이를 찾기 위해 노력해 보려고 한다.

여성의 관점을 찾기 위해서는 먼저, 남성의 입장에서 그려진 여성의 상(象)을 비판하고 해체하는 일이 중요하다. 또한, 사회적 존재로서의 여성들의 체험, 입장, 고통은 집합적인 것이자 개별적인 성격의 것이므로 여성들의 관점을 법학의 방법론으로 자리매김하기 위해서는 여성의 체험을 "날 것 그대로" 채용하기는 어려울 것이다. 이 글에서는 여성의 입장, 체험, 고통, 그리고 기쁨을 여성의 "목소리"라는 은유로 표현하면서, 이로써 여성의 관점에 비해서 보다 원초적인 상태, 잘 제도화되지는 않았지만 세상에 편만한 목소리를 의미하고자 한다. 그것은 톤과 리듬과 결을 가진 육성(肉聲)이라는 의미에서 여성의 주체성을 나타내는 탁월한 기호가 아닌가 한다. 본 연구는 여성의 관점을 법 안에 들여오기 위한 방법론을 모색하고자 법이 한국 여성들의 목소리를 어떻게 수용해 왔는지 혹은 오해해 왔는지를 넘어서서 한국 여성들의 목소리가 법에 어떤 의미를 줄 수 있는지에 관해서도 생각해 보려 한다. 이를 위해서 여성의 목소리를 다루는 데 참고가 될 법여성주의의 다양한 이론들에 대해 살펴볼 것이다. 캐롤 길리건, 캐더린 맥키논,

5) Robin West, "Jurisprudence and Gender", *University of Chicago Law Review* 55-1, pp. 1-72.

로빈 웨스트 그리고 조안 스콧, 마지막으로 포스트식민 법여성주의 이론에서 여성의 목소리란 어떤 의미인지, 어떻게 찾을 수 있는지에 대해 논의할 것이다. 그리고 이 목소리론을 한국 사회 속에서 위치 짓기 위해서 한국의 젠더사건들을 고찰할 것이다. 이 글에서는 용인 이씨 사맹공파 종중을 상대로 여성들이 제기했던 "종회회원 확인의 소(訴)" 그리고 일본군 성노예제 피해생존자의 증언에 대하여 이런 이론들을 적용하고 재구성할 때 그 의미가 어떻게 풍부해질 수 있는지를 논의할 것이다.

Ⅱ. 페미니즘 법이론에서 여성들의 "목소리"가 가지는 의미

1. "다른 목소리": 캐롤 길리건(Carol Gilligan)

널리 알려진 "다른 목소리로(In a Different Voice)"라는 저서에서 길리건은 남자와 여자 간에 도덕적 사고방식에서 차이가 있다는 것을 규명하였고, 여성의 사유를 관계적 사유에 입각한 다른 목소리라는 관점에서 조명하였다. 길리건에게 "다른" 목소리란 남성의 도덕발달기준에 의해서 평가되거나 등급화될 수 없는 차이를 의미한다. 길리건은 예컨대 콜버그(L. Kohlberg)가 제시했던 가상적 규범 충돌 상황인 하인츠(Heinz)의 딜레마를 가지고 여아와 남아를 인터뷰하였다. 즉 배우자의 병환을 치료하기 위한 약을 구매할 돈이 부족한데, 약사는 그 약을 저렴하게 주기를 거부할 때 이 문제를 어떻게 해결하겠느냐는 딜레마 상황이었다. 그런데, 이 도덕적 딜레마에 대해서 수학능력이 마찬가지로 우수한 남아와 여아의 전형적 추론에서 일관되는 차이가 나타났다. 남아는 가치의 우선 순위에 입각해서 논리적으로 정연하게 갈등을 해소했던 반면, 여아는 인간관계의 맥락과 사건의 시간적 흐름 속에서 딜레마를 해소하는 논리 전개를 보여주었다. 길리건은 여아들의 이러한 추론방식을 "청취하면서" 여아의 논리가 아니라 기존의 도덕 발달 이론에 대해 문제제기하였다.[6]

미드(G. H. Mead)나 삐아제(J. Piaget) 등이 수행했던 아동기 놀이 연구를 보면

---

[6] Carol Gilligan, *In a Different Voice: Psychological Theory and Women's Development*, Harvard University Press, 1982, pp. 9-13, 24-38.

인간의 도덕발달(moral development)은 남아의 도덕발달을 중심으로 한 개인화(individuation) 과정이 중심을 이룬다. 개인화 과정의 논리에 따르면, 발달된 도덕성이란 타인에 대한 관심이 아니라 한 개인으로서 독립된 도덕적 논리를 구성하는 능력이 핵심에 있다. 이런 틀에서 바라보면 여성의 도덕발달이란 혼란스러운 것이라 하겠다. 앞의 하인츠 딜레마(딜레마를 겪는 주체가 이미 남성으로 설정됨)에 대해 남아는 약국에서 약을 훔친다는 해결방안을 내놓았다. 그 이유는 생명이라는 가치가 돈이라는 가치보다 중요하고 약사는 손해 이후에도 돈을 더 벌 수 있지만, 부인의 생명은 다른 사람과 대체할 수 없다는 나름 논리정연한 해결책을 내놓았다. 설사 재판을 받게 된다고 할지라도 판사는 이런 절도가 불가피했음을 인정할 것이라고도 하였다. 그런데 여아는 이렇게 정연한 논리를 펼치지 않았다. 여아는 약을 훔치지 않은 채 다른 방법을 찾아야 한다고 답변했다. 왜냐하면 절도는 약사에게도 피해를 줄 것이고 이 절도로 인해 남편이 체포된다면 배우자를 돌볼 수 없게 되어서 더더욱 그를 아프게 할 수도 있다고 응답했다. 그래서 돈을 마련할 방안을 찾으면서 동시에 약사와 자기 자신의 필요(need)에 대해 더 많이 대화해야 한다고 말했다. 이렇게 여아는 세상이란 수학의 문제가 아니라 시간의 전개에 따라 펼쳐지는 관계의 이야기(narrative of relationships)로 인식하였고, 약을 훔치는 행위를 재산이나 법의 관점이 아니라 하인츠와 부인에게 미칠 효과를 중심으로 사유하였다.

　　남아처럼 도덕적 딜레마 상황을 명확하게 "해결하지" 못하는 여아의 사고란 콜버그의 척도에 따르면 인습적인 도덕 발달단계인 3단계에도 미처 도달하지 못한 2단계와 3단계 사이 정도로 측정되어 왔다. 반면 남아의 사유는 개인화와 법과 도덕을 구분한다는 면에서 3단계와 4단계 사이에 있는 것으로 측정되어 왔다.[7] 콜버그에게 이와 같은 여아의 논리는 힘없음(powerlessness)의 표현이자 도덕이나 법에 대해 체계적으로 사유할 능력이 부족하다는 것, 주어진 권위에 도전하거나 진정한 효과를 낳는 행동을 취하는 것을 저어하면서 그저 인간관계에 의존하고 의사소통을 꾀하려는 것으로 해석되었다. 콜버그를 포함한 주류 도덕발달

---

7) 콜버그는 도덕적 성숙에 이루는 세 가지 수준에 속하는 여섯 발달 단계들을 설정하고 있다.
　　Ⅰ. 전인습수준: 1) 처벌과 복종적 성향, 2) 도구적, 상대주의적 성향
　　Ⅱ. 인습수준: 3) 행위자 상호간의 일치, 또는 "착한소년-착한소녀"적 경향, 4) 법과 질서지향적 성향
　　Ⅲ. 후인습수준: 5) 사회계약, 법칙주의적 성향, 6) 보편적 도덕원리 지향적 성향

척도에서는, 사람들의 필요에 대한 감수성이나 보살핌과 같은 덕목은 열등한 것으로 평가되어 온 것이다. 길리건 및 여성주의 심리학자들은 인습적으로 여성의 덕성(virtue)으로 규정된 자질들이 인간의 도덕적 성숙과 충돌되게 되는 인간발달에 관한 이론들은 근본적인 문제를 가지고 있다고 지적하였다. 이런 틀에 따르면, 바람직한 여성성을 구현하는 여성은 개인화, 독립적 사유, 탈규범화 등의 측면에서 성숙한 인간이 되기 어렵다.[8] 길리건은 남성중심적 도덕발달론을 비판하면서 여성의 도덕적 추론을 "다른 목소리"라고 해석하였다. 그간의 여성주의 정신분석학에 기초한 길리건의 다른 목소리론은 아래와 같은 귀중한 메시지를 주었다고 생각한다.

첫째, 길리건은 남성과 여성의 도덕적 사유방식의 차이를 우열이 아니라 차이의 문제로 전환하였다. 이러한 성취의 의의는 아무리 강조해도 지나치지 않을 만큼 압도적이다. 남성의 도덕적 사유는 가치의 위계적 사고체계를, 여성의 도덕적 사유는 그물망적인 사고를 나타내고, 여성들은 가치의 위계 서열이 아니라 여러 변수들을 왔다 갔다 하면서 해결책을 찾는다는 것이다. 이러한 발견을 통해서 길리건은 여성의 사유의 특성을 관계적 추론으로 이론화하였다.

둘째, 여성들의 사고방식, 도덕성, 그에 따른 행위방식이 남성들의 잣대에 의해서 제대로 평가받지 못했다는 것을 알려준다. 여성의 "차이론"은 단지 도덕이나 인간발달 영역에만 국한하지 않고, 법학, 철학, 예술 등 여러 측면에 널리 적용되었다. 그동안 남녀평등이란 남성과 "비교해서" 여성이 차별받지 않는 원리를 의미하였다면, 길리건이 말하는 차이론에 따른 평등론이란 남성과 비교될 수 없는, 혹은 남성이 가지지 못한, 여성성을 발견하고 옹호함으로써 평등론을 구성하려고 한다. 여성주의 법학에 동등성의 기준만으로는 부족한 성별 간 차이를 수용한 평등론을 구성하는 데에 여성주의 차이론이 영감을 주었다. 여성의 임신, 출산 등에서 나타나는 신체적 차이를 넘어서 실제로 거의 모든 삶의 영역에서 나타나는 성별 간 차이의 재발견과 재평가는 젠더정의(gender justice) 실현의 중요한 과제가 되었다.[9]

---

8) Gilligan, 앞의 책, pp. 29-32.
9) 헌법재판소는 낙태죄에 관한 헌법불합치 결정(2019. 4. 11, 2017헌바127)의 다수의견에서 "임신한 여성이 임신을 유지 또는 종결할 것인지 여부를 결정하는 것은 스스로 선택한 인생관·사회관을 바탕으로 자신이 처한 신체적·심리적·사회적·경제적 상황에 대한 깊은 고민을 한 결과를 반영

셋째, 길리건의 다른 목소리론은 보살핌의 윤리(ethics of care, 혹은 배려의 윤리)론을 정립하는 데 선구적 역할을 하였다. 오늘날 배려의 윤리는 남성들의 도덕발달에서 가장 높은 가치로 여겨지는 정의의 윤리(ethics of justice)와 다르지만 마찬가지로 존중되어야 할 윤리로 자리매김되었다.[10] 서구의 페미니즘 연구에서 보살핌 학파(the school of care)는 한편으로는 철학과 윤리의 영역에서, 다른 한편에서는 보살핌 노동의 영역으로 진화해 왔다. 특히 후자는 주로 여성들이 담당해 온 보살핌 노동의 성격을 규명하고, 경제학 등에서 보살핌 노동의 가치를 재평가했다. 보살핌 학파는 오늘날의 국가체계를 케어레짐(care regime)이라고 부를 정도로 보살핌 정책을 핵심적 공적 사안으로 구성했다.[11]

다른 한편, 길리건의 페미니즘도 비판에서 자유롭지는 않다.[12] 길리건의 이론은 남성적 잣대를 비판하기 위해서 현실의 모든, 다양하고 이질적인 여성들의 기준 혹은 사고방식을 마치 동질적인 것처럼 만들었고, 이 결과 남성과 여성 간의 이분법을 공고화하는 면이 있다는 것이다. 이런 이분법은 1980년대 이후 포스트모던 계열의 여성주의 논리에 의해 비판을 받아 왔다. 또한, 길리건과 이후 케어 윤리론자들은 가부장제 속에서 길러진 여성의 특성을 여성의 고유한 특성인 것처럼 칭송한 나머지 가부장제의 변화에는 소극적인 것이 아니냐는 반격을 받곤 하였다. 여성의 예술, 보살핌 노동, 글쓰기가 "이미" 훌륭한 것이라면 현재 사회를 변화시킬 필요가 없지 않으냐는 것이다. 연속해서, 길리건에게 여성의 목소리는 이미 발성되고 있는 것으로서 들으려고만 한다면 들리는 이미 존재하는 "경험적인" 차원의 것처럼 들린다. 그런데, 남성중심적인 도덕발달론에 대해서는 비판하면서도 남성중심적 사회 안에서 형성된 여성성을 옹호한다는 것이 논리적으로 가능한 일인가. 이 질문에 답하기 위해서는 가부장제 사회 내에서는 잘 들리지 않

하는 전인적(全人的) 결정이다"라고 하였다. 여기에는 낙태를 '태아의 생명' 무시라고 보았던 기존의 이분법적 법익론을 넘어서서 임부 자신과 태아와의 "연결성"을 고려한 논리가 들어 있다고 본다.

10) 예컨대, Virginia Held (ed), *Justice and Care — Essential Readings in Feminist Ethics*, Westview Press, 1995를 참고할 것.

11) 이에 관해서는 아래 논문을 참고할 수 있다. 마경희, "보편주의 복지국가와 돌봄: 여성주의 복지정책을 위한 시론", 페미니즘 연구 11(2)(2011), 85-116면; 김규찬, "한국의 재생산 위기와 케어레짐의 재구조화", 한국사회학 21(1)(2020), 163-191면.

12) Robin West, "Relational Feminism", Robin West and Cynthia Grant Bowman(eds.), *Research Handbook on Feminist Jurisprudence*, Edward Elgar, 2019 참고.

는 것 혹은 억압된 목소리에 관해서 사유하는 인식론이 필요한데 길리건에게서 이러한 논리가 가능할지 의문이다. 길리건의 이론에서 여성의 "다른 목소리"는 이미 존재하는 것으로 남성적 잣대를 넘어서서 이 목소리를 인정하고 옹호하는 작업은 목소리에 대한 해석의 문제로 주로 남게 되었다. 이러한 약점에도 불구하고 길리건 페미니즘의 크나큰 강점은 잘 보이지 않았던 여성의 사유방식을 크게 가시화시켰고 그 목소리에 힘을 주고, 새롭게 들을 수 있는 계기를 마련했다는 점이다. 양성 간 정의를 수립하는 데 있어서도 유일한 기준처럼 여겨지던 동등성 기분의 평등원리가 남성편향성을 가질 수 있음을 일깨워 주었다. 이로써 여성을 더 이상 "남성과 다른 젠더"가 아니라 바로 "여성인 젠더"라는 차이의 기호 혹은 긍정의 기호로서 인식의 방향을 완전히 바꾸었다. 필자가 보기에 이러한 공적은 길리건에만 국한하지 않는 서구의 차이 페미니즘의 큰 성과라고 생각한다.

2. 권력 표출로서의 목소리: 캐더린 맥키논(Catharine MacKinnon)

「직장여성이 겪는 성적 괴롭힘 Sexual Harrassment of the Working Women」(1979) 이라는 저서를 필두로 여성의 섹슈얼리티(성성) 문제에 천착하여 온 캐더린 맥키논의 페미니즘 법학은 또 다른 "목소리"관(觀)을 가지고 있다. 맥키논의 여성주의 법학이 특별히 여성의 목소리 개념을 활용했다고 보기는 어렵지만, 이 절에서는 맥키논의 페미니즘 법학을 목소리의 관점에서 읽어보고자 한다. 길리건이 도덕과 도덕적 딜레마 영역을 주로 다루었다면, 맥키논은 섹슈얼리티와 성적 폭력을 주된 관심영역으로 삼았다. 이 점에서 맥키논이 듣고 말하는 "목소리"는 도덕적 발성이 아니라 여성의 몸에서 나오는 문자 그대로 육성이라 할 수 있다.

맥키논은 쓰고 있다. "섹슈얼리티와 페미니즘 간의 관계는 마르크시즘과 노동 간의 관계이다. 대부분 자신의 것이지만 대부분 빼앗긴다." "섹슈얼리티란 젠더 간의 사회적 관계가 창조되고, 조직되고, 표현되는 사회적 과정이다. 이를 통해 우리가 아는 여자와 남자라는 사회적 존재가 만들어진다."13) 맥키논은 성적 폭력의 만연함에 주목하면서(미국 여성 중 단 7.8%만이 평생 동안 성폭력을 체험하지 않는다), 남성의 여성에 대한 성적 폭력은 부정되거나, 축소되거나, 사소하게 되거

13) Catharine MacKinnon, *Toward a Feminist Theory of the State*, Harvard University Press, 1989, pp. 3-4.

나, 성애화되거나(eroticized), 주변화되거나, 에피소드적인 것이거나, 어쨌든 보다 중요한 논쟁거리 바깥에 있다고 고발한다. "성적(sexual)이라고 느껴지는 것을 제외하고 성이란 대체 무엇인가? 거의 폭력이며 또 폭력을 포함한, 지배와 복종의 행위가 성적으로 흥분되는 것으로 체험된다면, 성 그 자체처럼 그것이 성적인 것이다. 남성에게는 지배가 여성에게는 종속, 젠더정체성, 여성성이 성애화되었다." "양성 간의 불평등은 성적인 쾌락으로 정의되기 때문에, 그 불평등은 마치 동의에 기반한 것처럼 보이게 된다."[14]

맥키논의 페미니즘에 따르면, 여성과 남성은 권력의 구조화된 서열 속에 놓여 있는데, 이 힘의 서열관계란 단지 남성과 여성 간의 지위와 같은 외부에만 존재하는 것이 아니고 성적 욕망과 주체성에까지 침투해 있다. 남성의 여성에 대한 성적 폭력은 폭력이면서도 마치 성적으로 쾌락적인 것처럼 포장되어서 남성 지배 사회에서는 근본적으로 성성에 관한 쾌락과 성적 폭력은 잘 구분되지 않는다고 맥키논은 일갈하였다. 그녀의 분석에서 성성이란 육체적 본능이나 본질이 아니며 사회적으로 구성되는 것이자 변화 가능한 것이다. 하지만, 맥키논이 보기에 페미니즘은 "변화할 수 없는" 속성이 있으니 그것은 여성의 섹슈얼리티를 통제하고 종속시키는 남성 지배체계를 전복시키는 일이다. 이렇게, 맥키논이 이해하는 여성의 "목소리"를 단순화하자면 본능이나 본질이 아니라 남성 중심의 권력관계 속에서의 지배와 복종, 권력관계 속에 얽혀 있는 정치적인 것이지 칭송해야 할 것과는 거리가 멀다.

맥키논 이론의 혜안은 당시까지 미국의 여성주의 법학을 지배하던 평등과 차이 기준 모두를 비판한 것에 있다고도 할 수 있다. 평등이란 남성과의 동등성 기준이며, 차이 역시 "남성으로부터의" 여성의 차이이기에 남성은 차이론에서도 기준이 되어 왔다고 맥키논은 비판한다. 이런 관점에서, 앞서 길리건이 제시했던 다른 목소리론은 평등 기준에 내재한 남성중심성의 문제를 전혀 벗어나지 못한다. 길리건이 남성 지배의 구조적 차원을 보지 못한다는 점에서 자유주의 법학의 젠더 중립성(gender neutrality) 접근과 마찬가지의 문제점을 지닌다는 것이다. "여성이 배려적인 것은 남성들에게 제공하는 우리의 배려에 따라서 우리가 가치롭게

---

14) Catharine MacKinnon, *Feminism Unmodified — Discourses on Life and Law*, Harvard University Press, 1987, pp. 5-8.

여겨지기 때문이다. 여성이 관계를 중시하는 것은 남성과의 관계 속에서 그녀들의 존재가 규정되기 때문이다"라고 맥키논은 기술하였다.[15]

계속해서 맥키논은 "같은 것은 같게 다른 것은 다르게"라는 아리스토텔레스 이후의 평등원리는 성평등에 크게 도움이 되지 못한다고 하였다. 왜냐하면 젠더 간 불평등이 심화된 사회에서는 남성과 "같은" 기회를 누리는 여성 자체가 희소할 것이기 때문이다. 마찬가지로 성별 간 차이란 옹호의 대상이 아니라 바로 남녀불평등의 결과이자 근거라는 점에서 차이 기준도 심각한 문제점을 가진다고 한다. "비슷한 위치를 가진(similary situated)" 남녀란 어차피 매우 희소할 것이고 대다수 남성들과 여성들은 다른 영역에서 다른 기대 속에서 살아간다. 남성과 여성 간의 이런 삶의 분리를 단지 "차이"라고 표현한다는 것은 문제를 너무 심하게 탈정치화, 탈맥락화하는 것이라고 맥키논은 보았다. 필자도 이 점은 매우 중요한 포인트라고 생각한다. 맥키논이 생각하기에 불평등이란 "같은 것을 다르게" 대우하는 데서 온다기보다 대부분 "다른 것을 잘못 다르게" 대우하는 데서 온다고 생각한다. 그렇다면 다른 것을 어떻게 "제대로" 다르게 대우하는가가 젠더 정의 실현의 관건이 될 것이다. 맥키논의 페미니즘에서 "차이"가 핵심적 열쇠말이라고 하기는 어렵다. 앞서 본 길리건이나 리틀톤(C. Littleton) 등과 같이 맥키논이 차이론을 발전시켰다고 보이지 않는다.[16] 맥키논의 기여는 성별 간 평등의 문제를 권력과 폭력의 문제로, 체계적 차별의 문제로 포착하면서 그 권력관계가 여성과 남성의 내면세계로까지 깊숙이 침투해 있다는 것을 보여준 점에 있지 않나 생각한다.

맥키논은 성희롱, 반포르노 입법운동,[17] 전시 성폭력 등 여성에 대한 폭력에 대해서 전방위적으로 활동하고 이론화한 학자이다.[18] 그녀는 표현의 자유, 프라

---

15) Catharine MacKinnon, *Feminism Unmodified*, Harvard University Press, 1987, p. 39.
16) 이 글에서 크리스틴 리틀톤(Christine Littleton)을 다루지는 않지만, 실질적 평등을 달성하기 위한 성별 차이에 관한 수용론은 매우 중요하다[Littleton, A. Christine, "Reconstructing Sexual Equality", *California Law Review*, 1987, 크리스틴 리틀턴, "성적 평등의 재구성", 양현아 외 편역, 2019, 277-346면을 참고할 것].
17) 맥키논은 드워킨(A. Dworkin)과 함께 반포르노 조례(Anti-Pornography Civil-Rights Ordinance) 입법 운동을 벌였다. 1983년 미국 미네아폴리스에서, 1984년에는 인디애나폴리스에서 법제정 운동을 주도하였다. 하지만, 전자는 시장이 거부권을 행사함으로써, 후자는 1985년 연방항소법원이 위헌이라고 판결하고 1986년 연방대법원이 이를 확정함으로써 시행되지 못했다.
18) Catharine MacKinnon, "Privacy v, Equality: Beyond Roe v. Wade", 앞의 책, 1987, pp. 93-102.

이버시 침해라는 자유주의적 법이념에 반대하고, 젠더 간의 불평등과 힘의 불균형을 시정하는 데에는 국가의 입법 의지가 무엇보다도 중요하다고 보았다. 국가가 성폭력, 출산권에 관한 여성주의적 시점(視點)을 법에 분명하게 기입할 것을 촉구하였다. 이상과 같이, 성별 간의 구조적이고 체계적인 권력 불균형에 초점을 맞추는 맥키논에게 여성의 목소리가 중요할까 싶지만 그녀가 제안하는 "의식고양(consciousness raising)"은 목소리론과 관련성이 있다고 보인다.

맥키논은 의식 고양을 페미니스트 정치학의 대표적 방법론으로 들고 있다. 의식 고양이란 첫째, 여성들은 의식 고양을 통해서 여성들이 자신과 타인의 여성으로서의 경험을 나누고 집단적인 차원에서 여성으로서 동일화하는 과정을 거친다. 이를 통해 여성들은 여성으로서의 정체성을 인식할 수 있게 되고 억압의 경험이 개별적인 것이 아니라 공통적인 것임을 깨닫게 된다고 한다.[19] 이는 길리건이 말했던 "이미" 여성 안에 경험적으로 존재하는 "여성의 목소리"라는 의제와는 사뭇 다른 차원의 의식화 과정이라고 할 수 있다. 의식 고양을 통해서 여성들은 젠더 간의 사회관계에 대해 질문을 하고 비판적으로 성찰할 수 있게 된다. 여성들은 자신이 종속당해 왔다는 것을 자각하게 되고 이것이 문제라고 느끼게 되면서 자신의 의식, 체험적 지식, 상황 등에 대해 다시 바라보고 그것을 바꾸고자 의식을 고양시킨다.[20] 맥키논의 의식 고양은 내면적 대화와 특정 사건에 초점을 맞춘다는 점에서는 길리건의 면접과 유사한 점이 있다. 하지만, 그 면접 내용을 있는 그대로 옹호한다기보다 비판하고 재구성한다는 점에서는 차이가 있다. 여성들은 오늘 무슨 일이 있었는지, 어떻게 느꼈는지, 왜 그렇게 느꼈는지, 지금은 어떤지 등 가사노동, 성교, 일터에서의 관계 등에 관하여 나누게 된다. 이 과정에서 집단으로서의 남성이 집단으로서의 여성들을 억압하는 동일한 사회적 장치로부터 혜택을 누리고 있다는 것을 깨달을 수 있게 된다. 남성은 자녀 양육, 성적 서비스, 자잘한 일로부터 면제된 채 경제적·사회적으로 더 높은 가치를 받는 노동

---

19) 여성주의 법학 방법론에서 의식고양 방법은 중요하다. 캐더린 바틀렛은 의식고양에 대해 다음과 같이 말한다. "일관성보다는 솔직함을 중시하고, 자족보다는 협업을 중시하며, 추상적 분석보다는 사적인 이야기를 중시한다. 그 목적은 개인적인 공격이나 정복이 아니라 개별적·집단적 역량 강화이다." 캐더린 바틀렛, 앞의 논문, 양현아 외 편역, 앞의 책, 50-53면.

20) 이러한 논리는 마르크시즘에서 착취당하는 노동자 계급이 계급의식 없이 살아갈 때는 즉자적 계급이요, 학습을 통해 자신을 자본주의 사회구조 속에서 바라볼 수 있을 때 대자적 계급으로 변화한다는 논리와 닮았다.

을 해 왔다는 점 등을 알게 된다. 맥키논은 의식 고양 집단을 여성만(women only)으로 한정한다는 점에서 분리주의 원칙을 표방하였다. 남성이 없을 때, 여성들은 남성들의 승인을 의식할 필요 없이 자유롭게 자신을 표현하게 된다고 보았다. 이러한 조건 속에서 여성은 섹슈얼리티, 가족, 몸, 돈 그리고 권력 등에 관한 감추어진 이야기를 솔직하게 말할 수 있다는 것이다. 여성 집단 속에서 통찰과 충고와 정보와 자극과 질문의 "원천"이 되는 여성들에 대해 여성들은 서로 가치 있게 여기게 되고 진실의 준거 기준이 바뀔 수 있다는 것이다.

이상과 같이 볼 때, 맥키논의 길리건에 대한 비판은 정당한가. 두 학자 간 여성의 목소리 인식에는 큰 차이가 있다. 길리건은 여성의 도덕적 추론, 인식에 "여성적인 것"이 있다는 점을 경험적 연구로 밝혀냈고 이를 이론화하였다. 이에 비해, 맥키논의 의식 고양에서는 여성들이 자신의 "경험" 이야기 속에서 그 경험에 내재한 집합적이고 구조적인 권력관계를 알게 됨으로써 의식의 고양으로 나아간다. 따라서 길리건에게 여성의 목소리는 이미 존재하는 발성이지만 맥키논에게는 성취해야 할 발성이다. 둘째, 맥키논의 의식 고양은 주로 억압 내지 피해의 체험을 다시 보게 하는 방법이라는 인상을 받는다. 여성들은 집단 토론 속에서 가부장적 현실을 고발하고 여성주의적 깨달음을 얻는다. 이에 비해 길리건에게 여성들은 피해자 혹은 피억압자라기보다는 관계 지향적이며 맥락적 추론을 해 낼 수 있는 다른 종류의 능력을 가진 주체들이다.

그런데, 맥키논 이론에서 여성의 고양된 의식의 원천은 어디일까. 길리건은 대상관계이론 등 정신분석적 이론에 근거해서 주로 어머니를 통한 사회화 과정으로 인해서 대다수 여아들이 남아와는 다른 여성성을 형성한다는 점에서 차이의 목소리의 원천을 찾는다. 하지만 맥키논에게 이 문제는 분명치 않다. 맥키논이 스스로를 칭하듯이, 마르크스주의에 입각한 여성주의 법학자라면 대다수 여성들은 가부장적 사회체계를 토대로 하고 그 이데올로기를 내면화함으로써 남성의 이익을 자신의 이익인 양 인식할 것이다. 하지만 맥키논이 여성들을 순전히 가부장제의 피조물로 본다면 과연 의식의 고양이란 가능한 일일까. 맥키논을 포함한 페미니스트의 사유는 가부장제 속에서 과연 어떻게 가능했을까. 여성들이 가질 수 있는 허위의식이나 여성성에 관한 인식의 지평을 열기 위해서는 아래에서 이어질 웨스트나 스콧과 같은 인식론이 필요하지 않을까 생각한다. 그럼에도 맥키논은 여성에 대한 성/폭력을 여성에 대한 차별로 바라보게 하였고 성별 관계를 권력관계의 틀에서 조망하게 해 주었다. 그것도 여성 일반 대중의 눈높이에서 말이다. 여성의 목소리론에서 맥키논의 유산은 무엇보다도 여성의 목소리이자 외침은 그저 생생한 것이 아니라 "권력관계 속에 놓인 목소리"로 해석되고 청취되어야 한다는 것인데, 이는 매우 중요한 일침이다.

3. 내면 표현으로서의 목소리: 로빈 웨스트(Robin West)

로빈 웨스트는 현상학적 여성주의 법학을 주창하면서, 남성과 여성의 고통의 차이에 관심을 기울였다. 특히 여성의 고통에 관심을 집중하였다.[21] 데이트 강간, 성적 괴롭힘과 같은 체험은 하나의 현실을 여성과 남성이 다르게 경험한다는 것을 나타낸다. 그럼에도 우리의 법문화(legal culture)에서는 여성이 겪는 상해는 자주 인식되지 않거나 그 피해에 대해 배상하지 않는다. 웨스트는 다음과 같이 쓰고 있다.

> "여성의 고통은 어떤 이유에서든지 법적 구제 범위의 바깥에 있다. 이처럼 여성 특유의 피해들은 현재까지 다양한 이유로 무시되어 왔다. 사소해서 (길거리에서의 성적 괴롭힘), 동의했기 때문에 (직장 내 성적 괴롭힘), 우스워서 (폭력적이지 않은 부부강간), 스스로 동참했거나 무의식적으로 원했거나 자신이 자초한 일이기 때문에 (아버지의 딸에 대한 근친상간), 자연적이거나 생물학적이며 따라서 피할 수 없는 것이므로 (출산), 우발적이며 따라서 여성만이 당하지는 않는다고 느껴져서 (폭력 범죄의 관점에서 본 강간), 당할 만하거나 사적이어서 (가정폭력), 실재하지 않으므로 (포르노그래피), 이해할 수 없어서 (불쾌하고 원하지 않은 동의에 의한 섹스) 또는 법적으로 미리 예정되어 있기 때문에 (혼인면책 규정을 둔 주들에서의 부부강간) 무시당할 것이다."[22]

웨스트는 여성의 고통에 관한 법의 무지와 무관심은 부분적으로는 여성이 느끼는 고통이 잘 이해되지 않고 있기 때문이고 여성의 고통이 남성의 그것과 다

---

21) Robin West, "The Difference in Women's Hedonic Lives: A Phenomenological Critique of Feminist Legal Theory"), 로빈 웨스트, "여성의 쾌락적 삶에 있어서의 차이 — 페미니즘 법이론에 대한 현상학적 비판", 양현아 외 편역, 앞의 책, 83-157면.
22) 로빈 웨스트, 앞의 논문, 83-84면.

르기 때문이라고 진단한다. 여성의 고통이 남성의 그것과 다를 뿐 아니라 그 고통이 남성들과의 관계에 기인할 경우 남성들은 그 고통을 공감하려 하지 않을 것이 분명하다. 웨스트는 "여성이 법문화의 협력을 끌어내기 위해서는 여성에게 특정한 고통의 느낌을 서술하는 것"이 중요하다고 한다. 여성의 "쾌락적 삶(hedonic lives)"에 주목해야 하는 이유는 앞서 맥키논이 지적한 허위의식과는 많이 다르다. 웨스트는, 페미니즘의 목적 자체를 평등이나 정의가 아니라 여성의 삶의 기쁨이나 행복에 두고 있다는 점에서도 다른 여성주의 법학자들과 많이 다르다. 웨스트는, 여성의 고통을 사소하게 만드는 법문화 속에서 여성 스스로도 그 고통을 사소하게 바라보게 된다고 한다. 소수자 집단에게 고유한 고통은 대체로 그 이름, 역사, 언어적 현실을 가지지 못한다. 따라서 가해자뿐 아니라 피해자 스스로도 그 고통을 응분의 벌을 받는 것, 자랑거리, 무의식적 쾌락 등과 같이 고통이 아니라 "다른 어떤 것(something else)"으로 변형시켜서 이해하곤 한다. 여성에 대한 위협이 여성에 대한 처벌이라고 불리고 어떤 상해가 사소한 것이라고 여겨진다면 그러한 위협 또는 상해에 대한 우리의 반응 또한 그러할 것이다. 과거의 고통이 피해자가 무의식적으로 유도한 것이라면 과거의 체험은 그 해석에 맞게 재구성될 것이다. 이렇게 여성의 고통에 대한 외부적인 해석이 여성의 자기 인식을 구성한다는 점을 관찰하면서, 웨스트는 상처를 받는 자아에 "목소리"를 주어야 한다고 주장한다. 이것이 그녀가 제안하는 현상학적 여성주의 법학의 핵심 논거이다.

웨스트는 여성주의 법이론가들이 대체로 여성들의 쾌락적인 내면적 삶에 주목하지 않았다고 비판한다. 자유주의와 급진주의 법여성주의(legal feminism) 모두 비판적 시선을 여성의 고통이나 기쁨이 아니라 외부에 돌리고 있고(예컨대, 선택의 폭 혹은 권력), 페미니스트 법이론이 정초하는 자유주의 혹은 마르크시즘에서 제시하는 인간상이나 규범적 가정들에 대해서는 이상하리만치 무비판적이라는 것이다. 예컨대, 급진적 법여성주의는 여성들이 (성적으로) 이용됨으로써 받는 고통이 그러한 이용이 고통스러워서가 아니라 그것이 여성의 본성에 대한 침해이기 때문에 나쁜 것으로 인식하는 경향이 있다. 여성들이 가진 생각 중에서 평등주의가 아니거나 자신들에게 힘을 주는(empowering) 생각이 아니라면 그것은 모두 허위의식이라고 간주한다. 자유주의나 급진주의 여성주의 법학에서 여성이란 사회적 맥락으로부터 떨어져나온 듯한 자율적 개인상을 가지고 있다. 하지만 여성이 임신하였을 때, 어머니와 태아는 육체적, 심리적으로 서로 연결되어 있다.

필자는 웨스트의 여성주의 법학 방법론은 여러 강점들을 가지고 있다고 생각한다. 첫째, 법학자인 웨스트가 여성의 주관적 체험, 그것도 가부장적 사회에서 살아온 남성과 여성의 주관적 체험의 차이에 주목했다는 점이 주목된다. 그녀에 따르면, 여성에게는 고통의 체험이 더 많으며 같은 사건에서도 남성보다 더 많이 고통받는다. 이러한 차이의 근거를 여성이 힘이 없는 집단일 뿐 아니라 여성의 관계적 존재 성격에서 찾는다. 여성에게 삶의 복지와 행복을 가져다주는 여성주의 법학이 되기 위해선 그녀들의 내면적 체험에 귀를 기울여서 그것에 무게를 주고 의미를 부여하는 방법론이 필요하다고 한다.

둘째, 여성주의 법학이 스스로의 인식론을 개발하지 못하고 자유주의나 마르크스주의 등과 같은 기존 인식론에 기초한 후 여성에다 그것을 "적용하는" 이론에 대해 비판하였다는 점도 주목된다. 웨스트가 보기에 이러한 접근은 페미니즘이라는 이름에도 불구하고 충분히 페미니스트적이지 않다. 웨스트는 여성주의 법학이 자율적 개인 간의 평등모델에 한정될 것이 아니라 여성의 체험세계를 표상할 수 있는 관계적 모델에 입각한 언어를 형성할 필요가 있다고 생각한다. 이러한 강점에도 불구하고, 그녀의 현상학적 여성주의 법학은 자칫 주관적 체험 속에서 표류할 위험성도 있다고 생각한다. 여성의 의식을 외적 잣대에 의해 허위의식인지 아닌지를 가려낸다는 웨스트의 맥키논에 대한 비판은 날카롭지만 그렇다고 내적인 느낌 자체가 어떤 진정성을 보증한다고 보기도 어렵기 때문이다. 이것이야말로 맥키논이 비판했던 현상유지적 여성주의의 전형이 아닐까. 허위의식 개념은 아닐지라도 여성의 의식에 침투해 있는 남성중심성을 인식할 필요가 있기 때문이다.

웨스트의 현상학적 여성주의 법학에서 여성의 체험을 "다른 무엇"으로 환원하는 현상에 대한 지적은 매우 훌륭하다. 웨스트는 여성의 체험을 비판하고 평가하기에 앞서 그것을 기록하는 작업의 중요성을 일깨워주고 여성의 쾌락과 행복이라는 주관적 복지에 관심을 가질 것을 촉구한다. 여성주의 법학자는 여성의 자기 체험을 충실하게 언어화하라는 것인데, 이 접근은 맥키논의 의식 고양에서처럼 가부장제에 대한 비판적 시선을 던지기 이전에 여성 자신을 수용하고 힘을 주라는 점에서 차이가 있다고 본다. 여성들의 말하기에 대한 의미 부여가 부족하다는 점은 길리건의 생각과 겹치면서도 웨스트는 여성들이 자신(특히 자신의 고통을)을 표현할 개념도, 그것을 기록할 언어도 개발되어 있지 않다는 점에서 길리건의 관심과 다르다. 길리건이 청취해 낸 "도덕적 사유"가 아니라 웨스트는 "고통"과 "쾌락"의 체험을 제대로 말하지도 청취받지도 못했다는 것에 관심이 있다. 이것은 여성의 내면적 체험을 좀 더 깊이 "날 것"의 상태로 접근하는 웨스트의 방법론에 기인할 것이다. 아무튼 법학자임에도 웨스트는 여성주의 법학에서 언어의 형성과 재현 등의 문제에 관심을 가졌다는 점에서도 매우 주목된다. 나아가, 페미니즘의 목적을 여성의 주관적 삶의 복지에 두었다는 점도 특기할 만하다. 뒤에서 살펴볼 여성 종중원 확인의 소와 일본군 성노예제 피해생존자 증언의 여성의 목소리론에 대해서도 중요한 이론적 기여를 할 수 있을 것으로 예상한다.

4. 집합성으로서의 목소리: 조안 스콧(Joan Scott)

포스트구조주의(poststructuralism) 여성주의 역사학자인 스콧으로부터 우리는 또 다른 "목소리론"과 만난다. 여성의 "체험",[23] 그리고 EEOC 대 Sears, Roebuck & Co. 판결 연구에서[24] 스콧의 생각을 읽을 수 있다.[25] 스콧은 EEOC (Equal Employment Opportunities Commission: 고용기회평등위원회)가 거대 소매업 체인인 시어즈사에 대해 제기한 소송을 분석함으로써 평등과 차이라는 기존의 성차별 판단 기준에 대해서 고찰하였다. 이 소송의 핵심 쟁점은 시어즈사의 판매직 고용, 특히 커미션 판매직 고용에 있어 성차별이 있었는지 여부를 가리는 것이었다. 스콧은 젠더 간 평등과 차이, 여성의 요구 등을 법적 개념으로 구성하는 데에 언어, 담론, 차이, 해체에 대한 포스트구조주의적 사고가 유용하다고 주장하였다.

스콧은 담론이란 단지 언어, 텍스트가 아니라 역사적·사회적·제도적으로 형성된 특정한 진술, 용어, 범주, 신념의 구조라고 정의하였다. 푸코(M.Foucault)에 따르면, 의미를 분명하게 하는 것은 항시 권력과 갈등을 수반하는 일이며, 담론은 다양한 의미들이 서로 경합하는 "힘의 장(fields of force)" 안에 있다. 담론이란 따

23) Joan Scott, "Experience" in *Feminist Theorize the Political*. Judith Butler & Joan Scott(eds.), Routledge, 1992.
24) 839 F.2d 302 (7th Cir.1988).
25) Joan Scott, "Deconstructing Equality-Versus-Difference: Or, the Uses of Poststructuralist Theory for Feminism", *Feminist Studies*, 14(1), 1988, 조안 스콧, "평등 대 차이의 해체 또는 페미니즘을 위한 포스트구조주의 이론의 활용", 양현아 외 편역, 앞의 책, 347-372면.

라서 말과 텍스트뿐 아니라 조직, 제도(학교, 병원, 사법제도 등), 사회관계(남편과 아내, 사용자와 근로자 등) 속에도 담겨 있고 또 표현된다. 따라서 담론분석이란 단지 언어 분석이 아니라 그 담론에 의해 운용되고 정당화되는 사회관계, 제도, 조직에 대한 분석을 포함한다.26) 이러한 논의는 담론분석을 통해서 사회제도의 해체와 재구성이 가능하다는 것을 말하고 있다. 특히, 젠더는27) 가족, 시장, 노동, 군사 등과 같은 사회적 영역뿐 아니라 개인들의 상상력, 도덕, 취향의 전 영역에 관련되어 있기에 스콧에게 젠더관계의 변동이란 사회의 근본적 재구성에 해당하는 사회변화를 의미한다. 이것이 그녀가 젠더란 유용한 역사서술의 방법이자 분석수단이라고 보는 이유이다. 이 젠더 개념을 법학에 적용한다면 젠더 분석이란 법학 전반의 변화를 유도할 수도 있는 유용한 방법이 될 것이다.

스콧은 위 사건에서 문제가 되었던 "여성의 차이" 개념에 대해 살펴보았다.28) 시어즈사 측은 커미션 판매직에서 드러나는 남성과 여성 종사자 비율의 차이는 시어즈 측의 차별적 고용 관행 때문이 아니라 여성들이 이 직종에 대한 관심이 저조하기 때문이라고 주장하였다. 시어즈 측은 이를 입증하기 위해 거의 모든 증거를 통계적 수치로 제시하였다. 시어즈를 변호했던 역사학자 로자린 로젠버그(Rosalind Rosenberg)는 여성과 남성은 생래적인 것은 아니지만 문화 혹은 사회화의 결과로 "근본적인 차이"가 있다는 점을 강조했다. 남녀 간의 차이는 근본적이고 실제적인 것이며 이로 인해 고용에 있어서 통계적 편차가 나타났다고 설명하였다. 로젠버그는 반대 측 EEOC를 변호한 또 다른 역사학자 엘리스 캐슬러-해리스(Alice Kessler-Harries) 역시 그녀의 논문에서 남녀의 차이를 강조했던 것을 인용하기도 했다. 아마도 캐슬러-해리스가 주장하는 역사적으로 누적되고 구조적인 차별의 결과 중 하나가 로젠버그가 지적하는 현상적 남녀 차이를 낳았을 것이다. 이 재판에서 판사들은 시어즈사의 논증을 선호하였고 남녀가 동일한 관심

---

26) 후기구조주의에서 언어 및 기호가 가지는 중요성에 대해서는 지나치게 강조하기 어렵다. 스위스 언어학자 소쉬르(F. Saussure)의 구조주의 언어학의 패러다임을 수용하면서 후기구조주의자들에 있어서 언어는 키워드이자 방법론이다. 기호는 기표와 기의에 의해서 끊임없는 의미화(signification) 과정을 지속하는데 인간 역시 의미화 속에서 자신의 주체성을 구축한다.

27) 스콧은 젠더를 한 사회가 여성과 남성을 조직하는 방식이자 이를 정당화하는 지식으로 정의하였다[Joan Scott, *Gender and the Politics of History*, Columbia University Press, 1989].

28) "여성의 차이"란 "젠더 간 차이"와 같은 의미가 아니다. 전자는 주로 남성을 기준으로 해서 "차이를 가진 여성"이라는 의미를 만들어 낸다는 점에서 남성중심적이다. 진정한 젠더 간 "차이"를 사유하는 논리 구성에 관해서는 앞서의 리틀톤의 논문을 참고할 수 있다.

을 가졌다는 것은 "입증되지 않았다." EEOC의 입장이 거부되었을 뿐 아니라 시어즈사의 고용정책이 간접적으로 지지되었다.[29]

이 소송에서 개진된 담론에서, 차이란 차별의 대체어가 되었고 평등의 반대항이 되었다. 스콧은 여성주의 법학에서 이념과 분석 도구로서 평등과 차이 양자를 모두 포기할 수 없으며, 경계해야 할 것은 동일성과 차이라는 이름으로 젠더라는 사회적 범주가 고정되는 것이라고 주장하였다. 평등의 반대항은 차이가 아니라 불평등이다. 마찬가지로 이항 대립 속에 위치한 고정된 남녀 차이에 대한 반대항은 여성들 간의 다양성과 여성의 역동적 체험이라고 스콧은 주장하였다. 본 판결에서 받아들여졌던 것처럼 여성들은 관계 지향적이고 비경쟁적이며 높은 보수의 직종에는 관심이 덜하다는 식으로, 여성의 차이가 "움직일 수 없는" 사실로 여겨지는 것을 경계해야 한다. 역사적으로, 여성들이 요구했던 것은 남성과 여성의 범주적 동일성도, 이항 대립적 차이도 아니었다. 이러한 고정된 범주보다 훨씬 복잡한 다양성의 인정이었고, 그 다양성은 구체적 사건의 맥락과 목적 속에서 형성되고 표현되었다고 스콧은 말하였다.

이와 같은 분석이 여성의 목소리 그리고 법에서의 여성이 누구인지에 관하여 시사하는 바가 무엇일까. 스콧은, 여성이 남성과 가지는 차이를 인정하지만 그것은 고정된 것이 아니라 역사적인 구성물임을 분명히 하였다. 여성들이 나타내는 차이란 특정한 맥락 속에서 담론적으로 구성되며 또 사안마다 상이한 효과를 자아낸다. 따라서 스콧은 차이와 평등의 피상적 이분법에 대해 경계하였다. 여성이 남성과 동일하다는 것을 규명하려는 목적에 복무하지 않은 채, 고정되고 범주화된 차이를 극복하려고 하였다. 그런데, 이와 같은 사회구조적 분석에 입각할 때, 맥키논처럼 여성들에게 나타나는 남성과의 차이란 결국 가부장제의 결과일 뿐인지에 관해서 스콧이 동의할지 의문이다. 스콧이 젠더가 사회를 조직하는 주요한 사회적 원리라고 보았다는 점을 상기할 때, 예컨대 시어즈사에서 여성들의 직업 선호 및 성취도에 있어 차이가 난다면 그것은 성차별적 사회구조의 효과라

---

29) 여성주의 법학자들 간에 존재하는 성적 차이에 대한 양가감정을 미노우(Minow)는 "차이의 딜레마"라고 표현한 바 있다. 종속된 집단에 있어서 차이의 무시는 "잘못된 중립성을 남기며" 차이에 집중하는 것은 일탈(deviance)의 낙인을 지나치게 부각시킨다고 하였다[Martha Minow, "Learning to Live with the Dilemma of Difference: Bilingual and Special Education", *Law and Contemporary Problems* 48, 1984, pp. 157-211].

고 할 수 있다. 하지만, 스콧의 이런 생각이 맥키논의 급진적 법여성주의와 다른 점은, 성별 간 차이가 이분법적으로 구분되는 것처럼, 몸과 성성을 중심으로 고정된 것처럼 여기지 않으며, 보다 중요하게는 그 차이의 의미가 투명하게 밝혀진 것처럼 보지도 않는다는 점이다. 스콧의 입장에서는, 맥키논의 생각과 달리 여성의 주체성이란 (남성의 주체성처럼) 특정 사회와 사건 속에서 끊임없이 재구성되는 변화 속에 있다.30)

스콧에게 "여성의 목소리"란 특정한 역사적 맥락 속에서 발화되고 또 청취되는(해석되는) 것이기 때문에 그것 자체가 진실이나 증거를 담보하지 않을 것이다. 스콧 역시 구체적 맥락 속에서 여성의 목소리에 귀 기울이고 그 요구를 청취해야 한다는 데에는 동의할 것이지만 이때 여성의 목소리란 웨스트가 보았던 것처럼 그녀들의 내면적 희노애락을 그대로 표출하는 것이 아니라고 할 것이다. 여성들이 말하는 것이 거울처럼 투명하게 표상되는 것이 아니라 입장과 이해관계를 가진 특정한 "청취의 귀"에 의해 해석되고 의미가 생산될 것이라고 볼 것이기 때문이다.31) 이 점에서 길리건과 같이 목소리가 전하는 진솔함에 대한 믿음도, 웨스트가 생각하는 가공되지 않은 내면에 대한 신뢰도 스콧에게는 없을 것이다. 그렇지만, 사회구조 속에서도 여전히 인간 주체성의 행위성을 인정하는 포스트구조주의자 스콧에게 여성의 목소리란 오로지 구조의 산물이고 외부적 잣대에 의해 허위의식으로 보지도 않을 것이다. 어떤 목소리가 들린다는 자체가 이미 말하는 발화자와 청취자(해석자) 간의 만남의 결과라는 점에서 이미 집합적인 목소리이며 다층적인 사회관계 속에서 나타나는 효과라고 볼 것이다.

그렇다면 스콧에게 여성이라는 범주가 가지는 의미는 무엇일까. 앞서 살펴본 길리건은 남성과는 다른 추론방식을 가진 여성들의 특성에 초점을 맞추었으므로

---

30) 스콧에게서 또 다른 포스트구조주의자인 이리가레이(Luce Irigaray) 등이 추구하는 여성적 차이 (feminine difference)를 옹호하는 인식론을 발견하기는 어렵다. 여기서, 여성적 차이란 현재 인식론의 협소함과 남성중심성을 일깨우는 기호가 된다. 이리가라이가 표현했던 "두 입술(two lips)"이란 여성 성기에 대한 메타포로서, 여성적 차이란 존재하지만 아직 "제시될 수 없는(the un-presentable)" 어떤 것이다. 여성 성기를 표상하기 위해서 여성적 차이와 같은 새로운 의미공간에 대한 상상이 필요하다고 한다[Luce Irigaray, *This Sex Which Is Not One*, trans. by catherine Porter with Caroline Burke, Cornell University Press, 1985].

31) 스콧은 여성(그리고 남성)의 경험이라는 것이 여성주의에 있어 움직일 수 없는 증거처럼 채용하는 경우가 많지만, 체험은 분명한 증거가 아니라 그 자체가 해석되어야 할 대상이며 특정한 해석을 거친 결과라고 한다(Scott, 앞의 논문, 1992).

여성들 간의 차이가 관심사였다고 하기 어렵다. 맥키논의 경우에도 가부장제에서 여성은 그 위계서열의 하위에 위치한 존재로서 애초부터 그 분석 대상이 여성 집단에 있었고, 이에 따라 여성 내부에 존재하는 차이에 대한 관심을 가지기는 어려웠을 것이다. 스콧에게 여성은 역사적으로 형성된 주체성을 구현하기 때문에 외견상 개별 여성의 목소리라고 할지라도 그것은 사회적 상황을 나타내는 집합적 목소리가 된다. 즉, 하나의 목소리 안에도 집합성이 존재하고, 여성들 간에는 수천, 수만의 다른 목소리를 가지게 된다. 그렇다고 스콧이 남성과 여성 간의 체계적 권력관계가 존재한다는 것을 부정하지도 않을 것이고 오히려 가부장제는 여성 간의 차이에 무관심한 채 여성으로만 동일시하여 여성의 역할과 특성을 배정하고 단지 성성이나 성별의 표지로만 가두어 놓았다고 생각할 것이다.

이상과 같이, 스콧에게 여성의 목소리란 개인성과 집합성이 복합적으로 표출되는 다층적으로 구성된 산물이다. 따라서 그 목소리들은 역사적 맥락과 이론 속에서 해석되어야 할 텍스트라고 할 수 있다. 담론에 대한 그녀의 설명에서 보았듯이, 여성의 목소리란 그녀 자신의 이야기이며 그 이야기는 언제나 그녀가 놓인 조직, 제도, 사회관계라는 "장(場)" 속에서 발화된다. 이러한 시각은 여성의 목소리는 그저 발화하는 것을 기록하면 된다는 경험주의 신념으로부터 벗어나게 만든다. 하지만, 스콧의 이론에 따르면 들리지 않고 가치롭지 않게 여겨지던 목소리에 대해 새로운 환기를 할 수 있을지는 우려된다. 스콧에게는 여성의 목소리 자체가 중요하다기보다는 이론가와 역사가의 해석에 보다 큰 무게를 두는 결론을 이끌어 낼 것 같기 때문이다. 또한, 법적 판단을 내려야 하는 상황에서 진실의 유동성만을 상기시키는 효과가 무엇일지도 의문이다. 이에 대해, 포스트구조주의 입장에서는 그들이 주장하는 것은 단지 진실의 유동성이 아니라 복잡한 이해관계의 맥락에서 진실을 추구해야 함을 알려주는 것이라고 맞설 것 같다. 필자가 보기에 포스트구조주의 여성주의에서 "여성의 목소리"는 여성의 주체성을 의미하는 기호가 되고, 그 목소리를 중심에 놓고 맥락과 제도를 다시 읽을 수 있게 해 주는 텍스트가 된다는 점에서 이론적 매력이 있다. 이후 사례에서 좀 더 논의하기로 한다.

5. 새로운 역사쓰기를 위한 기층 여성의 목소리: 포스트식민 법여성주의
(Postcolonial Legal Feminism)

이제까지 살펴본 법여성주의가 주로 영미의 역사적 맥락에서 전개된 이론이
자 담론이라는 것을 부정하기는 어렵다. 하지만, 1980년대 이후 형성된 인식론적
흐름은 여성주의의 서구중심성과 백인중심성에 대해 비판적으로 바라보게 하였
다. 한편으로는 아프로-아메리칸(Afro-American) 페미니즘이 형성되면서 기존의
페미니즘 담론에 인종에 대한 맹점(盲點)이 있다고 비판하였다. 여기서 더 나아가,
라티노(Latino) 페미니즘, 아시안 페미니즘 등과 같은 "유색인종 페미니즘(Women
of Color Feminism)"으로 페미니즘이 다변화되었다. 다른 한편, 이론적으로 포스트
모더니즘의 다양성, 탈중심성, 차이 등과 같은 개념 자원들이 새로운 "포스트" 계
열의 여성주의 이론 형성에 박차를 가하였다. 여성이 인종, 민족, 계급, 장애, 세
대, 성적 지향 등 다양한 사회적 축(axis) 속에서 구성되는 이질적이고도 광범위한
집합임에도 과연 "자매애는 전 지구적인 것(sisterhood is global)"인지에 대해서 의
문이 제기되었다. 여성에 대해 말하는 화자들은 어째서 대부분 백인 중산층 여성
들인지, 남미 출신 이민자 여성노동자는 여성에 대해 말할 수 없는 것인지, 전 지
구적 분업체계 속에서 서구 여성들은 비서구 여성들의 노동으로부터 부당하게 이
득을 취한 것은 아닌지, 강제 성매매·인신매매 범죄들이 어째서 주로 제3세계
여성들을 대상으로 벌어지는지 등의 질문들이 제기되었다. 이런 질문들은 기존의
백인 중산층 중심의 페미니즘에 깊은 성찰의 계기가 되었을 뿐 아니라 유색인종
페미니즘이 형성하게 하는 동력이 되었다.[32] 이렇게 1980년대 말 1990년대 초
"제3세계 페미니즘(Third World Feminism)"이라고 당당하게 불리는 페미니즘이 등
장하였고, 이런 에피스테메 속에서 "자기 땅에서의 페미니즘"을 찾고자 하는 포
스트식민 페미니즘이 등장하게 되었다.[33]

---

[32] 예컨대 Chandra Mohanty, Ann Russo and Lourdes Torres, *Third World Feminism and the Politics of Feminism*, Indiana University Press, 1991; Patricia Williams, *Alchemy and Race and Rights*, Harvard University Press, 1991.

[33] 지식 생산의 서구중심성은 여성주의에 국한하거나 더 강화된 현상은 아니다. 오히려 소수자와 인
권에 민감한 정치학이자 철학인 여성주의는 유색인종과 제3세계 여성주의자들의 비판과 지식 생
산에 보다 수용적 자세를 취해 왔으므로 비서구사회의 페미니즘 담론에 개방되어 있다고 해석한
다. 그러므로 이론의 서구중심성을 노출시킨 것은 여성주의의 한계가 아니라 진취성을 보여주는

1980년대에 부상한 포스트식민주의(postcolonialism)는 피식민 "이후에도" 지속되는 문화적, 정치적 식민지성(coloniality)의 문제를 제기하였다. 정치체제의 식민지배가 극복되었다고 할지라도 제도적이고 정신적인 영역에 식민지성의 유산이 깊이 남아 있게 되는 원인과 결과, 대안에 대해 고민하게 된 것이다. 아시아, 아프리카, 중동, 남미 지역을 포함하여 사실상 지구상의 3/4에 해당하는 광범위한 지역이 식민지 피지배를 통하여 근대화 과정을 겪었으므로 식민주의를 빼놓고 근대화를 설명하기는 어렵다.[34] 그럼에도 후기 식민사회들의 근대적 변화 — 사회관계, 경제관계, 근대법체계, 가족, 성성, 자아, 라이프스타일 등 — 를 설명하는 사회이론은 그저 서구만을 모델로 해서 바라보고 있었다. 포스트식민주의 학자들은 서양의 눈으로 바라본 비서구 식민지 사회란 미개하고 신비화되었으며 "바뀌지 않는 본질"을 가지며, 서양의 "타자"로 표상되면서 정작 자신의 식민지 피지배와 중첩된 근대화를 설명하지 못했음을 깨닫게 하였다.[35]

이렇게 볼 때, 필자는 포스트식민주의에서 "포스트(post)"에 대해, i) 시간적으로 식민지 피지배 이후라는 시간적 후기라는 의미, ii) 식민지적 사회관계와 제도와 문화가 지속되면서 극복이 지연된다는 의미, iii) 식민지 유제로부터 해방되어 식민지성을 진정으로 벗어나고자 하는 실천적 의미 등 세 의미를 동시에 지닌다고 생각한다.[36] 특히 가부장제, 젠더관계, 전통/관습 문제에 식민주의 유산은 제도적으로는 피지배 상태에서 벗어났다고 해도 헤어날 길 없는 깊은 영향을 남기게 된다. 탈식민 독립국가의 정치 엘리트들은 식민주의 피지배에 대한 반작용과 함께 자신들의 정치적 위치를 공고화하기 위해서 가부장적 가족제도와 성역할을 강화하는 경향을 보여주었다. 서구의 페미니즘으로는 이와 같이 "다른" 역사적 지형에 대해 대면하기는 어려웠을 것이다.

것이다.

34) 포스트식민주의에 관해서는 다음을 참고할 수 있다[Ania Loomba, *Colonialism/Postcoloinialism*, Routledge, 1998; 프란츠 파농, 검은 피부, 하얀 가면, 이석호 역, 1995, 인간사랑]. 포스트콜로니알리즘의 기반이 되었던 서브알턴 연구들도 참고할 수 있다(Ranajit Guha & Gayatri Spivak, Selected Subaltern Studies, Oxford University Press, 1988)]. 페미니즘과의 관련성을 보기 위해서는 다음을 볼 것[Reina Lewis & Sara Mills, *Feminist Postcolonial Theory*, Routledge, 2003].
35) 이런 시각에 대한 비판적 언설로는 사이드를 참고할 것[Edward Said, *Orientalism*, 1978, 박홍규 역, 오리엔탈리즘, 교보문고, 2007].
36) 졸고, "법의 타자들: 페미니즘, 포스트식민주의와 법의 개혁", 김명숙·안진·양현아·이상수·홍성수·황승흠 저, 법사회학, 법과 사회의 대화, 다산출판사, 2013을 참고할 수 있다.

  피식민 경험을 했던 사회에서 페미니즘이 가지는 역사적 맥락에 대해서도 주목할 필요가 있다. 먼저, 식민지 지배하에서 지배 관료들은 식민지 사회의 봉건적 지주소작관계라든가 가족관계를 근대화하려는 관심이 별로 없었고 또 이들과 결탁한 토착세력들 역시 기존의 권력관계를 개혁할 필요성은 별로 없었던 것으로 보인다. 예컨대, 식민지 조선에서 발효되었던 조선민사령 제11조의 "조선인에 대한 능력, 친족 및 상속에 관한 규정은 조선의 관습에 의한다"는 원칙으로 인해서 마치 조선 사회의 가부장적 전통을 존중했던 것과 같은 오해를 불러일으킬 수 있다. 하지만, 그 관습이란 식민지 관료와 학자들의 눈에 비친 일본적 렌즈를 통한 조선의 관습이었다.[37] 페미니즘은 식민주의의 영향 속에서 재구성된 가부장적 민족주의가 배태하고 있는 "전통"과 "관습"에 대한 비판적 고찰을 제시하는 데 중요한 역할을 할 수 있다.

  탈식민 이후 한국에서 호주제도는 1950년대 초부터 가족법 개정 운동에서 가장 중요한 폐지의 대상이었지만 2003년에 와서야 호주제도가 완전히 삭제된 새로운 민법이 탄생하였다. 호주제도가 존속하는 데에는 호주제도가 한국의 미풍양속이라는 유교론자들 혹은 전통론자들의 의견이 강력하게 작용하였다. 정부는 이러한 주장의 역사적 사실성이나 현재적 의미에 대해 거의 논하지 않은 채 대체로 침묵하였다. 이와 같이 전통, 민족, 근대성, 식민주의와 같은 영역들에 관심을 가진 포스트식민 페미니즘은 젠더관계를 통해서 자신의 사회와 근대성에 대한 역사를 다시 쓰고자 한다. 이에 따라 포스트식민 페미니즘은 그 땅의 젠더관계에 관한 것이자 페미니즘을 통해서 이루는 그 땅의 탈식민 프로젝트라고 할 수 있다.

  인도의 과부순장(sati)이라는 "전통"과 그 폐지를 연구했던 라타 마니(Lata Mani)는 과부로 죽어가거나 죽을 수 있는 여성들이 순장의 전통을 "말할 수 있는" 주체도 객체도 아니었음을 분석하였다.[38] 다만 여성들은 과부순장이라는 아름답거나 미개한 전통을 말할 수 있게 하는 담론의 "장(field)"을 제공했을 뿐이다. 여성을 통해서 천 년 전 힌두교 경전을 재해석하거나 혹은 인도의 근대성을 논할 수 있는 논쟁의 장이 마련되었을 뿐, 여성은 정작 그 논쟁에서 화자도 청자도 아니

---

37) 한국 가족법에 남겨진 식민지 시기에 재구성된 관습과 전통 문제에 관한 분석으로는 졸저, 한국가족법 읽기 — 전통, 식민지성, 젠더의 교차로에서, 창비, 2001, 제3장 및 제8장을 참고할 수 있다.

38) Lata Mani, "Contentious Tradition: the Debate on Sati in Colonial india", in KumKum Sangari & Sudesh Veid, *Recasting Women*, Kali for Women, 1990, pp. 88-127.

었다는 것이다. 이렇게 본다면 여성은 식민주의, 민족주의, 혹은 계급주의의 어디에서도 재현되지 못했던 틈새의 존재들이다. 이러한 역사적 담론의 장 속에서 성평등이나 여성의 권리를 실현하기 위해서는 남녀 간의 동등 기회라든가 여성의 차이 인정이라는 논리를 넘어서서 현재라는 공간 축에 역사적인 시간 축을 교차시킨 입체적 접근이 필요하다고 생각한다. 이것이 포스트식민 여성주의 법학이 젠더분석을 함에 있어서 역사적 접근을 하는 이유이다.

이제 "여성의 목소리"에 좀더 다가가 본다. 포스트식민 페미니즘 연구의 대표적 연구자 중 하나인 가야트리 스피박은 서브알턴 연구(Subaltern Studies)에 입각해서 인도의 식민주의 역사학과 민족주의 역사학이 서브알턴, 즉 사회의 저변이 되는 기층민의 이야기, 구술, 증언을 과연 역사쓰기의 자원으로 삼아왔는지에 대해 질문하였다. 서브알턴의 역사와 체험은 서구 엘리트주의나 민족주의 역사학 심지어 마르크스주의 역사학에서도 재현의 대상이 아니었다는 것이다. 여기서 포스트식민주의가 대표적인 반식민(反植民) 담론인 민족주의에 대해서도 비판적이라는 점을 잠시 살펴본다. 민족주의는 식민주의 역사를 자민족을 중심으로 해서 해석하면서 "자아 대 타자"와 같은 이분법을 통해 자기 민족의 순수성, 피해자성만을 부각시키면서 민족 안의 다양성, 이질성, 지배-피지배의 복잡한 관계들에 대해 무심해지기 쉽다. 아니, 식민지하에서 청산되지 않은 가부장제와 같은 문제들은 남성엘리트가 주도했던 민족주의 운동의 관심사가 아니게 됨으로써 식민지 이후 사회에도 "전통적" 젠더관계가 온존하고 강화될 가능성이 크다. 포스트식민 연구자들은 피식민 사회 속에서 "정치적 장"에 포섭되지 않았던 기층들의 목소리에 관심을 가졌고, 스피박은 특히 인도의 기층 여성들의 이름 없음과 목소리 없음에 주목하였다. 그녀들은 서구 페미니즘에서 그려냈던 권리를 주장하는 대문자 여성(Woman)이 아니라 역사에 기입되지 못한 복수의 여성들(women)이다. 그동안 페미니즘, 나아가 사회이론가들은 이 서브알턴 여성들의 목소리를 듣지 못했는데 그 이유는 기층 여성들이 말하지 않아서가 아니라 이 여성들의 목소리를 재현할 방법론과 이론이 부족했기 때문이라고 일갈하였다. 기층 여성들은 끊임없이 말해 왔다.[39]

---

39) Gayatri Chakravorty Spivak, "Can the Subaltern Speak?", *Marxism and the Interpretation of Culture*, Cary Nelson & Lawrence Grossberg(eds.), University of Illinois Press, 1988, pp. 271-313.

    스피박의 비판은 포스트식민 법여성주의에게 깊은 영감을 줄 수 있다. 포스트식민 여성주의는 한 사회의 식민주의 유산을 "아래로부터" 전복시키는 해방적 담론이고 탈정치적 영역으로 배제되었던 서브알턴 여성들을 "말하는 화자"로 표상하는 이론, 즉 그녀들의 목소리를 재현하는 이론을 의미하기 때문이다. 자신들의 근대사, 식민지사 어디에도 존재하지 않았던 서브알턴 여성들을 재현하는 방법론을 찾는 노력은 곧 자신의 역사를 새로 쓰는 시도가 되고 그것은 곧 자기사회를 재구성하여 근본적으로 "해방하는"프로젝트가 된다.

    스피박의 시각은 앞서 로빈 웨스트가 말했던 소수자 여성의 언어를 발굴하고 목소리에 힘을 주라는 방법론의 연장선에 있는 것 같지만 그 기록과 청취가 그저 관심과 의지만 있으면 되는 일이 아니라 이론과 방법론이 필요한 문제라고 인식하는 점에서 차이가 있다. 이 점에서 목소리의 형성과 해석이란 그저 들으면 되는 경험주의적 차원의 것이 아니라 사회구조적 차원의 것을 논의했던 조안 스콧과 같은 포스트/구조주의적 시각이 느껴진다. 하지만 스콧에게 피식민 사회 내지 탈식민 사회에서 지속되는 "정치가 소외된 장" 내지 "강제가 집행된 장" 안에서 살았던 서브알턴 여성들에 대한 관심을 찾기는 어려운 일이다. 포스트식민 여성주의는 식민주의가 남긴 가부장제의 식민 이후의 지속성, 근대와 전통의 착종(錯綜)이라는 어지러운 현실 속에서 새로운 길찾기를 시도하고 있다. 특히 기층 여성의 재현되지 않은 목소리를 자원으로 하여 역사쓰기를 시도한다는 점에서 "목소리"는 은유를 넘어서 자료이자 자원이 된다. 포스트식민 여성주의가 법과 결합되면 과연 어떤 시너지 효과를 낳을 수 있을까. 포스트식민 법여성주의를 지향하는 필자는 여성종중 확인의 소송과 일본군 성노예제 피해생존자의 증언 분석에서 포스트식민 법여성주의에 대해 좀더 논의하려고 한다.

    단순화의 위험을 무릅쓰고라도, 이해를 돕기 위해서 이제까지 다루었던 여성의 목소리에 관한 다섯 종류의 이론들의 특징을 정리하면 아래와 같다. 주의할 점은, 이 이론들은 각기 강점이 있는데다 서로 연관되어 있어서 실제 사건이나 쟁점에서 이론적 자원들을 복합적으로 활용할 수 있다는 것이다.

〈"여성의 목소리"에 대한 다양한 이론적 입장〉

	관계적 법여성주의	급진적 법여성주의	현상학적 법여성주의	후기구조주의적 법여성주의	포스트식민 법여성주의
목소리의 주체	개별 여성/경험적 존재로서의 여성 (woman)	남성화된 여성 혹은 의식 고양된 여성/이념적 존재 (Woman)	개별 여성 혹은 여성들/아직 기록되지 않은 여성 (woman/women)	역사적, 집합적 존재로서의 여성/아직 해석되지 않은 여성 (*woman*)	식민지 하의 정치적 영역에 포섭되지 않은 배제된 여성들 (subaltern women)
목소리의 의미	다른 목소리/다른 도덕적 추론	권력관계 속에서 발화된 성찰과 개조의 대상	내면적 체험	담론과 제도, 권력의 산물	탈정치화되고 재현되지 않은 "목소리"
목소리의 방법론적 가치	방법론이자 연구내용	가부장제 비판 및 의식고양의 대상	기록되어야 할 원자료	이론과 맥락 속에서 해석되어야 할 텍스트	식민지 유산과 가부장적 민족주의를 벗어날 수 있는 역사쓰기의 자료이자 자원
이데올로기 문제	이데올로기에 무관심/진정성에의 믿음	허위의식 비판	허위의식으로의 접근을 비판함	진실과 허위의 이분법 피함	여성의 목소리를 들을 수 있는 방법론과 이론의 부족함. 이데올로기 판단 유보
여성간 차이	대체로 무관심	계급적 차이, 대체로 무관심	여성간의 주관적 차이 인정	계급적, 인종적, 역사적 차이를 무시하는 여성 범주를 의심함	식민지를 겪은 사회의 여성주의와 서구 여성주의간의 차이에 대한 의식
주관심 영역	모성, 보살핌노동과 윤리 등	섹슈얼리티, 폭력, 국가	주관적 체험, 고통과 쾌락	고정된 것의 해체, 여성 주체성과 역사쓰기 방법	식민주의 유산, 민족주의적 전통과 관습과 젠더 간의 관계
여성주의 법학에의 적용	여성의 추론(사유)의 특성을 밝혀냈고 "배려의 윤리"를 이론화함	구조화된 젠더 위계질서를 명료화함	여성의 주관적 체험 청취와 여성의 행복에 기여할 수 있는 여성주의 법학	여성의 목소리를 통해서 집합 체험, 담론, 제도 분석의 방법을 제시함	법에 남아있는 젠더화된 식민주의 영향, "전통" 문제 여성주의를 통한 탈식민 사회 재구성

Ⅲ. 종회회원 확인의 소와 일본군 성노예제 피해생존자의 증언을 통해 본 "목소리" 방법론

본 장에서는 종회회원 확인의 소와 일본군 성노예제 피해생존자로부터 터져 나왔던 "목소리"를 들어보면서 앞서 살펴보았던 여성주의 목소리 방법론의 의미를 되새겨 보고자 한다. "딸들의 반란"이라고 칭해졌던 종회회원 확인의 소송은 2000년 초반기 한국사회에서 법적 분쟁에서 여성들의 목소리가 발성된 주목할 만한 사건이다. 일본군 성노예제 피해생존자들의 증언은 책임자 처벌이나 손해배상청구와 같은 법적 측면에서뿐 아니라 진실 규명, 역사인식, 피해자 권리 등의 차원에서 여러 의미를 지니고 있다. 이런 사안들에서 "여성의 목소리"란 어떤 목소리였으며, 그것을 통해 우리는 무엇을 들을 수 있었는가. 앞서 논의하였던 목소리 방법론을 통해 본 사안들의 의미를 다시 읽어봄으로써 여성주의 법학에서 목소리 방법론의 의의를 다져보고자 한다.

1. 여성 종중 확인의 소

피고 용인이씨 사맹공파 종회(회장 이호현)는 종중 소유인 용인시 수지읍 성복리 일대의 땅값이 정부의 신도시 개발정책에 따라 폭등하게 됨에 따라 1999년 3월 종중 소유 임야를 매각하고 인접지역 임야를 매수하는 과정에서 남은 차액 약 350억 원을 종종의 회원들에게 분배하게 되었다. 해당 종중회의에서는 분배의 비율을 종중에 대한 공헌도, 향후의 기여에 대한 기대 등에 따라 20세 이상 남성 종중원에게는 1억 5,000만 원, 10세부터 19세까지의 남자에게는 5,500만 원, 9세 이하의 남자에게는 1,650만 원, 20세 이상의 미혼 여자에게는 3,300만 원, 10세부터 19세까지의 여자에게는 2,200만 원, 9세 이하의 여자에게는 1,500만 원씩 각각 지급하기로 하였다. 이렇게 어린이에게까지 지급되었던 토지매각대금 분배에서 성인 기혼의 딸들은 완전히 소외되는 일이 발생했다. 분배에서 배제되었던 여성들은 종회를 수차례 방문해서 항의했고 종회는 이들에게 2,200만 원씩을 주는 선에서 타협했고 기혼의 딸들도 이를 받아들였다. 하지만 닷새 뒤 동일 종회가 며느리들에게도 3,300만 원씩 나눠주는 것을 보고 이원재씨 등 용인이씨 사맹공파의 딸들은 2000년 4월 6일 "종회회원 확인"을 구하는 소송을 제기하였다.

이 사건 1심 법원인 수원지방법원은 2001년 3월 26일 원고패소 판결을 내렸다.[40] 재판부는 "종중이 성년의 남자를 구성원으로 하여 자연적으로 성립된다는 법리에 비추어 볼 때, 피고 종회의 규약이 회원의 자격을 명시적으로 남자로 제한하고 있지는 않으나 그로 인해 여자도 피고 종회의 자격을 갖는다고 할 수는 없다"고 하였다. 이어서 2001년 12월 11일 선고된 서울고등법원의 항소심 재판부는 "관습상 종중은 공동 선조의 후손 중 성년인 남자를 종원으로 하여 구성되는 자연집단"이라고 하면서 "이러한 관습이 헌법상 남녀평등 이념 등과 조화를 이루지 못한다고 볼 여지가 있다 해도 헌법상 기본권은 사법(私法)의 일반 원칙을 통해서만 간접적으로 사인 간의 관계에 적용되는 것일 뿐 아니라 여자 및 미성년자를 배제한 채 성년의 남자를 중심으로 종중이 형성되는 종래의 관습이 선량한 풍속 기타 사회질서에 위반된다고 보기 어렵다"고 선고하였다.[41] 하지만, 2005년 7월 21일, 대법원 전원합의체는 원심을 파기 환송하라는 판결을 내렸다.[42] 대법원은 종중이 공동 선조의 후손 중 성년 남자만을 종중의 구성원으로 하고 여성은 종중의 구성원이 될 수 없다는 종래의 관습은 우리의 전체 법질서에 부합하지 아니하여 정당성과 합리성이 있다고 할 수 없다고 판단하였다. 이로써 종중 구성원의 자격을 성년 남자만으로 제한하는 종래의 관습법은 더 이상 법적 효력을 가질 수 없게 되었다.[43]

용인 이씨 이외에도 수지 일대의 종중재산 매각에 따른 차액 분배가 부당하다는 이유로 청송 심씨 혜령공파,[44] 성주 이씨 안변공파의[45] 출가 여성들도 해당

40) 수원지판 2001. 3. 26, 민사6부 2000가합5711.
41) 서울고판 2001. 12. 11, 민사14부 2001나19594.
42) 대판 2005. 7. 21, 2002다1178.
43) 대법원 젠더법연구회, 젠더판례백선, 사법발전재단, 2021, 4면 참조.
44) 수원지판 2000. 6. 20, 2000가합2477(청송 심씨 종회를 상대로 심화택, 심희택, 심금숙, 심정숙, 심경숙, 심신자가 낸 본 소송은 피고 종중규약의 무효를 구하였으나, 재판부는 이를 각하한다는 판결을 내렸다. 청송 심씨 종회가 토지를 매각한 것은 1998년이고, 1년 뒤 종약을 개정하여 2000년 3월 1일 수원시로부터 받은 60억원을 1차 배분했다. 종원 1인당 2500만원씩 돌아갔는데, 결혼한 딸의 몫은 없었다).
45) 수원지판 2000. 11. 28, 2000가합5407[성주이씨안변공성복파 후손 여성 26명은 해당 종중(대표 이종선)을 상대로 낸 소송에 대해 해당 재판부는 원고의 청구를 모두 각하한다고 판결하였다. 당해 종중은 1985년경 종원의 자격을 "안변공 이후 후손 성년남녀"로 하는 등의 정관을 작성하였으나 1998. 1. 18. 정기총회를 개최하여 종원 자격을 "성주이씨 안변공파 이수 후손으로 국내 거주자인 성년 남자 만 20세 이상"으로 정관을 변경하고 종원 1인당 약 2,500만원을 배분하기로 결정하였다. 토지매각에 관한 임시총회 및 정기총회에서 기혼여성들은 완전히 배제되었다]. 서울고등법원은 조

종회를 상대로 각각 소송을 냈다. 이와 함께 용인 수지 일대에 땅을 가진 20여 개의 종중에서도 재산분배 문제로 인한 분쟁이 일어났다.

2. "딸들의 반란"을 통해서 본 목소리 방법론의 의미

종회회원확인 소송은 2000년대 한국의 자본주의 시장 논리 속에서 종중 조직과 남녀평등원리가 만나고, 부계계승적 가족제도 속에서 한국의 보통 여성들이 멤버십을 요구하면서 페미니스트 담론을 구사하게 된 초유의 사건이라고 본다. 더욱이 이 사건은 종중이라는 역사적 제도 속에서 여성의 지위를 다루었다는 점에서 한국의 여성주의 법학에 고유한 전통 또는 관습 문제에 대한 논증을 요청하고 있다. 이 사건을 여성의 목소리라는 견지에서 논의해 보기로 하자.

(1) 보이지 않던 여성의 활동, 체험의 가시화

여성의 종회회원 확인 소송에서는 그동안 들리지 않던 여성들의 목소리가 발성되었다고 할 수 있다. 첫째, 이 소송을 통해 그동안 보이지 않았던 기혼 딸들의 종중을 위한 노동과 활동이 가시화되었다. 앞서 본대로 피고 종회 측은 토지 매각 대금을 종회에 대한 그동안의 공헌 및 앞으로의 기여라는 두 기준에 의해 분배했다고 했다.[46] 이에 따라 "종중에 대한 공헌과 무관한 출가녀들에게는 전혀 [종회의 지원이란] 해당이 없는 것입니다"라고 하였다.[47] 종회 규약에서 종회란 종사 관련 회의, 시제, 묘역의 석물 설치, 종재관리, 제각 증건 등 종사를 처리하였고 재정이 빈약할 때는 종중 운영비를 갹출하는 등과 같은 업무를 수행하는 것으로 되어 있지만, 종회의 모든 성년 남자들이 이런 사업에 참여해서 종회에 기여했다는 증거를 찾을 수는 없다.[48] 하지만, 기혼의 딸들의 목소리가 터져 나오면서 사람들이 관념적으로 생각하던 종중제도와 종중의 실제 현실 간에는 간극이 있다는 것을 여실히 알 수 있었다. 아래는 종중 기혼 딸들이 작성한 진술서이다.

정 결정에서 종중으로부터 합의금 100만원을 지급받는 조건으로 원고들은 소송을 취하하였다.

46) 종회에서 60세 이상의 종원들이나 경노비, 종원 자녀의 학자금을 지원한 것도 "지금까지의 종중에 대한 공헌도와 장차 기대되는 기여도"를 감안한 것이라고 한다(수원지판 가합5711, 피고측 변론 준비서면, 11면).

47) 수원지판 2000가합5711, 앞의 서면, 11면.

48) 수원지판 2000가합5711, 앞의 서면, 3-4면.

이은상(용인 이씨 33세손인 이원규의 2남 3녀 중 장녀)의 진술서(2001. 2. 11. 작성)

"부친 사망시, 본인은 중학교 1학년이며 큰 남동생 3살, 작은 남동생은 이후 태어났습니다. 태어나서 결혼 후 3년을 빼고는 문중에서 하는 일을 다 알고 보고 살았습니다. 어린 동생들 학교, 소풍, 운동회 가는 것, 논밭일, 소죽 쑤는 것, 동생들 빨래 도시락 일 모두 하였습니다 … 24세에 결혼하고도 친정 일손을 돕다가 1974년에는 친정에 일할 사람이 없어 남편이 다니던 회사에 사표를 내고 친정에 들어가서 살게 되었습니다. 동생들이 결혼을 가면 먼저 살림을 나가서 1980년 10월에는 어머니 바로 앞에 집을 지어서 살림을 내어 주었습니다. 친정 집안일은 물론이고 어머니가 지내오던 한식이며 시제는 제가 같이 도와서 어머니가 3년간 해외의 여동생 집에 계시는 동안은 제가 차려서 저희 집에서 지냈습니다. 당시에는 근처 동네에 사는 몇 사람만 시제에 참석했을 뿐, 외지에 있는 사람들은 참석도 하지 않았습니다. 저희 아버지로부터 7대까지 할아버지 산소의 벌초도 남편과 제가 거의 둘이 다 했습니다. [중략]

그러다가 시제는 3년전 종중땅을 팔면서 종중에 돈이 생기니까 가져갔습니다… 대종손 시제는 저희집 옆에 있는 묘직이가 지냈는데, **남편은 밤 까주고 저는 다식 매겨주고 떡쌀 2가마 하는 것 개울 가서 씻어서 이고 다니고, 시제날은 탕국이고 밥도 이고, 설거지도 했습니다.** 동생들 공부할 적에는 아들이라고 일도 안 시키고 공부만 해서 논이 어디 있는지, 밭이 어디 있는지조차 모르고 자라 집안일이고 종중일이고 제가 다 했습니다. 동생들은 결혼 후에는 다 타지에 나가 살게 되어, 여전히 집안일이나 종중일은 제가 다 했습니다. 남자들이 종중에 특별이 한 일이 무엇인지 모르겠습니다. 고향에 사는 몇 사람 빼고는 시제에 참석조차 잘 하지 않고 종중일에 관여한 사람이 거의 없었으며 종중땅이 있어 그 소출로 시제 등 비용에 사용하였고 별도로 돈 걷는 일이 없었습니다. 요즘에야 땅을 팔아서 돈이 많이 생기니까 종중원이라고 해외에서 오고 야단들이고 시제도 지내지만"(원문대로, 강조는 필자).[49]

용인군 수지면 성봉리 이재분씨 7남매 중 막내 이칠선의 자필 진술서(2001. 1.16 발신)

"아버님 돌아가시고 일은 말할 수도 업시 심해지드군요. 시제를 지낼때면 절구에

---

49) 수원지판 2000가합5711, 원고측 변호인 제출자료(변호인에게 연구목적 이용에 대한 허가를 받았음).

쌀가루도 빻고 정월만 되면 나물캐러 성봉니를 하루에도 보통 두 번씩너머 다니곤 햇
담니다 … 그러케 자라온 우리 딸들을 이제 와서 모든 우리 딸들을 남녀차별대우를
하다니 피가 께그루 솟아오릅니다. 조상님내들 재산인대 아들딸 차별이 따로 있다
니 그럴수가 있읍니까. 저도 부모님께 할만큼 하였읍니다. 가정에도 충실하였읍니
다. 풀을 비여다 작두에 썰다가 손가락을 자를 적도 있고 시집오던 삼일전에도 논
두렁에 가서 나물도 캐습니다"(원문대로, 강조는 필자).[50]

이원재, 이원순 자매 인터뷰(한국일보, 2000)

장녀인 이원재씨는 친정어머니가 아파 눕자 25년째 살고 있는 서울 영등포의 자
그마한 집에서 세를 준 방을 빼내 어머니를 7년간 모시면서 병수발을 했다. 어떤 가
장은 자신, 부인, 아들들 부부, 시집 안 간 딸, 손자, 손녀까지 합해 20억원이 넘는
돈을 받았다고 한다.[중략]. "오빠나 남자동생들 때문에 자신을 희생해야 했던 여
자들이 마지막에 또 이런 억울함을 감수해야만 하는가. 우리 부모가 딸만 셋 낳은
죄로 우리가 고생한 것 다 말할 수 없다. 사회가 이런 식이면 누가 딸을 낳겠나"
(원문대로, 강조는 필자).

위 여성들의 진술은 종회라는 조직, 제도, 원칙과 여성들이 행해 온 활동 간
에는 커다란 간극이 있다는 것을 보여준다. 통념과 달리, 미혼 딸 혹은 기혼 딸로
서 그들은 각종 제사에서 음식을 장만하고 제사에 참석하고 묘소를 관리하는 등
에 전방위적으로 참여하였다고 증언한다. 또한, 친정집의 농사, 부모님의 간병,
남자형제들을 보살피는 등으로 가족원들을 보살피고 가정경제에 기여하였다고
한다. 딸들은 아들과 비교해서 받았던 차별의 경험도 가지고 있었고, 남자형제들
중에는 기제에 나타나지 않는 사람들이 대부분이라고 진술하였다. 이렇게 여성들
이 말하는 "종중 관련 활동"이란 친정 가족 속에서 이루어진 일들이어서 이 여성
들에게 가족과 종중 간에는 특별한 구분이 없었던 것 같다. 그녀들은 현장에서
일하고, 사람을 보살피고, 필요에 따라 그때그때 문제를 해결하는 활동을 하였다.
이 활동은 여성주의에서 말하는 배려 활동 혹은 보살핌 노동이라 할 것이다. 이
렇게 본다면 본 소송은 가족, 친족, 혹은 종중에서 여성들이 행해 온 활동을 공식

---

50) 수원지판 2000가합5711, 앞의 자료.

적으로 가시화시켰다는 점에서 큰 의의가 있다고 본다. 무엇보다도 종중의 제도와 규칙으로는 잘 포섭되지 않았던 기혼의 딸들이 수행했던 "보살핌 노동"의 가치를 한국사회에 널리 알렸다.

피고 측이 주장하듯이, 토지매각 대금 분배방식이 남녀 차별이 아니라 종중에 대한 기여도에 따른 것이었다면, 종중에 기여한 특정 개인들에게만 대금을 분배했어야 옳았을 것이다. 그것이 아니라면, 모든 개별 남성 종원들의 종중에 대한 공헌과 기여도가 모든 개별 여성에 비해 크다는 것이 입증했어야 했을 것이다. 본 종회의 배분 결정을 보면, 개개인의 기여도에 대한 검증 절차 없이 남자 후손과 여자 후손 간의 범주적 차별, 혼인한 여자 후손과 혼인하지 않은 여자 후손 간을 범주로 나누어 차별하였고, 이 결과 아들이 많은 가족과 딸이 많은 가족 간에도 차별이 발생하게 되었다.

이와 같은 여성의 목소리의 가시화는 길리건의 논의를 연상시킨다. 제사라는 제의(祭儀)에 대한 여성들의 노동과 활동이 그동안 보이지 않았지만 실제로 그것들을 지속시킨 힘이었다는 것을 보여준다. 피고는 공헌과 기여도라는 기준 그리고 종회 규약이라는 자치법규를 근거로 삼았지만, 여성 원고들은 그것이 형식적일 뿐 아니라 허구적이라는 점을 지적하였다. 여성들은 남성 중심의 종중의 부계질서와는 다른 논리, 즉 "친정에 일할 사람이 없어서 남편이 아예 퇴직을 하는" 실질적 추론을 구사하였다. 기혼의 딸이지만 조상과 부모님에 대해 가지고 있는 "관계성에 입각한 추론"이라고 해석할 수 있다. 다른 한편, 이들은 결혼 전부터 아들에 비해 차별받은 설움이 있었고 그럼에도 불구하고 결혼 전이나 결혼 후에도 제사음식을 차리고 어머니를 돌보는 일을 했다고 증언하였다. 이런 진술에서 볼 때, 여성의 "목소리"란 과거에서 현재라는 시간축 위에서 청취하고 분석해야 할 것임을 다시금 깨닫게 된다. 이런 역사적 문제의식은 포스트식민주의 법여성주의와 같은 시각을 가져올 때 보다 풍부하게 해석될 수 있을 것이다. 이하에서 이에 대해 계속 논의한다.

(2) 남성들의 조직과 여성들의 맴버십

이 사건에서는 아들과 딸 간의 차별, 기혼의 딸과 미혼의 딸 간의 차별, 친정과 시가 간의 대우 차별과 같은 성별화된 질서가 물질적 이해관계 속에서 명시적

으로 드러났다. 그런 의미에서 본 소송에서 여성의 목소리란 이미 존재하는 가부
장적 질서에 문제를 제기하고, 그것을 전복하고자 하는 비판적 목소리라고 할 수
있다. 이 목소리는 남성들로만 구성된 아직 인정되고 등록되지 않은 여성의 멤버
십에 관한 권리 주장이라고 할 수 있다.[51] 원고측에서는 1985년에 제정된 종중
규약 제3조에 "본회는 용인 이씨 사맹공파의 후손으로서 성년이 되면 회원자격을
가진다"고 규정에 의거해서 여성도 회원자격이 있다고 주장하였다.[52] 따라서 본
재판에서는 "종중" 활동 혹은 "후손"이 무엇인지에 관한 의미의 경합이 일어났던
것이다.[53] 원고측 변론 준비서면에서는 헌법적 관점에서 종중에 있어서 남녀평등
의 중요성을 강조하고, 종중 조직에서 여성과 남성에 대한 차별은 전통적 유교
사상에 입각한 가부장적 남계혈족중심의 사고방식의 결과라고 주장하였다. 이에
대해 피고 측에서는 종중이란 관습법에 의하여 생성된 개념이며, 유교적 관점에
서 볼 때 딸은 출가외인으로서 시가(媤家)에서 독립된 지위를 차지하고 친정에서
의 권리를 주장하지 않는 것이라고 하였다. 출가한 여자의 경우, 시가에서 제사를
모셔야 하고, 여성의 성과 본을 그대로 유지한다는 것이 친정 가족의 일원이라는
것을 의미하지 않는다고 하였다. 또한 당시 호주제도 하에서 여성이 출가하면 본
적(本籍)도 남편을 따라 바뀐다는 점을 지적하였다.[54]

　원고들의 종중원 확인의 청구가 1심과 2심에서 기각됨에 따라, 법원은 출가
한 여자들은 친정 조상의 후손이 아니라는 것을 인정한 셈이 되어 버렸다. "출가
한 여자들은 그 시가(媤家)에서 권리를 주장하여야 마땅할 것입니다"라는 해당 종
중의 종회 대표의 말에 여성의 가족 내 멤버십에 관한 가부장적 인식이 요약되어
있다.[55] 딸들은 혼인에 의해서 종중 규칙에 따라 친정 종중의 일원이 되지 않는
다고 선언하였지만, 그 여성들의 시댁 내의 권리도 시부모, 남편, 자녀에 비해 낮
은 것이기에 그녀들에게는 평등한 권리를 보장하는 가족 내지 종중이란 없다고
해야 한다. 요컨대, 여성들의 권리는 친정과 시댁이라는 공간, 딸과 며느리라는
지위로 분할되고 약화되면서 어디에서도 온전한 가족 멤버십을 보유하고 있는 것

---

51) 소송 당시 고문(6명), 회장(1), 부회장(3), 총무이사(1), 관리이사(1), 이사(16), 감사(2), 토지위원
　　(11) 등 종중의 간부들이 전원 남성이었다.
52) 수원지판 2000가합5711 소장 참조.
53) 학자녀 장학금 지원에 관해서는 "후손들에 대한 장학금 지급은 남녀를 불문함"이라고 하였다.
54) 수원지판 2000가합5711, 피고측 변론 준비서면.
55) 수원지판 2000가합5711, 원고측 변론 준비서면.

같지 않다.

　종중 내의 여성과 남성의 차별적 지위는 개개인의 특성이나 능력과는 무관한 조직원리라는 점에서 캐더린 맥키논이 주장했던 위계적 권력관계로서의 젠더 관계라는 시각에 부합한다. 맥키논은 젠더에 관한 온갖 이념이나 규범은 현실의 남성 중심 권력을 정당화하기 위한 장치로 보면서 핵심은 권력의 재분배 혹은 전복에 있다고 본다. 이런 견지에서 본 소송은 여성들의 종중 내 지위를 향한 "권력 투쟁"의 성격을 부인하기 어렵다. 그런데, 본 소송에서 남녀평등이란 "같은 것을 같고 다른 것을 다르게" 대우하는 평등원리도, 개인의 권리를 부정하는 여성에 대한 스테레오 타입의 철폐에 의해서도 해소될 성질의 것이 아니라 젠더 평등한 새로운 조직원리의 마련에서만 가능하다는 점이 주목된다. 대법원에서는 성에 따라 차별적인 종중 인식은 헌법 등 우리 법체계의 이념에 부합하지 않는 불합리한 것으로 선언하였다. 또한 사회 변화와 시대 흐름에 대해서도 주목하였다.

　우리 민법의 친족 규정을 볼 때, 친족이란 종중에 포함되거나 중복이 될지언정 별개의 조직이 아니라고 할 것이다.56) 그렇다면, 여성은 친정 친족의 일원이지만, 친정 종중의 일원은 아니라는 것은 모순이다.57) 앞서 진술에서 보았듯이, 어떤 여성들의 경우에는 실제 생계를 시가족이 아니라 친정 가족과 함께 하고 있다. 한국 가족법과 종중의 논리에서 볼 때, 여성들의 친정 가족(친족, 종중)에서의 멤버십은 완전한 부재라기보다는 "2차적 지위"를 가지고, 그늘에 놓인, 애매함을 가진 것이라고 분석한다. 이런 멤버십은 그때그때 상황에 따라 포섭되었다가 배제되는 것이 가능하므로 명백한 배제와도 다르다. 관련해서, 종회에서 여성들의 멤버십의 기호인 "딸"이라는 정체성에 내재한 불안에 대해서도 음미해 보자. 이 소송은 딸들의 반란이라고 불리면서 원고 여성들은 기혼의 "딸"로서 표상되었다.

---

56) 한국 민법 친족의 범위에서, 친족이란 모계와 부계 혈족간, 남편과 처로 인해 형성된 인척간에 동등한 촌수의 범위의 사람들로 규정되어 있다(1989년 개정). 이 조항에 따라 기혼여성의 친족이란 자신의 부계와 모계 혈족이 되므로, 종중에서 여성을 배제하는 것을 "선량한 풍속"이라는 한 재판부 판단은 의문스럽다.
　제777조[친족의 범위] "친족관계로 인한 법률상 효력은 이 법 또는 다른 법률에 특별한 규정이 없는 한 다음 각호에 해당하는 자에 미친다. 1. 8촌 이내의 혈족 2. 4촌 이내의 인척 3. 배우자"
57) 1989년 민법 개정시에 친족의 범위 규정에서 그리고 유산상속의 법정상속 비율에 있어 존재했던 남녀간의, 기미혼간의 차별이 철폐되었다. 하지만, 여성의 가족 정체성을 가름하는 부처제 결혼제도가 제826조 제3항에, 부계계승제도는 주로 제781조 제1항에 남아 있었다. 이러한 제도는 2003년 호주제도가 폐지됨에 따라 함께 폐지되었으나 부계 성본주의 원칙은 현재까지 고수되고 있다.

하지만 만약 기혼의 남성 후손들이 만약 이런 소송을 종중에 대해 제기했다면 "아들의 반란"으로 표상되었을까. 60대 연령의 기혼의 딸들은 그녀들의 시가에선 어머니이자 할머니일 것이다. 여성들은, 하나의 종중에서는 딸이자 동시에 어머니가 되지 않기에, "딸의 목소리"란 딸의 지위에서 늙어 버린 여성들의 친정 내 지위에 대한 기호이다. 이에 비해, 남자들은 한 종중에서 아들이자 아버지가 됨으로써 연속되고 안정된 가족 정체성을 확보하기에 만약 부른다면 "아버지의 반란" 정도가 되었을 것이다. 이 딸들이 가진 "어머니" 정체성은 "다른 곳(즉, 시댁)"에 있기에 가부장적 가족의 틀에서 여성의 멤버십이란 늘 분절적이고 부분적이고 이쪽에서도 저쪽에서도 "외인구단"이 된다. 가부장적 가족제도가 여성들에게 적용하는 분할과 배제의 논리의 이면에는 남성이 가족 안에서 누리는 연속성과 안정성이 있다.

여성의 친정과 시댁이라는 양쪽 가족에서의 지위가 2차적 지위를 가진 것은 한국의 근대화 과정에서 가족의 근대화가 불완전했음을 나타내는 표지(標識)라고 해석한다. 한국의 근대화 과정에서 가족이란 종중 내지 친족을 중심으로 했던 대가족 이념형에서 핵가족이라는 소규모 가족을 기본 생활단위이자 이념형으로 변화하였다. 이와 함께 여성과 남성의 가족 역할, 혼인에 따른 여성과 남성의 인척과의 관계 형성 등에 대해서도 시대에 부합하는 변화가 있어야 마땅하였다. 나아가, 돌아가신 조상을 어떻게 기억할 것인가라는 죽음과 추모와 의례의 방식 역시 사회적 공론화와 함께 실제 현실을 고려해서 새롭게 디자인하는 시간을 가졌어야 했다. 자본주의 사회변화, 가족의 변화, 조상에 대한 관념 등 다양한 측면에 대한 고민과 수용이 필요하였다고 보인다. 그럼에도 2020년대 현재까지 한국의 거의 모든 기혼 여성들이 남성중심적이고 이중적 차별을 받는 가족 경험을 하고 있다는 사실은 시대착오적인 일이다. 필자는 유독 가족과 젠더 관계가 여타의 사회시스템(경제체계와 같은) 간에 나타나는 괴리와 지체 현상은 식민지 피지배 과정과 탈식민 과정에서 자립적 사회 재구성을 하지 못한 것에 주요 원인이 있다고 분석해 왔다.58) 이 사건에서 종중, 관습, 제의 등과 같은 의제는 새로운 사회관계에서 재정의되었어야 함에도 "시간 의식이 실종된 관습"과 전통 개념 속에서 박제화되어 버린 경향이 있다. 비록 대법원 판결로 헌법에 부합하는 여성의 종중 멤버십

---

58) 가족과 젠더관계에 남겨진 식민지성의 성격에 대해서는 다음을 참고할 수 있다[양현아, 한국가족법 읽기 — 전통, 식민지성, 젠더의 교차로에서, 창비, 2011, 주로 3장, 4장, 6장; 졸고, "식민지 시기 한국 가족법의 '관습' 문제: 시간의식의 실종을 중심으로", 사회와 역사, 제58집(2000)].

에 대한 승인이 일어나긴 하였지만, 한국의 종중 원리가 재정의되었다고 보이지는 않는다. 아니, 법원의 판결로서만 그런 변화가 일어나기를 기대하기는 어렵다고 본다. 이러한 생각에서 이 사안에서 여성의 목소리는 권력투쟁의 목소리이자 포스트식민 사회의 전통과 양성평등, 가족, 그리고 개인 간의 "구조적 부조응" 상태를 표출하는 목소리라고 해석한다.

(3) 들리지 않은 목소리의 기록

본 소송은 여성의 목소리가 들리도록 만들었지만, 로빈 웨스트가 의미하는 그 내면적 체험의 목소리가 충분하게 발성되고 기록되었을까. 본 소송 원고들의 언니격인 이원재 씨는 다음과 같이 말하였다. "이 문제에 관심을 보인 여자들은 육순 넘은 고모들과 4촌, 6촌을 포함, 모두 53명인데, 소송비용을 줄이기 위해 우선 5명이 대표로 소송을 제기했다. 고모나 언니 가운데는 그 날 이후 '여자로 태어난 게 이렇게 죄가 되는가' 하며 잠을 못 이루는 사람도 많다."[59] 53명의 여성들은 무슨 생각으로 이 소송에 관심으로 보였을까. 이들이 잠을 이루지 못할 때 이들의 고통은 어떤 것이었을까. 이들이 기억하는 조상이란 누구이며, 그것은 이들의 정체성에 어떤 영향을 미쳤을까 등에 관한 목소리가 충분히 기록되었을까. 필자는 그렇지 않았다고 본다.

본 소송의 소장과 변론에서 여성의 목소리는 2편의 진술서로 간략하게 제출되었다. 이 점에서 여성 원고들과 원고를 지지하는 여성들의 목소리를 더 청취하고 기록할 필요가 있었다고 생각한다. 일반적으로 이 소송은 경제적 이익을 둘러싼 종회 내의 싸움이라고 이해되지만, 이 여성들은 오히려 자신들의 자존심이 크게 상했다고 말한다. 예컨대 자신들보다 친정의 며느리들이나 자신의 손자·손녀뻘되는 조카들이 더 많은 분배액을 받았을 때, 이들의 심정은 어떠했을까. 단지 남성들과 같은 수준으로 분배액을 늘리는 것을 원하였을까. 웨스트가 강조하듯이, 여성의 내적 체험에 천착한 변론의 구성은 여성주의 법학적 입법과 소송에 있어 필수적인 방법이라고 할 때, 원고의 진술에 대해 좀 더 전문적인 진술 조사를 했어야 했다. 여성의 목소리에 대한 조사가 불충분한 속에서나마 이번 소송을 통해서 "여성들의 목소리"가 법원, 미디어 등을 통해 들리고 공감을 얻었다는 사

---

59) 이원재 씨 인터뷰, <한국일보> 2000.

실은 매우 중요하다고 생각한다.[60]

(4) 누구의 목소리인가: 식민지적 관습, 부처제 결혼제도, 자본주의

조안 스콧과 같은 포스트구조주의적 시각을 채용하자면, 모든 담론은 발화자의 주체성과 함께 역사적으로 형성된 제도와 힘의 관계 속에서 해독해야 한다. 목소리는 그 목소리 자체보다는 목소리가 발화되었던 시공간, 즉 당시의 제도 그리고 문화의 맥락 속에서 분석되어야 그 의미가 제대로 드러날 수 있기 때문이다. 동시에 이 목소리를 통해 미래의 대안적 제도에 대한 실마리를 얻어낼 수도 있다. 목소리가 복합적 주체성을 나타낸다고 할 때, 과연 이 여성들은 누구인가. 이제까지 이 글에서 원고들을 주로 "여성" 혹은 "기혼의 딸"이라고 호명하였지만, 이들을 여성이라고만 호명할 때, 종중과 후손과 여성 지위 간에 서로 경합하는, 이 주체성의 충돌하는 성격을 잘 다루기 어렵다. 뿐만 아니라, 여성이라고 호명될 때, 마치 여성들은 동질적 이해와 관심으로 가진 사람들인 것처럼 가정되고, 그런 만큼 이들은 신체적으로 여성으로서만 동일시된다. 종중의 늙은 "딸들"은 그 종중으로 시집온 "며느리들"과 같은 이해 관심을 가지고 있지 않다. 이 여성들 역시 시가에서는 며느리의 지위를 가졌을진대, 시가의 "딸(즉 시누이)"들이 종중 재산을 공평하게 분배 받아야 한다고 말할지는 모르겠다. 딸들이 자기 종중에서의 권리 찾기에 분연히 일어서자 그들의 배우자, 즉 사위들도 남녀평등을 주장하였지만 과연 자신들의 친가에서 같은 원칙을 여자 형제들에게 적용할지도 미지수이다.

이러한 관점에서 보면, 이 종중 여성들의 목소리는 젠더 평등을 추구하는 "여성의 진정한 목소리"라고 본질화시키기보다는 종중 임야를 많이 가지고 있었고 그 가격이 폭등했던 특정 종중과 자본주의 시장경제의 만남이라는 사회적·역사적 장 속에서 구성된 목소리로 청취해야 할 것이다. 동시에, 이 목소리가 이 원고들의 목소리라고만 규정하기도 어렵다. 그것은 한국 여성이 속해 있던 가부장적이고 식민지적이면서도 자본주의적인 사회가 빚어낸 목소리이며, 여성들의 불안정한 사회적·가족적 멤버십에 관한 목소리이며, 가치 절하된 자신의 노동과 존재에 대한 항의의 목소리이다. 그리고 변화하는 정치경제 속에서 여성들이 이

---

60) 유사한 성격의 소송에 대해서도 조사연구가 필요하다.

제는 말할 수 있는 여건이 마련되었다는 것의 표지로도 읽힌다.

　이렇게 여성의 목소리를 통해 당시 여성들이 놓여진 역사적 상황과 그 주체성을 읽을 수 있다. 특히 종중 문제를 판단하는 데 있어 중심 근거가 된 관습 개념에 대해서 생각할 때 포스트식민의 관점이 적용될 수 있다고 사료된다. 피고측은 "종중이란 수백년 이상 관습법적으로 생성된 개념이라는 사실과 우리 민법이 관습법을 법원(法源)의 하나로 엄연히 규정하고 있다"고 피력하였다. 여기서 종중에 관한 현대 한국의 법원칙이 대부분 식민지시기에 확립된 내용이라는 점에 주목할 필요가 있다. 식민지 시기 중추원(中樞院) 의장 회답에 따르면, 종중(宗中)이란 동일선조(同一先祖)에서 나온 자손이 공동으로 선조의 제사를 계속하고 분묘(墳墓)를 수호하고 아울러 종원 상호간의 친목 및 복리의 증진을 도모하기 위하여 자연히 발생하는 종족단체라고 정의내린다.[61] 해방 후 판례에서도 이러한 종중 개념에는 큰 변화가 없이 공동 선조의 분묘수호, 제사, 종원상호 간의 친목을 목적으로 하는 공동 선조의 후손 중 성년 이상의 남자를 종원으로 하여 구성되는 "종족의 자연적 집단"[62] 또는 "동족의 집단"[63]이라고 정의내렸다. 이렇게 종중 제도의 근간을 이루는 종법이 조선시대의 중심적 사회 구성 원리였다고 할지라도 종중 또는 종중 재산을 둘러싼 분쟁에 대한 근대법의 개입은 식민지 시대의 유산이라는 점을 인식해야 한다.[64]

　앞에서 언급한 것처럼 1912년에 발효한 조선민사령 제11조는 "조선인에 대한 능력, 친족 및 상속에 관한 규정은 조선의 관습에 의한다"고 규정하였다. 하지만 식민지 조선의 관습을 조사하고 기록한 것은 식민지 정부 당국 및 관련 연구회들이었다. 식민지 시기 조선의 관습에는 조상의 묘, 제사 방식, 대종(大宗)과 소종(小宗)의 범위 등 조선사람들의 조상과 영혼을 다루는 영역들이 포함되었다. 식민지 이후 한국에서는 식민지 시기 동안 확립된 관습들은 조선시대의 전통의 계승 혹은 왜곡이라는 이분법 속에 재단하였을 뿐, 식민지시기를 통해 "재구성된" 관습에 대한 시각은 발견하기 어렵다.[65] 관습과 관련하여, 흥미로운 점은 성별 관

---

61) 1924년 8월 4일, 중추원(中樞院) 의장 회답[허 규, "종중·종중재산에 관한 제고찰", 법사학연구, 2집(1975), 79면에서 재인용].
62) 대판 1973. 7. 10, 72다1918; 1972. 9. 12, 72다1090.
63) 대판 1968. 2. 6, 67다1701, 1072.
64) 허 규, 앞의 논문.
65) 졸고, 앞의 논문, 2000.

계를 제도화한 가족 가부장제에 관하여, 고유하고 불변하는 전통이 타 영역에서 찾아볼 수 없으리만큼 위력을 발휘해 왔다는 점이다.[66] 현재 우리가 알고 있는 종중이 수백 년 이상 관습법적으로 생성된 개념이라는 점에 대해서 법제사적 고찰이 필요함은 두말 할 나위가 없다. 하지만, 그것이 설령 역사적 사실이라고 할지라도 왜 유독 2020년대 오늘날 한국 가족에서 법적으로 강제되어야 하는지에 관해서는 비판적으로 고찰해야 한다. 남성만을 종원으로 인정했던 종회의 가부장적 풍속에 대해 "선량하다고" 했던 법원의 판단은 그 자체 남성의 관점에 서 있다.

2022년 현재 한국의 가족에게 필요한 것은 가부장적 가족제도의 원칙적 고수가 아니라 소규모가 되고 국내·국제적으로 흩어져 있는 가족 구성원들 간의 "친밀한 관계"이자 보살핌의 활동이 아닌가 한다. 나는 결혼하고 아이를 낳고 기를 것인가. 누가 아픈 가족과 늙은 부모를 보살필 것인가. 가족원의 장례를 어떻게 치르고 제사(지낸다면)를 지낼 것이며, 묘소(있다면)를 돌볼 것인가와 같은 문제들은 이제 대다수 한국인들이 피해갈 수 없는 과제가 되었다. 앞으로 딸들의 종중 내 지위 인정은 여성이 아니라 종중의 생존을 위해 필요할 것이다. 이러한 맥락에서 전주이씨 효령대군 종친회가 여성 후손도 족보에 기재하기로 결정은 의미를 가진다고 평가한다. 이외에도 광산 김씨 판사공파는 1980년대부터, 김해 김씨 사군파는 1995년부터 이를 시행해 왔다.[67] 인구율이 급격히 저조해진 1990년대 태어난 세대들이 혼인하기 시작하는 2015년 정도면 딸들을 인정하지 않고 가족 내의 상례와 제례를 계승한다는 것을 생각할 수 없을 것이라고 전망한다.

이렇게 한국의 여성주의 법학은 전통의 재해석을 통해서 양성평등한 가족제도를 제안할 수 있다. 필자는 종중 내 남녀 후손을 인정하고, 모계와 부계의 조상을 모두 인정하는 느슨한 의미에서의 양계적 가계계승 방식을 제안해 왔다. 이 경우, 기혼 여성들의 친정 내 멤버십을 첫 번째의 멤버십으로 인정하고, 재산증여와 유산상속을 실제로 평등하게 해야 하며, 그에 따른 의무와 책임도 함께 지어야 할 것이다. 이러할 때 기존의 친정, 친족, 종중의 의미 자체도 변화할 것이다. 결국 여성과 남성 모두 친가와 혼인에 의한 가족이라는 이중적 가족 멤버십을 갖게 될 것이고, 그 조화를 꾀하기 위해 노력해야 할 것이다. 이상과 같이 캐롤 길

---

66) 한국의 호주제도는 오랫동안 한국의 "전통"으로 수호되었고 그것의 식민지성에 대한 대중적 자각과 비판이 일어난 것은 1990년대 말부터이다.

67) 사설, 한국일보, "여성 후손 목소리 높아진다", 2002. 11. 18.

리건, 캐더린 맥키논, 로빈 웨스트, 조안 스콧, 그리고 포스트식민주의 이론 등을 통해서 종중원 지위를 찾고자 했던 여성의 목소리가 가지는 의미를 입체적으로 풍부하게 해석할 수 있음을 알 수 있다.

3. 일본군 성노예제 피해생존자의 증언

(1) 연구 흐름

일본군 성노예제 피해생존자의 증언에 관한 조사연구는 1990년대 초 김학순의 등장 이후 시작되었다. 여러 연구자들의 끈질긴 노력에 힘입어서[68] 1993년 「강제로 끌려간 조선인 군위안부들」 제1집이 출간된 이후 같은 제목으로 제2집 (1997), 제3집(1999), 제4집(2001)과 제5집(2001), 그리고 제6집(2003)이 출간되었다. 또한 「중국으로 끌려간 조선인 군위안부들」 제1집(1995)과 제2집(2003)도 세상에 나왔다. 이렇게 총 8권의 「강제로 끌려간 조선인 군위안부들」 시리즈에는 100명이 넘는 피해생존자들의 증언이 수록되어 있다. 이외에 지역단체들이나 개인들이 펴낸 증언집을 합치면 한국에서 출간한 일본군 성노예제 피해자의 증언집은 훨씬 더 많다. 이와 같은 일본군 성노예제 피해생존자 증언 연구의 규모와 연구 기간을 볼 때 한국의 과거청산 피해자 증언 연구 나아가 구술사(oral history) 연구에서 가장 대규모 심층 연구를 한 사례라 말할 수 있다.[69]

(2) 피해생존자 증언연구의 의의

일본군 성노예제 피해자 증언 연구의 의의는 전방위적이다. 증언은 첫째, 진실규명을 위한 핵심적 자료가 되었다. 일제의 강점 상태였던 식민지 조선과 대한민국에 일본군의 문서 등 국가기록 문서가 많이 남아있지 않다. 이러한 이유 때문에 1990년대 초기의 증언 연구는 사실을 중심으로 한 증언조사에 집중하여 위안부 강제동원 시기, 동원의 주체, 동원된 지역, 교통수단, 위안소에 억류된 시기, 위안소 상황, 귀국시 교통수단과 방법 등 식민지 조선에서 작동한 일본군 성노예제의 사실적 측면을 밝히는 데 크게 기여했다.

---

68) 한국정신대연구소, 한국정신대문제대책협의회(현재 일본군성노예제문제 해결을 위한 정의기억연대), 2000년 여성국제법정 증언팀 등에 속했던 여러 연구자들이 참여하였다.

69) 오랜 시간 동안의 치열한 증언연구를 한 결과, 증언연구 방법론과 이론에 있어서도 상당한 논의가 있었지만 이 글의 범위를 넘어서므로 생략한다.

둘째, 증언연구는 피해자들의 피해사실 규명에도 큰 기여를 하였다. 피해 여성들은 사기와 강압 등에 의해 강제 연행을 당했을 뿐 아니라 이동과정에서의 구타 고문 등을 당하였고 어딘지도 알 수 없는 이국땅이자 일본의 교전국이나 점령지에서 일본군의 성노예 노릇을 강요당했다. 이로 인해서 각종 질병과 상해, 성폭력 피해뿐 아니라 성병, 강제불임, 성기훼손 등 재생산폭력(reproductive violence)을 당했다는 점도 밝힐 수 있었다. 나아가 이들의 피해는 단지 전쟁 중이나 일제시기에 그치지 아니하고 구사일생 한국에 귀국한 이후에도 가난과 멸시, 침묵과 고독 등의 형태로 지속되었음을 폭로하였다.

셋째, 증언은 피해에 관한 폭로이면서 동시에 생존에 관한 이야기이기도 하다. 증언자들은 자신이 얼마나 엄청난 고통을 겪었는지를 고백하면서도 자신이 그것을 해석하고 넘어서는 극복의 이야기를 하였다. 사실 피해와 생존의 이야기는 서로 분리되지 않는다. 오히려 한국 사회가 생존자들을 순도높은 100% "피해자화"함으로써 그들의 피해 이야기와 한 몸체였던 적극적으로 살아남은 힘과 지혜의 측면에 대해서는 듣지 못했던 면이 있다. 증언 연구들은 그녀들을 그동안 역사에서 기록되지 않았던 "아래로부터의" 역사 이야기를 말하는 증인으로 해석하였다. 그녀들은 더 이상 그저 "한 많은 피해자"가 아니라 현재와 미래의 세대들마저 동일시할 수 있는 생존자가 되었다.

넷째, 증언은 자신의 이야기에 그치지 않는다. 거기에는 자신의 가족, 위안소에 함께 끌려갔던 다른 피해자들의 고난과 죽음, 일본군인, 마을 사람 등에 대한 진술과 기억이 포함되어 있다. 이런 증언으로 인해서 증언의 독자들은 그 시대의 다른 사람들의 경험까지 간접적으로 접할 수 있었다. 피해생존자 증언이 집합기억을 담지하고 있다. 동시에 이들의 증언이 많은 한국인들에게 알려짐으로써 한국인의 집합기억의 일부분이 되었다는 것의 중요성은 아무리 강조해도 지나침이 없다. 이제 한국인들은 "위안부" 문제를 떠올리지 않고 식민지 역사를 기억하기는 어렵게 되었다.

다섯째, 증언 연구는 사회적 의미 이외에도 증언자 당사자에게 중요한 회복의 방법이다. 트라우마 피해자들은 자신의 이야기를 떠올리는 것 자체가 고통을 야기하지만 동시에 그 경험을 누군가에게 표현하고 싶은 모순적인 욕구 간을 오간다고 한다.[70] 증언 연구자들은 생존자 할머니들과의 만남의 횟수가 쌓일수록 기억이 더 생생해지고 점점 자신 있게 당신의 체험을 말하면서 여유를 찾는다는 것을 발견할 수 있었다.[71] 어쩌면 그녀들은 지난 50년간의 침묵 이후 "자신의 이야기를 기억할 만한 이야기로 들어주는" 최초의 사람을 만났던 것인지도 모른다. 피해생존자들은 자신의 이야기를 속 시원히 말할 수 있어서 좋아했고 자신의 기억을 자신보다 더 잘 기억해 준 사람들을 만나서 좋았고 자신들과 그저 시간을 보내줄 수 있는 사람을 만난 것만으로도 기뻐하였다. 이런 점들을 볼 때 금전적 배상만을 핵심으로 보는 법적 배상모델을 훨씬 넘어서서 피해자의 치유와 회복, 돌아가신 분들에 대한 기념과 기억을 중심으로 한 통합적 회복모델을 디자인해야 할 것이다.[72]

(3) 피해생존자의 주관적이고 내면적인 체험

이제 피해생존자의 증언을 살펴보면서,[73] 일본군 성노예제 피해자의 목소리가 가지는 의미와 재현(representation)의 문제를 앞서 살펴보았던 이론의 관점에서 논의해 본다. 이하에서는 위안소에서의 인권유린에 국한하지 않는 "귀국 후"의 길고 긴 피해에 대해 살펴보려고 한다. 그 중에서도 결혼, 동거 등 이성 관계에 관한 피해생존자들의 주관적이고 내면적인 체험에 관한 증언들을 살펴볼 것이다.

1) "죄의식"과 "양심"이라는 것

거의 모든 증언에서 위안소에서의 강간 피해가 보고되었다. 강간 피해는 언어를 넘어서는 곳에 있었던 체험이라 할 수 있어서 이에 대해 회피하거나 잘 말

---

70) Judith Herman, *Trauma and Recovery — The Aftermath of Violence*, 주디스 허먼, 트라우마: 가정폭력에서 정치적 테러까지, 최현정 역, 열린책들, 2012.

71) 이선형, "일본군 '위안부' 생존자 증언의 방법론적 고찰: 증언의 텍스트화와 의미부여를 중심으로", 서울대학교 대학원 석사학위 논문, 2002 참고할 것.

72) "국제인권법 및 국제인도법 위반 피해자의 구제 및 배상에 관한 유엔총회 결의"(Resolution adopted by General Assembly, Sixthieth Session, A/RES/60/147, 16 Dec. 2005)를 참고할 것.

73) 이하에서 분석될 증언은 모두 한국정신대대책협의회 & 2000년 여성국제법정 증언팀 편, 강제로 끌려간 조선인 위안부들 4 — 기억으로 다시쓰는 역사, 풀빛, 2011(초판은 2001)에서 인용함(이하 "증언 4집"). 필자는 증언팀의 대표로 본 증언조사 및 증언집 편집에 참여했다. "증언 4집"에서는 정체성의 역동성과 다면성을 드러내기 위해서 위안부 피해자를 여러 호칭으로 호명하였다. 이들은 피면접자, 증언자, 증인, 할머니 때로는 개인의 이름으로 불렀다. 또한, 극심한 피해에도 불구하고 그것을 살아낸 측면을 포착해서 "피해생존자"라고도 불렀다.

하지 못하는 피해생존자가 많았다. 다른 한편, 피해생존자들은 위안소에서의 체험을 말할 때, 일본 군인들을 "손님"으로 부르고 강간 피해를 "(손님을, 병사를) 받았다"와 같이 표현하곤 하였는데 이를 두고 여러 해석이 가능할 것이다. 먼저, 당시 일본군 위안소들은 당시 일본에 존재했던 공창제를 모델로 해서 성매매 업소와 같은 외양을 띠고 운영되었을 가능성을 시사한다. 이에 따라 피해자들은 자신들이 진정 "몸을 판 것인지" 성폭력을 당한 것인지 모호한 채 오랜 세월을 보냈다는 것을 나타낸다. 이렇게 모호하고 안타까운 인식은 일본군 성노예 제도가 군대 성노예제 내지 강제성매매 범죄임을 밝히고 그 책임을 묻지 않았던 우리 정부 나아가 아시아의 약소국들 그리고 일본과 지식인들의 방관과 태만에 기인하는 바가 크다고 할 것이다. 이들 중 어떤 주체도 이 극심한 성폭력 피해에 대해 "당신들은 끔찍한 범죄의 피해자"였다는 것을 공적으로 선언하지 않았다. 이 점에서 이 피해자들의 흔들리는 목소리는 맥키논이 말했던 권력관계 속의 목소리이며, 식민주의와 가부장제의 허위의식이 가미된 목소리라고 할 수 있다. 그러한 억압의 틈새에서 겨우겨우 자신의 목소리를 가다듬어 소리내는 발성이라고 할 수 있다.

한국사회에 여성운동과 인권의식이 성장하기 이전인 1965년에 체결한 한일기본조약이나 여타 국제조약에서 이 체계적 성폭력 제도는 의제화조차 되지 않았다. 그럼에도 불구하고 한국사회는 위안부 피해자들의 위와 같은 언어에 대해서 그녀들의 정조 의식에 터한 수치심의 표현으로 해석하곤 하였다. 물론 그녀들의 증언에는 한 시대를 살아온 사회인으로 공유하는 정조 개념이나 성성의 침해에 대한 수치심이 없을 수 없을 것이다. 하지만 이러한 인식의 모호함은 개인의 인식문제가 아니라 "관리된 강간체계"인 일본군 성노예제, 특히 피식민인으로 통제되었던 조선인 여성들이 겪었던 고유한 피해라는 사회적 시각에서 해석되었어야 마땅했을 것이다.

> "내 간 데는 열 명이 갔는데 거[기]는 가 가지고 얼마 안되니까 **손님 받더라**. 받고 있는데 나보다 더 에린 사람도 있어요. 울고 불고 야단이고 그랬는데 인제 집도 아니로 하꼬방 집 그런 데, 한칸 두 칸 다 갖다 옇고 군인이 줄창 해군들을 받아. **그 주인이 오끼나와 사람이야**.[…] 긴밤 이래 자고 하고, 그래 가지고 울고 불고 안받으면 이래 하면, 밥도 안 주고 이러니까 할 수 없이 받아야 하는기라."[74]

---

74) 증언 4집(김창연, 2011, 59)[이하 인용한 증언은 모두 원문대로이며, 강조는 필자가 하였다].

"그래서 뭐, 몸은 버린 몸이니께 할 수 없어서 그냥 정말 **대접**을 하고 보냈더니 그 사람이 정말 군의장교라 너무 많이 지가 덕을 본 거예요."75)

연장선상에서 자신을 결혼하기에 적합하지 않은 여자로 규정짓는 성규범 역시 작동하고 있었다. 평생 독신으로 지낸 안법순의 경우, 위안소에서 구사일생으로 살아남아 귀국하여 어머니에게로 찾아간다. 17세 때 노상에서 끌려가 위안부 노릇을 한 사실을 감추었던 안법순은 다음과 같이 말하였다.

"울 어머니가 하시는 말씀이 나는 너래두 하나 있는데, 너 시집을 가야지 않겠니?' 그러시는 거야. '시집이구 뭐구 안 간다'구.
"나는 인제 뻔히 아는 거니까는, 가서 **아이도 못 낳을 거구**, 응, 그러면 그 안 되는 거 아냐? 그래두, 내가 처녀 적에 살 적에 처녀 총각이 만나서. ..사는 거 그거를 원했지, 뭐 내 몸땡이 그렇게 수도 없이 버려가지구, 무신 시집 갈 양심이 있어?"76)

안법순은 부모의 강요로 결혼하였지만, 남편은 곧 사라졌고 한국전쟁 통에 남편을 더더욱 찾을 수 없었다. 이후 안법순은 줄곧 혼자 살아왔다는 점에서 결혼한 사실은 있지만 독신자와 같은 삶을 살았다. 이렇게 위안부 노릇의 피해에서 기인한 불임과 성병 등 육체적 정신적 상흔에 대해 피해자는 오히려 "양심"이라는 단어로 역설적으로 자신에게 결함있음을 표현하였다. 이상과 같은 증언에서 로빈 웨스트가 말했던 여성 피해자 스스로가 자신의 피해를 과소평가한다는 점, 적절한 이름을 가지지 못했다는 점이 정확히 나타나고 있다고 본다. 그럼에도 불구하고 한국의 증언 연구자들 그리고 한국사회는 그녀들의 언어를 기록하고 재현하고 그 말에 힘을 부여해온 역사를 만들어냈다고 보인다. 그리하여 이 소수자 여성들의 언어가 "역사"를 가지게 되었고 그녀들의 언어 자체가 "역사를 새로 썼다"고 할 수 있다. 이 점에서 웨스트의 현상학적 법여성주의의 진단은 파워풀한 것이다. 여기서 더 나아가, 피해자의 목소리가 그 자체로 생생함을 전달하기보다는 그것을 시공간 속에다 자리매김할 때, 보다 풍부한 의미를 가지는 미래의 언어가 될 수 있을 것이다. 이 점은 포스트구조주의적 사유에서 계속 논의하기로

---

75) 증언 4집(한옥선, 2011, 78).
76) 증언 4집(안법순, 2011, 235).

하자.

2) 소외와 침묵 속에서 터져 나온 목소리

여러 피해자들은 한국에 귀국한 이후 가족이나 동네 친지 등 공동체로부터 소외되고 핍박받은 경험과 그 속에서 살아온 경험에 대해서도 많이 진술하였다. 아래 김창연의 경우는 가부장적 가족과 주위의 시선에 의해서 공동체로부터 추방되었다. 김창연은 귀국 후 마음에 드는 남자와 결혼하였으나 주위의 시선에 의해서 거듭 결혼생활이 좌절되는 체험을 맛보았다. 다음은 결혼 직후 같은 고향 사람이 악의 없이 하던 말에 의해서 자신이 위안부였다는 사실이 알려지면서 겪은 김창연의 경험에 관한 증언이다.

> "머리 이만치 기르고 뒷태도가 참 좋다 카면서 [시누이가 중매를 해서 부산으로] 내려와서 한 육개월인가 살고 있는데, 고향 사람들이 와 가지고 내가 왜놈들한테 갔다카는 그게 알아져 가지고. 그 사람은 소문을 낸 게 아니고 남해 고향 진씨라고. 그 사람은 내 갈 때 건너편 동네에서 자기 장개 가서 살았어. 자기가 [이야기]하고 싶어서 한 게 아니고 옛날에 고생 누누이(누구누구) 했다. 누이 했다. 나올 때 누구누구 나왔다 하니까 이름이 나왔지, 소문이 커질지도 모르고 … **남편이라 카는 사람이 그 입에 담을 욕 다 못하지, 잡년이라고 하고 갈보라 하고. 그래 가꼬 거기서 나왔잖아**"77)

김창연의 경우에는 자신의 성규범이 아니라 오로지 주위의 편견과 시선에 의해 사회로부터 추방되었다. 이에 따라, 위안부였다는 사실이 남기는 사회적·정신적 상흔이 매우 깊게 남아 있는 것 같다. 김창연은 지금도 주변 사람들이 자기를 꺼리고 욕한다고 생각하며 사람들을 대하는 게 편치 않다고 한다. 이와 같이 자신이 위안부였음을 증언하는 와중에서도 피해생존자들은 여전히 가족을 비롯한 주변사람들에게 자신의 위안부였음이 알려지는 것을 꺼려하였다.

> "인제 나 속에만 늫구 가는 거야, 인제~. 죽을 때 꺼정 그냥. "우리 어머니조차도 몰르고 돌아가시고 내 가심 속에 묻고 가는 거지"78)

---

77) 증언 4집(김창연, 2011, 65).
78) 증언 4집(안법순, 2011, 241 & 243).

압축적이고 생략적인 말투를 가졌던 정윤홍은 여전히 "죄가 많다"고 말하면서 다른 한편으로는 "부끄러울 것이 없다"고 하였다. 이것은 앞서 안법순의 양심에서 오는 죄의식이나 김창연이 겪은 주위의 시선으로부터 정윤홍도 예외가 아니라는 것을 보여준다. 동시에 정윤홍에게는 저항과 자존감도 드러냈다. 이처럼 상반되는 것처럼 보이는 증언들에서 그녀의 복합적인 주체성이 엿보인다.

"그렇게 된 할매들이 지끔 살아가꾸 제대로 생긴 햇볕을 못 보고 동기간한테나 남한테나 좋은 얼굴을 들고 오늘날까지 살질 못한 사람이야. 남한테 죄져가꼬, 죄지.79)

알려줘도 되지. 돼. 부끄럽지 않아. 난, 난 안 부끄러워. 세상에 알려져도 괜찮고 내가 이런 과거 얘기를 일본 사람들 있으면 서서 쳐다보고 하고 싶어. 하고 죽고 싶어."80)

이렇게 정윤홍은 부끄럽지 않다고 한다. 실제로 대다수 피해자들은 자신의 긴 고통의 책임이 자신들에게 있지 않았다는 것을 인식하고 있었다. 억울한 과거를 해명하고 발화하고자 하는 욕망이 있었지만 그것에 관해서 믿음을 얻을 수 있다는 자신감을 가지기 어려웠던 긴 세월을 살았던 것이다.

다른 한편, 여성의 성성의 측면에서도 앞서 말했던 수치심이 전부가 아니었다. 거기에 성적 그리움과 향수가 있었고 전쟁과 식민지 치하에서도 그것에 관해서 사랑의 기억을 가지고 있었다.

"요시모토는 내가 정을 좀 뒀었어. 착해. 그게 첫사랑인게벼. 가끔 생각이나."81)

이외에도 한국에 귀국해서 남편을 만나고 자녀들을(자신이 출산하거나 전처의 소생을 기르거나 자녀를 입양하였음) 보살피고 이웃 학생들을 지원하는 등의 "포스트 피해자"의 모습을 찾아볼 수 있다. 피해자의 증언과 삶을 사회구조적이고 역사적으로 해석한다고 하지만 그것들 속에서도 그러한 장벽들을 넘어서는 것은 결국

79) 증언 4집(정윤홍, 2001, 161).
80) 증언 4집(정윤홍, 2001, 153).
81) 증언 4집(김복동, 2011, 243).

개인의 의지와 실천이라는 것을 알 수 있다. 많은 피해자들은 피해자임에도 불구하고 그것을 넘어서서 다른 사람에 대한 자비와 배려를 실천해 왔다.

(4) 피해생존자의 목소리, 어떻게 들을 것인가

앞서 논의했던 것처럼 일본군 성노예제 피해생존자의 증언은 웨스트의 현상학적 방법론을 많이 떠오르게 한다. 또한 그 목소리는 아직 해석되지 않은 역동적인 역사적·집합적 소리로 파악하는 스콧의 이론으로 해석되어야 할 것이다. 스콧은 피해자들을 피해 여성 내지 식민지 조선의 여성, 나아가 어떤 하나의 범주로 묶는 것을 위험한 발상이라고 보았을 것이다. 앞서 증언 분석에서 지적했던 것처럼 피해자들의 "손님" "주인" 등과 같은 언어를 마치 "그녀들의 소유" 또는 "생생한 목소리"로만 경험적으로 파악하는 것은 매우 협소한 해석이다. 포스트구조주의적 방법론을 취하면 식민지 조선의 여성으로서 어떤 증언을 말한다기보다는 어떤 증언을 통해서 당시의 식민지 조선 여성이 어떤 존재였는지를 알게 된다는 해석의 선회가 일어날 수 있다. 당시의 식민주의, 전쟁, 가부장제와 여성 차별 등과 같은 크고도 다층적인 제도와 문화 속에서만 그녀들의 목소리에 대한 의미 부여가 가능할 것이다. 이 점에서 피해자 증언 연구를 주로 사실을 캐내는 실증주의 연구로만 본다면 그 의미를 많이 축소시키는 것이다.

동시에, 스콧의 인식론이 식민주의와 아시아의 전쟁이라는 당시의 지역적이고 역사적인 맥락으로 파고들기에는 한계가 있다는 점도 고려해야 한다. 스피박이 설파하였듯이, 과연 이러한 피해생존자의 복합적 목소리를 해석할 수 있는 이론과 방법론을 가지고 있었는지 한국과 아시아의 관련 학계는 그 인식론을 돌아보아야 할 것이다. 조선인 피해자들이 겪었던 피해의 모든 양상에는 식민지성이 녹아 있다.[82] 식민지적 사회 조건이 아니었다면 겪지 않았을 혹은 다르게 겪었을 피해의 양상들이 연속적으로 나타난다. 조선인 피해자들의 경우에는 장기간 동안 한반도 전체에서 대규모의 강제동원이 이루어졌다. 이들은 기차, 자동차, 선박 등을 이용해 대부분 외국으로 이송되었다. 또한, 일본군 위안소에서 조선인 여성들

---

82) 조선인 위안부의 피해 양상의 식민지성에 대한 분석은 정진성, "일본군위안부제도의 식민지성: 전쟁-젠더-민족-계급-국가의 역학", 여성가족부 국제학술심포지엄 "전쟁과 폭력의 시대, 다시 여성을 생각하다", 발표문, 2015. 8. 13; 졸고, "식민주의 관점에서 본 일본군 성노예제라는 '전시 성폭력'", 민주법학(2021), 제75호, 69-123면 참고할 수 있다.

은 법적으로 일본인, 즉 현지인의 입장에서 적군이었으므로 그 위안소에서 탈출한다는 것은 더 큰 위험을 거는 일이었다. 그것은 자신의 마을이나 지역에서 강간을 당했던 중국 여성 등 다른 나라의 위안부 피해자들과 매우 다른 양상을 보인다. 조선인 여성들의 경우 대부분 먼 이국으로 동원되는 "체계적인 양상"을 보이는데, 교통수단이 부재하고 그곳의 지리에 대해 아무런 정보가 없어서 전쟁이 끝난 후에도 피해자들의 귀국을 더욱 어렵게 만들었다. 구사일생으로 귀환을 했다고 해도 이 문제에 대한 침묵과 방관은 한국의 포스트식민성과 남성중심성을 여실히 보여주고 있다. 이 글에서 다 적시하기는 어렵지만 조선인 피해자들의 피해의 모든 측면에는 식민지성이 결합되어 있다. 이 점에서 스콧의 분석보다 훨씬 더 적극적으로 포스트식민이라는 시간과 공간에 적합한 이론으로 목소리를 해석해야 할 것이다. 포스트식민의 여성주의 법학의 논리와 윤리를 구성하여 일본군 성노예제도, 체계적 강간의 성격, 나아가, 회복적 정의 구현의 길을 찾아야 할 것이다.

다른 한편, 이들의 목소리를 집합적이고 역사적인 것으로만 해석하는 것에도 한계가 있다고 생각한다. 앞에서 언급하였듯이 그녀들은 성폭력의 피해자이자 생존자이지만 그녀들을 피해생존자로만 고정시키는 것 자체가 이데올로기의 효과라고 생각한다. 피해자의 목소리가 피해자의 것으로만 고정될 때 그들로부터 해방과 자유의 힘이 나오기 어려운 "대상"으로만 고정될 가능성이 크기 때문이다. 스피박이 말하고자 했던 서브알턴이 말할 수 없음은 그들을 둘러싼 겹겹의 정치적·경제적·계급적 이해관계와 이념적 지형이 있기 때문이라고 하였다. 이제까지 살펴본 증언만으로도 이 피해생존자, 할머니, 이름을 가진 개인들은 단지 눈물짓는 한많은 할머니가 아니라 자신을 표현하고 "영혼을 가진" 존재라는 것을 알 수 있을 것이다. 그렇다면 명예회복이라는 것은 어떻게 이루어질 수 있을까. 그녀들이 이런 존엄성을 가진 존재라는 것을 재현하고 기억할 때 이루어지지 않을까. 이 점에서 웨스트가 말했던 한 명 한 명 개인의 소리, 그 개성에 대한 주의(attention)를 기울이는 것은 매우 중요하다. 그것은 길리건이 말했던 배려의 윤리 내지 공감의 윤리와도 상통한다고 생각한다. 피해생존자에게 "이미 존재하는" 역동성을 드러내고 고유한 목소리를 들리게 만드는 노력은 여전히 중요하다. 그녀는 많은 억압의 제도와 역경 속에서도 자기 언어를 가진 사람이었다. 결국 이렇게 잠들지 않은 영혼의 목소리를 드러내는 행위야말로 "피해의 역사"에서 벗어날 수 있는 탈식민주의의 실천이라고 생각한다.

Ⅳ. 결론

페미니즘 법이론을 공부하는 이유는 하나의 최선의 이론을 선별하고 따르고자 한 것이 아니다. 사회 이론을 공부하는 이유는 자신이 보기에 가장 우월한 이론을 찾아서 사안에 적용하기 위함이 아니라 여러 이론들의 진면목과 한계점들을 동시에 이해해서 그 장점을 살려서 현실의 대상에 적용하고 그 적용을 넘어서 이론의 재구성과 재창조 능력을 기르기 위한 것이다. 그리하여 문제 되는 시간과 공간과 주체들에 가장 부합하는 시각과 방법론을 만들어 내고자 함이다. 이점에서 페미니즘 법이론은 명사가 아니라 "이론하기(theorizing)"라는 동사로 이해되어야 할 것이다. 이 글에서 다루었던 "목소리 방법론"도 마찬가지라고 생각한다.

이 글에서는 "여성의 목소리"가 여성주의 법학의 중요한 방법론이 될 수 있다는 점에 착안하여 관련이 된다고 보이는 이론가들의 논의를 음미하였고 그것을 여성 종회회원 확인의 소송과 일본군 성노예제 피해생존자의 사례에 적용해서 여러 각도에서 논의하였다. 본론에서 지적된 사항들을 요약하는 것으로 결론을 대신하고자 한다.

먼저, 종중원의 토지매각 대금 분배에서 종중 여성들의 제외는 종중에 대한 기여를 기준으로 한다는 것은 사실에 부합하지 않고 규범적으로 평등권의 위배라는 것을 밝혔다. 종회에 실질적으로 적극적으로 기여해 온 여성들의 활동을 무시하였고, 어떤 활동도 하지 않았던 남성들에 대해서 무지했다. 따라서 기여도를 기준으로 한 배분은 기여도가 아니라 단순히 성별에 의한 분류였는데 이에 대해 2005년 대법원은 여성이 종중 구성원이 될 수 없다는 판결을 파기함으로써 종중의 새로운 원칙과 역사를 쓸 수 있는 초석을 만들었다.

이 글에서는 앞서 살펴보았던 길리건, 맥키논, 웨스트, 스콧 그리고 포스트식민주의 이론을 모두 적용하여 본 소송에서 표출된 "여성의 목소리"의 의미를 해석하였다. 기혼의 여성 후손들은 혈통적으로는 후손일지라도 종중원이 아니라는 애매한 지위는 결국 한국 가족과 종중 체계의 "그늘진 자리"를 폭로하였다. 그녀들의 목소리와 지위를 통해 한국 가족과 종중들을 다시 재구성할 수 있는 기회가 열린 것이다. 이러한 목소리를 낸 결과, 본 소송 이후 다른 종중들에서도 유사한 소송이 이어졌고 "여자 종원에게 불리한 종중재산 분배가 유효하려면 여자종원들의 다수결 동의 등이 있어야 한다는 판결(수원지판 2009. 10. 8, 2008가합19235), 남자 종중원들에게만 소집통지를 한 종중 총회 결의를 무효라고 한 판결(대판 2010. 7. 22, 2009다92739), 성인이 된 후 어머니의 성씨와 본관을 따라 성(姓)을 변경한 아들의 어머니 종중(宗中)의 구성원 자격이 인정된다는 대법원의 최근 판결 등이 나올 수 있었다(대판 2022. 6. 13. 선고).[83] 이렇게 종중원 자격을 외쳤던 여성들의 목소리에서 오늘날의 한국인들은 탈식민적이고 성평등한 가족으로 나아갈 수 있는 힘과 영감을 받았다.

일본군 성노예제 피해생존자의 증언은 한국에서 이루어진 공권력 피해자 증언연구가 가장 장기적이고 대규모로 이루어진 사례이다. 증언은 제도의 성격과 피해 사실을 밝혀내고 이를 통해 불법행위의 내용을 규명하는 데에도 크게 기여했다. 나아가, 피해생존자의 증언행위는 피해자 자신뿐 아니라 당대를 살았던 동료들에 대한 집합기억을 담지하고 있으며 그 청자들 역시 기억의 공동체를 만들게 함으로써 그동안 공식역사에서 들려주지 않았던 새로운 집합기억을 만들어왔다. 마지막으로 증언 말하기는 피해자의 치유에도 지대한 역할을 함으로써 금전배상을 넘어선 피해 회복의 방법이 되었다.

이 글에서는 피해자의 수치심, 양심, 사랑과 저항감이라는 내면세계를 드러내는 증언의 일단을 읽어보았다. 그것은 맥키논이 말했던 권력관계 속의 억압을 나타내는 언어이자 웨스트가 말했던 피해자 스스로에도 이름을 가지지 못한 경험을 표현하는 것이다. 증언 연구를 통해서 피해생존자들은 점점 더 자신의 언어에 힘을 부여하였다. 자신의 감정과 욕망에 충실한 사람의 모습을 보여주었고, 한국전쟁 등의 역사적 체험 그리고 자녀와의 관계 등과 같이 거시적이고 미시적인 세계를 넘나들면서 시대를 증언해 주었다. 스콧의 이론대로 이들의 언어는 투명한 진실의 언어가 아니라 당대의 제도와 사회 속에서 해석되어야 할 집합적이고 역사적인 언어이다. 동시에, 그녀들은 개성을 가진 여성이자 기억이 풍부한 할머니

---

83) 플랫팀 twitter.com/flatflat38, "모계혈족의 자손도 종중 일원으로 인정하라"는 대법원의 판결, 경향신문, 2022. 6. 15.

이자 인간의 목소리를 냈다. 그녀들의 불굴의 생존력과 자비의 행동에서 오늘의 한국인들에게 그녀들은 더 이상 불쌍한 타자가 아니라 영혼 있는 존재로 다가오게 되었다.

이렇게 여성의 목소리에 주목하는 법여성주의 방법론은 단지 법적 원칙과 규범을 따라 목소리를 반영하는 것이 아니라 오히려 법과 사회가 경청해야 할 귀중한 자원으로 삼으려고 한다. 여성 중중원 소송와 식민지적 전시 성폭력 사건의 경우와 같이 당사자들의 체험, 갈등, 고통에 관한 자료가 더 많이 생산되었기를 희망한다. 앞으로 젠더법학을 포함한 법학연구와 실무에서는 이런 이야기들(narratives)의 수집과 분석에 더 적극적으로 임해야 할 것이다. 포스트식민 여성주의 법학은 식민주의의 지속된 유산을 가시화하고 비판하는 것을 넘어서서 그 대안을 구성하여 진정하게 식민주의 유산에서 벗어나는 것을 목표로 삼는다. 이러할 때, 여성주의 법학은 여성에 관한 법학을 훨씬 넘어서서 전통과 관습을 재구성하고 근대성을 다시 해부해서 새로운 사회관계의 비전을 제시하는 큰 수레(大乘)의 역할을 할 수 있을 것이다.

참고문헌

국내문헌

김규찬, "한국의 재생산 위기와 케어레짐의 재구조화", 한국사회학 21(1), 2020.

대법원 젠더법연구회, 젠더판례백선, 사법발전재단, 2021.

마경희, "보편주의 복지국가와 돌봄: 여성주의 복지정책을 위한 시론", 페미니즘 연구 11(2), 2011.

프란츠 파농, 검은 피부, 하얀 가면, 이석호 역, 인간사랑, 1995.

정진성, "일본군위안부제도의 식민지성: 전쟁-젠더-민족-계급-국가의 역학", 여성가족부 주최 국제학술심포지엄, '전쟁과 폭력의 시대, 다시 여성을 생각하다,' 미간행 발표문, 2015. 8. 13.

크리스 위던, 여성해방의 실천과 후기구조주의의 실천, 조주현 역, 이화여대 출판부, 1993.

양현아, "식민주의 관점에서 본 일본군 성노예제라는 '전시 성폭력'", 민주법학 75, 2021.

양현아 외 편역, 평등, 차이, 정의를 그리다 — 페미니즘 법이론, 서울대학교 출판부, 2019.

양현아, "법의 타자들: 페미니즘, 포스트식민주의와 법의 개혁", 김명숙·안진·양현아·이상수·홍성수·황승흠 저, 법사회학, 법과 사회의 대화, 다산출판사, 2013.

양현아, 한국가족법 읽기 — 전통, 식민지성, 젠더의 교차로에서, 창비, 2011.

양현아, "여성의 목소리와 법여성학 방법론", 가지 않은 길, 법여성학을 향하여, 양현아 편, 서울대 공익인권법센터 기획, 사람생각, 2004.

양현아, "식민지 시기 한국 가족법의 '관습' 문제: 시간의식의 실종을 중심으로", 사회와 역사 58, 2000.

이선형, "일본군 '위안부' 생존자 증언의 방법론적 고찰: 증언의 텍스트화와 의미부여를 중심으로", 서울대학교 대학원 석사학위 논문, 2002.

한국정신대대책협의회 & 2000년 여성국제법정 증언팀 편, 강제로 끌려간 조선인 위안부들 4 — 기억으로 다시쓰는 역사, 풀빛, 2001.

허 규, "종중·종중재산에 관한 제고찰", 법사학연구 2, 1975.

한국일보, 사설, "여성 후손 목소리 높아진다", 2002. 11. 18.

플랫팀 twitter.com/flatflat38, "모계혈족의 자손도 종중 일원으로 인정하라"는 대법원의
　　판결, 경향신문, 2022. 6. 15.

외국문헌

Bartlett, T., Katharine, "Feminist Legal Methods", *Feminist Legal Theory — Readings
　　in Law and Gender*, Katharine T. Bartlett & Rosanne Kennedy(eds.),
　　Westview, 1991, 캐더린 바틀렛, "페미니즘 법학 방법론", 양현아 외 편역, 평
　　등, 차이, 정의를 그리다 — 페미니즘 법이론, 서울대학교 출판부, 2019.

Fineman, Martha, "Introduction", *At the Boundaries of Law — Feminism and Legal
　　Theory*, Martha Fineman & Nancy Sweet Thomadson(eds.), Routledge, 1991.

Gilligan, Carol, *In a Different Voice: Psychological Theory and Women's Develop-
　　ment*, Harvard University Press, 1982.

Guha, Ranajit & Gayatri Spivak, *Selected Subaltern Studies*, Oxford University Press,
　　1988.

Luce Irigaray, *This Sex Which Is Not One*, Catherine Porter with Caroline Burke
　　(trans.), Cornell University Press, 1985.

Held, Virginia (ed.), *Justice and Care — Essential Readings in Feminist Ethics*,
　　Westview Press, 1995.

Herman, Judith Herman, *Trauma and Recovery: The Aftermath of Violence*, 1997,
　　주디스 허먼, 트라우마: 가정폭력에서 정치적 테러까지, 최현정 역, 열린책들,
　　2012.

Lewis, Reina & Sara Mills, *Feminist Postcolonial Theory*, Routledge, 2003.

Littleton, A. Christine, "Reconstructing Sexual Equality", *California Law Review*,
　　75(4), 1987, 크리스틴 리틀턴, "성적 평등의 재구성", 양현아 외 편역, 평등, 차
　　이, 정의를 그리다 — 페미니즘 법이론, 서울대학교 출판부, 2019.

Loomba, Ania, C*olonialism/Postcoloinialism*, Routlege, 1998.

MacKinnon, Catharine, *Toward a Feminist Theory of the State*, Harvard University
　　Press, 1989.

MacKinnon, Catharine, *Feminism Unmodified — Discourses on Life and Law*, Harvard
　　University Press, 1987.

MacKinnon, Catharine, "Privacy v, Equality: Beyond Roe v. Wade", *Feminism Un-
　　modified — Discourses on Life and Law*, Harvard University Press, 1987.

Mani, Lata, "Contentious Tradition: the Debate on *Sati* in Colonial india", *Recasting*

Women, KumKum Sangari & Sudesh Veid(eds.), Kali for Women, 1990.

Minow, Martha, "Learning to Live with the Dilemma of Difference: Bilingual and Special Education", *Law and Contemporary Problems*, 48, 1984.

Mohanty, Chandra, Ann Russo and Lourdes Torres, *Third World Feminism and the Politics of Feminism*, Indiana University Press, 1991.

Said, Edward, *Orientalism*, 1978, 박홍규 역, 오리엔탈리즘, 교보문고, 2007.

Scott, Joan, "Experience", *Feminist Theorize the Political*. Judith Butler & Joan Scott (eds.) Routledge, 1992.

Scott, Joan, *Gender and the Politics of History*, Columbia University Press, 1989.

Scott, Joan, "Deconstructing Equality-Versus-Difference: Or, the Uses of Post-structuralist Theory for Feminism", *Feminist Studies*, 14(1), 1988, 조안 스콧, "평등 대 차이의 새체 또는 페미니즘을 위한 포스트구조주의 이론의 활용", 양현아 외 편역, 평등, 차이, 정의를 그리다 — 페미니즘 법이론, 서울대학교 출판부, 2019.

Spivak, Gayatri Chakravorty, "Can the Subaltern Speak?", *Marxism and the Interpretation of Culture*, Cary Nelson & Lawrence Grossberg(eds.), University of Illinois Press, 1988.

West, Robin, "Relational Feminism", *Research Handbook on Feminist Jurisprudence*, Robin West and Cynthia Grant Bowman(eds.), Edward Elgar, 2019.

West, Robin, "Jurisprudence and Gender", *University of Chicago Law Review*, 55-1, 1988.

West, Robin, "The Difference in Women's Hedonic Lives: A Phenomenological Critique of Feminist Legal Theory", *Wisconsin Women's Law Journal*, 3, 1987, 로빈 웨스트, "여성의 쾌락적 삶에 있어서의 차이 — 페미니즘 법이론에 대한 현상학적 비판", 양현아 외 편역, 평등, 차이, 정의를 그리다 — 페미니즘 법이론, 서울대학교 출판부, 2019.

Williams, Patricia, *Alchemy and Race and Rights*, Harvard University Press, 1991.

Wolf, Virginia, *A Room of One's Own*, Harvest/HBJ Book, 1981.

제 2 장   헌법과 인권

젠더평등과 평등헌법*

김 하 열**

I. 서언

평등 문제는 복잡하고 어렵다. 평등 개념 자체가 철학적, 정치적, 이데올로기적 지향성을 갖고 있으며, 자유, 정의 등 인근 가치 개념과의 관계를 어떻게 설정할지에 관한 도덕적, 철학적 기반에 따라 평등 이해의 편차는 그만큼 다기해진다.

젠더평등의 문제는 평등 문제에다 젠더 문제가 더해진 것인데, 젠더 문제를 바라보는 관점이나 이론 또한 다기하다. 여성주의적 입장에서 젠더 문제를 바라보는 관점만 하더라도 동등관점, 차이관점, 젠더관점으로 나누어지기도 하고,[1] 페미니즘 이론을 젠더 개혁 페미니즘, 젠더 저항 페미니즘, 젠더 반란 페미니즘으로 분류하기도 한다.[2] 게다가 젠더평등의 문제는 노동, 혼인과 가족, 교육, 정치, 성폭력, sexuality 등 영역마다 문제의 구조나 해법의 방향이 조금씩 달라질 수 있다.

오늘날 이 땅의 젠더현실은 여전히 열악하다. 국가의 경제력에 비하여 여러 가지 지표에서 우리나라 여성의 지위는 국제적으로 낮은 자리를 차지하고 있는데, 우리 삶의 거의 모든 영역에서 일상적으로 젠더 불평등이 목도, 체감되고 있다. 젠더평등에 대한 인식도 여전히 부족하고, 인식과 실천 간의 간극 또한 넓다. 젠더평등의 문제를 야기하는 현실과 이를 파악하는 이론은 복잡다양하고, 동

* 이 글은 2011. 6. 18. 한국젠더법학회 2011년 춘계학술대회에서 발표한 것을 수정, 업데이트한 것임.
** 고려대학교 법학전문대학원 교수
1) 허라금, "여성주의 평등 개념을 통해 본 성 주류화", 국가와 젠더, 한울(2009), 42-51면.
2) 주디스 로버(최은정 외 3인 옮김), 젠더 불평등, 일신사, 2005.

태적이며 가변적이다. 그런데 젠더의 현실 문제들은 규범적 해결을 기다린다. 국회입법으로 젠더문제가 규율되거나 해결되기도 하지만, 젠더문제의 최고 국내법은 역시 헌법이고, 국회입법이 없거나 국회입법의 정당성 여부가 문제될 때에는 젠더 관련 헌법이 직접 나서게 된다. 그런데 헌법규범은 젠더의 현실이나 이론과 달리 정태적이고, 경직적이다. 헌법이 지닌 개방성, 추상성을 고려하더라도 여전히 그러하다. 그 결과 헌법규범은 젠더 현실이나 이론의 발전을 적시에 따라가지 못하며, 경우에 따라서는 젠더문제를 은폐하거나 젠더평등의 발전을 저해할 수 있다. 그것도 평등의 이름으로.

이 글은 젠더평등 실현에 헌법이 어떤 역할을 할 수 있는지, 젠더평등의 요구에 평등헌법이 얼마나 부응할 수 있는지를, 젠더 관련 헌법규범에 대한 해석론을 중심으로 살펴본다. 고찰의 중심은 평등 관련 헌법규정이다(이 글에서는 이를 '평등규범'이라 한다). 젠더평등의 실현이 정치적, 도덕적 선(善)임을 전제로 하며, 젠더평등이나 젠더정의에 관한 어느 특정한 관점이나 이론에 기초하지 않는다.

젠더와 법의 관계를 다룰 때는 근본적으로 법이나 국가를 어떻게 이해할 것인지의 문제가 전제된다. 국가는 남성의 이해를 대변하는 가부장적 억압자이며 국가권력은 남성의 권력이라고 보는 급진주의 페미니즘의 시각에서 보면 헌법은 이미 남성권력의 도구이므로 헌법규범을 통한 젠더정의의 실현 가능성은 출발부터 한계를 가질 것이다. 반면 국가가 다양한 이해집단의 충돌을 중재하는 중립적 조정자라고 보는 자유주의 페미니즘의 입장이나 국가를 주어진 것이 아니라 행위자에 의한 담론과 실천을 통하여 나타나는 다양한 제도의 조합이라고 보는 후기 구조주의 페미니즘에서는 법과 제도의 개선을 통해 여성의 지위를 개선하고 젠더평등을 실현하는 것이 가능하다고 보게 된다.3) 이 문제에 관한 근본적 점검은 유보한 채 법을 통한 개선의 가능성을 전제한다.

---

3) 이재경 · 이은아, "글로벌 사회의 국가와 젠더", 국가와 젠더(2010), 16-19면.

Ⅱ. 젠더 관련 헌법규범과 판단 구조

1. 젠더 관련 헌법규범

(1) 평등규범

일반적 평등규범으로서 헌법 제11조 제1항[4]이 있다. 이 조항은 양성 내지 젠더의 평등문제에 관한 기본규범이다.

젠더 관련성 있는 특별 평등규범으로는 헌법 제25조, 제31조, 제36조 제1항,[5] 제41조 제1항 및 제67조 제1항(보통·평등선거)이 있다. 헌법 제25조는 공무담임권을 보장하고 있는데, 능력에 의한 균등한 공직기회의 보장을 그 핵심 내용으로 하며, 여성의 공직진출과 퇴직은 젠더평등의 주요 문제의 하나이다.[6] 헌법 제31조 또한 능력에 의한 균등한 교육기회의 보장을 주요 내용의 하나로 삼고 있다.

또 다른 젠더 관련 주요 헌법규범으로 헌법 제32조 제4항[7]이 있다. 이 조항이 사회국가원리를 구체화하는 것이라 이해한다면[8] 여성을 근로영역에서 사회적 약자로 보고 실질적 불평등을 해소하기 위하여 여성을 특별히 보호하는 규범으로 이해하게 된다. 그러나 헌법 제32조 제4항은 단순히 사회국가원리를 구체화한 것에 그치는 것이 아니라 특별 평등규범으로 이해하여야 한다. 이 조항은 근로영역에서 특별히 강화된 동등처우명령을 함과 동시에 실질적 평등을 위한 차등처우명령까지 아울러 포함하고 있는 평등규범인 것이다.[9]

---

4) 제11조 ① 모든 국민은 법 앞에 평등하다. 누구든지 성별·종교 또는 사회적 신분에 의하여 정치적·경제적·사회적·문화적 생활의 모든 영역에 있어서 차별을 받지 아니한다.

5) 제36조 ① 혼인과 가족생활은 개인의 존엄과 양성의 평등을 기초로 성립되고 유지되어야 하며, 국가는 이를 보장한다.

6) 이 분야에서의 여성차별은 그러므로 평등권 문제와 공무담임권 문제를 동시에 일으킨다. 군가산점 사건을 보라(헌재 위 98헌바33). 반면, 여성할당제와 같은 공직에 대한 적극적 평등실현조치를 시행하면 남성의 공무담임권 침해가 아닌가라는 문제가 제기된다.

7) 제32조 ④ 여자의 근로는 특별한 보호를 받으며, 고용·임금 및 근로조건에 있어서 부당한 차별을 받지 아니한다.

8) 예를 들어, 한수웅, 헌법학, 2017, 1053면.

9) 김하열, 헌법강의, 2021, 332-333면. 유사한 취지로, 이준일, 헌법학강의, 2019, 427, 805-806면.

(2) 사회국가원리에 기초한 규범

헌법 제34조 제3항[10]은 여자의 복지향상을 위한 국가의 노력의무를, 헌법 제36조 제2항은 모성보호를 위한 국가의 노력의무를 각기 규정하고 있다.

이 조항들은 국가목표조항으로 이해되고 있다.[11] 국가목표조항은 개인에게 구체적 권리를 부여하지 않으며, 모든 국가활동에 구속적 지침을 부여한다. 따라서 국가는 여성의 복지나 모성보호를 위한 정책을 마련, 시행하여야 한다. 여성복지나 모성보호를 위한 활동에는 여성의 사실상의 지위를 향상시키고 기존의 불이익을 제거하기 위한 적극적 조치들이 포함된다.[12]

(3) 자유규범

젠더평등은 많은 경우 자유권의 문제와 나란히 제기된다. 차별은 자유 박탈을 초래한다. 예를 들어 노동시장이나 직장에서의 젠더 차별은 재화 획득이나 직업적 성취라는 자유의 기회를 박탈하거나 축소한다. 사법판단에서 평등권 판단과 자유권 판단이 나란히 진행됨을 많이 볼 수 있는 것도 이 때문이다.

자유규범은 젠더평등과 대립하는 근거로서의 의미도 지닌다. 포르노그라피의 경우 표현의 자유, 낙태의 경우 생명권, 적극적 고용개선조치의 경우 기업의 자유 등이 젠더평등 요구를 한계 짓는 규범으로 작용한다.

그러므로 헌법의 많은 자유규범들도 젠더 관련 헌법규범이라 할 수 있다.

2. 젠더 관련 헌법규범의 판단 구조

(1) 평등규범

1) 평등의 규범적 특성

평등은 상대적 관계를 규율하는 규범이다. 평등은 자유와 달리 독자적인 보호영역이 없으며, 복수의 비교대상을 전제하여 상대적 관계를 규율한다. 적정한

---

10) 제34조 ③ 국가는 여자의 복지와 권익의 향상을 위하여 노력하여야 한다.
11) 계희열, 헌법학(중), 2007, 731면, 824면; 정태호, "사회적 기본권과 헌법재판소의 판례", 헌법논총 제9집(1998), 648면; 한수웅, 위의 책(주 8), 963, 1053면; 김주환, "양성평등원칙의 구체화", 공법학연구 제8권 제3호(2008), 202면.
12) 헌법 제34조 제3항이 여성을 노인, 청소년과 더불어 수동적 약자로 규정짓는 온정주의적 모델이라는 비판으로는, 박선영, "새로운 여성정책을 위한 헌법개정 방향", 젠더리뷰여름호(2008), 27-28면.

비교관점, 그리고 이를 제공하는 공통의 상위개념을 설정하는 것이 관건이다. 모든 관점에서 동등한 사물은 존재할 수 없다. 비교관점 설정에 있어서는 사물의 자연적 속성, 문제된 법적 규율의 목적과 의미가 중요하게 고려된다.

따라서 평등은 동일성과 다르며 이를 지향하지도 않는다. 부분적으로 동일한 (그러므로 부분적으로 다른) 상황에서 특정 관점에 따라 동등하게 혹은 차등적으로 취급할 것인지의 문제이다.

평등은 다른 헌법원리와 충돌할 수 있다. 평등규범은 자유권, 사회국가원리와 충돌하며 심지어 평등규범 스스로와 상충하기도 한다. 이러한 충돌은 특히 법적 평등과 실질적 평등이라는 개념 간의 관계에서 두드러진다.

2) 평등규범의 판단구조

젠더 관련 평등규범은 2단계 판단구조를 가진다. '성별에 의한' 차별이 존재하는가? 그러한 차별이 정당화되는가?

성별에 의한 차별이 존재하는지의 1단계 판단에서는 젠더평등의 문제로 인식할 것인지, 직접적 차별뿐만 아니라 간접적 차별도 포함할 것인지 문제된다.

정당화를 다루는 2단계 판단에서는 이른바 "같은 것을 같게, 다른 것을 다르게" 취급하고 있는지 심사된다. 여기서는 비교대상을 '같은 것' 혹은 '다른 것'으로 정당하게 평가하였는지, 차별의 정도와 효과는 어느 정도인지 문제된다. 경우에 따라서는 같은 것임에도 다르게, 혹은 다른 것임에도 같게 특별 취급하는 것이 정당한지 문제되기도 한다. 이런 판단과정에서 이른바 실질적 평등을 추구하는 차별의 문제도 제기된다.

2단계 판단에서는 위헌심사기준의 설정 또한 중요하다.

(2) 사회국가원리 규범
1) 규범의 특성

사회국가의 개념은 반드시 명확한 것은 아니지만 대체로, 사회적·경제적 약자와 근로대중의 생존과 복지를 보호하고 공정한 분배를 지향하는 국가를 의미한다. 사회국가는 자유의 실질적 조건 마련을 국가의 과제와 의무로 인정한다. 사회국가는 평등(특히 경제적, 실질적 평등) 지향적 이념과 박애와 연대의 정신에 기초한다. 그리하여 사회국가원리의 내용에는 생존 기반의 보호와 필수적 생활수요의 해결, 생활의 위험 분담과 더불어 실질적 기회균등(예: 교육의 기회균등, 노사의 기회균등, 조세부담의 공평성)이 포함된다.[13]

사회국가원리에 대해서는 자유주의에 입각한 굳건한 경계담론이 확립되어 있다. 사회국가는 법치주의와 긴장관계에 있으며, 법치국가가 보장하는 기본권적 자유는 사회국가의 방법적 한계로 기능한다는 것이다.[14] 이러한 긴장관계는 평등원리와의 관계에서도 마찬가지여서, 사회국가원리에 반하여 평등만을 강조해서도 안 되지만,[15] 사회국가원리를 실현하는 조치는 평등의 관점에서 정당화되는지 별도로 심사되어야 한다는 것이다.[16]

2) 위헌심사기준

사회국가를 실현하고 구체화하는 일차적 책임자는 입법자로 인정된다. 사회정책의 목표를 설정하고, 사회적 자원을 동원하며, 사회적 관계를 조정하는 것은 결국 국민의 대표기관인 의회가 수행하여야 한다는 것이다. 따라서 입법자에겐 폭넓은 형성의 자유가 인정된다.

헌법재판소는 사회적 기본권을 침해하여 위헌인지를 판단하는 기준으로 최소보장(과소금지)원칙을 적용하고 있다. 입법자에게는 국민전체의 소득수준, 국가의 재정규모, 기타 사회적·경제적 여건을 고려하여 합리적이라고 판단되는 정책을 시행할 광범위한 형성권이 부여되며, 입법자의 결정이 현저히 자의적이거나, 사회적 기본권의 최소한도의 내용마저 보장하지 않는 경우에 한하여 위헌이라고 판단하게 된다(헌재 1997. 5. 29, 94헌마33).

그러므로 젠더평등을 사회국가원리에 근거하여 주장하더라도 그 헌법규범적 효력이 강력하지 않다. 반면, 입법활동을 통하여 일단 입법화하면 사법적 잣대에 의해 무력화될 가능성은 낮아진다.

---

13) 계희열, 헌법학(상), 2005, 384면.
14) 계희열, 위의 책(주 13), 388면.
15) 계희열, 위의 책(주 13), 384면.
16) 한수웅, 위의 책(주 8), 608, 1053면.

III. 젠더 관점이 평등헌법에 작용하는 주요 지점들

1. 평등헌법의 적용 여부

(1) 포르노그라피

젠더문제는 성별에 의한 차별을 동반함으로써 평등헌법의 적용대상이 됨이 분명한 경우가 많지만, 그렇지 않은 경우도 있다. 포르노그라피, 성매매의 경우를 보자. 이러한 것들은 여성 비하와 억압의 작용을 하므로 중요한 젠더문제임에 틀림없지만 위에서 본 평등규범의 판단구조에 비추어 보면 평등규범이 직접 적용되기는 어렵다. 비교대상이 없거나 드러나지 않으며, 직접차별이든 간접차별이든 가시적인 차별행위가 없기 때문일 것이다. 그리하여 포르노그라피는 음란이나 청소년보호의 문제로, 성매매는 직업의 자유의 문제로 다루어지고, 젠더 관점은 배경적·부수적 요소로 고려되거나 아예 고려되지 않는다. 음란의 경우 형사법의 영역에서 사회일반의 성관념이나 윤리관념의 관점에서 다루어지거나,[17] 헌법에서 표현의 자유의 관점에서 다루어지고 있으며,[18] 젠더 관점은 '인간존엄성 왜곡'이라는 요소의 판단을 통하여 간접적으로 고려될 여지가 있을 뿐이다.[19]

---

17) "특정 표현물을 형사처벌의 대상이 될 음란표현물이라고 하기 위하여는 그 표현물이 단순히 성적인 흥미에 관련되어 저속하다거나 문란한 느낌을 준다는 정도만으로는 부족하고, 사회통념에 비추어 전적으로 또는 지배적으로 성적 흥미에만 호소할 뿐 하등의 문학적·예술적·사상적·과학적·의학적·교육적 가치를 지니지 아니한 것으로서, 과도하고도 노골적인 방법에 의하여 성적 부위나 행위를 적나라하게 표현·묘사함으로써 존중·보호되어야 할 인격체로서의 인간의 존엄과 가치를 훼손·왜곡한다고 볼 정도로 평가되는 것을 뜻한다고 할 것이고, 이를 판단함에 있어서는 표현물 제작자의 주관적 의도가 아니라 사회 평균인의 입장에서 그 전체적인 내용을 관찰하여 건전한 사회통념에 따라 객관적이고 규범적으로 평가하여야 한다"(대판 2008. 6. 12, 2007도3815).
18) "'음란'이란 인간존엄 내지 인간성을 왜곡하는 노골적이고 적나라한 성표현으로서 오로지 성적 흥미에만 호소할 뿐 전체적으로 보아 하등의 문학적, 예술적, 과학적 또는 정치적 가치를 지니지 않은 것으로서, 사회의 건전한 성도덕을 크게 해칠 뿐만 아니라 사상의 경쟁메커니즘에 의해서도 그 해악이 해소되기 어렵다고 하지 않을 수 없다. … 따라서 음란표현도 헌법 제21조가 규정하는 언론·출판의 자유의 보호영역에는 해당하되, 다만 헌법 제37조 제2항에 따라 국가 안전보장·질서유지 또는 공공복리를 위하여 제한할 수 있는 것이라고 해석하여야 할 것이다"(헌재 2009. 5. 28, 2006헌바109).
19) 동지, 박미숙, "음란물의 판단기준과 젠더", 한국젠더법학회 2010년 10월 세미나 발표문(2010), 24면.

(2) 젠더들(genders)의 불평등

젠더평등의 문제는 여성과 남성으로 이분된 젠더구분을 전제로 논의하는 것, 즉 전체로서의 여성의 지위를 전체로서의 남성의 지위와 연관시켜 논의하는 것이 주를 이루지만, 이런 이분법적 젠더 범주를 비판하는 이론들도 대두되었다. 페미니즘의 계열로 분류하자면 다문화주의 페미니즘, 그리고 포스트모던 페미니즘을 들 수 있다. 전자는 여성 또는 남성이 사회질서 속에서 인종, 민족, 종교, 사회경제적 계층에 따라 다른 형태의 차별, 불이익이나 특권, 혜택을 경험한다고 한다. 예를 들어 미국에서 아무도 그냥 여자이거나 남자이지 않고 백인여성이거나 흑인여성, 백인 남성이거나 흑인 남성이 된다는 것이다.[20]후자는 "남성", "여성"이라는 범주가 연출과 표현이며 젠더와 sexuality는 그 경계가 모호하고 변화한다는 것이다. 동성애자, 성전환자 등과 같은 다양한 범주의 젠더가 인정될 때 평등이 도래한다는 것이다.[21]

이러한 다양한 젠더들(genders)의 문제를 평등헌법으로 포착할 수 있을 것인가? 우리 헌법은 "성별", "여자", "양성"이라는 개념을 사용하고 있다. 이러한 개념은 성(sex) 또는 젠더 이분법의 근거가 되어 이분법을 극복하려는 젠더 관점을 평등헌법에 반영하는데 장애로 작용할 것이다. 그러므로 위와 같은 젠더들의 문제 또한 양성평등 범주의 틀 내에서만 다루어지고, 여기에서 벗어나면 다른 평등원리나 헌법원리를 적용하여 판단하게 될 것이다.

예를 들어 우리나라에 이주한 다문화 여성에 대한 차별이 있다면 평등헌법의 적용은 '성별'(양성)에 근거한 차별에 해당하는지, '사회적 신분' 또는 '종교'에 근거한 차별인지를 구분하는 논리구조 위에서 전개될 것이다. 이주 다문화 여성의 실질적 지위 향상을 위한 적극적 조치가 정당한지 문제된다고 할 때 그것이 '여성'이라는 젠더 범주의 문제로 귀속되지 않는 한 사회국가원리에 의해 정당화되는지 논의될 뿐 젠더평등의 문제로 판단되지는 않을 것이다.

생물학적 성(sex)에 기한 것이 아니라 성적 취향이나 젠더 정체성에 기하여 가해지는 불이익도 평등헌법의 적용대상이 되는지 문제될 수 있다.[22] 동성애자나

---

20) 주디스 로버(최은정 외 3인 옮김), 위의 책(주 2), 205~224면.
21) 주디스 로버(최은정 외 3인 옮김), 위의 책(주 2), 266~286면.
22) 이에 관하여는 김용화, "법에서의 성 개념 정의에 관한 연구", 아시아여성연구 제46권 제1호 (2007), 245면 이하 참조.

성전환자에 대한 불이익의 문제가 여기에 해당될 것이다. 이 경우에도 '동성애자'라는 젠더 범주가 설정되지는 않을 것이고, 따라서 '성별'에 기한 차별이나 평등의 문제로 인식되기보다는 개인의 성적 자유의 관점에서 판단될 것으로 보인다. 최근 군대 내 남성 동성애를 처벌하는 군형법조항에 대한 위헌 여부 판단이 있었는데, 젠더평등이나 개인의 성적 자유의 관점이 아닌 군의 전투력 보존의 차원에서만 다루어졌다.[23]

2. 동일성 관점과 차이 관점

(1) 선택의 문제

젠더이론에서는 젠더 간의 동등성을 강조할 것인지, 차이를 강조할 것인지, 양자 간의 관계를 어떻게 설정할 것인지가 핵심 이슈가 되어 왔고, 이에 관한 다양하고 풍성한 논의가 전개되었다.

동등처우 관점은 남성과 동등한 권리를 주장하여 역사적 성과를 거두었으나 남성과 같아지는 쪽으로 나아갈 뿐 젠더위계를 해체할 수 없는 한계를 지니며, 때로는 동등처우가 여성에게 불리한 결과를 낳기도 한다. 차등처우 관점은 남성과 다른 여성의 차이를 고려하여야 한다는 것이나, 여성을 피보호자로 인식케 하여 성역할 전형성을 재생산하며, 특혜적 차등취급은 오히려 여성의 기회와 접근을 차단하는 반작용을 낳는 문제가 있다.[24]

그렇다면 어떤 젠더문제가 발생하였을 때 동등처우와 차등처우 중의 어느 관점이 적용되어야 하는가? 그 선택의 기준은 무엇인가? 전략적으로 동등처우 관점 또는 차등처우 관점을 선택적으로 구사할 수 있는가? 어느 관점을 선택하거나 동등처우와 차등처우를 선택적으로 결합한다고 할 때 이것을 헌법규범으로 뒷받침할 수 있는가?의 문제들이 제기된다.

---

23) "이 사건 법률조항이 추행에 관하여 별도의 처벌규정을 둔 것은, 상명하복의 엄격한 규율과 집단적 공동생활을 본질로 하는 군대의 특수한 사정을 고려한 것이다. 즉, 군 내부에 성적으로 문란한 행위가 만연하게 된다면 궁극적으로 군의 전투력보존에 직접적인 위해가 발생할 위험성이 있기 때문에 이러한 문제 발생을 예방하기 위하여 이 사건 법률조항을 제정한 것으로 봄이 상당하다. 따라서 이 사건 법률조항은 군 내부의 건전한 공적생활을 영위하고, 군 조직 전체의 성적건강을 유지하기 위하여 제정된 것으로서, 주된 보호법익은 '개인의 성적 자유'가 아니라 '군이라는 공동사회의 건전한 생활과 군기'라는 사회적 법익이라 할 것이다"(헌재 2011. 3. 31, 2008헌가21).

24) 오정진, "여성주의 평등개념: 자기다움의 동등권", 젠더법학 제2권 제1호(2010), 89면; 유정미, "성주류화와 젠더 문제", 국가와 젠더(2010), 107-108면.

남성만에 대한 병역의무 부과의 사례를 보자.

병역법 제3조(병역의무) ① 대한민국 국민인 남성은 헌법과 이 법에서 정하는 바에 따라 병역의무를 성실히 수행하여야 한다.

이 조항은 성별에 의한 차별을 하고 있다. 법적이고 직접적인 구분이다. 그러나 동일한 데도 차별을 하는 것인지, 다른 데 따른 차별인지 문제될 수 있다. 젠더평등이 문제되는 많은 경우에 이와 같이 성별을 표지로 하는 입법적 구분이 있더라도 자연적 사실이나 입법목적에 비추어 비교대상이 동일한지 아닌지를 다시 판단하여야 한다. 이러한 판단에 있어 젠더 관점은 직접적으로 헌법판단에 영향을 미칠 수 있다. 동등처우 관점을 취해 보자면, 국적이라는 법적 기준이 주요 판정기준으로 등장하여 여성도 같은 국민이므로 병역의무를 져야 한다고 주장하게 된다. 차등처우 관점을 취해 보자면, 공동체 유지에 대한 부담이라는 실질적 관점을 기준으로 여성은 출산과 육아의 부담을 지므로 남자와 다르고 따라서 병역의무를 부담하지 않을 수 있다고 주장할 수 있다. 또한 병역에 필요한 신체적 기능의 차이를 이유로 다르다고 볼 수도 있다.[25] 어느 관점을 취할 것인지를 결정함에 있어서는 몇 가지 전략적 고려가 행해질 수 있다.

전략1. 병역문제가 젠더평등의 걸림돌로 작용하므로 오히려 여성이 병역의무를 부담함으로써 이를 극복할 필요가 있다.[26]

전략2. 병역문제의 올바르고 근본적인 해결방향은 모병제이고, 여성이 병역의무를 지면 오히려 국방의 비용, 효율성 면에서 불리하다.

---

25) 헌법재판소의 입장이다. "집단으로서의 남자는 집단으로서의 여자에 비하여 보다 전투에 적합한 신체적 능력을 갖추고 있으며, 개개인의 신체적 능력에 기초한 전투적합성을 객관화하여 비교하는 검사체계를 갖추는 것이 현실적으로 어려운 점, 신체적 능력이 뛰어난 여자의 경우에도 월경이나 임신, 출산 등으로 인한 신체적 특성상 병력자원으로 투입하기에 부담이 큰 점 등에 비추어 남자만을 징병검사의 대상이 되는 병역의무자로 정한 것이 현저히 자의적인 차별취급이라 보기 어렵다"(헌재 2010. 11. 25, 2006헌마328).
    [반대의견] "헌법상 모든 국민은 국방의 의무를 지는바, 남성과 여성의 신체적 조건 등에 따르는 차별취급은 용인되어야 할 것이나, 병역법은 국방의 의무 가운데 그 복무 내용이 신체적 조건이나 능력과 직접 관계되지 않는 의무까지도 남자에게만 부과함으로써 남자와 여자를 합리적 이유없이 차별취급하고 있고…"
26) 양현아, "병역법 제3조 제1항 등에 관한 헌법소원을 통해 본 남성만의 병역의무제도", 여성연구 제75권 제2호(2008), 135면 이하.

전략3. 여성이 군복무에 가담함으로써 군의 가부장적, 억압적 구조와 문화를
　　　 변화시킬 계기를 만들 수 있다.

(2) 차이관점의 적용영역

평등규범은 그 논리형식상 일차적으로 동등처우요구이다. 차등처우요구는
동등처우요구와 마찰을 일으키거나, 역차별의 위험성을 지니고 있다. 그러나 일
률적으로 동등하게 취급하는 것이 사회적 부정의(사회국가의 문제)로 인식되기 이
전에 이미 불공평(평등의 문제)한 것으로 인식되는 때가 있다. 이때에는 차이를 존
중하여 그에 맞는 차등처우를 하는 것이 평등의 이념에 부합한다. 이때의 차등처
우는 단순히 사회국가원리가 아니라 평등에서 이미 요구되는 것이다. 따라서 일
정한 차등처우요구 또한 평등의 개념내재적 요소로 인정된다.

그렇다면 젠더 간의 차이관점을 적용한 차등처우가 정당화되는 영역은 어디
까지인가?

이러한 문제에 관하여 헌법학은 일정한 기준을 마련하였다. 우선, 생물학적,
생리적 차이에 근거한 차등처우는 평등에 반하지 않는 것으로 인정된다. 독일에
서는 객관적, 생물학적 차이에 근거한 차등처럼 오로지 남성 또는 여성에게 특유
하게 나타나는 문제의 해결을 위해 필요한 예외적인 경우에는 차등취급이 정당화
된다고 보고 있고,[27] 미국에서도 남성과 여성의 생리적인 차이로 인한 여성에게
유리한 차등취급이 허용된다고 하였으며[28], 우리 헌법재판소도 같은 입장을 피력
한 바 있다.[29]

나아가 사회적 역할이나 기능상의 차이를 근거로 차등처우하는 것도 허용되
는가? 이 문제는 양날의 칼이라 할 수 있다. 이러한 차등처우를 통해 젠더평등이
촉진될 가능성도 있지만, 위에서 본 차등처우 관점의 폐해가 나타나 젠더평등에
역행할 위험도 있다. 특히 과거 전통적으로 생활관계가 일정한 형태로 형성되어

---

27) 연방헌법재판소의 여성 야간노동금지 판결(BVerfGE 85, 191), 가사노동휴일 판결(BVerfGE 52,
　　369).
28) 연방대법원의 Nguyen v. Immigration and Naturalization Service, 533 U.S. 53 (2001).
29) "헌법 제36조 제1항은 혼인과 가족생활에서 양성의 평등대우를 명하고 있으므로 남녀의 성을 근
　　거로 하여 차별하는 것은 원칙적으로 금지되고, 성질상 오로지 남성 또는 여성에게만 특유하게
　　나타나는 문제의 해결을 위하여 필요한 예외적 경우에만 성차별적 규율이 정당화된다"(호주제 사
　　건. 헌재 2005. 2. 3, 2001헌가9).

왔다는 점만으로 다르다고 보고 차등처우하는 것이 허용된다면 기존에 형성된 사회적 현상과 그에 따른 젠더 불평등이 지속될 수 있다. 미국 연방대법원의 역사는 이를 웅변적으로 보여 주고 있다. 미국 연방대법원은 여성에 대한 변호사 자격 배제, 투표권 배제, 야간근로 금지, 배심원 면제 등에 대해 합헌판결을 했던 역사를 지니고 있다. 오늘날 미국에서는 성역할에 관한 고정관념에 기초한 차별(gender classifications based on role stereotypes)은 허용되지 않는다고 하여, 여성만 이혼부양금 수령의 주체가 되는 것, 남성의 간호학교 입학 배제, 군사학교의 여성 입학 배제와 같은 사안을 위헌이라 판단하였다. 독일 연방헌법재판소 또한 사회적 역할분담론(기능적 차이)에 근거한 차등취급은 허용되지 않는다고 하여, 가정 있는 여성에게만 주 1일 유급휴가 부여한 것, 여학생에 대한 수예 필수과목화, 남성에게만 의용소방대원 의무 부과한 것을 위헌이라 하였다. 우리 헌법재판소도 동일한 입장을 보이고 있다.[30] 혼인빙자간음죄에 대한 위헌결정(헌재 2009. 11. 26, 2008헌바58)도 이러한 맥락에서 이해할 수 있다.

그러나 젠더평등의 실현을 위해 사회적 이유에 의한 차등처우가 요구되는 경우도 얼마든지 있을 것이며, 양성평등기본법 제20조(적극적 조치), '남녀고용평등과 일·가정 양립지원에 관한 법률'(이하 "양립지원법") 제2조 제1호 단서[31] 등에 의해 우리 실정법상 일정하게 수용되어 있기도 하다. 미국에서는 남성보다 여성에게 더 유리한 방법으로 급여를 산출하도록 한 사회보장법을 합헌이라 한 것[32]이나, 여성장교에게 더 장기의 계급정년을 보장한 것을 합헌이라 한 것[33]에서 볼 수 있듯이 과거의 차별을 구제하기 위한 차등처우는 허용되고 있다. 그러나 여전

---

30) "과거 전통적으로 남녀의 생활관계가 일정한 형태로 형성되어 왔다는 사실이나 관념에 기인하는 차별, 즉 성역할에 관한 고정관념에 기초한 차별은 허용되지 않는다"(호주제 사건. 헌재 2005. 2. 3, 2001헌가9).

31) 제2조(정의) 이 법에서 사용하는 용어의 뜻은 다음과 같다.
　1. "차별"이란 … 를 말한다. 다만, 다음 각 목의 어느 하나에 해당하는 경우는 제외한다.
　　가. 직무의 성격에 비추어 특정 성이 불가피하게 요구되는 경우
　　나. 여성 근로자의 임신·출산·수유 등 모성보호를 위한 조치를 하는 경우
　　다. 그 밖에 이 법 또는 다른 법률에 따라 적극적 고용개선조치를 하는 경우

32) California v. Webster, 430 U.S. 313 (1977). 이 사건에서 연방대법원은 '우리 사회의 고질적인 여성차별대우에 대한 보상'이라는 정당한 목적을 위하여 여성에게 유리한 공식을 사용하는 것은 '여성에 대하여 과거의 경제적 차별을 보상하는 데에 직접적으로 기능'하기 때문에 합헌이라고 하였다.

33) 연방대법원의 Schlesinger v. Balland, 419 U.S. 498 (1975).

히 사회적 이유에 기한 차등처우가 정당한지에 관한 판단의 경계는 더 규명될 여지가 많고, 이에 관한 젠더이론 또한 다기할 것이다. 그 만큼 입법이든, 사법이든 이 유형의 차등처우를 판단함에 있어 젠더관점은 중요한 작용을 할 것으로 보인다.

3. 실질적 평등의 문제

젠더평등의 문제에서 직면하는 난관의 하나는 기회균등만을 의미하는 법적 평등과 실질적(사실적) 평등[34]이라는 개념을 구분하여 후자를 평등의 영역에서 배제하는 이원론적 시각이다. 기실 '법 앞의 평등'이나 '차별 금지'라는 평등의 근본명제를 법형식적 기회균등만을 의미하는 것으로 이해하여야 할 선험적 근거는 없다. 그것은 자유나 평등의 관계에 관한 자유주의자들의 개념 선점일 뿐이다. '법 앞의 평등'이나 기회균등은 일자리나 교육과 같은 기회를 포착할 수 있는 능력을 획득할 수 있는 동등한 기회를 보장하여야 한다는 개념으로 얼마든지 구성될 수 있다.[35]

그러나 일반적으로 헌법학에서는 평등규범을 곧바로 실질적 평등까지 보장하는 원칙으로 이해하지는 않고 있는 듯하다. 전면적인 실질적 평등의 달성은 유토피아적 목표가 될 수 있을지언정 실정헌법의 목표가 될 수 없을 뿐 아니라, 실질적 평등을 달성하려는 조치는 관련자의 법적 자유를 훼손하지 않을 수 없기 때문에 실질적 평등은 기본권을 통하여 법적 자유를 보장하고 있는 헌법체계와 조화되기 어렵다고 한다. 실질적 평등은 평등원칙에서 곧바로 추구·실현되는 것이 아니라 다른 법원리나 법규범의 도움을 받아 추구·실현되어야 한다고 하며, 그러한 것으로는 사회국가원리나 사회적 기본권을 들고 있다.[36]

당위(sollen)와 존재(sein)를 구분하고 존재와 현실을 선택적으로 규범화하는 것이 법체계의 근본구조임을 생각할 때 사실과 현실에서 비롯되는 요구를 그대로 법적 요구로 전환하기 어렵다는 것은 원칙적으로 타당하다. 그러나 헌법규범의 개방성, 평등 개념의 복합성과 이념성은 평등규범에 대한 열린 논의를 가능하게

---

34) 헌법학에서는 법적용의 평등을 의미하는 형식적 평등과 대비하여, 실질적 평등을 법제정(법내용)의 평등을 의미하는 용어로 사용하고, 여기서 말하는 실질적 평등은 사실적(사실상의) 평등이라는 말로 나타내기도 한다.

35) 아담 스위프트(김비환 역), 정치의 생각, 2011, 149-159면.

36) 전광석, 한국헌법론, 2017, 298면; 한수웅, 위의 책(주 8), 577면. 평등에 실질적(사실적) 평등이 포함된다는 견해로는 김하열, 위의 책(주 9), 335-336면; 이준일, 위의 책(주 9), 422-423면.

하며, 법적 평등만 보장하여서는 평등의 내재적 본질이 훼손되거나, 기존의 격차를 고착·확대시키는 반평등적 결과가 초래된다는 점이 인식될 때 실질적 평등을 평등규범의 내용으로 일정하게 받아들이거나 법적 평등과 실질적 평등 간의 갈등을 조화적 보완관계로 구성하려는 입법론적, 법해석론적 궁구(窮究)와 모색이 이루어지게 된다.

평등헌법에서 실질적 평등의 문제는 첫째, 젠더평등을 위한 차등처우요구를 평등규범의 내용으로 (얼마나) 인정할 것인지(이에 관하여는 위 2.에서 살펴보았다), 둘째, 적극적 평등실현조치의 근거와 한계는 무엇인지, 셋째, 간접차별에 대해 평등규범을 적용할 것인지의 형태로 나타나고 있다.

(1) 적극적 평등실현조치
1) 평등내재적 차등처우로서의 적극적 평등실현조치

적극적 평등실현조치(잠정적 우대조치)는 종래 사회로부터 차별을 받아 온 일정집단에 대해 그 집단의 구성원이라는 이유로 취업이나 입학 등의 영역에서 직·간접적으로 이익을 부여하는 조치를 말한다. 위에서 동등처우와 차등처우는 관점과 형태가 다를 뿐 공히 평등의 요소임을 보았다. 적극적 평등실현조치(affirmative action)는 그 형태상 사회적 이유에 기한 차등처우의 하나이다. 적극적 평등실현조치의 그 허용성에 관하여 특히 논란이 많은 것은 생물학적 차이에 기한 차등처우가 아니고, 성(性)이나 인종과 같이 민감한 표지를 기준으로 함에 따라 대립전선이 뚜렷이 형성되며, 입학이나 취업 등 이해관계가 민감한 중요한 영역에서 조치가 이루어지기 때문이다. 또한 이를 평등의 요소로 인정함으로써 실질적 평등의 요구가 평등규범으로 유입되는 것을 우려하기 때문일지도 모른다.

그러나 평등의 헌법규범은 특히 역사적·사회적 맥락(context)하에서 그 의미와 작용을 해명하여야 한다. 정치적 참여와 결정 과정에서 상대적으로 배제되어 있고, 역사적·사회적으로 불이익과 편견의 대상이었던 집단에 대해 적정한 차등처우를 함으로써 동등한 사회구성원 집단으로 대우하고 존중하라는 요구는 평등규범에 내재한다고 볼 수 있다. 평등을 이렇게 이해하는 것은 과거에 대한 회고적 보상뿐만 아니라 미래지향적인 공동체 전체의 이익 제고라는 관점에서도 정당화된다. 외형상 성별에 근거한 차별이 있기만 하면 그 역사적·사회적 의미를 살

피지 않은 채 기계적으로 평등위반이라고 판단하는 것은 평등을 진정으로 구현하는 길이 아니다. Dworkin은 인종차별주의와 싸우는 것을 돕기 위해 인종분류를 사용하는 것을 허용하지 않는 것은 잘못일 것이라고 했다.[37] 여기의 '인종'에 '젠더'를 대입해 볼 수도 있을 것이다.

2) 전략적 수월성

실질적 평등을 위한 조치나 제도가 단지 사회국가원리에 근거하여 이루어진다면 그로 인하여 가능성이나 기회의 박탈 또는 감축을 당하는 상대방 당사자는 자유와 평등의 이름으로 그 조치나 제도를 공격하게 된다. 법치국가적 자유가 사회국가원리의 강력한 한계논리임을 앞에서 보았다. 또한 '사회국가원리 對 평등'이라는 전선(戰線)도 형성되는데, 전자는 약한 규범이고 후자는 비교적 강한 규범이다. 그리하여 평등을 무장해제당한 채 자유와 평등으로 단단히 무장한 상대와 경기를 치르게 된다.

이와 달리 실질적 평등을 평등의 영역에 편입시킨다면 이때 전선은 '평등 對 평등'이라는 양상을 띤다. 비로소 공정한 경기의 가능성이 주어진다.

3) 평등 내재적 균형

적극적 평등실현조치를 평등규범의 영역 내로 편입시키더라도 동등처우요구와 차등처우요구 간의 충돌 가능성을 고려한 평등 내재적 균형을 유지하여야 한다. 적극적 평등실현조치의 도입은 신중하게 이루어져야 할 것이고, 그 수단과 정도는 관련자의 동등처우요구를 본질적으로 또는 과도하게 침해하지 않을 정도로 적정하고 비례적이어야 한다. 이와 같은 요건을 갖추어 평등 내재적 균형이 이루어진다면 적극적 평등실현조치를 수용한 결과 발생하는 차별에 대해서는 반(反)평등(통상 역차별이라는 이름으로 다투어진다)이 아니라 평등합치라는 규범적 평가를 내려야 한다.[38] 그러므로 어떤 적극적 평등실현조치가 역차별로서 평등위반인지의 논의는, 그 조치의 구체적 모습(정원내 할당 여부, 우선채용의 상한선, 동등 자격자의 처리 방식 등)에 따라 개별적으로 판단하여야 할 것이다.

---

37) 로널드 드워킨(염수균 역), 자유주의적 평등, 2005, 617면.
38) 평등에 사실적 평등을 포함시킨 후, 양자의 충돌 관계는 법적 평등이 잠정적으로 우선하되 사실적 평등을 우선할 만한 충분한 근거가 제시되면 사실적 평등을 우선하여야 한다는 견해로는, 이준일, 위의 책(주 9), 423-425면.

(2) 간접차별의 문제

간접차별이란, 외관상으로는 중립적인 구분표지를 표방하지만, 주로 또는 전형적으로 특정집단에 대한 불이익이 초래되는 것을 말한다. 간접차별은 사실상의 불평등문제(구조적 차별)를 드러내고 이를 법적 평등의 문제로 전환, 극복하는 개념이다.[39] 은폐된 직접차별은 증명의 문제일 뿐 간접차별이 아니다.[40]

미국에서는 법의 문면상 성(性)중립적인 규율일 경우 차별적 영향이나 효과가 있다는 점만으로 부족하고 법의 배후에 차별의 목적(discriminary purpose)이 있다는 점을 입증하여야 한다.[41] 반면, 캐나다에서는 간접차별이 평등규범에 의해 규제된다는 판례가 확립되었고,[42] 독일의 경우 성별에 의한 차별은 직접차별의 형태에 국한되어야 한다는 견해도 있지만, 간접차별도 포함된다는 견해가 우세하며[43], 유럽(유럽사법재판소, 유럽인권재판소)에서는 보다 적극적으로 간접차별을 차별의 한 형태로 인정하고 있다. 직접차별이든 간접차별이든 차별이 있음을 인정하는데 차별의 의도가 있음을 입증해야 하는 것도 아니며, 직접차별과 간접차별의 경계가 모호한 점에 주목하여 직접차별로 포섭되는 영역을 확장하는 동시에 '연계에 의한 간접차별'을 인정하고 그 성립요건을 완화하는 등 간접차별도 폭넓게 인정하고 있다.[44] 우리나라에서도 간접차별이 포함된다는 견해들이 많다.[45]

이와 관련하여 군가산점 사건(헌재 1999. 12. 23, 98헌바33)은 주목할 만하다. 어떤 제도가 전체 남자 중의 거의 대부분에 대하여 적용되는 반면, 전체 여자의 거의 대부분에게 적용되지 않는다면 이러한 상태는 중립적인 법적 규율의 외양에도 불구하고 '법적으로'(사실적으로가 아니라) 성별에 의한 구분을 행하고 있는 것이라고 평가하였던 것이다.[46] 이에 대하여는, 군가산점제도를 은폐된 직접차별로

---

39) 김하열, 위의 책(주 9), 342면.
40) W. Heun, in: H. Dreier(Hrsg.)(2013), Grundgesetz Kommentar, 3.Aufl. Art.3, Rn.109.
41) veteran에 대한 가산점제도를 합헌이라고 한 연방대법원의 Feeney 판결(442 U.S. 256)이 대표적이다.
42) 연방대법원의 Eldrigs v. British Columbia[1997] 3 S.C.R. 624; Fraser v. Canada(Attorney General), 2020 SCC 28 (2020. 10. 16.).
43) W. Heun, in: H. Dreier(Hrsg.), 위의 책(주 40), Art.3, Rn.109.
44) 이에 관하여 자세한 것은, 김선희, 간접차별법리에 관한 비교법적 연구, 헌법재판연구원(2017).
45) 계희열, 위의 책(주 13), 245-246면; 김주환, 위의 글(주 13), 197면; 오정진, 위의 글(주 26), 88면.
46) "이와 같이 전체 남자 중의 대부분에 비하여 전체 여성의 거의 대부분을 차별취급하고 있으므로 이러한 법적 상태는 성별에 의한 차별이라고 보아야 한다."

본 것으로도, 간접차별이지만 규범적으로 법적 차별과 동등한 평가를 한 것으로 도 이해할 수 있을 것이다.

양립지원법은 간접차별 개념을 명시적으로 인정하고 있다.[47]

4. 위헌심사기준 설정과 젠더평등의 관계

일반 헌법판단에서와 마찬가지로 젠더문제에 대한 평등 판단에 있어서도 위 헌심사기준의 설정이 중요하다. 우리나라에서는 미국과 달리 위헌심사기준의 설 정이 본안판단의 위헌, 합헌 여부 판단에 직접적인 영향을 주는 것은 아니라 하 더라도 여전히 중요한 의미를 지닌다.

헌법재판소는 주지하는 바와 같이 이원화된 평등심사 기준을 적용하고 있다. 자의금지원칙과 비례성원칙이 그것이다. 전자는 차등취급에 합리적인, 객관적으 로 명백한 근거가 없지 않은지 여부만 심사하고, 후자는 차등취급의 목적과 수단 간에 엄격한 비례관계가 성립하는지를 기준으로 한 심사이다.

성별에 의한 차별이 있을 때 엄격한 심사기준(비례성심사)을 적용하게 되면 여성에게 불리한 차별인지, 유리한 차별인지에 따라 젠더평등의 실현에 기여할 수도 있고, 그 반대의 경우도 있다. 그렇다고 여성에게 유리한 차별과 불리한 차 별을 구분하여 각기 다른 심사기준을 적용하라고 요구하기는 어려울 것이다. 물 론 차별 금지에 대하여 헌법에 특별한 근거가 있는 분야에서는 심사기준을 엄격 히 설정할 수 있다. 그러므로 심사기준의 설정과 젠더관점 간에 직접적인 상관관 계가 있다고 보기는 어렵고, 그 심사기준을 적용하여 판단하는 과정(사실에 대한 규 범적 평가, 평등요구와 다른 헌법적 요구 간의 형량 등)에서 젠더관점이 투영될 뿐이다.

미국에서는 성별에 의한 차별에 중간심사(intermediate scrutiny)기준을 확립하 였고,[48] 우리 헌법재판소는 성별에 의한 차별에 대하여 일반적으로 엄격한 심사

---

47) 제2조(정의) 이 법에서 사용하는 용어의 뜻은 다음과 같다.
   1. "차별"이란 사업주가 근로자에게 성별, 혼인, 가족 안에서의 지위, 임신 또는 출산 등의 사유로 합리적인 이유 없이 채용 또는 근로의 조건을 다르게 하거나 그 밖의 불리한 조치를 하는 경우 [사업주가 채용조건이나 근로조건은 동일하게 적용하더라도 그 조건을 충족할 수 있는 남성 또는 여성이 다른 한 성(性)에 비하여 현저히 적고 그에 따라 특정 성에게 불리한 결과를 초래 하며 그 조건이 정당한 것임을 증명할 수 없는 경우를 포함한다]를 말한다.
48) 미국에서 성별에 근거한 차별의 심사기준에 관하여 자세한 것은, 석인선, "젠더구분에 근거한 차 별의 합헌성심사", 공법연구 제36집 제4호(2008), 359면 이하 참조.

가 적용되는 것은 아니고(따라서 합리성심사가 적용된다), 헌법 제32조 제4항, 제36조 제1항을 통해 특별히 양성평등을 요구하는 근로, 혼인과 가족 영역에서는 엄격심사가 적용된다는 기준을 확립하였다.[49)]

5. 젠더관점과 평등규범의 관계

헌법규범을 이해하고 해석하는 데에 젠더관점을 적용하는 것이 정당화되는가? 정치적, 도덕적 이론인 특정 젠더이론을 평등이라는 헌법원리의 해석에 끌어들이는 것은 헌법과 헌법해석을 정치화, 이데올로기화하는 위험이 있다고 지적할 수도 있을 것이다. 그러나 헌법은 정치규범이고, 이데올로기적 헤게모니 경쟁의 장이다. 평등규범은 더욱 그러하다. 규범내재적 순환만으로는 가치설정과 가치형량을 할 수 없다. 민주주의원리가 그러하듯 규범내재적으로 헌법원리를 충전할 수 없을 때에는 정치이념적, 철학적, 도덕적 논거에 기댈 수밖에 없다. 평등의 정치철학이 평등규범 이해에 영향을 미치듯 젠더 관점이나 이론 또한 직·간접적으로 평등규범 이해에 영향을 미친다. 젠더중립을 표방하는 것은 평등의 이해를 공허 또는 무실(無實)하게 만들 수 있고, 나아가 은폐된 가운데 특정한 젠더 관점이 관철될 위험도 있다. 평등은 열려있는, 더 완성된 단계와 수준을 부단히 추구케 하는 목표지향적 개념이다. 젠더이론의 부단한 전개와 발전도 중요하지만 이를 평등규범의 내용으로 내재화하는 전환 작업 또한 부단히 시도되어야 한다.

---

49) "이 사건 법률조항은 '성별'을 기준으로 병역의무를 달리 부과하도록 한 규정이고, 이는 헌법 제11조 제1항 후문이 예시하는 사유에 기한 차별임은 분명하다. 그러나 헌법 제11조 제1항 후문의 위와 같은 규정은 불합리한 차별의 금지에 초점이 있고, 예시한 사유가 있는 경우에 절대적으로 차별을 금지할 것을 요구함으로써 입법자에게 인정되는 입법형성권을 제한하는 것은 아니다.
  '성별'의 경우를 살펴보면, 성별은 개인이 자유로이 선택할 수 없고 변경하기 어려운 생래적인 특징으로서 개인의 인간으로서의 존엄과 가치에 영향을 미치는 요소는 아니다. 그럼에도 불구하고 역사적으로 매우 오랜 기간 동안 대표적인 차별가능사유로서 정당화되어 왔기 때문에, 불합리한 차별을 극복해야 할 절실한 필요에 의하여 우리 헌법이 이를 차별금지의 사유로 예시하기에 이른 것이다. 그러나 이와 같은 헌법규정이 남성과 여성의 차이, 예컨대 임신이나 출산과 관련된 신체적 차이 등을 이유로 한 차별취급까지 금지하는 것은 아니며, 성별에 의한 차별취급이 곧바로 위헌의 강한 의심을 일으키는 사례군으로서 언제나 엄격한 심사를 요구하는 것이라고 단정짓기는 어렵다.
  우리 헌법은 '근로', '혼인과 가족생활' 등 인간의 활동의 주요부분을 차지하는 영역으로서 성별에 의한 불합리한 차별적 취급을 엄격하게 통제할 필요가 있는 영역에 대하여는 양성평등 보호규정(제32조 제4항, 제36조 제1항)을 별도로 두고 있으며, 헌법재판소는 위와 같이 헌법이 특별히 양성평등을 요구하는 경우에는 엄격한 심사기준을 적용하여 왔으나, 이 사건 법률조항은 그에 해당한다고 보기 어렵다"(헌재 2010. 11. 25, 2006헌마328).

Ⅳ. 평등헌법의 구체적 의미와 작용

1. 헌법 제11조 제1항

(1) 법적 기회균등으로 보는 해석

헌법 제11조 제1항 제1문은 '법 앞에 평등'이라 하고, 제1항 제2문은 '성별'에 의한 차별을 금지하고 있다. 일반적 평등원칙을 선언하고, 평등권을 보장하고 있는 평등의 기본규범이다. 이 기본규범의 의미와 효력을 어떻게 이해하고 구성하는지는 젠더평등의 관점에서 대단히 중요하다.

위에서 본 바와 같이 헌법학계(분명하지는 않지만 주류적 견해라 할 수 있다)에서는 이 기본 평등규범을 자유 행사를 제한하지 않으면서 능력에 따른 차이를 인정하는 의미의 기회균등으로 이해하고 이를 법적 평등이라 표현하면서 실질적(사실적) 평등을 여기서 배제하고 있다.[50]

그리하여 이 기본 평등규범의 의미와 작용은 두 가지로 정리된다.

첫째, 법적인 차별금지를 통하여 젠더평등 실현에 기여한다. 보통선거권, 동일노동 동일임금의 확립은 역사적 사건이겠거니와, 동성동본 금혼(헌재 1997. 7. 16, 95헌가6), 국적법상 부계혈통주의(헌재 2000. 8. 31, 97헌가12), 호주제(헌재 2005. 2. 3, 2001헌가9), 종중구성원 자격의 남성 제한(대판 2005. 7. 21, 2002다13850 전원합의체)에 대한 위헌결정과 같은 성과들이 이 규범(경우에 따라서는 헌법 제36조 제1항과 결합하여)을 적용하여 이루어졌다. 그러나 자녀의 성(姓)에 관한 부성주의 자체가 평등에 반하는 것이 아니라고 한 것(헌재 2005. 12. 22, 2003헌가5)과 같이 젠더평등 관점에서 미흡한 사례들도 있다. 남성만의 병역의무 부담에 대해서는 평등에 합치한다고 판정되었는데, 그에 대한 젠더관점에서의 평가는 위에서 본 바와 같이 달라질 수 있을 것이다.

둘째, 법적 평등의 보루로서 이 기본 평등규범은 차등처우를 통하여 여성의 지위를 실질적으로 향상시키려는 입법이나 조치에 대해서는 공격무기로 전환된다. 그러한 입법이나 조치는 사회국가원리나 사회적 기본권이라는 약한 헌법적 근거에 터 잡은 것으로 보면서 그것들이 남성의 법적 평등을 침해한다고 공격하

---

50) 한수웅, 위의 책(주 8), 577면; 김주환, 위의 글(주 13), 202면.

게 되면 그러한 입법이나 조치의 실현 및 존립 가능성은 취약하게 된다. 특히 제11조 제1항 제2문에 '성별'이 규정되어 있다는 이유로 성별에 의한 차별에는 엄격심사를 적용하여야 한다는 입장을 취하면51) 더욱 그러하다. 그리하여 이 조항은 이평제평(以平制平), 즉 평등(법적)의 이름으로 평등(실질적)을 제어하는 독특한 역할을 수행하게 된다. 여성할당제 등에 대해 번번이 제기되는 역차별이라는 비판은52) 바로 이런 논리에 근거한 것이다.

(2) 적극적 평등실현조치를 위한 입론

위에서 적극적 평등실현조치는 차등처우를 요구하는 평등의 한 요소라고 보았다. 그렇다면 실질적 평등을 실어 나르는 하나의 매개체라 할 적극적 평등실현조치는 우리 헌법상 허용되는가? 허용된다고 할 때 그 헌법적 근거는 어디인가? 앞에서 본 바와 같이 사회국가규범인 헌법 제34조 제3항에서 찾고 있는 견해들이 유력하나, 헌법 제11조 제1항에서 찾는 견해도 있다.53) 헌법 제11조 제1항에 근거하여 이를 인정하는 해석론의 논거를 아래와 같이 제시하여 본다.

첫째, 제11조 제1항은 '성별에 의한 차별'을 금지하고 있는데, '차별'은 규범적 개념이므로 평등규범의 구조와 작용에 맞게 정립되어야 한다. 평등은 개념 내재적으로 동등처우뿐만 아니라 일정한 차등처우를 포함한다. 동등처우가 요구될 때의 거절(차등처우)이나 차등처우가 요구될 때의 거절(동등처우)은 규범적 평가에 있어 등가(等價)이다. 동등처우 요구에 정당히 부응하여 같게 취급하는 것이 '차별'이 아니듯, 차등처우 요구에 정당히 부응하여 다르게 취급하는 것은 '차별'에 해당하지 않는다. 적극적 평등실현조치를 '차별행위' 개념에서 제외하고 있는 양립지원법 제2조 제1호 단서, 국가인권위원회법 제2조 제3호54)는 이러한 논리의

---

51) 한수웅, 위의 책(주 8), 591-594면.
52) 김주환, 위의 글(주 13), 206면; 정종섭, 헌법학원론, 2018, 459면 참조.
53) 헌법 제11조와 헌법 제34조 제3항을 결부시켜 적극적 평등실현조치의 근거를 찾는 견해로는 석인선, "헌법상 양성평등과 할당제", 법과 사회 제16권 제1호(1999), 4면; 헌법 제11조에 근거하여 실질적인 양성평등 실현을 위해 국가가 다양한 여성우대조치를 행할 수 있다는 견해로는 이욱한, "차별금지원칙과 실질적 평등권", 공법학연구 제6권 제3호(2005), 127-128면. 또한 김하열, 위의 책(주 9), 337-338면.
54) 제2조(정의) 이 법에서 사용하는 용어의 뜻은 다음과 같다.
　3. "평등권 침해의 차별행위"란 합리적인 이유 없이 성별, 종교, 장애, 나이, 사회적 신분, 출신 지역(출생지, 등록기준지, 성년이 되기 전의 주된 거주지 등을 말한다), 출신 국가, 출신 민족,

실정화라 할 수 있다.

둘째, 차등처우를 평등규범 내에 위치시키더라도 평등 내재적 형량에 의해 다른 관계자의 자유나 동등처우 요구를 정당히 존중할 수 있다. 이를 통하여 반평등적 특혜의 우려는 배제되고, 자유와 평등의 관계는 적절히 조정된다. 할당제의 경우, 정원 내에 상당한 비율을 할당하면서 능력 미달의 후보자를 합격시키는 방식은 형량 실패로 위헌 판정될 가능성이 높다.

셋째, 헌법 제32조 제4항 전단, 제36조 제1항은 명시적으로 "특별한 보호", "양성의 평등 … 국가는 이를 보장"이라고 규정하고 있다. 이러한 헌법의 결단을 체계적·유기적으로 결합하면 제11조 제1항에 대한 강화된 해석을 도출할 수 있다.

넷째, 적극적 평등실현조치를 인정하기 위해서는 명시적 헌법규정이 있어야 한다는 입장이 있을 수 있다.[55] 비교헌법적 고찰을 해보자. 캐나다는 적극적 평등실현조치를 인정하는 명문의 헌법규정(제15조 제2항)을 두었지만,[56] 법 앞의 평등과 성별에 의한 차별을 금지하는 제15조 제1항과의 관계에 관하여, 제1항은 형식적 평등이 아니라 실질적 평등 보장이며, 제2항에 의한 차등조치는 제1항에 대한 예외가 아니라 제1항의 명료한 표현(clarification)이라고 본다. 두 조항은 상호

용모 등 신체 조건, 기혼·미혼·별거·이혼·사별·재혼·사실혼 등 혼인 여부, 임신 또는 출산, 가족 형태 또는 가족 상황, 인종, 피부색, 사상 또는 정치적 의견, 형의 효력이 실효된 전과(前科), 성적(性的) 지향, 학력, 병력(病歷) 등을 이유로 한 다음 각 목의 어느 하나에 해당하는 행위를 말한다. 다만, 현존하는 차별을 없애기 위하여 특정한 사람(특정한 사람들의 집단을 포함한다. 이하 이 조에서 같다)을 잠정적으로 우대하는 행위와 이를 내용으로 하는 법령의 제정·개정 및 정책의 수립·집행은 평등권 침해의 차별행위(이하 "차별행위"라 한다)로 보지 아니한다.

55) 이런 전제 하에 실질적 평등을 국가목표조항으로 규정하거나 적극적 평등실현조치에 대한 명시적 근거를 두는 방향으로의 헌법개정 필요성을 주장하는 견해로는, 박선영, 위의 글(각주 14), 25면 이하.

56) Constitution Act, 1982

15. (1) Every individual is equal before and under the law and has the right to the equal protection and equal benefit of the law without discrimination and, in particular, without discrimination based on race, national or ethnic origin, colour, religion, sex, age or mental or physical disability.

(2) Subsection (1) does not preclude any law, program or activity that has as its object the amelioration of conditions of disadvantaged individuals or groups including those that are disadvantaged because of race, national or ethnic origin, colour, religion, sex, age or mental or physical disability.

확증하는(confirmatory) 것인데 그 중점이 다를 뿐이라고 한다. 그리하여 어떤 적극적 조치가 제2항의 요건을 갖추지 못하였더라도 제1항에 위반되는지를 다시 심사한다고 한다.57) 이러한 캐나다의 해석론은 우리 헌법 제11조 제1항에 캐나다의 제15조 제1항과 제2항의 의미와 기능을 통합적으로 부여하는 해석론이 가능함을 보여준다.

미국 헌법은 "the equal protection of the laws"라고만 규정하고 있지만 연방대법원은 해석을 통하여 소수인종에 대한 과거 차별을 구제하기 위한 적극적 평등실현조치를 인정하고 있다(성차별에 대한 적극적 평등실현조치에 대한 연방대법원의 판단은 아직 없다).

[참고로 독일의 경우를 보면, 연방헌법재판소의 여성 야간노동금지 사건에 대한 판결 이후 기본법 제3조58) 제2항에 제2문이 추가되었고, 이후 제3조 제2항의 의미와 효력에 관하여는 다양한 논의가 전개되고 있으나 여전히 불명한 점이 많다. 남성 지원자의 자유나 동등요구를 후퇴시킬 수 있는 법적인 의미를 부여하여 여성 할당제(여성의 비율이 일정 수준에 달할 때까지 동등한 자격의 여성지원자들을 우선 합격시키는 할당제) 허용의 근거가 된다는 견해도 유력하고, 특히 여성에 대한 집단적 평등실현명령이나 지배금지로 보는 젠더 관점이 강한 해석도 있다. 반면 기본법 제3조 제1항과 제3항의 차별금지요구와의 충돌을 들어 남녀 동등권 실현을 위한 사회정책적 조치들을 취할 수 있을 뿐이라고 약하게 해석하는 견해도 유력하다. 제3조 제2항 제2문이 개인에 대한 주관적 권리를 보장하는 것은 아니라는 점, 경성 할당제(자격 미달자를 우선 합격시키는 할당제)는 허용되지 않는다는 점에는 견해들이 일치하고 있다.59)]

적극적 평등실현조치를 사회국가원리가 아니라 일반적 평등규범에서 도출할 때의 전략적 수월성은 앞에서 본 바와 같다. 뿐만 아니라 적극적 평등실현조치에 대한 일반적인 헌법적 근거가 마련된다. 그리하여 근로 영역에서의 적극적 평등실현조치는 특별평등규범인 헌법 제32조 제4항에 근거하여, 공무담임, 교육 등 그 밖의 영역에서는 헌법 제11조 제1항에 근거하여 시행될 수 있다.

57) 연방대법원의 R. v. Kapp [2008] 2 S.C.R. 483; Hogg(2010), Constitutional Law of Canada, §55-13.
58) 제3조 ① 모든 인간은 법률 앞에 평등하다. ② 남성과 여성은 동등한 권리를 가진다. 국가는 여성과 남성의 동등한 권리의 실현을 증진하고 현존하는 불이익을 제거하기 위하여 노력한다. ③ 누구도 성별, 가문, 종족, 언어, 고향과 출신, 신앙, 종교적 또는 정치적 견해 때문에 불이익을 받거나 특혜를 받지 아니한다.
59) W. Heun, in: H. Dreier(Hrsg.), 위의 책(주 40), Art. 3, Rn. 97-112.

2. 헌법 제25조, 제31조

오늘날 공직이나 교육기회에의 접근에 있어 동등한 처우를 거절함으로써 젠더불평등이 야기되는 상황은 흔치 않다. 그러한 제도로서 군가산점이 있었고, 헌법재판소의 위헌결정을 통하여 제거되었지만, 최근 보다 완화된 형태로 군가산점을 부활하려는 움직임이 있다.

공무담임권은 공직취득의 기회에 있어 능력주의를 본질적 요소로 하고 있다. 이 능력주의는 공직 영역에서 실질적 평등을 위한 적극적 평등실현조치에 한계를 긋는 역할을 할 수 있다.[60] 따라서 능력 미달의 후보자를 합격시키는 방식의 할당제는 법적 평등뿐만 아니라 공무담임권으로부터의 공격도 받을 것이다. 물론 능력주의 또한 형식적 잣대로서 능력획득에 대한 실질적 기회가 주어졌는지의 문제를 고려하지 못할 수 있다. 그러나 교육이나 직장에의 접근권은 평등욕구가 강하게 지배하는 사항인데다, 실질적 기회를 가졌던 개인이나 소집단에게까지 차등적 혜택을 제공하는 불공평의 우려도 있으므로 능력주의를 쉽사리 해제할 수는 없을 것이다.

공직선거법 제47조는 정당의 공직후보자 추천에 있어 여성후보 할당제 형태의 적극적 평등실현조치를 채택하고 있고,[61] 교육공무원법 제11조의5[62]는 대학

---

60) 서구에서는 적극적 평등실현조치에 대한 역차별 논쟁에서 능력주의 논리의 저항으로 적극적 조치가 완화되었다고 한다. 김경희·신현옥, "정책과정을 통해 본 젠더와 평등개념의 제도화", 한국여성학 제20권 제3호(2004), 178, 193면.

61) 47조(정당의 후보자추천) ③ 정당이 비례대표국회의원선거 및 비례대표지방의회의원선거에 후보자를 추천하는 때에는 그 후보자 중 100분의 50 이상을 여성으로 추천하되, 그 후보자명부의 순위의 매 홀수에는 여성을 추천하여야 한다. <개정 2005. 8. 4.>

④ 정당이 임기만료에 따른 지역구국회의원선거 및 지역구지방의회의원선거에 후보자를 추천하는 때에는 각각 전국지역구총수의 100분의 30 이상을 여성으로 추천하도록 노력하여야 한다. <신설 2005. 8. 4.>

⑤ 정당이 임기만료에 따른 지역구지방의회의원선거에 후보자를 추천하는 때에는 지역구시·도의원선거 또는 지역구자치구·시·군의원선거 중 어느 하나의 선거에 국회의원지역구(군지역을 제외하며, 자치구의 일부지역이 다른 자치구 또는 군지역과 합하여 하나의 국회의원지역구로 된 경우에는 그 자치구의 일부지역도 제외한다)마다 1명 이상을 여성으로 추천하여야 한다. <신설 2010. 1. 25, 2010. 3. 12.>

62) 제11조의5(양성평등을 위한 임용계획의 수립 등) ① 국가와 지방자치단체는 대학의 교원 임용에서 양성평등을 위하여 필요한 정책을 수립·시행하여야 한다.

③ 국가는 국가가 설립·경영하는 전체 대학(「고등교육법」 제2조 제1호부터 제3호까지 및 제5호의 학교를 말한다. 이하 제4항 및 제5항에서 같다) 교원 중 특정 성별이 4분의 3을 초과하지 아니

교원 양성평등채용목표제를 규정하고 있다.

사립학교가 single-sex 법학전문대학원을 설치·운영하는 것이 남성 지원자의 평등권이나 교육을 받을 권리를 침해한다고 다툰 헌법소원에서, 헌법재판소는 교육부장관의 입학전형 인가처분이 남성 지원자의 직업선택의 자유를 침해하지 않는다고 하였다.[63]

3. 헌법 제32조 제4항

헌법 제32조 제4항 전단은 '여자의 근로에 대한 특별보호'를, 후단은 '고용·임금 및 근로조건에 있어서 부당한 차별'을 금지하고 있다. '여자의 근로에 대한 특별보호'는 우리 헌법이 확고히 인정하고 있는 헌법적 가치이다.[64] 이는 '연소자의 근로에 대한 특별보호'와 더불어 제헌헌법부터 보장되어 왔으며, 현행헌법의 개정 시에 후단규정이 추가되었다.

후단은 고용·임금 및 근로조건 분야에서 특별히 강화된 동등처우명령을 하고 있는 평등규범이다. 따라서 이 분야에서 여성을 차별하려면 엄격한 심사기준을 통과하여야 한다.

전단은 차등처우를 통하여 근로분야에서 여성의 실질적 평등을 실현하라는 명령을 담고 있는 평등규범이다. 그러므로 적극적 평등실현조치를 포함한 다양한

하도록 노력하여야 한다. 이 경우 교원의 성별 구성에 관한 연도별 목표 비율은 대통령령으로 정한다. <신설 2020. 1. 29.>

④ 지방자치단체는 해당 지방자치단체가 설립·경영하는 전체 대학 교원 중 특정 성별이 4분의 3을 초과하지 아니하도록 노력하여야 한다. 이 경우 교원의 성별 구성에 관한 연도별 목표 비율은 해당 지방자치단체의 조례로 정한다. <신설 2020. 1. 29.>

⑤ 대학의 장은 대학의 교원을 임용할 때 특정 성별에 편중되지 아니하도록 3년마다 계열별 임용목표비율이 제시된 임용계획 등 적극적 조치를 시행하기 위하여 필요한 계획을 교육부장관(지방자치단체가 설립·경영하는 대학의 경우에는 해당 지방자치단체의 장을 말한다. 이하 이 항에서 같다)과 협의하여 수립한 후 시행하여야 한다. 이 경우 그 추진 실적을 매년 교육부장관에게 제출하여야 한다. <개정 2013. 3. 23., 2018. 12. 18., 2020. 1. 29.>

⑥ 국가와 지방자치단체는 제5항에 따른 계획 및 그 추진 실적을 매년 평가하여 공표하여야 하며, 평가결과를 반영하여 행정적·재정적 지원을 할 수 있다. <개정 2018. 12. 18., 2020. 1. 29.>

63) '교육부장관이 이화여자대학교에 법학전문대학원 설치인가를 한 것은 대학의 교육역량에 대한 객관적인 평가에 따른 것이지 여성 우대를 목적으로 한 것이 아니며, 설치인가를 하면서 이화여자대학교의 이 사건 모집요강 내용을 그대로 인정한 것은 여자대학으로서의 전통을 유지하려는 이화여자대학교의 대학의 자율성을 보장하고자 한 것이므로…'(헌재 2013. 5. 30, 2009헌마514).

64) 이 조항이 여성 노동력을 열등한 것으로 평가할 여지가 있다고 보아 부정적으로 평가하는 견해로는, 박선영, 위의 글(각주 14), 27면.

형태의 차등처우는 이 규정에 근거하여 그 정당성이 인정될 수 있다. 그러한 입법으로는 근로기준법에 의한 여성근로의 특별한 보호를 들 수 있고, 양립지원법은 적극적 고용개선조치를 규정하고 있다.[65]

4. 헌법 제36조 제1항

이 조항은 혼인과 가족생활에서 특별히 강화된 동등처우명령을 하고 있다. 따라서 혼인과 가족생활에서 성별에 의한 차별이 정당화되려면 엄격한 심사를 통과하여야 한다. 특히 이 영역에서도 성역할에 관한 스테레오타입적인 고정관념에 기초한 차별은 허용되지 않는다. 이 조항은 헌법 제11조 제1항과 결합하여 호주제 등 혼인과 가족생활에 관한 인습적인 차별제도들을 개선하는 근거로 활용되었고, 향후로도 활용되어야 한다.

또한 혼인과 가족생활에서 실질적 젠더평등을 실현하기 위한 차등처우나 국가의 적극적 조치도 이 조항에 근거하여 시행될 수 있다.

혼인과 가족생활에 관해서는 다양한 젠더관점이나 이론이 전개되고 있고, 젠더반란 페미니즘은 성정체성의 근본범주를 해체할 수 있음을 보여주었다.[66] '혼인'이나 '가족' 개념의 해석을 통해서는 비교적 급진적인 젠더관점까지 수용할 수 있는 가능성이 있다. 혼인과 가족에 관한 전통적인 헌법해석론, 그리고 현행 가족법질서는 남성과 여성이라는 젠더 이분법에 기초하고 있다. '혼인'은 이성 간의 결합으로, '가족'은 부모와 자녀로 이루어진 공동체로 좁게 이해되고 있다.[67] 그런데 오늘날 사람들이 결합하여 공동체를 이루고 살아가는 모습은 종전과는 다르

---

65) 제2조(정의) 이 법에서 사용하는 용어의 뜻은 다음과 같다.
   3. "적극적 고용개선조치"란 현존하는 남녀 간의 고용차별을 없애거나 고용평등을 촉진하기 위하여 잠정적으로 특정 성을 우대하는 조치를 말한다.
66) 주디스 로버(최은정 외 3인 옮김), 위의 책(주 2), 38면.
67) "무릇 혼인이란 남녀 간의 육체적, 정신적 결합으로 성립하는 것으로서, 우리 민법은 이성 간의 혼인만을 허용하고 동성 간의 혼인은 허용하지 않고 있다"(대판 2011. 9. 2, 2009스117 전원합의체).
   "오늘날 가족이란 일반적으로 부모와 미혼자녀로 구성되는 현실의 생활공동체를 의미하는 것으로 인식되고 있고, 대부분의 가족이 그러한 소가족의 형태를 띠고 있으며, 사회의 문화에 따라 가족의 형태도 매우 다변화되고 있어 부모와 자녀로 구성되는 전형적 가족뿐 아니라 자녀가 없는 부부만의 가족, 모와 자녀로 구성되는 가족, 재혼부부와 그들의 전혼소생자녀들로 구성되는 가족은 증가하고 할아버지부터 손자녀까지 같이 사는 3세대 이상 가구는 급격히 감소하고 있다"(헌재 2005. 2. 3, 2004헌가5).

며 또 다양한 형태를 띠고 있다. 동거, 사실혼, 무자녀 부부, 미혼모와 자녀, 동성 간의 결합, 이들과 자녀로 이루어진 공동체 등 비전형적인 공동체가 삶의 다양성을 보여주고 있다. 전통적인 해석에 고착하면 이러한 생활공동체는 헌법의 보호 밖에 놓이게 된다. 혼인과 가족이 지닌 출산, 양육, 경제공동체로서의 기능도 중요하지만 애정공동체로서의 역할이 혼인과 가족의 개념에서 점차 중요한 몫을 차지하고 있다. 그러므로 개인의 존엄과 양성평등에 기초한 공동체를 헌법적으로 보호하고자 하는 것이 헌법 제36조 제1항의 규범목적임에 비추어 '혼인'과 '가족' 개념의 해석에 있어서도 발전적 변화를 꾀할 필요가 있다.[68] 이렇게 되면 이성 간의 결합이 아닌 동성 간의 결합도 '혼인' 개념에 포섭될 가능성이 있고, 부모와 자녀로 이루어진 가족뿐만 아니라 미혼모가족을 포함하여 한부모가족, 무자녀 부부가족, 형제자매로만 이루어진 가족, 사실혼 내지 동거커플, 동성 결합과 이들의 자녀 등 정서적 유대를 가지고 지속적으로 함께 생활하는 여러 형태의 생활공동체도 '가족' 개념에 포섭될 가능성이 있다.[69] 이러한 헌법적 토대 위에서야 예컨대 청소년 미혼모의 재생산권과 양육권 보장 같은 젠더문제들이 제대로 논의, 구현될 수 있을 것이다. 설사 제36조 제1항을 전통적인 방식대로 해석한다 하더라도, 입법으로 혼인, 가족에 준하는 유사공동체를 인정하여 혼인, 가족에 준하는 보호를 해주는 것은 금지되지 않는다는 유연한 태도는 필요하다고 본다.

참고로 캐나다 연방대법원은 2004년 동성커플에게 혼인할 수 있는 자격을 부여하는 연방법률이 합헌이라고 하였고,[70] 남아프리카공화국 헌법재판소는 2005년 혼인을 이성 간의 결합에 한정하고 있는 보통법(common law)상 혼인의 정의가 평등에 반한다고 하였으며,[71] 미국 연방대법원은 동성혼인의 권리도 헌법상 보장되는 근본적 권리라고 하였다.[72]

---

68) 혼인 개념의 해석에 관하여는, 이재희, "혼인의 헌법적 보장 — 헌법 제36조 제1항을 중심으로 —", 헌법재판연구원(2017), 70-73면 참조.

69) 김지현, "혼인·가족형태의 다양화와 헌법적 대응", 고려대학교 석사학위논문(2010).

70) Re Same-Sex Marriage [2004] 3 S.C.R. 698.

71) Minister of Home Affairs and Another v. Fourie and Another.

72) Obergefell v. Hodges, 576 U.S. ___ (2015).

V. 정책적 고려사항

1. 입법을 통한 젠더평등 실현의 중요성

헌법은 모든 국가권력을 구속하므로 헌법의 실현은 사법(司法)뿐만 아니라 입법작용과 행정작용을 통하여 이루어진다. 젠더평등을 요구하는 헌법규범의 실현 또한 마찬가지다. 사법은 젠더 분쟁의 해결을 통하여 젠더평등을 실현하지만, 입법은 적극적, 선도적, 창조적으로 젠더 정의의 문제를 제기하고 실천할 수 있다. 지금까지 사법을 통한 젠더평등은 성역할에 관한 스테레오타입적 고정관념에 기초한 부당한 차별을 인식하여 교정하는, 즉 정당한 동등처우요구를 실현하는 영역에서 주로 이루어지고 있다. 이에 반해 입법을 통한 젠더평등의 실현은 나아가 차등처우를 통한 실질적 평등의 영역에까지 이르고, 또 새로운 젠더문제를 발굴하고 해소하는 등 젠더평등의 지평을 확장할 수 있다. 지금까지의 성과를 개관하여 보면 이를 확인할 수 있다.

입법을 통하여 젠더평등을 실현하는 것은 헌법규범을 판단하는 구조적 측면에서 적어도 두 가지 장점이 있다.

첫째, 규범해석론의 이분법적 사고(예: 법적 평등 v. 실질적 평등, 직접 차별 v. 간접 차별, 평등 v. 사회국가원리)를 극복할 수 있다. 입법은 개념을 창출할 수 있다. 이분법적 사고를 외적으로 통합하거나 내적으로 연결 또는 조정하는 개념을 창출하고 여기에 적정한 요건과 효과를 부여함으로써 고정관념의 분단선을 넘어 젠더평등으로 차근차근 나아갈 수 있다. 양립지원법에서 간접차별을 입법화한 것, 양성평등채용목표제는 그 대표적 사례이다. 이러한 도약은 사법을 통해서는 기대하기 어렵다.

둘째, 일단 젠더평등을 실천하는 입법이 행하여지면 사법을 통해 이를 전복하기 어렵다. 입법형성이라는 status quo는 사법을 통한 젠더평등의 방어에 절대적으로 유리하다. 이는 입법과 헌법재판 간의 기능적 권력분립 원리에서 나오는 자연스런 결과이다. 또한 일단 입법화되면 사법적용의 주체에게 기성질서로 인식되어 내면화된다. 적극적 평등실현조치의 예를 보면, 양립지원법, 공직선거법, 고등교육법, 국가인권위원회법에서 명시적 규정을 두고 몇몇 조치를 시행하였지만 그 평등위반을 다투는 본격적인 사법분쟁은 아직 없다.

물론 입법을 통한 실현이 어려운 사안들이 있다. 도덕적, 종교적 논의로 비화되어 첨예한 의견대립이 발생하는 낙태, 간통과 같은 사안들이다. 낙태법제는 여성의 몸에 대한 남성적, 국가적 지배와 억압의 예임에도 불구하고 생명존중이라는 종교적, 도덕적 방패막에 의해 유지되고 있었다. 이와 같은 사안들에서는 젠더평등 실현의 역할을 사법이 담당하여야 한다. 실제로 형법의 낙태죄 조항은 헌법재판소의 헌법불합치결정(헌재 2019. 4. 11, 2017헌바127)에 의해 그 효력이 상실되었다.

2. 헌법개정

평등헌법의 기본규범인 헌법 제11조 제1항에 대한 법적 기회균등 중심의 해석이 지닌 한계를 분명히 극복하기 위해서는 유럽연합 기본권헌장(Charter of Fundamental Rights of the European Union),[73] 캐나다 연방헌법, 오스트리아 헌법[74]과 같이 적극적 평등실현조치를 명문으로 인정하거나, 독일 기본법과 같이 이를 인정하기에 더 유리한 방향으로 헌법 개정이 이루어지는 것이 바람직하다.

2018년의 대통령 제안 헌법개정안은 적극적 평등실현 정책이 헌법적으로 정당화될 수 있는 근거를 두었었다.[75]

3. 참여 통로의 확충

법과 제도 개선을 통한 젠더평등은 결국 민주주의 과정을 통해 심의되고, 실현된다. 따라서 젠더평등을 위한 문제제기와 논의가 민주주의 여러 공론과정에 참여하여야 한다. 오늘날 주요한 민주주의 공론과정으로 의회, 공직, 법조, 언론, 교육, 대기업을 들 수 있다. 이들 분야에서 참여의 확산을 가로막는 제도적 장애

---

73) Article 23(Equality between men and women) Equality between men and women must be ensured in all areas, including employment, work and pay. The principle of equality shall not prevent the maintenance or adoption of measures providing for specific advantages in favour of the under-represented sex.

74) 제7조 제2항 (2) 연방, 주, 지방자치단체(Gemeinde)는 남자와 여자의 사실상의 평등을 보장한다 (bekennen sich). 여성과 남성의 사실상의 평등을 촉진하는 조치, 특히 사실상 존재하는 불평등을 제거하는 조치는 허용된다.

75) 제11조 ② 국가는 성별 또는 장애 등으로 인한 차별상태를 시정하고 실질적 평등을 실현하기 위하여 노력해야 한다.

와 현실적 장애의 지점을 확인할 필요가 있다. 이들 중 몇몇 영역에 관하여 적극적 평등실현조치가 시행되고 있지만, 양적·질적으로 더 확충되어야 하는 것은 아닌지 살펴보아야 한다.

세계경제포럼(WEF)이 발간한 '2021 세계 성 격차 보고서'에 의하면 한국의 세계 성 격차 지수(global gender gap index)는 조사 대상 156개국 중 102위였다 (2006년엔 92위). 경제 참여 및 기회 부문에서는 123위, 그 중에서 입법, 공직 및 사업체의 고위직 진출에서는 134위, 정치적 영향력(political empowerment) 부문에서는 68위, 그 중에서 의회 진출에서는 107위, 장관직 진출에서는 60위를 각각 기록했다.[76]

법조와 언론은 이른바 유리천장이 존재하는데도 적극적 평등실현조치가 도입되지 않은 영역이다. 우리나라 법조 3부문의 고위직에서 여성이 차지하는 비율은 극히 낮고, 여성 변호사의 경우 진입장벽조차 느껴지는 것이 현실이다. 2006년 기준, 여성언론인의 비율은 21.7%, 여기자 비율은 14%이고, 한국언론재단, 방송위원회, 언론중재위원회 등 언론 유관 단체의 여성 고위직 비율은 5%라고 한다.[77]

참고로, 스페인 헌법재판소는 2008년, 의회, 자치주 의회, 지방의회, 유럽연합 의회 의원 선거의 후보자명부에 양성이 최소한 40% 이상 차지하도록 한 2007년 개정 선거법이 평등원칙에 위반되지 않는다고 하였다. 노르웨이는 2003년에 이미 2008년까지 모든 상장기업이 경영이사회의 40%를 여성으로 충당하여야 한다는 법을 제정하였고, 프랑스에서는 2017년까지 기업이사회 중역 자리 가운데 최소 40%를 여성에게 의무적으로 할당하는 법안이 통과되었다. 독일 녹색당에서는 2010년 12월 기업 내 여성임원 의무할당제에 대한 법 시안을 연방의회에 제출하였다. 독일 슈피겔(Spiegel)지의 편집부 부장의 성비는 남녀 32:2라고 한다.[78]

---

76) World Economic Forum, Global Gender Gap Report 2021, p. 241.
77) 한국여기자협회의 2006년 실태조사 결과. 한국여기자협회 홈페이지 참조(www.womanjournalist. or.kr).
78) 이코노미 인사이트(Economy Insight) 2011년 3월호 cover story 기사 "여성 쿼터제는 '착한 낙하산'"(36-43면).

VI. 결어

1) 젠더 관련 헌법규범 중 주요한 것은 평등규범과 사회국가원리규범이다. 어떤 헌법조항을 어느 쪽에 편입시킬지에도 젠더 관점이 작용한다. 평등규범의 개념과 내용을 구성하는 데에도 젠더 관점이 작용한다. 평등은 평등추구 규범일 뿐만 아니라 차별이나 반(反)평등에 대한 저항규범이다. 저항규범으로서의 평등은 자유규범, 사회국가원리 등 다른 헌법원리와 충돌하며 심지어 평등규범 스스로와 상충하기도 한다. 이러한 충돌은 특히 법적 평등과 실질적 평등이라는 개념 간의 관계에서 두드러진다. 적극적 평등실현조치와 같이 차등처우를 통하여 실질적 평등을 제고시키려는 법, 제도를 평등규범, 특히 일반 평등규범인 헌법 제11조 제1항에 위치시키는 것은 중요한 의미를 갖는다.

어떤 젠더문제에 대하여 동등처우와 차등처우 중의 어느 관점을 적용할 것인지, 차등처우가 정당화되는 영역(특히 사회적 이유에 근거한)은 어디까지인지를 결정하는 것도 관건이며, 이때 평등규범으로 이를 뒷받침할 수 있는지를 고려하여야 한다.

입법을 통한 젠더평등의 실현이 중요하다. 평등규범에 대해 규범해석론이 추상적으로 그어놓은 관념의 분단선을 적절히 돌파할 수 있고, 새로운 젠더문제를 발굴하고 해소하는 등 젠더평등의 지평을 확장할 수 있다.

2) 젠더평등은 규범의 재구성만으로 실현되지 않는다. 젠더평등을 가로막는 현실의 사회구조와 사회문화의 공고한 뿌리가 있다. 평등규범의 적용 영역에서도 간접적, 사실적, 실질적 형태로, 은폐된 채 때로는 적나라하게 젠더 불평등이 발생할 것이다. 구체적 현실의 문제를 젠더평등에 맞게 잘 구성된 규범의 영역으로 끌어들여 해결하려는 노력이 필요하다.

3) 젠더평등은 민주주의와 깊이 연관되어 있다. 민주주의의 본유적 가치인 평등은 공동체 구성원에 대한 동등한 대우와 존중을 본질로 한다. 민주주의의 이러한 이념이 공적, 정치적 영역뿐만 아니라 사회적 영역(직장, 학교)에까지 확산, 정착될 때 젠더평등의 기반도 확고해질 것이다.

참고문헌

국내문헌

계희열(2005), 헌법학(상), 박영사.

계희열(2007), 헌법학(중), 박영사.

김경희·신현옥(2004), "정책과정을 통해 본 젠더와 평등개념의 제도화", 한국여성학 제20권 제3호.

김용화(2007), "법에서의 성 개념 정의에 관한 연구", 아시아여성연구 제46권 제1호.

김주환(2008), "양성평등원칙의 구체화", 공법학연구 제8권 제3호.

김지현(2010), "혼인·가족형태의 다양화와 헌법적 대응", 고려대학교 석사학위 논문.

김하열(2021), 헌법강의, 박영사.

로널드 드워킨(염수균 옮김)(2005), 자유주의적 평등, 한길사.

박미숙(2010), "음란물의 판단기준과 젠더", 한국젠더법학회 세미나 발표문(2010. 10).

박선영(2008), "새로운 여성정책을 위한 헌법개정 방향", 젠더리뷰, 2008년 여름호.

석인선(1999), "헌법상 양성평등과 할당제", 법과 사회 제16권 제1호.

석인선(2008), "젠더구분에 근거한 차별의 합헌성 심사", 공법연구 제36집 제4호.

아담 스위프트(김비환 옮김)(2006), 정치의 생각, 개마고원, 2011.

양현아(2008), "병역법 제3조 제1항 등에 관한 헌법소원을 통해 본 남성만의 병역의무 제도", 여성연구 제75권 제2호.

오정진(2010), "여성주의 평등개념: 자기다움의 동등권", 젠더법학 제2권 제1호.

유정미(2010), "성주류화와 젠더 문제", 국가와 젠더, 한울.

이욱한(2005), "차별금지원칙과 실질적 평등권", 공법학연구 제6권 제3호.

이재경·이은아(2010), "글로벌 사회의 국가와 젠더", 국가와 젠더, 한울.

이준일(2019), 헌법학강의, 홍문사.

주디스 로버(최은정외 3인 옮김)(1998), 젠더 불평등, 일신사, 2005.

전광석(2017), 한국헌법론, 법문사.

정종섭(2018), 헌법학원론, 박영사.

정태호(1998), "사회적 기본권과 헌법재판소의 판례", 헌법논총 제9집.

한수웅(2017), 헌법학, 법문사.

허라금(2010), "여성주의 평등 개념을 통해 본 성 주류화", 국가와 젠더, 한울.

주자네 바이어, <Economy Insight> cover story 기사: 여성 쿼터제는 '착한 낙하산', 36-43쪽, 2011. 3.

외국문헌

H. Dreier(Hrsg.)(2013), Grundgesetz Kommentar, 3.Aufl. Tübingen: Mohr Siebeck.

P. W. Hogg(2010), Constitutional Law of Canada, Toronto: Carswell.

World Economic Forum, Global Gender Gap Report 2021.

헌법판례와 젠더

최 희 경*

I. 헌법과 젠더

헌법은 국민의 기본권을 보장하고 국가의 통치조직과 통치작용의 원리를 정하는 국가최고의 법이다. 그리고 헌법이 보장하는 기본권 중에서 평등권과 프라이버시권은 여성에게 특별한 의미를 지니고 있으며 헌법상 젠더에 관한 관점이 어떻게 적용되고 있는지를 가장 잘 드러내 준다.

젠더는 생물학적으로 결정된 Sex에 기반한 자질로서 사회적으로 학습되어 구성된 구체적 행동과 그에 준하는 기대를 일컫는 사회적 성을 의미한다.[1] 따라서 여성의 본질도 생리적 특성에만 근거하는 것이 아니며, 사회적 구성일 수 있다고 한다. 예컨대 여성은 흔히 남성과 대비되어 정의되었는데, 남성은 합리성, 적극성, 사고, 이성, 문화, 권력, 객관성, 추상성, 원칙성과 동일시되었으며, 여성은 비합리성, 소극성, 감성, 감정, 예민함, 주관성, 전후 관계성 등을 부여받았다.[2]

이러한 종래의 여성성에 대하여 여성의 필요가 무시된 채 남성에 의해 규정되어 왔음을 비판하며 여성이라는 범주 자체를 새롭게 재구성하자는 주장도 제기

---

* 이화여자대학교 법학전문대학원 교수

1) Sex는 인간의 생물학적 특질로만 규정되며, 이것 이외의 다른 특질들을 지칭하는 개념이 바로 Gender이다. 따라서 Sex는 해부학상 인간이라는 종 가운데 여성으로 태어났는가 아니면 남성으로 태어났는가를 구분하는 생물학적 특질들로 구성되는 생물학적 성을 의미하고, 반면 Gender는 사회적 성을 의미한다. 김정선·이경미, "여성학용어사전 — Sex/Gender", 여성과 사회 제4호 (1993), 279면.

2) Frances Olsen, "The Sex of Law", in The Politics of Law 693 (David Kairys ed., 1998).

된 바 있지만, 이러한 성 차이 자체를 인정할 것인가의 문제는 평등권을 둘러싼 논의 속에서 지속적인 입장 차이를 견지하고 있다. 즉 여성과 남성 간에는 차이가 없음에도 신체적 차이나 역할에 관한 고정관념들이 여성에게 열등한 지위를 가져왔다고 보는 입장3)이 있으며 또 다른 한쪽에서는 남성과 여성의 차이, 특히 출산이나 임신과 같은 여성의 신체적 특성은 인간의 다른 조건과는 구별되는 것으로 이에 근거한 역할, 경험을 무시하는 것은 바람직하지 않다는 입장으로 나뉘어 있다.4) 후자의 입장에서는 여성과 남성이 생물학적으로 차이가 있는 경우 상이하게 다루어져야만 한다고 보고 있다.

이와 같이 젠더평등의 문제는 여성과 남성의 차이, 여성의 역할에 대한 차별적인 고정관념을 어떻게 평가하고 수용하고 극복할 수 있는지의 문제를 제기하고 있다. 이는 공적 영역에서, 고용 부문에서, 가족제도 내에서 이루어지는 차별을 제거하기 위해서 필요하며, 또한 중립적 외양을 띠는 차별의 모습을 밝혀내고 여성에 대한 특별한 보호의 문제와 실질적 평등을 이루기 위한 그 적절한 허용범위의 문제를 제기한다. 우리나라의 경우 기존의 구조화된 차별을 없애기 위해서 남성보다 불리한 입장에 놓였던 여성의 차별제거에 중점이 두어져 왔으며, 이를 위한 관련 입법과 정책들 속에서 여성의 특유한 특성으로서의 성 차이를 긍정적으로 수용하는 데에는 소홀했다. 또한 여성의 권리증진을 위해 마련된 여성 정책들도 전체 국가정책 중 중요하지 않은 것, 우선순위가 상대적으로 낮은 것으로 평가받아 왔으며 단순히 일부 여성들을 위한 주변적인 것으로 여겨져 왔다. 뿐만 아니라 사실상 성 중립적이라고 판단된 국가정책의 상당수도 실제로는 여성에게 차별적 영향을 미치는 경우가 많음에도 이를 간과하여 왔으며, 남성을 기준으로 한 평등의 강조만으로는 여성의 삶을 긍정적으로 변화시키는 데 한계가 있음에도

---

3) 이러한 주장에 관해서는 일반적으로, Nadine Taub, "From Parenting Leaves to Nurturing Leaves", 13 N.Y.U. Rev. L. & Soc. Change 381 (1984-85); Wendy W. Williams, "Equality's Riddle; Pregnancy and the Equal Treatment/Special Treatment Debate", 13 N.Y.U. Rev. L. & Soc. Change 325 (1984-85). 또한 Lucinda M. Finley, "Transcending Equality Theory: A Way Out of the Maternity and the Workplace Debate", in Feminist Legal Theory: Foundations 192 (Weisberg ed., 1993) 참조.

4) 이러한 주장에 관해서는 일반적으로, Nancy E. Dowd, "Maternity Leave: Taking Sex Differences into Account", 54 Fordham L. Rev. 699, 762 (1986); Herma Hill Kay, "Models of Equality", 1985 U. Ill. L. Rev. 39, 47; Ann C. Scales, "Towards a Feminist Jurisprudence", 56 Ind. L.J. 375, 431 (1981) 참조.

이러한 점들이 무시되어 왔다.5)

　나아가 앞선 본 남성과 여성의 차이는 여성에게 특유한 프라이버시권이 인정되어야 하는지에 대하여도 특별한 논의의 의미가 있다. 종래의 공사구별6)과 이러한 성 차이가 결합하면서 여성의 프라이버시권에 대하여 남성과 다른 문제를 제기하였다. 공사구별과 관련하여 고대인은 시민의 정치적 자유 영역으로서 공적 영역을 찬양하였으며, 이는 선택된 남성만이 활동하는 영역이었다. 하지만 이후 산업혁명 이전까지는 생존을 위하여 필요한 생산품 대부분이 가정에서 만들어지고, 여성과 아동이 주된 역할을 함으로써 이러한 구별이 어느 정도 완화되었다. 그러나 산업혁명 이후에 가정과 시장에서의 사회적 구별이 나타났으며 점차 강화되었다. 남성의 일 대부분은 공장에서 이루어졌으며, 여성은 여전히 가정에 머물러 있게 되었다. 따라서 가정에서 옮겨온 직장과 다른 한편으로는 자녀를 양육하고 구성원의 신체적 요구를 충족시키는 가정의 구별이 엄격해졌다.7) 이러한 공사 영역의 구별과 관련하여 사적 영역을 강조하는 프라이버시 권리에 대해서는 여성을 가정 내 영역에 예속시키고 한정시키는 공사구별을 강화하고 재확인해 왔다는 비판이 가해져 왔다. 하지만 또 다른 측면에서 보면 남성과 달리 여성은 사적 영역에서조차 국가권력의 간섭없이 자유로운 프라이버시권을 충분히 향유하지 못하고 있다는 점이 문제가 된다. 젠더의 측면에서 프라이버시 권리는 여성이 사적 영역에서 충분한 프라이버시 권리를 향유하지 못하고 있는 것과 관련하여, 여성에게 중요한 출산 여부에 대한 결정권, 성적 결정권과 관련하여 국가권력에 의한 제한이 어디까지 허용될 수 있는지의 문제를 제기한다.

　이러한 문제의식 하에서 헌법재판소의 성평등에 대한 심사기준과 주요 결정에서 보이는 젠더 관점을 평가하고자 한다. 아울러 여성의 프라이버시 권리의 보장과 관련하여 생식적 영역과 성적 영역에서의 결정권을 중심으로 헌법재판소의 결정을 검토한다.

---

5) 최희경, "헌법상 양성평등과 성주류화정책", 공법연구 제35집 제1호(2006. 10), 507-508면.

6) 사적 영역과 공적 영역의 구별은 Greco-Roman 전통에 뿌리를 두고 있다. 그리스에서는 polis 혹은 도시국가의 공적 영역과 oikas 혹은 가정의 사적 영역을 구별하였다. 마찬가지로 로마는 공동체의 관심사인 res publica를 개인과 가정의 관심사인 res private로부터 구별하였다.

7) Ruth Gavison, "Feminism and the Public/Private Distinction", 45 Stan, L. Rev. 1, 21 (1992).

Ⅱ. 평등권에 관한 헌법재판소 판례와 젠더

우리 헌법은 제11조에서 "모든 국민은 법 앞에 평등하다. 누구든지 성별·종교·사회적 신분에 의하여 정치적·경제적·사회적·문화적 생활의 모든 영역에 있어서 차별을 받지 아니한다"라고 규정함으로써 평등권을 보장하고 있다. 따라서 합리적 근거 없는 자의적 차별은 우리 헌법상 허용되지 않으며,[8] 특히 차별금지사유로 예시하고 있는 성별은 남녀평등을 의미하는 것으로서 공법의 영역에서는 물론이고 사법의 영역에서도 성에 관한 가치판단을 기초로 하는 차별대우는 허용되지 않음을 확실히 한 것이다.

이에 따라 헌법 제36조 제1항은 "혼인과 가족생활은 개인의 존엄과 양성의 평등을 기초로 성립되고 유지되어야 하며, 국가는 이를 보장한다"고 규정하고 있으며, 헌법 제32조 제4항은 "여자의 근로는 특별한 보호를 받으며, 고용·임금 및 근로조건에 있어서 부당한 차별을 받지 아니한다."고 규정하고 있다.

1. 평등권에 대한 심사기준과 성차별

(1) 미연방대법원의 심사기준과 성차별

미국의 경우 연방대법원은 종래 차별의 유형과 관련하여 상이한 수준의 심사척도를 사용하여 왔다. 인종이나 출신 민족에 의한 차별의 경우 엄격심사기준을 적용하여 왔으며, 성별에 의한 차별과 혼외자녀에 대한 차별에 대해서는 중간심사기준을 적용하여 왔다. 마지막으로 위헌성이 주장되는 법률이 충족시켜야 하는 가장 낮은 심사기준으로서 합리성 심사기준이 있으며, 이는 대부분의 경제적·사회적 규제영역에서 적용되고 있다.

이처럼 성별에 의한 차별의 경우 중간심사기준을 적용하고 있는바, 1976년

---

8) 우리 헌법재판소도 "헌법 제11조 제1항에 정한 법 앞에서의 평등의 원칙은 결코 일체의 차별적 대우를 부정하는 절대적 평등을 의미하는 것은 아니나, 법을 적용함에 있어서뿐만 아니라 입법을 함에 있어서도 불합리한 차별대우를 하여서는 아니 된다는 것을 뜻한다. 즉, 사리에 맞는 합리적인 근거 없이 법을 차별하여 적용하여서는 아니 됨은 물론 그러한 내용의 입법을 하여서도 아니된다"고 한다. 헌재 1989. 5. 24, 89헌가37등, 판례집 1, 48, 54; 1992. 4. 28, 90헌바27등, 판례집 4, 255, 271; 1994. 2. 24, 91헌가3, 판례집 6-1, 21, 33; 1995. 9. 28, 92헌가11등, 판례집 7-2, 264, 280-281; 2002. 3. 28, 2000헌마53, 판례집 14-1, 159, 162; 2002. 7. 18, 2000헌바57, 판례집 14-2, 1, 17; 2002. 12. 18, 2001헌바55, 판례집 14-2, 810, 818; 2002. 12. 18, 2001헌마546, 판례집 14-2, 890, 900 참조.

Craig v. Boren 판결[9]에서 성에 기초한 분류는 중요한 정부 목적을 위해 그리고 이러한 목적을 달성하기 위해 실질적으로 관련되어야 한다고 결정하였다. 이처럼 성에 관하여 중간심사기준을 적용하는 것은 여성이 역사적으로 차별받아왔고, 수적으로 다수임에도 불구하고 미약한 정치적 영향력으로 인하여 스스로를 소수집단으로서 조직화할 수 없었던 것은 사실이지만, 여성은 흑인에 비해 차별의 그 정도가 덜하였고, 고립되고 분리된 집단이 아니라는 점 등에 기인하고 있다.[10]

(2) 우리나라 헌법재판소의 심사기준과 성차별

1) 헌법재판소의 심사기준

평등권의 침해에 대하여 종래 헌법재판소는 차별의 합리적 이유가 있는지 여부를 판단함으로써 차별의 합리성이 인정되지 않는 자의적인 차별의 경우에는 위헌으로 판단하였다.

하지만 헌법재판소는 제대군인가산점제도의 위헌성에 관한 결정[11]이후 이원화된 평등심사기준을 적용하고 있다. 즉 자의 심사와 비례심사로 나누어서 전자의 경우에는 차별을 정당화하는 합리적인 이유가 있는지만을 심사하기 때문에 그에 해당하는 비교 대상 간의 사실상의 차이나 입법목적(차별목적)의 발견·확인에 그치는 반면에, 후자의 경우에는 단순히 합리적인 이유의 존부 문제가 아니라 차별을 정당화하는 이유와 차별 간의 상관관계에 대한 심사, 즉 비교 대상 간의 사실상의 차이의 성질과 비중 또는 입법목적(차별목적)의 비중과 차별의 정도에 적정한 균형 관계가 이루어져 있는가를 심사한다.[12]

그리고 평등 위반 여부를 심사함에 있어 엄격한 심사척도에 의할 것인지, 완화된 심사척도에 의할 것인지는 입법자에게 인정되는 입법형성권의 정도에 따라 달라질 것이지만, i) 헌법에서 특별히 평등을 요구하고 있는 경우와 ii) 차별적 취급으로 인하여 관련 기본권에 대한 중대한 제한을 초래하게 된다면 입법형성권은 축소되어 보다 엄격한 심사척도가 적용되어야 한다[13]고 한다. 특히 제대군인가산

---

9) 429 U.S. 190 (1976).
10) 심사기준의 문제와 관련하여 김문현, "양성평등에 관한 헌법재판소 판례에 대한 평가", 법학논집 제15권 제1호(2010), 253면 참조.
11) 헌재 1999. 12. 23, 98헌마363, 판례집 11-2, 770.
12) 헌재 2001. 2. 22, 2000헌마25, 판례집 13-1, 386, 403.
13) 헌재 1999. 12. 23, 98헌마363, 판례집 11-2, 770, 787.

점제의 경우 헌법 제32조 제4항이 특별히 남녀평등을 요구하고 있는 "근로" 내지 "고용"의 영역에서 남성과 여성을 달리 취급하는 제도이고, 또한 헌법 제25조에 의하여 보장된 공무담임권이라는 기본권의 행사에 중대한 제약을 초래하는 것임을 이유로 엄격한 심사척도를 적용하였다.

2) 성차별에 대한 심사기준

한편 우리 헌법재판소는 성별에 의한 차별에 대하여 모든 경우 엄격한 심사가 적용되는 것은 아니고 완화된 심사기준이 적용될 수 있지만, 헌법 제32조 제4항, 제36조 제1항을 통해 특별히 양성평등을 요구하는 근로, 혼인과 가족 영역에서는 엄격 심사가 적용된다고 한다.

먼저 헌법재판소는 남자에게만 병역의무를 부과하는 병역법 제3조 제1항의 합헌성을 인정함에 있어서 헌법 제11조에서 차별이 금지되는 사유로 성별을 예시하고 있지만 "이와 같은 헌법 규정이 남성과 여성의 차이, 예컨대 임신이나 출산과 관련된 신체적 차이 등을 이유로 한 차별 취급까지 금지하는 것은 아니며, 성별에 의한 차별 취급이 곧바로 위헌의 강한 의심을 일으키는 사례 군으로서 언제나 엄격한 심사를 요구하는 것이라고 단정 짓기는 어렵다"[14]고 하였으며, 우리 헌법은 '근로', '혼인과 가족생활' 등 인간 활동의 주요 부분을 차지하는 영역으로서 성별에 의한 불합리한 차별적 취급을 엄격하게 통제할 필요가 있는 영역에 대하여는 양성평등 보호 규정(제32조 제4항, 제36조 제1항)을 별도로 두고 있으며, 헌법재판소는 위와 같이 헌법이 특별히 양성평등을 요구하는 경우에는 엄격한 심사기준을 적용하여 왔으나, 이 사건 법률조항은 그에 해당한다고 보기 어렵다고 판단하여 완화된 심사기준을 적용하였다.

성별에 의한 차별에 대하여 엄격한 심사기준인 비례심사를 적용하게 되면 여성에게 불리한 차별인지, 유리한 차별인지에 따라 젠더 평등의 실현에 기여할 수도 있고 그 반대의 경우도 있다.[15] 완화된 심사기준인 자의 심사의 경우도 여성에게 불리한 차별에 대하여 합헌성을 인정함으로써 여성에게 불리한 결과를 초래함으로써 젠더 평등의 실현을 저해하는 결과를 가져올 수도 있다. 따라서 성차

---

14) 헌재 2010. 11. 25, 2006헌마328, 판례집 제22권 2집 하, 446, 454. 재판관 이강국, 재판관 김희옥, 재판관 이동흡, 재판관 송두환의 기각의견.
15) 김하열, "젠더평등과 평등헌법", 젠더법학 제3권 제2호(2011), 51면.

별에 대해 어떠한 심사기준이 적용되는지의 문제는 차별의 위헌성 여부를 판단함에 있어서 매우 중요한 것이지만, 그렇다고 하여 일관된 원칙 없이 여성에 대한 유·불리 여부만을 고려하여 심사기준을 선택하여 적용할 수는 없는 것이다.

헌법재판소의 경우는 이와 관련하여 헌법이 특별히 양성평등을 요구하는 경우에는 엄격한 심사기준을 적용하고 그렇지 않은 경우 완화된 심사기준을 적용할 수 있다는 기준을 제시하고 있다. 하지만 성 분류의 목적이나 그 효과 등 젠더관점에 대한 세밀한 고려가 적용될 여지가 없이 헌법이 특별히 양성평등을 요구하고 있는지 여부만을 판단의 근거로 삼아 심사기준을 달리 적용하는 것은 성차별에 대한 위헌성 여부 심사기준으로 충분하지 않다.

2. 젠더평등에 관한 헌법재판소 주요 결정

(1) 가족제도와 젠더평등

1) 헌법과 가족제도

헌법은 국가의 최고규범이기 때문에 가족제도가 역사적·사회적 산물이라는 특성을 지니고 있다 하더라도 헌법의 우위로부터 벗어날 수 없으며, 가족법이 헌법 이념을 실현함에 있어서 장애를 초래하는 경우 그러한 가족법은 수정되어야 한다.16) 특히 헌법 제11조와 헌법 제36조 제1항에서 요구하는 평등의 이념을 실현하기 위하여 성역할에 관한 고정관념에 기초한 차별 등은 인정되지 않는다.

헌법 제36조 제1항의 혼인과 가족생활에서의 개인의 존엄과 양성평등은 1980년 헌법개정 시 여성들의 강력한 주장에 따라 규정되었다. 먼저 제헌헌법 제20조에서는 "혼인은 남녀동등을 기본으로 하며 혼인의 순결과 가족의 건강은 국가의 특별한 보호를 받는다"고 규정하고 있었다. 혼인이 남녀동권을 기본으로 한다고 규정한 것에 대해서 이미 모든 국민은 성별에 의하여 차별받지 아니한다고 하여 제8조에서 남녀평등을 선언하고 있으므로 불필요한 규정이 아닌지가 문제되었다. 하지만 이에 대해서는 종래로부터 축첩폐습과 여자의 인격을 무시하는 악습이 존재하고 있으므로 그 악습을 배제하기 위하여 본조를 두었다는 점, 그리고 혼인의 순결도 남녀평등을 기본으로 한 남녀의 합의에 의한 혼인을 하는 것을 의미하므로 축첩풍습은 물론 농촌지방에 그 자취를 남기고 있는 조혼제도라든가

16) 헌재 2005. 2. 3, 2001헌가9.

인신매매적 혼인과 같은 폐습도 국가가 이를 소멸시키도록 노력하여야 한다는 점이 강조되었다.[17] 하지만 유신헌법 제31조에서는 혼인의 순결과 보건에 관하여 국가의 보호를 받는다고만 규정되었다. 그리고 이후 1980년 헌법 제34조 제1항에서 혼인과 가족생활은 개인의 존엄과 양성의 평등을 기초로 성립되고 유지되어야 한다는 조항이 앞선 본 바와 같이 여성들의 요구에 의하여 규정된 것이다.

혼인과 가족생활이 개인의 존엄뿐 아니라 양성의 평등을 기초로 성립되고 유지되어야 하는 것은 오늘날에도 여전히 그 의미가 있으며, 동 조항에 근거하여 남계혈통을 중심으로 가(家)라는 가족 집단을 구성하고 이를 직계비속남자만을 통하여 승계시켜 온 호주제도 등이 폐지됨으로써 혼인과 가족생활에서 더욱 평등이 실현될 수 있도록 변화하고 있다. 혼인과 가족생활은 개인의 가장 기본적인 생활이므로 이러한 기본단위에서 개인의 존엄과 양성평등이 보장된다는 것은 그 의미가 여전히 크다고 하겠다.

2) 가족제도와 젠더평등에 대한 판단

헌법재판소는 가족 내 여성에 대한 차별적 지위가 내포되어 있고 성역할에 대한 고정관념이 투영된 법률조항, 즉 동성동본금혼규정,[18] 부계혈통주의를 규정한 구 국적법,[19] 호주제,[20] 부성주의(父姓主義)조항,[21] 친생추정규정[22]에 대하여 젠더차별금지원리를 적용하여 헌법불합치결정을 내렸다. 그리고 계모자 사이의 법정혈족관계폐지[23]와 관련해서는 개인의 존엄과 양성평등에 반하는 전래의 가족제도를 개선하기 위한 입법이므로 헌법 제36조 제1항에 위반된다고 볼 수도 없

---

17) 유진오, 헌법해의, 명세당, 1951, 55면.

18) 헌재 1997. 7. 16, 95헌가6, 판례집 제9권 2집, 1.

19) 헌재 2000. 8. 31, 97헌가12, 판례집 제12권 2집, 167.

20) 헌재 2005. 2. 3, 2001헌가9, 판례집 제17권 1집, 1.

21) 헌재 2005. 12. 22, 2003헌가5, 판례집 제17권 2집, 544.

22) 헌법재판소에서 다투어진 친생추정규정의 불합리한 결과는 혼인관계 종료 후 단기간 내 재혼이 드물었던 민법 제정 당시에는 현실적으로 문제가 되지 않았지만, **사회와 법제도의 변화에 따라 혼인관계 종료 후 300일 이내에 전남편이 아닌 남자의 자녀를 출산하는 사례가 증가**하고 그 부자관계를 어렵지 않게 확인할 수 있게 됨에 따라 진실한 혈연관계의 회복을 막는 심판대상조항의 문제점이 대두되게 되었다고 한다(헌재 2015. 4. 30, 2013헌마623, 판례집 27-1하, 107).

23) 헌법재판소는 1990년 개정 민법의 시행일인 1991. 1. 1.부터 그 이전에 성립된 계모자 사이의 법정혈족관계를 소멸시키도록 한 민법 부칙 제4조 중 "전처의 출생자와 계모 사이의 친족관계"에 관한 부분이 헌법 제36조 제1항에 위반되지 않는다고 판단하였다(헌재 2011. 2. 24, 2009헌바89 등, 판례집 23-1상, 108).

다고 합헌결정을 내렸다.

이중 동성동본인 혈족 사이의 혼인을 금하고 있는 민법 제809조 제1항에 대하여 다수견해인 단순위헌의견24)은 "동성동본금혼제는 그 제도 생성 당시의 국가정책, 국민 의식이나 윤리관 및 경제구조와 가족제도 등이 혼인제도에 반영된 것으로서, 충효 정신을 기반으로 한 농경 중심의 가부장적, 신분적 계급사회에서 사회질서를 유지하기 위한 수단의 하나로 기능하였으나, 자유와 평등을 근본이념으로 하고 남녀평등의 관념이 정착되었으며 경제적으로 고도로 발달한 산업사회인 현대의 자유민주주의 사회에서 동성동본금혼을 규정한 민법 제809조 제1항은 이제 사회적 타당성 내지 합리성을 상실하고 있음과 아울러 '개인의 존엄과 양성의 평등'에 기초한 혼인과 가족생활의 성립·유지라는 헌법 규정에 정면으로 배치될 뿐 아니라 남계혈족에만 한정하여 성별에 의한 차별을 함으로써 헌법상의 평등원칙에도 위반된다"25)고 결정했다. 특히 동성동본금혼제 존립 기반이 동요하게 된 사회환경의 변화를 논증함에 있어서 가족 내의 가족원의 지위 내지 역할 분담이나 그에 대한 의식이 현저히 달라졌으며, 또 건국 이래 꾸준한 여성 교육의 확대로 인한 남녀평등 관념의 정착은 매우 중요한 변화라 할 수 있음을26) 강조하고 있다.

나아가 헌법재판소는 호주제와 관련해서 호주제의 남녀 차별은 가족 내에서의 남성의 우월적 지위, 여성의 종속적 지위라는 전래적 여성상에 뿌리박은 차별로서 성역할에 관한 고정관념에 기초한 차별이라고 보았으며,27) 호주승계 순위, 혼인 시 신분 관계 형성, 자녀의 신분 관계 형성에 있어서 정당한 이유 없이 남녀를 차별하는 제도이고, 이로 인하여 많은 가족이 현실적 가족생활과 가족의 복리에 맞는 법률적 가족관계를 형성하지 못하여 여러모로 불편과 고통을 겪고 있다는 점을 지적하고 있다. 그리고 숭조(崇祖)사상, 경로효친, 가족 화합과 같은 전통 사상이나 미풍양속은 문화와 윤리의 측면에서 얼마든지 계승, 발전시킬 수 있으므로 이를 근거로 호주제의 명백한 남녀 차별성을 정당화하기 어렵다고 보았다. 이와 같이 호주제 판결에서 헌법재판소는 과거 전통적으로 남녀의 생활 관계가

---

24) 재판관 김용준, 재판관 김문희, 재판관 황도연, 재판관 신창언, 재판관 이영모의 의견.
25) 헌재 1997. 7. 16, 95헌가6, 판례집 제9권 2집, 1, 13-14.
26) 헌재 1997. 7. 16, 95헌가6, 판례집 제9권 2집, 1, 14.
27) 헌재 2005. 2. 3, 2001헌가9, 판례집 제17권 1집, 1. 19.

일정한 형태로 형성되어 왔다는 사실이나 관념에 기인하는 차별, 즉 성역할에 관한 고정관념에 기초한 차별은 허용되지 않는다는 것을 명확히 하고 있다. 이러한 헌법재판소의 호주제의 헌법불합치결정에 따라 2005년 3월 31일의 「민법」 개정으로 2008년 1월 1일부터 호주제가 폐지되었고, 이를 대체하는 새로운 가족관계 등록제가 도입되어 젠더 평등한 가족제도 형성을 가져왔다.

이와 같이 헌법재판소는 가족법 영역에서의 젠더 차별을 판단함에 있어서 남녀평등 관념이 정착되어 가고 있다는 사회적 변화를 강조하고 있으며, 가족 내의 가족원의 지위 내지 역할 분담이나 그에 대한 의식이 현저히 달라졌다는 점 등을 고려하고 있다. 또한 호주제 결정에서 보듯이 성을 이유로 한 차별의 위헌성 여부를 심사함에 있어서 성역할에 관한 고정관념에 기초한 차별인지 여부를 중요한 판단기준으로 들고 있다.

최근 헌법재판소는 2021년 9월 30일, 혼인한 등록의무자 모두 배우자가 아닌 본인의 직계존·비속의 재산을 등록하도록 공직자윤리법이 개정되었음에도 불구하고, 개정 전의 공직자윤리법 조항에 따라 이미 배우자의 직계존·비속의 재산을 등록한 혼인한 여성 등록의무자의 경우에만 종전과 동일하게 계속해서 배우자의 직계존·비속의 재산을 등록하도록 규정한 공직자윤리법 부칙(2009. 2. 3. 법률 제9402호) 제2조[28]가 평등원칙에 위배된다고 판단하였다.

헌법재판소는 이 사건 부칙조항이 평등원칙에 위배되는지 여부를 판단함에 있어서 비례성원칙에 따른 심사를 하였는데, 헌법 제11조 제1항은 성별에 의한 차별을 금지하고 있고, 헌법 제36조 제1항은 혼인과 가족생활에 있어서 특별히 양성의 평등 대우를 명하고 있으므로, 엄격한 심사척도가 적용되어야 한다고 보았다. 헌법재판소는 혼인한 남성 등록의무자와 달리 혼인한 여성 등록의무자의 경우에만 본인이 아닌 배우자의 직계존·비속의 재산을 등록하도록 하는 것은 여성의 사회적 지위에 대한 그릇된 인식을 양산하고, 가족관계에 있어 시가와 친정이라는 이분법적 차별구조를 정착시킬 수 있으며, 이것이 사회적 관계로 확장될 경우에는 남성우위·여성비하의 사회적 풍토를 조성하게 될 우려가 있다고 판단했다. 이는 성별에 의한 차별금지 및 혼인과 가족생활에서의 양성의 평등을 천명

---

28) 공직자윤리법 부칙(2009. 2. 3. 법률 제9402호) 제2조(경과조치) 이 법 시행 당시 종전의 규정에 따라 재산등록을 한 <u>혼인한 여성 등록의무자</u>는 제4조 제1항 제3호의 개정 규정에도 불구하고 종전의 규정에 따른다.

하고 있는 헌법에 정면으로 위배되는 것으로 그 목적의 정당성을 인정할 수 없으
며, 따라서 이 사건 부칙조항은 평등원칙에 위배된다고 결정하였다.

　　나아가 헌법 제36조 제1항의 경우 혼인과 가족생활에서 여성을 보호하기도
하였지만 혼인한 자에 대한 불합리한 차별을 보호하고 있다. 하지만 이 경우 단
순히 혼인한 자와 비혼인자 독신자의 관계만이 고려되고 있는 것이 아니라 그 배
경에는 여성의 사회적 지위의 상승과 혼인에 관한 전통적인 생활양식의 변화를
반영하고 있다. 예컨대 헌법재판소는 누진 과세제도 하에서 혼인한 부부에게 조
세부담의 증가를 초래하는 부부자산소득 합산과세를 규정하고 있는 구 소득세법
제80조 제1항 제2호가 헌법 제36조 제1항에 위반되는지 여부를 판단하는 심사기
준으로 비례원칙을 적용하였으며, 부부자산소득 합산과세는 혼인한 부부를 사실
혼 관계의 부부나 독신자에 비하여 차별하는 것으로서 헌법 제36조 제1항에 위반
된다[29]고 판시하였다.[30] 이러한 결정을 함에 있어서 헌법재판소는 "오늘날 여성
의 사회적 지위가 상승하여 맞벌이 부부의 수가 늘어나고 법률혼 외에 사실혼 관
계의 남녀가 증가하는 등 전통적인 생활양식에 많은 변화가 일어나고 있음을 고
려할 때 혼인한 부부가 사실혼 관계의 부부나 독신자에 비하여 조세부담에 관하
여 불리한 취급을 받아야 할 이유를 찾아보기 어렵다"[31]는 점을 강조하고 있다.

(2) 군복무와 젠더평등

　　헌법재판소는 제대군인가산점제[32]와 남성만의 병역의무조항[33] 등에 내포된
성별에 근거한 차별의 위헌성 여부를 판단하였다. 제대군인가산점제의 경우 군복
무를 이유로 한 제대군인 지원의 위헌성 여부가 문제되었으며, 병역의무조항은
남성만은 병역의무 자체의 위헌성 여부가 다투어졌다.

---

29) 헌재 2005. 5. 26, 2004헌가6, 판례집 제17권 1집, 592.
30) 그러나 헌법재판소는 다른 판결에서 주택 등 부동산보유세나 공동사업시 부부합산과세하는 것은
　　헌법에 합치된다고 하였다(헌재 2006. 4. 27, 2004헌가19 참조). 이것은 헌법정신에 위배되는 것
　　이고 부부별산제 등과의 체계적합성에도 위반된다고 비판되고 있다. 정극원, "혼인의 자유에 관한
　　헌법재판소의 판례의 동향", 세계헌법연구 제14권 제1호(2008), 301면 참조.
31) 헌재 2005. 5. 26, 2004헌가6, 판례집 제17권 1집, 592. 602.
32) 헌재 1999. 12. 23, 98헌마363, 판례집 제11권 2집, 770.
33) 헌재 2010. 11. 25, 2006헌마328, 판례집 제22권 2집 하, 446.

1) 제대군인가산점제와 젠더평등에 대한 판단

징병제를 채택하고 있는 우리나라의 경우 의무복무군인들이 군복무로 입는 불이익은 장기간의 군 복무로 인한 경제적 기회, 사회진출 기회의 상실, 경제적 손실 등 다수의 유·무형의 것들로서 이에 대해 우리 헌법과 법률의 범위 내에서 허용될 수 있는 합리적 지원방안을 모색하는 것은 중요한 것이다. 다만 이미 시행된 적 있거나 논의되고 있는 여러 방안 중에서 군가산점제의 경우 헌법재판소에서 이미 위헌결정[34]이 내려진 것으로서, 정책적 수단으로서의 합리성과 타당성이 인정될 수 없는 제도이다.

먼저 제대군인이 군 복무를 마친 후 빠른 기간 내에 일반사회로 복귀할 수 있도록 하기 위해서 제대군인이 공무원 채용시험 등에 응시한 때에 과목별 득점에 과목별 만점의 5% 또는 3%를 가산하는 군가산점제도에 대하여 헌법재판소는 제대군인 중 '지원에 의한 현역 복무를 마치고 퇴역한 여자'도 이에 해당하지만 전체 여성 중 극히 일부분만이 해당될 수 있어 실제 거의 모든 여성은 제대군인에 해당할 수 없는 것과 달리 우리나라 남자 중 80% 이상이 제대군인이 될 수 있음을 고려하여 실질적으로 남성에 비하여 여성을 차별하는 제도라고 판단하였다.

그리고 앞서 살펴보았듯이 평등 위반 여부를 심사함에 있어서 엄격한 심사척도를 적용하였다. 헌법재판소는 제대군인의 사회복귀 지원이라는 입법목적의 정당성이 인정되며, 제대군인에 대한 사회 정책적 지원을 강구하는 것이 필요할지라도 그것이 다른 집단에게 동등하게 보장되어야 할 균등한 기회 자체를 박탈하는 것이어서는 안 된다는 점을 강조하면서, 가산점제도는 아무런 재정적 뒷받침 없이 제대군인을 지원하려 한 나머지 결과적으로 여성과 장애인의 희생을 초래하고 있는바, 정책 수단으로서의 적합성과 합리성을 상실한 것으로 판단하였다.[35] 여성의 취업과 관련해서 "사회적·문화적 편견으로 말미암아 여성과 장애인에게 능력에 맞는 취업의 기회를 민간부문에서 구한다는 것은 매우 어려운 실정임"을 강조하였으며, 나아가 "공직부문에서 여성의 진입이 봉쇄되면 국가전체의 역량발휘의 면에서도 매우 부조화스러운 결과를 야기한다. 국민의 절반인 여성의 능력발휘 없이 국가와 사회 전체의 잠재적 능력을 제대로 발휘할 수는 없

---

34) 헌재 1999. 12. 23, 98헌마3637.
35) 헌재 1999. 12. 23, 98헌마363, 판례집 11-2, 770, 791.

다. …더구나 정보화시대에 있어 여성의 능력은 보다 소중한 자원으로 인식되어 이를 개발할 필요성이 점증하고 있다는 점까지 생각해 보면, 가산점제도는 미래의 발전을 가로막는 요소라고까지 말할 수 있다."36)고 하였다.

나아가 헌법재판소는 가산점제도가 평등권뿐만 아니라 공무담임권을 침해한다고 판단하였다. 즉 가산점제도는 예외적으로 능력주의를 제한할 수 있는 정당한 근거가 되지 못하는데도 불구하고 능력주의에 기초하지 아니하고 '성별', '현역복무를 감당할 수 있을 정도로 신체가 건강한가'와 같은 불합리한 기준으로 여성과 장애인 등의 공직 취임권을 지나치게 제약하는 것으로서 공무담임권을 침해한다는 것이다.

헌법재판소의 위헌결정에 따라 1961. 7. 5.부터 시행되어 온 군가산점제도가 폐지되었다. 군복무 이행에 따른 불이익에 대한 국가적 보상책이 제대로 마련되어 있지 않은 상황에서 군가산점제 폐지를 곧 제대군인에 대한 보상 자체를 반대하는 것으로 이해하고 이에 대해 상대적 박탈감과 상실감을 느낀 다수 제대군인의 입장도 우리나라의 병역현실과 미흡한 지원방안 등을 고려할 때 공감할 수 있는 부분도 있다. 하지만 군가산점제도의 폐지는 우리 사회에서 여성과 장애인에게 그나마 공정한 취업의 기회를 제공하는 공직에의 취업 기회 자체를 실질적으로 박탈하여 온 제도였다는 점에서 이루어진 것이며, 의무복무 군인이나 제대군인에 대한 합리적 지원의 반대를 의미하지는 않는다.

한편 군가산점제 폐지 이후 군가산점제를 다시 도입하려는 법안들이 이후 지속해서 발의되었다.37) 이러한 법안들의 경우 국가기관 가산점 대상자의 경우 현역 또는 보충역복무를 마친 사람으로 규정하여 그 수혜 범위를 확대하였으며, 그리고 가산점이 부여되는 대상은 필기시험의 각 과목으로 하고, 가산점은 위 각 과목별 득점의 2.5%의 범위 안에서 대통령령이 정하는 바에 따라 가산하도록 되어 있었다. 또한 가산점을 받아 합격하는 사람을 채용시험 선발 예정 인원의 20%까지로 제한하고 있으며 가산점 부여는 대통령이 정하는 횟수 또는 기간을 초과

---

36) 헌재 1999. 12. 23, 98헌마363, 판례집 11-2, 770, 794.
37) 예컨대 2007년 5월 고조홍의원이 군가산점제 부활을 내용으로 하는 병역법개정안을 발의하였으며, 다시 2008년 6월 김성희의원이 대표발의한 병역법개정안, 같은 해 7월 주영성의원이 대표발의한 병역법개정안과 제대군인지원에 관한법률개정안에서 군가산점제 도입에 대한 내용을 담고 있었다.

할 수 없도록 하였다.

하지만 헌법재판소에서 위헌으로 결정된 군가산점제도와는 달리 가산점 비율을 낮추고 가산점 수혜 횟수 등을 제한하였다 하더라도 개선방안으로 주장되는 군가산점제도 역시 정책 수단으로의 적합성 자체가 인정되지 않는다고 본 헌법재판소의 취지에 여전히 반하는 것이라는 점을 고려할 필요가 있다.

2) 남성만의 병역의무와 젠더평등에 대한 판단

대한민국 남자에 한하여 병역의무를 부과하는 병역법 제3조 제1항에 대해서 헌법재판소는 세 차례에 걸쳐 합헌결정[38]을 하였다. 앞서 보았듯이 헌법재판소는 심사기준과 관련하여 "이 사건 법률조항은 헌법이 특별히 양성평등을 요구하는 경우나 관련 기본권에 중대한 제한을 초래하는 경우의 차별 취급을 그 내용으로 하고 있다고 보기 어려우며, 징집대상자의 범위 결정에 관하여는 입법자의 광범위한 입법형성권이 인정된다는 점에 비추어 이 사건 법률조항이 평등권을 침해하는지 여부는 완화된 심사기준에 따라 판단하여야 한다"[39]고 보았다.

동 심사기준을 적용하여 헌법재판소는 "집단으로서의 남자는 집단으로서의 여자에 비하여 보다 전투에 적합한 신체적 능력을 갖추고 있으며, 개개인의 신체적 능력에 기초한 전투 적합성을 객관화하여 비교하는 검사체계를 갖추는 것이 현실적으로 어려운 점, 신체적 능력이 뛰어난 여자의 경우에도 월경이나 임신, 출산 등으로 인한 신체적 특성상 병력자원으로 투입하기에 부담이 큰 점 등에 비추어 남자만을 징병검사의 대상이 되는 병역의무자로 정한 것이 현저히 자의적인 차별 취급이라 보기 어렵다."고 하여 합헌결정을 내렸다. 이와 같이 남성만의 병역의무와 관련하여 헌법재판소는 전투 적합성이라는 관점에서 집단으로서의 남자가 집단으로서의 여자보다는 전투에 적합한 신체적 능력을 갖추고 있다는 점을 들어 평등권을 침해하지 않는다고 보았다.

이에 대하여 헌법상 모든 국민이 국방의 의무를 지게 되어 있으며, 남성과 여성의 신체적 조건 등에 따르는 차별 취급은 용인되어야 할 것이나, 병역법은 국방의 의무 가운데 그 복무 내용이 신체적 조건이나 능력과 직접 관계되지 않는 의무까지도 남자에게만 부과함으로써 남자와 여자를 합리적 이유 없이 차별 취급

---

38) 헌재 2010. 11. 25, 2006헌마328; 2011. 6. 30, 2010헌마460; 2014. 2. 27, 2011헌마825.

39) 헌재 2010. 11. 25, 2006헌마328, 판례집 제22권 2집 하, 446, 454.

하는 것이며, 그러한 차별의 불합리성을 완화하기 위한 제도적 장치도 마련되어 있지 아니하므로 남성의 평등권을 침해하여 헌법에 위반된다는 위헌의견[40]이 제시되었다. 특히 병역법상의 모든 국방의무를 남자에게만 부과하는 것은, 오히려 과거에 전통적으로 남녀의 생활 관계가 일정한 형태로 형성되어 왔다는 사실이나 관념에 기인하는 차별로 보이는바, 그러한 성역할에 관한 고정관념에 기초한 차별은 허용되지 않는 것이라고 보고 있다.

(3) 차별을 이유로 한 남성들의 청구와 젠더평등에 대한 판단

근래 헌법재판소 판례에서 다투어진 쟁점 중 남성이 여성에 비하여 차별받고 있다는 남성에 의한 청구를 살펴볼 필요가 있다. 앞서 본 남성만의 병역의무 조항에 대해서도 남성들의 평등권 침해가 주장되었으며, 이 경우에는 차별의 합리적 이유가 있으므로 평등권의 침해가 아니라고 판단되었다. 이러한 남성만의 병역의무조항과 달리 여성만을 신입생으로 선발하는 법학전문대학원, 약학대학과 관련해서는 헌법재판소는 남성의 평등권 침해에 대하여 직접적인 평등권의 문제로 판단하기보다는 직업선택의 자유의 제한문제로 판단하고 있다. 또한 공립 중등학교 교사 임용후보자 선정 경쟁시험에서 양성평등 채용목표제도를 실시하는 절차를 두고 있지 않은 것이 남성의 기본권을 침해한다는 이유로 제기된 헌법소원에 대해서는 부적법하다고 결정[41]하였다.

1) 법학전문대학원, 약학대학 중 여자대학의 정원 배정

교육부 장관이 학교법인 이화학당에 한 법학전문대학원 설치인가 중 여성만을 입학 자격요건으로 하는 입학 전형계획을 인정한 부분(이하 '이 사건 인가처분'이라 한다)에 대하여 남성인 청구인들은 직업선택의 자유, 평등권, 균등하게 교육을 받을 권리가 침해되었다고 주장하였다.

헌법재판소는 남성 청구인이 법학전문대학원에 입학하여 종국적으로 변호사시험에 응시할 기회를 제한하게 되므로, '이 사건 인가처분'으로 인하여 변호사를 직업으로 선택하고자 하는 청구인의 직업선택의 자유가 침해되었는지 여부가 쟁

---

40) 헌재 2010. 11. 25, 2006헌마328, 판례집 제22권 2집 하, 446, 465~467. 재판관 이공현, 재판관 목영준의 위헌의견.

41) 헌재 2006. 5. 25, 2005헌마362, 공보 제116호, 845.

점이 된다고 보았다.42) 그리고 청구인들의 평등권 및 균등하게 교육받을 권리 침해 주장에 대해서는 이 사건 인가처분은 남성에 대한 차별이나 여성에 대한 적극적 평등 실현의 목적으로 이루어진 것이 아니며, 이 사건 인가처분으로 인하여 청구인은 이화여자대학교 법학전문대학원에 입학하는 것이 제한될 뿐이지 그 이외의 법학전문대학원에 입학하는 것이 제한되는 것은 아니고, 결국 그로 인한 불이익은 남성이 여성에 비하여 전체 법학전문대학원에 입학할 가능성이 줄어든다는 것이어서, 이에 대한 판단은 청구인의 직업선택의 자유가 침해되는지 여부에 대한 판단과 중복된다고 보았으며 직업선택의 자유의 침해 여부를 중심으로 판단하였다.

헌법재판소는 교육부 장관이 이화여자대학교에 법학전문대학원 설치 인가를 한 것은 대학의 교육역량에 대한 객관적인 평가에 따른 것이지 여성 우대를 목적으로 한 것이 아니며, 설치 인가를 하면서 이화여자대학교의 이 사건 모집 요강 내용을 그대로 인정한 것은 여자대학으로서의 전통을 유지하려는 이화여자대학교의 대학의 자율성을 보장하고자 한 것이라고 보았다. 헌법재판소는 이 사건 인가처분으로 인하여 남성인 청구인이 받는 불이익이 크지 않다는 점 등을 고려하여 직업선택의 자유를 침해한다고 할 수 없다고 결정하였다.

이후 헌법재판소는 2020. 7. 16. 2018헌마566 결정43)에서 2019학년도 약학대학 총정원 1,693명 중 320명을 여자대학의 약학대학에 배정한 행위44)가 자신의 직업선택의 자유와 평등권을 침해하였다는 남성 청구인의 주장을 판단하였다. 헌법재판소는 '2019학년도 대학 보건·의료계열 학생정원 조정계획' 중 2019학년도 여자대학 약학대학의 정원을 동결한 부분(이하 '이 사건 조정계획'이라 한다)은 남성인 청구인에 대하여 국내 약학대학에 입학 가능한 총정원을 감소시켜 약사 국가시험에 응시할 수 있는 자격을 얻기 위한 단계로의 진입을 규제하며, 그 결과 약사를 직업으로 선택하고자 하는 직업선택의 자유가 침해되었는지 여부가 이 사건의 쟁점이라고 판단하였다. 그리고 평등권 침해 주장에 대해서는 여자대학의

---

42) 헌재 2013. 5. 30, 2009헌마514, 판례집 25-1, 337, 344.
43) 헌재 2020. 7. 16, 2018헌마566, 공보 제286호, 1091.
44) 2019학년도 약학대학의 정원은 총 1,693명으로, 이 중 덕성여자대학교에 80명, 동덕여자대학교에 40명, 숙명여자대학교에 80명, 이화여자대학교에 120명의 정원이 배정되어 있는바, 이는 2012년 이후 변동 없이 유지되어 온 수치이다.

약학대학에 정원이 배정됨으로써 남성이 여성에 비하여 전체 약학대학에 입학할 가능성이 줄고 그만큼 약사가 될 가능성이 낮아진다는 것이어서 이에 대한 판단은 직업선택의 자유가 침해되는지 여부에 대한 판단과 중복된다고 하였다. 따라서 헌법재판소는 이 사건 조정계획이 과잉금지원칙을 위배하여 청구인의 직업선택의 자유를 침해하였는지 여부를 중심으로 판단하였다.

헌법재판소는 여자대학 약학대학이 오랜 기간 동안 약학대학을 운영하며 축적해온 경험·자산을 고려하여 여자대학 약학대학의 정원을 그대로 동결한 것은 약사의 적정한 수급과 원활하고 적정한 보건 서비스 확보를 위한 것이라고 보았으며, 청구인은 여자대학을 제외한 다른 약학대학에 입학하여 소정의 교육을 마친 후 약사 국가시험을 통해 약사가 될 충분한 기회와 가능성을 가지고 있으므로 남성인 청구인의 직업선택의 자유를 침해한다고 볼 수 없다고 결정하였다.

이러한 헌법재판소의 결정은 대학원이나 대학의 입학정원 결정 과정에서 남성에 대한 차별을 묵인하려는 것이라기보다는 우리 사회에서 오랜 기간 여성 교육의 필요성을 통하여 이를 담당해 온 여자대학으로서의 정체성이 가지는 그 의미를 충분히 평가하여 대학의 자율성을 존중한 것이라 할 수 있다.

2) 교원임용시험에 있어서 양성평등채용목표제 미실시

남성인 청구인은 공립 중등학교 교사 임용후보자 선정 경쟁 시험과 관련하여, 동 시험에서 양성평등채용목표제도를 실시하는 절차를 두고 있지 않은 입법부작위가 위헌이라고 주장하면서 헌법소원을 제기하였다.[45] 청구인은 공무원임용시험령에서는 「여성 또는 남성의 선발예정인원 초과합격제도」, 즉 양성평등채용목표제를 실시하고 있는 것과 달리, 교육공무원법에는 이러한 양성평등채용목표제도를 두고 있지 않다는 점을 문제 삼았다. 이와 관련하여 양성채용목표제에 대하여 살펴보고, 헌법재판소의 판례 내용을 검토한다.

① 양성평등채용목표제의 의의

양성평등채용목표제는 먼저 실시되었던 여성채용목표제를 개선·보완하기 위해 도입되었다. 먼저 여성채용목표제는 공무원 채용시험에 있어서 상대적으로 여성 합격자가 적은 상위직급인 행정고시 및 외무고시와 7급 행정·공안·외무

---

45) 헌재 2006. 5. 25, 2005헌마362, 공보 제116호, 845.

행정직 공채시험에 적용하여 여성 공무원의 채용을 확대하기 위하여[46) 실시되었다. 여성채용목표제와 같은 적극적 평등 실현조치는 여성의 실질적 평등을 실현하기 위해서 여성이 받아온 과거의 지속적인 차별과 억압을 근거로 그 필요성이 주장되었다. 이는 종래 사회로부터 차별을 받아 온 일정 집단에 대하여 그동안의 불이익을 보상하기 위하여 그 집단의 구성원이라는 이유로 취업이나 입학 등의 영역에서 직·간접적으로 이익을 부여하는 조치이며, 동 조치는 개인의 자격이나 실적보다는 집단의 일원이라는 것을 근거로 하여 혜택이 주어지며, 기회의 평등보다는 결과의 평등을 추구하며, 항구적 정책이 아니라 구제목적이 실현되면 종료하는 임시적 조치이다.[47) 우리나라에서는 1996년 여성공무원채용목표제의 형태로 시행되었으며, 1995년 12월 공무원임용시험령 제11조의3에 근거[48)하여 여성공무원채용목표제가 처음 시행되었을 당시에도 5급 이상 여성 관리직 비율은 2.3%에 불과할 정도로 여성은 과소 대표되었다. 하지만 여성채용목표제를 통해 1996년 26.5%이던 여성 합격률이 2001년에는 33.4%로 증가하는 성과를 올렸다. 총 7년간 시행되어온 여성채용목표제는 여성의 공직 참여기회를 확대하였지만 한편으로는 남성들에 대한 역차별의 문제를 야기시켰다.

이처럼 여성의 공직 진출 기회를 확대하기 위하여 여성채용목표제를 도입한 결과 전체적으로 여성의 합격 비율이 증가하였으나 일부 시험에서는 여성의 합격 비율이 지나치게 높아지게 되자 정부는 여성채용목표제를 발전적으로 개선·보완하여 공무원임용시험에 있어 여성 또는 남성이 선발 예정 인원의 일정 비율 이상이 될 수 있게 선발 예정 인원을 초과하여 합격시킬 수 있도록 함으로써 공직 내 양성의 평등을 제고하고 직렬 또는 기관별로 남녀의 성비가 균형을 이룰 수 있도록 공무원임용시험령 개정을 통해 2003년부터 공무원임용시험에 「양성평등채용목표제」를 도입하였다. 동 제도는 공직 내 젠더의 평등을 제고하고 직렬 또는 기관별로 남녀의 성비가 균형을 이룰 수 있도록 특정성의 채용목표를 30%로 정하여 시행하고 있으며, 공무원 채용시험 시 어느 한 성의 합격자가 일정한 채

---

46) 1996년 10%, 1997년 13%, 1998년 15%, 1999년 18%, 2000년 20%를 목표로 하였다.
47) 헌재 1999. 12. 23, 98헌마363.
48) 공무원임용시험령 제11조의 3은 "시험실시기관의 장은 여성의 공무원임용기회를 확대하기 위하여 필요하다고 인정하는 경우에는 … 한시적으로 여성이 시험실시단계별로 선발예정인원의 일정 비율 이상이 될 수 있도록 선발예정인원을 초과하여 여성을 합격시킬 수 있다."고 규정하고 있었다.

용목표 비율에 미달할 경우 그 성에 대하여 추가합격선 범위 내에서 채용 목표율에 달할 때까지 추가 채용하는 조치이다. 동 제도는 여성공무원채용목표제에 대한 비판과 역차별 논의를 불식시키고자 하는 것으로 보이며, 긍정적으로는 양성 모두의 대표성 확보를 위한 젠더 평등의 관점이 강조된 것이라 할 수 있다. 하지만 이에 대해서는 젠더 불평등의 구조적 요인을 간과하고 평등이 남성과 여성의 산술적 평등으로 규정되는 과정을 보여주는 것[49]이라는 비판이 제기되고 있다.

② 교원임용과 양성평등채용목표제 미실시에 대한 판단

헌법재판소는 교원임용에 있어서 능력주의원칙이 적용되어야 한다는 것을 먼저 밝히고, 능력주의원칙의 예외인 양성평등채용목표제가 헌법상 인정될 수 있는지를 판단하였다. 즉 공립 중등학교 교사는 법적으로 국가공무원의 일종인 교육공무원의 신분을 지니는데, 교육공무원법에 의하면 교사 자격이 있는 자에게는 공개 전형 시험에서 자신의 능력을 실증함으로써 교사로 임용될 수 있는 균등한 기회가 부여되어야 한다고 보았다.

다만 헌법의 기본원리나 특정 조항에 비추어 능력주의원칙에 대한 예외를 인정할 수 있는 경우가 있으며, 그러한 헌법원리로는 우리 헌법의 기본원리인 사회국가원리를 들 수 있고, 헌법 조항으로는 여자·연소자 근로의 보호를 규정하고 있는 헌법 제32조 제4항 등을 들 수 있다고 한다.

하지만 능력주의원칙의 예외로서 교육공무원의 임용 시에 여성과 남성의 평등한 임용 기회를 보장하기 위하여 여성 또는 남성이 선발 예정 인원의 일정 비율 이상이 될 수 있도록 하는 양성평등채용목표제를 실시하는 법률을 제정할 것을 입법자에게 입법 위임을 하는 그러한 규정은 우리 헌법 어디에도 없으며, 또한 헌법 해석상 그러한 법령을 제정하여 교육공무원 내 남녀의 성비가 균형을 이루도록 함으로써 양성의 평등을 제고하여야 할 입법자의 행위의무 내지 보호의무가 발생하였다고 볼 여지 또한 없다고 판단하였다. 따라서 이와 같은 진정입법부작위에 대한 헌법소원청구는 부적법하다[50]고 결정하였다.

---

49) 이재경·김경희, "여성주의 정책 패러다임 모색과 '성평등'", 한국여성학 제28권 제3호(2012), 3면.
50) 헌재 2006. 5. 25, 2005헌마362, 공보 제116호, 845.

Ⅲ. 프라이버시권에 관한 헌법재판소 판례와 젠더

1. 헌법상 프라이버시 권리의 의미와 헌법적 근거

(1) 여성의 프라이버시 권리의 의미

프라이버시 권리는 일반적으로 국가권력의 제한 없이 자유로이 사생활을 형성하고 영위할 수 있는 권리를 말한다. 동 권리는 원래 미국에서 보통법상의 불법행위 문제에서 출발했으며, 오늘날에는 개인의 중요한 헌법상의 기본권으로 인정되고 있다.[51] 특히 여성에게 있어서 프라이버시 권리의 보장은 여성의 특유한 신체적 특성이나 역할 경험과 관련하여 임신 및 출산 여부에 대한 결정권이 헌법상 어느 범위까지 인정될 수 있는지의 문제를 보여줌으로써 헌법상 젠더의 또 다른 의미를 보여주고 있다. 이처럼 여성의 경우 주되거나 혹은 전적으로 여성에게만 속하는 특성, 역할, 경험으로 인해 특별한 법적 보호를 필요로 하는 프라이버시 이익을 요구하며,[52] 그 대표적인 프라이버시 권리가 여성이 가지는 낙태 여부에 대한 결정권이라 하겠다.

(2) 여성의 프라이버시 권리의 헌법적 근거

평등권이 헌법 제11조에서 헌법적 근거를 찾을 수 있는 것과 달리 우선 여성의 프라이버시 권리의 헌법적 근거를 어디에서 찾을 것인지가 문제된다. 먼저 사생활의 비밀을 침해당하지 않을 권리는 헌법 제17조의 사생활의 자유와 비밀조항에서 찾는 것이 일반적이나, 여성이 국가의 부당한 간섭없이 자유로이 결정을 내릴 수 있는 권리의 헌법적 근거에 대해서는 헌법 제10조에서 인정하려는 견해와 헌법 제17조에서 인정하려는 견해로 나뉘고 있다.

사적 영역에서의 결정권을 헌법 제10조의 인간의 존엄과 가치, 행복추구권

---

51) 피임에 대한 결정권이 문제되었던 1965년 Griswold v. Connecticut 판결(381 U.S. 479)을 통하여 프라이버시는 종래 수정헌법 제1조, 제3조, 제4조 등에 의해서 단편적으로 보호되던 프라이버시 이익에서 벗어나 새로운 일반적인 헌법상의 프라이버시 권리로 승인되었으며, 이후 낙태 여부를 결정할 권리 등으로 확대되었다.

52) Anita Allen, "Women and their Privacy: What is at Stake?", in *Beyond Domination* (Carol C. Gould, ed., 1984), at. 233.

에서 인정하고자 하는 견해53)는 인간의 존엄과 가치, 행복추구권에 자기결정권을 포함하며, 이러한 자기결정권을 인격적 자율권으로 보고 있다.54) 우리 헌법재판소는 개인의 인격권·행복추구권에는 개인의 자기운명결정권이 전제되는 것이고, 이 자기운명결정권에는 성적 자기결정권55)뿐만 아니라 임신과 출산에 관한 결정, 즉 임신과 출산의 과정에 내재하는 특별한 희생을 강요당하지 않을 자유가 포함되어 있다고 한다.56) 따라서 이러한 입장에서는 여성의 결정상의 프라이버시 권리를 헌법 제10조에서 인정하고 있다.

두 번째는 헌법 제17조의 사생활의 비밀과 자유 조항에서 사적 영역에서의 결정권을 인정하는 견해57)이다. 이는 사생활의 자유의 불가침이란 사생활의 자유로운 형성과 전개, 즉 사생활의 자율을 방해 또는 간섭받지 아니할 권리로서,58) 특히 개인의 존엄에 바탕을 둔 혼인과 가족생활을 보장하는 헌법정신에 따라 혼인 여부, 혼인 시기, 배우자 선택, 자녀의 수와 같은 사생활 형성에 관한 사항은 기본권 주체의 일신전속권이기 때문에 어떤 외부의 간섭에 대해서도 이를 배제할 권리를 가진다고 봄59)으로써 여성의 결정상의 프라이버시 권리를 헌법 제17조에서 찾고 있다.

생각건대, 우리 헌법상 제17조에서 사생활의 비밀과 자유를 명문으로 규정하고 있는바, 여성이 자신의 자유로운 사적 영역을 영위하기 위해서 출산이나 성과 관련해서 내리는 결정권은 원칙적으로 이에 포함된다고 할 것이다. 다만 이러한 영역을 넘어가는 부분에 대해서는 헌법 제10조의 인간의 존엄과 가치 규정에

---

53) 성낙인, 헌법학, 법문사, 2022, 1168-1170면; 정재황, 신헌법입문, 박영사, 2020, 344면(자기결정권과 관련하여 헌법 제10조가 주로 근거가 되고 사생활자유를 규정한 헌법 제17조 등도 함께 근거가 되는 경우도 있다고 한다); 한수웅, 헌법학, 법문사, 2021, 557-558면; 김주현, "자기결정권과 그 제한", 헌법논총, 제7집(1996), 30면; 권형준, "헌법상의 자기결정권", 한국헌법학의 현황과 과제: 금랑김철수교수정년기념논문집, 1998, 342, 369-350면, 다만 권형준 교수는 개인의 자기결정권이 헌법 제10조의 일반적 인격권의 한 내용을 이루고 있다고 해석하면서도 자기결정권을 생명·신체의 처분에 관한 자기결정권, reproduction의 자기결정권, Life-style의 자기결정권 및 기타의 자기결정권으로 분류하여, 일부 특히 reproduction의 자기결정권, Life-style의 자기결정권에 속하는 상당 부분이 헌법 제17조에 의하여 보장된다고 한다.
54) 김주현, 앞의 논문(주 53), 1996, 30면.
55) 헌재 1990. 9. 10, 89헌마82.
56) 헌재 2012. 8. 23, 2010헌바402, 판례집 24-2상, 471, 480.
57) 계희열, 헌법학(중), 박영사, 2007, 397-398면; 권영성, 헌법학원론, 법문사, 2010, 451-452면.
58) 계희열, 앞의 책, 397-398면; 권영성, 앞의 책, 455-456면.
59) 허영, 한국헌법론, 박영사, 2012, 398면.

의하여 보호된다고 할 것이다.

구체적으로 여성의 헌법상 프라이버시 권리의 보장 수준을 통해 젠더의 의미를 살펴보기 위하여 성적 영역과 생식적 영역으로 구분하여 사적 결정권에 대한 주요 쟁점을 중심으로 헌법재판소 판례를 검토한다. 여성의 프라이버시 권리를 보호한다는 명분 아래 실질적으로는 오히려 여성의 자주적인 결정권을 제한하는 위헌적인 프라이버시 권리 침해를 구별해내는 것이 필요하며 생식적 영역에서 여성의 프라이버시 권리가 가지는 특별한 의미가 강조될 필요가 있다.

2. 성적 영역에서의 여성의 프라이버시 권리와 판례[60]

여성의 내밀한 사적 영역인 성과 관련해서 상대방이나 행위 여부를 결정할 프라이버시 권리를 가진다. 특히 우리 헌법재판소는 자기운명결정권의 내용 중에 성적 자기결정권이 포함된다[61]고 보고 있으며, 이때 성적 자기결정권이란 "각인 스스로 선택한 인생관 등을 바탕으로 사회공동체 안에서 각자가 독자적으로 성적 관(觀)을 확립하고, 이에 따라 사생활의 영역에서 자기 스스로 내린 성적 결정에 따라 자기책임 하에 상대방을 선택하고 성관계를 가질 권리를 의미한다"고 한다.

이러한 성적 영역에서의 결정권으로서의 프라이버시 권리와 관련해서 문제되어 왔던 것이 형법상의 간통죄와 혼인빙자간음죄의 위헌성 여부이다.

(1) 간통죄와 여성의 프라이버시 권리

형법은 제241조 제1항에서 "배우자 있는 자가 간통한 때에는 2년 이하의 징역에 처한다. 그와 상간한 자도 같다."라고 하여 간통죄를 두고 있었다. 이러한 간통죄 규정은 헌법재판소에서 다섯 차례[62]에 걸쳐 위헌 여부가 심사되었는데, 1990. 9. 10. 선고한 89헌마82 결정[63] 이후 계속해서 합헌이라고 결정[64]되었지만

---

60) 이하의 설명은 최희경, "헌법과 젠더에 관한 고찰", 법학논집 제17권 제2호(2012. 12)를 바탕으로 하였다.

61) 헌법재판소는 헌법 제10조에서 보장하는 인격권 및 행복추구권, 헌법 제17조에서 보장하는 사생활의 비밀과 자유는 자기운명결정권을 전제로 하는 것이며, 이러한 권리내용 중에 성적자기결정권이 포함되어진다고 보고 있다. 헌재 1990. 9. 10, 89헌마82, 판례집 2, 306, 310; 1997. 7. 16, 95헌가6 등, 판례집 9-2, 1, 16-17; 2001. 10. 25, 2000헌바60, 판례집 13-2, 480, 485 등 참조.

62) 헌재 1990. 9. 10, 89헌마82; 1993. 3. 11, 90헌가70; 2001. 10. 25, 2000헌바60; 2008. 10. 30, 2007헌가17; 2015. 2. 26, 2009헌바17.

63) 헌법재판소는 "선량한 성도덕과 일부일처주의·혼인제도의 유지 및 가족생활의 보장을 위하여

2015. 2. 26. 선고한 2009헌바17 결정[65]에서 위헌으로 판단되었다. 헌법재판소는 간통죄는 선량한 성풍속 및 일부일처제에 기초한 혼인제도를 보호하고 부부간 정조의무를 지키게 하기 위한 것으로 그 입법목적의 정당성은 인정된다고 보았지만 수단의 적절성 및 침해 최소성을 갖추지 못하였고 법익의 균형성도 상실하였으므로, 과잉금지원칙을 위반하여 국민의 성적 자기결정권 및 사생활의 비밀과 자유를 침해하는 것으로 헌법에 위반된다고 결정하였다.

　헌법재판소는 최근 전통적인 가족 구조 및 가족 구성원의 역할이나 지위에 대한 인식이 변화하고 있고, 급속한 개인주의 및 성 개방적 사고가 확산됨에 따라 결혼과 성에 대한 인식도 바뀌어 가고 있다는 점을 강조하였으며, "다만, 과거 우리 사회에서 간통죄의 존재가 여성을 보호하는 역할을 수행하였던 것은 부인할 수 없다. 우리 사회에서 여성은 사회적·경제적 약자였고 간통 행위는 주로 남성에 의하여 이루어졌으므로, 간통죄의 존재가 남성들로 하여금 간통 행위에 이르지 않도록 심리적 억제 작용을 하였고, 나아가 여성 배우자가 간통 고소를 취소하는 조건으로 남성 배우자로부터 위자료나 재산분할을 받아내는 경제적 기능을 수행하였다. 그러나 오늘날 우리 사회의 변화는 간통죄의 위와 같은 존재 이유를 상당 부분 상실하도록 하였다. 우선 여성의 사회적·경제적 활동이 활발하여짐에 따라 여성의 생활 능력과 경제적 능력이 향상됨으로써, 여성이 언제나 경제적 약자라는 전제가 적용되지 않게 되었다. 또한 … 민법상 처의 재산분할청구권이 인정되고 주부의 가사노동도 재산형성에 대한 기여로 인정되어 이혼 후의 생활토대를 마련할 수 있는 제도가 마련되었고, 부부의 이혼 시 위자료를 통한 손해배상청구권이 현실화되었으며, 양육비의 청구 등으로 자녀의 양육이 가능하게 된 것이다."[66]라는 점을 들고 있다. 간통죄는 헌법재판소법 제47조 제3항 단서 조

나 부부간의 성적성실의무의 수호를 위하여, 그리고 간통으로 인하여 야기되는 사회적 해악의 사전예방을 위하여, 간통행위를 규제하고 처벌하는 것은 성적 자기결정권의 본질적 내용을 침해하여 인간으로서의 존엄과 가치 및 행복추구권을 부당하게 침해하거나 헌법 제36조 제1항의 규정에 반하지 않는다"고 결정하였다. 그러나 한병채, 이시윤, 김양균 재판관은 이에 반대하였으며, 특히 김양균 재판관은 헌법 제10조와 제17조에서 사생활 은폐권이 인정된다고 보았으며, 간통죄가 이를 침해한다고 보았다(헌재 1990. 9. 10, 89헌마82).

64) 헌재 1990. 9. 10, 89헌마82; 1993. 3. 11, 90헌가70; 2001. 10. 25, 2000헌바60; 2008. 10. 30, 2007헌가17.
65) 헌재 2015. 2. 26, 2009헌바17 등, 판례집 27-1상, 20.
66) 헌재 2015. 2. 26, 2009헌바17 등, 판례집 27-1상, 20, 30.

항[67])에 의하여 간통죄 합헌결정이 있는 날의 다음 날인 2008. 10. 31.로 소급하여 효력을 상실하였다.

간통죄의 경우 그 처벌 배후에는 혈통의 보전과 여성 정절의 강요라는 전통적인 가부장적 이데올로기가 놓여있다는 측면[68])에서 동 조항이 여성의 프라이버시 권리를 보다 직접적으로 침해하는 것은 아닌지가 문제되어 왔다. 또한 간통죄의 경우 실제로 여성에게 더 가혹하게 적용되는 파행성을 띠고 있었다.[69]) 나아가 간통죄는 한편으로는 기혼여성에게 배우자의 부정으로부터 혼인을 유지시켜주는 든든한 보루인 양 과대평가 받고 있으며, 또 다른 한편으로는 기혼여성의 부정에 대해서 가혹한 잣대를 들이대며 부의 혈통의 순수성을 보장할 수 있는 수단으로 여겨져 왔다. 간통죄 위헌결정을 통하여 여성의 경우도 스스로의 책임하에 혼인 생활을 유지하는 자율적 존재로 인식의 전환을 가져왔으며, 성적결정권을 향유함에 있어서 스스로의 판단과 책임이 강조되고 있다.

(2) 혼인빙자간음죄와 여성의 프라이버시 권리

헌법재판소에서 2009년 위헌으로 결정된 형법 제304조는 "혼인을 빙자하거나 기타 위계로써 음행의 상습 없는 부녀를 기망하여 간음한 자는 2년 이하의 징역 또는 500만 원 이하의 벌금에 처한다"고 하여 혼인빙자간음죄를 처벌하였다. 이러한 혼인빙자간음죄는 2002년 처음 헌법재판소에서 그 위헌성 여부가 판단되었으며, 이때에는 합헌으로 판단되었다.[70]) 혼인빙자간음죄에 대해서는 미혼남녀의 합의한 혼전 성관계에 대해서 남성이 혼인을 빙자한 경우를 구별하여 이를 처벌하는 것이 과연 여성의 성적 자기결정권을 보호하기 위한 것으로 헌법상 허용되는 것인지, 아니면 이들에 대한 보호의 측면이 오히려 여성의 프라이버시 권리를 침해하는 것은 아닌지가 문제되어 왔다.

---

67) 형법 제47조 제3항 "형벌에 관한 법률 또는 법률의 조항은 소급하여 관한 법률 또는 법률의 조항은 소급하여 그 효력을 상실한다. 다만 해당 법률 또는 법률의 조항에 대하여 종전에 합헌으로 결정한 사건이 있는 경우에는 그 결정이 있는 날의 다음 날로 소급하여 효력을 상실한다."

68) 김규헌, "형법개정안 중 낙태죄 및 간통죄에 관한 검토", 법조 제453호(1994. 6), 167면 참조.

69) 헌재 1990. 9. 10, 89헌마82 한병채 · 이시윤 재판관의 반대의견; 또한 조국 교수는 "여성보호기능을 하는 것으로 말해지는 간통죄는 과잉범죄화의 대표적 예로서 실제 여성보호의 기능을 하고 있지 못하고 있으며, 오히려 여성의 성적 자기결정권 행사에 족쇄로 기능하고 있다"고 주장한다. 조국, 형사법의 성편향, 박영사, 2003, 230면.

70) 헌재 2002. 10. 31, 99헌바40, 2002헌바50(병합).

혼인빙자간음죄의 위헌성 여부를 처음으로 판단한 헌법재판소는 "혼인빙자간음죄가 청구인들의 성적 자기결정권을 제한하는 측면도 있는 것이 사실이나, 혼인을 빙자한 부녀자 간음행위는 그 또한 피해 여성의 성적 자기결정권을 침해하는 것이 되어 기본권행사의 내재적 한계를 명백히 벗어난 것으로서, 사회의 질서유지를 위하여 그 제한이 불가피하다"고 보았다. 나아가 법률조항은 청구인들의 성적 자기결정권에 대한 필요 최소한의 제한으로서 그 본질적 부분을 침해하는 것도 아니므로 헌법 제37조 제2항의 과잉금지의 원칙에 위반되지 않는다고 보았다.[71]

혼인빙자간음죄를 처벌하는 형법 제304조(이하, '이 사건 법률조항'이라 한다)는 동일한 시각에서 입장을 바꾸어 보면, 청구인들의 성적 자기결정권을 제한하는 측면도 있는 것이 사실이나, 혼인을 빙자한 부녀자 간음행위는 그 또한 피해 여성의 성적 자기결정권을 침해하는 것이 되어 기본권행사의 내재적 한계를 명백히 벗어난 것으로서, 사회의 질서유지를 위하여 그 제한이 불가피하다. 이 사건 법률조항은 청구인들의 성적 자기결정권에 대한 필요 최소한의 제한으로서 그 본질적인 부분을 침해하는 것도 아니므로 헌법 제37조 제2항의 과잉금지의 원칙에 위반된다고 볼 것도 아니다. 나아가 헌법재판소는 "국가가 여성의 성적 자기결정권을 보호하는 이유는 여성이 남성에 비하여 열등한 존재라거나 그 결정권을 행사할 능력이 부족해서가 아니라, 파렴치한 남성의 간음행위로 돌이킬 수 없는 충격과 피해를 입은 여성을 보호하자는 데서 찾을 수 있다."고 하였다.

하지만 이후 헌법재판소는 혼인빙자간음죄에 대하여 입장을 변경하였으며, "이 사건 법률조항은 남녀평등의 사회를 지향하고 실현해야 할 국가의 헌법적 의무(헌법 제36조 제1항)에 반하는 것이자, 여성을 유아시 함으로써 여성을 보호한다는 미명 아래 사실상 국가 스스로가 여성의 성적 자기결정권을 부인하는 것이 되는 것이다. 나아가 개인 스스로 선택한 인생관·사회관을 바탕으로 사회공동체 안에서 각자의 생활을 자신의 책임 아래 스스로 결정하고 형성하는 성숙한 민주시민이 우리 헌법이 지향하는 바람직한 인간상이라는 점에 비추어 볼 때, 결국 이 사건 법률조항이 보호하고자 하는 여성의 성적자기결정권은 여성의 존엄과 가치에 역행하는 것이라 하지 않을 수 없다.[72]"고 판시하였다.

---

71) 헌재 2002. 10. 31, 99헌바40, 2002헌바50(병합).
72) 헌재 2009. 11. 26, 2008헌바58 등 결정, 판례집 제21권 제2집 하, 520, 530.

이처럼 여성의 프라이버시 권리의 측면에서 비교해 볼 때 헌법재판소의 2002년 결정과 2009년 결정에서의 변화에는 여성을 바라보는 시각에 대한 변화가 놓여있다. 즉 헌법재판소는 2002년 합헌결정에서 여성은 여전히 사회적으로 불리한 약자의 지위에 놓여 있고 아직도 여성의 성은 이러한 지위에 종속되어 있으며, 성 문제에 있어서 여성은 도저히 남성과 대등한 입장에 있다고 볼 수 없다고 보았다. 하지만 2009년 위헌결정에서는 "여성의 사회적·경제적 활동이 활발하여짐에 따라 여성의 생활 능력과 경제적 능력이 향상됨으로써 여성이 사회적·경제적 약자라는 전제가 모든 남녀관계에 적용되지는 않게 되었고, 아울러 여성도 혼인과 상관없이 성적 자기결정을 하는 분위기가 널리 확산되었다. …그럼에도 국가가 나서서 그 상대방인 남자만을 처벌한다는 것은 그 자체가 아직도 여성을 사회적 약자로 보아 여성을 비하하는 것이 된다."[73]고 보고 있다.

이와 같이 여성에 대한 인식이 일방적인 보호 대상으로 바라보던 남성주의적 시각에서 벗어나 이제 보호 객체로만 보는 것 자체를 여성비하로 평가할 만큼 여성을 남성과 마찬가지로 성적 자기결정에 대한 책임의 주체로 이해하고 있음을 알 수 있다.[74] 혼인빙자간음죄는 성인 여성이 스스로의 판단 아래 행한 혼전 성행위를 이후 국가가 여성을 보호한다는 이유로 상대방을 처벌하는 것으로서 여성의 프라이버시 권리에 대한 과잉보호이며, 오히려 여성의 스스로의 책임에 따른 자주적 결정권을 무시하는 것이다. 여성이 가지는 성적 자기결정권은 스스로의 결정 하에 본인 책임하에 성관계를 가질 권리이며, 그에 대한 책임도 자주적 인격체로서 여성 스스로 져야 한다는 점에서 이의 폐지는 타당하다고 하겠다.

3. 생식적 영역에서의 여성의 프라이버시 권리

(1) 피임 및 불임과 여성의 프라이버시 권리

여성이 자신의 인생 계획에 따라 임신 시기, 여부 등을 조절할 수 있도록 피임이나 불임에 대한 결정권은 국가의 간섭으로부터 자유로운 프라이버시 권리로 보호되어야 한다. 이는 태아의 잠재적 생명이 관련되어 있지 않다는 점에서 낙태에 비하여 허용 여부에 대한 논란의 여지가 적지만, 그렇다고 해서 우리나라 여

---

73) 헌재 2009. 11. 26, 2008헌바58 등 결정, 판례집 제21권 제2집 하, 520, 535.

74) 이용식, "판례를 통해서 본 성(性)에 대한 법인식의 변화 — 혼인빙자간음죄·강간죄·간통죄를 중심으로", 형사법연구 제21권 제4호(2009), 297면.

성이 이러한 권리를 충분히 향유하여 왔다고 단언하기는 어렵다.

먼저 우리나라에서 피임은 성과 재생산에 관한 여성 스스로의 결정에 의해서가 아니라 국가의 경제발전 추구를 위한 한 수단으로 인구의 수나 노동력 조절[75]을 위해 이용되었다. 즉 국가공권력에 의하여 여성의 성과 생식이 정책적으로 계획되고 조절되었으며, 이에 관한 여성의 권리와 그 의미에 대해서는 별다른 관심이 주어지지 않았다. 특히 정부는 외국의 원조와 국가 예산을 투여해 피임을 보급해왔을 뿐 아니라, 자녀의 수에 따라 각종 혜택과 제약을 두어 피임을 유인, 강제하는 적극적 통제를 하여 왔다.[76] 또한 피임대상자선정의 효율성이라는 양적 측면에만 중점이 두어지고 피임대상자의 건강이나, 만족, 피임 서비스의 향상과 복지 등의 질적 문제가 도외시됨으로써 여성은 가족 계획 정책의 목표 달성을 위한 대상으로 수단화되었을 뿐 여성 자신을 위한 적절한 정책적 뒷받침을 받지 못해왔다.[77] 이러한 가족 계획에 관련되는 법률로서 피임에 관련되는 약사법은 1963년 제정·실시되었고, 수태조절을 규율하는 모자보건법은 1973년 제정·실시되었다. 또한 1986년 전면 개정된 모자보건법은 제12조에서 피임 시술 및 피임 약제의 보급에 관해서 규정하고 있다.

이처럼 피임에 대한 권리가 여성에게 인정되지만, 이는 여성이 자신의 삶을 계획하고 자녀를 조절하는 스스로의 결정권이라는 의미보다는 국가의 산아제한 정책에 따라 지도되는 권리로서 그 정책실행의 효율성만이 강조되고 있다. 따라서 이후 여성의 권리가 국가정책이나 입법에 의해서 그 보장 여부나 범위가 조절되며 간섭받을 수 있다는 측면에서 여성 스스로의 결정권의 의미가 강조되어야 한다.

한편 자발적 불임의 문제를 살펴보면, 미국에서는 여성이 의사나 의료시설로

---

75) 가족계획정책의 실시동기가 무엇이었는가에 대한 대답은 60년대 국회에서 주요쟁점이 되고 있는 산아제한실시에 관한 입법부와 행정부의 논의과정을 통해서 찾아볼 수 있다. 입법부의 반대논지는 산아제한이 인륜에 위배될 뿐만 아니라 경제발전을 위해 필요한 인력수급에 지장을 초래한다는 설명으로 요약된다. 이에 대해 행정부는 경제발전을 위해 오히려 산아제한에 의한 인구성장억제가 필수적임을 주장한다. 즉 입법부와 행정부의 의견이 표면적으로는 대립하는 것으로 나타나지만, 그 주장의 근거는 산아제한 실시가 경제발전에 유리한가 불리한가로 귀착되고 있다. 여기서 출산 당사자인 여성의 입장이나 이해는 반대나 옹호주장의 근거로 전혀 반영되지 않는다. 이명선, "국회속기록에 나타난 여성정책시각: 가족계획에 대하여", 여성학논집 제7집(1990), 129-130면.
76) 이재경, "국가와 성통제 — 성관련법과 정책을 중심으로", 한국여성학 제9집(1993).
77) 이명선, 앞의 논문(주 75), 130면 참조.

부터의 반대에 부딪혀 소송[78]을 제기한 적도 있지만, 우리의 경우 현실적으로 자발적 불임수술이 금지되거나 규제를 받아서 법적 문제로 다투어진 적은 없다. 1973년 이를 허용하는 모자보건법이 제정되기 이전에는 불임수술을 직접적으로 규율하는 법은 없었으며, 다만 형법상 상해죄(제257조)가 규정되어 있더라도 그 해석론상으로는 피해자의 동의가 있는 경우에는 위법성이 조각되는 것으로 보는 것이 통설이었다. 따라서 우리나라에서 자발적인 불임수술은 허용되는 것으로 추정되어 왔다.[79] 한편 보건사회부 장관의 명령에 따른 강제 불임수술을 규정한 모자보건법 제9조[80]가 제정된 다음 해인 1974년에는 모자보건법의 영향을 받았음인지 자발적인 불임수술이 약 2배로 증가하였다.[81]

강제적 불임의 경우를 보면 1998년 강제불임수술조항이 폐지되었으나, 종전에는 강제 불임과 관련하여 불임수술 비용이나 부담 능력이 없는 자에 대한 불임수술비는 국가 예산의 범위 내에서 보조할 수 있도록 하는 규정(법 제10조 제3호)을 둠으로써, 강제 불임을 장려할 수 있는 정책으로 인해 출산을 결정한 여성의 프라이버시 권리를 침해할 소지가 있었다. 특히 강제 불임술이 수용시설에 있는 사람을 대상으로 행해졌던 것은 문제점으로 지적될 수 있다.[82] 종래 강제 불임을 지지하는 입장은 정신적·신체적으로 장애가 있는 자는 부모 역할을 적절히 수행할 수 없다는 가정에 근거하고 있다. 또한 장애를 가진 자녀의 출생을 미연에 방지하는 것이 국가나 사회 전체의 부담을 덜 수 있다는 견해에 근거한다. 하지만 강제 불임술은 자녀를 가질 자격에 대한 국가의 판단에 근거하여 여성의 출산권에 극단적 통제를 가하는 것으로서, 여성 중에서도 빈곤층이나 장애 여성이 주된

---

78) 453 F.2d 698 (2d Cir. 1971); 475 F.2d 701 (1st Cir. 1973).

79) 김주수, "법적 제도적인 면에서 본 인구성장억제의 대책", 고려대 법률행정논집 제14집(1976), 48면 참조.

80) 1973년 제정된 모자보건법은 보건사회부 장관이 유전질환을 예방하기 위해 강제 불임수술을 명령할 수 있도록 규정하고 있었다. 보건사회부는 1998년 이 법이 폐기될 때까지 강제 불임수술 명령이 내려진 적은 한 번도 없다고 밝혔다. 하지만 이러한 해명과 달리 충남 보령 정심원은 1975년 1월 16일 "정신지체여성 12명에게 불임시술을 허가해달라"고 요청했고, 같은 해 6월 24일 유전성 질환으로 밝혀진 9명에 대해 불임시술이 허용된 것으로 밝혀졌다. 조선일보, 1999, 8. 20. 금요일자.

81) 김주수, 앞의 논문(주 79), 48-49면.

82) 1999년 국내 정신지체 장애인 66명이 수용 중인 보호 시설에 의해 강제 불임수술을 받은 것이 문제화되기도 하였다. 60개 정신지체 장애 시설에서 83년부터 98년까지 남자 48명, 여자 27명 등 75명이 불임수술을 받았으며, 이 가운데 남자 40명, 여자 26명 등 66명이 강제 수술을 받았다고 한다. 조선일보, 1999년 8월 20일 금요일자.

정책집행의 대상이 되고 있다. 하지만 자녀를 낳을 권리는 인간에게 본능적인 중요한 권리이며, 이를 결정한 권리는 단순히 우생학적 논거나 사회 부담을 이유로 제한할 수 있는 것은 아니다. 따라서 부모로서의 의무를 이해하고 생식의 의미를 이해하기 위해서 최소한의 정신적 능력은 필요할 수 있지만, 그 외의 사유에 따른 국가의 부당한 강제 불임술은 여성의 프라이버시 권리에 대한 위헌적 침해라고 하겠다.

(2) 낙태와 여성의 프라이버시 권리

여성이 자신의 삶을 영위하면서 출산을 원하는 시기와 그 여부를 자유롭게 조절할 수 있는 완벽한 통제 수단이 현실의 세계에는 마련되어 있지 않다는 점에서 법으로 낙태를 금지하여 여성에게 임신과 출산, 모성의 역할을 강제하거나 불법적인 위험한 낙태 시술을 받도록 하는 것이 여성의 프라이버시 권리의 견지에서 허용될 수 있는지의 문제가 제기되어 왔다.

낙태와 관련하여, 우리 법체계는 낙태죄를 규정한 「형법」과 위법성 조각 사유를 규정한 「모자보건법」으로 이원화되어 있었다. 형법은 1953년의 제정 당시부터 부녀의 낙태를 금지하고 있었고(제269조), 의사와 조산사 등이 낙태죄를 범한 경우도 벌하고 있었다(제270조). 그러나 1973년 정부는 가족계획사업을 뒷받침하기 위하여 인공임신중절에 대한 일부 허용의 길을 열기 위해서 「모자보건법」을 제정했으며, 일정한 정당화사유가 있는 경우 낙태를 허용하고 있다. 즉 「모자보건법」 제14조에서는 의사는 본인과 배우자의 동의를 얻어서 인공임신중절을 할 수 있다고 하면서, 허용되는 경우로서 ① 우생학적 또는 유전학적 정신장애나 신체질환 ② 전염성 질환 ③ 강간 또는 준강간에 의한 임신 ④ 법률상 혼인할 수 없는 혈족 또는 인척간의 임신 ⑤ 임신의 지속이 보건 의학적 이유로 모체의 건강을 심각하게 해치고 있거나 해칠 우려가 있는 경우를 들고 있다. 이러한 인공임신중절수술은 임신한 날로부터 24주 이내에 하여야 한다.[83]

그러나 이러한 낙태죄 조항에 대해서는 태아의 생명권을 강조하는 입장에서는 낙태의 허용 사유가 너무 넓어서 태아의 생명권이 침해된다고 보았지만,[84] 다

---

83) 모자보건법 시행령 제15조 제1항.

84) 오상걸, "모자보건법(형법개정안 제135조)과 태아의 생명권", 변호사 제26집(1996), 535, 547면. 또한 권형준, "생명권의 보호에 관한 고찰", 한양대 법학논총 제5편(1988), 255면; 김규헌, "형법

른 한편에서는 낙태 허용 사유가 너무 제한적이어서 여성의 프라이버시 권리가 침해된다고 보았다.[85] 또한 일정한 사유가 있는 경우에만 낙태를 허용하고 있으나, 실제 기소되거나 처벌받는 사례는 드물며 다만 아들을 선호하는 한국적 상황과 맞물려 성감별 낙태가 성행하자 이에 대한 규제[86]만이 상대적으로 엄격하게 행해지고 있었다.

(3) 낙태죄에 대한 헌법재판소의 판단

헌법재판소는 낙태죄 조항에 대하여 두 차례의 판단을 하였다. 먼저 헌법재판소는 2012년에는 임신한 여성의 자기낙태를 처벌하는 형법 제269조 제1항(이하 '자기낙태죄 조항'이라 한다)에 대하여 임신 초기의 낙태나 사회적·경제적 사유에 의한 낙태를 허용하고 있지 아니한 것이 임부의 자기결정권에 대한 과도한 제한이라고 보기 어려우므로, 자기낙태죄 조항은 헌법에 위반되지 아니한다고 결정하였다.[87] 하지만 헌법재판소는 2019년에는 낙태죄 조항에 대하여 헌법불합치 결정을 하였다.

1) 2012년 헌법재판소 결정의 주요 내용

헌법재판소는 여성에게 임신과 출산에 관한 결정을 할 자유가 있음을 인정하였지만, 낙태죄 조항이 임부의 자기결정권을 침해하지는 않는다고 보았다. 먼저 헌법재판소는 여성의 낙태 여부를 결정할 프라이버시 권리와 관련하여 헌법 제10조는 개인의 인격권과 행복추구권을 보장하고 있으며, 개인의 인격권·행복추구권에는 개인의 자기 운명 결정권이 전제되는 것이고, 이 자기 운명 결정권에

개정안 중 낙태죄 및 간통죄에 관한 검토", 법조 제453호(1994. 6), 146-159면; 김일수, "낙태죄의 해석론과 입법론", 고려대 법률논집 제27집(1992), 93-94면; 허영, "인공임신중절과 헌법", 공법연구 제5집(1977), 87-93면 참조.

85) 윤후정, "형벌과 양성평등", 이화여대 사회과학논집 제8집(1988); 천종숙, "인격권과 민·형법상의 과제(상)", 경찰대 논문집 제12집(1992), 80-81면.

86) 의료법 제20조 ① 의료인은 태아 성 감별을 목적으로 임부를 진찰하거나 검사하여서는 아니 되며, 같은 목적을 위한 다른 사람의 행위를 도와서도 아니 된다고 규정하고 있었다. 하지만 헌법재판소는 태아의 성별에 대하여 이를 고지하는 것을 금지하는 동 조항에 대해서 헌법불합치결정을 내렸다. 헌재 2008. 7. 31, 2004헌마1010 등, 판례집 20-2상, 236. 헌법재판소의 결정 이후 개정된 의료법 제20조 제2항은 "의료인은 임신 32주 이전에 태아나 임부를 진찰하거나 검사하면서 알게 된 태아의 성(性)을 임부, 임부의 가족, 그 밖의 다른 사람이 알게 하여서는 아니 된다"고 하여 임신 32주 이후에는 태아의 성을 고지할 수 있도록 하고 있다.

87) 헌재 2012. 8. 23, 2010헌바402, 판례집 24-2상, 471.

는 임신과 출산에 관한 결정, 즉 임신과 출산의 과정에 내재하는 특별한 희생을 강요당하지 않을 자유가 포함되어 있다고 한다.[88] 그리고 자기낙태죄 조항은 "부녀가 약물 기타 방법으로 낙태한 때에는 1년 이하의 징역 또는 200만 원 이하의 벌금에 처한다."고 규정함으로써, 태아의 생명을 보호하기 위하여 태아의 발달단계나 독자적 생존능력과 무관하게 임부의 낙태를 원칙적으로 금지하고 이를 형사처벌하고 있으므로, 헌법 제10조에서 도출되는 임부의 자기결정권, 즉 낙태의 자유를 제한하고 있다고 보았다.

하지만 헌법재판소는 태아도 그 성장 상태를 막론하고 생명권의 주체로서 보호받아야 하는 존재라는 점에서 수정란이 자궁에 착상한 이후부터 출산하기 이전까지의 태아를 성장 단계에 따라 구분하여 보호의 정도를 달리하는 것은 정당화될 수 없다고 하였다.

또한 헌법재판소는 태아의 생명 보호를 위해 낙태를 방지하는 방법으로 비형벌적 제재가 아닌 형벌적 제재를 택한 것이 지나치게 과도한 방법인지에 대하여, 자기낙태죄 조항이 형벌로써 낙태를 규제하고 있음에도 불구하고 여전히 불법적인 낙태가 성행하고 있고 그에 대한 처벌이 거의 이루어지지 않고 있는 현실에서, 만일 낙태를 처벌하지 않거나 형벌보다 가벼운 제재를 가하게 된다면 현재보다도 훨씬 더 낙태가 만연하게 되어 자기낙태죄 조항의 입법목적을 달성할 수 없게 될 것임을 강조하였다. 그리고 성교육과 피임법의 보편적 상용, 임부에 대한 지원 등은 원하지 않는 임신을 미연에 방지하는 수단이 될 수 있을지는 모르나 불법적인 낙태를 방지할 효과적인 수단이 되기에는 부족하다고 판단하였다.

이에 대해 반대의견은 원하지 않는 임신이 초래하는 불행한 결과 등을 고려하여 일정 시점까지 임부의 자기결정권을 존중해줄 필요가 있음을 강조하고 있다. 즉 태아는 생성 중인 인간으로서 생물학적으로 모체 내에서 모체에 종속되어 있어 생명의 유지와 성장을 전적으로 모체에 의존하고 있는 불완전한 생명이며, 임신과 출산은 기본적으로 모(母)의 책임하에 대부분이 이루어지므로, 원하지 않은 임신 내지 출산이 모(母)와 태아 그리고 우리 사회 전체에 불행한 결과를 초래할 수 있다는 현실(미혼모 문제, 해외 입양 문제, 영아유기·치사 문제, 고아 문제 등)을 감안하면, 임신 기간 중 일정 시점까지는 임부의 자기결정권을 존중해 줄 필요가

88) 헌재 2012. 8. 23, 2010헌바402, 판례집 24-2상, 480.

있다는 것이다.[89]

결과적으로 낙태죄 조항은 임신 초기(임신 1주~12주)의 낙태까지 전면적, 일률적으로 금지하고 처벌하고 있다는 점에서 침해의 최소성 원칙 및 법익 균형성의 원칙을 위배하여 임부의 자기결정권을 침해하는 것으로서, 헌법에 위반된다고 하였다.[90]

낙태죄의 여성의 자기결정권 침해와 관련하여 반대의견에서 임신과 출산이 모의 책임하에 이루어진다는 것과 원하지 않는 임신과 출산으로 인한 결과를 언급하고 있는 것과 달리 법정 의견은 임신과 출산이 여성의 삶에 있어서 가지는 의미나 여성의 결정권이 존중되어야 한다는 점에 대한 별다른 고려가 행해지지 않았다. 이러한 헌법재판소의 태도는 사회적·경제적 사유에 의한 낙태의 필요성에 대한 요구와 그 허용 여부를 둘러싼 젠더 관점에 대한 신중한 고려가 전혀 행해지지 않은 것이라 하겠다.

2) 2019년 헌법재판소 결정의 주요 내용

하지만 2019년 헌법재판소는 낙태죄 조항에 대하여 헌법불합치 결정을 내렸다.[91] 먼저 헌법상 인정되는 자기결정권에는 여성이 그의 존엄한 인격권을 바탕으로 하여 자율적으로 자신의 생활영역을 형성해 나갈 수 있는 권리가 포함되고, 여기에는 임신한 여성이 자신의 신체를 임신 상태로 유지하여 출산할 것인지 여부를 결정할 수 있는 권리가 포함되어 있다고 보았다. 그리고 자기낙태죄 조항은 모자보건법이 정한 일정한 예외를 제외하고는 태아의 발달단계 혹은 독자적 생존능력과 무관하게 임신기간 전체를 통틀어 모든 낙태를 전면적·일률적으로 금지하고, 이를 위반할 경우 형벌을 부과하도록 정함으로써, 형법적 제재 및 이에 따

---

89) 헌재 2012. 8. 23, 2010헌바402, 판례집 24-2상, 485. 재판관 이강국, 재판관 이동흡, 재판관 목영준, 재판관 송두환의 반대의견.
90) 헌재 2012. 8. 23, 2010헌바402, 판례집 24-2상, 487. 재판관 이강국, 재판관 이동흡, 재판관 목영준, 재판관 송두환의 반대의견.
91) 헌법재판소는 형법 제269조 제1항, 제270조 제1항 중 '의사'에 관한 부분은 모두 헌법에 합치되지 아니하며, 위 조항들은 2020. 12. 31.을 시한으로 입법자가 개정할 때까지 계속 적용된다고 결정하였다. 재판관 유남석, 재판관 서기석, 재판관 이선애, 재판관 이영진은 헌법불합치의견을, 재판관 이석태, 재판관 이은애, 재판관 김기영이 단순위헌의견을, 재판관 조용호, 재판관 이종석이 합헌의견을 제시하였다. 헌재 2019. 4. 11, 2017헌바127, 판례집 31-1, 404. 헌법재판소 결정에 관해서는 김광재, "낙태죄 헌법불합치결정 및 입법개선방향에 대한 고찰", 인권과 정의 제437호(2020); 전상현, "낙태와 헌법해석", 법과 사회 제63호(2020) 등 참조.

른 형벌의 위하력(威嚇力)으로 임신한 여성에게 임신의 유지·출산을 강제하고 있으므로, 임신한 여성의 자기결정권을 제한하고 있다고 한다.

헌법재판소는 임신한 여성의 자기결정권과 태아의 생명권의 직접적인 충돌을 해결해야 하는 사안으로 보는 것은 적절하지 않다고 보았으며, 낙태죄와 관련해서 국가가 태아의 생명 보호를 위해 확정적으로 만들어 놓은 자기낙태죄 조항이 임신한 여성의 자기결정권을 제한하고 있는 것이 과잉금지원칙에 위배되어 위헌인지 여부를 검토하였다.[92]

먼저 자기낙태죄 조항은 태아의 생명을 보호하기 위한 것으로서 그 입법목적이 정당하고, 낙태를 방지하기 위하여 임신한 여성의 낙태를 형사처벌하는 것은 이러한 입법목적을 달성하는 데 적합한 수단이라고 보았다. 하지만 자기낙태죄 조항은 모자보건법에서 정한 사유에 해당하지 않는다면 결정 가능 기간(착상시부터 태아가 모체를 떠나서도 독자적으로 생존할 수 있는 시점인 임신 22주 내외에 도달하기 전이면서 여성이 임신과 출산에 관한 자기결정권을 행사하기에 충분한 시간이 보장되는 일정 시점) 중에 다양하고 광범위한 사회적·경제적 사유를 이유로 낙태 갈등 상황을 겪고 있는 경우까지도 예외 없이 전면적·일률적으로 임신의 유지 및 출산을 강제하고, 이를 위반한 경우 형사처벌하고 있는 점을 들어서, 자기낙태죄 조항은 입법목적을 달성하기 위하여 필요한 최소한의 정도를 넘어 임신한 여성의 자기결정권을 제한하고 있어 침해의 최소성을 갖추지 못하였다고 보았다. 그리고 태아의 생명 보호라는 공익에 대하여만 일방적이고 절대적인 우위를 부여함으로써 법익 균형성의 원칙도 위반하였다고 한다. 따라서 자기낙태죄 조항에 대해서 과잉금지원칙을 위반하여 임신한 여성의 자기결정권을 침해한다고 결정하였으며, 자기낙태죄 조항과 동일한 목표를 실현하기 위하여 임신한 여성의 촉탁 또는 승낙을 받아 낙태하게 한 의사를 처벌하는 의사 낙태죄 조항도 같은 이유에서 위헌이라고 보아야 한다고 한다.[93]

헌법재판소의 이번 결정에서는 종전의 합헌결정에서와는 달리 젠더 관점에서 여성의 임신 여부에 대한 자기결정권을 판단하고 있다. 즉 임신과 출산·양육이 여성에게 미치는 의미와 낙태 여부에 대한 결정권의 의미가 강조되어 있다.

---

92) 헌재 2019. 4. 11, 2017헌바127, 판례집 31-1, 404. 418-419.
93) 헌재 2019. 4. 11, 2017헌바127, 판례집 31-1, 404. 427.

헌법재판소는"여성에게 있어서 자녀의 양육은 20년 가까운 기간 동안 끊임없는 신체적·정신적·정서적 노력을 요구하고, 여성이 처한 다양하고 광범위한 사회적·경제적 상황에 따라 적지 않은 경제적 부담과 직장 등 사회생활에서의 어려움, 학업 계속의 곤란 등을 초래할 수 있다. 이러한 부담과 어려움은 성차별적인 관습, 가부장적 문화, 열악한 보육 여건 등의 사회적 문제가 가세할 경우 더욱 가중된다.94)"는 점을 들고 있으며, 낙태 여부에 대한 결정이 인간의 존엄성과 자율성에 터 잡고 있는 것이라 보고 있다. "이처럼 임신·출산·육아는 여성의 삶에 근본적이고 결정적인 영향을 미칠 수 있는 중요한 문제이므로, 임신한 여성이 일정한 범위 내에서 자신의 몸을 임신 상태로 유지하여 출산할 것인지 여부를 결정하는 것은 자신의 생활영역을 자율적으로 형성해 나가는 것에 관한 것으로서 인간의 존엄성과 자율성에 터 잡고 있는 것이다."95)

한편 헌법재판소에서 다투어지지 않았지만 「모자보건법」상 여성의 합법적 낙태 시술 시 배우자의 동의를 얻도록 하는 조항96)은 부부간의 합치된 의사를 전제로 하는 이상적인 것이지만, 현실에서는 협의가 이루어지지 않는 경우가 있을 수 있으며 이때 어느 한 사람의 의사가 우선할 수밖에 없는데 배우자 동의조항을 통해서 여성의 의사를 도외시하는 것은 남성의 결정권을 우선하는 것으로서 가족 내에서 남성의 결정권을 일방적으로 우선시하는 고정관념을 반영하는 것이라 하겠다. 임신으로 인해 직접적인 영향을 받는 것은 여성인데도97) 배우자의 동의를 얻도록 함으로써 사실상 남성의 의사를 우선시키며 여성의 이해관계를 고려하지 않는 것은 낙태를 결정할 여성의 결정권을 침해하는 위헌적인 것이다.

(4) 헌법재판소의 낙태죄 결정 이후

헌법재판소가 형법 제269조 제1항 자기낙태죄와 낙태 시술을 한 의료진을

---

94) 헌재 2019. 4. 11, 2017헌바127, 판례집 31-1, 404. 420.
95) 헌재 2019. 4. 11, 2017헌바127, 판례집 31-1, 404. 420.
96) 모자보건법 제14조(인공임신중절수술의 허용한계) ① 의사는 다음 각 호의 어느 하나에 해당되는 경우에만 본인과 배우자(사실상의 혼인관계에 있는 사람을 포함한다. 이하 같다)의 동의를 받아 인공임신중절수술을 할 수 있다.
97) 심영희 교수는 이것은 여성의 몸에 대한 결정권이 여성에게 있는 것이 아니라 남편이나 아버지에게 있다는 가부장적 관점을 보여준다고 비판한다. "권력·성: 몸의 권리와 성 관련법의 개선안", 조형 엮음, 양성평등과 한국법체계, 이화여자대학교 출판부, 1996, 166면.

처벌하는 같은 법 제270조 제1항에 대하여 헌법불합치결정을 내리면서 2020년 12월 31일까지로 개선 입법 시한을 주었지만, 국회가 대체입법을 마련하지 않아 입법 공백 상태가 발생했으며 이에 대한 혼란은 여전히 남아 있다.

2020. 7. 10. 정부는 기존 「모자보건법」에 규정되어 있던 낙태 허용요건을 확대하여 형법에 규정하는 형법 일부개정법률안을 입법 예고한 바 있었다. 주요 내용은 '낙태의 허용요건' 조항(제270조의2)을 신설하는 것이었으며, 낙태의 허용기간과 사유를 차등 규정하고 있었다. 또한 안전한 낙태를 위하여 시술자를 의사로 한정하고, 의학적으로 인정된 방법으로 낙태할 수 있도록 하였다. 여성의 자기 결정권을 침해한다고 비판받아 왔던 기존 「모자보건법」 배우자 동의요건은 삭제하였다.

(안) 제270조의2(낙태의 허용요건) ① 제269조 제1항, 제2항 또는 제270조 제1항의 행위가 **임신 14주 이내**에 의사에 의하여 의학적으로 인정된 방법으로 이루어진 때에는 **처벌하지 아니한다.**

② 제269조 제1항, 제2항 또는 제270조 제1항의 행위가 **임신 24주 이내**에 의사에 의하여 의학적으로 인정된 방법으로 이루어지고 **다음 각 호의 어느 하나에 해당하는 때**에는 **처벌하지 아니한다.** 다만 제3호에 해당하는 경우에는 임신한 여성이 모자보건법에서 정한 상담을 받고, 그 때부터 24시간이 경과하여야 한다.

1. 강간 또는 준강간(準强姦) 등 범죄행위로 인하여 임신된 경우

2. 법률상 혼인할 수 없는 혈족 또는 인척 간에 임신된 경우

3. 임신의 지속이 사회적 또는 경제적 이유로 임신한 여성을 심각한 곤경에 처하게 하거나 처하게 할 우려가 있는 경우

4. 임신의 지속이 보건의학적 이유로 임신한 여성의 건강을 심각하게 해치고 있거나 해칠 우려가 있는 경우

③ 임신한 여성이 모자보건법에서 정한 상담 절차에 따라 임신의 지속, 출산 및 양육에 관한 충분한 정보를 제공받고 숙고 끝에 임신을 지속할 수 없다는 자기 결정에 이른 경우에는 제2항 제3호의 사유가 있는 것으로 추정한다.

하지만 정부는 입법예고 후 향후 법제처 심사, 국무회의 등을 거쳐[98] 정부 입법안을 신속히 국회에 제출, 연내에 법 개정이 이뤄지도록 할 예정이라고 밝혔지만, 발의된 형법개정법률안은 이후 논의과정이 제대로 진행되지 않았고 2020년

---

98) 정부의 형법개정법률안은 2020년 11월 24일에 국무회의를 통과하였다.

법 개정은 이루어지지 못하였다.

　　한편 정부의 입법예고안에 대해서는 여성계를 중심으로 「형법」상 낙태죄 전면 폐지에 대한 요구와 정부안의 낙태죄 유지 하에 14주 이내 낙태 허용, 성범죄 또는 사회경제적 사유 등은 24주까지 가능해지도록 하는 존치론 주장이 대립하였으며, 또한 「형법」과 「모자보건법」상 낙태 절차요건에 상당 절차와 24시간 숙려제도를 도입하는 것에 대해서도 낙태 지연, 비용 증가, 원치 않은 출산 강요 등의 위험성과 부작용에 대한 반론이 있었다.[99)]

　　정부 발의 형법개정법률안 외에 2020년 10월 12일 더불어민주당 권인숙 의원, 11월 5일 정의당 이은주 의원, 11월 13일 국민의힘 조해진 의원, 더불어민주당 11월 27일 박주민 의원, 12월 1일 국민의힘 서정숙 의원 등이 개정안을 발의했다.

　　권인숙 의원과 이은주 의원의 법률안의 내용은 형법에서 낙태죄 규정을 전면 폐지하는 법안을 발의하였으며, 인공임신중절수술의 허용 한계 규정을 삭제해 허용 주 수나 사유에 제한 없이 충분한 정보 제공과 지원을 통해 임산부의 판단과 결정으로 의사에 의한 인공 임신 중단이 가능해지도록 하는 것이다. 여성의 자기결정권 존중을 우선시한 헌법재판소 판결의 기본 취지를 살리자는 의도다.

　　반면 야당 의원들은 기존법보다 허용 기간이 더 줄어든 개정안을 제시했다. 조해진 의원의 개정안은 임신 6주 차까지의 낙태는 허용하되 친인척 간 임신이거나 사회생활이 중단될 우려가 있는 경우 10주 차, 강간·준강간이거나 산부의 건강이 위험한 경우 20주 차까지 임신중절 수술을 허용한다. 낙태 허용 기간이 신설됐지만, 너무 짧아 실효성이 없다는 평가가 나온다. 서정숙 의원의 경우 낙태 허용 기간을 임신 10주 차까지 제한했다.

　　이러한 국회 내에서의 의견 차이는 낙태법에 대한 논의에 대하여 실질적인 결과물을 끌어내지 못하고 있다.

---

99) [보도자료] 낙태죄 개정 쟁점 검토 필요, 국회, 작성일자 2020-10-14.

참고자료: 미국 연방대법원의 낙태규제에 대한 심사기준[100]

(1) Roe 판결상 엄격심사기준과 3개월기간구분법

1973년 Roe v. Wade 판결[101]은 산모의 생명이 위험한 경우를 제외하고는 낙태를 금지하는 텍사스 주법에 대하여 위헌으로 선언하였다. 동 판결에서 낙태에 대한 권리는 헌법상의 기본권으로 인정되었으며, 이에 대한 규제의 위헌 여부를 판단하기 위해서는 엄격심사기준이 적용되었다.[102] 즉 여성의 낙태에 대한 권리를 제한하기 위해서는 주의 필요불가피한(compelling) 이익을 증진시키기 위해서 엄밀하게 재단되어야 한다. Roe 판결에서 연방대법원이 주의 필요불가피한 이익으로 인정한 것은 '여성의 건강'과 '태아의 잠재적 생명'[103]이며, 3개월씩 구별된 임신기간과 이를 결부시켰다. 먼저 임신 제1기 3개월은 여성의 건강에 위험이 없고 태아도 생존능력이 없기 때문에 주는 여성의 낙태를 제한할 수 없다고 보았다. 따라서 임신 제1기 3개월 동안은 여성에게 주의 규제를 받지 않는 절대적 낙태권이 인정되었다. 이와 달리 임신 제2기 3개월(4월~6월)의 경우 주는 산모의 건강을 보호하기 위하여 낙태를 제한할 수 있다. 그렇지만 태아의 잠재적 생명을 보호하기 위한 낙태규제는 허용되지 않는다. 마지막 3개월(7월~9월)은 태아가 생존능력(viability)을 가진 경우, 주는 산모의 생명을 구하기 위해서 필요한 낙태를 제외하고는, 태아의 잠재적 생명에 대한 필요불가피한 이익을 증진하기 위하여 낙태를 제한할 수 있다.[104]

(2) Casey 판결상 부당한 부담심사기준

이후 1992년 Planned Parenthood of Southeastern Pennsylvania v. Casey 판결[105]을 통해 낙태규제에 대한 심사기준은 부당한 부담심사기준(undue burden standard)으로 대체되었다. 먼저 Casey 판결은 임신기간을 구분하는 시점으로 태아의 생존능력의 중요성을 재확인하였다. 즉 태아가 생존능력을 갖기 전에는 여성이 낙태를 결정할 권리를 가지며 정부가 낙태를 금지할 수 없지만, 생존능력이 생긴 이후에는 여성의 생명이나 건강을 보호하기 위해 필요한 경우에만 낙태를 금지할

---

100) 이에 관해서는 최희경, "미국의 낙태규제에 대한 사법심사기준", 헌법학연구, 제26권 제3호(2020. 9) 참조.

101) Roe v. Wade, 410 U.S. 113 (1973).

102) Id. at 164.

103) Roe 판결에서는 생명이 언제 시작되는 지에 관한 어려운 문제를 법원이 답할 필요는 없다고 보았다. Id. at 159. 미연방대법원은 태아의 생명과 관련하여 태아가 수정헌법 제14조의 의미에서의 사람에 해당하지 않는다고 보면서도 생존능력을 가지는 경우 이를 보호하고 있다.

104) 410 U.S. at 163-164.

105) Planned Parenthood of Se. Pa. v. Casey, 505 U.S. 833 (1992).

수 있다는 것이다.[106]

하지만 종전의 엄격심사기준 대신 부당한 부담심사기준을 적용하였으며, 태아가 생존능력을 갖기 전의 낙태규제는 여성의 낙태에 대한 접근에 "부당한 부담"이 되지 않을 때에만 허용된다고 보았다.[107] 동 심사기준에 대해서 "부당한 부담심사기준은 헌법상 보장되는 여성의 자유와 주의 이익을 조화시키는 적절한 방법이다. … 부당한 부담은 생존능력이 없는 태아를 낙태하려는 여성에게 법의 목적이나 효과가 실질적 장애(substantial obstacle)가 되는지를 고려하는 것이다."라고 설명한다.[108]

Casey 판결에서는 이와 같은 부당한 부담심사기준을 가지고 펜실베이니아 주의 낙태규제의 합헌성 여부를 심사하였으며 배우자 고지조항[109]만을 제외하고는 모두 합헌으로 판단하였다. 예컨대 낙태 시 24시간 대기기간 조항은 여성이 자신의 결정을 숙고할 합리적이고 충분한 시간을 제공한다고 보았다.[110] 그리고 대기기간 조항이 낙태비용을 증가시키고 낙태를 지연시키는 결과를 가져오는 점은 인정하였지만, 동 조항이 실제로 건강상의 위험을 초래하지는 않는다고 보았다. 따라서 낙태하려는 여성에게 실질적인 장애가 되지 않기 때문에 합헌이라고 하였다.

또한 동 주의 다양한 기록과 보고요건에 대해서도 Casey 판결은 일부에게 낙태비용을 약간 증가시키는 것에 불과하기 때문에 여성의 선택에 실질적 장애가 되지 않는다고 보았다.[111] 어떤 경우에는 증가된 비용이 실질적 장애가 될 수 있을지 모르지만, 법원에 제출된 기록에는 그러한 것이 입증되지 않았다는 것이다.

이와 같이 부당한 부담심사기준은 주가 낙태를 보다 손쉽게 효과적으로 규제할 수 있도록 만들었으며, 24시간 대기기간 조항 등을 포함하여 과거 여성의 권리를 보호하기 위해 위헌으로 선언되었던 규제들을 합헌으로 선언하고 있다.

(3) Whole Woman's Health 판결상 부당한 부담심사기준의 변화

2013년 7월 텍사스 주 의회는 낙태시술자를 대상으로 하는 일련의 규제 등을 포함한 하원법안 2(House Bill 2: H.B. 2)[112]를 통과시켰다. 이 중 낙태시술자에게 낙

---

106) O'Connor 대법관, Kennedy 대법관, Souter 대법관과 함께 Stevens 대법관, Blackmun 대법관이 다수의견을 구성하여 Roe 판결의 핵심적 권리를 지지하였다. Casey, 505 U.S. at 843-844 참조.
107) 505 U.S. at 874.
108) Id. at 876-877.
109) 연방대법원은 배우자 고지조항에 대하여도 부당한 부담심사기준을 적용했으며 여성의 프라이버시권에 대하여 부당한 부담이 되므로 위헌이라고 판단하였다. Id. at 893-894.
110) Id. at 885.
111) Id. at 901.
112) Act of July 12, 2013, ch. 1, 2013 Tex. Gen. Laws 5013.

태클리닉 인근 30마일 이내 병원에서 환자이송특권(admitting privileges)을 요구하는 조항113)과 낙태클리닉에게 외래수술센터(ambulatory surgical center)의 엄격한 기준을 갖추도록 하는 조항114)이 연방대법원에서 다투어졌다. 법이 주장하는 목적은 여성의 건강을 보호하기 위한 것이었다.

2016년 Whole Woman's Health v. Hellerstedt 판결115)에서 연방대법원은 낙태에 대한 규제에 대하여 부당한 부담심사기준이 적용된다는 것을 재차 확인했으며 구체적으로 어떻게 부당한 부담심사기준이 적용되어야 하는지에 대한 지침을 제공해 주고 있다. 연방대법원은 Casey 판결을 인용하여 "주의 정당한 이익을 증진시키더라도, 주법이 여성의 선택에 실질적 장애의 효과를 미치는 경우 정당한 목적을 위한 수단으로 허용될 수 없다116)"고 하였다. 또한 건강상 규제가 낙태를 하려는 여성에 대하여 목적 혹은 효과 면에서 실질적 장애가 되는 경우 위헌적인 "부당한 부담"이라고 판단하였음을 강조하였다. 그리고 특히 이러한 심사기준을 적용함에 있어서 법원은 법이 부여한 이익과 낙태접근에 대하여 법이 부과한 부담을 함께 고려하여야 한다고 하였다. 이는 종전의 Casey 판결이 낙태를 함에 있어서 부담만을 심사하는 것과 달리, 법이 부여하는 이익을 부과된 부담과 함께 형량할 것을 요구한다.117) 또한 Whole Woman's Health 판결은 낙태규제와 관련한 의학적 불확실성에 대하여 입법자의 판단을 존중할 것이 아니라 법원이 독자적으로 심사해야 한다고 보았다.

Whole Woman's Health 판결은 부당한 부담을 어떻게 적용해야 하는지를 이전보다 명확히 하고 있다. 동 판결은 법원에게 사실적 증거에 기초하여 낙태규제의 이익과 부담을 형량하도록 하며, 규제가 여성의 건강을 증진시키는지, 여성의 낙태접근에 대한 부당한 부담이 되는지를 구체적으로 심사하도록 하고 있다. 또한 Casey 판결의 심사기준보다는 엄격해진 부당한 부담심사기준을 적용하고 있으며 여성의 낙태권보장의 중요성을 지속적으로 승인하고 있다.

연방대법원은 2020년 6월 30일 June Medical Services, LLC v. Russo 판결118)에서도 종전의 낙태판결, 특히 Casey 판결과 Whole Woman's Health 판결에서 제시된 헌법상 심사기준을 적용한다고 밝히고 있다.

하지만, 2022년 6월 24일 미연방대법원은 Dobbs v. Jackson Women's Health

---

113) Tex. Health & Safety Code Ann. § 171.0031(a)(1)(A) (West Supp. 2015).
114) Tex. Health & Safety Code Ann. § 245.010(a).
115) Whole Woman's Health v. Hellerstedt, 136 S. Ct. 2292 (2016).
116) Id. at 2309 (Casey, 505 U. S., at 877 인용).
117) Id. at 2309.
118) 591 U.S. 1101 (2020).

Organization 판결에서 헌법은 낙태에 대한 권리를 부여한 적이 없으며, 각 주의 시민들이 낙태를 규제하거나 금지하는 것을 금하지 않는다고 판시하였다. 그러면서 Roe 판결과 Casey 판결을 폐기하였다.

Ⅳ. 결론

헌법은 모든 인간의 존엄을 보장하고 평등을 보장하는 것이며, 이러한 헌법의 의미는 여성에 기본권침해를 가져온 법률의 위헌 여부를 판단하기 위한 헌법재판소의 판단 근거가 되며, 헌법재판소의 판례 속에는 이의 보장에 대한 구체적 논의가 담겨 있다. 헌법 판례를 통해서 여성에 대한 시각의 변화를 볼 수 있으며, 사회적 변화 속에서 지속적으로 변화하는 여성의 지위와 인식에 대한 평가를 살펴볼 수 있었다. 또한 이러한 변화를 인정하는 것 외에 변화를 끌어낼 수도 있다. 헌법재판소는 여성의 평등권과 프라이버시 권리를 침해하는 법률의 위헌성을 인정함으로써 실질적인 제도의 변화를 가져왔다. 동성동본금혼제와 호주제 등의 폐지를 가져왔으며, 우리 사회에서 많은 논란을 가져왔던 혼인빙자간음죄, 간통죄 등의 폐지를 가져왔다.

헌법 판례 속에서 여성의 과거와 현재를 볼 수 있었듯이, 지속적인 미래의 변화를 볼 수 있기를 바라며 이를 위해서 평등권과 프라이버시권 등을 비롯한 기본권들이 여성에게 가지는 의미에 지속적으로 주목하여야 할 것이다.

참고문헌

국내문헌

권형준, "헌법상의 자기결정권", 한국헌법학의 현황과 과제: 금랑김철수교수정년기념논
　　문집(1998).

김광재, "낙태죄 헌법불합치결정 및 입법개선방향에 대한 고찰", 인권과 정의 제437호
　　(2020).

김문현, "남녀평등에 관한 미연방대법원판례의 분석", 헌법학연구 제3집(1997).

김문현, "양성평등에 관한 헌법재판소 판례에 대한 평가", 법학논집 제15권 제1호
　　(2010. 9).

김주현, "자기결정권과 그 제한", 헌법논총 제7집(1996).

김하열, "젠더평등과 평등헌법", 젠더법학 제3권 제2호(2011. 9).

석인선, "젠더구분에 근거한 차별의 합헌성 심사", 공법연구 제36집 제4호(2008. 6).

양현아, "호주제도 헌법불합치 결정에 나타난 성차별 판단의 논증", 경제와사회 제88호
　　(2010).

윤진수, "헌법·가족법·전통", 헌법논총 제15집(2004).

윤후정, "형벌과 양성평등", 이화여대 사회과학논집 제8집(1988).

이용식, "판례를 통해서 본 성(性)에 대한 법인식의 변화 — 혼인빙자간음죄·강간죄·
　　간통죄를 중심으로", 형사법연구 제21권 제4호(2009).

이재경·김경희, "여성주의 정책 패러다임 모색과 '성평등'", 한국여성학 제28권 제3호
　　(2012).

이호중, "성형법 담론에서 섹슈얼리티의 논의지형과 한계 — 혼인빙자간음죄와 간통죄
　　폐지논의를 중심으로", 형사정책 제23권 제1호(2011. 6).

전상현, "낙태와 헌법해석", 법과 사회 제63호(2020).

정극원, "혼인의 자유에 관한 헌법재판소의 판례의 동향", 세계헌법연구 제14권 제1호
　　(2008).

정현미, "낙태죄와 관련한 입법론", 형사법연구 제22호(2005).

최윤희, "차별금지법제의 현황", 저스티스 제121호(2010. 12).

최희경, "한국 여성의 프라이버시권리에 관한 연구", 헌법학연구 제10권 제3호(2004.
　　9).

최희경, "헌법상 양성평등과 성주류화정책", 공법연구 제35집 제1호(2006. 10).
최희경, "미국의 낙태규제에 대한 사법심사기준", 헌법학연구 제26권 제3호(2020. 9).

외국문헌

Bartlett, Katharine T. "Gender Law", 1 *Duke J. Gender L. & Pol'y* 1 (1994).

Bornstein, Stephanie, "The Law of Gender Stereotyping and the Work — Family Conflicts of Men", 63 *Hastings L.J.* 1297 (2012).

Finley, Lucinda M. "Transcending Equality Theory: A Way Out of the Maternity and the Workplace Debate", in *Feminist Legal Theory: Foundations* 192 (Weisberg ed., 1993).

Dowd, Nancy E. "Maternity Leave: Taking Sex Differences into Account", 54 Fordham L. Rev. 699 (1986).

Gavison, Ruth. "Feminism and the Public/Private Distinction", 45 Stan, L. Rev. 1 (1992).

Kay, Herma Hill, "Models of Equality", 1985 U. Ill. L. Rev. 39.

MacKinnon, Catharine A. "Substantive Equality: A Perspective", 96 *Minn. L. Rev.* 1 (2011).

Scales, Ann C. "Towards a Feminist Jurisprudence", 56 Ind. L.J. 375 (1981).

Siegel, Reva, "Reasoning from the Body: A Historical Perspective on Abortion Regulation and Questions Equal Protection", 44 *Stan. L. Rev.* 261 (1992).

Taub, Nadine & Wendy W. Williams, "Will Equality Require More Than Assimilation, Accommodation or Separation from The Existing Social Structure?", 37 *Rutgers L. Rev.* 825 (1985).

Williams, Joan C. "Reconstructing Gender", 87 *Mich. L. Rev.* 797 (1989).

Williams, Wendy W, "Equality's Riddle; Pregnancy and the Equal Treatment/Special Treatment Debate", 13 *N.Y.U. Rev. L. & Soc. Change* 325 (1984-85).

혐오·차별의 법정책과 젠더 문제[*]

홍 성 수[**]

Ⅰ. 새로운 사회 문제로서의 혐오와 차별

오늘날 가장 심각한 문제로 대두되고 있는 사회 문제 중 하나가 혐오와 차별이다. 2차 세계대전과 홀로코스트에 대한 반성으로 출범한 국제인권체제는 혐오와 차별의 역사를 종식시키겠다는 다짐이었고, 이후 각국에서도 혐오와 차별에 맞선 법과 제도를 만들어갔다. 하지만 1990년대 이후 세계 각국에서는 역사의 시계를 거꾸로 돌리려는 흐름들이 서서히 등장하기 시작했다. 미국과 유럽에서는 이주자, 난민, 소수인종, 무슬림, 성소수자 등에 대한 혐오와 차별이 사회문제로 대두되었고, 특히 코로나19 확산 이후에는 아시안 등에 대한 혐오가 더욱 기승을 부리고 있다. 한국에서도 혐오와 차별은 오늘날 대표적인 사회 문제 중 하나다. 특히, 2010년 이후 이주자 혐오, 난민 혐오, 성소수자 혐오, 여성 혐오, 장애인 혐오 등 여러 소수자 집단에 대한 혐오가 확산되기 시작했다.[1]

혐오와 차별은 젠더 관점에서도 매우 중요한 문제이다. 성별(sex, gender)은 혐오와 차별의 이유가 되는 대표적인 사유이며, 성별로 인한 혐오와 차별은 가장 많은 피해사례가 보고되고 있는 문제 중 하나다. 또한 혐오와 차별로 인해 나타나는 여러 문제들은 젠더 문제와 밀접하게 연결되어 있다. 예컨대, 코로나19로

---

[*] 이 장의 일부는 홍성수, "혐오에 어떻게 대응할 것인가?: 혐오에 관한 법과 정책", 법학연구 제30권 제2호, 충남대학교 법학연구소(2019), 191-228면의 내용을 포함하고 있다.

[**] 숙명여자대학교 법학부 교수

1) BIG KINDS를 활용해 언론 기사에서 언급된 키워드를 검색해보면, '혐오', '혐오표현' 등의 키워드의 언급이 2013년 경부터 급증했다는 것을 쉽게 확인할 수 있다.

인한 혐오는 아시아인이 주된 타겟이었는데, 아시안 여성이 특히 많은 피해를 입고 있다. 이주자 혐오와 장애인 혐오를 이주'여성' 혐오, 장애'여성' 혐오의 관점에서도 읽어내야 한다는 것이다.

아래에서는 혐오와 차별의 기본적인 문제와 관련 법·정책을 정리해보고, 이것이 성평등이나 젠더과 어떻게 연결되어 있는지 살펴보려고 한다. 그리고 마지막으로 필요한 입법적, 제도적 조치가 무엇이 있는지 제시해보도록 하겠다.

Ⅱ. 혐오와 차별이란 무엇인가?

혐오(嫌惡)의 의미를 사전에서 찾아보면, 어떤 대상을 매우 싫어하고 미워한다는 뜻이다. 예컨대, 혐오시설은 내가 사는 옆에 있기만 해도 싫은 시설을 말하는 것이고, 혐오식품은 먹기는커녕 진열장에 전시되어 있는 것으로도 거부감이 드는 식품을 말한다. 그런데 혐오표현이나 혐오범죄라는 표현으로 사용될 때는 그 의미가 조금 달라진다. 영어에서도 마찬가지다. 헤이트(hate)라고 할 때는 한국말의 혐오처럼 그냥 어떤 대상을 매우 싫어한다는 뜻이지만, 헤이트 스피치(hate speech)나 헤이트 크라임(hate crime), 헤이트몽거(hatemonger) 등으로 쓰일 때는 그 의미가 조금 달라진다. 혐오표현은 어떤 집단에 대한 편견을 드러내거나 차별을 조장하는 표현을 뜻하고, 혐오범죄는 어떤 집단에 대한 편견이 동기가 된 범죄를 뜻한다. 단순히 싫어해서가 아니라 어떤 집단에 대한 편견에서 비롯된다는 점이 중요한 특징이다. 그리고 그 편견은 개인적인 감정의 문제가 아니라, 사회구조적인 문제다. 즉, 복수의 사람들이 공유하고 있으며, 세대를 거쳐 전승되기도 하며, 사회에서 학습되거나 이데올로기화된 태도나 인식을 말한다.[2] 예컨대, 어떤 특정 여성을 개인적으로 싫어해서 욕설을 했다면, 일상적인 의미에서 혐오라고 말할 수는 있지만, 혐오표현이라고 할 수는 없다. 혐오표현이 되려면 여성 집단에 대한 편견을 동기로 하여 여성에 대한 차별을 조장하는 표현이어야 한다. 혐오범죄도 마찬가지다. 여성을 살해했다고 혐오범죄가 되는 것이 아니라, 그 범죄의 동기가 여성 집단에 대한 편견에 기반한 것이어야 한다는 것이다.

혐오에서 기인하는 문제들로는 혐오표현, 차별, 혐오범죄, 집단살해(geno-

---

2) 김왕배, 감정과 사회: 감정의 렌즈를 통해 본 한국사회, 한울아카데미, 2019, 302면.

cide) 등이 있다. 실제로 이들 문제들의 개념을 정의할 때는 성별, 종교, 인종, 성적 지향 등의 이유를 공통으로 사용한다. 예컨대, 성별에 대한 편견을 조장하는 말은 혐오표현, 성별을 이유로 한 부당한 대우는 차별, 성별을 이유로 한 범죄는 혐오범죄, 성별을 이유로 한 의도적 말살은 집단살해인 것이다. 즉, 동일한 원인에서 발생하는 문제이고 서로 밀접하게 연결되어 있는 문제다. 흔히 '혐오의 피라미드'라고 부르는 아래의 그림이 그 관계를 잘 보여준다.[3]

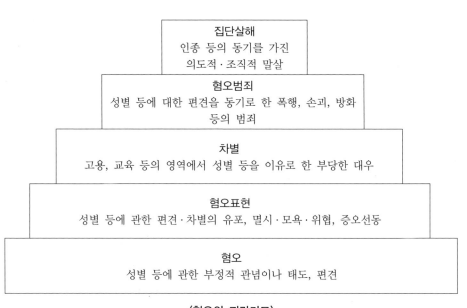

〈혐오의 피라미드〉

실제로 문제가 아래에서 위로 발전해 나아가는 경향이 있기는 하나 반드시 단선적이고 단계적으로 진화하는 것은 아니다. 홀로스코트의 경우처럼 유태인에 대한 편견이 차별을 조장하는 혐오표현으로 나타나고, 유태인에 대한 추방, 공직 배제, 재산권 박탈 등의 차별로 이어지고, 조직적인 폭력이나 인종적 말살로 이어지기도 하지만, 경우에 따라서는 어떤 집단에 대한 편견이 혐오표현이나 차별을 거치지 않고 바로 폭력으로 이어지는 경우도 있다. 코로나19 이후에 아시안에 대

---

3) 고든 올포트(Gorden Willard Allport), 편견: 사회심리학으로 본 편견의 뿌리, 석기용 옮김, 교양인, 2020; 홍성수, 말이 칼이 될 때: 혐오표현은 무엇이고 왜 문제인가, 어크로스, 2018, 84면.

한 혐오범죄가 급증했다는 보고가 계속 나왔는데, 혐오표현이나 차별을 거쳐 순차적으로 서서히 혐오범죄로 이어진 것은 아니었다. 다른 측면에서, 아시안에 대한 혐오범죄가 급증했다는 것은 아시안에 대한 혐오표현이나 차별도 이미 존재할 것이고 앞으로 더 많아질 수 있다는 점을 추정케 하는 것이기도 하다. 요컨대, 혐오의 피라미드는 혐오표현, 차별, 혐오범죄 등의 문제들이 서로 동일한 원인을 가지고 있고, 서로 연관되어 있다는 점을 보여주는 것으로 이해되어야 한다.

한편 이들 문제들은 편견과 혐오에서 기인한다는 점에서 '혐오 문제' 또는 '혐오·차별의 문제'라고 불린다.4) 혐오와 차별과 관련한 문제들이 서로 긴밀하게 연결되어 있고, 따라서 같은 맥락에서의 대응이 필요하다는 점에서 혐오·차별 문제로 표제화하는 것은 의미가 있다고 생각한다. 다음에서는 혐오표현, 차별, 혐오범죄의 개념을 차례로 살펴보도록 하겠다.

Ⅲ. 혐오표현의 의의와 관련 법제

1. 혐오표현의 의의

먼저, 혐오표현(hate speech) 개념에 대해 살펴보도록 하겠다. 국제인권조약 중에서는 「시민적 및 정치적 권리에 관한 국제규약」(International Covenant on Civil and Political Rights. 1966) 제20조 제2항이 "차별, 적의 또는 폭력의 선동이 될 민족적, 인종적 또는 종교적 증오의 고취는 법률에 의하여 금지된다."고 정의한 바 있는데 이것은 혐오표현의 한 형태인 증오선동(incitement to hatred) 개념이라고 볼 수 있다. 「모든 형태의 인종차별철폐에 관한 국제협약」(International Convention on the Elimination of All Forms of Racial Discrimination, 1965) 제4조에서 "인종적 우월성이나 증오, 인종차별에 대한 고무에 근거를 둔 모든 관념의 보급"이라고 한 것도 인종적 증오선동을 규정한 것으로 볼 수 있다. 1993년 유럽평의회 각료위원회의 1997년 권고 20호에서는 혐오표현을 "인종적 증오를 퍼뜨리고 선동하고 고취하고 정당화하는 모든 형태의 표현, 제노포비아, 반유대주의, 또는 불

---

4) 대표적으로 국가인권위원회에서는 혐오차별대응특별추진위원회와 혐오차별대응팀을 운영한 바 있다.

관용에 근거한 또 다른 형태의 증오"라고 정의한 것,[5] 2015년 유네스코(UNESCO)가 '온라인 혐오표현에 대항하기' 보고서에서는 혐오표현을 "특정한 사회적, 인구학적 집단으로 식별되는 대상"에 대한 차별, 적의 폭력의 선동으로 정의한 것이나,[6] 국제인권단체인 아티클19가 혐오표현을 "차별, 적대감, 폭력을 선동하는 국가적, 인종적, 종교적 증오에 대한 모든 옹호"라고 규정한 것도 증오선동에 가까운 개념 규정이다.[7]

그런데 증오선동 개념은 형사처벌의 대상을 전제한 것이다. 실제로 「시민적 및 정치적 권리에 관한 국제규약」이나 「모든 형태의 인종차별철폐에 관한 국제협약」에서는 증오선동을 법률로서 금지하거나 범죄로서 처벌해야 한다고 보고 있다. 하지만 오늘날 혐오표현 개념에는 형사처벌 대상인 증오선동뿐만 아니라 혐오나 편견을 드러내는 행위로서 넓게 규정하며, 형사범죄 대상이 아니라고 해도 혐오표현에 포함되는 것으로 보고 있다.[8] 실제로 최근 유엔에서 발표한 <혐오표현에 관한 전략과 행동계획>에는 다음과 같이 혐오표현에 관한 정의가 담겨 있다.[9]

> **혐오표현**: "어떤 사람이나 어떤 집단과 관련하여 그들이 누구인가를 근거로, 달리 말하면 그들의 종교, 종족, 국적, 인종, 피부색, 혈통, 성 또는 기타 정체성 요소(identity factor)를 근거로 하여 이들을 공격하거나 경멸적이거나 차별적인 언어를 이용하는, 말, 문서 또는 행동으로 하는 모든 종류의 소통"

---

5) Council of Europe Committee of Ministers. 1997. "Recommendation No. R(97) 20 of the Committee of Ministers to Member States on 'Hate Speech'", 30 October 1997.

6) Iginio Gagliardone et al., "Countering Online Hate Speech", UNESCO, 2015, p. 103.

7) Article19, "Camden Principles on Freedom of Expression and Equality", 2009 (https://www.article19.org/data/files/pdfs/standards/the-camden-principles-on-freedom-of-expression-and-equality.pdf, 검색일: 2022. 2. 1.) — 번역: 국제인권소식 통, "표현의 자유와 평등에 관한 캄덴 원칙", http://www.tongcenter.org/ccpr/cp11-2(검색일: 2022. 7. 15).

8) 혐오표현에 대한 자세한 논의는 홍성수, "혐오표현의 규제: 표현의 자유와의 충돌을 피하기 위한 규제대안의 모색", 법과사회 제50호(2015. 12), 287-336면; 홍성수, "혐오표현의 해악과 개입의 정당성: 금지와 방치를 넘어서", 법철학연구 제22권 제3호(2019. 12), 27-64면 참조.

9) United Nations, "United Nations Strategy and Plan of Action on Hate Speech", 2019 (https://www.un.org/en/genocideprevention/documents/advising-and-mobilizing/Action_plan_on_hate_speech_EN.pdf, 2022. 7. 15) — 김종서·김은희 옮김, "혐오표현에 관한 국제연합의 대응들", 민주법학 75호(2021), 203-212면.

2019년 한국 국가인권위원회에서 발간한 혐오표현 리포트(2019)에서 정의한 혐오표현 개념도 이와 유사하다.

> **혐오표현**: 성별, 장애, 종교, 나이, 출신 지역, 인종, 성적 지향 등을 이유로 어떤 개인·집단에게, 1) 모욕, 비하, 멸시, 위협, 또는 2) 차별·폭력의 선전과 선동을 함으로써 차별을 정당화·조장·강화하는 효과를 갖는 표현

이와 관련하여 '혐오표현에 관한 국제연합의 전략과 행동계획: 국제연합 현장조직을 위한 세부 이행 지침'에서는 혐오표현을 세 가지 수준으로 나눠서 설명하고 있다.[10] 최고수준에 해당하는 혐오표현은 집단살해에 대한 직접적이고 공개적인 선동 또는 차별, 적의 또는 폭력에 대한 선동을 구성하는 증오의 고취를 말하고, 중간수준에 해당하는 혐오표현은 폭력의 위협 또는 편견에 의해 유발된 괴롭힘을 말하며, 하위수준에 해당하는 혐오표현으로 공격적 표현, 불경스런 표현, 역사적 사건의 부정, 허위정보, 잘못된 정보 및 악의적 정보 등을 뜻한다. 최고수준이나 중간수준의 혐오표현에 대해서는 형사제재 등의 법적 규제가 검토될 수 있지만, 하위 수준에 해당 혐오표현은 법적 제재의 대상이 아니라고 말하고 있다. 즉, 혐오표현을 증오선동뿐만 아니라, 편견이나 혐오를 드러내는 말을 포함하는 광범위한 개념으로 보고 있는 것이며, 이것은 오늘날 언론에서나 대중들이 혐오표현 개념과 일맥상통한다.[11]

그렇다면 혐오표현의 개념 요소에 대해 살펴보자. 먼저, 혐오표현은 정체성

---

[10] United Nations, United Nations Strategy and Plan of Action on Hate Speech: Detailed Guidance on Implementation for United Nations Field Presences, 2020, (https://www.un.org/en/genocideprevention/documents/UN%20Strategy%20and%20PoA%20on%20Hate%20Speech_Guidance%20on%20Addressing%20in%20field.pdf, 검색일 2022. 7. 15.) — 김종서 옮김, 혐오표현에 관한 국제연합의 전략과 행동계획: 국제연합 현장조직을 위한 세부 이행 지침, 민주법학 제75호(2021), 222-276면.

[11] 영어 사전에서도 혐오표현은 편견이나 혐오를 드러내는 말을 포함하는 개념으로 광범위하게 정의하곤 한다. "Abusive or threatening speech or writing that expresses prejudice on the basis of ethnicity, religion, sexual orientation, or similar grounds."(https://www.lexico.com/definition/hate_speech) 또는 "public speech that expresses hate or encourages violence towards a person or group based on something such as race, religion, sex, or sexual orientation" (https://dictionary.cambridge.org/ko/%EC%82%AC%EC%A0%84/%EC%98%81%EC%96%B4/hate-speech) 참조.

요소(identity factor)를 이유로 한다. 정체성 요소는 성별, 종교, 국적, 인종, 성적 지향, 장애 등 어떤 개인이나 집단의 특징을 말한다. 이것은 뒤에서 차별금지사유 또는 보호되는 속성에 해당하는 것이다. 정체성 요소와 관련되어 있다는 점은 혐오표현을 모욕이나 명예훼손 등 다른 불법적 표현과 구분하는 중요한 부분이다. 둘째, 혐오표현은 이러한 정체성 요소와 관련하여 왜곡, 모욕, 비하, 멸시, 공격, 위협, 차별적(편파적)인 내용 또는 차별과 폭력을 선전하거나 선동하는 것이다. 즉, 성별 등과 관련하여 특정 성별을 가진 사람들을 모욕하거나 비하하는 것이 바로 혐오표현이다. 마지막으로, 혐오표현은 표현(speech)이다. 여기서 말하는 표현은 글뿐만 아니라, 몸짓, 상징물 등 다양한 표현 형식을 모두 포괄한다. 뒤에서 설명할 혐오범죄는 기존 범죄에 해당하는 폭력(주로는 물리적 공격)이 중요한 요소지만, 혐오표현은 표현이라는 점에서 구분된다.

2. 혐오표현 관련 법제

한국에 혐오표현을 직접적인 규율 대상으로 삼고 있는 법령은 없다. 하지만 사실상 혐오표현에 해당하는 내용을 규제하는 법령은 곳곳에서 발견된다. 먼저, 양성평등기본법, 남녀고용평등과 일·가정 양립 지원에 관한 법률(이하 '남녀고용평등법'), 국가인권위원회법 등에서는 성희롱을 금지하는 규정을 담고 있는데 언어적 성희롱의 경우에는 일종의 혐오표현에 해당한다. 다만 여기서 성희롱은 국가기관(양성평등기본법), 고용(남녀고용평등법), 공공기관(국가인권위원회법) 등에서 발생하는 문제를 말한다는 점에서 영역이 한정되어 있다. 즉, 공공기관이나 교육기관에서 성별을 이유로 한 혐오표현을 한 경우에는 성희롱이 성립할 수 있다. 예컨대 여성의 능력을 비하하는 발언을 직접 금지하는 법은 없지만 만약 회사나 학교에서 동일한 발언을 한 경우에는 성희롱에 해당한다는 것이다.

둘째, 「장애인차별금지 및 권리구제 등에 관한 법률」(이하 '장애인차별금지법')에서는 괴롭힘을 금지하는 조항(32조)이 있는데, 여기서 괴롭힘이란 "집단따돌림, 방치, 유기, 괴롭힘, 희롱, 학대, 금전적 착취, 성적 자기결정권 침해 등의 방법으로 장애인에게 가해지는 신체적·정신적·정서적·언어적 행위"(3조 21호)를 뜻한다. 이 법률에서의 괴롭힘은 장애인에 대한 다양한 형태의 착취나 학대를 포함하는 개념이긴 하지만, "장애를 이유로 학교, 시설, 직장, 지역사회 등에서 장애인 또는 장애인 관련자에게 집단따돌림을 가하거나 모욕감을 주거나 비하를 유발하는 언어적 표현이나 행동"(32조 3항)은 장애인에 대한 혐오표현이라고도 할 수 있다.

셋째, 방송, 언론과 관련해서도 혐오표현의 일부를 규제하는 내용이 있다. 방송법에 따라 제정된 '방송심의에 관한 규정'에는 "방송은 지역간, 세대간, 계층간, 인종간, 종교간 차별·편견·갈등을 조장하여서는 아니 된다"(29조), "성차별적인 표현을 하여서는 아니된다"(30조 1항), "성별 역할에 대한 고정관념을 조장하여서는 아니된다"(30조 3항), "인종, 민족, 국가 등에 관한 편견을 조장하여서는 아니되며, 특히 타민족이나 타문화 등을 모독하거나 조롱하는 내용을 다루어서는 아니된다"(31조)는 내용이 담겨 있다. 역시 방송법에 따라 제정된 '방송광고심의에 관한 규정'에도 "국가, 인종, 성, 연령, 직업, 종교, 신념, 장애, 계층, 지역 등을 이유로 차별하거나 편견을 조장하는 표현을 하여서는 아니된다"(13조)는 내용이 있다. 「언론중재 및 피해구제 등에 관한 법률」에 따라 설립된 언론중재위원회에서는 시정권고소위원회를 두어 언론 보도내용을 심의하고 있는데, '시정권고 심의기준' 중에는 "개개인의 인종, 종교, 성별, 육체적·정신적 질병이나 장애를 이유로 편견적 또는 경멸적 표현을 삼가야 한다"(10조의2 1항)는 내용이 있다. 이들 조항은 혐오표현을 직접적으로 염두에 두고 만든 것은 아니었지만, 혐오표현에 해당하는 내용을 규제하는 근거가 될 수 있다.[12]

넷째, 「정보통신망 이용촉진 및 정보보호 등에 관한 법률」에 따른 '정보통신에 관한 심의규정'에서는 "특정 종교, 종파 또는 종교의식을 비방, 왜곡하거나 조롱하는 내용", "장애인, 노약자 등 사회적인 소외계층을 비하하는 내용", "합리적 이유 없이 성별, 종교, 장애, 연령, 사회적 신분, 인종, 지역, 직업 등을 차별하거나 이에 대한 편견을 조장하는 내용" 등(44조의7)을 사회통합을 저해하는 불법정보로 보아 금지하고 있다. 역시 혐오표현과 겹치는 내용이다.

다섯째, 「옥외광고 등의 관리와 옥외광고산업 진흥에 관한 법률」에는 "인종차별적 또는 성차별적 내용으로 인권침해의 우려가 있는 것"을 표시하는 내용의 광고를 금지하고 있어(5조 2항), 인종적 혐오표현이나 성별을 이유로 한 혐오표현

---

12) 한국기자협회와 국가인권위원회가 만든 '인권보도준칙'(2011년 9월 23일 제정, 2014년 12월 16일 개정)에는 좀 더 직접적으로 장애, 성별, 이주자, 성소수자, 북한 주민과 관련된 혐오표현에 해당하는 내용을 규제하고 있다.

을 규제할 수 있는 근거를 제공하고 있다.[13)]

여섯째, '서울특별시 학생인권조례'에는 성별, 종교, 나이, 사회적 신분, 출신 지역, 출신국가, 출신민족, 언어, 장애, 용모 등 신체조건, 임신 또는 출산, 가족형 태 또는 가족상황, 인종, 경제적 지위, 피부색, 사상 또는 정치적 의견, 성적 지향, 성별 정체성, 병력, 징계, 성적 등을 이유로 하여, "차별적 언사나 행동, 혐오적 표현 등을 통해 다른 사람의 인권을 침해"하는 것을 금지하고 있다(5조 3항). "학 생은 특정 집단이나 사회적 소수자에 대한 편견에 기초한 정보를 의도적으로 누 설하는 행위나 모욕, 괴롭힘으로부터 자유로울 권리를 가진다"(6조 2항)는 조항도 혐오표현에 적용될 수 있다.

IV. 차별의 의의와 관련 법제

1. 차별의 의의

차별의 사전적인 의미는 "둘 이상의 대상을 각각 등급이나 수준 따위의 차이 를 두어서 구별"하는 것을 말하지만,[14)] 혐오-차별 문제에서 차별이란 공공영역 에서 차별금지사유를 이유로 불리한 대우를 하는 것을 뜻한다. 현행법에서도 차 별에 대한 개념이 규정되어 있으므로, 여기에서 시작해 보는 것이 좋겠다. 먼저 국가인권위원회법 제2조에는 다음과 같이 차별행위를 규정하고 있다.[15)]

"평등권 침해의 차별행위"란 합리적인 이유 없이 성별, 종교, 장애, 나이, 사회적 신분, 출신 지역(출생지, 등록기준지, 성년이 되기 전의 주된 거주지 등을 말한다), 출

---

13) 이 외에도 문화기본법이나 형법상 명예훼손죄 모욕죄도 혐오표현을 규제하는 법으로 제시하는 견 해가 있다. 최종선, "국내외 혐오표현 규제 법제 및 그 시사점에 관한 연구", 법학논총 제35권 제3 호, 한양대학교 법학연구소(2018), 36-38면; 박미숙·추지현, "혐오표현의 실태와 대응방안", 한 국형사정책연구원(2017), 제4장; 정다영, "혐오표현과 민주주의", 법학논총 통권 60호, 국민대학교 법학연구소(2018), 146면 이하 등 참조. 하지만 문화기본법은 표현보다는 차별행위를 규율하는 법 이며, 형법상 명예훼손죄와 모욕죄와 혐오표현이 겹치는 사례는 극히 일부이기 때문에 혐오표현 을 규제하는 법으로 분류하는 것은 무리라는 생각이다.

14) 표준국어대사전 참조(https://ko.dict.naver.com/#/entry/koko/56b64ada98d44874b8df96e7660 9861b).

15) 국가인권위원회법은 국가인권위원회라는 차별시정기구의 설립과 운영에 관한 일종의 조직법이다. 그런데 국가인권위원회의 업무인 "차별행위에 대한 조사와 구제"와 관련하여, 별도의 차별금지법 에 제정되어 있지 않은 관계로, 이 법에 차별행위에 대한 개념을 자세히 규정할 수밖에 없었다.

신 국가, 출신 민족, 용모 등 신체 조건, 기혼·미혼·별거·이혼·사별·재혼·사실혼 등 혼인 여부, 임신 또는 출산, 가족 형태 또는 가족 상황, 인종, 피부색, 사상 또는 정치적 의견, 형의 효력이 실효된 전과(前科), 성적(性的) 지향, 학력, 병력(病歷) 등을 이유로 한 다음 각 목의 어느 하나에 해당하는 행위를 말한다. 다만, 현존하는 차별을 없애기 위하여 특정한 사람(특정한 사람들의 집단을 포함한다. 이하 이 조에서 같다)을 잠정적으로 우대하는 행위와 이를 내용으로 하는 법령의 제정·개정 및 정책의 수립·집행은 평등권 침해의 차별행위로 보지 아니한다.

가. 고용(모집, 채용, 교육, 배치, 승진, 임금 및 임금 외의 금품 지급, 자금의 융자, 정년, 퇴직, 해고 등을 포함한다)과 관련하여 특정한 사람을 우대·배제·구별하거나 불리하게 대우하는 행위

나. 재화·용역·교통수단·상업시설·토지·주거시설의 공급이나 이용과 관련하여 특정한 사람을 우대·배제·구별하거나 불리하게 대우하는 행위

다. 교육시설이나 직업훈련기관에서의 교육·훈련이나 그 이용과 관련하여 특정한 사람을 우대·배제·구별하거나 불리하게 대우하는 행위

라. 성희롱[업무, 고용, 그 밖의 관계에서 공공기관(국가기관, 지방자치단체, 「초·중등교육법」 제2조, 「고등교육법」 제2조와 그 밖의 다른 법률에 따라 설치된 각급 학교, 「공직자윤리법」 제3조의2 제1항에 따른 공직유관단체를 말한다)의 종사자, 사용자 또는 근로자가 그 직위를 이용하여 또는 업무 등과 관련하여 성적 언동 등으로 성적 굴욕감 또는 혐오감을 느끼게 하거나 성적 언동 또는 그 밖의 요구 등에 따르지 아니한다는 이유로 고용상의 불이익을 주는 것을 말한다] 행위

여기서 차별의 개념요소가 크게 네 가지로 나뉜다는 것을 알 수 있다. 첫째 성별 등의 이유가 있어야 한다. 이것은 보통 차별금지사유 또는 차별사유라고 불리며, 해외 법령에서는 차별이 될 수 있는 이유·근거(grounds), 보호되는 이유·근거(protected grounds), 보호되는 속성(protected characteristics), 보호되는 특성(protected attributes), 금지되는 근거(prohibited grounds) 등으로 표현되기도 한다.[16] 차별금지사유는 보편적인 항목들도 있고, 국가의 역사적, 사회적 맥락을 고려하여 따라 조금씩 다르기도 하다. 한국의 경우에는 헌법 11조에서는 성별, 종교, 사회적 신분 등 3가지 사유를 규정하고 있고, 국가인권위원회법에는 19가지 사유가 규정되어 있다. 장애인차별금지법, 남녀고용평등법, 「고용상 연령차별금

---

16) 차별금지사유에 대해서는 홍성수, "차별이란 무엇인가: 차별금지법상 차별금지사유의 의의", 법과 사회 제66호(2021), 25-70면 참조.

지 및 고령자고용촉진에 관한 법률」(이하 '연령차별금지법'으로 인용), 「기간제 및 단
기간근로자 보호 등에 관한 법률」과 「파견근로자 보호 등에 관한 법률」(이하 두
법률을 합쳐서 '비정규직차별금지법'으로 인용) 등 개별적 차별금지법에서는 각각 장
애, 성별, 연령, 고용형태 등의 차별금지사유를 규정하고 있다.[17]

두 번째는 차별금지영역이다. 차별금지영역은 보통 고용영역, 재화와 용역의
이용이나 공급, 교육영역, 공공(행정)서비스 영역을 말한다. 원칙적으로 모든 영역
에서 차별을 하면 안 되겠지만, 법률로는 이들 영역에서의 차별을 금지하는 것이
보통이다. 즉 법에서 금지하는 차별은 그 적용영역이 한정되어 있는 것이다. 현행
국가인권위원회법에서 고용, 재화·용역·교통수단·상업시설·토지·주거시설의
공급이나 이용, 교육시설이나 직업훈련기관에서의 교육·훈련이나 그 이용, 성희
롱 행위를 차별금지영역으로 규정하고 있고, 개별적 차별금지법은 각각의 영역을
규정하고 있다. 예컨대, 남녀고용평등법, 연령차별금지법, 비정규직차별금지법 등
은 고용이 차별금지영역이다.

세 번째는 차별행위다. 차별행위는 어떤 사람을 다른 사람에 비해 불리하게
대우하는 일체의 행위를 뜻한다. 국가인권위원회법에서는 "특정한 사람을 우대·
배제·구별하거나 불리하게 대우하는 행위"라고 규정하고 있다. 남녀고용평등법
에서는 이 불리한 대우에 "사업주가 채용조건이나 근로조건은 동일하게 적용하더
라도 그 조건을 충족할 수 있는 남성 또는 여성이 다른 한 성(性)에 비하여 현저
히 적고 그에 따라 특정 성에게 불리한 결과를 초래하며 그 조건이 정당한 것임
을 증명할 수 없는 경우를 포함한다"고 규정하여 이른바 '간접차별'도 차별로 간
주하고 있다.

네 번째는 일종의 예외사유로서, 합리적 이유가 있는 경우에는 차별에 해당
하지 않는다. 국가인권위원회법에서는 "합리적 이유 없이"라는 일반 규정을 두고
있고, 남녀고용평등법에서는 합리적 이유가 없는 경우가 무엇인지를 좀 더 구체

---

17) 개별적 차별금지법이란 개별적인 사유와 영역에서 차별을 금지하는 법을 뜻한다. 이와 달리, 포괄
적, 일반적인 사유와 영역에서 차별을 금지하는 법을 포괄적 차별금지법이라고 부른다. 자세한 것
은 홍성수, "포괄적 차별금지법의 필요성: 평등기본법을 위하여", 이화젠더법학 제10권 제3호
(2018), 1–38면 참조. 이외에도 정보소외계층차별, 성차별, 학력차별, 지역차별 등에 관한 차별금
지법안이 발의된 바 있으며, 노동조합 및 노동관계조정법, 근로기준법, 고용정책기본법, 아동복지
법, 방송법, 교육기본법, 외국인근로자의 고용 등에 관한 법률, 재한외국인처우기본법, 다문화가족
지원법, 장애인복지법 등에도 차별금지조항들이 포함되어 있다

적으로 규정하고 있다. 남녀고용평등법 제2조에서는 차별 개념 규정에 이어, "직무의 성격에 비추어 특정 성이 불가피하게 요구되는 경우", "여성 근로자의 임신·출산·수유 등 모성보호를 위한 조치를 하는 경우", "그 밖에 이 법 또는 다른 법률에 따라 적극적 고용개선조치를 하는 경우" 등을 차별에 해당하지 않는 것으로 규정하고 있다. 해외의 사례를 보면, 진정직업자격과 적극적 평등화조치를 차별의 예외로 규정하고 있는 것을 볼 수 있는데, 위의 가와 나가 각각 진정직업자격, 적극적 평등화조치(affirmative action)에 해당한다.[18]

요컨대 차별이란 차별금지사유를 이유로 고용 등 특정 영역에서 누군가에게 합리적 이유 없이 불리한 대우를 한 경우를 말한다고 할 수 있다.

2. 차별 관련 법제

혐오가 실제 차별로 이어지는 경우에 법적 규제의 대상이 된다. 특히 고용, 서비스, 교육 영역에서의 차별이 주로 금지대상이 되는데, 한국에서는 다음과 같은 차별금지 관련 법제가 있다.

먼저, 국가인권위원회법은 국가인권위원회를 설립하기 위한 조직법으로서, 위원회의 구성, 운영, 업무, 권한 등을 규정하고 있다. 다만, 위원회의 조사대상 등 권한을 정하기 위하여 차별의 개념 정의 등을 규정하고 있어서 부분적으로 차별금지법의 역할을 하고 있다고 할 수 있다. 하지만 국가인권위원회법은 기본적으로 국가인권위원회라는 조직을 설립하기 위한 법이며, 차별의 구체적인 내용 등을 규정하고 있지는 않다. 이 점은 포괄적 차별금지법의 제정을 통해 보완되어야 할 것이다.[19]

개별적인 사유와 영역에 관련하여 차별금지법이 제정되어 있는 경우가 있다. 이것을 다양한 사유와 영역에 포괄적으로 적용되는 포괄적·일반적 차별금지법

---

18) 참고로, 차별금지법안(장혜영의원 등 10인, 의안번호 2101116, 제안일자 2020. 6. 29)에는 다음과 같이 정당한 사유가 있는 경우에는 차별로 보지 않는다는 규정을 두고 있다. 전자가 진정진업자격, 후자가 적극적 평등화 조치에 해당한다.
- 특정 직무나 사업수행의 성질상 그 핵심적인 부분을 특정 집단의 모든 또는 대부분의 사람들이 수행할 수 없고, 그러한 요건을 적용하지 않으면 사업의 본질적인 기능이 위태롭게 된다는 점이 인정되는 경우. 다만, 과도한 부담 없이 수용할 수 있는 경우에는 그러하지 아니하다.
- 현존하는 차별을 해소하기 위하여 특정한 개인이나 집단을 잠정적으로 우대하는 행위와 이를 내용으로 하는 법령의 제정·개정 및 정책의 수립·집행에 해당하는 경우
19) 2007년 이후 차별금지법안(평등법안)은 11차례 발의된 바 있으나 입법이 되지는 못했다.

과 구분하여 개별적 차별금지법이라고 부른다.[20] 개별적 차별금지법으로, 장애인
차별금지법, 남녀고용평등법, 양성평등기본법, 남녀차별금지 및 권리구제 등에
관한 법률(폐지), 연령차별금지법, 비정규직차별금지법 등을 들 수 있다.

　　이외에도 각종 법제에 차별금지규범들이 산재해 있다. 예컨대, 노동조합 및
노동관계조정법, 근로기준법, 고용정책기본법, 아동복지법, 방송법, 교육기본법,
외국인근로자의 고용 등에 관한 법률, 재한외국인처우기본법, 다문화가족지원법,
장애인복지법 등에도 차별금지조항들이 포함되어 있다.[21]

　　조례 중에도 차별금지에 관한 내용을 담고 있는 경우가 있다. 인권기본조례
(예: 서울특별시 인권 기본 조례)에는 차별금지의 원칙이 규정되어 있고, 장애인 차
별에 관한 기본조례(예: 대구광역시 장애인 차별금지 및 인권증진에 관한 조례), 발달장
애인 권리 보장 및 지원에 관한 조례(예: 대전광역시 발달장애인 권리보장 및 지원조
례), 고용 차별에 관한 조례(예: 대전광역시 고용상의 차별행위 금지에 관한 조례), 성평
등에 관한 조례(예: 경기도 성평등 기본조례), 외국인 인권 보장과 차별금지에 관한
조례(예: 제주특별자치도 외국인주민 인권 보장 및 증진 조례), 어린이·청소년 인권보
장과 차별금지에 관한 조례(예: 서울특별시 어린이·청소년 인권조례), 비정규직 차별
금지에 관한 조례(예: 경기도 비정규직 권리보호 및 지원에 관한 조례) 등은 일종의 개
별적 차별금지조례라고 할 수 있다.

V. 혐오범죄의 의의와 관련 법제

　　혐오범죄(hate crime)에 대해서는 현행법에서 특별한 규정을 두고 있지 않다.
해외의 사례를 보면, 대략 특정한 집단에 대한 편견이 동기가 되어 기존의 범죄
를 저지르는 것을 뜻한다. 여기서 기존의 범죄는 폭행, 상해, 성폭력, 방화, 손괴
등을 규정하는 것이 보통이다. 이러한 기존의 범죄는 혐오범죄에 해당하지 않아
도 처벌되지만, 특정한 집단에 대한 편견이 동기가 된 경우에 '가중처벌'하는 것
이 혐오범죄법의 내용이다. 여기서 편견(prejudice)이란 어떤 집단에 대한 부정적

---

20) 홍성수, "포괄적 차별금지법의 필요성: 평등기본법을 위하여", 이화젠더법학 제10권 제3호(2018),
　　1-38면; 안진, "포괄적 차별금지법의 입법쟁점에 대한 일고찰: 현행 차별금지법제의 문제점을 중
　　심으로", 법학논총 제38권 제1호, 전남대학교 법학연구소(2018), 537-589면.
21) 이준일, 차별금지법, 고려대학교 출판부, 2007, 169-176면; 안진, 위의 논문, 541-543면.

인 생각이나 경멸 또는 비하하는 생각을 뜻하게 되고, 그런 생각 때문에 범죄의
대상으로 삼을 때 혐오범죄가 되는 것이다. 혐오범죄의 개념을 규정하고 있는 해
외 자료를 보면 대체로 다음과 같다.[22]

> "인종, 종교, 장애, 성적 지향, 민족, 젠더, 성별정체성 등에 대한 편견이 전체적
> 으로 또는 부분적으로 동기가 된 범죄"(미국 FBI UCR 프로그램)[23]
> "인종, 종교, 성적 지향, 민족 등에 대한 편견의 증거를 선언하는 범죄로서 살인,
> 강간, 폭행, 위협, 방화, 손괴 등을 포함한다."(미국「1990 혐오범죄통계법」)
> "인종, 종교, 성적 지향, 장애, 트랜스젠더(또는 실제로 그렇다고 생각된)에 기초
> 한 적대와 편견과 동기를 가진, 희생자 또는 다른 사람에 의해 인지된 모든 형사
> 범죄"(영국 경찰청)[24]
> "종교, 성적 지향 등을 이유로 폭력적 공격, 영업장이나 예배당에 대한 기물파
> 손, 소수자 공동체에 대한 욕설이나 괴롭힘 등을 포함한 여러 행위"(영국 법위원
> 회)[25]
> "인종, 종교, 성적 지향, 장애 또는 트랜스젠더 정체성 등을 이유로 한 적대를 동
> 기로 한 모든 범죄"(영국 내무부)[26]

위에서 보듯이 혐오범죄는 성별, 인종, 종교, 성적지향 등 차별금지사유 또는
보호되는 특성을 이유로 하는 범죄를 말하는 것으로 그 원인과 배경이 혐오표현
이나 차별과 일맥 상통한다.

해외 주요국가에서는 혐오범죄를 가중처벌하는 법(혐오범죄법)을 제정하여 이
행하고 있다.[27] 혐오범죄법이 필요한 이유는 성별 등을 이유로 한 범죄가 비난가
능성이 높고 사회적 해악이 더 심각하므로 가해자를 가중처벌할 필요성이 있기

---

22) 홍성수 외, "혐오범죄 등 새로운 인권침해범죄 유형과 대처방안", 2020년 대검찰청 정책연구과제;
   홍성수 외, "인종적 혐오표현과 혐오범죄에 대한 형사법적 규제 필요성 연구", 2021년 법무부 연구
   용역 보고서 참조.
23) https://www.fbi.gov/services/cjis/ucr/hate-crime ＜2022년 7월 22일 최종방문＞.
24) https://www.met.police.uk/advice/advice-and-information/hco/hate-crime/what-is-hate-crime
   ＜2022 7월 22일 최종방문＞.
25) UK Law Commission, Hate Crime: Consultation Paper, 2020, p. 8.
26) UK Home Office, Action Against Hate: The UK Government's Plan for Tackling Hate Crime,
   2016.
27) 혐오범죄법에 대한 포괄적인 연구자료로 OSCE/ODIHR, Hate Crime Laws: A Practical Guide,
   2009 참조.

때문이다. 그리고 혐오범죄를 가시화시켜 사회적 경각심을 고취하려는 것도 중요
한 목적이다. 그래서 가중처벌보다는 혐오범죄에 관한 통계 구축과 대응정책 구
축에 방점이 찍힌 법을 제정하는 경우도 있다.

한국의 경우에는 혐오범죄법이 아직 제정되지 못했지만,[28] 양형기준에 관련
내용이 포함된 바 있다. 2019년 대법원 양형위원회는 '명예훼손범죄 양형기준'에
혐오범죄를 가중처벌할 수 있도록 했다. 허위사실 적시 명예훼손과 모욕죄의 양
형 가중요소인 "비난할 만한 범행동기"에 "피해자에 대한 보복·원한이나 혐오
또는 증오감에서 범행을 저지른 경우"을 포함시킨 것이다. 즉, 혐오나 증오감이
동기가 된 명예훼손 또는 모욕범죄의 경우에는 더 강한 처벌을 받을 가능성이 생
긴 것이다.[29] 명예훼손과 모욕죄에 한정되어 있고 강제력이 없는 양형기준에 불
과한 것이기 때문에 한계가 뚜렷하지만, 혐오범죄에 대한 공식적 논의가 시작되
었다는 점만으로도 의미가 있다고 생각된다.

VI. 집단살해의 의의와 관련 법제

집단살해(genocide)도 혐오·차별 관련 범죄의 일종으로 분류될 수 있다. 집
단살해란 민족, 인종, 종교 등을 이유로 해서 특정 집단을 의도적, 체계적으로 학
살하는 것을 뜻한다. 이와 관련해서는 몇 가지 국제협약이 발효되어 있는 상태인
데, 한국도 '집단살해죄의 방지와 처벌에 관한 협약'(Convention on the Prevention
and Punishment of the Crime of Genocide, 1950)과 '국제형사재판소에 관한 로마규
정'(Rome Statute of the International Criminal Court, 1998)에 가입했다. 그리고 2007
년에는 이를 이행하기 위하여 「국제형사재판소 관할 범죄의 처벌 등에 관한 법
률」(이하 "국제형사범죄법")을 제정한 바 있다.[30] 이 법은 국제형사재판소 관할 범

---

28) 한국에서도 다음의 두 건의 혐오범죄법이 발의된 바 있는데, 전자는 가중처벌에 후자는 가시화에
  초점이 맞춰져 있다. '특정범죄 가중처벌 등에 관한 법률 일부개정법률안'(이종걸의원 등 11인,
  2013. 11. 29); '증오범죄 통계법안'(이종걸의원 등 11인, 2016. 12. 12).

29) 이와 관련해서는 홍성수, "명예훼손범죄 양형기준의 주요 내용: 혐오 또는 증오감에 의한 범행 가
  중처벌을 중심으로", 언론중재 제151호(2019년 여름호), 90-93면 참조.

30) 박선기, "집단살해죄(Genocide), 인도에 반한 죄 등에 관한 국제형사법적 고찰", 저스티스 제
  146-2호(2015); 김영석, "국제형사재판소 관할 범죄의 처벌 등에 관한 법률에 대한 고찰", 서울국
  제법연구 제15권 제1호(2008) 참조.

죄의 처벌을 규정하고 있는데(2장), 그 중 하나가 집단살해죄이다.

제8조(집단살해죄) ① 국민적·인종적·민족적 또는 종교적 집단 자체를 전부 또는 일부 파괴할 목적으로 그 집단의 구성원을 살해한 사람은 사형, 무기 또는 7년 이상의 징역에 처한다.

② 제1항과 같은 목적으로 다음 각 호의 어느 하나에 해당하는 행위를 한 사람은 무기 또는 5년 이상의 징역에 처한다.

1. 제1항의 집단의 구성원에 대하여 중대한 신체적 또는 정신적 위해(危害)를 끼치는 행위
2. 신체의 파괴를 불러일으키기 위하여 계획된 생활조건을 제1항의 집단에 고의적으로 부과하는 행위
3. 제1항의 집단 내 출생을 방지하기 위한 조치를 부과하는 행위
4. 제1항의 집단의 아동을 강제로 다른 집단으로 이주하도록 하는 행위

③ 제2항 각 호의 어느 하나에 해당하는 행위를 하여 사람을 사망에 이르게 한 사람은 제1항에서 정한 형에 처한다.

④ 제1항 또는 제2항의 죄를 선동한 사람은 5년 이상의 유기징역에 처한다.

⑤ 제1항 또는 제2항에 규정된 죄의 미수범은 처벌한다.

집단살해죄의 구성요건을 보면, "국민적·인종적·민족적 또는 종교적 집단 자체"를 대상으로 하고 있으며, 집단살해죄가 혐오표현, 차별, 혐오범죄 등 혐오·차별 문제의 맥락에서 이해될 수 있음을 보여준다. 실제로는 집단살해죄는 혐오범죄의 일종인데, 범죄의 목적이 해당 집단의 전부 또는 일부의 파괴라는 점에서 구분될 수 있다. 이외에도 이 법에 규정된 '인도에 반한 죄' 중에는 "정치적·인종적·국민적·민족적·문화적·종교적 사유, 성별 또는 그 밖의 국제법규에 따라 인정되지 아니하는 사유로 집단 또는 집합체 구성원의 기본적 인권을 박탈하거나 제한하는 행위"(제9조 제2항 7호)가 포함되어 있는데, 이것은 일종의 차별행위 또는 혐오범죄에 해당한다고 볼 수 있다.

Ⅶ. 혐오·차별에 대한 법정책

이상에서 살펴본 혐오와 차별 문제에 대응하기 위해서는 각각의 문제에 대

한 입법적 조치가 필요하지만, 한국에서는 관련 법제가 충분히 마련되어 있지 않은 상황이다. 이를 정리해보면 아래 표와 같다.

〈혐오·차별 문제에 관한 법률〉

	대응 법률	현행 법령	비고
집단살해	집단살해죄법	국제형사범죄법	'국제형사재판소에 관한 로마규정'의 국내 이행을 위한 법률
혐오범죄	혐오범죄법	없음	명예훼손과 모욕죄에 관한 대법원 양형기준에 혐오 또는 증오감에서 범행을 저지른 경우를 양형 가중요소로 규정하고 있음
차별	차별금지법	없음	국가인권위원회법과 개별적 차별금지법이 제한적인 역할을 하고 있음
혐오표현	혐오표현금지법	없음	방송, 방송광고, 언론, 정보통신, 옥외광고 관련 법령과 학생인권조례 등에서 혐오표현에 해당할 수 있는 내용을 규제하고 있음

각각의 입법적 과제를 정리해보면 다음과 같다. 먼저, 혐오표현금지법은 표현 자체를 규제하는 것이기 때문에 표현의 자유와의 충돌 문제 등을 면밀히 고려해야 하며, 주요 국가들도 조금씩 다른 접근을 하고 있다는 점을 고려할 필요가 있다. 광의의 혐오표현을 포괄적으로 규제할 것인지, 증오선동에 해당하는 표현만 형사처벌할 것인지, 방송, 광고 등 공공적 성격이 강한 영역에서의 혐오표현에 대해서 집중적으로 규제할 것인지, 규제를 하더라도 형사범죄화할 것인지, 행정규제나 자율규제로 접근할 것인지 등을 신중하게 검토해야 할 것이다.[31]

이에 비해 차별금지법의 입법 필요성은 좀 더 명확하다. 차별은 직접적인 불이익이 이미 발생한 것이기 때문에 국가적 차원의 즉각적인 개입이 반드시 필요한 문제이고, 이미 관련 법령, 판례, 결정례 등의 관행이 충분히 축적되었기 때문에 논란의 소지도 거의 없다. 개별적인 사유와 영역에 대한 차별금지법령이 있기는 하지만, 사유와 영역을 포괄적으로 규정한 포괄적 차별금지법의 제정이 절실한 상황이다.[32] 전체적으로는 포괄적 차별금지법을 제정하고, 개별적인 사유와

---

31) 이에 관한 포괄적인 연구로 홍성수 외, 혐오표현 실태조사 및 규제방안 연구, 2016년 국가인권위원회 인권상황 실태조사 참조.

32) 2022년 7월 현재 국회에는 4건의 차별금지법안 발의되어 있는 상태이다. 차별금지법안(장혜영의원 등 10인, 의안번호 2101116, 제안일자 2020. 6. 29); 평등에 관한 법률안(이상민의원 등 24인, 의안번호 2110822, 제안일자 2021. 6. 16); 평등에 관한 법률안(박주민의원 등 13인, 의안번호

영역에서 특별한 필요가 있는 경우에는 개별적 차별금지법으로 보완하는 것이 가장 바람직할 것이다. 예컨대, 포괄적 차별금지법이 제정되더라도 장애나 고용성평등과 관련해서는 그 특수성을 고려할 때 개별법(장애인차별금지법, 남녀고용평등법)은 계속 유지되어야 할 것이며, 성차별·성희롱 또는 인종차별에 관련해서도 별도의 차별금지법이 필요할 수 있다.33)

혐오범죄에 대한 대응은 혐오범죄를 가중처벌하는 법을 만드는 것이 기본적이다. 법정형을 강화하는 방법, 별도의 범죄구성요건을 추가하는 방법, 양형에서 고려되도록 하는 방법 등이 있다. 혐오범죄는 가중처벌 이외에도 혐오범죄의 가시화, 피해자보호, 예방대책 수립 등을 잘 마련해야 하기 때문에 어떤 입법적 조치가 가장 효과적인지 면밀히 검토할 필요가 있다.

마지막으로 혐오·차별 문제는 그 원인과 배경이 공통적이기 때문에 그 대응에서도 이 점이 적극 고려되어야 한다. 관련 법령과 정책이 유기적으로 결합될수 있도록 하는 것이 무엇보다 중요하다. 실제로, 혐오표현, 차별, 혐오범죄에 대한 직접적인 법규제는 각기 다른 법을 통해서 이행되어야겠지만, 정책, 예방, 교육·홍보 등에 있어서는 겹치는 부분이 매우 많을 것이다. 이를 규율하는 일종의 컨트롤타워의 설치도 고려할 필요가 있다. 관련 정부기관의 장과 민간 전문가들이 참여하는 혐오·차별 대응을 위한 국가위원회를 통해 각 부처에 흩어져 있는 혐오표현, 차별, 혐오범죄에 관한 대책을 조정하는 것을 생각해볼 수 있다.34)

Ⅷ. 젠더 문제와 혐오·차별에 대한 법정책

지금까지 살펴본 것은 혐오·차별에 대한 일반적인 법정책이었지만, 다음과 같은 점에서 젠더 문제, 성차별(성평등) 문제와도 밀접하게 연결되어 있다.

먼저, 성별이나 젠더는 차별금지사유 또는 보호되는 속성의 하나로서 혐오·

2111964, 제안일자 2021. 8. 9); 평등 및 차별금지에 관한 법률안(권인숙의원 등 17인, 의안번호 2112330, 제안일자 2021. 8. 31).

33) 인종차별금지법에 대해서는 김지혜 외, 한국사회의 인종차별 실태와 인종차별철폐를 위한 법제화 연구, 국가인권위원회 인권상황실태조사 연구용역보고서, 2019 참조.

34) 2020년 국가인권위원회에서는 혐오차별대응특별추진위원회를 설치·운영한 바 있는데, 이러한 위원회를 확대강화하는 식으로 추진해볼 수 있을 것이다.

차별 문제가 발생하는 전형적인 이유이기도 하다. 세계 각국의 혐오표현, 차별금
지, 혐오범죄 관련 법에서 성별이나 젠더는 늘 기본적인 사유로서 규정되어 있으
며, 특별히 개별 법이나 정책으로 대응하는 경우도 빈번하게 찾아볼 수 있다. 즉,
혐오·차별에 대한 법정책은 젠더로 인해 발생하는 여러 문제들에 대한 대응을
포함하고 있는 것이다.

둘째, 혐오·차별 문제에 대한 포괄적인 대응은 젠더 문제를 해결하는 데에
도 도움이 될 수 있다. 현대사회에서 발생하는 혐오·차별 문제 중 상당수는 그
사유가 복합적인 경우가 많다. 예를 들어, 어떤 여성에 대한 혐오범죄가 발생했을
때 그 이유를 파악해보면, 여성에 대한 편견과 함께, 그 여성의 다른 속성, 예컨
대, 소수인종, 동성애자, 이주자라는 점이 복합적으로 작용하는 경우도 적지 않
다. 이와 관련하여 차별금지법에서는 '복합차별'(combined discrimination)이라는 개
념이 발전되어 왔다. 이것은 차별의 한 형태로서 두 가지 이상의 사유가 합쳐져
서 불리한 대우를 받은 경우를 뜻한다.[35] 복합차별 규정이 있을 때 차별 피해자
들은 더 두텁게 보호받을 수 있으며, 여성의 경우도 마찬가지다. 예를 들어, 어떤
여성이 차별을 받았는데, 그 사유가 성별이 다르기 때문인지, 인종이 다르기 때문
인지 각각 입증하는 것이 쉽지 않은 경우가 있을 수 있다. 이때 성차별금지법, 인
종차별금지법만 있고, 구제기구도 분리되어 있다면, 이 여성은 어느 한 쪽을 택해
서 입증을 하고 구제를 받아야 할 것이다. 그런데 복합차별도 차별로 인정되고
단일한 기구에서 이 문제를 처리한다면, 성별과 인종이 다르기 때문에 차별받았음
을 입증하면 된다. 만약 흑인 여성이 차별을 받았다면, 백인에 비해 부당한 대우
를 받았다는 점이나 남성에 비해 부당한 대우를 받았다는 점뿐만 아니라, '백인 남
성'에 비해 부당한 대우를 받았다는 점을 입증하면 되는 것이라 차별을 인정받기
가 보다 용이해진다. 즉 여성이라는 집단을 기준으로 볼 때, 여성에 대한 혐오·차
별 법정책과 더불어 포괄적인 혐오·차별 대응 법정책이 함께 있을 때 여성들은
더 두터운 법적 보호를 받을 수 있는 것이다. 한 개인은 여성으로서의 정체성뿐만
아니라, 성소수자, 이주자, 인종적 소수자, 소수종교신도, 비정규직노동자로서의

---

35) 영국 평등법(복합차별)과 독일일반평등대우법(복수의 사유에 의한 차별적 대우)에는 복합차별이
    명시적으로 규제되어 있으며, 한국의 차별금지법안(장혜영의원 등 10인, 의안번호 2101116, 제안
    일자 2020. 6. 29)에는 "2가지 이상의 성별등 차별금지사유가 함께 작용하여 발생한" 차별도 차별
    의 개념으로 명시하고 있다.

정체성도 동시에 가질 수 있다. 모든 형태의 차별을 금지하는 것은 결국 각각의 '여성 당사자'의 권리를 더 효과적으로 보호할 수 있는 방법이 되는 것이다.36)

세 번째로 혐오·차별 문제는 서로 밀접하게 연관되어 있다는 점에 주목해야 한다. 혐오·차별은 기본적으로 자신과 다른 속성을 가진 개인이나 집단에 대한 편견과 비하에서 비롯되는 것이기 때문에, 여러 다른 속성으로 연결되는 경향이 있다. 예컨대, 인종이 다르다는 이유로 누군가를 비하해도 된다고 생각하는 사람은 성별을 이유로도 같은 생각을 할 가능성이 생긴다는 것이다. 예컨대, 각국의 사례를 볼 때, 인종차별은 전혀 없는데 성차별만 있는 경우보다는, 인종차별 문제와 성차별 문제 모두 심각한 경우가 대부분이며, 성차별 문제가 개선되면서 인종차별 문제도 동시에 개선되는 경우를 볼 수 있다.

거꾸로 혐오·차별에 대한 분석과 대응을 모색하는 데 있어서도 서로 좋은 영향을 주고 받을 수도 있다. 인종차별에 효과적으로 대응했던 여러 가지 선례들이 젠더차별 문제를 해결하는데 있어서도 참고가 될 수 있고, 젠더차별과 인종차별에 관한 여러 이론적 성과들이 오늘날 다른 차별 문제를 분석하는 데에도 중요한 참고가 되고 있기도 하다. 실제로, 기존의 법여성학과 여성주의 법정책이 다뤄온 성희롱 규제, 차별금지, 성폭력 대응 등에 관한 이론과 실무의 경험은 혐오·차별 일반에 대해서도 그대로 적용될 수 있다. 법여성학의 일반적 논의와 연구방법,37) 성평등에 대한 헌법이론적 논의38)는 차별에 관한 일반적 논의에 그대로 적용될 수 있다. 대학 성폭력·성평등센터의 성과는 인권센터로 확장되며 계승되고 있으며, 성희롱에 관한 기존의 법정책과 성과들은 직장 내 괴롭힘이나 인권침해 일반에 대한 대응 논의에 매우 중요한 참고자료로 활용되고 있다. 남녀고용평등법은 포괄적 차별금지법을 구상하는 데 있어 가장 중요한 선행 법률이고, 성희롱

---

36) 조금 다른 차원에서 각각의 차별 문제는 서로 영향을 주고 받기도 한다. 예를 들어 합리적 이유가 없는 성별 구분은 여성에게도 차별이 될 수 있지만, 트랜스젠더에게도 불리한 환경을 제공한다. 불필요한 성별 분리와 구분이 많은 나라일수록 여성도 차별받고 트랜스젠더도 차별을 받는 것이다. 성별로 인한 부당한 차별이 사라질수록 트랜스젠더에 대한 차별 문제를 해결하기도 용이해지는 것이다. 예컨대, 남녀분리모집을 해왔던 경찰이나 군대에서 평등한 남녀통합모집이 시행된다면 여성뿐만 아니라 어느 한 쪽에 속해 지원하는 것조차 어려웠던 트랜스젠더에게도 좋은 일이 되는 것이다.

37) 이 책 제1장에 실린, 김엘림, "법여성학과 젠더법학의 의의와 동향"; 양현아, "다시 쓰는 여성의 "목소리" 방법론: 페미니즘 법이론의 관점에서" 참조.

38) 이 책 제2장에 실린, 김하열, "젠더평등과 평등헌법"; 최희경, "헌법판례와 젠더" 참조.

에 대한 예방과 구제방법은 차별에 관한 예방과 구제방법을 설계하는 데 있어서 거의 그대로 활용되고 있다. 성차별에 대한 판단기준은 차별 일반에 대한 판단기준을 개발하는 데 참고가 되고, 성희롱(sexual harassment)에 대한 판단기준은 성적인 언동과 무관한 다른 차별적 괴롭힘(harassment)에 대한 판단기준을 개발하는 데 결정적인 역할을 한다.[39] 젠더폭력에 관한 기존의 논의들은[40] 혐오범죄에 관한 문제를 다룰 때도 적용될 수 있다.

그럼에도 불구하고, 젠더차별 문제에 대한 별도의 이론적 연구나 법정책은 여전히 필요하다. 실제로 혐오 · 차별이 전반적으로 심각해질 때, 젠더차별 문제는 또 다른 변수로 작용하는 경우가 많다. 예컨대 비정규직 차별이 극심해지면서 여성 비정규직이 특별히 더 피해를 입게 된다거나, 인종차별범죄에서 여성 피해자가 더 집중적인 피해를 입는 경우가 흔히 발생한다. 혐오 · 차별 문제에 대해 일반적으로 대응하면서도 젠더 관점에서 문제를 파악하고 대책을 마련할 필요성이 사라지는 것은 아니라는 것이다. 법정책과 관련해서도 마찬가지다. 포괄적 차별금지법이 제정된다고 해서, 기존의 남녀고용평등법이 필요 없게 되거나, 성차별 · 성희롱 금지법의 추가 입법이 무의미해지는 것은 아니다. 고용에서의 성차별의 특수성을 고려할 때 그에 특화된 대책은 반드시 필요하다. 실제로 현행 남녀고용평등법상 차별금지와 구제에 관한 일부 내용은 포괄적 차별금지법에 의해서 대체될 수 있지만, 직장 내 성희롱 금지를 위한 대한 대한 자세한 규정(제2장 제2절), 여성의 직업능력 개발 및 고용촉진(제2장 제3절), 적극적 고용개선조치(제2장 제4절), 모성보호 및 일가정 양립 지원(제3장) 등은 포괄적 차별금지법으로 대체될 수 없는 부분이다.

요컨대, 혐오 · 차별에 관한 일반적인 문제와 젠더 문제는, 그 원인과 배경에 대한 분석, 그리고 대응, 법정책에 있어서 서로 긴밀하게 연결되어 있다. 따라서 젠더 문제는 혐오 · 차별 문제의 하나이면서도 독자적인 한 영역이기도 하다는 점이 중요하다. 이 점을 적절히 고려하는 것은 이론적으로도 타당하지만, 효과적인 법정책을 마련할 때도 의미있는 일이 될 것이다.

---

39) 이 책 제5장에 실린, 김진, "고용상 성차별 구제제도와 사례"; 박귀천, "직장 내 성희롱의 판단과 구제" 참조.
40) 이 책 제4장에 실린, 정현미, "젠더폭력에 대한 형법적 과제"; 박수진, "새로운 유형의 디지털 성범죄와 피해자 보호" 참조.

인공지능 시대의 젠더 문제*

한 애 라**

I. 들어가며

2021년 초 대한민국은 이루다로 떠들썩했다. 엄청난 분량의 카톡 대화를 인공지능으로 학습하여 탄생한 20세 여성 채팅봇 '이루다'는 개인정보 침해, 성희롱, 차별적 발화 등의 문제가 불거지면서 서비스 개시 2주 만에 종료되었지만, 그 과정에서 우리 사회 전반에 인공지능과 젠더 문제에 관한 많은 논제를 던졌다.

그러나 인공지능 활용에서의 젠더 문제는 새로운 것이 아니다. 사회 전반에서 인공지능이 활용되고 점점 많은 의사결정이 AI에 위임되면서, 과거부터 잠재되어 있던 차별과 불평등이 고착화되거나 증폭되기도 하고, 종전에 없던 새로운 차별이 발생하기도 하며, 차별 자체를 포착하기가 어려워지기도 한다. AI, 특히 머신러닝에 의한 AI는 그 내부 메커니즘을 지극히 알기 어려운 블랙박스적 특성을 가진다. 이에 따라 AI의 설계자가 본래 가지는 편향에 따라 차별적으로 알고리즘을 설계했다 하더라도 이를 외부인이 포착하기 어렵다. 또한 머신러닝은 기존 데이터의 학습에 의하여 알고리즘을 생성, 발전시키므로, 데이터가 부족하면 정확도가 떨어지며, 이는 데이터가 충분히 수집되지 않는 집단에 대한 불이익을 초래한다. 특히 기존 데이터 내에 내재하는 기존의 편향이 그대로 알고리즘에 학

---

* 필자는 "인공지능과 젠더차별"(이화젠더법학, 2019) 및 이를 축약, 수정한 한국인공지능법학회의 인공지능 윤리와 거버넌스(고학수·김병필 편집, 박영사, 2020) 내의 같은 제목의 챕터를 기초로 하여 젠더와 법 아카데미에서 두 차례 강의를 진행했다. 이 글은 위 글들을 바탕으로 강의 과정에서 업데이트한 내용을 추가한 것이다.
** 성균관대학교 법학전문대학원 교수, 변호사

습되므로, 설계자에게 차별의 의도가 없었더라도 완성된 알고리즘은 차별적으로 작용할 수 있다. 결국 AI가 의사결정을 자동화하면 할수록, 알고리즘의 편향성으로 인하여 기존에 존재하는 차별이 강화되고, 알고리즘의 불투명성으로 인하여 그러한 차별을 제도적, 법적으로 통제하기 어려워질 것이라는 우려가 크다.[1]

　　AI에 의한 차별 문제가 가장 두드러지는 영역은 인종과 젠더이다. 특히 인종 문제가 비교적 적은 우리나라에서는 AI에 의한 젠더차별이 더 시급한 문제이다. 이에 인공지능에 의한 젠더차별의 양상을 먼저 파악하고, 그 해결책을 모색할 필요가 있다.

Ⅱ. 인공지능과 관련된 젠더차별의 양상

　　인공지능에 의한 젠더 차별은 여러 형태를 띤다. 개발자가 이미 사회적으로 고착화된 편견을 반영하여 AI 알고리즘을 디자인하기도 하고, 학습 과정에서 또는 시장의 압력에 의하여 편향과 차별이 나타나고 강화되기도 한다.

　　개발자가 젠더 편향을 의도적으로 AI 디자인에 반영하는 경우로는, 인공지능 스피커의 목소리를 여성으로 하는 것이나, 보조 로봇에게 그 역할의 고정관념에 부합하는 성별을 부여하는 등을 들 수 있다. 성격은 조금 다르나 최근의 이루다 사태도 그 한 예라 할 수 있다. 더 안 좋은 사례로는 Deep Fake를 이용한 합성 음란 동영상과 같이 처음부터 젠더 착취를 목적으로 알고리즘이 디자인되는 경우도 있다.

　　개발자가 중립적으로 알고리즘을 디자인하였더라도, AI 알고리즘의 특성상 개발자가 의도하지 않았던 차별이나 편향이 표출될 수도 있다. 개발자가 의도하지 않았던 알고리즘의 편향이나 차별은, 학습데이터가 부족하여 소수자에 대한 대표성을 결여하는 경우, 학습데이터 자체가 기존의 편견을 반영하고 있고, 알고리즘은 이를 그대로 학습함으로써 편향을 띠게 되는 경우, 알고리즘 자체는 성 중립적으로 설계되었더라도, 시장 메커니즘의 부가적 효과와 구조적 문제로 편향이 발생하는 경우(스필오버 효과와 구성 Spillover effect and composition) 등에 발생

---

1) 고학수·이나래·박도현, "윤리적 인공지능의 실현과 과제", 서울대학교 법과경제연구센터, 인공지능정책 이니셔티브 이슈 페이퍼 04(2019. 5).

한다.[2]

의도적이든 비의도적이든 인공지능에 의한 젠더 차별은 무의식적으로 기존의 젠더 차별을 고착화하고 강화하는 악영향을 끼친다.

1. 알고리즘 디자인 단계에서의 의도적인 젠더 차별

인공지능 기반 서비스의 디자인 단계에서 젠더 편향 혹은 젠더 차별이 두드러지는 대표적인 사례가 인공지능 스피커이다. 인공지능 스피커는 여성의 목소리만 선택할 수 있거나 남녀 목소리 중 여성이 디폴트로 설정된 경우가 많다. 'Google Assistant'는 여성의 목소리를 디폴트로 하여 출시되었고, 2018년 5월에서야 남성 목소리를 추가하였다. 애플의 'Siri'는 남녀 목소리 모두 가능하지만, 한국어로는 여성의 목소리만 선택할 수 있다가 2019년 12월에야 남성 목소리 선택이 추가되었다. SKT의 '누구'나 KT의 '기가지니', '카카오미니' 또한 여성의 목소리가 기본값이다.[3] 인공지능 스피커는 유능하고 효율적인 여비서의 이미지로 지시사항을 이행하며 여성의 말투로 공손하게 대답한다. 반면에 전문가적 권위가 필요한 경우에는 남성의 목소리가 선호된다.[4]

AI와 젠더 고정관념에 대한 일련의 연구에 따르면, 인간은 AI나 로봇에 젠더를 투영하려는 매우 강력한 경향을 가지고 있고, 그 고정관념과 AI의 역할이 일치할 때 가장 큰 호감을 보인다고 한다. 인간은 기계 음성의 톤[5], 휴머노이드 로봇의 어깨와 허리, 엉덩이 비율[6] 등에 따라 바로 성별을 부여하고 그 젠더의 전형적인 고정관념을 투사한다. 나아가 사람들은 자신들이 투사한 AI의 젠더와 그 AI가 하는 젠더적 역할이 일치할 때 더 큰 호감을 보인다. 미국의 5학년 어린이[7]

---

2) Cowgill/Tucker, "Economics, Fairness and Algorithmic Bias", In preparation for The Journal of Economic Perspectives; Columbia Business School Research Paper Forthcoming.

3) 이희은, "AI는 왜 여성의 목소리인가?", 한국언론정보학보 90호(2018).

4) Mitchell et al., "Does social desirability bias favor humans? Explicit-implicit evaluations of synthesized speech support a new HCI model of impression management", Computers in Human Behavior Volume 27, Issue 1(2011).

5) Nass et al., "Are Machines Gender Neutral? Gender-Stereotypic Responses to Computers With Voices", Journal of Applied Social Psychology 1997, 27, 10.

6) Trovato/Lucho/Paredes, "She's Electric—The Influence of Body Proportions on Perceived Gender of Robots across Cultures", Robotics 2018, 7, 50.

7) Lee/Liao/Ryu, "Children's Responses to Computer-Synthesized Speech in Educational Media: Gender Consistency and Gender Similarity Effects", Human Communication Research 33

나 20대 청년을 대상으로 한 연구8)에서 모두, 컴퓨터 음성이나 로봇이 말하는 내용이나 수행하는 업무가 그 연구 대상의 젠더적 고정관념과 일치할 때 가장 효과가 높고, 이용자에게도 선호되었다. 결국 기업은 '도우미 역할은 여성이 수행한다'는 고정관념에 부합하도록 인공지능을 디자인하는 것이 소비자에게 선호되고 효과적이라는 이유로 인공지능 스피커의 목소리를 여성으로 세팅하고자 할 유인이 있다.9)

그러나 이처럼 기존의 젠더적 고정관념에 순응하는 방향으로 인공지능 스피커 음성을 디자인할 경우, 기존의 젠더적 고정관념을 더욱 강화하고 젠더 차별이 더 악화되는 결과를 낳는다. 어린이들은 일찍부터 인공지능 스피커와 상호작용하면서 여성이 공손하게 대답하고 시키는 대로 하는 데에 익숙해질 우려가 크다. 또한 인공지능 스피커는 수많은 학습데이터를 바탕으로 목소리의 성별에 어울리는 여성스러운 표현을 사용하고 '여성적인' 반응을 보이며, 이는 학습이 계속될수록 더욱 자연스러워진다.10) 인공지능 스피커의 말투와 감정표현이 인간과 가까워질수록, 인간은 인공지능 스피커와의 상호작용을 실제 인간 여성과 상호작용하는 것처럼 받아들이게 될 것이며, 이를 통해 젠더적 고정관념 강화의 효과는 증폭될 것이다.11)

이루다의 사례는 "여성" 인공지능을 상품화하는 것의 위험성을 잘 보여준다. 스캐터랩은 "연애의 과학"이라는 채팅앱에서 이용자의 카톡 대화를 수집한 후 이 카톡 대화를 학습데이터로 하여 20세 여성으로 상정한 AI 채팅봇을 개발하여 2020년 12월 23일 출시하였다. 이루다는 사람 같은 자연스러운 대화로 10~20대 사이에서 크게 주목받아 3주 만에 약 80만 명의 이용자를 모았다. 그러나 일부 이용자가 이루다를 성적 도구로 취급하거나 소위 "어뷰징(abusing)"을 시도함에 따라 이루다가 동성애자, 페미니스트에 대한 혐오 발언을 학습하여 쏟아내기도

(2007).

8) Tay/Jung/Park, "When stereotypes meet robots: The double-edge sword of robot gender and personality in human-robot interaction", Computers in Human Behavior 38(2014).

9) West/Kraut/Chew, I'd Blush If I Could — Closing Gender Divides in Digital Skills Through Education, UNESCO for the EQUALS Skills Coalition, GEN/2019/EQUALS/1 REV 2(2019).

10) Caliskan/Bryson/Narayanan(2017), "Semantics derived automatically from language corpora contain human-like biases", Science vol. 365 no. 6334, 183-186.

11) West/Kraut/Chew(2019), 107.

해 사회적 논란에 휩싸였다. 또한 학습자료로 활용된 카톡 대화와 관련된 개인정보 침해 문제도 제기되었다. 결국 이루다 서비스는 서비스 개시 2주 만에 종료되었다.[12]

이루다는 20세의 여성의 상품화가 인공지능이라는 형태를 띠었을 뿐, 기존에 우리 사회에 이미 존재하는 문제를 드러냈다는 지적도 있다.[13] 한편에서는 인간이 아닌 챗봇에 대한 성희롱이나 역시 인간이 아닌 챗봇이 하는 차별적 표현이 무슨 문제냐는 반발도 있다. 그러나 소수자 AI를 만들어 그 소수자 AI 스스로가 소수자를 비하하게 하거나 이용자가 소수자 AI를 상대로 비하나 성희롱 발언을 하고 이를 캡처하여 공유하고 자랑하는 것에 윤리적으로 문제가 있음을 부인할 수는 없다. 이루다 사태는 개발자가 중립적으로 AI를 디자인했는데 학습 과정에서나 이용과정에서 의도하지 않은 결과가 발생한 것이라기보다는 이러한 위험에 눈감고 가장 상업적으로 성공 가능성이 높은 범용 챗봇 AI를 선택한 개발자의 의도적 결단에서 초래된 것이다.[14] 실제로 마이크로소프트 윤리기준 등 외국의 사례를 보면 이러한 차별 또는 어뷰징 우려가 있는 AI 개발 시에는 남용의 우려가 없도록 "AI의 용도를 명확히 할 것", "기술의 한계를 이해할 것"을 강조한다. 최근 신문 기사에 따르면 이루다는 사용자 연령을 14세 이상으로 높이고 차별과 혐오와 어뷰징에 대한 필터링을 강화하여 2022년 초부터 서비스를 재개할 계획이라고 하나[15], 과연 이러한 조치가 얼마나 효과가 있을지는 지켜보아야 할 것이다.

위의 예들이 상업성을 추구하는 과정에서 부수적으로 차별적 디자인을 한 경우라면, 처음부터 여성성을 착취하는 것을 목적으로 알고리즘을 디자인하는 사례도 있다. 중국의 한 프로그래머는 안면인식과 AI 기술을 활용하여 포르노 비디오 속 여성의 신원을 확인하는 알고리즘을 발표하였다가 사회적으로 엄청난 지탄을 받고 프로그램을 폐기하였다.[16] 인공지능 기술인 "Deepfake"를 이용한 음란 동영

12) 연합뉴스(2021. 1. 11), "성희롱·혐오논란에 3주만에 멈춘 '이루다' … AI윤리 숙제 남기다", https://www.yna.co.kr/view/AKR20210111155153017.

13) 심지원, "코르셋에 갇힌 인공지능: 사람들은 윤리적인 '이루다'를 원할까?" 젠더법학 Vol. 12, No. 2(2021), 73-76면.

14) 이서호/조상현 정리, "이루다 사건, 어떻게 막을 것인가?", DAIG 2021년 2호(2021).

15) 조선일보(2021. 10. 29), "[단독] 이루다, 1년 만에 돌아온다… "14세 미만은 이용 불가", https://biz.chosun.com/topics/topics_social/2021/10/29/VXLCK675KRDHJCSNUV277QKYJQ/

16) 연합뉴스, 2019. 6. 19.

상의 합성도 점점 큰 사회문제가 되고 있다. 특히 Deepfake를 이용한 포르노 동영상 합성 피해자의 25%가 한국 여성 연예인이라고 하며, 연예인뿐만 아니라 일반인의 경우에도 Deepfake에 의한 음란 동영상 합성의 피해를 입는 경우가 빈번하다. 이를 규제하기 위하여 성폭력 범죄 처벌에 관한 특별법을 개정하여 처벌을 강화하자는 논의가 계속되고 있으나,[17] 합성 동영상의 진위를 판별하는 것 자체가 어려울 뿐만 아니라, 일단 유포되고 나면 사후적으로 강한 처벌을 하더라도 이미 피해자에게 가해진 피해가 회복되기 어렵다. 또 인공지능을 이용하여 동성애자를 판별해내는 알고리즘이 스탠퍼드 대학의 연구자들에 의하여 연구 목적에서 개발된 바 있는데,[18] 이러한 알고리즘은 실생활에서 얼마든지 악용될 위험이 있다.

　인공지능은 매우 빠른 속도로 발전하고 규제는 이를 미처 따라가지 못하는 상태이다. 그 공백에서 피해를 입는 것은 언제나 약자들이고, 새로운 기술은 새로운 젠더 착취의 수단이 될 수 있다.

2. 알고리즘 학습데이터의 부족과 대표성 결여로 인한 비의도적 젠더 차별

　최근에 국내에서도 출판된 『보이지 않는 여자들』[19]의 서문을 인용해 본다. "과거에 역사의 기록자들은 인류의 진화 — 문화적이든 생물학적이든 간에 — 에서 여성의 역할이 차지할 자리를 거의 남겨놓지 않았다. 그래서 남자들의 삶이 인류 전체의 삶을 대변하게 되어버렸다. 인류의 나머지 반에 대해서는 침묵뿐인 경우가 많다. … 이것이 바로 젠더 데이터 공백이다. 젠더 데이터 공백은 침묵만으로 끝나지 않는다. 이 공백은 결과를 초래하고 그 결과는 여자들의 일상생활에 영향을 끼친다. … 젠더 데이터 공백에 있어 가장 중요한 점 중 하나는 그것이 대개 악의적이지도, 심지어 고의적이지도 않다는 것이다. 오히려 정반대다. 그것은 수천 년 동안 존재해온 사고방식의 산물일 뿐이기에 일종의 무념이라 할 수 있다. … 우리가 인간이라고 통칭하는 것은 남자를 의미하기 때문이다."

　이러한 젠더 데이터 공백은 인공지능 시대에 들어 새삼 부각되고 있다. 머신

---

17) 배상균, "인공지능(AI) 기술을 이용한 디지털 성범죄에 대한 검토 — 딥페이크(Deepfake) 포르노 규제를 중심으로 —", 외법논집 제43권 제3호(2019), 169-187면.

18) Wang/Kosinski, "Deep Neural Networks Are More Accurate than Humans at Detecting Sexual Orientation from Facial Images", OSF. osf.io/zn79k(2018).

19) 페레스 저/황가한 옮김, 보이지 않는 여자들 — 편향된 데이터는 어떻게 세계의 절반을 지우는가, 웅진지식하우스, 2020.

러닝은 빅데이터의 반복 학습을 통해 알고리즘을 생성하므로, 어떠한 사항에 대한 학습데이터가 부족하여 대표성이 결여될 경우 알고리즘에 의한 예측의 정확성이 떨어지게 된다. 그런데 여성 또는 소수자에 대한 데이터가 부족하기 때문에, 여성이나 소수자는 학습데이터에서 충분히 대표되지 못한다. 결국 데이터의 대표성이 적은 소수자그룹에 불리한 편향이 나타날 수 있다.[20]

데이터 부족과 대표성 결여의 문제는 의학 분야에서 특히 여러 차례 지적되어 왔다. 의학 연구자 중 남성이 훨씬 다수인 상황에서, 남성 연구자들의 연구·개발 과정에서 젠더 변수에 대한 인식이 낮고, 연구의 우선순위에서 여성질환이 밀릴 뿐만 아니라, 실험 디자인도 남성에 집중되고 여성은 상대적으로 무시되면서, 주로 남성 피험자들을 대상으로 행해진 연구 결과가 여성에게도 그대로 적용되고, 그 결과 여성은 남성만큼 제대로 진단과 치료를 받지 못하는 상황이 지속되어 왔다.[21] 이러한 소수자 데이터 부족과 디지털 디바이드 문제는 의료 인공지능이 개발되기 시작되면서 더욱 부각되고 있다.[22]

2018년에 MIT Media Lab 소속 Joy Buolamwini와 Timnit Gebru가 수행한 실증연구는 여성, 흑인 등에 대한 데이터 부족으로 인한 오류의 우려를 명확하게 보여주었다.[23] 성별과 인종에 따른 안면 인식률 차이에 관한 연구에서, 백인 남성의 오류율은 0.0~0.8%에 불과한 반면, 흑인 여성의 오류율은 최대 34.7%에 이르렀다. 동일한 인종 내에서도 여성의 오류율이 남성보다 높으며, 경우에 따라서는 흑인 남성의 오류율보다 백인 여성의 오류율이 더 높았다.[24] 안면인식 오류율에 관한 NIST(National Institute of Standards and Technology)의 훨씬 광범위한 최근 연구 또한, 업체별로 차이가 있기는 하나 흑인 여성의 안면인식 오류율이 백인

---

20) Chen/Johansson/Sontag, "Why Is My Classifier Discriminatory?", 32nd Conference on Neural Information Processing Systems(NeurIPS 2018), Montréal, Canada(2018).

21) 이효빈·김해도, "과학기술의 젠더혁신 정책 방향 연구", 한국콘텐츠학회논문지 Vol. 17, No. 10 (2017), 241-249면.

22) United Nations(2011), Bridging the Digital Divide in Health, UN Chronicles, vol. 48 no. 3.

23) Buolamwini/Gebru, "Gender Shades: Intersectional Accuracy Disparities in Commercial Gender Classication", Proceedings of Machine Learning Research 81:1{15, 2018 (Conference on Fairness, Accountability, and Transparency).

24) Buolamwini는 넷플릭스에서 2020년에 제작한 다큐멘터리 "알고리즘의 편견(Coded Bias)"에도 출연하여, 알고리즘의 편향 또는 편견이 소수자에게 어떠한 불이익을 가하는지 생생하게 설명하기도 하였다.

남성의 오류율보다 상당히 높다는 결과를 보여준다.[25] 안면인식 기술이 사회의 전 영역에서 사용되고 있으므로 안면인식 오류의 피해는 입국심사나 보안 검색, 안면인식을 이용한 비대면 금융거래 등에서 전방위적으로 발생할 수 있다. 결국 안면인식 알고리즘이 의도적으로 젠더나 인종에 따른 차별을 하도록 디자인되지 않았더라도, 단지 데이터 부족만으로 이러한 차별적 효과가 발생할 수 있다.

기업들도 이러한 문제를 시정하기 위하여 소수자의 데이터를 추가로 수집하는 노력을 기울여 왔으나, 알고리즘의 편향을 시정하기 위하여 새로운 학습데이터를 수집하는 것은 비싸고 어려우며, 그 과정에서 자칫하면 개인정보보호 등 새로운 윤리적 문제를 야기할 수 있다.

3. 학습데이터 자체의 편향으로 인한 비의도적 젠더 차별

머신러닝은 통계적 원리에 기반하므로 오류를 100% 제거할 수 없다. 또한 머신러닝 알고리즘은 어떠한 데이터로 학습하였는가에 따라 생성되므로, 과거의 현실에 기반을 둔 역사적 학습 데이터셋에 편향 등의 문제가 있을 경우 그 문제는 그대로 알고리즘에 투영된다. 끝으로, 머신러닝 알고리즘은 연역적인 방법이 아니라 반복 학습에 의하여 경험적으로 생성되므로, 어떻게 하여 A라는 인풋으로부터 B라는 결과를 도출하게 되었는지 정확하게 설명하기 어려운 블랙박스적 특성을 가진다.[26]

이러한 특성으로 인하여 여러 영역에서 인공지능 알고리즘에 의한 비의도적 젠더 차별이 나타날 수 있다.

먼저, 고용 영역이다. 아마존(Amazon)은 과거 10년간의 이력서를 학습하여 이를 바탕으로 입사지원자를 선별하는 머신러닝 기반 입사지원자 선별 프로그램을 시범적으로 개발하였다. 그러나 과학기술 영역에서의 근무자는 압도적으로 남성이 많기 때문에, 알고리즘도 남성 지원자를 더 선호하는 쪽으로 학습하였다. 이 시스템은 '여성'이 들어간 이력서에 낮은 점수를 매겼고, 이 문제가 발견되어 '여성'이라는 변수를 통제하자, 알고리즘은 여성임을 알 수 있는 다른 간접변수를 이용하여 여전히 여성 지원자를 차별적으로 취급하였다. 결국 아마존은 2017년경

25) Grother/Ngan/Hanaoka, Face Recognition Vendor Test (FRVT) Part 3: Demographic Effects, NISTIR 8280, https://doi.org/10.6028/NIST.IR.8280(2019).
26) 고학수·이나래·박도현, 앞의 글.

입사지원자 선별 알고리즘을 전면적으로 포기할 수밖에 없었다.

　　현재 인공지능 면접이나 인공지능 입사지원자 평가는 전 세계적으로 활발히 이용되고 있다. 마이크로소프트(Microsoft)의 링크드인(LinkedIn), 국내 업체인 마이다스아이티, 일본 소프트뱅크사, 그 밖에 국내외 다수 업체가 이미 인공지능에 의한 입사지원서 선별이나 인공지능 면접을 활용하고 있다. 입사지원자 선별 AI를 이용하는 기업들은 엄청난 수의 지원서를 읽고 선별하는 데 드는 시간과 비용을 절약할 수 있다는 점 외에도, 사람이 지원자를 선별하는 것보다 AI가 하는 것이 더 공평하다는 점, AI 면접은 참고자료에 불과하고 최종 결정은 인간이 한다는 점을 내세운다. 그러나 정작 이러한 AI가 얼마나 편향되고, 차별적인지는 기업 스스로도 알기 어렵다. 설령 기업 내부적으로는 편향, 차별 경향을 파악하였더라도 입사지원자가 기업에 대하여 영업비밀인 AI 알고리즘과 그 학습데이터를 전면 공개하라고 요구하기도 어렵기 때문에, 차별의 의심이 있더라도 이의 증명은 곤란하다.

　　신용 평가에 있어서도, 기업들이 빅데이터를 이용하여 신용점수를 생성하고 이를 최종적인 신용 공여 결정에 반영하는 과정에서 젠더 차별이 작용할 수 있다. 미국의 경우 사기업이 부여하는 e점수는 금융소비자의 재정 상태 외에도 어떠한 차량 광고를 클릭하였는지, 현재 어디에 거주하는지, 투표를 했는지, 전과가 있는지, 흡연하는지, 애완견을 키우는지 등 각종 정보를 수집하여 신용점수를 산정한다. 우리나라 기업들도 신용조회사로부터 받은 개인신용평점 외에 자체적 내부신용평점시스템(Credit Scoring System, CSS)을 구축하여 그 결과를 여신심사에 반영한다. 빅데이터 학습을 통한 머신러닝 알고리즘으로 신용평가를 하는 경우, 경제생활을 하지 않아 신용기록이 적거나 없는 사람들도 다른 요소를 통해 신용을 평가받을 수 있고, 이는 AI 신용평가의 장점으로 꼽힌다. 그러나 신용과 관계없는 행태에 의하여 높은 신용점수를 받을 수 있다면, 신용과 상관없는 이유로 차별받는 것도 얼마든지 가능하다. 금융사들의 사적 신용평가 알고리즘은 머신러닝을 기반으로 하는 이상 설명 가능성이 떨어질 뿐만 아니라, 그 알고리즘 자체가 영업비밀이나 지적재산권에 의하여 보호되므로, 자신이 차별을 받았다고 의심하는 금융소비자로서는 그 차별을 증명하기 극히 어렵다.[27] 금융사의 알고리즘이 편향을

---

　27) 오닐 저/김정혜 옮김, 대량살상수학무기, 흐름출판, 2016.

내재한 채 통제 없이 계속 이용되는 한 그러한 편향은 확대, 강화될 것이다. 최근 Apple Card가 인공지능에 의하여 신용한도를 책정하면서 신용등급이 동일한 부부 중 아내의 신용공여한도를 남편에 비하여 현저히 낮게 평가한 것이 크게 문제 된 바 있는데,[28] 유사한 문제는 우리나라에서도 얼마든지 발생할 수 있다.

온라인 행동 맞춤형 타겟광고(Online Behavioral Advertisement, 이하 'OBA')에서 도 소비자 차별 문제가 중대한 위험성으로 지적된다.[29] OBA의 소비자 차별은 인종과 관련하여 처음 문제되었고, 젠더 차별과 관련해서는 특히 여성이 STEM (Science, Technology, Engineering and Math) 관련 교육이나 구인광고에 남성보다 덜 노출된다는 점이 계속 문제되어 왔다. Lambrecht/Tucker의 연구에 의하면, 모든 다른 변수들을 통제하였을 때 여성은 남성보다 STEM 구인광고에 20% 덜 노출되었다. 반면에 여성이 일단 STEM 구인광고에 노출되면 클릭할 확률은 여성이 높았다.[30] 즉 여성은 STEM 분야 직업을 선택하고자 하는 의향은 있으나 STEM 구인광고에 덜 노출됨으로 인하여 정보를 얻을 기회가 상대적으로 남성보다 적게 된다.

OBA에서의 젠더 편향이 전적으로 기존의 데이터의 편향을 학습한 것에 기인하는 것은 아니라는 반론도 있다. Lambrecht/Tucker의 위 연구에 의하면, 다른 변수를 모두 통제하여 젠더 중립적인 상태에서도, 여성, 특히 젊은 여성에 대한 광고 단가가 가장 높고, 따라서 광고 입찰 과정에서 상대적으로 저가인 STEM 구인광고는 더 높은 광고 단가로 입찰한 화장품 광고 등에 밀리므로, 결국 여성들은 STEM 구인광고보다 화장품 광고 등에 더 노출된다는 것이다. 즉 데이터 자체에 아무런 젠더 편향이 없는 상태라 하더라도, 시장 메커니즘에 의하여 의도하지 않았던 젠더 편향이 발생할 수 있다는 것이다. 그러나 시장경쟁에 의하여 차별적인 효과가 발생하였다고 해서 차별이 정당화되는 것은 아니다. 오히려 시장경쟁으로 야기된 차별은 더 해결하기가 어렵다. 학습데이터의 편향으로 인한 것이든,

28) CNN Business(2019. 11. 12), "Apple Card is accused of gender bias. Here's how that can happen", https://edition.cnn.com/2019/11/12/business/apple-card-gender-bias/index.html.
29) Wachter, "Affinity Profiling and Discrimination by Association in Online Behavioural Advertising", Berkeley Technology Law Journal, Vol. 35, No. 2, Forthcoming(2019).
30) Lambrecht/Tucker, "Algorithmic Bias? An Empirical Study into Apparent Gender-Based Discrimination in the Display of STEM Career Ads", Management Science, Vol. 65, no. 7(2018).

광고시장에서의 경쟁으로 인한 것이든, 여성에게는 계속 화장품 광고만 노출되고 남성에게는 STEM 구인광고만 노출될 경우, 젠더 차별이 고착화된다는 점은 명확하다.

Ⅲ. 인공지능 맥락에서의 젠더 차별 개선 방향

인공지능은 사회의 전 분야에서 광범위하게 인간의 의사결정을 보조하거나 대체하고 있다. 인공지능을 활용하지 않으면 기업은 더 이상 시장경쟁력을 유지할 수 없다. 차별이나 편향의 우려가 있다고 해서 인공지능의 활용을 포기하는 것은 현재 현실적으로 가능한 방법이 아니다. 결국 인공지능을 생활의 일부로 받아들이는 것을 대전제로 하여, 어떻게 하면 인공지능으로 인한 의도적 혹은 비의도적 젠더 차별을 시정하고, 이에서 더 나아가 인공지능을 활용하여 기존에 존재하던 젠더 차별을 개선할 수 있는지를 모색해야 한다.

이를 위한 개선의 방향은 크게 다음과 같이 제시해볼 수 있다.
① 인공지능 연구개발 및 관련 산업에서의 여성 참여 확대
② 인공지능 알고리즘의 공정성, 설명 가능성, 투명성 증진과 이를 통한 젠더 차별 시정
③ 젠더 차별의 확인 및 개선을 위한 인공지능 활용

1. 인공지능 연구개발 및 관련 산업에서의 여성 참여 확대

젠더 차별이 근본적으로 시정될 수 있는 방법 중 하나는 인공지능 연구개발 및 관련 산업에서의 성평등이다. 인공지능 관련 개발자와 의사결정자의 대부분이 남성일 경우, 여성이라면 당연히 이상하게 생각했을 젠더 편향적인 디자인도 무사통과될 가능성이 높다. 성인지 감수성을 높이기 위해서는 교육과 계몽도 필요하지만, 이 분야에서 여성의 수 자체를 증가시키는 것 자체가 더 확실한 방법이 될 수 있다.

과학기술 영역에서의 여성 참여도 저조는 오래전부터 지적되어 온 고질적인 문제이다.[31] 이를 시정하기 위하여 2002년 '여성과학기술인 육성 및 지원에 관한

---

31) 이은경, "한국 여성과학기술인 지원정책의 성과와 한계", 젠더와 문화 제5권 제2호(2016), 7-35

법률'이 제정되었으나, 아직도 2018년 기준으로 공학계에서 학부생 중 23.7%, 박사과정 중 14%만이 여성이다. 또 2016년 기준으로 공학계 연구책임자 중 14.6%만이 여성이다. 또한 모든 여성인력이 겪는 경력 단절의 어려움을 여성 과학자들도 겪고 있다.[32] 이러한 현상은 전 세계적으로 공통된다.[33] 과학기술 영역에서 여성의 수가 적고, 여성 연구자가 책임 있는 자리에 올라가기도 쉽지 않으며, 여성이 창업하기도 어려우므로, 과학기술 영역은 남성 중심적이고 마초적인 문화로 악명이 높다.[34]

우리나라에서는 특히 게임업계의 성차별적 문화가 거듭 문제된다. 상업적으로 크게 성공한 PC게임 회사의 창업자와 개발자는 대부분 남성이고, PC게임의 주된 이용자도 남성이다. 인기 있는 PC게임의 내용과 캐릭터 디자인 자체도 상당히 성차별적이지만, 상대적으로 소수인 여성 게이머는 남성 게이머로부터 만만치 않은 성차별과 성희롱을 당한다.[35] 게임산업에 관여하는 일러스트레이터나 성우가 페미니즘을 지지하는 내용의 글이나 사진을 소셜미디어에 올렸다가 게임사로부터 계약을 해지당한 사례도 반복하여 발생하여 왔다.[36] 이러한 사례는 오히려 ICT, STEM 영역에서의 젠더 평등이 얼마나 시급한 과제인지를 역설적으로 잘 보여준다.

2002년 '여성과학기술인 육성 및 지원에 관한 법률' 시행 이후로 여성과학기

면; 김지형·김효민, "과학기술 젠더 불균형: 현황과 과제", 과학기술학연구, Vol. 14, No. 2(2014), 251-280면; 정인경, "과학기술 분야 젠더거버넌스", 젠더와 문화 제9권 제1호(2016), 7-43면; 이효빈·김해도, "과학기술의 젠더혁신 정책 방향 연구", 한국콘텐츠학회논문지 Vol. 17, No. 10(2017), 241-249면; 백희영·우수정·이혜숙, "과학기술 연구개발에서의 젠더혁신 확산방안", 기술혁신학회지 Vol. 20 No. 4(2017); 강이수, "4차산업혁명과 디지털 성별 격차", 페미니즘 연구 Vol. 18, No. 1(2018), 143-179면; 하정옥, "페미니스트 과학기술학의 과학과 젠더 개념", 한국여성학 Vol. 24, No. 1(2008), 51-82면.

32) 엄미정, "4차산업혁명과 여성과학기술인 정책지향", 「여성과학기술인 정책, 4차산업혁명시대를 준비하는가」 제132회 한림원탁토론회(2018. 12. 4) 자료집(2018), 44면 이하.

33) West/Kraut/Chew(2019).

34) Chang, BROTOPIA — Breaking up the Boy's Club of Silicon Valley, Portpolio/Penquin(2018).

35) 맹욱재 외, "온라인 게임 내 성차별 실태 조사 및 제재 시스템 디자인 연구", 한국HCI학회 학술대회(2018), 470-475면; 한고은·이동민·이종원, "MOBA(Multiplayer Online Battle Arena) 장르의 게임 내 성차별 사례 분석과 대안에 관한 연구", 한국컴퓨터정보학회 학술발표논문집 Vol. 25 No. 2(2017), 79-82면.

36) 한겨레, 2019. 11. 18; 오마이뉴스(2018. 5), "특별기획 [게임회사 여성직원] ①~⑤", http://m.ohmynews.com/ NWS_Web/View/at_pg.aspx?CNTN_CD=A0002430798&CMPT_CD=TAG_PC.

술인 육성·지원 기본계획이 수립, 시행되어 왔고, 2019. 3. 26. 2019년부터 2023년까지 기간에 대한 제4차 기본계획이 발표되었다. 제4차 계획은 전략적 인력 유입·성장 촉진, 혁신·글로벌 역량 제고, 경력개발·이음 확대, 젠더 혁신 체계 구축이라는 4개 전략 아래에, 여학생 STEM 교육 프로그램 확대, 여성 연구인력에 대한 각종 창업교육과 지원, 연구 및 연구기관 취업 지원 등의 프로그램을 추진할 계획이다. 그러나 선진국과 비교할 때 젠더 특성에 따른 여성 과학기술인 지원이 현저히 미흡하다는 비판이 계속되고 있다.[37]

　　과학기술 분야와 같이 성공을 위해서는 엄청난 노력과 시간을 투입해야 하는 분야에서 육아와 일을 양립하는 것은 구조적으로 어렵다. 클라우디아 골딘은 최근작 『커리어 그리고 가정』에서 다음과 같이 설명한다. "부부 중 한 명은 집에서의 일에 대해 온콜 임무를 맡아야 한다. 즉 집에 무슨 일이 생기면 회사에 있다가도 집으로 달려올 수 있어야 한다. … 이러한 분업이 두 사람의 승진, 경력개발, 소득에 어떤 영향을 미칠지는 명백하다. … 전문직 종사자와 경영자의 일은 늘 탐욕스러웠다. … 가장 장기간 근무를 요구하고 시간 사용의 유연성을 가장 적게 허용하는 일자리의 보수는 압도적으로 높아졌지만, 다른 일자리들의 임금은 정체되었다. 그 결과, 금융 분야처럼 여성들이 이제까지 진입하기 더 어려웠던 직종에서 최근 몇십 년 사이에 소득이 가장 크게 치솟았다."[38] 부부 과학자 중 여성이 결국 육아를 더 담당하면서 '더 유연하고 덜 중요한' 일을 하는 것이 일반적인 상황에서, 그 불균형을 깨려면 의도적인 노력과 정책이 필요하다.

　　과학기술 영역에서의 여성 참여 확대를 위해서는 각종 국가지원 연구개발 시 성·젠더 분석이 반영되도록 하는 등 과학기술기본법이 개정되어야 한다(정연보, 2018). 남성의 젠더 차별에 대한 인식 변화와 성인지 감수성 증진을 위한 지속적인 교육과 홍보도 필요하다. 무엇보다 중요한 것은 ICT, STEM 사기업으로의 여성 진출 확대이다. 구글(Google: Diversity Auunal Report), 마이크로소프트(Microsoft: Diversity and Inclusion Report) 등 일부 기업은 자발적으로 여성과 소수자 고용 정보를 공개하고 있는데, 이러한 자체적 다양성 정보 공개는 기업이 이 문제를 의식하고 개선을 위하여 노력한다는 점을 회사 구성원과 사회에 계속 확인한

---

37) 백희영·우수정·이혜숙, 앞의 글.
38) 골딘 지음/김승진 옮김, 커리어 그리고 가정, 생각의 힘, 2021.

다는 점에서 의미가 있다. 이와 함께, 기업 내의 젠더 평등이 기업의 수익과 가치를 높인다는 거듭되는 연구 결과도 주목할 만하다. 12개국 1,000개 회사를 대상으로 한 조사 결과, 임원급에서 가장 젠더 평등을 구현한 기업은 가장 그렇지 못한 기업에 비하여 21%의 이익을 더 올렸고, 27%의 추가적인 가치를 창출하였다.[39] 즉 젠더 다양성을 추구하는 방향으로 기업문화를 바꾸면 기업에도 이익이 된다. 우리나라의 경우, 2017년을 기준으로 매출액 기준 500대 기업의 여성 임원 비율은 3%에 불과하다. 최근 자산 2조 원 이상의 상장사 이사회의 이사 전원을 특정 성으로 구성하지 않도록 자본시장과 금융투자업에 관한 법률이 개정되었으나, 이것만으로는 부족하다. 차별금지는 그 자체가 목표일 뿐만 아니라, 회사 자체에도 이익이 된다.

2. 인공지능 알고리즘의 공정성, 설명 가능성, 투명성 증진과 이를 통한 젠더 차별 시정

최근 발표된 EU 집행위원회 인공지능 High Level Expert Group의 "신뢰성 있는 AI를 위한 윤리 가이드라인"(2019), 유럽 평의회 MSI-NET의 "인공지능과 인권", OECD의 "사회 속의 인공지능"(2019) 등 윤리 가이드라인과 권고, EU의 인공지능 법안(2021) 등은 모두 인공지능 알고리즘의 공정성, 설명 가능성, 투명성을 윤리적 AI의 대원칙으로 강조하고 있다.

먼저, 알고리즘의 공정성은 법적, 철학적, 과학적으로 다양하게 정의될 수 있지만, 그중 어떠한 공정성을 추구해야 할 것인가란 정치적 의사결정을 반드시 요구하는 문제일 것이다. 예를 들어, 소수자를 다수와 똑같이 취급하기만 하면 공정한가? 아니면 소수자가 이미 사회에서 부당한 대우를 받고 있으므로 추가로 우대해주어야 공정한가? 여성의 경우, 알고리즘이 선별한 입사지원자의 15%가 여성인데, 그것이 사람이 선별하던 시절의 5%보다 개선되었다면 공정한가? 아니면 50%에 미치지 못하므로 불공정한가? 결국 공정성의 기준은 사람마다 다를 수밖에 없고, 이를 법적으로 강제하기 위해서는 사회적 합의가 필요하다.

인공지능 알고리즘 설계에서 공정성을 정의하고 구현하는 것은 더욱 어렵다.[40]

---

39) Hunt/Prince/Dixon-Fyle/Yee, "Delivering through Diversity", McKinsey&Company(2018).
40) OECD, 2019.

첫째, 어떠한 요소가 불공정을 초래할 경우(성별, 인종, 성적 지향 등), 이를 알고리즘이 인식하지 못하게 하는 방법으로(변수에서 배제함으로써) 공정성을 달성하는 방법을 생각해볼 수 있다(비인식 접근법). 그러나 그 특정 변수를 제거하더라도 인공지능은 다른 간접변수를 이용할 수 있고(예를 들어 '여성'을 제거하더라도 '그 사람이 화장품을 구입하였다'는 것으로 여성과 연결할 수 있다), 이러한 변수까지 전부 제거해 버리면 알고리즘의 정확도가 떨어지게 된다. 다음으로, 집단의 차이를 인정하고 유사한 개인들을 동일한 방식으로 대우하는 방법이 있다(인식을 통한 공정성). 예를 들어, 다른 모든 조건이 동일한 여성 A는 남성 B와 동등한 급여를 받도록 조정하는 것이다. 그러나 이렇게 하기 위해서는 민감한 변수인 성별을 의도적으로 이용할 수밖에 없고, 이는 여러 법적 문제를 야기할 수 있다. 셋째, 집단적 공정성 접근법은 소속 집단이 다르더라도 결과가 다르지 않도록 체계적으로 보장하는 데에 집중한다. 예를 들어, 여성 집단이 남성 집단에 비하여 합격률이 낮다는 결과가 나왔다면, 양 집단의 합격률이 동일하도록 조정하는 것이다. 그러나 소속 집단이 다르더라도 동일한 결과가 나오도록 보장한다는 것 또한 논란의 여지가 있다. 두 집단 간 거짓 양성의 비율을 일치시킬 것인지, 거짓 음성의 비율을 일치시킬 것인지, 참 양성 혹은 참 음성의 비율을 일치시킬 것인지는 모두 정책 결정이 필요한 문제이고, 어느 한 방법이 완벽한 해답을 제시하지는 않는다.[41]

다음으로, 어느 알고리즘이 공정한지 아닌지를 알려면 그 알고리즘이 설명 가능하고 투명하여야 한다. 그러나 인공지능 알고리즘의 설명 가능성과 투명성을 높인다는 목표 달성 과정에서는 여러 난제가 존재한다. 우선, 머신러닝 알고리즘은 빅데이터를 통계적으로 분석하여 A와 B 간에 관계가 있을 가능성이 확률적으로 높다는 점만 밝힐 수 있고, 일반적으로 설명 가능성을 높이려면 정확성을 희생하여야 한다고 본다. 따라서 정확성을 희생해서라도 설명이 꼭 필요한 영역과 설명 가능성이 떨어지더라도 정확성이 요구되는 영역의 구별이 필요하다.[42] 또한 AI 알고리즘과 그 바탕이 된 빅데이터는 영업비밀이나 지식재산권의 객체가 될 수도 있고, 개인정보로서 보호 대상일 수도 있어, 그 데이터를 전면적으로 공개하기가 어렵다. 그런데 어떠한 데이터가 학습에 이용되었는지 모르고서는 알고리즘

---

41) Mayson, "Bias In, Bias Out", 128 Yale Law Journal 2218(2019).
42) OECD, 2019.

이 편향된 데이터로 학습되었는지를 정확히 파악할 수 없다. 더욱이 기업이 알고리즘과 그 학습데이터를 공개할 경우 소비자로부터 편향이나 차별에 따른 손해배상청구를 당하거나 정부로부터 규제 또는 형사처벌을 당할 수 있으므로, 기업으로서는 가능한 한 정보를 숨기고자 할 유인이 있다.[43] 또한 이용자가 인공지능 시스템을 속이는 것을 방지하기 위해서 알고리즘을 불투명하게 유지해야 할 경우도 있다. 예를 들어, 스팸메일을 분류하는 알고리즘이 분류규칙을 공개하면 스팸메일 업체는 이를 우회하는 새로운 공격 방법을 고안해낼 수 있고, 따라서 이메일 업체로서는 분류규칙, 즉 알고리즘을 숨길 필요가 있다.[44] 알고리즘에 어느 정도 설명 가능성이 있다 하더라도, 이를 이용자가 이해하기 쉬운 언어로 어떻게 전달할 것인가의 문제도 있다. 알고리즘의 작동방식에 관하여 상세하게 설명한 기술적으로 매우 복잡한 보고서를 일반인인 이용자에게 제공한다면, 투명성은 인정되겠지만 설명 가능성이라는 측면에서는 만족스럽지 못할 수 있다.

결국 AI 알고리즘의 공정성과 설명 가능성 증진이라는 목표는 손쉽게 달성될 수 있는 것이 아니고, 알고리즘의 성격과 이용 목적에 따라 다른 접근이 필요하나, 다음의 과제는 무엇보다 시급하다. 먼저, 알고리즘이 더 많은 데이터를 더 많이 학습할수록 일반적으로 더 정확해지며, 정확도가 올라갈수록 알고리즘의 편향이 감소될 수 있다. 다시 말해 알고리즘이 학습할 소수자 관련 데이터가 부족할 경우 소수자가 입게 되는 오류와 편향으로 인한 피해는 데이터의 증가만으로도 어느 정도 감소될 수 있다.[45] 따라서 소수자 데이터의 더욱 적극적인 확보와 이를 통한 알고리즘 학습의 강화가 필요하다. 다음으로, AI 알고리즘이 어느 두 집단을 동일하게 취급하였는지를 통계적, 실증적으로 역추적하는 연구는 편향의 의심을 사실로 명확히 드러내고 그 해결을 위한 새로운 논의의 시발점이 된다는 점에서 매우 중요하다. 보다 구체적으로는, AI가 이미 직접적으로 삶에 큰 영향을 미치고 있는 신용평가, 고용, 보험, 의료 영역 등에서 젠더 편향, 차별적인 AI 예

43) Pasquale, THE BLACK BOX SOCIETY: The Secret Algorithms that Control Money and Information, Harvard University Press(2015).

44) Ebers, "Chapter 2: Regulating AI and Robotics: Ethical and Legal Challenges"(April 17, 2019), Martin Ebers/Susana Navas Navarro(eds.), Algorithms and Law, Cambridge, Cambridge University Press, 2019(Forthcoming).

45) Chen/Johansson/Sontag, "Why Is My Classifier Discriminatory?", 32nd Conference on Neural Information Processing Systems(NeurIPS 2018), Montréal, Canada.

측이 행해지고 있는지를 실증연구하고, 차별이 강하게 의심되는 연구 결과가 나올 경우, 이를 바탕으로 개선 방향을 모색하여야 한다.[46]

3. 기존의 젠더 차별 확인 및 개선을 위한 인공지능 활용

인공지능은 차별을 확대, 강화할 위험도 있으나, 한편으로는 인간의 주관과 편견에 의하여 주먹구구로 행해지던 수많은 의사결정을 객관화하고 명확한 기준을 제공함으로써, 그동안 드러나지 않은 채 행해졌던 차별을 시정하는 유용한 도구가 될 수 있다.

결정권자가 재량을 행사하여 명백한 차별을 행하는 사례는 끊임없이 발생한다. 그러나 결정권자의 재량권 행사를 계량화하기 어려우므로, 그것이 차별인지 아닌지를 증명하기란 매우 어렵다. 의도적인 차별이 아니더라도 결정권자는 본인도 알 수 없는 수많은 편견에 영향받을 수 있다. 그동안 많은 차별이 이러한 인간 결정의 불투명성에 기대어서 행해졌지만, 인공지능 알고리즘은 이를 더 투명하게 만드는 데 기여할 수 있다.[47]

이미 인공지능에 의한 법원의 보석 결정 연구,[48] 뉴욕시 경찰의 불심검문 시 차별에 관한 연구[49] 등을 통해 종전에 간과되었던 차별이나 부적절한 재량 행사 등이 포착되었다.

다만 젠더 차별 개선을 위한 인공지능 알고리즘의 활용 논의가 지나치게 기술결정론이나 기술만능주의로 흐르는 것은 경계하여야 할 것이다(정연보, 2018). 앞서 언급하였듯이, 젠더 평등을 어떻게 정의하여야 할지, 그리고 젠더 차별을 어떻게 시정할 것인지에 관하여는 사회적인 합의와 정치적인 의사결정이 필요하다. 사람들의 인식 변화가 없는 상태에서 인공지능 알고리즘이 젠더 차별을 시정하는 마법의 도구가 될 수는 없다.

---

46) OECD, 2019.

47) Kleinberg/Ludwig/Mullainathan/Sunstein, "Discrimination in the Age of Algorithms", Journal of Legal Analysis, Volume 10, 2018.

48) Kleinberg/Lakkaraju/Leskovec/Ludwig/Mullainathan, "Human Decisions and Machine Predictions", NBER Working Paper No. 23180.

49) Goel, S., Rao, J. M., Shroff, R.(2016), "Precinct or Prejudice? Understatnding Racial Dsiparities in New York City's Stop-and-frisk Policy", The Annals of Applied Statistics, Vol. 10, no. 1, 365-394.

Ⅳ. 가능한 정책적 수단

인공지능에 의한 젠더 차별의 시정 및 인공지능을 통한 기존 젠더 차별의 개선이라는 목표 달성을 위한 정책적 수단으로는, 윤리원칙과 가이드라인 제정 및 새로운 입법과 제도 수립, 예산 지원, 업계의 자율규제, 기존 법률의 활용과 재해석을 통한 법적 구제 등을 들 수 있다.

최근 몇 년 동안 여러 국제기구와 연구단체, 민간기업이 다양한 인공지능 윤리 원칙이나 가이드라인을 발표해왔고, 이에서 더 나아가 이제는 입법화에도 박차를 가하고 있다. 그중 가장 대표적인 인공지능 규제에 관한 일반법이라고 할 수 있는 것이 유럽 집행위원회(European Commission)가 2021. 4. 21. 유럽의회에 발의한 「인공지능에 관한 통일규범(인공지능법)의 제정 및 일부 연합제정법들의 개정을 위한 법안{Proposal for a Regulation laying down harmonized rules on articial intelligence(Articial Intelligence Act) and amending certain Union Legislative Acts}」이다.

이 법안은 여러 인공지능을 관련 리스크에 따라 구분하여 달리 취급하는 리스크 기반 접근(risk-based approach)을 취하고 있다. 수인불가 리스크(Unacceptable Risk), 높은 리스크(high risk), 제한적 리스크(limited risk), 최저의 리스크(minimal risk)로 분류하고, 각 범주에 따라 금지 여부, 출시 전 적합성평가(conformity assessment) 및 기타 규제 여부를 규정한다.[50] 이 중 높은 리스크에 해당하는 유형으로는 핵심 인프라 및 교육, 입시, 안전 관련 부품, 고용과 인력관리 등, 핵심 공공서비스와 사적 서비스, 인권에 관련된 법집행, 이민, 난민, 국경관리, 사법절차와 민주주의, 원격 생체정보 기반 식별 적정한 위험 평가와 감소 시스템이 있다. 이 높은 리스크 유형에 해당하는 경우, 차별적 결과를 배제하기 위한 고품질의 데이터셋 이용, 결과의 추적 가능성을 위한 활동 로그 기록, 관계 당국이 규제준수 여부를 평가할 수 있도록 모든 필요한 정보의 문서화, 이용자에 대한 명확하고 적정한 정보제공, 위험 최소화를 위한 적절한 인간의 감독 조치, 높은 수준의 강고성, 보안, 정확성 준수 등의 요건을 충족하여야 한다. 이 법안은 약 2년간의 준비와 논의를 거쳐 입법화될 것이라고 한다.

우리나라의 경우 인공지능 윤리기준만을 발표하였고 아직 인공지능 규제에

---

50) 고학수/임용/박상철, "유럽연합 인공지능법안의 개요 및 대응방안", DAIG 2021년 2호(2021).

관한 일반법을 마련하는 단계에 이르지는 못하였다. 과학기술정보통신부가 2020년 12월 23일 발표한 "사람이 중심이 되는 인공지능(AI) 윤리기준"은 OECD 인공지능 권고안(2019.5)을 비롯하여 세계 각국과 국제기구, 기업, 연구기관 등의 다양한 인공지능 윤리원칙을 참고하여 전문가 의견 수렴, 공청회 등을 거쳐 3대 기본원칙, 10대 핵심 요건을 수립하였다. 그 내용을 간단히 살펴보면, 3대 기본원칙으로는 인간의 존엄성 원칙, 사회의 공공선 원칙, 기술의 합목적성 원칙, 10대 핵심 요건으로는 ① 인권 보장, ② 프라이버시 보호, ③ 다양성 존중, ④ 침해금지, ⑤ 공공성, ⑥ 연대성, ⑦ 데이터 관리, ⑧ 책임성, ⑨ 안전성, ⑩ 투명성을 들고 있다. 이는 선언적 의미밖에 없으나, 적어도 인공지능에 의한 젠더 차별이 발생할 경우 헌법이나 관련 법령 해석에서는 참고가 될 수 있을 것이다.

다음으로 인공지능과 관련된 젠더 차별 개선의 현실적인 수단으로는 지속적인 예산 지원을 들 수 있다. 여성과학기술인 육성 및 지원에 관한 법률, 양성평등기본법 외에도, 2020년 6월 9일 법률 제17344호로 전부개정된 지능정보화 기본법의 하위 시행법령에 젠더 차별을 비롯한 차별을 개선하는 방향으로 지능정보화 관련 정책을 수립·추진하고 각종 지원을 하도록 명시적인 규정을 둘 필요가 있다.

업계의 자율규제는 우리나라에서 인공지능을 규율하는 법령이 제정되기 전까지는 젠더 차별을 시정할 수 있는 가장 효과적인 수단의 하나이다. 특히 인공지능 알고리즘의 불투명성 때문에도 더욱 그러하다. 인공지능 관련 기업 다수가 자율적으로 인공지능 윤리원칙을 제정하고 이를 준수하기 위하여 노력하고 있다. 그러나 자율규제는 법적 강제가 불가능하고, 기업 스스로 수립한 윤리기준이 사회와 반드시 일치하지 않을 수도 있다는 문제가 있으므로, 법에 의한 규제와 적절히 균형을 잡아가야 할 것이다.

인공지능에 의한 젠더 차별에 대한 기존 법률의 활용과 재해석을 통한 법적 구제로는, 헌법상의 평등권 규정의 간접 적용에 따른 손해배상, 남녀고용평등법 위반에 따른 처벌, 민법에 기한 손해배상, 국가인권위원회법에 의한 권고 등을 검토해볼 수 있다. 그러나 인공지능에 의한 젠더 차별 사실 자체를 증명하기 어렵다는 한계가 있으므로, 증명책임의 완화나 전환까지도 함께 추진되어야만 실효성 있는 구제가 가능할 것이다.[51]

---

51) 고학수·정해빈·박도현, "인공지능과 차별", 저스티스 통권 제171호(2019. 4), 199−277면.

또한 기존에 없었던 인공지능에 의한 젠더 차별이라는 새로운 유형에는 기존의 법적 구제가 제대로 대응하지 못할 수 있다. 국가인권위원회의 이루다 사건 결정이 그 예다. 국가인권위원회는 2021. 7. 30. 시민사회단체가 2021. 2. 3. 제기한 이루다 사건의 인권침해 및 차별행위 진정 사건에 대해 결국 각하 결정을 내렸다(국가인권위원회 2021. 7. 30.자 21진정0065000 결정). 인권위는 먼저 주식회사 스캐터랩이 민간 사기업이기 때문에 이루다 서비스는 국가의 인권침해 및 차별행위가 아니므로 진정 사건 조사 대상이 아니라고 보았다. 또한, 인권위는 이루다가 인격체가 아니므로 이루다에 의한 혐오표현을 조사 대상으로 삼을 수 없기에, 이루다와 주식회사 스캐터랩에게 그 책임을 묻기 어렵다고 보았다. 다만 인권위는 이루다 사건이 인공지능 개발 윤리 및 혐오표현과 관련된 중요한 사례라면서 정책과제로 채택을 검토하겠다는 입장을 밝혔다. 이에 대해서는 국가인권위원회가 충분히 권고를 낼 수 있었던 사안에 대해 너무 형식논리로 각하했다는 시민사회의 비판이 이어지고 있다.

결국 인공지능이라는 새로운 매개를 통해 새로운 형태의 젠더 차별이 행해질 경우 이에 충분히 대응하기 위해서는, 현재 법안 단계에서 나아가지 못하고 있는 차별금지법의 제정, 남녀고용평등법상의 처벌기준 상향, 유럽 인공지능법안과 같은 인공지능 윤리와 규제에 관한 일반법의 제정 등 근본적인 제도개선이 뒤따라야 한다.

이러한 여러 방안은 어느 하나가 만병통치약이 될 수는 없고, 상황과 필요에 따라 다양한 수단이 차별의 시정을 위하여 적절하게 활용되어야 할 것이다. 무엇보다도 가장 근본적인 정책은 남녀 모두를 대상으로 한 젠더 평등 교육을 통하여 젠더 평등에 대한 사회적 인식을 제고하는 것이다.

V. 결어

이미 인공지능이 없이는 살 수 없는 세상이 되어 가고 있다. 인공지능에 의한 젠더 차별은 우리가 인식하지 못하고 있는 사이에 오늘도 사회 어딘가에서 행해지고 있을지 모른다. 인공지능의 불투명성으로 인해 숨겨져 있는 차별을 찾아내고, 그 차별에 대한 시정을 요구하고, 나아가 근본적으로 그러한 차별이 발생하지 않도록 하는 제도적 기반을 마련하는 것은 하루아침에 되는 일은 아니다. 그러나 아직까지는 인공지능이 상업화의 초기 단계에 있고, 인공지능에 의한 젠더 차별이 고착화되지 않도록 하면서 오히려 인공지능을 통해 젠더 차별을 시정할 기회가 열려 있다. 모두의 노력이 필요하다.

참고문헌

국내문헌

강이수, "4차산업혁명과 디지털 성별 격차", 페미니즘 연구 Vol. 18 No. 1(2018).

고학수·이나래·박도현, "윤리적 인공지능의 실현과 과제", 서울대학교 법과경제연구센터, 인공지능정책 이니셔티브 이슈 페이퍼 04(2019. 5).

고학수·정해빈·박도현, "인공지능과 차별", 저스티스 통권 제171호(2019. 4).

고학수·임용·박상철, "유럽연합 인공지능법안의 개요 및 대응방안", DAIG 2021년 2호(2021).

금융위원회, 개인신용평가체계 종합 개선방안, 2018.

김지형·김효민, "과학기술 젠더 불균형: 현황과 과제", 과학기술학연구, Vol. 14, No. 2(2014).

배상균, "인공지능(AI) 기술을 이용한 디지털 성범죄에 대한 검토 ― 딥페이크(Deepfake) 포르노 규제를 중심으로 ―", 외법논집 제43권 제3호(2019).

맹욱재·김혁·우준희·허영진·이서영·최지원·이상욱·은진수·이경진·이준환, "온라인 게임 내 성차별 실태 조사 및 제재 시스템 디자인 연구", 한국HCI학회 학술대회(2018).

백희영·우수정·이혜숙, "과학기술 연구개발에서의 젠더혁신 확산방안", 기술혁신학회지 Vol. 20, No. 4(2017).

심지원, "코르셋에 갇힌 인공지능: 사람들은 윤리적인 '이루다'를 원할까?" 젠더법학 Vol. 12, No. 2(2021).

캐시 오닐 지음·김정혜 옮김, 대량살상수학무기, 흐름출판, 2016.

이은경, "한국 여성과학기술인 지원정책의 성과와 한계", 젠더와 문화 제5권 제2호(2016).

이서호·조상현 정리, "이루다 사건, 어떻게 막을 것인가?", DAIG 2021년 2호(2021).

이효빈·김해도, "과학기술의 젠더혁신 정책 방향 연구", 한국콘텐츠학회논문지, Vol. 17, No. 10(2017).

이희은, "AI는 왜 여성의 목소리인가?" 한국언론정보학보 90호(2018).

엄미정, "4차산업혁명과 여성과학기술인 정책지향", 「여성과학기술인 정책, 4차산업혁명시대를 준비하는가」 제132회 한림원탁토론회(2018. 12. 4) 자료집(2018).

정연보, "4차 산업혁명 담론에 대한 비판적 젠더 분석", 페미니즘 연구 Vol. 18, No. 2 (2018).

정인경, "과학기술 분야 젠더거버넌스", 젠더와 문화 제9권 제1호(2016).

캐럴라인 크리아도 페레스, 황가한 옮김, 보이지 않는 여자들 ― 편향된 데이터는 어떻게 세계의 절반을 지우는가, 웅진지식하우스, 2020.

클라우디아 골딘, 김승진 옮김, 커리어 그리고 가정, 생각의 힘, 2021.

하정옥, "페미니스트 과학기술학의 과학과 젠더 개념", 한국여성학 Vol. 24, No. 1(2008).

한고은·이동민·이종원, "MOBA(Multiplayer Online Battle Arena) 장르의 게임 내 성차별 사례 분석과 대안에 관한 연구", 한국컴퓨터정보학회 학술발표논문집 Vol. 25, No. 2(2017).

OECD, 한국정보화진흥원 옮김, 사회 속의 인공지능, 2019.

연합뉴스(2021. 1. 11), "성희롱·혐오논란에 3주만에 멈춘 '이루다'…AI윤리 숙제 남기다", https://www.yna.co.kr/view/AKR20210111155153017.

조선일보(2021. 10. 29), "[단독] 이루다, 1년 만에 돌아온다… 14세 미만은 이용 불가", https://biz.chosun.com/topics/topics_social/2021/10/29/VXLCK675KRD-HJCSNUV277QKYJQ/

한겨레(2019. 11. 18), "페미니스트 작가 또 퇴출…게임업계 '블랙리스트' 논란", http://www.hani.co.kr/arti/society/society_general/917431.html#csidx4a54147a8bd1bb4bf5c402f452aa16a.

오마이뉴스(2018. 5), "특별기획 [게임회사 여성직원] ①~⑤", http://m.ohmynews.com/NWS_Web/View/at_pg.aspx?CNTN_CD=A0002430798&CMPT_CD=TAG_PC.

CNN Business(2019. 11. 12), "Apple Card is accused of gender bias. Here's how that can happen", https://edition.cnn.com/2019/11/12/business/apple-card-gender-bias/index.html.

외국문헌

Joy Buolamwini/Timnit Gebru(2018), "Gender Shades: Intersectional Accuracy Disparities in Commercial Gender Classication", Proceedings of Machine Learning Research 81:1{15, 2018 (Conference on Fairness, Accountability, and Transparency).

Emily Chang(2018), BROTOPIA ― Breaking up the Boy's Club of Silicon Valley, Portpolio/Penquin.

Irene Y. Chen/Fredrik D. Johansson/David Sontag(2018), "Why Is My Classifier Discriminatory?", 32nd Conference on Neural Information Processing Systems (NeurIPS 2018), Montréal, Canada.

Council of Europe's MSI-NET(2018. 3), "ALGORITHMS AND HUMAN RIGHTS — Study on the human rights dimensions of automated data processing techniques and possible regulatory implications".

Cowgill, Bo/Tucker, Catherine E.(2019), "Economics, Fairness and Algorithmic Bias", In preparation for The Journal of Economic Perspectives; Columbia Business School Research Paper Forthcoming.

Ebers, Martin(2019), "Chapter 2: Regulating AI and Robotics: Ethical and Legal Challenges" (April 17, 2019), Martin Ebers/Susana Navas Navarro(eds.), Algorithms and Law, Cambridge, Cambridge University Press, 2019 (Forthcoming).

The European Commission, High Level Expert Group on Artificial Intelligence(2019. 4. 8), "ETHICS GUIDELINES FOR TRUSTWORTHY AI", Brussels.

Google, GOOGLE DIVERSITY ANNUAL REPORT, https://diversity.google/annual-report/.

Patrick Grother/Mei Ngan/Kayee Hanaoka(2019), Face Recognition Vendor Test (FRVT) Part 3: Demographic Effects, NISTIR 8280, https://doi.org/10.6028/NIST.IR.8280.

Vivian Hunt/Sara Prince/Sundiatu Dixon-Fyle/Lareina Yee(Jan 2018), "Delivering through Diversity", McKinsey&Company.

Jon Kleinberg/Himabindu Lakkaraju/Jure Leskovec/Jens Ludwig/Sendhil Mullainathan(Feb. 2017), "Human Decisions and Machine Predictions", NBER Working Paper No. 23180.

Jon Kleinberg/Jens Ludwig/Sendhil Mullainathan/Cass R Sunstein(2018), "Discrimination in the Age of Algorithms", Journal of Legal Analysis, Volume 10, 2018.

Mayson, Sandra Gabriel(2019), "Bias In, Bias Out", 128 Yale Law Journal 2218.

Microsoft, DIVERSITY AND INCLUSION REPORT 2019, https://query.prod.cms.rt.microsoft.com/cms/api/am/binary/RE4aqv1.

Lambrecht, Anja/Tucker, Catherine E.(2018), "Algorithmic Bias? An Empirical Study into Apparent Gender-Based Discrimination in the Display of STEM Career Ads", Management Science vol. 65 no. 7.

Kwan Min Lee/Katharine Liao/Seoungho Ryu(2007), "Children's Responses to Computer-Synthesized Speech in Educational Media: Gender Consistency and

Gender Similarity Effects", Human Communication Research 33.

Wade J. Mitchell et al.(2011), "Does social desirability bias favor humans? Explicit-implicit evaluations of synthesized speech support a new HCI model of impression management", Computers in Human Behavior Volume 27, Issue 1.

Clifoord Nass et al.(1997), "Are Machines Gender Neutral? Gender-Stereotypic Responses to Computers With Voices", Journal of Applied Social Psychology 1997, 27, 10.

Frank Pasquale(2015), THE BLACK BOX SOCIETY: The Secret Algorithms that Control Money and Information, Harvard University Press.

J Tamargo/G Rosano/T Walther/J Duarte/A Niessner/JC Kaski/C Ceconi/H Drexel/K Kjeldsen/G Savarese/C Torp-Pedersen/D Atar/BS Lewis/S Agewall(2017), "Gender differences in the effects of cardiovascular drugs", European Heart Journal — Cardiovascular Pharmacotherapy, Volume 3, Issue 3.

Benedict Tay/Younbo Jung/Taezoon Park(2014), "When stereotypes meet robots: The double-edge sword of robot gender and personality in human-robot interaction", Computers in Human Behavior 38.

Gabriele Trovato/Cesar Lucho/Renato Paredes(2018), "She's Electric—The Influence of Body Proportions on Perceived Gender of Robots across Cultures", Robotics 2018, 7, 50.

Goel, S., Rao, J. M., Shroff, R.(2016), "Precinct or Prejudice? Understatnding Racial Dsiparities in New York City's Stop-and-frisk Policy", The Annals of Applied Statistics, vol. 10 no. 1.

United Nations(2011), Bridging the Digital Divide in Health, UN Chronicles, vol. 48 no. 3.

Wachter, Sandra(2019), "Affinity Profiling and Discrimination by Association in Online Behavioural Advertising", Berkeley Technology Law Journal, Vol. 35, No. 2, Forthcoming.

Wang, Yilun/Michal Kosinski(2018), "Deep Neural Networks Are More Accurate than Humans at Detecting Sexual Orientation from Facial Images", OSF. osf.io/zn79k.

Mark West/Rebecca Kraut/Han Ei Chew(2019), I'd Blush If I Could — Closing Gender Divides in Digital Skills Through Education, UNESCO for the EQUALS Skills Coalition, GEN/2019/EQUALS/1 REV 2.

인권과 젠더 — 국제사회의 관점

백 강 진*

I. 서론

인권과 젠더라는 보편적 주제에 대하여 일반적인 서술을 전개하는 것은 이미 오랜 기간에 걸쳐 널리 받아들여지고 있는 개념들에 대하여 무미건조하고 평면적으로 열거, 설명하는 데에 그칠 위험이 있는 것이 사실이다. 이에 이른바 '국제사회의 관점'을 더한다고 하더라도 크게 달라질 것은 없다. 즉 인권이나 젠더 개념은 역사적으로 공히 국제사회에서의 논의를 우리나라가 점차 받아들여 발전시켜 온 것이므로 그 본질적 내용이 크게 다르지 않고, 그 개념의 보편적 성격에 비추어 우리나라의 사정에 맞추어 크게 달라져서도 안 된다.

그럼에도 이와 같은 주제에 대해 새삼스레 언급하는 까닭은 먼저, 우리나라에서의 관련 논의가 이미 국제적으로 인정되고 있는 내용을 충분히 반영하고 있지 못하거나, 더 나아가 이를 불완전하거나 잘못된 방식으로 받아들이고 있지 않은가 하는 점검을 해 볼 필요성이 있기 때문이다. 다음으로, 국제사회에서의 인권과 젠더에 대한 논의도 처음부터 지금과 같은 형태로 존재하였던 것이 아니었다. 젠더 문제는 국제사회에서도 오랫동안 관심 밖의 주제였으며, 비교적 최근에서야 발전이 이루어지고 그 구체적 내용이 다듬어져 온 것이라고 할 수 있다. 즉 이러한 이념적, 추상적 수준에서의 논의가 국내외에서 어떻게 구체화 되고 있는지에 대해서는 별도로 살펴볼 필요가 있는 것이다.

다만 이러한 두 가지 시점에서의 문제 제기 또한 그 논의 범위가 너무 넓기

---

* 광주고등법원 전주재판부 부장판사

에 여전히 일반적, 추상적 관점에서 벗어나지 못할 우려가 있다. 따라서 본고에서는 독자의 이해를 돕기 위해 현재 우리나라에서도 현안이 되는 구체적 사안을 대표적 예로 들면서 논의를 전개해 나가기로 한다. 먼저 국제적 관점의 올바른 수용이라는 논제에 대해서는 이른바 '**성인지 감수성**'의 문제를, 다음으로 국제사회에서의 젠더 관련 논의의 전개, 발전과정에 대해서는 국제형사법에서의 '**성범죄, 특히 강간의 개념 정립**'의 문제를 논할 것이다. 후자에 관련해서는 이른바 일제 치하 종군 위안부 이슈에 관해서도 짧게 언급한다.

Ⅱ. 국제적 인권 및 젠더 논의와 국내 수용

1. 유엔에서의 개인적 경험

(1) 젠더 관련 교육

캄보디아 크메르루즈 특별재판소(Extraordinary Chambers in the Courts of Cambodia, ECCC)는 유엔과 캄보디아 정부 사이의 조약에 따라 설립된 재판소로서 인사, 예산을 비롯한 주요 행정적인 사항에 대해서는 유엔의 내부 규정을 따르고 있다.

처음 유엔 산하 기구에 부임하는 직원은 여러 가지 교육을 받게 되는데, 그중 필수적으로 이수하여야 하는 온라인 교육에 'I Know Gender'가 있다. 우리나라에서 근무할 때도 다양한 양성평등 교육을 받은 적이 있었기에 가볍게 생각하였으나 그 과정을 이수하는 것은 결코 쉽지 아니하였다. 위 과정은 10여 개의 모듈로 구성되어 있는데, 기초 필수 모듈 통과에만도 2시간이 넘는 시간이 소요되었다. 이수증서를 받기 위해서는 매번 비교적 난이도가 있는 다양한 시험을 통과하여야 하였고, 이후 각종 인사 관련 평가에서 부서 내 직원들의 해당 교육 이수 여부는 개인별, 기관별 필수 점검 대상이었다.

교육의 내용 또한 매우 전문적으로 구성되어 있었고 우리나라에 있을 때는 알지 못했던 다양한 개념들을 제대로 알 수 있었다. 유엔 부임 전 비교적 젠더에 관하여 많은 관심이 있었다고 생각하고 있었으나 유엔이 구상하고 전파하려 하는 젠더 관련 기본 가치와 정책에 대해서 상당히 무지하였다는 점을 자인하지 않을 수 없었다.

가장 기초적인 사항을 예로 들면, 우리나라에 있을 때에는 성(sex)과 젠더 (gender)에 관하여 쉽게 구별하여 다른 사람에게 설명하거나 예를 드는 것이 쉽지 않았다. 이곳에서 영어로 교육을 받으면서 성(sex)은 남자(male)와 여자(female) 등 으로 구별되고, 젠더(gender)는 어느 특정 시대와 사회의 맥락에서 남자와 여자에 게 각각 부여된 역할이나 행동, 특징으로 적합하다고 여겨지는 것, 즉 사회문화적 해석 및 역할 부여가 이루어진 것으로서 고정불변이 아니며, 남성적(masculine), 여성적(feminine) 등의 용어로 설명될 수 있다는 점을 더 간명하게 이해할 수 있 었다.

(2) 실제 업무 환경

유엔 산하 기관에는 우리나라의 양성평등[1] 정책담당관에 해당하는 Gender Focal Point(주로 여성)가 지정되어 있다. 실제로 부임 초에 재판부 소속 인턴들 중 동성애자인 여성이 자신의 파트너를 직장에 데리고 와서 팀원들에게 소개한 이후 다른 남성 인턴이 통근 버스 안에서 동성애에 관한 토론을 지속적으로 제의 하여 문제가 된 사건이 있었다. 부서장으로서 당황스러운 사태였지만 위 Focal Point에 연락하여 결국 위 남성 인턴이 자신의 잘못을 인정하여 사과하고 여성 인턴이 이를 받아들임으로써 비교적 쉽게 일단락되었다. 구성원들 사이에 젠더 문제의 중요성에 대한 폭넓은 공감대가 있다는 점을 알 수 있었다.

또 유엔은 젠더평등전략(Gender Parity Strategy)을 전체적으로 수행하고 있는 데, 그 시작점은 기관 내 성별 구성비를 동등하게 하는 것(Equal representation)이 다. ECCC는 여성 직원의 수가 남성에 비해 부족한 기관으로서 특히 고위직 여성 비율이 적다는 점이 늘 지적되었다. 이를 시정하기 위하여 지속적인 노력이 다각 도로 이루어져 왔다. 예를 들면, 채용 절차에서 패널 중에 여성을 포함하도록 하 고, 동등한 자격의 지원자들 중에서는 여성을 우선적으로 채용하도록 하였다.

실제로 필자가 재판부 직원(Legal Officer)을 채용하기 위한 인터뷰를 마치고 3인의 패널에 의해 부여된 점수를 토대로 최고득점자인 남성 지원자를 채용하려 하자, 패널 구성원 중 여성 동료가 강력히 반발하면서 여성을 채용하지 않기 위

---

1) 유엔에서는 성(sex)을 남성, 여성, 그리고 intersex(間性)를 포함하는 것으로 정의한다.

해서는 특별한 이유가 있어야 한다는 취지로 주장하였는데, 이는 후일 실제로 유엔 사무총장의 지시사항으로 구체화되었다.[2]

　재판소 내 직원들 역시 성추행이나 성희롱 등 젠더 관련 내부 비위가 발생할 경우 무관용(zero tolerance) 원칙이 적용됨을 잘 이해하고 있었고, 일상생활에서도 항상 젠더 중립적 용어(gender neutral language)를 사용하도록 지위 고하를 막론하고 지적을 아끼지 않는 분위기였다.

　이처럼 젠더에 관한 문제 제기나 이슈를 자연스럽게 일상생활에 녹아내면서 언제나 염두에 두는 업무 환경은 유엔이 추구하는 이른바 **젠더 주류화**(gender mainstreaming)와 관련이 있다. 이 개념은 유엔이 젠더 평등을 달성하기 위하여 채택한 가장 핵심적인 전략이므로 뒤에서 상세하게 설명한다.

2. 유엔의 젠더 관련 기본 전략

　젠더 관련 여러 기본 개념에 대해서는 우리나라에서 기존에 논의되어 온 것과 유엔의 그것이 다르지 않다고 보이므로[3] 용어 사용의 사소한 차이 외에 그 핵심 내용은 이미 널리 알려져 있다고 생각한다. 후속 논의의 편의를 위하여 간략히 소개하기로 한다.

(1) 젠더 규범(gender norms) 등

　젠더 규범은 사회화(gender socialization) 과정을 통해 고정화(stereotyping)가 이루어진 규범을 말한다.[4] 이를 기초로 젠더 역할 분담(gender division of labour)이 일어난다. 젠더 다양성(gender diversity)은 이러한 지배적인 젠더 규범을 탈피하려는 시도를 인정하는 것이다. 이처럼 고정화된 젠더 규범으로 인하여 남성 역

---

[2] 2020년 유엔 행정지시(ST/AI/2020/5)에서는 50:50의 목표치에 이르지 못한 산하 기관으로 하여금 2020년 하반기부터 직원 채용 시 여성 지원자를 최종 후보명단에 반드시 포함하도록 하고, 그럼에도 굳이 남성을 선발하였을 때에는 그 상세한 사유와 근거자료를 사무총장에게 직접 제출하여 검토를 받도록 조치하였다. 유엔 총회에서 2009년 사무총장에게 50:50 목표를 조속히 달성할 것을 요구하였음에도, 여전히 유엔 평균 여성 직원의 비율은 40% 대로서 50%에 이르지 못하고 있다.
[3] 영어로 된 젠더 관련 용어를 우리나라가 수용해 옴에 있어 특별히 번역에 대한 문제가 제기된 바는 없는 듯하다. 이러한 측면에서 본고에서 다룰 용어인 '성인지 감수성'은 독특한 존재라고 할 수 있다.
[4] 이러한 젠더사회화 내지 고정화 과정을 인권 침해의 하나로 파악하는 보고서에 Simone Cusack, "Gender Stereotyping as a Human Rights Violation", OHCHR (2013).

시 피해를 입고 있다. 남성은 가장이라는 책임감 부여로 인해 실직에 더 민감하고 자살률이나 알코올 중독 비율도 높다.[5] 유엔은 여성의 역량증진(empower-ment)과 새로운 남성성모델(new models of masculinity)의 개발을 통해 이러한 젠더 역할을 재구성하려 노력하고 있다.

젠더 불평등(gender inequality)은 특정 사회에서 젠더별로 분담하고 있는 일에 대한 사회적, 금전적 평가가 다르고, 그로 인해 선택과 자유, 권한 획득, 자원 접근, 의사결정과 참여 등의 기회가 일부 젠더(대표적으로 가부장제 아래에서의 여성)에 대해서는 상대적으로 제한되기 때문에 발생한다.[6]

젠더에 기초한 차별(gender-based discrimination)은 인권의 침해를 구성한다. 이러한 차별의 금지가 **젠더와 인권의 접점**이다. 유엔은 1979년 여성차별철폐협약 (The Convention on the Elimination of All Forms of Discrimination against Women, CEDAW)을 통하여 이러한 인권침해의 방지에 대해 상세히 규율하고 있다. CEDAW는 젠더 평등[7]의 보장과 젠더 관련 인권침해를 규율하는 가장 중요한 국제규범으로 우리나라를 포함하여 185개국이 가입하여 있는 여성의 국제권리장전이라고 할 수 있다.[8] 젠더 불평등 및 여성의 인권과 관련하여 유엔은 특히 젠더 기반 폭력(gender based violence, GBV)의 문제에도 많은 관심을 기울이고 있다.[9] WHO에 따르면 2021년에도 전 세계 약 30%의 여성이 여전히 폭력에 시달리고 있다.[10]

---

5) Barker, G., et al., "What men have to do with it: Public policies to promote gender equality", International Center for Research for Women and Institute Promundo(2009).

6) 우리나라의 유엔 젠더불평등 지수(Gender Inequality Index)는 2019년 0.064로서 2000년의 0.194에 비하여 발전을 보이고 있다(즉 0에 가까울수록 평등). 이는 스위스(0.025)나 스웨덴(0.039) 등 일부 국가보다는 높지만, 대부분의 국가들보다 낮은 수치이다(세계 평균 0.436). 그 산정을 위해 수집한 기초 자료는 산모 사망률, 청소년 출산율, 여성 국회의원의 비율, 중등교육 이상을 받은 여성의 비율, 여성 취업률 등 정량적 데이터이다(http://hdr.undp.org/sites/default/files/ hdr2020_technical_notes.pdf 참조).

7) 젠더 평등(gender equality)과 젠더 형평성(gender equity) 중 어느 것을 사용할 것인지 용어 문제가 있다. 후자는 이미 존재하는 구조적, 역사적 불평등 상태를 시정하기 위한 특별 임시 조치 등을 통해 달성된다고 설명한다. 유엔은 전자를 후자를 통해 달성하여야 할 궁극적 목표로 보아 전자의 사용을 권장한다.

8) 우리나라는 1984. 12. 27. 이에 가입하였고(1985. 1. 26.부터 적용), 개인의 구제가 가능한 선택의 정서에는 2006. 10. 18. 가입하였다.

9) Declaration on the Elimination of Violence against Women, Proclaimed by General Assembly resolution 48/104 of 20 December 1993 참조.

10) https://www.who.int/news-room/fact-sheets/detail/violence-against-women(2022. 2. 28. 방문).

(2) 젠더 주류화(gender mainstreaming)

주류화(mainstreaming)는 원래 장애인 교육과 관련하여 이들을 특수학급에 편성하지 아니하고 일반학생들과 함께 교육하는 것을 지칭하는 용어이다. 유엔은 1990년대 이래 젠더 주류화를 젠더 평등과 여성의 인권 보호를 위한 핵심 수단으로 채택하였다. 이는 목표나 가치가 아니라 젠더 평등에 이르기 위한 주요 전략이라고 할 수 있다.11)

1970년대에는 여성에 초점을 맞추어 여성이 주로 진출해 있는 분야를 중심으로 한 활동이 이루어졌고, 그로 인한 성과는 제한적이었다. 즉 여성의 시각이 배제된 채로 이미 형성되어 있는 기존의 구조에 좀 더 많은 여성을 진입시키는 데에는 일정한 한계가 있었던 것이다. 이에 1980년대부터 모든 계획의 구상에서부터 최종 평가에 이르기까지 모든 단계에 여성과 남성의 시각이 고르게 반영되어야 한다는 주장이 등장하였고, 이것이 결국 주된 전략으로 자리 잡게 되었다.

젠더 주류화는 1995년 9월 베이징에서 열린 제4차 세계여성회의(Fourth World Conference on Women)에서 채택된 전략으로서, 1997년 경제사회위원회 기능위원회(A functional commission of the Economic and Social Council, ECOSOC)에서 최종적으로 정의된 개념은 다음과 같다.

> "입법, 정책, 프로그램 등을 비롯한 모든 영역과 수준의 사전 계획이 여성과 남성에 끼치는 영향을 분석하는 절차를 말한다. 이는 모든 정치적, 경제적, 사회적 영역의 정책과 프로그램을 설계, 실행하고, 모니터 및 평가하는 데 있어 남성뿐 아니라 여성의 이해관계와 경험을 핵심적 요소로 고려하는 전략이다. 이를 통하여 여성과 남성이 동등하게 혜택을 입을 수 있도록 함으로써 불평등이 영원히 계속되지 않도록 한다. 궁극적 목표는 젠더 평등의 달성이다."12)

---

11) 젠더 주류화에 관한 유엔의 설명 중 대표적인 문서는 https://www.unwomen.org/en/how-we-work/un-system-coordination/gender-mainstreaming와 M01_S34_United Nations, Gender Mainstreaming: An overview, New York, 2002 등 참조.

12) The 1997 agreed conclusions of ECOSOC defined gender mainstreaming as: "The process of assessing the implications for women and men of any planned action, including legislation, policies or programmes, in all areas and at all levels. It is a strategy for making women's as well as men's concerns and experiences an integral dimension of the design, implementation, monitoring and evaluation of policies and programmes in all political, economic and societal spheres so that women and men benefit equally and inequality is not perpetuated. The ultimate goal is to achieve gender equality."

젠더 주류화는 풀어 말하면 젠더 시각(gender perspective)[13]을 모든 프로그램 내에서 채택(taking up) 내지 통합화(integrate)하는 것이라고 할 수 있다. 극단적으로는 젠더 시각을 주류화하는 것이 젠더 주류화라는 다소 동어 반복적인 표현도 발견된다. 예를 들면, 유엔 사무총장이 매년 경제사회 위원회에 제출하는 보고서의 제목은 'Mainstreaming a gender perspective into all policies and programmes in the United Nations system'이다.

한편 젠더 관련 문서에서 해당 프로그램을 젠더에 민감하게(gender sensitive) 만들어야 한다는 표현이 종종 눈에 띈다. 젠더 주류화를 위한 실천 사항 중에는 'gender sensitive language'를 사용하여야 한다는 것도 있다. 'gender sensitive' 는 그것이 이루어지는 자체보다 그렇지 못한 상황, 즉 'gender-blind' 상태의 프로젝트를 해서는 안 된다는 점을 설명하는데 더 효율적이다. 즉 젠더 문제를 업무 과정에서 무심하게 지나치기보다 항상 신경을 쓰는, 다소 예민한 상태에 있어야 함을 일컫는다고 할 수 있겠다.

좀 더 체계적인 접근을 위해서 UN WOMEN의 젠더평등 용어집(Gender Equality Glossary)에서 정의하는 내용을 소개한다. 위 용어집[14]에서는 프로젝트의 성격을 다섯 가지로 나눈다. 젠더 불평등을 심화시키는 gender negative, 존재하는 젠더 불평등을 그대로 존속시키되 강화하지는 않는 gender neutral, 젠더 규범, 역할, 자원접근성 등에 대하여 언급함으로써 불평등을 시정하려는 gender sensitive, 젠더 규범, 역할 등을 적극적으로 바꾸는 것을 목표로 하는 gender positive, 더욱 적극적으로 젠더 평등을 촉진하는 것을 중점으로 하는 gender transformative가 그것이다.

즉 gender sensitive는 해당 프로젝트의 성격을 규정하는 하나의 척도로서 기능하고 있을 뿐이고, 그것이 가장 바람직한 상태여서 궁극적으로 추구해야 할 목표라는 취지로 쓰이고 있지 않다. 흔히 gender neutral 상태를 종전의 '양성평등'이라고 오해하기 쉬우나, 이는 기존의 젠더 불평등을 시정, 제거하지 못하고

---

13) The term 'gender perspective' is a way of seeing or analyzing which looks at the impact of gender on people's opportunities, social roles and interactions. This way of seeing is what enables one to carry out gender analysis and subsequently to mainstream a gender perspective into any proposed program, policy or organization. UN WOMEN 젠더평등 용어집 (https://trainingcentre.unwomen.org/mod/glossary) 참조.

14) UN WOMEN 젠더평등 용어집(https://trainingcentre.unwomen.org/mod/glossary) 참조.

그대로 유지하는 상태이므로, 적어도 'gender sensitive' 상태의 프로젝트를 추진함이 바람직하다는 것이다.

(3) 젠더와 인권

유엔은 젠더 관련 논의를 인권(human right)의 시각에서 접근하여야 한다는 확고한 입장을 가지고 있다. 즉 양성의 평등은 유엔 헌장이나 세계인권선언에 명시되어 있는 유엔의 핵심 가치 중 하나로서 젠더 평등 역시 같은 맥락에서 지향하여야 하는 목표로 보고 있다. 엄밀하게 말하면 역사적으로 유엔 헌장 등은 남성과 여성의 동등한 권리 보장 또는 성별(sex)에 기반을 둔 차별을 금지하고 있고, CEDAW는 특히 여성의 권리를 보호하고 있지만, 결국은 젠더의 평등을 궁극적 목표로 하는 것으로 봄이 타당하다는 것이다. 이처럼 젠더 주류화는 유엔 프로그램이 필수적으로 따르게 되어 있는 인권 중심 접근 방식(The human rights-based approach, HRBA)의 하나였으나, 이제는 독자적 중요성을 띤 접근 방식이 되었다.

인권의 특성인 고유성, 보편성, 양도 및 분리 불가능성, 상호의존성 등이 남성과 여성에게 달리 적용될 수 없음은 당연하고, 무엇보다 유엔이 각국 정부에 대하여 조약 등을 기반으로 인권의 준수 및 보고의무를 부과하고 모니터링할 수 있으며 각국 정부가 문화적 상대주의 등을 내세워 이를 피해 나갈 수 없다는 점에서 젠더를 인권 관점에서 파악하는 것이 가장 효과적인 실현 수단이 된다고 보인다.

여성의 권리를 인권의 관점에서 유엔이 파악해 온 역사를 개관해 보면, 그 시작은 1946년의 경제사회이사회 여성지위위원회(Commission on the status of women, CSW)의 활동으로부터 시작하여 1979년의 CEDAW, 1993년의 여성에 대한 폭력철폐선언(Declaration on the Elimination of Violence against Women)을 거쳐 1995년의 베이징 선언과 행동 지침(The Beijing Declaration and Platform for Action)[15]에까지 이른다.

이러한 제반 활동의 집대성이라고 할 수 있는 베이징 선언의 핵심 목표는 국

---

15) Report of the Fourth World Conference on Women, Beijing, 4-15 September 1995 (United Nations publication, Sales No. E.96.IV.13), chap. I, resolution 1, annexes I and II.

제 사회가 젠더 시각(gender perspective)이 모든 국가적, 지역적, 국제적인 정책과 프로그램에 반영되도록 하는 제반 행동 지침, 즉 젠더 주류화를 실행하도록 하는 것이었다. 이후 4개로 흩어져 있던 유엔의 여성 관련 기구들이 2010년 UN WOMEN으로 통합됨으로써 젠더 주류화 실천과 젠더 평등 목표 달성을 위한 컨트롤 타워를 갖게 되었다.

  마지막으로 유엔은 2015년 제70차 총회에서 2030년까지 17가지 지속가능발전목표(SDGs: Sustainable Development Goals)를 달성하기로 결의하였고, 그중 다수가[16] 젠더 평등과 관계가 있지만, 특히 5번째 목표가 명시적으로 '젠더 평등과 여성 역량 강화(Goal 5: Achieve gender equality and empower all women and girls)'를 선언하고 있다. 9개의 하부 목표(targets)도 설정되어 있다. 5.1 여성에 대한 차별 철폐,[17] 5.2 여성에 대한 모든 형태의 폭력 철폐,[18] 5.3 아동 강제 결혼, 할례 등과 같은 악습 철폐,[19] 5.4 가사노동의 인정과 분담,[20] 5.5 여성의 공적인 리더십 보장,[21] 5.6 출산에 관한 건강과 권리 보장,[22] 5.A 여성의 경제적 권리 보장,[23] 5.B 정보기술을 통한 여성의 역량 강화,[24] 5.C 젠더 평등을 위한 건전하고 효율적인 정책과 입법[25]이 그것이다.

---

16) 대표적으로 건강과 복지에 관한 목표 3, 교육에 관한 목표 4.

17) End all forms of discrimination against all women and girls everywhere.

18) Eliminate all forms of violence against all women and girls in the public and private spheres, including trafficking and sexual and other types of exploitation.

19) Eliminate all harmful practices, such as child, early and forced marriage and female genital mutilation.

20) Recognize and value unpaid care and domestic work through the provision of public services, infrastructure and social protection policies and the promotion of shared responsibility within the household and the family as nationally appropriate.

21) Ensure women's full and effective participation and equal opportunities for leadership at all levels of decisionmaking in political, economic and public life.

22) Ensure universal access to sexual and reproductive health and reproductive rights as agreed in accordance with the Programme of Action of the International Conference on Population and Development and the Beijing Platform for Action and the outcome documents of their review conferences.

23) Undertake reforms to give women equal rights to economic resources, as well as access to ownership and control over land and other forms of property, financial services, inheritance and natural resources, in accordance with national laws.

24) Enhance the use of enabling technology, in particular information and communications technology, to promote the empowerment of women.

25) Adopt and strengthen sound policies and enforceable legislation for the promotion of gender

나아가 이러한 여러 지속가능발전목표의 수행 과정을 관통하는 3가지의 보편가치(Universal Values) 중 세 번째 역시 '젠더 평등과 여성의 역량 강화(Principle Three: Gender Equality and Women's Empowerment)'로 설정되어 있다. 결국 어떠한 인류 사회의 발전도 그것이 불균등하게 이루어지는 한 지속가능하지 않다는 교훈을 얻은 현재 시점에서, 젠더의 평등이야말로 인류의 생존을 위한 필수불가결한 핵심 가치 중의 하나로 인식되기에 이른 것이다.

3. 한국 사법부의 수용 — 이른바 '성인지 감수성'의 문제

(1) 용어의 등장

우리나라 대법원은 '성인지 감수성'이라는 용어를 2018년경 처음 사용하였다고 알려져 있다. 우선 성희롱 관련 행정 사건에서 "법원이 성희롱 관련 소송의 심리를 할 때는 그 사건이 발생한 맥락에서 성차별 문제를 이해하고 양성평등을 실현할 수 있도록 '성인지 감수성'을 잃지 않아야 한다(양성평등기본법 제5조 제1항 참조). 그리하여 우리 사회의 가해자 중심적인 문화와 인식, 구조 등으로 인하여 피해자가 성희롱 사실을 알리고 문제를 삼는 과정에서 오히려 부정적 반응이나 여론, 불이익한 처우 또는 그로 인한 정신적 피해 등에 노출되는 이른바 '2차 피해'를 입을 수 있다는 점을 유념하여야 한다."[26]라고 판시하였다.

이어 형사사건에서도 "법원이 성폭행이나 성희롱 사건의 심리를 할 때에는 그 사건이 발생한 맥락에서 성차별 문제를 이해하고 양성평등을 실현할 수 있도록 '성인지 감수성'을 잃지 않도록 유의하여야 한다(양성평등기본법 제5조 제1항 참조). 우리 사회의 가해자 중심의 문화와 인식, 구조 등으로 인하여 성폭행이나 성희롱 피해자가 피해 사실을 알리고 문제 삼는 과정에서 오히려 피해자가 부정적인 여론이나 불이익한 처우 및 신분 노출의 피해 등을 입기도 하여 온 점 등에 비추어 보면, 성폭행 피해자의 대처 양상은 피해자의 성정이나 가해자와의 관계 및 구체적인 상황에 따라 다르게 나타날 수밖에 없다. 따라서 개별적, 구체적인 사건에서 성폭행 등의 피해자가 처하여 있는 특별한 사정을 충분히 고려하지 않은 채 피해자 진술의 증명력을 가볍게 배척하는 것은 정의와 형평의 이념에 입각

---

equality and the empowerment of all women and girls at all levels.

26) 대판 2018. 4. 12, 2017두74702.

하여 논리와 경험의 법칙에 따른 증거 판단이라고 볼 수 없다."[27]고 판시하였다.

흥미로운 것은 위 두 판결을 인용하면서 비슷한 법리를 설시한 후속 판결에서는 '성폭행이나 성희롱 사건의 피해자가 피해 사실을 알리고 문제 삼는 과정에서 오히려 피해자가 부정적인 여론이나 불이익한 처우 및 신분 노출의 피해 등을 입기도 하여 온 점 등에 비추어 보면, 성폭행 피해자의 대처 양상은 피해자의 성정이나 가해자와의 관계 및 구체적인 상황에 따라 다르게 나타날 수밖에 없다. 따라서 개별적, 구체적인 사건에서 성폭행 등의 피해자가 처하여 있는 특별한 사정을 충분히 고려하지 않은 채 피해자 진술의 증명력을 가볍게 배척하는 것은 정의와 형평의 이념에 입각하여 논리와 경험의 법칙에 따른 증거 판단이라고 볼 수 없다.[28]'라고 판시함으로써 위 '성인지 감수성'이라는 용어가 빠졌다는 점이다. 이러한 사정은 해당 법리를 인용하고 있는 다른 후속 대법원판결들[29]에서도 마찬가지이다.

이러한 용어의 누락이 어떠한 반성적 고려에 의한 것인지 아니면 핵심 법리만을 인용함에 따라 생략이 이루어진 것인지 알 수는 없으며, 위 용어가 여전히 법적인 고려 요소로서 유효한지도 알 수 없다.[30] 다만 위 용어를 둘러싸고 여전히 논란이 벌어지고 있는 것으로 보이므로, 본고의 목적과 관련 있는 범위 내에서 이를 살펴보기로 한다.

(2) 일부 해석론 및 비판론

법률신문의 2021년 10월 21일자 기사[31]에 의하면, 2018년~2020년 대법원 파기환송 판결을 전수 조사한 결과 대법원이 성범죄 사건에서 유죄 취지로 파기환송한 사건 수가 최근 크게 늘어난 것으로 나타났는데, 이 가운데 상당수는 하급심이 인정한 사실관계 판단을 이른바 '채증법칙 위반' 등을 이유로 들며 뒤집은

---

27) 대판 2018. 10. 25, 2018도7709.
28) 대판 2019. 7. 11, 2018도2614.
29) 대판 2020. 3. 26, 2019도15994; 대판 2021. 3. 11, 2020도15259 등.
30) 한편 신진화 판사의 분석에 따르면, 2017두74702 판결 이후 2019. 6. 30.까지 100건의 하급심 판결이 '성인지 감수성'을 언급하고 있다고 한다. 신진화, "2018~2019년 '성인지 감수성' 판결을 위한 변명 — 통념과 경험칙의 재구성을 위하여", 법관연수 어드밴스(Advance) 과정 연구논문집: 조세소송의 주요쟁점/ 젠더법의 주요 쟁점/ 국제거래법의 주요 쟁점(2020, 사법연수원), 282면.
31) https://www.lawtimes.co.kr/Legal-News/Legal-News-View?serial=173594.

것으로 확인됐다고 하면서, 법조계에서는 법률심을 담당하는 대법원이 사실심 판단에 지나치게 개입하는 것은 남상소 방지와 사실심 충실화에도 걸림돌이 되는 만큼 자제돼야 한다는 지적이 나오고 있다는 것이다. 위 기사에서 인용한 이에 대한 법조 관계자들의 코멘트 중에는 '성인지 감수성'이 대법원이 위와 같은 파기환송 당시 고려한 요소였던 것처럼 등장한다.[32]

이숙연 판사는 2019년 2월 21일 같은 신문에 기고한 칼럼[33]에서, '성인지 감수성(gender sensitivity)'은 논자마다, 국면마다 조금씩 달리 정의되는데, 대체로 성별 불균형 상황을 인식하고 성차별적 요소를 감지해내는 민감성으로 풀이된다. 이는 예술가에게 요구되는 '감성'이나 '감수성'과 다르며, 특수한 상황에 처한 타인의 행동을 이해할 수 있는 '인지능력'에 가깝다. 법관에게 있어 성인지 감수성은, 피해자가 성폭력 등 피해 당시 및 그 전후 상황에서 보이는 언동을 그가 처한 물리적, 사회적 성차별 상황의 맥락하에, 또는 심리학에서 말하는 '상황의 힘(power of context)'을 고려하여 평가함으로써, 피해자 진술의 신빙성 판단을 그르치지 아니하고 정확하게 사실인정을 해낼 수 있는 능력이라고 볼 수 있겠다.'라고 한다.

2021년 8월 17일 같은 신문에 기고한 황현호 변호사는 '성인지 감수성' 용어를 재검토하여야 한다고 주장한다.[34] 그는 앞서 본 2018년의 대법원판결들 이래로 성인지 감수성이라는 잣대가 성폭행죄 성립 여부의 중심적인 기준이 되어 있다는 독자적 이해 아래, 성인지 감수성은 1995년 중국 베이징에서 열린 제4차 유엔 여성대회에서 사용된 후 국제적으로 통용되기 시작한 용어로 원문은 'gender sensitivity'이고, 이 대회는 형사사건의 법리적용 문제를 다룬 대회가 아니었음에

---

32) 한 로스쿨 교수는 "최근에는 성범죄 사건에서 무죄 판결을 받기는 글렀다는 말까지 나온다"며 "피해자 진술이 특별히 모순되지 않는다면 피해자 진술을 되도록 믿어야 한다는 식으로 기계적으로 결론이 나서 거의 피해자의 말에 따라 유죄가 기정사실화 되는 분위기가 형성됐다"고 지적했다. 그는 "피해자 진술도 중요한 가치를 갖지만 피고인의 방어권, 무죄추정의 원칙도 중요한 가치"라며 "대법원에서 사실심이 판단한 것을 계속해서 뒤엎는 경우가 생기니 하급심에선 알아서 엎드리는 방식이 됐다. 성인지 감수성 개념이 지나치게 지배하는 느낌"이라고 평가했다. 반면 재경지법의 한 부장판사는 "유죄 취지 파기환송 건수의 급증은 성범죄 유·무죄 판단을 피해자 측에 한 발 더 다가가 판단하겠다는 접근이 아닌가 생각한다"며 "지금까지 형사절차에서는 피해자가 배제된 상황이 많았기 때문에 그런 (피해자 측에 조금 더 유리한) 측면을 고려해야 한다는 취지의 판결이 성인지 감수성이나 채증법칙 위반 판결 등으로 나오는 것 같다"고 말했다(강조는 필자).

33) https://www.lawtimes.co.kr/Legal-Opinion/Legal-Opinion-View?serial=150947.

34) https://www.lawtimes.co.kr/Legal-Opinion/Legal-Opinion-View?serial=172070.

도 25년이 지난 시점에서 우리나라 형사소송 실무상 성폭행죄의 성립 여부를 판
단하는 시금석으로 작용하고 있으며, 의미와 번역 모두 불명확하다고 비판한다.35)

　　이러한 인상 비평 외에 법원 내부 논문의 형태로 외부에 공개된 것에는 우선
신진화 판사의 논문36)이 있다. 이 논문은 제목('성인지 감수성' 판결을 위한 변명)에
서 나타나듯이 위 용어가 대법원판결에 등장하게 된 경위에 대한 일종의 해명을
시도하고 있다. 위 논문에 따르면, 'gender sensitive'는 1999년 CEDAW 이행 권
고에 처음으로 공식 등장하였고, '성인지적 관점' 또는 'gender perspective'는
1995년 북경여성회의에서 등장하였으며, 후자가 형용사인 전자보다는 상위의 개
념인데, '성인지 감수성'이란 용어는 이성적 영역으로 치부되는 '인지'를 '감성'으
로 다시 재단하는 듯한 오해를 낳게 한다고 한다.37)

　　다음으로 김선화 판사38)는, '성인지 감수성'이라는 개념이 도대체 무엇을 의
미하는지, 이것이 법원의 판결에 어떤 맥락으로 적용되는지에 대하여 법관들마다
다소 생각이 다를 뿐만 아니라, 상당수의 법관들은 성폭력 사건에서 성인지 감수
성을 유죄판결의 근거로 삼는 것에 대한 우려나 비판을 드러내기도 하였다면서,
1990년대 중반에 들어서자 전 세계적 성평등을 추구하기 위한 국가들의 정책적
근거 내지 관점으로서 '성인지적 관점(gender sensitive perspective)'이 대두되었는
데, '성인지 감수성(gender sensitivity)'이라는 용어는 위와 같은 '성인지적 관점'이
라는 개념으로부터 파생된 것으로 보이기는 하나, 그 정확한 연원은 알 수 없다
고 한다.39)

<hr>

35) 그의 주장에 따르면, 대법원이나 여성학계에서 사용하고 있는 '성인지 감수성'이란 용어는 제4차
　　유엔 여성대회에서 나온 좋은 말은 다 끌어다가 단어를 조합한 듯한 느낌이 드는 것으로, 감수성
　　이란 용어도 법률용어에서 사용하기에는 너무 감정적인 의미를 내포하고 있다는 것이다. 가령 인
　　권의식이 투철하고 타인의 인권을 존중하는 어떤 사람이 인권감각이 있다고 말하면 쉽게 이해가
　　되지만, 그 사람이 인권감수성이 있는 사람이라고 하면 이상한 말이 된다고 하면서, '사회적 성별
　　감각'이 'gender sensitivity'의 올바른 번역이라 주장한다.
36) 신진화, 주 30)의 논문, 261-293면.
37) 신진화, 앞의 논문, 265-267면.
38) 김선화, "성인지감수성 판결의 의미와 영향", 법관연수 어드밴스(Advance) 과정 연구논문집: 조세
　　소송의 주요쟁점/ 젠더법의 주요 쟁점/ 국제거래법의 주요 쟁점(2020, 사법연수원), 391-444면.
39) 김선화, 앞의 논문, 398-399면.

(3) 양성평등기본법

2018년 '성인지 감수성'을 설시한 대법원판결들은 그 근거로서 양성평등기본법 제5조 제1항을 참조 조문으로 들고 있다. 그러나 정작 위 법 제5조 제1항은, '국가기관 등은 양성평등 실현을 위하여 노력하여야 한다.'라는 일반 규정이어서 위 법 조항만으로는 어떻게 이른바 '성인지 감수성'이 성희롱 내지 성폭행 사건 심리의 고려 요소가 되는지를 전혀 알 수가 없고, 특히 이 점에서 위 대법원판결들이 비판에 직면해 있는 것으로 보인다.

이에 대하여 신진화 판사는, 논리적 정합성으로 위 판결의 참조 조문 문구를 해석하기는 어려워진다면서, 일종의 '옥상옥' 개념처럼, 또는 '역전 앞'이란 어휘처럼, 강조를 거듭하다 보니 발생하게 된 사회적 용어로 설명하는 쪽이 훨씬 현실에 가깝다고 한다. 즉, '성인지 감수성'을 기존 법률의 테두리 안에서 그 근거를 찾아 설명하는 작업은 어느 정도 선에서 멈춰야 하며, 이 용어는 대략 2016년경부터 우리 사회에 급격히 불어 닥친 '미투' 운동의 산물로 긴급히 소환된 용어로 설명할 수밖에 없다고 한다.[40]

이 견해는 여러 점에서 흥미로운데, 먼저 대법원판결이 '변명'이 필요할 정도로 모호하다는 점을 전제로 하고 있고, 그 판결이 새롭게 도입하였고 하급심이 따라야 하는, 범죄의 유무죄를 가르는 하나의 판단기준에 해당하는 용어가 법률의 테두리 안에서는 별다른 근거가 없으며 결국 특정 사회 운동의 산물로서 긴급히 소환된 것이라는 주장으로 이해될 수 있어서, 해당 대법원판결의 중요성 내지 의미를 상당 부분 감소시키는 견해에 가깝다고도 볼 수 있다.

김선화 판사 역시 일반적으로 받아들여지는 '성인지 감수성'이라는 용어의 의미가 대법원판결에서 어떠한 맥락으로 인용된 것인지는 참조 조문인 양성평등기본법 제5조 제1항만으로는 알 수 없지만, 해당 대법원판결의 사실관계와 판결 이유를 살펴보면 조금 더 선명하게 드러난다고 하면서, 위 저자 스스로도 어느 날 갑자기 주어진 '성인지 감수성' 개념의 정확한 의미에 대한 이해와 내적 확신에 이르지 못한 상태였기에 판결 이유에서 위 판결을 인용하거나, '성인지 감수성'이라는 개념을 언급하는 것을 의도적으로 회피하여 왔다고 한다.[41]

---

40) 신진화, 앞의 논문, 270-271면.
41) 김선화, 앞의 논문, 397-399면.

(4) 검토

2018년 우리나라 대법원판결에서 '성인지 감수성'이라는 용어를 사용한 후에 벌어지고 있는 이와 같은 논쟁과 혼란의 근본 원인을 밝혀 볼 필요가 있다. 얼핏 보면, 이는 외국 용어의 번역 과정에서 빚어진 잘못에서 시작되었다고 볼 여지가 있고, 인권 등 사회 운동에서 쓰이던 '감수성'이라는 단어가 재판의 기준으로 인용됨으로써 비판을 불러일으킨 측면도 있는 듯하다.

여러 논자들이 언급하였듯이 '성인지 감수성' 용어의 뿌리는 유엔 여성대회나 CEDAW 등 앞서 살펴본 젠더 및 인권 관련 국제기구 및 회의에 있는 것으로 여겨진다. 본고의 목적은 이미 우리나라에서 하나의 용어로 자리 잡은 '성인지 감수성'을 다른 용어로 바꾸어 번역하여야 한다거나, 이를 설시하고 있는 대법원판결의 '진정한' 판시 사항을 밝혀내고자 함이 아니다. 위와 같은 용어의 선택이 불러일으키는 현재와 같은 피상적인 다툼을 넘어서, 이를 계기로 젠더와 인권에 관한 국제적 기준이 우리의 재판에 어떻게 적용되어야 하는가를 본격적으로 논의해 보는 것이 필요하다고 생각한다.

1) 양성평등기본법

먼저 대법원이 인용하고 있는 양성평등기본법을 살펴본다. 위 법은 2014년 5월 28일 법률 제12698호로 전부 개정되어 2015년 7월 1일부터 시행되었다.

그 개정 이유를 보면, '**세계적으로** 여성정책의 패러다임이 '**성 주류화**'로 바뀌어 가고 있는 상황에서 우리나라도 그러한 관점을 반영하여 성별영향분석평가, **성인지예산, 성인지 통계 등** 양성평등 촉진을 위한 제도들을 실시하고 있음에도 불구하고 현행 「여성발전기본법」은 이러한 변화를 포함하지 못하고 있어, (……) 법제 명을 입법 취지에 맞게 「양성평등기본법」으로 변경하여 양성평등과 관련된 권리 보장과 정부의 책임성을 강화하고, 양성평등 정책 추진체계의 내실화, 양성평등 촉진을 위한 시책 강화, 정책의 양성평등 효과를 강화하기 위한 **성 주류화 조치의 체계화** 등을 통하여 여성과 남성이 동등한 참여와 대우를 받고 모든 영역에서 평등한 책임과 권리를 공유하는 실질적 양성평등 사회를 실현하려는 것'[42]이라고 되어 있다.

---

42) 강조는 필자의 것임.

위 개정 이유에서 분명히 드러나듯이, 위 법은 1995년 9월 베이징 제4차 세계여성회의 이래 젠더 평등을 위한 주된 추진 전략으로 자리 잡은 '성 주류화', 즉 'gender mainstreaming'을 명시적으로 포섭하기 위해 법의 이름까지 변경한 것이다.[43] 성인지예산, 통계 등의 제도는 이미 시행하고 있었다는 내용도 눈길을 끈다. 위 법의 영문법령을 법제처 국가법령정보에서 찾아보면, 제14조의 '성 주류화 조치'는 'Gender Mainstreaming'으로, 제16 내지 18조의 '성인지 예산, 통계, 교육'은 각 'Gender Responsive Budgeting/Statistics/Education)'으로 되어 있다.

'Gender Responsive Budget'은 국제적으로 널리 사용되어 온 용어[44]로서 우리 국가재정법(2006. 10. 4. 법률 제8050호, 2009. 2. 6. 시행) 제정 시부터 제26조에 규정되어 있었던 용어이다. 흥미롭게도 국가재정법의 법제처 국가법령정보 영문 법령은 '성인지 예산'을 'Gender-Sensitive Budget'이라 하고 있다.

순수한 용어의 관점에서 보면, 'Gender Responsive'는 젠더 관점이 '반영된' 이라는 뜻이다. 위 용어가 결과물에 대한 분석, 평가, 통계, 회계, 예산 등과 관련하여 주로 쓰이는 이유는 그 '반영도'가 다르기 때문일 것이다. 앞서 용어와 관련하여 살핀 것처럼 젠더에 대한 반응은 '중립적(neutral)'일 수도 있고, '무시(blind)' 일 수도 있다. 좀 더 프로젝트를 'responsive'하게 만들기 위해서는 '민감함 (sensitive)'에서 더 나아가 젠더 역할을 더욱 평등하게 '재정의(transformative)'할 수 있다면 좋을 것이다. 이처럼 성인지 평가(gender responsive evaluation)는 측정기준 (scale)으로 작용하는 경우가 많다. 이러한 양성평등기본법을 비롯한 국내 여러 법률의 용어들을 토대로 살펴보면, '성인지'란 젠더 관점을 반영하는 활동을 일반적으로 일컫는다고 결론 내릴 수 있다,

한편 '감수성'이란 양성평등기본법에는 없는 용어로서 우리나라에서 'sensi-

---

43) 그럼에도 '젠더' 개념을 그대로 도입하지 못하고 '양성' 평등이나 '성' 주류화 등의 용어 사용에 그치고 있는 점은 주목할 만하다.

44) Gender-responsive budgeting or GRB is a method of determining the extent to which government expenditure has detracted from or come nearer to the goal of gender equality. A gender-responsive budget is not a separate budget for women, but rather a tool that analyzes budget allocations, public spending and taxation from a gender perspective and can be subsequently used to advocate for reallocation of budget line items to better respond to women's priorities as well as men's, making them, as the name suggests, gender-responsive (https://trainingcentre.unwomen.org/mod/glossary/view.php?id=36&mode=letter&hook=G&sortkey&sortorder&fullsearch=0&page=2).

tivity'의 번역으로 통용되어 온 것으로 보인다. 대표적으로, 2002년 12월 문용린 등이 수행한 국가인권위원회의 '인권 감수성 지표 개발 연구(Developing Indicators of Psychological Scale for Human Rights Sensitivity)'[45]에 따르면, 인권 감수성은 '인권 문제가 개재되어 있는 상황에서 그 상황을 인권 관련 상황으로 지각하고 해석하며, 그 상황에서 가능한 행동이 다른 관련된 사람들에게 어떠한 영향을 미칠지를 알며, 그 상황을 해결하기 위한 책임이 자신에게 있다고 인식하는 심리적 과정'으로 정의되는바, 연구자는 '인권 감수성에 대한 조작적 정의나 측정 연구는 거의 전무한 실정이어서 이와 유사하거나 관련되어 있는 도덕 민감성에 대한 연구를 중심으로 이를 도출하였다고 한다.[46] 위 연구에서 기존의 개념인 '인권 의식'에다가 도덕적 요소를 고려한 책임 인식까지 포섭함으로써 위 개념은 보다 심리적인 성격을 가지게 되었다고 보인다. 특히 'sensitivity', 즉 '감수성'이라는 용어는 도덕 또는 윤리 민감성(Ethical Sensitivity, Moral Sensitivity)에 관한 심리학, 교육학, 의학, 사회복지학, 언론학 등의 선행 연구를 참조한 개념으로 보인다.[47]

결국 우리 사회에서 널리 사용되어 왔고 대법원이 판결 이유에까지 인용한 '성인지 감수성(gender sensitivity)'이라는 용어는 위 판결에서 든 양성평등기본법만으로는 그 개념을 완전히 파악할 수 없다는 지적에 일리가 있다. 그러나 앞서 보았듯이 양성평등기본법은 명백히 젠더 평등 실천을 위한 국제적 기준인 'gender mainstreaming'을 우리나라에서도 실행하기 위해 제정되었고, 이는 젠더 관점(gender perspective)을 법령, 정책 및 이에 따른 직무수행 등에 통합(integrate)하려는 내용으로서 국제기구 등에서 논하는 젠더 주류화에 대한 설명과 정확히 일치한다.[48]

---

45) 국가인권위원회 홈페이지에 게시된 위 보고서 원문(https://www.humanrights.go.kr/site/ program/ board/basicboard/view?currentpage=27&menuid=001003001004&pagesize=10&boardtypeid =16&boardid=483103) 참조.

46) 위 연구보고서 5면.

47) 위 연구보고서 8-10면.

48) 제14조(성 주류화 조치) ① 국가와 지방자치단체는 법령의 제정·개정 및 적용·해석, 정책의 기획, 예산 편성 및 집행, 그 밖에 법령에 따라 직무를 수행하는 과정에서 성평등 관점을 통합하는 **성 주류화 조치**를 취하여야 한다. 이에 대한 법제처 국가법령정보 홈페이지(https://www.law.go.kr/ LSW/main.html)의 영문번역은 다음과 같다. Article 14 (Measures for Gender Mainstreaming) (1) The State and local governments shall take measures for **gender mainstreaming** through which **perspectives on gender** equality can be **integrated** in the course of enacting, amending, applying, and interpreting any statutes or regulations; planning policies; compiling and

우리나라에서 용어의 혼란이 발생한 이유는, 국제적으로 1980년대부터 논하여져 왔고, 1990년대 중반부터 국제적 합의가 이루어진 '젠더 주류화', 어쩌면 아예 '젠더' 개념 그 자체에 대하여도 우리 사회의 전반적 인식 수준이 낮았기 때문에 발생한 것으로 생각된다. 양성평등기본법조차 **'성 주류화 조치'**라는 직관적으로 이해 불가능한 전문 용어를 사용하고 있는 상황에서, '성인지 감수성'이라는 비교적 쉬운 용어의 채택과 확산은 일반인의 이해도를 높이기 위한 부득이한 선택이었는지도 모른다.

어쨌든 '성인지 감수성'을 다시 역방향으로 번역하여 'gender sensitive perspective' 등으로 지칭하는 것은 적어도 국제적 합의가 이루어진 용어는 아니다. 최종 요약하면, 양성평등기본법에서 이야기하는 젠더 주류화는 젠더 평등의 달성을 위한 필수 조치로서 법령의 제정, 적용, 해석, 정책의 기획, 예산 편성 및 집행, 기타 법령에 따라 직무를 집행하는 제반 공적 프로젝트에서 젠더에 대한 고려가 반영되는(responsive) 계획 및 실행과 평가가 필요하다는 취지이다. 그러한 개별 프로젝트들은 가능하면 젠더 관점(gender perspective)을 보다 적극적으로 고려하는(sensitive, positive or transformative) 것들로 구성되어야 한다.

이러한 양성평등기본법의 취지와 내용, 즉 젠더 주류화 조치를 재판 과정에서도 고려하여야 한다는 대법원의 판시는 비록 지나치게 간략하게 설시하였다는 점에 문제가 있지만, 그 내용이 불명확한 것은 아니라고 생각한다. 대법원이 양성평등기본법의 취지를 설명하면서 이미 사회에서 널리 승인되어 사용되고 있는 '성인지 감수성'이라는 용어를 함께 사용하였다는 점만을 부각하여 지적하면서 위 개념이 결정적 기준이라거나 주관적, 심리적이고 불명확하다고 비판하는 견해는 전형적인 'red herring(붉은 청어)' 논변, 즉 주변부 이슈로 주의를 돌림으로써 핵심 문제에 대한 논의를 비껴가려는 시도로 보인다.

오히려 핵심 문제는, 재판이 법령의 해석, 적용 과정임을 전제로 이를 젠더 주류화의 대상 활동으로 보는 것이 과연 정당화될 수 있는지 여부일 것이다.

2) 사법부, 재판과 젠더 주류화

유엔이 젠더 관련 논의를 인권(human right)의 시각에서 접근하여야 한다는

---

implementing budgets; and performing duties in accordance with statutes or regulations(강조는 필자).

확고한 입장을 가지고 있음은 이미 앞에서 확인하였다. 국제인권조약이 국내법과 같은 효력이 있음은 헌법에 의하여 보장되고 있을 뿐 아니라, 대부분의 인권 조약은 이미 헌법을 비롯한 국내 법체계에 흡수되어 있다.[49] 이러한 국제인권규범을 해석, 적용하는 사법부는 이에 배치되는 국내법 등을 이유로 그 적용을 거부할 수 없다.[50] 대법원도 CEDAW의 국내법과 같은 효력을 인정한 바 있다.[51] 이러한 관점에서 국제적으로 보장되는 필수 인권의 하나인 젠더 평등에 관한 권리를 사법부가 재판을 통하여 보장하는 것은 그 핵심적 활동임이 분명하고, 젠더 주류화는 젠더 평등을 달성하기 위한 주요 전략이자 수단이므로, 재판 활동에서도 반드시 고려되어야 할 접근 방법이라고 할 것이다.

　인권 보호와 관련하여 젠더 주류화가 기여할 수 있는 부분은, 사회학적인 개념에 기초한 분석을 제공함으로써 인권침해에 내재한 근본 원인에 대한 통찰을 제공할 뿐 아니라, 남성과 여성이 인권을 행사하는 방법을 규정하는 권력관계를 밝히는 데 도움을 준다는 것이다.[52] 이처럼 앞서 본 2018년의 대법원판결들에서 젠더 주류화를 통하여 직장 내 또는 성폭행 상황에서의 **남성과 여성의 권력관계를 밝혀내고** 이를 판단 과정에서 고려하는 태도는 매우 바람직하며 인권 보장을 위한 매우 중요한 활동이다. 나아가 기존의 관련 법리가 젠더에 대하여 무관심하거나 중립적(gender blind 또는 gender neutral) 태도를 취함으로써 기존의 젠더 불평등 상태를 그대로 방치하였던 것에서 탈피하여, 젠더 시각을 고려하고 통합함으로써 최소한 'gender sensitive' 태도를 취하는 법리를 판결 이유에 반영하여 설

---

49) 대한민국 헌법 제6조 제1항: 법에 의하여 체결·공포된 조약과 일반적으로 승인된 국제법규는 국내법과 같은 효력을 가진다.

50) 조약법에 관한 비엔나협약 (Vienna Convention on the Law of Treaties) 제27조 (국내법과 조약의 준수) 어느 당사국도 조약의 불이행에 대한 정당화의 방법으로 그 국내법 규정을 원용해서는 아니 된다.

51) 1985. 1. 26.부터 국내법과 같은 효력을 가지게 된 유엔의 여성차별철폐협약(CONVENTION ON THE ELIMINATION OF ALL FORMS OF DISCRIMINATION AGAINST WOMEN)은 '여성에 대한 차별'이라 함은 정치적, 경제적, 사회적, 문화적, 시민적 또는 기타 분야에 있어서 결혼 여부와 관계없이 여성이 남녀동등의 기초 위에서 인권과 기본적 자유를 인식, 향유 또는 행사하는 것을 저해하거나 무효화하는 것을 목적으로 하는 성별에 근거한 모든 구별, 제외 또는 제한을 의미한다고 규정하면서, 위 협약의 체약국에 대하여 여성에 대한 차별을 초래하는 법률, 규칙, 관습 및 관행을 수정 또는 폐지하도록 입법을 포함한 모든 적절한 조치를 취할 것과 남성과 여성의 역할에 관한 고정관념에 근거한 편견과 관습 기타 모든 관행의 철폐를 실현하기 위하여 적절한 조치를 취할 의무를 부과하였다(대판 2005. 7. 21, 2002다1178 전원합의체).

52) M01_S34 UNDP 2007 Gender Mainstreaming In Practice: A Toolkit, 206면 참조.

시하는 것 또한 이러한 젠더 평등을 달성하기 위하여 국제적으로 부과된 사법부의 책무에 속한다고 할 수 있다.

이처럼 사법부는 그 독립성에도 불구하고 인권 규범을 해석하고 적용하여야 하는 그 속성상 젠더 주류화의 중요한 대상이 된다.[53] 그럼에도 '중립성(neutral)'이라는 전통적 보호막을 둘러친 채 기존의 법리에 매달리는 것은 젠더 평등이라는 법관의 실질적 '공정성(impartiality)'을 해칠 수 있다고 본다. 대법원이 하급심의 이러한 오류를 지적하는 것은 하급심의 사실인정에 대한 개입이 아니라 인권 보호를 위한 올바른 판단 기준으로서의 경험칙 등을 제시하고 이에 따라 증거를 판단할 것을 천명하는 일에 다름 아니다. 법원의 이른바 '성인지 감수성'에 대한 언급은 일시적인 사회 분위기나 일부 사회운동단체의 영향을 받은 것이라기보다는 오히려 반대로 사법부가 엄격하게 준수하지 못하여 온 국제인권기준을 비로소 원용하게 된 경우라고 보아야 한다.

이런 점에서 기존의 젠더 규범과 고정관념을 유지할 위험이 있는 남성 법관으로만 구성되는 재판부는 젠더 관련 사건에서 재판의 신뢰도를 떨어뜨리는 요인이 될 수 있다. 설령 국내에서는 전통적 젠더 규범을 고수하는 '젠더 중립적'인 재판이 유효하게 존속된다고 하더라도, 국제적 기준에 비추어 보면, 인권을 보장하는 법의 지배에 따른 재판이 국내 사법부에서 이루어지고 있지 않다는 의심을 사게 될 여지가 있을 것이다.

그 구체적 사례로서 CEDAW 체약국 사법부의 강간 관련 재판이 CEDAW 위원회의 개인 구제 심사 대상이 되었던 사건[54]을 소개함으로써 향후 우리나라 재판이 국제적 심사의 대상이 될 경우에 참고로 하고자 한다.

위 사례는 피해자의 증언에 신빙성이 부족하다는 이유로 무죄가 선고된 사

---

53) 유엔 또한 젠더 관점을 재판을 비롯한 사법부 업무 전반에 도입하기 위해 노력하고 있다. 대표적으로, The Office of the United Nations High Commissioner for Human Rights(OHCHR), Gender Stereotyping and the Judiciary, A workshop guide, Professional Training Series No. 22(New York and Geneva, 2020) 참조. 실제로 멕시코 대법원에서 실시한 사례에 대한 보고서로는, National Supreme Court of Mexico(Suprema Corte de Justicia de la Nación), Judicial Decision-Making with a Gender Perspective: A Protocol MAKING EQUAL RIGHTS REAL (March 2014) 참조.

54) Vertido v. Philippines (Committee on the Elimination of Discrimination against Women, communication No. 18/2008, Views adopted on 16 July 2010). 우리나라 역시 개인구제제도를 정한 CEDAW 선택의정서 가입국임은 앞서 본 바와 같다.

안으로서, 2005년 필리핀 다바오 시에서 벌어진 재판에서 재판장(여성 법관)은 필리핀 대법원 판례의 기존 법리, 즉 '1) 강간의 고소는 쉽지만, 피고소인이 강간을 하지 않았다는 점을 입증하기는 매우 어렵다, 2) 강간은 두 사람 사이에서만 일어나는 일이라는 사실관계에 내재한 특성상 피해자의 증언은 극도의 주의를 기울여 살펴보아야 한다. 3) 검사 측 증거의 증명력은 그 자체로 인정되어야 하며, 피고인 측 증거의 취약성으로부터 도움을 받을 수는 없다'를 그대로 따랐다. 특히 피해자가 범행 과정에서 도망갈 수 있었던 많은 기회가 있었음에도 그러하지 아니하였다는 점, 피고인이 60대인 점에 비추어 폭행으로 피해자가 정신을 잃었다가 되찾았을 때는 피고인이 사정을 못하게 막을 수 있었다고 보이는 점 등에 주목하여 무죄를 선고하였다.

위원회는, 이 사건이 젠더 유형화(gender stereotypes)의 문제가 있다고 판단하면서, 이러한 유형화는 여성의 공정한 재판을 받을 권리를 해칠 위험이 있으므로 사법부는 강간 피해자가 마땅히 해야 할 행동에 대한 선입견을 반영하는 엄격한 해석기준을 세우지 않도록 주의하여야 한다고 강조하였다.55) 이 사건에서 재판부는 판사가 생각하는 합리적이고 이상적인 강간 피해자의 모델을 따르지 않았음을 이유로 피해자 진술의 신빙성을 배척한 것이 분명하다고 하면서, 위원회는 해당 국가에 피해자에 대한 국가배상을 명하고, 향후 강간죄를 비롯한 성범죄 관련 법적 절차에서 이러한 젠더 유형화나 편견에 따른 문제의 재발 방지를 위한 광범위한 대책을 요구하였다. 그 대책을 일별하면 다음과 같다.

1) 피해자의 동의 결여를 중심으로 할 수 있도록 강간죄의 정의 규정을 개정할 것
2) 강간죄의 성립을 위해 강제력이나 폭력을 요건으로 하거나, 삽입의 증거를 요구하는 규정을 삭제할 것
3) 강간죄의 정의 규정을 다음과 같이 개정함으로써 피해자의 2차 피해를 최소화 할 것, a) '확실하고 자발적인 동의'의 존재 요구 — 즉, 피고인이 피해자의 동의를 확인하기 위한 조치를 취했음을 입증하게 하거나, b) 행위가 광범위하게 정의되는 '강압적인 환경(coercive circumstances)'에서 벌어졌음을 요건으

---

55) 이러한 젠더 유형화와 성범죄의 문제를 다룬 유엔 보고서로서, Simone Cusack, "Eliminating Judicial Stereotyping, equal access to justice for women in gender-based violence cases", OHCHR(2014. 6. 9.) 참조.

로 할 것.

4) 판사와 변호사, 법집행 공무원에게 CEDAW 및 그 선택의정서, 일반권고에 대한 정기적이고 적절한 교육을 실시할 것

5) 판사와 변호사, 법집행 공무원, 의료진이 강간 등 성범죄를 젠더 고려 하에 (gender sensitive) 이해함으로써 강간을 신고한 여성의 2차 피해를 막고 (관여 법률가의) 개인적인 가치나 규범이 판단에 영향을 미치지 않도록 할 것

이상의 판시사항과 권고,[56] 특히 권고 5)를 우리 대법원의 2018도7709 사건에서의 판시, 즉 '법원이 성폭행이나 성희롱 사건의 심리를 할 때에는 그 사건이 발생한 맥락에서 성차별 문제를 이해하고 양성평등을 실현할 수 있도록 '성인지 감수성'을 잃지 않도록 유의하여야 한다(양성평등기본법 제5조 제1항 참조). 우리 사회의 가해자 중심의 문화와 인식, 구조 등으로 인하여 성폭행이나 성희롱 피해자가 피해사실을 알리고 문제 삼는 과정에서 오히려 피해자가 부정적인 여론이나 불이익한 처우 및 신분 노출의 피해 등을 입기도 하여 온 점 등에 비추어 보면, 성폭행 피해자의 대처 양상은 피해자의 성정이나 가해자와의 관계 및 구체적인 상황에 따라 다르게 나타날 수밖에 없다. 따라서 개별적, 구체적인 사건에서 성폭행 등의 피해자가 처하여 있는 특별한 사정을 충분히 고려하지 않은 채 피해자 진술의 증명력을 가볍게 배척하는 것은 정의와 형평의 이념에 입각하여 논리와 경험의 법칙에 따른 증거판단이라고 볼 수 없다.'는 부분과 비교해 보면, 결국 같은 취지의 젠더에 대한 고려가 피해자 진술의 신빙성 판단을 비롯한 재판 과정에서 이루어져야 한다는 것으로 어렵지 않게 이해되며, 이는 위와 같은 CEDAW 위원회의 입장과 정확히 일치하는 것이다.

법관의 판단기준이 되는 '경험의 법칙'이라는 것은 장기적으로 사회, 문화의 변천과 전반적 인식의 변화에 따르게 되므로 고정불변의 것이 아니며, 법관은 자신의 경험이 어느 정도의 보편성을 갖는 것인지 끊임없이 자문해 보아야 한다. 반면 정의와 형평의 이념, 특히 국제인권이라는 보편적이고 고유한 기준에 대해서는, 해당 국가의 특수한 사회문화적 경험, 또는 법관 등 법률가 개인의 신념이나 그가 추구하는 가치 등을 내세워 이를 위반하는 것이 허용되지 않음이 분명한

---

56) 권고 사항 1) 내지 3)은 다음 Ⅲ장에서 보는 국제사회의 강간죄에 대한 규율의 변천 과정과 직접 관련이 있으므로, 이를 참고하기 바란다.

것이므로, 이에 어긋나는 하급심 판결은 원칙적으로 대법원의 심사 대상이 될 것
이다.

3) 결론

젠더 구조에 무관심한 상태에서 종래의 판단 논리를 고수하는 것은 외견상
으로는 'gender neutral'이지만 불평등 구조를 영속화하는 행위에 다름 아니다.
'성인지 감수성'이라는 불완전한 일부 번역 용어를 주된 논제로 삼는 것은 비본질
적인 사항에 대한 논의에 불과하다. 젠더에 관한 국제 논의는 이미 '감수성(sens-
ibility)'의 대상을 넘어 '상식(common sense)'의 영역이 되었다.

그럼에도 '성인지 감수성'이라는 용어를 사용함으로써 하급심으로 하여금 이
를 모두 인용하게 하였다가 돌연 그 용어를 사용하지 않고 있는 우리 대법원의
태도에는 의문이 있는 것이 사실이며, 비판을 자초한 측면도 있다고 생각한다. 대
법원이 추후 다른 기회를 통하여 젠더 시각을 통합하고 적극적으로 반영하는 '젠
더 주류화'의 관점에서 양성평등기본법을 인용하였고, 이러한 관점은 관련 인권
조약, CEDAW 위원회의 일반 의견 등을 비롯한 젠더 관련 국제적 논의를 적극적
으로 수용한 것임을 명확히 할 수 있기를 기대한다.

Ⅲ. 국제형사법에서 성범죄의 처벌 과정

1. 초기 단계

1948년 세계 인권선언(the Universal Declaration of Human Rights) 초안 제1조
는 "All *men* are born free and equal"이었다. 그러나 좀 더 젠더중립적인 용어
가 사용되어야 한다는 지적에 따라 "All *human beings* are born free and
equal"로 바꾸었고,[57] 특히 전문에는 "in the equal rights of *men and women*"
이라는 표현을 사용함으로써 'women'이 명시적으로 포함되었으며, 그 표현은 자
유권 협약과 사회권 협약 제3조의 규정에도 각각 그대로 반영되었다.[58] 이는 인

---

57) Johannes Morsink, "Women's rights in the Universal Declaration", Human Rights Quarterly,
vol. 13, No. 2(May 1991) 참조.

58) Article 3: The States Parties to the present Covenant undertake to ensure the equal right of

권위원회 위원장이었던 일리노어 루즈벨트(Eleanor Roosevelt)를 비롯한 Hansa Mehta, Minerva Bernardino 등의 소수 여성위원들의 적극적인 활동에 힘입은 것이었다고 한다.[59]

제2차 세계 대전 직후 그 전쟁 결과의 처리뿐 아니라 재발 방지를 통한 인류의 평화 보장을 위해 각종 활동이 이루어졌고, 세계 인권선언은 그 중 대표적이라고 할 수 있다. 하지만 여성의 권리에 대해서는 여성위원들의 적극적 관여가 있기 전까지 특별한 주의를 기울이지 않았던 것으로 보인다.

그러한 평화 보장 활동 중의 하나로서 제2차 세계대전 종전 후 열린 뉘른베르크 전범 재판과 도쿄 전범 재판은 국제형사법의 뿌리를 이룬다고 말할 수 있다. 그러나 위 재판들에서도 전쟁 중에 만연했던 성범죄에 대해서는 큰 관심이 없었다고 해도 과언이 아니었다. 예를 들면 뉘른베르크 전범 재판의 관할을 정한 뉘른베르크 헌장(London Charter) 부속서 제6조 중 반인도 범죄(Crimes against humanity) 항목에는 성범죄가 명시되어 있지 아니하다.[60]

그러나 국가 간 전쟁을 비롯한 무력 분쟁이나 각종 대규모 정치적, 사회적 갈등 과정에서 젠더 기반 폭력, 즉 강간을 비롯한 성 노예, 납치와 인신매매, 강제결혼 기타 성폭력 행위 등은 심화되는 양상을 보인다. 이는 성별에 관계없이 약자에게 행하여지는 폭력이지만 대부분의 피해자는 여성이었다. 또 이러한 행위는 전쟁 수행을 위한 하나의 수단으로 상대편의 피해자에 대해서 행하여졌을 뿐 아니라 자국민을 비롯한 적국이 아닌 피해자에게도 무차별적으로 행하여지는 양상을 보였다.

즉 평상시에 비교적 약한 형태로 존재하던 젠더 차별이 무력 분쟁 등을 기화로 해서 극단적 형태로 표출되는 것이라고 할 수 있다. 특히 구 유고 내전, 르완다 내전 당시에는 특정 종족을 절멸하려는 목적으로 소수 인종 여성에 대한 강간 등

---

men and women to the enjoyment of all civil and political rights set forth in the present Covenant(강조는 필자).

59) https://www.un.org/en/observances/human-rights-day/women-who-shaped-the-universal-declaration 참조.

60) Crimes against humanity: namely, murder, extermination, enslavement, deportation, and other inhumane acts committed against any civilian population, before or during the war, or persecutions on political, racial or religious grounds in execution of or in connection with any crime within the jurisdiction of the Tribunal, whether or not in violation of the domestic law of the country where perpetrated.

1

의 성범죄가 집단적, 조직적으로 이루어졌다. 시에라리온 내전 당시에도 병사들이 소녀들을 강제결혼(bush wife) 형태로 데리고 다니면서 강제노동과 강간의 대상으로 삼았다. 제2차 세계대전 종료 후 소련군에 의한 독일 여성에 대한 대규모 강간 행위나 독일인과 결혼한 프랑스 여성들에 대한 공개 모욕 행위에서 보듯이 전쟁 종결 후에도 승전국과 패전국의 여성들은 다 같이 각종 성범죄의 대상이 되었다.

한편, 도쿄 전범 재판에서는 여성 포로 등에 대한 강간 범죄에 대한 증거가 제출되고 유죄가 선고되기도 하였으나, 일본군이 아시아 점령지 국가들인 한국, 인도네시아, 중국, 버마 등 및 자국민 여성들에 대하여 시행한 광범위하고 조직적인 성노예 범죄행위에 대해서는 증거 수집 및 기소가 이루어지지 아니하였다. 당시 최대 8만 명에 달하는 여성이 난징대학살에서 강간 피해를 보았음에도 패전국의 식민지였던 아시아, 그중에서도 더욱 취약한 존재였던 여성 피해자들은 관심의 대상이 되지 못했기 때문이다. 2001년에 이르러 '국제여성전범법정'이 모의재판을 열어 아시아 9개국 위안부 피해자들 64명의 생생한 증언을 듣고 일본 천황을 비롯한 전범들과 일본국에 대하여 책임을 인정하는 취지의 판결을 하였을 뿐이다.[61]

반면 이와 달리 식민지 동인도(현 인도네시아)에 있었던 승전국 네덜란드 국적 위안부 피해자들에 대해서는 이미 1948년경 자카르타에서 군사재판이 열려, 감옥에서 자살한 노자키 장군을 제외한 오카다 소좌 등의 군인, 통역사, 군의관 등 10여 명에게 관여 정도에 따라 사형, 최장 20년의 유기징역, 무죄가 선고되었는데, 심리 결과 강제성은 물론 취업 과정에서의 일부 기망행위도 인정되었다.[62]

2. 발전 단계

성범죄가 국제 형사 범죄의 하나로 명백히 법에 규정된 것은 1950년의 전시 민간인 보호에 관한 4차 제네바 협정[63]에 이르러서이다. 위 협정 제27조는 전시

---

61) Rumi Sakamoto, "The Women's International War Crimes Tribunal on Japan's military sexual slavery: A legal and feminist approach to the Comfort Women' issue", New Zealand Journal of Asian Studies 3, 1(June 2001), pp. 49-58.

62) Kathryn J. Witt Ms., "Comfort Women: The 1946-1948 Tokyo War Crimes Trials and Historical Blindness", The Great Lakes Journal of Undergraduate History, Volume 4 Issue 1, Article 3(2016) 참조.

63) Geneva Convention Relative to the Protection of Civilian Persons in Time of War, Oct. 21,

에 여성의 명예가 강간, 강제매춘 등 부적절한 행위들로부터 보호되어야 함을 밝
히고 있다.[64] 그러나 위 조항은 종전부터 국제인도법 조항들이 취해 왔던 태도,
즉 성범죄는 여성의 명예와 위신에 대한 손상이라고 파악하는 입장을 계속 유지
하고 있다. 예를 들면, 1929년의 제네바협정 제3조는 여성이 그 성별에 따라 적
절하게 대우받아야 한다고 규정하였고,[65] 이 표현은 제1~3차 제네바 협정에도
유지되어 있는바,[66] 이는 여성이 전쟁에서 전리품과 같은 취급을 받으면서 다양
한 형태의 잔혹한 성적 고문과 비인간적 실험 대상이 되어 왔던 오랜 역사가 반
영되어 있는 것으로 생각된다.[67]

이후 여러 논의를 거쳐 국제형사법에서 성범죄가 본격적으로 기소되기 시작
한 것은 임시 국제형사재판소들이 설립된 1990년대에 이르러서이다.[68] 성범죄는
주로 반인도 범죄의 하나로 논의되었고, 구 유고슬라비아 국제형사재판소(ICTY)
와 르완다 국제형사재판소(ICTR) 규칙에서 이를 관할 대상 범죄로 규정하기에 이
르렀다. 1993년 ICTY 규칙 제5조[69]와 1994년 ICTR 규칙 제3조[70] 모두 이를 반
인도 범죄의 하나로 열거하고 있다.

1950, 75 UNTS 287, available at http://www.unhcr.org/refworld/docid/3ae6b36d2.html.

64) [w]omen shall be especially protected against any attack on their honour, in particular against rape, enforced prostitution, or any form of indecent assault.

65) "(w)omen shall be treated with all consideration due to their sex."

66) Article 12 of the First Geneva Convention Relative to Wounded on Land, Article 12 of the Second Convention relative to the Shipwrecked and Wounded at Sea, and Articles 13 and 14 of the Third Convention Relative to Prisoners of War.

67) 최근 이러한 전통적 시각에 대한 비판적 견해가 다수 발견된다. 대표적인 것으로, Helen Durham and Katie O'Byrne, "The dialogue of difference: gender perspectives on international humanitarian law", International Review of Red Cross, Volume 92 Number 877(March 2010)에서는 여성 전투원과 남성 피해자의 문제를 다룬다.

68) 상세는, Patricia Viseur Sellers, "The prosecution of sexual violence in conflict: the importance of human rights as means of interpretation", pp. 6-9. Available from http://www2.ohchr.org/english/issues/women/docs/Paper_Prosecution_of_Sexual_Violence.pdf (2022. 2. 28. 방문).

69) **Article 5 Crimes against humanity**: The International Tribunal shall have the power to prosecute persons responsible for the following crimes when committed in armed conflict, whether international or internal in character, and directed against any civilian population: (g) rape.

70) **Article 3: Crimes against Humanity**: The International Tribunal for Rwanda shall have the power to prosecute persons responsible for the following crimes when committed as part of a widespread or systematic attack against any civilian population on national, political, ethnic, racial or religious grounds: (g) rape.

이러한 근거 법률을 토대로 이루어진 기념비적 판결이 1998년 ICTR의 Akayesu 판결이다.[71] 르완다 사태는 후투족과 투치족 사이의 종족분쟁에 터 잡은 것으로서, 벨기에로부터 독립이 이루어진 후 억압받던 다수파인 후투족이 권력을 잡게 되었는데, 1994년 후투족 대통령의 암살 후 3개월 동안 투치족에 대한 대규모 학살이 이루어졌다. 사망자는 80만 명에 이르렀고, 특히 투치족을 르완다에서 없애려는 목적으로 투치족 여성에 대한 강간 등의 성범죄가 만연하였다. 약 25만에서 50만 명 사이의 여성이 강간을 당한 것으로 추정되는데, 이 추정치는 해당 3개월 동안에 임신한 여성의 수를 기초로 한 것이므로 실제로 피해자 수는 더 많을 것으로 보인다.[72] 이처럼 강간이 르완다 사태를 이루는 주요한 범죄였으므로 이에 대한 기소와 처벌도 ICTR의 주요 관심사가 되기에 이르렀다고 할 수 있으며, 그 결과물이 1998년의 Akayesu 판결이다.

그러나 여기서 짚고 넘어가야 할 사항은 이러한 기념비적 판결의 최초 공소장에는 강간, 성폭력 등의 성범죄가 포함되어 있지 아니하였다는 점이다.[73] 일부 견해에 따르면, ICTR과 ICTY의 검찰국 내에는 강간을 비롯한 젠더 기반 범죄를 수사할 만한 효과적인 정책이나 의지가 없었다고 한다. 강간은 ICTR이 설립된 후 수년이 지나도록 여전히 가벼운 범죄로 여겨졌고 그로 인한 피해 역시 2차적인 것으로 취급되었다.[74] 이에 대하여 상당히 광범위한 증거가 존재함에도 검사는 이를 간과하거나 충분한 수사를 하지 아니하였고 르완다 여성들의 소극성을 탓하였을 뿐이다.[75]

그러나 피해자(증인 J로 특정되었다)의 성범죄에 관한 구체적 증언을 청취한 재판부가 검사에게 추가 수사를 요구함에 따라 마침내 1997년 6월 성범죄 관련

---

71) Prosecutor v. Akayesu, case No. ICTR-96-4-T, 2 September 1998.

72) Elena Gekker, "Rape, Sexual Slavery, and Forced Marriage at the International Criminal Court: How Katanga Utlilizes a Ten-Year-Old Rule but Overlooks New Jurisprudence", Hastings Women's Law Journal, Volume 25, Number 1(Winter 2014), p. 111.

73) Samantha I. Ryan, "Comment, From the Furies of Nanking to the Eumenides of the International Criminal Court; The Evolution of Sexual Assaults as International Crimes", 11 PACE INT'L L. REV(1999). pp. 447, 469.

74) Richard Goldstone, 'Prosecuting Rape as a War Crime,' 34 Case Western Reserve Journal of International Law 281(2002).

75) Hilmi M. Zawati and Teresa A. Dohert, Fair Labelling and the Dilemma of Prosecuting Gender-Based Crimes at the International Criminal Tribunals, Oxford University Press; 1st edition(January 15, 2014), p. 112.

공소사실이 추가되었는데,[76] 실제로는 여러 인권 관련 단체(NGO)들이 직접 조사하여 밝혀낸 자료를 토대로 재판부에 제출한 법정 조언자 의견서(Amicus Curiae Brief)들과 청원들이 이에 결정적인 역할을 한 것이라는 견해도 있다.[77] 재판부는 이러한 공소장 변경이 외부의 압력에 따라 부당하게 이루어졌다는 취지의 변호인의 최종 변론에 대하여 증인 J를 비롯한 증인들의 진술을 계기로 한 추가 수사에 터 잡은 것이라는 취지로 이를 배척하면서도, 여러 NGO들이 국제형사법에서 역사적으로 강간을 비롯한 성폭행 범죄가 소홀히 다루어져 온 사실에 대해 우려를 표명한 점 또한 판단에 고려하였다는 취지로 NGO들의 역할을 일부 인정하였고, 이에 대한 추가 수사와 증거 제출은 정의의 요청(interest of justice)에 부합하는 것이라고 결론내렸다.[78]

Akayesu 판결이 내린 강간의 정의는 "강압적인 상황에서 이루어진 신체적 침해로서 성적인 행위"[79]이다. 즉 이는 피해자 개인의 신체 안전에 대한 범죄로서 추상적인 도덕관념이나, 가족 또는 공동체에 대한 수치 여부와는 관련 없음을 명백히 하였다. 또 그 침해 수단이나 대상을 신체 부위 등을 명시하여 특정하여야 하는 것이 아니라고 하는 한편, 성폭력은 반드시 신체적 접촉을 전제로 하는 것이 아니라고도 하였다.

나아가 강압이란 물리적 힘에 국한되는 것이 아니라 공포나 절망에 따른 압력도 이에 포함되며, 때로는 전쟁이나 군대의 존재와 같은 상황 자체에 내재해 있는 강압도 있을 수 있다고 하였다. 그리고 성폭력이 특정 집단을 절멸하기 위한 집단학살죄(Genocide)의 수단으로 사용될 수 있음을 밝혔다. 이처럼 당시 르완다는 피해자들이 매우 절망적이고 두려운 상황에 있었으므로 강간의 구성요건으로서 피해자의 동의에 관한 부분은 크게 문제가 되지 아니하였다. 위 Akayesu 재판부는 역사적으로 각국의 법체계에서는 주로 동의 없는 성행위를 강간으로 정의하여 온 사실을 인식하면서도, 르완다의 상황에 비추어 다소 넓은 범위의 행위를

---

76) Elena Gekker, 앞의 논문, p. 112.

77) 대표적으로, Shattered Lives: Sexual Violence during the Rwandan Genocide and Its Aftermath (New York, N.Y.: Human Rights Watch, 1996).

78) Prosecutor v. Akayesu, case No. ICTR-96-4-T, 2 September 1998, para 417.

79) a physical invasion of sexual nature, committed on a person under circumstances which are coercive.

강간으로 봄이 타당하다는 견해를 밝힌 것으로 보인다.[80]

한편 구 유고슬라비아 내전에서도 강간을 비롯한 각종 성폭력은 가장 빈번하게 행해지는 범죄들 중의 하나였다. 강간은 전쟁의 공식적인 정책으로 채택되었으며, ICTY는 1992년부터 1995년 사이에 2만에서 5만 명 사이의 여성(대부분 보스니아인)이 강간당하였을 것으로 추산하고 있다.[81]

ICTR의 Akayesu 판결 약 4개월 후인 1998년 12월 ICTY는 Furundžija 판결을 선고하였다.[82] 위 판결에서는 Akayesu 판결과 달리 강간에 대하여 신체 부위 및 성적 행위를 특정하는 방식으로 상세한 기술적인 정의를 내리고 있는바, '(1) 피해자의 성기 또는 항문에 가해자의 성기 또는 다른 물체를 넣는 행위 또는 피해자의 입에 가해자의 성기를 넣는 행위로서, (2) 이는 피해자 또는 제3자에 대한 강압, 강제, 협박을 통하여 이루어져야 한다.'[83]라고 설시하였다. 이 사안 역시 피해자가 피고인 등에 의하여 감금되어 있던 상황이었으므로 동의 여부에 대해서는 논의할 실익이 크지 아니하였다.

이러한 ICTY의 접근 방식은 2001년 2월 Kunarac 판결에서 더욱 구체화되었다.[84] 위 판결에서는 종전 Furundžija 판결의 기술적 정의 부분을 유지하면서도, 동의에 관한 규정이 덧붙여졌다.[85] 즉, 해당 행위는 피해자의 동의 없이 이루어

---

80) Prosecutor v. Akayesu, case No. ICTR-96-4-T, 2 September 1998, para 686.

81) Christina M. Morus, "War Rape and the Global Condition of Womanhood: Learning from the Bosnian War", Rape: Weapon of War and Genocide, pp. 45, 47, Carol Rittner & John K. Roth eds.(2012).

82) Prosecutor v. Anto Furundžija, Case No. IT-95-17/1-T, Judgment(Dec. 10, 1998).

83) (i) the sexual penetration, however slight: of the vagina or anus of the victim by the penis of the perpetrator or any other object used by the perpetrator; or of the mouth of the victim by the penis of the perpetrator; (ii) by coercion or force or threat of force against a victim or third person.(Prosecutor v. Anto Furundžija, Case No. IT-95-17/1-T, Judgment(Dec. 10, 1998)). para 180.

84) Prosecutor v. Dragoljub Kunarac, Rodomir Kovač and Zoran Vuković, case No. IT-96-23/T and IT-96-23/1-T, Judgement of 22 February 2001.

85) The sexual penetration, however slight: (a) of the vagina or anus of the victim by the penis of the perpetrator or any other object used by the perpetrator; or (b) of the mouth of the victim by the penis of the perpetrator; where such penetration occurs **without the consent of the victim**. Consent for this purpose, must be consent given voluntary, as a result of the victim's free will, assessed in the contents of the surrounding circumstances. The mens rea is the intention to effect this sexual penetration, and the knowledge that it occurs without the consent of the victim. 위 판결 para 460. 강조는 필자.

져야 하는데, 그 동의는 피해자의 자유 의지에 따른 자발적인 것이어야 하며, 그 자발성의 유무는 주변 상황에 비추어 판단되어야 한다는 것이다. 한편 가해자는 해당 행위에 대하여 피해자가 동의하지 않는다는 사실을 알고 있어야 한다. 위와 같이 동의에 관한 부분이 추가되는 대신, Furundžija 판결 중 강압에 대한 부분은 사라졌다. 위 판결은 항소심에서도 유지되었지만 위 사건의 1, 2심 재판부가 인정하였듯이 대상 사안 역시 범행 당시 주변 상황이 극히 강압적인 분위기여서 동의 여부에 대한 논의의 실익이 없는 상태였다.[86] 이후 ICTR의 2003년 Semanza 판결[87]에서는 2심 확정판결로서 선례적 가치를 지닌 ICTY의 Kunarac 판결을 그대로 따르는 판시가 내려지기도 하였다.

그러나 ICTR은 주로 세세한 기술적 정의를 내리기보다는 '강압적 상황'에 더 초점을 맞추는 판시를 하였다. 예를 들면, 2000년의 Musema 판결에서는 '강간죄의 핵심은 특정한 신체 부위나 사용된 도구 등이 아니라 강압적 상황 아래에서 성적인 방식으로 표현된 침해행위이다.'라고 하였다.[88] 그 후 ICTR에서는 ICTY와 '동의' 조항의 포함여부를 둘러싼 미묘한 차이를 해소하고, Akayesu 판결의 의미를 유지하려는 해석도 등장하였다. 예를 들면, 2005년 Muhimana 판결[89]에서는, Kunarac 판결의 기술적, 신체적인 정의 규정들은 Akayesu 판결에서 말하는 '신체에 대한 침해행위'를 구성하는 요소들을 더욱 명확화, 구체화한 것에 불과하므로, Akayesu 판결의 광범위한 정의 규정은 Kunarac 판결의 상세한 구성요건에 대한 판시를 포괄하고 있는 것이라고 해석하였다.

나아가, 국제 형사범죄인 강간의 구성요건으로서 '동의 결여'(ICTY, Kunarac)와 '강압적 상황'(ICTR, Akayesu) 중 어느 것을 채택할 것인지에 대하여는 ICTR의 Gacumbitsi 판결[90]에서 다루어졌다. 위 사건의 항소심은 결국 양자택일이 아닌 양자의 종합을 선택하여, 검사는 피해자의 동의가 없다는 구성요건을 '동의 자체

---

86) 항소심 판결은, Prosecutor v. Dragoljub Kunarac, Radomir Kovac and Zoran Vukovic, Case No. IT-96-23-A and IT-9623/1-A, 12 June 2002.

87) Prosecutor v. Laurent Semanza, Judgment and Sentence, Case No. ICTR-97-20-T, 15 May 2003, para 345.

88) Prosecutor v. Alfred Musema, TC I, Judgement and Sentence, Case No. ICTR-96-13-A, 27 January 2000, para 226.

89) Prosecution v. Muhimana, Judgment, Case No. ICTR-95-1B-T, 25 April 2005.

90) Prosecutor v. Gacumbitsi, Judgment, Case No. ICTR-2001-64-T, 17 June 2004.

가 무의미할 정도의' 강압적 상황의 존재를 입증함으로써 증명할 수 있다고 하면서, 결국 그 증거는 반드시 피해자의 말, 행동이나, 피해자와 가해자의 관계, 또는 폭력의 행사에 대한 것일 필요가 없고, 계속되는 집단학살 행위의 존재나 피해자의 구금상태 등을 입증함으로써 재판부가 피해자의 동의 결여를 추론할 수 있게 하면 족하다고 하였다.91)

Gacumbitsi 판결이 제시한 해법은, 사전에 구성요건으로 정의된 내용과는 실질적으로 다른 사실관계에 대한 증거조사를 통하여 결국 다시 그 정의된 구성요건에 대한 추론을 허용하는 기교적인 것이라고 평가할 여지가 있다. 그러나 이는 입장이 서로 다른 국제형사재판소 사이의 조화를 도모하기 위한 노력의 결과물이라 할 것이고, 대부분의 범죄가 광범위하고 극단적인 형태로 이루어지는 국제형사재판에서 국내법에 주로 존재하는 '동의' 요건을 일반적 원칙으로 삼는 것이 과연 바람직한가라는 의문이 여전히 남는다. 더욱이 '피해자의 동의 유무'를 심리하기 위해서는 객관적 상황뿐만 아니라 피해자에 대한 직접 증거조사를 실시하여야 하는 부담도 존재하게 된다. 특히 대규모의 집단 강간이 단기간 내에 다수에 의해 벌어지는 국제형사범죄에서 개별 피해자의 특정 피고인에 대한 동의 여부를 각각 심리한다는 것은 대부분 무의미한 일로 보인다.

이러한 임시 국제형사재판소들의 입장을 종합, 정리하여 국제형사재판소(ICC)의 범죄 구성요건 규정(ICC Elements of Crimes)은 강간의 구성요건을 다음과 같이 정의하기에 이르렀다.92)

가해자가 사람의 신체를 침해하는 행위로서, 경중을 가리지 않는 삽입에 이르는 행위이다. 이는 피해자 또는 가해자의 신체 부위를 성기로, 또는 피해자의 항문, 생식구를 다른 도구나 다른 신체 일부로 삽입하는 것을 말한다.93)

위와 같은 침입행위는 피해자 또는 다른 사람에 대한 1) 강제력이나, 2) 폭력에 대한 두려움, 압박, 구금, 심리적 억압, 권력의 남용 등에 의해 야기되는 협박 또는

---

91) Prosecutor v. Gacumbitsi, Judgment, Case No. ICTR-2001-64-A, 7 July 2006, para 153.
92) ICC Elements of Crimes, Article 7 (1) (g)-1.
93) The perpetrator invaded the body of a person by conduct resulting in penetration, however slight, of any part of the body of the victim or of the perpetrator with a sexual organ, or of the anal or genital opening of the victim with any object or any other part of the body.

강압에 의하여 이루어지거나, 3) 억압적 환경을 이용하여 이루어지는 것을 말한다. 4) 위 침해행위가 선천적 이유, 낮은 연령 등으로 진정한 의미의 동의를 할 수 없는 사람들에 대하여 이루어진 경우도 같다.94)

이는 앞서 본 ICTR과 ICTY의 입장을 절충 내지 종합한 후 진정한 의미의 동의를 할 수 없는 경우를 추가한 것으로 평가할 수 있다. 그러나 '진정한 동의', '억압적 환경' 또는 기타 강압을 초래하는 조건에 대하여 예시된 것 외에 어떠한 것들을 더 포함할 수 있는지 추가 논의가 이루어지고 있으며, 예를 들면, '진정한 동의를 할 수 없는 상황'에는 피해자 개인에 특유한 사정 외에 인신매매의 대상이 된 경우 등과 같은 외부적, 객관적인 것도 포함되는지, 강박을 야기하는 '억압적 환경'에 경제적, 문화적인 제약 등도 포함되는지에 대하여 아직까지 확립된 견해는 없는 듯하며, ICC 판결의 축적을 좀 더 기다려야 할 것으로 보인다.

다만 이와 관련해서, ICC 절차 및 증거규칙(Rules of Procedure and Evidence) 제70조에서 동의를 추론할 수 없는 경우에 대해 다음과 같이 규정하고 있음은 참고할 만하다.

a) 피해자가 강제력이나 강박 기타 강압적 환경에 영향을 받아 자발적이고 진정한 동의를 할 수 있는 능력이 제한되었을 경우, 피해자의 어떠한 말이나 행동으로부터 동의를 추론해 내어서는 안 된다.95)

b) 피해자가 진정한 동의를 할 수 있는 능력이 없을 경우 피해자의 어떠한 말이나 행동으로부터 동의를 추론해 내어서는 안 된다.96)

c) 피해자의 침묵이나 성폭력에 저항하지 않은 사실을 이유로 동의를 추론해 내어서는 안 된다.97)

---

94) The invasion was committed by force, or by threat of force or coercion, such as that caused by fear of violence, duress, detention, psychological oppression or abuse of power, against such person or another person, or by taking advantage of a coercive environment, or the invasion was committed against a person incapable of giving genuine consent.

95) Consent cannot be inferred by reason of any words, or conduct of a victim where force, coercion or taking advantage of a coercive environment undermined the victim's ability to give voluntary and genuine consent.

96) Consent cannot be inferred by reason of any words or conduct of a victim where the victim is incapable of giving genuine consent.

97) Consent cannot be inferred by reason of the silence of, or lack of resistance by a victim to the alleged sexual violence.

  그러나 위 조항의 존재는 검사가 피해자의 진정한 동의 능력 결여를 입증하는 것을 넘어서 '피해자의 동의'가 피고인 측의 항변으로 주장될 수 있는 가능성을 열어두는 것이어서, 결국 '동의' 중심으로 증거조사가 진행되는 결과를 초래할 위험이 있다고 평가된다.

  이에 대하여 ICC의 2016년 Bemba 판결[98])에서는, 앞서 살펴본 ICC Elements of Crimes의 4가지 조건, 즉 1) 강제력이나, 2) 협박 또는 강압, 3) 억압적 환경 이용, 4) 진정한 동의 결여를 적용 기준으로 채택하면서, 3)의 억압적 환경 이용에 대해서는 Akayesu 판결을 그대로 인용하여 전쟁 등의 상황에서는 억압적 환경이 내재하여 있을 수 있다는 사실을 수긍하였다. 무엇보다 위 판결에서는 '피해자의 동의결여'가 강간죄 성립의 구성요건이 아님을 다시 한 번 명백히 하였다.[99]) ICC 규정의 제정 준비 과정을 살핀 결과 위 규정의 기초자들은 검사로 하여금 피해자의 동의결여를 합리적 의심의 여지없이 입증하게 할 경우 많은 사건에서 정의로운 결과에 이르는 노력을 방해할 것이라고 보아 '피해자의 동의 결여'는 강간의 구성요건으로 채택하지 아니하였다는 점을 알 수 있다고 판시하였다.[100]) 따라서 앞의 1)~3)의 요건 중 하나를 입증할 경우 피해자의 동의 결여에 대한 입증은 불필요하다고 보았고, 4)의 요건에서는 피해자가 진정한 동의를 할 수 있는 능력이 나이 등 다른 요인에 의하여 영향을 받았다는 점에 대해서 입증하면 된다고 판시하였다. 결국 최초 Akayesu 판결에서 검토 대상이 아니었던 피해자의 '동의'는 Kunarac 판결에서 추가되었는데, ICC에서 이를 종합하면서 다시 피해자의 동

---

98) Prosecutor v. Jean-Pierre Bemba Gombo, TC Ⅲ, Judgment pursuant to Article 74 of the Statute, Case No. ICC-01/05-01/08-3343, 21 March 2016, paras 102-108.

99) 이는 이미 2014년의 Katanga 사건에서 판시된 바이기도 하다. Prosecutor v. Germain Katanga, TC Ⅱ, Judgment pursuant to Article 74 of the Statute, Case No. ICC-01/04-01/07-3436, 20 March 2014, para 965 참조.

100) 위 판결에서 인용한 규정 초안 작성 당시 상황에 관한 문헌은 다음과 같다. Michael Cottier/ Sabine Mzee, "(xxii) Rape and other forms of sexual violence" in Otto Triffterer and Kai Ambos(eds.), Commentary on the Rome Statute of the International Criminal Court(2014), page 489; Darryl Robinson, "Article 7(1)(g)-Crime Against Humanity of Rape, Sexual Slavery, Enforced Prostitution, Forced Pregnancy, Enforced Sterilization, or Any Other Form of Sexual Violence of Comparable Gravity" in Roy S. Lee (ed.), The International Criminal Court. Elements of Crimes and Rules of Procedure and Evidence (2001), page 93; and Herman von Hebel and Darryl Robinson, "Crimes within the Jurisdiction of the Court" in Roy S. Lee (ed), The International Criminal Court. The Making of the Rome Statute. Issues, Negotiations, Results (1999), page 100, footnote 66.

의 여부를 원칙적으로 심리하지 않을 것을 천명한 것이다.

사실 Kunarac 판결에서 동의를 추가한 이유는 앞서 ICTY의 Furundžija 판결에서 '강압, 강제, 협박'만을 요건으로 설시한 것을 보완하려는 시도였다. 즉 '강제력이나 협박은 동의 결여의 명백한 증거이나, 강제력 자체는 강간의 요건이 아니다. 강제력 외에도 동의에 의하지 않거나 자발적이 아닌 성교행위에 이르게 하는 다른 요인들이 있다. 강제력이나 협박에만 초점을 맞추는 좁은 해석은 물리적 강제력을 사용하지 아니하고 억압적 환경을 이용한 가해자들의 책임을 면하게 할 수 있다.'101)라고 판시함으로써 강제력을 사용하지 않았지만 피해자의 동의가 없거나 자발적이지 않은 성적 행위를 더 폭넓게 처벌하려는 의도에서 이루어진 판시였다. 그러나 이는 ICTY 판례의 맥락에서만 그러한 것이었고, 이미 ICTR의 Akayesu 판결은 동의 여부가 아니라 동의 자체를 무의미하게 만드는 강압적 상황을 중심으로 구성함으로써 국제 형사 범죄인 강간에 대한 보다 유연하고 광범위한 정의를 한 상태였다. 이를 종합한 것이 ICC의 규정이었고, Bemba 판결을 통하여 피해자의 동의가 차지하는 위치가 보다 명확하게 축소된 것이라고 평가할 수 있다.

ICC 설립 조약인 로마조약(Rome Statute)은 젠더에 관해 명시적인 고려를 하고 있음을 여러 조문에 반영하고 있는데, 제7조 제3항102)에서 정의 규정을 두고 있고, 특히 제21조 제3항에는, '이 법의 적용과 해석은 국제적으로 인정된 인권 기준과 일치하여야 하고, 젠더에 따른 어떠한 부정적인 차별도 있어서는 안 된다.'103)라는 문구를 명시함으로써, 국제형사재판에서 젠더를 고려하여야 함을 명확히 하고 있다. 앞서 본 ICC 판결들은 이러한 기준을 그대로 따르려 노력하고 있음을 알 수 있다.

---

101) Prosecutor v. Dragoljub Kunarac, Radomir Kovač and Zoran Vuković, AC, Judgement, Case No. IT-96-23 & IT-96-23/1-A, 12 June 2002, para 129.

102) For the purpose of this Statute, it is understood that the term "gender" refers to the two sexes, male and female, within the context of society. The term "gender" does not indicate any meaning different from the above.

103) The application and interpretation of law pursuant to this article must be consistent with internationally recognized human rights, and be without any adverse distinction founded on grounds such as gender.

3. 시사점

여전히 비동의 간음죄에 대하여 해묵은 논쟁이 계속되고 있는 한국의 상황에서 피해자의 동의를 강간죄의 구성요건에서 일단 제외하고, '강압적 상황(coercive environment)'의 판단에 의해 규율하려는 국제형사법계의 논의는 그야말로 먼 나라의 이야기라고 할 수 있다. 제한된 범위나마 현재 우리나라의 실무와의 접점을 논의해 보고자 한다.

2018년 3월 9일 CEDAW 위원회의 우리나라에 대한 정기 보고 심사 결과[104)]에서는 현행 우리나라 형법 제297조에서 폭행, 협박을 구성요건(That the current definition of rape in article 297 of the Criminal Code requires proof of "means of violence or intimidation)으로 하는 데 대해 특별한 우려를 표시하고 있다. 한편 2017년 CEDAW 일반권고 제35호[105)]에서는, 32(b)에서 성범죄에 대해서는 조정, 화해 절차가 극도로 제한적으로 운영되어야 함을 강조하고 있다.[106)] 일부 국가에서 사법적 해결보다 전통적 해결방식을 선호하여 왔던 데에 대한 경고라고 할 수 있지만, 이미 사법절차에 회부된 후에도 과도한 합의 종용과 같은 실무는 지양하여야 함은 물론이며, 이를 양형의 핵심 요소로 반영함에 있어서도 신중해야 할 것이다. 위 권고 사항은 조정 절차 전에 전문가의 영향평가를 받게 하고 있으며, 절차 내에도 전문가의 참여를 요구한다. 피해자에 대한 금전적 보상이 허용됨은

---

104) Concluding observations on the eighth periodic report of the Republic of Korea, Committee on the Elimination of Discrimination against Women, Adopted by the Committee at its sixty-ninth session (19 February-9 March 2018).

105) General recommendation No. 35 on gender-based violence against women, updating general recommendation No. 19, Committee on the Elimination of Discrimination against Women, 26 July 2017.

106) Ensure that gender-based violence against women is not mandatorily referred to alternative dispute resolution procedures, including mediation and conciliation. The use of those procedures should be strictly regulated and allowed only when a previous evaluation by a specialized team ensures the free and informed consent of victims/survivors and that there are no indicators of further risks to the victims/survivors or their family members. Procedures should empower the victims/survivors and be provided by professionals specially trained to understand and adequately intervene in cases of gender-based violence against women, ensuring adequate protection of the rights of women and children and that interventions are conducted with no stereotyping or revictimization of women. Alternative dispute resolution procedures should not constitute an obstacle to women's access to formal justice.

물론이지만, 이는 별도로 조성된 펀드에 의하는 것을 원칙으로 하며, 가해자의 재
정적 상황에 전적으로 의존하는 형태의 금전 보상은 전제되어 있지 아니하다(위
권고 33항 참조).107) 이러한 피해자를 위한 펀드는 ICC에서도 채택하고 있는 모델
이다.108)

한편 우리나라 대법원 2005. 7. 28. 선고 2005도3071 판결에서는, '강간죄가
성립하기 위한 가해자의 폭행·협박이 있었는지 여부는 그 폭행·협박의 내용과
정도는 물론 유형력을 행사하게 된 경위, 피해자와의 관계, 성교 당시와 그 후의
정황 등 모든 사정을 종합하여 피해자가 성교 당시 처하였던 구체적인 상황을 기
준으로 판단하여야 하며, 사후적으로 보아 피해자가 성교 이전에 범행 현장을 벗
어날 수 있었다거나 피해자가 사력을 다하여 반항하지 않았다는 사정만으로 가해
자의 폭행·협박이 피해자의 항거를 현저히 곤란하게 할 정도에 이르지 않았다고
섣불리 단정하여서는 안 된다.'고 판시함으로써, 폭행, 협박이 피해자의 항거를
불가능하게 하거나 현저히 곤란하게 할 정도에 해당하여야 한다는 '최협의설'을
그대로 유지하는 가운데 종전의 '종합판단기준설'에 따르되, 그 판단기준을 다소
유연하게 적용하는 방법을 채택하였다.

당시 주심 대법관은, 비판을 받아 온 최협의설을 변경하는 방안보다는 사실

---

107) 33. The Committee recommends that States parties implement the following measures with
regard to reparations:
(a) Provide effective reparations to victims/survivors of gender-based violence against
women. Reparations should include different measures, such as monetary compensation, the
provision of legal, social and health services, including sexual, reproductive and mental
health services for a complete recovery, and satisfaction and guarantees of non-repetition, in
line with general recommendation No. 28, general recommendation No. 30 and general
recommendation No. 33. Such reparations should be adequate, promptly attributed, holistic
and proportionate to the gravity of the harm suffered;
(b) Establish specific funds for reparations or include allocations in the budgets of existing
funds, including under transitional justice mechanisms, for reparations to victims of
gender-based violence against women. States parties should implement administrative
reparations schemes without prejudice to the rights of victims/survivors to seek judicial
remedies, design transformative reparations programmes that help to address the underlying
discrimination or disadvantaged position that caused or significantly contributed to the
violation, taking into account the individual, institutional and structural aspects. Priority
should be given to the agency, wishes, decisions, safety, dignity and integrity of victims/
survivors.
108) https://www.icc-cpi.int/tfv 참조.

인정을 맡은 판사의 고정관념을 타파하는 것도 매우 중요하다고 보아 이와 같은
해석의 유연성을 부여하는 방안을 택하였다고 설명한다.[109] 당시 일반 평균인의
사후적 관점으로 받아들여지던 고정관념, 즉 강간 범행 현장의 이탈 시도나 극력
저항이 피해자의 마땅한 대응 태도라는 전제 아래 그러한 사정이 없다는 이유로
쉽게 피해자 진술 신빙성을 부정하여 오던 경직된 해석에 대해 경종을 울린 판결
이라는 것이다.[110] 이 판시는 젠더 고정관념을 탈피하고 구체적인 상황의 강압성
을 주로 살핀다는 점에서 앞서 상술한 현재의 국제기준까지 매우 충실히 반영하
고 있는 선구적인 판결임이 분명하다. 그러나 죄형법정주의 원칙상, 국내 형사 처
벌법규의 명문 규정을 국내 법원 자체의 해석론만으로 완전히 탈피하기 어려운
한계가 있음을 보여주고 있기도 하다. 최협의설이라는 기존의 학설과 판례 자체
가 전통적으로 젠더에 무감각하거나 최소한 젠더 중립적인 시각에서 형성된 이론
으로 보임에도, 이를 그대로 유지하면서 다시 젠더 시각을 편입한다는 것은 자칫
잘 맞지 않는 퍼즐을 억지로 끼워 보려고 하는 궁여지책으로 여겨질 수도 있을
것이다.

  이러한 다소 경직된 개별 국가 형법 체계 내의 처벌과 국제적으로 형성, 변
화하는 인권 규범과의 상호 관계를 잘 드러내는 사건으로서 유럽인권재판소의
M.C. v. Bulgaria 사건[111]이 있다. 이는 이른바 '데이트 강간'에 관련된 사건으로
불가리아 검찰이 가해자의 폭력의 행사나 피해자의 명시적 저항이 없었다고 보아
무혐의로 사건을 종결한 데 대해 피해자가 불가리아 정부를 제소한 사건이다. 위
사건 판시 중 관련된 부분, 특히 유럽 국가들의 입법례와 해석례에 관련된 부분
을 중심으로 일별해 보기로 한다.

  위 판결 이유에 따르면, 판시 무렵인 2003년을 기준으로 영국이나 아일랜드
와 같이 피해자의 동의 결여를 구성요건으로 보아 온 영미법계 일부 국가를 제외
하고, 피소국가 불가리아를 포함한 유럽의 대부분 나라에서는 강제력의 사용에
따른 피해자의 굴복 여부를 강간의 판단기준으로 삼고 있었다고 한다.[112] 예를

---

109) 김영란, "법정과 젠더 ─ 재판에서 젠더는 극복되었는가?", 젠더법학 제3권 제1호(2011).
110) 조수진, "강간죄 성립을 위한 폭행, 협박의 판단 기준", 젠더판례백선, 대법원 젠더법연구회, 사법
    발전재단(2021), p. 256.
111) EctHR, CASE OF M.C. v. BULGARIA, (Application no. 39272/98), Judgement, 4 December
    2003.
112) Bohlander 교수(전 ECCC 판사)는 영미법상의 피해자 동의 결여 모델, 그리고 대륙법상의 강제력

들면 프랑스 형법 제222-23조는 강간을 '그 특징을 불문하고 다른 사람에게 폭력, 강압, 위협 또는 '기습(surprise)'을 이용해서 가해지는 일체의 성적 삽입행위[113]'라고 정의한다.[114] 다만, 프랑스 법원은 제반 상황을 고려하여 유연한 해석을 하는 편이며, 특히 '기습'에 관해서는 피해자의 진정한 동의를 상정할 수 없는 경우에 폭넓게 사용하는 조항이라고 한다. 또한 독일의 2016년 개정 전 형법 제177조 제1항 역시 누구든지 강제력이나, 즉각적인 생명이나 신체의 위협 또는, 피해자가 항거불능인 상황을 이용하여, 성적 행위를 강제로 가해자 또는 제3자에게 함께 하게 하는 행위를 강간으로 처벌하고 있었다.[115]

위 사건에서 불가리아 정부는 이러한 자국 및 다른 국가의 입법례, 특히 프랑스 법을 인용하면서 강간의 성립에는 물리적 저항이 요구되므로 이미 서로 친밀한 사이에서는 강간이 성립되기 어렵다는 주장을 하였다. 하지만 재판부에 제출된 자료에 따르면, 미국, 호주, 남아공 등 피해자 동의 결여 모델을 따르는 영미법계뿐 아니라, 벨기에, 덴마크 등 일부 유럽국가에서도 강제력 모델을 따르는 법 규정을 유지한 채로 그 강제력의 정도에 대해 완화된 해석기준을 적용하면서, 소추 기관이 구성요건상의 강제력이 행사되는 상황이 '피해자의 동의 여부를 무의미하게 만드는' 요인임을 입증하는 방식으로 실무를 운영하고 있는 것으로 파악되었다고 한다.

결국 위 사건에서 재판부는, 우선 유럽 각국의 사법부가 일정 부분 판단의

모델 내지 일반적으로 피해자의 선택권을 박탈하는 특징을 지닌 착취적 시나리오에 기반을 둔 모델의 양자로 구분하고 있다(Principles of German Criminal Law, Michael Bohlander, OXFORD AND PORTLAND, OREGON, 2009, p. 201).

113) Tout acte de pénétration sexuelle, de quelque nature qu'il soit, ou tout acte bucco-génital commis sur la personne d'autrui ou sur la personne de l'auteur par violence, contrainte, menace ou surprise est un viol.

114) 이 조항은 현행 프랑스 형법에도 그대로 유지되어 있다.

115) 이 조항은 2016년 독일 내 쾰른 집단 성폭력 사건 등을 통한 여론 형성에 힘입어 결국 2016년 개정되었다. 현재에는 강제력, 협박 등의 문구가 사라지고, '타인의 인식가능한 의사에 반하는' 성적 행위로 규정하게 되었다(*Wer gegen den erkennbaren Willen einer anderen Person* sexuelle Handlungen an dieser Person vornimmt oder von ihr vornehmen lässt oder diese Person zur Vornahme oder Duldung sexueller Handlungen an oder von einem Dritten bestimmt, wird mit Freiheitsstrafe von sechs Monaten bis zu fünf Jahren bestraft, 강조는 필자). 이러한 독일 입법사례를 우리 입법에도 참고하여야 한다는 취지의 주장으로, 정지혜, "의사에 반하는 성행위(No means No) 처벌을 위한 비교법적 검토와 제언 — 성범죄의 폭행 · 협박 요건 수정을 중심으로 —", 형사법의 신동향 통권 제60호(2018. 9) 참조.

재량범위를 갖는 점을 인정하면서도 이는 유럽 인권협약에 의해 제한되는 것임을 명백히 하였다. 또한 인권재판소는 각국 내의 변동 상황을 주시하면서 그 발전 상황을 인권 기준에 반영할 필요가 있다고 하였다.[116] 이와 같은 견지에서 재판부는 역사적으로 물리적 강제력과 이에 대한 저항이 많은 국가에서 강간죄의 구성요건이 되어 왔으나, 지난 수십 년간 유럽 안팎의 세계 여러 나라에서 강간죄에 대한 형식적 정의 규정과 협소한 해석론이 점차 지양되어 왔음을 확인할 수 있다고 하였다. 특히 유럽 내 어느 국가의 법률도 강간 피해자가 물리적 저항을 할 것을 요구하지 않고 있다는 점에 주목하였다. 강제력을 법률 문언상 그 요건으로 하고 있는 대륙법계 국가들도 판례나 법리, 해석론의 발전을 통해 피해자의 동의 여부를 사실상 강간죄의 구성요소로 편입하고 있다고 판단하였다.

이러한 사정을 토대로 재판부는, 강간죄 관련 각국의 최근 법률과 실무의 발전은 실질적인 평등과 개인의 성적 자유를 위한 사회의 '진화(evolution)'를 반영하고 있으므로 이에 따르기로 하면서, 이 사건에서 물리적 저항을 요구하는 것과 같은 지나치게 엄격한 법 해석은 일정한 유형의 강간 행위를 처벌하지 못하게 함으로써 개인의 성적 자기결정권을 실질적으로 침해할 위험이 있다고 결론 내리고, 불가리아 정부에 대하여, 때로는 폭력 행사 등의 직접 증거가 없는 상태에서 피해자의 동의 결여를 입증하는 것이 쉽지 않겠지만, 수사기관은 반드시 제반 사실관계와 상황에 대한 분석을 기초로 하여 결정을 내려야 하며, 그 결정의 중심은 피해자의 동의 여부가 되어야 한다고 판시했다.[117]

위 사건에서 알 수 있듯이, 2003년 당시에도 이미 대륙법계를 따르는 일부 유럽 국가들조차 폭행 내지 강제력을 요건으로 한 **'명문의 규정에도 불구하고'** 강간죄에 대해서는 해석론 등을 통하여 사실상 피해자의 동의를 중심으로 한 구성요건으로 운용하여 왔음을 알 수 있는바, 유럽 인권재판소는 이러한 경향이야말로 더욱 인권을 보호하는 발전된 각국의 해석과 실무이므로 이제는 보편적 기준으로 채택함이 마땅하다는 취지로 판시하였다.[118] 실제로 국제 인권의 논의 과정에서, 사회의 발전과 인류의 사고 지평의 확대에 따라 새로운 형태의 인권의 존

---

116) 위 M.C. v. BULGARIA 판결, para 155.
117) 위 M.C. v. BULGARIA 판결, para 181.
118) 이러한 자신감 있는 판시에는 앞서 본 바와 같이 위 판결 2년 전에 선고된 ICTY의 Kunarac 판결이 큰 영향을 끼쳤다고 보인다. 판결 본문에 위 Kunarac 판결의 이유가 상세하게 인용되어 있다.

재가 확인되거나 기존 인권의 내용이 명확하게 되는 것이지, 전혀 없었던 인권이 뒤늦게 창조되는 것이 아니라는 입론은 대체로 수긍되고 있다고 생각된다.

　우리나라가 영향을 받은 것으로 보이는 독일의 형법이 2016년 마침내 강제력 모델에서 벗어나 '피해자의 인식가능한 의사'에 반하는 행위, 즉 'No means no' 모델로 개정되었고, 더 나아가 스웨덴은 2018년 강제력 모델을 폐기하고 'Yes means yes' 모델에 따라 사전에 피해자의 명백한 동의를 얻도록 하였으며, 스페인이 조만간 피해자의 동의 모델을 입법으로 채택하는 유럽의 10번째 국가가 될 예정이라고 한다.119) 반면 2017년에 이르러 110년 만에 남성을 피해자로 포함하는 등의 내용으로 강간죄 규정을 일부 개정하였으면서도 여전히 폭행, 협박 등을 요건으로 하는 강제력 모델을 쉽게 탈피하지 못하고 있는 일본120)의 상황은 다소 답답한 측면이 있다. 결국 1960년대의 일본 최고재 판결의 판시의 얼개121)를 아직까지도 그대로 답습하고 있는 우리나라 법원에 대하여 적극적인 인권 규범의 수용과 이에 따른 새로운 해석론의 전개를 요구하여야 할 시점이 되었다고 할 수 있다. 다만 우리나라 법원은 국제인권규약의 재판규범 편입에 여전히 소극적인 태도를 보이고 있다는 평가이다.122)

Ⅳ. 결론

　버지니아 울프의 말을 빌면, 여성해방에 대해 남성이 반대하여 온 역사는 여성해방 그 자체의 역사보다 다채롭다.123) 이러한 역사적 사정은 앞서 살핀 것처

---

119) https://www.japantimes.co.jp/news/2020/03/13/national/crime-legal/japans-sexual-offense-law-sweden/

120) 김잔디, "일본의 성범죄 처벌규정에 관한 형법개정에 대하여", 형사법의 신동향 통권 제59호 (2018. 6), p. 492에 따르면, 검토회의에서 피해자 동의 모델은 다수표를 얻지 못하여 부결되었고, 3년 후 재심사하기로 결론을 내렸다고 한다. 우리나라의 추후 법률 개정 논의도 크게 다르지 않을 가능성이 있다고 보인다.

121) "항거를 현저히 곤란하게 할 정도의 것이면 족하고 이에 관한 판단에 있어서 피해자의 연령, 정신상태, 행위의 장소, 시간 등을 고려하여 사회통념에 비추어 객관적으로 판단해야 한다" 最決昭和 33年6月6日裁判集刑事126号171頁. 위 김잔디 논문 주) 39에서 재인용.

122) 상세는, 사법정책연구원, 법원의 국제인권조약 적용 현황과 과제, 연구책임자: 이혜영(2020. 3. 31.) 참조.

123) The history of men's opposition to women's emancipation is more interesting perhaps than the story of that emancipation itself. (Virginia Woolf, A Room of One's Own).

럼 국제무대에서도 크게 다르지 않았으며, 여전히 현재 진행형이다. 국제형사법에서 강간죄의 개념을 최초로 정립한 기념비적 판결인 Akayesu 판결은 르완다 사태에서 광범위하게 저질러졌던 강간 등 성범죄의 실체를 인지한 관련 비정부단체들의 적극적 관여와 청원이 없었다면, 충분한 증거의 존재에도 불구하고 검찰과 재판부의 무관심 또는 무시에 따라 아예 이루어지지 않았을 수도 있었다. 이러한 노골적인 무관심 또는 무시는 ICC 출범 이후로서 비교적 최근에 설립된 임시 국제형사재판소인 ECCC에서도 2008년 검사가 수사 판사에게 송부하는 최초 수사요청서(Introductory Submission)에는 대규모로 이루어진 강제결혼범죄(forced marriage)를 포함하지 아니하였다가 약 6년 후에야 뒤늦게 보충 수사요청서(Supplementary Submission)의 형태로 수사를 요청한 사례에서도 드러난다.124)

이에 더하여, 이처럼 어렵사리 형성된 젠더 평등에 관한 국제기준이 각국에 받아들여지는 과정에서도 또 한 번의 험난한 과정이 예정되어 있는 것이 현실이다. 특히 우리나라는 '젠더' 내지 '젠더 평등'에 대한 기초적 개념조차 폭넓은 이해를 얻지 못하고 있으며, 백래쉬(backlash) 역시 매우 다양하고 강력한 형태로 나타나고 있는 것으로 생각된다.125)

이러한 현실에서, 국제인권기준의 하나인 젠더 평등을 규범으로 삼아 현실에 흔들림 없이 해석하고 적용하는 것은 사법 관련 업무 종사자들에게 주어진 임무라고 할 수 있다. 특히 법원의 판결을 오독하여 벌어지는 부당한 비판에 대해서는 적절한 공보 활동 등을 통해서 극복하여야 할 필요도 있겠으나, 무엇보다 법관이 판결 이유 설시를 하면서 그 근거를 좀 더 충분하게 포함하려는 노력이 우선되어야 한다. 재판이 법관 개인의 철학이나 소신이 아니라 국제적으로 오랜 기간 형성되고 공인되어 온 국제기준에 따르는 것이고, 그 기준에 따르는 것이 법원이 준수하여야 할 당연한 의무라는 점이 판결 이유에 명시되면 바람직할 것이다. 나아가 해당 사건을 처리하는 사법기관이 각종 정치, 사회단체를 비롯한 외부

---

124) 최초의 수사요청서는 Case 004/07-09-2009-ECCC/OCIJ ("Case 004"), Co-Prosecutors' Third Introductory Submission, 20 November 2008, D1, 이후 Case 004, Co-Prosecutors' Supplementary Submission regarding Forced Marriage and Sexual or Gender-Based Violence, 24 April 2014에서 강제결혼을 비롯한 젠더 기반 폭력에 대한 수사가 비로소 요청되었다.

125) 2021년말 제20대 대통령 선거 운동 과정에서 드러난 논의 역시 퇴행적 측면이 관찰되었다[여성가족부 관련 보도의 예로서, https://news.v.daum.net/v/20210712101636857(… 성평등부로 확대해야); https://www.segye.com/newsView/20211023505569(… 대선 앞두고 뭇매 맞는 여가부)] 등.

의 부당하고 다양한 형태의 압력에 영향을 받는 일이 없도록 각 사법, 행정, 입법 기관 내·외부에서 이를 지속적으로 지원하고 모니터링하는 노력 또한 필요할 것 이다.126)

젠더 평등은 더 이상 일부 이상적이거나 극단적인 사회 운동가들의 주장에 그치는 일시적인 현상이 아니라 오히려 그 정반대 방향의 움직임이다. 루스 베이 더 긴스버그 대법관은 법원이 그날의 날씨가 아닌 시대의 기후를 읽어야 한다(A court ought not be affected by the weather of the day, but will be by the climate of the era)고 하였다. 지구온난화 등 장차 기후변화로 닥쳐올 재앙에 대한 수많은 국 제기구와 단체의 경고에도 불구하고 각국의 이행계획은 지지부진한 상황이다. 이 는 어쩌면 인류가 생래적으로 먼 미래를 내다보지 못하는 한계를 지니고 있기 때 문인지도 모른다. 과거의 쓰라린 역사를 거울삼아 이러한 어리석음을 극복하고자 하는 인류 전체의 의지와 노력의 집합체가 유엔이며, 유엔에서 장기간의 토론을 거쳐 합의된 미래의 가치 중 가장 중요한 것 중의 하나가 젠더 평등이다.

스티븐 핑커는 저서 '우리 본성의 선한 천사(The Better Angels of Our Nature)' 를 통하여, 인류의 폭력성이 크게 감소하고 평화를 추구하게 된 역사적 추동력 중의 하나로 '여성화(Feminization)'를 꼽는다. 하지만, 이는 괴테가 파우스트 마지 막에 노래한 '영원한 여성성127)이 우리를 이끌어가는 도다(Das Ewig-Weibliche Zieht uns hinan)'와 크게 다르지 않은 일방적 낙관주의에 불과하다고 생각한다. 젠 더 평등은 결코 역사의 도도한 흐름에 따라 저절로 성취되어 온 것이 아니다. 제2 차 세계대전 후 아도르노가 비관적으로 설파하였고, 최근 러시아의 우크라이나 침공에서 드러나듯이, 어떠한 역사도 우리를 야만에서 인도주의로 이끈 적이 없 으며, 오로지 돌팔매에서 원자폭탄으로 이르는 역사가 있을 뿐일지도 모르는 것

---

126) 한편, 앞서 본 Akayesu 판결의 경우 여러 인권 관련 단체(NGO)들이 직접 조사하여 밝혀낸 자료 를 토대로 재판부에 제출한 법정 조언자 의견서(Amicus Curiae Brief)들과 청원들이 큰 역할을 하였다. 2015년 1월 28일 민사소송규칙과 형사소송규칙 개정을 통하여 법정 조언자 제도를 제한 적으로만 운영하고 있는 우리나라도 이러한 법정 조언자 제도의 본격적 도입을 통하여 사회적 갈 등이 예견되는 사안에서 외부의 다양한 의견을 법원이 적극적으로 수집하는 방안도 고려해 볼 만 하다. 국제형사재판에서 법정 조언자 제도의 긍정적 영향에 대하여 언급한 것으로는, Sarah Williams, Hannah Woolaver, "The Role of the Amicus curiae before International Criminal Tribunals", International Criminal Law Review 6(2006), pp. 151-189 참조.

127) 이인용 교수는 '영원한 여성성'이란 여성의 내면적 본질로서 선한 이상적 완성을 동경하여 영원한 사랑을 베푸는 것을 말하며 괴테는 성모마리아를 그 본보기로 삼았다고 해석한다(파우스트, 문학 동네 세계문학 제1판, 역자 주 695 참조). 젠더 유형화의 개념을 잘 드러내는 사례라고 생각한다.

이다(No universal history leads from savagery to humanitarianism, but there is one leading from the slingshot to the megaton bomb). 당장의 COVID-19 팬데믹 사태를 보더라도 기존의 젠더 구조를 강화하거나 역행하는 쪽으로 작용하고 있다고 보이는 것이 현실이다.128)

　　그러나 본 글에서 살펴본 것처럼 1948년 세계 인권선언에서 일부 여성들의 헌신적 노력으로 'men'이 'person', 'human beings' 등 젠더 중립적 용어로 바뀌고 나아가 'women'의 권리가 명시적으로 그 전문에 포함된 이래, 여러 사람들의 부단한 노력을 통해 젠더 평등에 관한 국제적 기준이 정립되었고, 계속 발전해 나가고 있는 사실 또한 부인할 수 없다. 실제로 인류의 역사에서 이처럼 꾸준하게 긍정적인 변화가 이루어져 왔다고 말할 수 있는 분야는 많지 않다고 생각한다. 이러한 발전 과정은 우리나라에서도 마찬가지로 진행 중이지만, 여러 가지 저항으로 말미암아 다른 분야와 달리 그 속도가 비교적 느린 편이다.

　　국제 인권의 하나로서 젠더 평등은 국제 강행규범(jus cogens)이다. 우리나라에서 아직 젠더 내지 젠더평등에 대한 사회적 몰이해와 저항이 만만치 않은 만큼,129) 정당한 법 해석과 집행을 통해 이를 현실에 적용하여야 할 책무를 지닌 우리나라 법률가들의 노력과 끈기가 필요한 상황이라고 할 수 있다. 전후 암울한 시기에 젠더 평등을 위한 희망과 신념을 가진 사람들의 활약이 현재를 만들어 내었듯이, 우리 다음 세대의 미래도 좀 더 멀리 보는 현재의 사람들의 믿음과 용기에 달려 있을 것이다.

---

128) 이에 대한 UN WOMEN의 보고서로서, Ginette Azcona, Antra Bhatt, Sara Davies, Sophie Harman, Julia Smith, and Clare Wenham, "Spotlight on gender, COVID-19 and the SDGs: Will the pandemic derail hard-won progress on gender equality?"(2020) 참조.

129) 이들 중에는 관용적 영어 표현으로서 이른바 'Known Unknowns', 즉 젠더 불평등이라는 개념에 대해 인식하고 있지만 그로 인한 문제의 실제 적용 범위나 효과 등을 잘 모르는 경우뿐 아니라, 'Unknown Unknowns', 즉 자신이 무엇을 모르는지도 잘 모르는 위험한 형태도 포함되어 있는 듯하다.

참고문헌

국내문헌

대법원 국제인권법연구회 역, 유엔 인권최고대표 사무실, 국제인권법과 사법, 법률가
　　　(법관, 검사, 변호사)를 위한 인권편람(2014).
대법원 국제형사법연구회, 국제형사법과 절차, 사법발전재단(2018).
대법원 젠더법연구회, 젠더판례백선, 사법발전재단(2021).
사법정책연구원, 법원의 국제인권조약 적용 현황과 과제(2020).

김선화, "성인지감수성 판결의 의미와 영향", 법관연수 어드밴스(Advance) 과정 연구논
　　　문집: 조세소송의 주요쟁점/젠더법의 주요 쟁점/국제거래법의 주요 쟁점(2020,
　　　사법연수원).
김영란, "법정과 젠더 — 재판에서 젠더는 극복되었는가?", 젠더법학 제3권 제1호(2011).
김잔디, "일본의 성범죄 처벌규정에 관한 형법개정에 대하여", 형사법의 신동향 통권
　　　제59호(2018. 6).
백강진, "국제형사법의 관점에서 본 우리나라의 형사증거법", 서울대학교 법학평론 제
　　　10권(2020. 4).
신진화, "2018~2019년 '성인지 감수성' 판결을 위한 변명 — 통념과 경험칙의 재구성을
　　　위하여", 법관연수 어드밴스(Advance) 과정 연구논문집: 조세소송의 주요쟁점/
　　　젠더법의 주요 쟁점/국제거래법의 주요 쟁점(2020, 사법연수원).
정지혜, "의사에 반하는 성행위(No means No) 처벌을 위한 비교법적 검토와 제언 — 성
　　　범죄의 폭행·협박 요건 수정을 중심으로 — ", 형사법의 신동향 통권 제60호
　　　(2018. 9).

외국문헌

George Hicks, The Comfort Women: Japan's Brutal Regime of Enforced Prostitution
　　　in the Second World War, W. W. Norton & Company; Reprint edition(1997).
Katharine T. Bartlett, Deborah L. Rhode, Joanna L. Grossman, Deborah L. Brake,
　　　Gender and Law: Theory, Doctrine, Commentary, 8th Edition(Aspen

Coursebook Series).

Michael Bohlander, Principles of German Criminal Law, OXFORD AND PORTLAND, OREGON(2009).

Otto Triffterer and Kai Ambos(eds.), Commentary on the Rome Statute of the International Criminal Court(2014).

Roy S. Lee (ed), The International Criminal Court. The Making of the Rome Statute. Issues, Negotiations, Results(1999).

Roy S. Lee (ed), The International Criminal Court. Elements of Crimes and Rules of Procedure and Evidence(2001).

Hilmi M. Zawati and Teresa A. Dohert, Fair Labelling and the Dilemma of Prosecuting Gender-Based Crimes at the International Criminal Tribunals, Oxford University Press, 1st edition(2014).

Vladimir Tochilovsky, The Law and Jurisprudence of the International Criminal Tribunals and Courts, 2nd edition, Intersentia(2014).

Barker, G., et al., "What men have to do with it: Public policies to promote gender equality", International Center for Research for Women and Institute Promundo(2009).

Christina M. Morus, "War Rape and the Global Condition of Womanhood: Learning from the Bosnian War", Rape: Weapon of War and Genocide, Carol Rittner & John K. Roth eds.(2012).

Elena Gekker, "Rape, Sexual Slavery, and Forced Marriage at the International Criminal Court: How Katanga Utlilizes a Ten-Year-Old Rule but Overlooks New Jurisprudence", Hastings Women's Law Journal, Volume 25, Number 1(Winter 2014).

Helen Durham and Katie O'Byrne, "The dialogue of difference: gender perspectives on international humanitarian law", International Review of Red Cross, Volume 92 Number 877(March 2010).

Johannes Morsink, "Women's rights in the Universal Declaration", Human Rights Quarterly, vol. 13, No. 2(May 1991).

Kathryn J. Witt Ms., "Comfort Women: The 1946-1948 Tokyo War Crimes Trials and Historical Blindness", The Great Lakes Journal of Undergraduate History, Volume 4 Issue 1, Article 3(2016).

Richard Goldstone, 'Prosecuting Rape as a War Crime,' 34 Case Western Reserve

Journal of International Law 281(2002).

Rumi Sakamoto, "The Women's International War Crimes Tribunal on Japan's military sexual slavery: A legal and feminist approach to the Comfort Women' issue", New Zealand Journal of Asian Studies 3, 1(June 2001).

Samantha I. Ryan, "Comment, From the Furies of Nanking to the Eumenides of the International Criminal Court; The Evolution of Sexual Assaults as International Crimes", 11 PACE INT'L L. REV(1999).

Sarah Williams, Hannah Woolaver, "The Role of the Amicus curiae before International Criminal Tribunals", International Criminal Law Review 6(2006).

Simone Cusack, "Gender Stereotyping as a Human Rights Violation", OHCHR(2013).

인터넷 자료
• 젠더 관련
2019년 UN 젠더불평등지수[Gender Inequality Index(http://hdr.undp.org/sites/default/files/hdr2020_technical_notes.pdf)].

2020년 유엔 행정지시(Temporary special measures for the achievement of gender parity, ST/AI/2020/5).

국가인권위원회, "인권감수성 지표 개발 연구(https://www.humanrights.go.kr/site/program/board/basicboard/view?currentpage=27&menuid=001003001004&pagesize=10&boardtypeid=16&boardid=483103).

젠더주류화의 개념: https://www.unwomen.org/en/how-we-work/un-system-coordination/gender-mainstreaming; United Nations, Gender Mainstreaming: An overview, New York, 2002.

National Supreme Court of Mexico(Suprema Corte de Justicia de la Nación), Judicial Decision-Making with a Gender Perspective: A Protocol MAKING EQUAL RIGHTS REAL(March 2014).

The Office of the United Nations High Commissioner for Human Rights(OHCHR), Gender Stereotyping and the Judiciary, A workshop guide, Professional Training Series No. 22(New York and Geneva, 2020).

Report of the Fourth World Conference on Women, Beijing, 4-15 September 1995 (United Nations publication, Sales No. E.96.IV.13).

UNDP 2007 Gender Mainstreaming In Practice: A Toolkit(https://www.undp.org/content/dam/undp/library/Environment%20and%20Energy/Sustainable%20Energy/Gender_Mainstreaming_Training_Manual_2007.pdf).

UN WOMEN 젠더평등 용어집(https://trainingcentre.unwomen.org/mod/glossary).

Vertido v. Philippines(Committee on the Elimination of Discrimination against Women, communication No. 18/2008, Views adopted on 16 July 2010).

• 국제 성범죄 관련

Concluding observations on the eighth periodic report of the Republic of Korea, Committee on the Elimination of Discrimination against Women, Adopted by the Committee at its sixty-ninth session(19 February-9 March 2018).

General recommendation No. 35 on gender-based violence against women, updating general recommendation No. 19, Committee on the Elimination of Discrimination against Women(26 July 2017).

Patricia Viseur Sellers, "The prosecution of sexual violence in conflict: the importance of human rights as means of interpretation", available from http://www2.ohchr.org/english/issues/women/docs/Paper_Prosecution_of_Se xual_Violence.pdf.

Shattered Lives: Sexual Violence during the Rwandan Genocide and Its Aftermath (New York, N.Y.: Human Rights Watch, 1996).

제 3 장   가족법

가족법의 변화와 앞으로의 과제*

윤 진 수**

Ⅰ. 서론

종래의 가족법 교과서에서는 가족법은 습속·전통에 지배되는 경향이 강하기 때문에 보수적이고 진보성이 결핍되어 있다고 하는 설명이 많았다. 그러나 이는 맞는 말이라고 할 수 없다. 민법이 시행된 지 61년이 지났는데, 가족법은 환골탈태를 하였다고 할 정도로 많이 바뀌었다. 여기에는 헌법이 중요한 변화의 요인을 제공하였을 뿐만 아니라, 가족법의 패러다임이 가족이 가족 구성원보다 더 중요하다는 가족주의(familism)에서 벗어나, 가족 구성원의 행복추구권을 지향하는 것으로 바뀌고 있기 때문이다.[1]

그러나 앞으로도 가족법은 많은 점에서 개선될 필요가 있다. 이 글에서는 그동안의 가족법의 변화 과정을 살펴보고, 앞으로 어느 부분이 개선되어야 하는가에 대하여 생각해 보고자 한다.

Ⅱ. 가족법의 제정[2]

1. 제정 경위

1948년에 법률 제정을 위하여 법전편찬위원회가 구성되었는데, 여기서 친족

---

* 이 글은 2020. 9. 24. 젠더와 법 아카데미에서 했던 강의의 강의안을 수정 보완한 것이다.
** 서울대학교 법학전문대학원 명예교수, 변호사

1) 윤진수, 친족상속법강의, 제4판, 박영사, 2022, 10면 참조.
2) 이에 대하여는 주해친족법 제1권, 박영사, 2015, 40면 이하(윤진수) 참조.

상속법을 담당한 사람은 장경근(張暻根)이었고, 장경근의 사안(私案)을 토대로 하여 민법친족상속편 원요강(民法親族相續編 原要綱)이 작성되었다. 장경근의 안은 기본적으로 종래의 관습을 존중하면서도 점진적으로 개혁을 꾀하려는 이른바 점진적 개혁론의 입장이라고 할 수 있다. 그런데 실제로 1957년 국회에 제출된 민법안은 친족상속편 원요강과는 많은 차이가 있었다. 이 민법안은 기본적으로 종래의 관습을 존중하여야 한다는 관습존중론(慣習尊重論)이었다. 이 민법안에 대하여 국회 법제사법위원회는 1956년 9월에 정부안을 수정하는 요강을 만들었는데, 이 요강은 최초의 장경근 위원의 사안과 비슷한 점이 많았다.3) 정부안과의 중요한 차이점 중 하나는 정부안에 있던 동성금혼의 규정을 폐지하는 것이었다.

다른 한편 정일형 의원 외 33인은 친족상속편 수정안을 제출하였는데, 이는 당시 서울대학교 법과대학의 정광현 교수가 주장하고 있던 헌법 존중론에 입각한 것으로서, 실제로 이 수정안은 정광현 교수가 주로 작성한 것이었다.4)

그러나 최종적으로 1957. 12. 17. 의결된 민법안에서는 정일형 의원의 수정안은 거의 반영되지 못하였고, 정부안을 수정한 법사위 안이 거의 대부분 채택되었다. 그렇지만 법사위 수정안 중 동성동본이라도 혼인할 수 있도록 하였던 부분은 채택되지 않았고, 동성동본 금혼을 규정한 정부 원안이 받아들여졌다. 의결된 민법은 1958. 2. 22. 공포되어 1960. 1. 1.부터 시행되게 되었다.

2. 중요한 내용

이하에서는 제정 민법 가운데 후에 개정된 부분을 중심으로 살펴본다.

(1) 친족의 범위

친족의 범위에 관하여는 부계(父系)와 모계, 부계(夫系)와 처계 사이에 차이를 두었다. 즉 부계혈족(父系血族)은 8촌 이내를 친족으로 하는 반면 모계혈족은 4촌 이내로 하고, 처에 대하여는 부(夫)의 8촌 이내의 부계혈족(父系血族)과 4촌 이내의 모계혈족을 친족으로 하는 반면, 부(夫)에 대하여는 처의 부모만을 친족으로

---

3) 장경근이 법제사법위원회에서 민법안의 심의를 담당한 민법심의소위원회의 위원장이었다.
4) 정광현 교수와 정일현 수정안에 대하여는 윤진수, "한국민법학에 대한 서울대학교의 기여", 서울대학교 법학 제58권 1호 별책(2017), 97면 이하(＝서울대학교 법학전문대학원, 서울대학교 법과대학 72년, 2018, 318면 이하) 참조.

하였으며(제777조), 자기의 형제의 직계비속과 자기의 직계존속의 형제의 직계비속은 방계혈족으로 규정하는 반면, 자기의 자매의 직계비속이나 자기의 직계존속의 자매의 직계비속은 방계혈족에서 제외하였다(제768조).

그리고 계모자와 적모서자 관계를 인정하여 처의 의사에 관계없이 법정혈족 관계가 인정되게 하였으나(제773조, 제774조), 계부자 사이에는 법정혈족 관계를 인정하지 않았다.

(2) 호주제

호주제의 인정 여부에 대하여는 여성계를 중심으로 하는 반대 주장이 있었으나, 입법 과정에서는 호주제를 인정하는 데 큰 논란이 없었다.5) 부(夫)가 혼인 외의 자를 자신의 호적에 입적시킴에 있어서는 처의 동의를 요하지 않는 반면, 처가 전남편 소생의 자녀를 자신의 호적에 입적시키려면 호주와 부(夫)의 동의를 받아야 하였다.

(3) 동성동본 금혼

정부안은 동성동본 금혼을 규정하였으나, 법사위 수정안은 이를 규정하지 않았다. 그러나 최종적으로 의결된 제809조는 동성동본 금혼 규정을 되살렸다.

(4) 자녀의 친권자와 양육자

미성년자인 자녀의 친권자는 원칙적으로 부(父)가 되고(제909조 제1항), 부모가 이혼한 경우에는 모는 친권자가 될 수 없었으며(제909조 제5항), 이혼한 경우 자녀의 양육책임은 제1차적으로 父에게 있었다(제837조).

(5) 이혼시 재산분할청구권의 부정

정일형 의원의 수정안은 이혼 시 재산분할청구권(재산분여청구권)을 인정하는 것으로 하였으나, 채택되지 않았다.

---

5) 정일형 의원의 수정안에서도 호주제는 두는 것을 전제로 하여, 그 상속 순위에 관하여만 다른 의견을 냈다.

(6) 양자

미성년자에 대하여도 법원의 관여 없이 당사자들의 합의에 의하여 입양할 수 있는 것으로 하였고, 호주의 직계비속 장남자는 본가의 계통을 계승하는 경우 외에는 양자가 되지 못하며(제875조), 가의 계승을 위하여 사후양자(死後養子)[6](제867조), 서양자(婿養子)[7](제876조) 및 유언에 의한 양자(제880조)를 인정하였다.

그리고 미성년자에 대하여도 협의상 파양을 인정하였다(제900조).

(7) 후견

미성년자에 대하여 친권자가 후견인을 지정하는 경우를 제외하고는, 피후견인이 될 자와 일정한 친족관계에 있는 자가 당연히 후견인이 되는 법정후견제도를 채택하였다(제932조-제935조). 그리고 후견인을 감독하기 위한 기구로서 친족회를 두었다(제960조 이하).

(8) 호주상속의 인정

친족법에 호주를 규정함에 따라 상속법에서는 호주상속을 인정하였다(제980조-제996조).

(9) 부(夫)와 처의 상속순위

부와 처는 서로 간에 상속인이 될 수 있었지만, 그 내용에 있어서 차이가 있다. 즉 처가 피상속인인 경우에 부는 그 직계비속과 동 순위로 공동상속인이 되었고 그 직계비속이 없는 때에는 단독상속인이 되었던 반면, 부가 피상속인인 경우에는 처는 피상속인의 직계비속 또는 직계존속과 공동상속인이 되었고, 직계비속이나 직계존속이 없는 때에 단독상속인이 되었다(제1002조, 제1003조 제1항). 그리고 처는 부를 대습상속할 수 있었으나, 부는 처를 대습상속하지 못하였다(제1003조 제2항).

---

6) 양부 사망 후에 양자가 되는 것.
7) 사위를 양자로 하는 것.

(10) 법정상속분

법정상속분은 균분을 원칙으로 하면서도, 호주상속인의 상속분은 5할이 가산되고, 여자의 상속분은 남자의 상속분의 2분의 1이었으며, 동일가적 내에 없는 여자의 상속분은 남자의 상속분의 4분의 1이었다. 그리고 피상속인의 처의 상속분은 직계비속과 공동으로 상속하는 때에는 남자의 상속분의 2분의 1이고, 직계존속과 공동으로 상속하는 때에는 남자의 상속분과 균분이었다(제1009조).

Ⅲ. 친족법과 상속법의 개정

이처럼 제정 민법은 남녀평등에 어긋나고 가부장제적 요소가 많았으므로, 민법이 제정된 직후부터 가족법을 개정하여야 한다는 주장이 많았다.[8] 그리하여 오랜 시간이 걸리기는 하였지만, 가족법은 여러 차례 개정되었다. 또한 1990년대에 들어서는 헌법재판소가 가족법에 대하여 여러 차례 위헌 또는 헌법불합치결정을 내린 것도 가족법 개정에 중요한 동인이 되었다. 이하에서는 중요한 개정을 살펴본다.

1. 1977년 개정

1977. 12. 31. 개정된 민법은 당시 벌어졌던 가족법 개정운동의 결과였다. 1973년에 결성된 범여성가족법개정촉진회는 호주제도의 폐지, 친족 범위 결정에 있어서의 남녀평등, 동성동본 불혼 폐지 등의 가족법 개정요강 10개항을 제출하였고, 이를 바탕으로 하여 1974년 8월 가족법 개정안을 발표하였다. 이 개정안은 다소의 우여곡절 끝에 1975년 국회에 제출되었으나, 호주제 및 동성동본 금혼 폐지 등의 주장은 받아들여지지 않았고, 다만 다음과 같은 소폭의 개정이 있었다.

(1) 혼인에 대한 부모의 동의

개정 전에는 남자 27세, 여자 23세 미만인 자가 혼인할 때에는 부모의 동의

---

8) 특히 가족법 개정에 관하여 중요한 역할을 한 사람은 우리나라 최초의 여성 변호사로서 정일형 의원의 부인인 이태영 여사이다. 이태영, 가족법개정운동 37년사, 한국가정법률상담소출판부, 1992; 양현아, "호주제 폐지, 여성인권, 이태영 변호사가 남긴 유산(遺産)", 서울대학교 BK21 법학연구단 공익인권법연구센터, 공익과 인권 제3권 1호(2007), 45면 이하 등 참조.

가 있어야 하였으나, 개정법에서는 미성년자의 혼인에 한하여 부모의 동의를 얻도록 하였다(제808조 제1항).

(2) 혼인성년제도의 신설

미성년자라도 혼인적령에 도달한 자가 혼인하면 성년자가 되도록 하였다(제826조의2).

(3) 소유불명인 부부재산에 대한 부부의 공유추정

개정 전에는 소유불명인 부부재산에 대하여 부의 특유재산으로 추정하였으나, 개정법은 부부의 공유로 추정하였다(제830조 제3항).

(4) 협의이혼의 가정법원 확인

개정법에서는 협의이혼은 「가정법원의 확인을 받아」 신고하도록 하였다(제836조 제1항).9)

(5) 부모의 친권공동행사

개정 전에는 친권자는 미성년자인 자녀와 동일한 가에 있는 부가 제1차로 친권자가 되고, 부가 없거나 기타 친권을 행사할 수 없을 때 제2차로 자녀와 가를 같이하는 모가 친권자로 된다고 규정하고 있었다(제909조 제2항). 개정법은 이 규정을, 미성년자인 자에 대한 친권은 부모가 공동으로 행사하되, 부모의 의견이 일치하지 아니하는 경우에는 부가 행사하며, 부모의 일방이 친권을 행사할 수 없을 때에는 다른 일방이 이를 행사하는 것으로 바꾸었다.

(6) 상속법의 개정

우선 동일가적 내에 있는 여자의 상속분이 종전에는 남자의 1/2이던 것을 남자와 동일하게 하였고,10) 피상속인의 처의 상속분은 직계비속과 공동으로 상속하

---

9) 다만 민법이 개정되기 전에는 1963. 7. 31. 개정된 호적법 제79조의2가 협의이혼신고는 그 서면의 진정성립의 여부를 확인한 후에 수리하여야 한다고 규정하여, 같은 해 10. 1.부터는 호적공무원이 당사자의 이혼의사를 확인하는 절차를 거치고 있었다.

10) 그러나 동일가적이 아닌 여자의 상속분은 1/4로 유지되었다.

는 때에는 직계비속의 상속분의 5할을 가산하고, 직계존속과 공동으로 상속하는 때에는 직계존속의 상속분의 5할을 가산하는 것으로 늘어났다(제1009조). 또한 유류분제도가 새로이 도입되었다(제1112조-제1118조).

2. 1990년 개정

1990년 1월 13일 법률 제4199호에 의하여 개정된 민법은 김장숙 의원 등의 발의로 제출되었던 개정안을 바탕으로 한 것이다. 이 개정안에는 호주제도 폐지, 동성동본불혼 규정의 삭제 등이 포함되어 있었다. 그러나 위 개정안에 대하여 법제사법위원장이 제안한 대안이 받아들여져서, 원래의 개정안은 폐기되었다. 의결된 대안은 호주제도 폐지와 동성동본 불혼 삭제는 받아들이지 않았으나, 나머지는 대부분 원안의 내용을 받아들여, 큰 폭의 개정이 이루어졌다.

(1) 호주상속을 호주 승계로 변경

개정법은 개정 전의 호주상속 제도를 호주승계 제도로 바꾸었다(제980조 이하). 종래의 남자 우선의 원칙은 유지되었지만, 호주승계권의 포기를 인정하는(제991조) 등의 변화가 있었다.

(2) 친족관계의 변경

친족의 종류와 범위는 남녀평등의 원리에 충실하게 개정되었다. 그리하여 친족의 범위를 부계(父系), 모계의 차별 없이 8촌 이내의 혈족으로 하고(제777조), '직계존속의 자매의 직계비속'을 방계혈족에 포함시켰으며(제768조), 혈족의 배우자의 혈족'을 인척에서 제외하고(제769조), 계모자관계와 적모서자관계를 종래의 법정 친자관계로부터 단순한 인척관계로 바꾸었다(제773조, 제774조의 삭제).

(3) 이혼

이혼 시 자녀 양육에 관하여 부에게 일차적 책임을 인정하고 있던 것을 부부 쌍방의 협의에 의하여 정하는 것으로 바꾸었고(제837조), 미성년자녀에 대한 면접교섭권을 신설하였으며(제837조의2), 이혼배우자의 경제적 보호를 위하여 재산분할청구권을 도입하였다(제839조의2). 그리고 혼인생활비용에 관해서는 종래의 부

(夫) 부담으로부터 부부공동부담으로 바꾸었다(제833조).

(4) 양자

종래의 가(家)를 위한 양자를 위하여 인정되었던 서양자(婿養子), 유언양자, 사후양자를 폐지하는 한편, 후견인이 입양의 동의를 할 때에는 가정법원의 허가를 얻도록 하였다(제871조 단서).

(5) 친권

친권 행사에 관하여 부모의 의견이 일치하지 않는 경우에는 가정법원의 결정에 따르도록 하였다(제909조 제2항). 그리고 부모가 이혼하거나 부의 사망 후 모가 친가에 복적 또는 재혼한 때에는 그 모는 전 혼인 중에 출생한 자의 친권자가 되지 못하던 것(제909조 제5항)을, 부모의 협의로 친권자를 정하고, 협의가 이루어지지 않으면 가정법원이 정하도록 하였다.

(6) 상속법의 개정

우선 호주상속제도가 호주승계제도로 바뀌어 상속법에서 친족법으로 옮겨졌다. 또한 종전에는 피상속인의 8촌 이내의 방계혈족은 상속인이 될 수 있었으나 개정법에 의하여 4촌 이내의 방계혈족이 상속인이 될 수 있는 것으로 제한되었다 (제1000조 제1항 제4호). 그리고 부와 처의 상속법상의 지위가 동일하게 되었다(제1003). 다른 한편 법정상속분도 상속인이 호주승계인이건 아니건, 남자이건 여자이건 불문하고 모두 균분으로 되었으며, 다만 피상속인의 배우자의 상속분은 다른 공동상속인보다 5할을 더 받게 되었다(제1009조).

이외에도 기여분제도(제1008조의2)와 특별연고자에 대한 분여제도(제1057조의2)가 신설되었다.

3. 2005년 개정

2005. 3. 31. 법률 제7427호에 의한 민법 개정은 민법 제정 후 가장 근본적인 것으로서, 친족법의 구조를 전면적으로 바꾸었다고 할 수 있다. 개정 규정 중 대부분은 2008. 1. 1.부터 시행되었다. 이 중 중요한 것을 살펴본다.

(1) 호주제의 폐지

민법 제정 후 가장 논란이 되었던 것 중의 하나인 호주제는 폐지되었다.

(2) 자녀의 성

개정 전 민법은 이른바 부성주의(父姓主義)에 따라 자(子)는 부(父)의 성과 본을 따르도록 하였다(제781조 제1항). 그러나 개정된 제781조는 이러한 부성주의의 원칙은 유지하면서도(이를 부성 우선주의라고 부르기도 한다), 부모가 혼인신고시 모의 성과 본을 따르기로 협의한 경우에는 모의 성과 본을 따르고, 혼인외의 출생자가 인지된 경우에도 자는 부모의 협의에 따라 종전의 성과 본을 계속 사용할 수 있으며, 자의 복리를 위하여 자의 성과 본을 변경할 필요가 있을 때에는 법원의 허가를 받아 이를 변경할 수 있다는 예외를 인정하였다. 다만, 자가 미성년자이고 법정대리인이 청구할 수 없는 경우에는 제777조의 규정에 따른 친족 또는 검사가 청구할 수 있다.

(3) 혼인법의 개정

헌법재판소가 헌법불합치결정을 내렸던 동성동본 금혼 규정은 삭제되고, 금혼범위가 8촌 이내의 혈족, 6촌 이내의 혈족의 배우자, 배우자의 6촌 이내의 혈족, 배우자의 4촌 이내의 혈족의 배우자인 인척과 6촌 이내의 양부모계(養父母系)의 혈족이었던 자와 4촌 이내의 양부모계의 인척이었던 자로 바뀌었다(제809조). 그리고 여자의 재혼금지기간은 없어졌다(제811조).

(4) 친생부인, 인지 등

친생부인권자를 종전의 부(夫)에서 부부의 일방으로 함으로써 처인 모의 친생부인권을 인정하였고(제846조), 그 제소기간을 개정 전의 "출생을 안 날로부터 1년"에서 "그 사유가 있음을 안 날부터 2년"으로 바꾸었다(제847조). 제소기간의 개정은 아래에서 볼 헌법재판소의 헌법불합치 결정 때문이다.

그리고 부 또는 모가 사망한 경우에 인지를 청구할 수 있는 기간이 개정 전에는 "사망을 안 날로부터 1년"이었는데 이를 2년으로 늘렸고(제864조), 인지된 자의 양육책임과 면접교섭에 관한 규정을 신설하였으며(제864조의2), 친생자관계

존부확인의 소의 제소기간을 그 사망을 안 날로부터 1년에서 2년으로 늘렸다(제
865조).

(5) 양자

양자가 될 자가 15세 미만인 경우에 후견인이 대락을 하려면 법원의 허가를
받도록 하였다(제869조 단서). 그리고 종래의 양자(보통양자) 외에 친양자 제도를
신설하였다(제908조의2에서 제908조의8까지).

(6) 친권

개정 전에는 미성년자인 자는 부모의 친권에 복종한다고 하던 것을, 부모는
미성년자의 친권자가 된다고 바꾸었고(제908조 제1항), 혼인의 취소, 재판상 이혼
또는 인지 청구의 소의 경우에는 법원이 직권으로 친권자를 정하도록 하였다(제
908조 제5항). 그리고 친권을 행사함에 있어서는 자의 복리를 우선적으로 고려하
여야 한다는 규정을 신설하였다(제912조).

(7) 후견

후견인의 변경을 인정함으로써(제940조), 법정후견제가 피후견인의 이익을
위하여 불충분하였던 점을 보완하였다.

(8) 상속법의 개정

이는 2002년 특별한정승인 제도를 신설하면서 규정을 불완전하게 만들었던
것을 보완하는 내용이다(제1030조, 제1034조, 제1038조).

4. 2011년 성년후견제 도입[11]

2011. 3. 7. 개정된 민법은 종래의 금치산 및 한정치산제도를 갈음하는 성년
후견제를 도입하였다. 그리하여 후견제도로서는 성년후견, 한정후견, 특정후견
및 임의후견의 네 가지가 인정되게 되었다. 개정법은 2013. 7. 1.부터 시행되었다.

---

11) 이에 대하여는 윤진수·현소혜, 2013년 개정민법 해설, 법무부, 2013 참조.

5. 2011년 친권법 개정[12)]

2011. 5. 19. 친권법이 개정되었다. 종래에는 미성년자녀를 둔 부모 중 일방만이 친권자였다가 그 후 그 친권자가 사망하면 다른 일방이 당연히 친권자가 되는가, 아니면 이 경우에는 후견이 개시되는가에 관하여 논쟁이 있었고, 판례나 실무에서는 당연히 친권이 당연히 부활한다는 친권부활설을 따르고 있었다. 그러나 개정법은 자녀의 복리를 위하여 일방이 사망하는 등 친권을 행사할 수 없게 되더라도 다른 일방의 친권이 당연히 부활되는 것은 아니고, 법원에 의하여 친권자 지정을 받아야 하며, 그러한 지정이 없을 때에는 법원이 후견인을 선임할 수 있는 것으로 내용을 바꾸었다. 이 개정법은 2013. 7. 1.부터 시행되었다.

6. 2012년 입양법 개정[13)]

2012년 2월 10일 개정된 민법은 주로 입양에 관한 부분이 달라졌다. 종래에는 친양자 아닌 일반양자의 입양에 관하여는 후견인이 피후견인을 양자로 하는 등 특수한 경우 외에는 법원이 입양 절차에 관여하지 않았는데, 개정법은 미성년자를 입양하는 경우에는 가정법원이 허가하도록 하였다. 또한 미성년자의 경우에는 재판상 파양만이 가능하도록 하고, 협의상 파양은 허용되지 않는 것으로 하였다. 그리고 친양자의 경우에도 종래에는 15세 미만인 사람만이 친양자가 될 수 있었는데, 개정법은 미성년자는 친양자가 될 수 있도록 하는 등 다소의 변화가 있었다. 이 개정법은 2013. 7. 1.부터 시행되었다.

이외에 중혼취소청구권자를 직계비속에서 직계혈족으로 넓히고(제818조), 부부 사이의 계약취소권을 없애 버리는 등(제828조 삭제), 다른 조문도 일부 개정되었다.

7. 2014년 개정

2014. 10. 15. 법률 제12777호로 개정된 민법은 자녀의 복리 보호를 위하여 친권의 일부 정지, 제한 및 친권자의 동의를 갈음하는 재판 제도를 신설하였다.

---

12) 윤진수·현소혜(주 11) 참조.
13) 윤진수·현소혜(주 11) 참조.

이는 친권 상실 또는 대리권과 재산관리권 상실 제도만으로는 미성년자녀의 이익을 효율적으로 보호하기에 불충분하다고 보아 도입되었다.[14]

8. 기타

2016. 12. 2. 개정은 조부모의 손자녀에 대한 면접교섭권을 인정하였고, 2017. 10. 31. 개정은 가정법원의 허가에 의한 친생부인과 인지를 도입하였다. 2021. 1. 26. 개정은 친권자의 징계권 규정을 삭제하였다. 이에 대하여는 아래에서 다시 언급한다.

Ⅳ. 가족법의 개정과 헌법재판소의 판례

앞에서도 언급한 것처럼, 가족법의 개정에는 헌법재판소의 판례가 주된 동력이 되었다. 이하에서는 친족법과 상속법으로 나누어 헌법재판소의 중요한 판례를 살펴본다.

1. 친족법

(1) 동성동본 금혼 헌법불합치결정

헌법재판소 1997. 7. 16. 선고 95헌가6내지13 결정은, "동성동본인 혈족 사이에서는 혼인하지 못한다"는 당시의 민법 제809조 제1항에 대하여, 위 조항은 헌법에 합치되지 아니한다는 헌법불합치결정을 선고하면서, 위 조항은 입법자가 1998년 12월 31일까지 개정하지 아니하면 1999년 1월 1일 그 효력을 상실하고, 법원 기타 국가기관 및 지방자치단체는 입법자가 개정할 때까지 위 법률조항의 적용을 중지하여야 한다고 하였다. 제809조 제1항의 규정은 민법 제정 당시부터 열띤 논란의 대상이 되었고, 그에 대한 개정 제안도 여러 차례 있었으나 성공하지 못하였다. 다만 타협책으로서 세 차례에 걸쳐서 "혼인에 관한 특례법"이라는 명칭으로 예외적인 특례법을 만들어 그 법이 시행되는 기간 동안만 한시적으로 동성동본 사이의 혼인을 허용하는 데 그쳤다.

---

14) 개정 배경에 대하여는 윤진수·현소혜, "부모의 자녀 치료거부 문제 해결을 위한 입법론", 법조 62권 5호(2013) 참조.

이러한 상황에서 위 헌법재판소 결정이 선고되었다. 위 결정은 매우 중대한 의의를 가진다.[15] 첫째, 위 결정은 혼인의 자유와 혼인의 상대방을 결정할 수 있는 자유가 헌법 제10조가 보장하는 개인의 인격권과 행복추구권에 포함되어 있다고 하였으며, 또 동성동본 금혼 규정은 혼인과 가족생활에 관한 헌법 제36조 제1항에도 위반된다고 하였다. 둘째, 위 결정은 위 규정의 입법목적이 혼인에 관한 국민의 자유와 권리를 제한할 "사회질서"나 "공공복리"에 해당될 수 없다고 하여, 이른바 비례의 원칙 또는 과잉금지의 원칙에서 말하는 목적의 정당성 자체를 인정하지 않았다. 헌법재판소가 법률을 위헌이라고 하는 경우에도 목적의 정당성 자체를 부정하는 경우는 별로 없는데, 이 결정이 그 드문 예에 속한다.

이 결정은 입법자가 해결하지 못하였던 문제를 헌법재판소가 헌법불합치결정에 의하여 해결한 것으로서, 소수자 보호라는 관점에서 매우 중대한 의미를 지닌다. 그럼에도 불구하고 실제 제809조 제1항이 삭제된 것은 2005년에 이르러서였다. 이는 그만큼 위 헌법재판소 결정에 대한 반발이 많았기 때문이다.

(2) 호주제 헌법불합치결정

헌법재판소 2005. 2. 3. 선고 2001헌가9 등 결정은, 호주제를 규정하고 있던 당시의 제778조, 제781조 제1항 본문 후단, 제826조 제3항 본문은 헌법에 합치되지 아니한다고 하면서, 다만 위 법률조항들은 입법자가 호적법을 개정할 때까지 계속 적용된다고 하였다. 위 결정의 다수의견은, 호주제는 헌법 제36조 제1항에 위반되고, 당사자의 의사와 자결권을 외면한 채 법률로 호주의 지위를 강요한다는 점에서 개인의 존엄에 반할 뿐만 아니라 호주 지위의 획득에 있어 남녀를 차별하고 있으며, 당사자의 의사와 자율적 선택권을 무시한 채 혼인 및 자녀에 관한 신분 관계를 일방적으로 형성한다는 점에서 개인의 존엄에 반하고 나아가 정당한 이유 없이 남녀를 차별한다고 하였다.

호주제도 동성동본 금혼 규정과 마찬가지로 민법 제정 이후 계속 남녀평등에 반한다고 하여 논란의 대상이 되었으나, 역시 국회가 해결하지 못하고 있다가, 위 헌법재판소 결정에 의하여 생명을 잃고 말았다. 여기서는 위 결정의 의의에

---

15) 최근의 것으로 윤진수, "민법상 금혼규정의 헌법적 고찰", 저스티스 제170-2호(2019. 2), 260-261면 참조.

대하여 살펴본다.16)

첫째, 과연 호주제가 우리나라의 전통에 속하는 것인가 하는 점이다. 원래 호주제란 것은 일본의 메이지 민법이 만들어낸 것으로서, 우리나라에 있던 제도가 아니었다. 그런데 일본이 우리나라를 합병하면서 호주제를 들여왔는데, 이것이 전통적인 가족제도의 일부로 인식되게 된 것이다. 위 헌재 결정의 다수의견도 호주제가 우리나라의 전통이 아니라는 적극적인 주장은 펴지 않고, 다만 전래의 어떤 가족제도가 헌법 제36조 제1항이 요구하는 개인의 존엄과 양성평등에 반한다면 헌법 제9조를 근거로 그 헌법적 정당성을 주장할 수는 없다고 하고 있는데, 이는 호주제가 우리나라의 전통에 속한다는 것을 전제로 하는 것이라고 이해된다. 과연 전통이란 무엇인가를 따진다는 것도 복잡한 문제이지만, 식민지 시기에 일본이 우리나라에 이식한 일본적인 가족제도를 우리나라의 전통이라고 말할 수는 없을 것이다. 그럼에도 불구하고 호주제도가 전통적인 가족제도의 일부로 인식되게 된 것은 역시 종래의 부계혈통주의 내지 가부장적 의식을 바탕으로 한 가계계승(家系繼承)의 관념에 부합하는 측면이 있었기 때문이라고도 생각된다. 달리 말한다면 종래의 제사상속제도의 기능을 호주상속 내지 호주제도가 대신하였다고 말할 수도 있다.

둘째, 과연 위 결정이 실제로 입법부가 해결하지 못했던 문제를 헌법재판소가 해결한 것인가? 시간적인 선후만 따진다면 그렇게 보이기도 한다. 그러나 이미 헌재에서의 심리 단계에서 정부가 2004년 6월 3일 호주제 폐지를 포함하는 민법 개정안을 제출하였고, 2004년 9월 9일에는 이경숙의원 등 156인의 의원이, 2004년 9월 14일에는 노회찬의원 등 10인의 의원이 호주제 폐지를 포함하는 민법 개정안을 발의하여, 헌재가 선고할 당시에는 이 개정안에 대한 국회에서의 심리가 상당히 진척되어 있었다. 그렇다면 헌재가 위 결정을 선고할 당시에 위와 같은 국회에서의 논의 과정을 충분히 알고 있었고, 이를 고려하였으리라고 보는 것이 합리적일 것이다. 다른 말로 한다면 위 헌재 결정이 자체로 호주제의 종말을 가져왔다기보다는, 호주제의 관에 못을 박은 정도(a nail in the coffin)라고 할 것이다.

---

16) 윤진수, "전통적 가족제도와 헌법", 민법논고 4권, 박영사, 2009, 107면 이하 참조.

(3) 자녀의 성

헌법재판소 2005년 12월 22일 선고 2003헌가5, 6 결정은, 이른바 부성주의 (父姓主義)의 원칙을 규정한 2005년 3월 31일 법률 제7427호로 개정되기 전의 민법 제781조 제1항 본문{자(子)는 부(父)의 성과 본을 따르고 부가(父家)에 입적(入籍)한다}은 헌법에 합치되지 아니한다는 헌법불합치결정을 선고하면서, 위 법률조항은 2007년 12월 31일까지 계속 적용된다고 하였다. 위 결정의 다수의견은, 부성주의의 원칙 자체는 위헌이 아니라고 하면서도, 다만 일부 예외적인 상황하에서는 부성주의의 강요가 개인의 인격권을 침해하고 개인의 존엄과 양성의 평등에 반하는 것으로 판단될 가능성이 존재한다고 하였다. 구체적으로는 모의 양육에 의해 모와 함께 생활하면서 모계의 혈연집단을 중심으로 생활 관계를 형성할 것이 명확히 예상되는 경우나, 입양이나 모가 양육하고 있던 자를 데리고 재혼하여 재혼한 모의 자(子)가 계부(繼父)의 성을 따르고자 하는 경우와 같이 가족관계의 변동과 새로운 가족관계의 형성 등 구체적 상황에 따라서는 성의 변경을 허용할 필요가 있는데, 법적 안정성에 대한 위협이 문제되지 않거나, 성이 생물학적 부의 혈통을 상징하는 것보다 훨씬 더 큰 이익과 관련된 경우에는 부성의 변경을 허용하여야 함에도 예외적인 상황에 처한 가족의 구성원이 겪는 구체적이고도 심각한 불이익에 대해서는 실질적이고 궁극적인 해결책을 마련하지 않은 것은 입법형성의 한계를 벗어나 개인의 인격권을 침해하는 것이라 하지 않을 수 없다고 하였다.

위 결정은 사실상 2005년 3월 31일 개정된 민법의 자녀 성에 관한 규정을 추인 내지 정당화한 것이다. 위 결정의 다수의견은 헌법불합치결정을 선고하는 이유로서, 위 법률조항에 대한 개정 법률이 이미 공포되어 2008년 1월 1일 그 시행이 예정되어 있으므로 2007년 12월 31일까지 이 사건 법률조항의 잠정적인 적용을 명함이 상당하다고 하였다. 위 결정의 별개 의견은 부성주의 자체가 위헌이라고 하였으나, 다수의견과 마찬가지로 위 법률조항에 대한 개정 법률이 공포되어 2008년 1월 1일 그 시행이 예정되어 있으므로 2007년 12월 31일까지만 이 사건 법률조항의 잠정적인 적용을 명함이 상당하다고 하였다.

그러나 위 결정이 부성주의 자체가 위헌이 아니라고 한 것은 설득력이 없다. 부성주의는 부(父)와 남성(男性)을 중심으로 한 혈통 계승을 강제하여 부와 남성을 가족의 중심에 놓게 하여 가부장적(家父長的) 가치질서를 유지, 강화하고 가족 내 여성의 지위를 남성에 비해 부차적이고 열등한 것으로 놓이게 하여 여성을 차별하고 있으며, 그와 같은 차별을 정당화할 수 있는 목적을 찾기 어려운 것이다. 우리나라도 가입한 "여성에 대한 모든 형태의 차별철폐에 관한 협약"(Convention on the Elimination of All Forms of Discrimination against Women) 제16조 제1항 (사)의 규정은 가족성(姓) 및 직업을 선택할 권리를 포함하여 부부로서의 동일한 개인적 권리를 보장하도록 규정하고 있는데, 위 규정에서 말하는 가족성(姓)의 개념은 자녀의 성을 포함하는 개념이다.[17] 우리나라는 위 협약에 가입할 때 위 조항에 대하여 유보하였으나, 유엔여성차별철폐위원회는 몇 차례 우리나라에 대하여 위 조항의 유보를 철회할 것을 권고하였고, 2018년의 한국 보고에 대한 최종 견해(Concluding Observation)에서, 민법이 자녀는 아버지가 혼인 당시에 동의를 한 경우에만 어머니의 성을 따를 수 있다는 점에서 부성주의를 유지하고 있다는 것에 대하여 우려를 표시하였다.[18]

2021년에는 자녀의 성에 관한 현행 민법 규정의 부성 우선주의가 위헌이라는 이유로 헌법소원이 제기되어 현재 헌법재판소에 계속되어 있다.[19]

(4) 친생부인의 소의 제소기간

헌법재판소 1997. 3. 27. 선고 95헌가14, 96헌가7 결정은, 친생부인의 소 제기기간을 제소권자인 출생한 자녀의 어머니의 부(夫)가 "그 출생을 안 날로부터 1년 내"로 하고 있던 당시의 제847조 제1항에 대하여 헌법불합치결정을 선고하였다.

위 결정이 나오게 된 배경은 다음과 같다. 당시의 제844조 제1, 2항은 처가 출산한 자녀는 일정한 요건을 갖춘 때에는 그 부(夫)의 자녀로 추정하고, 제846조

---

17) 상세한 것은 윤진수, "여성차별철폐협약과 한국가족법", 민법논고 4권(주 16), 170면(최초 발표, 2005).

18) Committee on the Elimination of Discrimination against Women, "Concluding observations on the eighth periodic report of the Republic of Korea", 14 March 2018, para. 46. http://docstore. ohchr.org/SelfServices/FilesHandler.ashx?enc=6QkG1d%2FPPRiCAqhKb7yhsglff%2FiazrVw%2B cyfdY9GxZ7mBisKJhkz08NDJG2gRkXizWkcs2fNL8aB%2FcGTqY2FJ1JLoX9524rsYS5kzCgNbbmc WznkBiv5YPR2BmHWhszK.

19) 2021헌마262 사건.

는 부가 친생부인의 소를 제기하여 승소판결을 받아야만 이러한 추정이 깨어지도록 하고 있다. 그리고 그 소를 제기할 수 있는 기간은 부(夫)가 "그 출생을 안 날로부터 1년 내"로서 매우 짧았다. 대법원의 판례는 부가 그 자(子)가 자기의 자가 아님을 안 여부와는 관계없이 자의 출생 그 자체를 안 날을 의미한다고 보고 있었다.[20] 따라서 처의 남편은 처가 출산한 자녀가 자신의 자녀인 줄로 믿고 있다가 위 1년의 기간이 경과한 후에야 자신의 자녀가 아닌 사실을 깨닫게 되는 경우에는 이미 제소기간의 경과로 말미암아 더 이상 친생부인의 소를 제기할 수 없게 된다.

위 결정은 친생부인의 소에 관하여 어느 정도의 제척기간을 둘 것인가의 문제는 원칙적으로 입법권자의 재량에 맡겨져 있다고 하면서도, 친생부인의 소의 제척기간을 정함에 있어 부가 자와의 사이에 친생자 관계가 존재하지 아니함을 알았는지의 여부를 전혀 고려하지 아니하고 오직 '출생을 안 날로부터'라고만 규정한 것은 부에게 매우 불리한 규정이고, 친생자 관계의 존부는 특별한 경우가 아니면 쉽게 알기 어려운 속성에 비추어 보통의 경우 자의 출생을 안 날로부터 1년이란 단기간의 숙려기간은 너무 짧아서 실질적으로 제소의 기회마저 주지 아니하는 것이나 다름없어서 입법재량의 한계를 벗어난 것이며, 따라서 이는 인간의 존엄과 가치, 행복추구권을 보장한 헌법 제10조에 위반되고, 또 개인의 존엄과 양성의 평등에 기초한 혼인과 가족생활의 권리침해금지를 보장한 헌법 제36조 제1항에도 위반된다고 하였다. 다만 다수의견은 위 조항에 대하여 단순위헌선언을 하지 않고 헌법불합치선언을 하는 데 그쳤다.

이 결정은 어떤 의의를 가지는가? 이 결정은 가족법의 규정에 대하여 헌법의 잣대를 들이대어 위헌이라고 판시한 최초의 사례이다. 따라서 가족법도 헌법과 무관하지 않음을 보여 준 큰 의미를 가진다. 또한 당시의 민법 규정과 같이, 자녀의 출생을 알기만 하면 그 자녀가 자신의 자녀라고 믿다가 1년이 지난 후에 자신의 자녀가 아님을 알았을 때에는 더 이상 친생부인의 소를 제기할 수 없다는 것은 가혹하다. 따라서 위 결정의 결론은 수긍할 수 있다.

현행 친생부인의 소 규정은 제소권자를 부뿐만 아니라 처로 확대하였고, 그 제소기간도 그 사유가 있음을 안 날부터 2년으로 늘려 위 결정이 지적한 문제점

---

20) 대법원 1988. 4. 25. 선고 87므73 판결 등.

은 해소하였다. 그러나 제소권자에 가장 이해관계가 큰 자녀 본인은 포함시키지 않았다. 또한 생부도 친생부인의 소를 제기할 수 없다. 이것은 헌법적으로 문제가 있다. 외국에서는 자녀와 생부도 친생부인의 소를 제기할 수 있도록 하는 경향이 있다.[21]

(5) 친생추정에 관한 헌법불합치결정

헌법재판소 2015. 4. 30. 선고 2013헌마623 결정은, 당시의 제844조 제2항 중 "혼인관계종료의 날로부터 300일 내에 출생한 자"에 관한 부분은 헌법에 합치되지 아니하지만, 위 법률조항 부분은 입법자가 개정할 때까지 계속 적용된다고 하는 결정을 선고하였다.

위 결정이 나오게 된 배경은 다음과 같다. 제844조는 처가 혼인 중에 포태한 자(子)는 부(夫)의 자로 추정하고, 혼인 성립의 날로부터 200일 후 또는 혼인관계 종료의 날로부터 300일 내에 출생한 자는 혼인 중에 포태한 것으로 추정한다고 규정하고 있으므로, 법의 문언에 따른다면 결과적으로 혼인 성립의 날부터 200일 후 또는 혼인관계 종료의 날부터 300일 내에 출생한 자는 예외 없이 남편의 자녀로 추정되고, 이를 깨뜨리려면 친생부인의 소를 제기하여야 하기 때문이다.

위 결정의 다수의견은, 심판대상조항이 혼인 종료 후 300일 이내 출생 여부를 친생추정의 기준으로 삼고 있는 것은 합리적이라고 하면서도, "혼인관계종료의 날로부터 300일 내에 출생한 자" 부분은 헌법에 합치되지 않는다고 하였다. 헌법재판소 판례집에 실려 있는 위 다수의견의 요지는 다음과 같다.[22]

"오늘날 이혼 및 재혼이 크게 증가하였고, 여성의 재혼금지기간이 2005년 민법 개정으로 삭제되었으며, 이혼숙려기간 및 조정전치주의가 도입됨에 따라 혼인 파탄으로부터 법률상 이혼까지의 시간 간격이 크게 늘어나게 됨에 따라, 여성이 전남편 아닌 생부의 자를 포태하여 혼인 종료일로부터 300일 이내에 그 자를 출산할

---

21) 독일은 1998년 자녀에게 제한 없이 친생부인의 소의 원고적격을 인정하였다. 생부에 의한 친생부인에 대하여는 Rainer Frank(윤진수 역), "자녀의 생부에 의한 친생부인에 관한 비교법적 고찰", 가족법연구 제20권 1호(2006), 487면 이하 참조. 국내에서 생부에 의한 친생부인을 인정하여야 한다는 견해로는 김상용, "생부(미혼부)의 권리에 관한 소고(小考)", 중앙법학 제22집 1호(2020), 165면 이하 참조.

22) 헌법재판소 판례집 27-1하, 107면.

가능성이 과거에 비하여 크게 증가하게 되었으며, 유전자 검사 기술의 발달로 부자관계를 의학적으로 확인하는 것이 쉽게 되었다.

그런데 심판대상조항에 따르면, 혼인 종료 후 300일 내에 출생한 자녀가 전남편의 친생자가 아님이 명백하고, 전남편이 친생추정을 원하지도 않으며, 생부가 그 자를 인지하려는 경우에도, 그 자녀는 전남편의 친생자로 추정되어 가족관계등록부에 전남편의 친생자로 등록되고, 이는 엄격한 친생부인의 소를 통해서만 번복될 수 있다. 그 결과 심판대상조항은 이혼한 모와 전남편이 새로운 가정을 꾸리는 데 부담이 되고, 자녀와 생부가 진실한 혈연관계를 회복하는 데 장애가 되고 있다.

이와 같이 민법 제정 이후의 사회적·법률적·의학적 사정변경을 전혀 반영하지 아니한 채, 이미 혼인관계가 해소된 이후에 자가 출생하고 생부가 출생한 자를 인지하려는 경우마저도, 아무런 예외 없이 그 자를 전남편의 친생자로 추정함으로써 친생부인의 소를 거치도록 하는 심판대상조항은 입법 형성의 한계를 벗어나 모가 가정생활과 신분 관계에서 누려야 할 인격권, 혼인과 가족생활에 관한 기본권을 침해한다."

다만 헌법재판소는 위 심판대상조항을 위헌으로 선언하면 친생추정의 효력이 즉시 상실되어 혼인 종료 후 300일 이내에 출생한 자의 법적 지위에 공백이 발생할 우려가 있고, 심판대상조항의 위헌상태를 어떤 기준과 요건에 따라 개선할 것인지는 원칙적으로 입법자의 형성 재량에 속하므로, 헌법불합치결정을 선고하되 입법자의 개선 입법이 있을 때까지 계속 적용을 명한다고 하였다.

위 헌재 결정에 따라 앞에서 설명한 것처럼 2017년 10월에 민법이 개정되었다. 즉 혼인 관계가 종료된 날부터 300일 이내에 출생한 자녀는 혼인 중에 임신한 것으로 추정되지만(제844조 제3항), 다음과 같은 두 가지 방법으로 친생부인의 소에 의하지 않고서도 친생추정의 효과를 깨뜨릴 수 있다. 첫째, 어머니 또는 어머니의 전(前) 남편은 가정법원에 친생부인의 허가를 청구할 수 있고, 가정법원의 허가를 받은 경우에는 친생추정이 미치지 않는다(제854조의2). 둘째, 생부는 가정법원에 인지의 허가를 청구할 수 있고, 허가를 받은 생부가 친생자출생신고에 의한 인지를 하면 친생추정이 미치지 않는다(제855조의2). 이러한 경우에 친생추정이 미치지 않는다는 것은 출생 시에 일단 친생추정이 성립하지만, 인지 신고가 있거나 친생부인의 허가가 있으면 친생추정이 깨어진다는 의미로 이해해야 할 것이다.

2. 상속법

(1) 법정단순승인에 대한 헌법불합치결정

헌법재판소 1998. 8. 27. 선고 96헌가22 등 결정은, 상속인이 제1019조 제1항의 기간 내에 한정승인 또는 포기를 하지 아니한 때에는 상속인이 단순승인을 한 것으로 본다고 규정하고 있던 당시의 제1026조 제2호에 대하여, 상속인이 귀책사유 없이 상속채무가 적극재산을 초과하는 사실을 알지 못하여 위의 기간 내에 한정승인 또는 포기를 하지 못한 경우에도 위 조항이 단순승인을 한 것으로 본 것은 기본권제한의 입법한계를 일탈한 것으로 재산권을 보장한 헌법 제23조 제1항, 사적자치권을 보장한 헌법 제10조 제1항에 위반된다고 하면서, 위 법률조항은 입법자가 1999년 12월 31일까지 개정하지 아니하면 2000년 1월 1일부터 그 효력을 상실하며, 법원 기타 국가기관 및 지방자치단체는 입법자가 개정할 때까지 위 법률조항의 적용을 중지하여야 한다는 이른바 헌법불합치결정을 선고하였다.

위 결정이 나오게 된 배경은 다음과 같다. 제1019조 제1항은 "상속인은 상속개시있음을 안 날로부터 3월 내에 단순승인이나 한정승인 또는 포기를 할 수 있다. 그러나 그 기간은 이해관계인 또는 검사의 청구에 의하여 가정법원이 이를 연장할 수 있다"고 규정한다. 이 기간을 고려기간 또는 숙려기간이라고 한다. 그리고 이 기간의 기산점인 상속인이 "상속개시 있음을 안 날"이라 함은, 판례에 의하면 상속개시의 원인되는 사실의 발생을 알고 또 이로써 자기가 상속인이 되었음을 안 날을 말하고, 상속재산 또는 상속채무 있음을 안 날 또는 상속포기제도를 안 날을 의미하는 것은 아니라고 한다.[23] 그리고 제1026조는 "다음 각호의 사유가 있는 경우에는 상속인이 단순승인을 한 것으로 본다"고 하여 제2호에서 "상속인이 제1019조 제1항의 기간 내에 한정승인 또는 포기를 하지 아니한 때"라고 규정하고 있었다.

그러므로 상속인이 상속개시의 원인되는 사실의 발생을 알고 또 이로써 자기가 상속인이 되었음은 알았지만, 상속채무가 상속의 적극재산을 초과한다는 사

---

23) 대법원 1969. 4. 22. 선고 69다232 판결 등.

실을 알지 못하여 위 3개월의 고려기간 내에 한정승인이나 포기를 하지 않았으면 제1026조 제2호에 의하여 단순승인을 한 것으로 보게 된다. 그러므로 상속인이 위 기간이 경과한 후 비로소 상속채무가 상속의 적극재산을 초과하는 사실을 알게 된 경우에는 상속인은 상속의 한정승인이나 포기를 할 수 없고, 피상속인의 채권자에 대하여 상속채무를 이행하여야 하는 결과가 된다. 이러한 상황에서 헌법재판소는 제1026조 제2호에 대하여 헌법불합치결정을 함으로써 이러한 상속인을 구제하려고 한 것이다.

　그런데 이 결정에 대하여는 그 심판의 대상을 제1026조 제2호로 잡은 것이 적절한지를 따져 볼 필요가 있다.[24) 원래 상속인이 피상속인의 채무를 승계하는 것은 상속인이 상속을 승인하였기 때문은 아니다. 상속이 개시되면 상속인은 당연히 피상속인의 권리와 의무를 승계하고(제1005조), 다만 상속인이 제1019조 제1항의 기간 내에 상속을 포기하면 상속채무를 면하게 되며, 상속의 한정승인을 하게 되면 상속재산을 한도로 하는 유한책임을 지게 되지만, 이 기간이 경과하여 버리면 상속인은 더 이상 상속의 한정승인이나 포기를 할 수 없게 되어 상속채무를 면할 수 없게 되는 것이다. 그러므로 상속인의 단순승인은 그 자체가 채무의 승계라는 법률효과를 가져오는 것이라기보다는, 다만 더 이상 포기나 한정승인을 할 수 없게 된다는 의미를 가질 뿐이다. 민법 제1025조가 "상속인이 단순승인을 한 때에는 제한없이 피상속인의 권리의무를 승계한다"고 규정하고 있는 것도, 제1005조와 대비하여 볼 때에는 결국 한정승인이나 포기의 가능성이 있어서 잠정적이었던 상속의 효과가 확정적으로 된다는 의미라고 해석된다. 그렇다면 상속인이 상속채무를 확정적으로 승계하게 되는 것은 제1019조 제1항에 의하여 상속의 포기 내지 한정승인을 할 수 있는 기간이 경과하여 버린 때문이지, 제1026조 제2호에 의하여 단순승인을 한 것으로 의제되는 때문이라고는 할 수 없다. 그러므로 민법 제1026조 제2호가 위헌으로 결정된다고 하여도, 고려기간이 경과함으로써 채무를 확정적으로 승계하게 된 상속인의 지위에는 어떤 변화가 있을 수 없는 것이다. 이렇게 본다면 제1026조 제2호가 위헌인지의 여부는 상속채권자가 상속인을 상대로 하여 상속채무의 이행을 구하는 소송에서 재판의 전제가 될 여지가 별

24) 윤진수, "상속채무를 뒤늦게 발견한 상속인의 보호", 민법논고 5권, 박영사, 2011, 315-316면 참조. 같은 취지, 이진기, "단순승인 의제규정에 대한 헌재결정의 문제", 민사법학 제40호(2008), 358면.

로 없다. 따라서 이러한 경우에는 심판의 대상을 제1026조 제2호가 아니라 제 1019조 제1항으로 잡았어야 할 것이다.

위 결정에 따라 민법이 개정된 것은 2002. 1. 14.이었는데, 여기서는 헌법재 판소가 위헌이라고 하였던 제1026조 제2호는 그대로 살리고, 대신 제1019조 제3 항을 신설하였다. 신설된 제1019조 제3항은 "제1항의 규정에 불구하고 상속인은 상속채무가 상속재산을 초과하는 사실을 중대한 과실없이 제1항의 기간내에 알 지 못하고 단순승인(제1026조 제1호 및 제2호의 규정에 의하여 단순승인한 것으로 보는 경우를 포함한다)을 한 경우에는 그 사실을 안 날부터 3월 내에 한정승인을 할 수 있다"라고 하는 특별한정승인제도를 창설하여, 제1019조 제1항을 보완하였다. 이 또한 위 결정의 심판 대상 결정에 문제점이 있었음을 보여준다.

다른 한편 위 2002년 개정된 민법은 제1019조 제3항에서 특별한정승인 제도 를 도입하면서, 그 부칙 제3항에서 1998년 5월 27일부터 이 법 시행 전까지 상속 개시가 있음을 안 자 중 상속채무가 상속재산을 초과하는 사실을 중대한 과실 없 이 제1019조 제1항의 기간 내에 알지 못하다가 이 법 시행 전에 그 사실을 알고 도 한정승인신고를 하지 아니한 자는 이 법 시행일부터 3월 내에 제1019조 제3항 의 개정 규정에 의한 한정승인을 할 수 있다고 하여 제한된 범위 내에서 소급 적 용을 인정하였다. 다시 말하여 위 법이 소급 적용되는 것은 위 헌법재판소 결정 이 선고된 1998년 8월 27일부터 3개월 전인 1998년 5월 27일부터 위 법 시행 전 까지 상속 개시가 있음을 안 상속인으로 한정하였고, 위 1998. 5. 27. 전에 상속 개시가 있었으나 이 날짜 이후에 상속채무 초과 사실을 안 상속인에 대하여는 위 개정 민법의 소급 적용을 인정하지 않은 것이다. 이에 대하여는 위헌 논란이 있 었고,25) 헌법재판소 2004. 1. 29. 선고 2002헌가22 등 결정은 위 부칙 규정에 대 하여 다시 헌법불합치 선언을 하였다.26) 그리하여 민법 부칙은 2005년 12월 29 일 다시 개정되어, 제4항에서 1998년 5월 27일 전에 상속 개시가 있음을 알았으 나 상속채무가 상속재산을 초과하는 사실을 중대한 과실 없이 제1019조 제1항의 기간 이내에 알지 못하다가 1998년 5월 27일 이후 상속채무 초과사실을 안 자도

---

25) 윤진수, "상속의 단순승인 의제규정에 대한 헌법불합치결정의 소급효가 미치는 범위", 민법논고 5권(주 24), 380면 이하 참조.
26) 이에 대하여는 윤진수, "특별한정승인의 규정이 소급적용되어야 하는 범위", 민법논고 5권(주 24), 414면 이하 참조.

제1019조 제3항에 의한 한정승인을 할 수 있도록 규정하였다.

(2) 상속회복청구권의 제척기간에 대한 위헌결정

헌법재판소 2001. 7. 19. 선고 99헌바9 결정은, 상속회복청구권의 제척기간에 관한 당시의 제999조 제2항 중 "상속이 개시된 날부터 10년" 부분과 1990. 1. 13. 개정되기 전의 제999조에 의하여 준용되는 제982조 제2항 중 "상속이 개시된 날로부터 10년" 부분은 헌법에 위반된다고 하는 단순위헌결정을 선고하였다.

위 결정이 나오게 된 배경은 다음과 같다. 당시의 제999조는 제1항에서 "상속권이 참칭상속권자로 인하여 침해된 때에는 상속권자 또는 그 법정대리인은 상속회복의 소를 제기할 수 있다"고 규정하고, 제2항에서 "제1항의 상속회복청구권은 그 침해를 안 날부터 3년, 상속이 개시된 날부터 10년을 경과하면 소멸된다"고 규정하고 있었다.[27]

이 상속회복청구권의 성질에 관하여는 독립권리설과 집합권리설의 대립이 있으나, 대법원 판례는 집합권리설에 따라, 재산상속에 관하여 진정한 상속인임을 전제로 그 상속으로 인한 소유권 또는 지분권 등 재산권의 귀속을 주장하고, 참칭상속인 또는 자기들만이 재산상속을 하였다는 일부 공동상속인들을 상대로 상속재산인 부동산에 관한 등기의 말소 등을 청구하는 경우에는, 그 소유권 또는 지분권이 귀속되었다는 주장이 상속을 원인으로 하는 것인 이상 그 청구원인 여하에 불구하고 이는 상속회복청구의 소라고 하였다. 그리하여 제999조 제2항이 규정하는 상속회복청구권의 제척기간 경과로 상속회복청구권이 소멸하면, 물권적 청구권과 같은 권리도 행사할 수 없다고 하였다.[28] 특히 문제되었던 것은 상속이 개시된 날부터 10년의 제척기간이었다. 대법원 판례는, 상속개시일로부터 10년을 경과한 후에 상속권의 침해가 있는 경우라도 10년의 제척기간 경과로 인하여 상속회복청구권은 소멸한다고 보았다.[29] 그러나 이에 대하여는 여러 가지

27) 위 사건에서는 당시의 제999조 외에 1990년 개정 전의 재산상속회복청구권의 제척기간도 아울러 문제되었으나, 기본적인 쟁점은 동일하다.
28) 상세한 것은 윤진수, "상속회복청구권의 연구", 민법논고 5권(주 24), 117면 이하(처음 발표: 2000) 참조.
29) 대판 1991. 12. 24, 90다5740 전원합의체 등. 이 판결에 대하여는 많은 평석들이 있다. 우선 윤진수, "상속회복청구권의 성질과 그 제척기간의 기산점", 민법논고 5권(주 24), 80면(처음 발표: 1998) 참조.

비판이 있었다.

그런데 헌법재판소는 위 결정에서 제999조 제2항 중 "상속이 개시된 날부터 10년" 부분은 위헌이라고 하였다. 주된 이유는 진정상속인의 귀책사유의 유무나 참칭상속인의 침해행위가 언제 있었는지를 묻지 않고 일률적으로 상속개시일부터 10년의 제척기간으로 규정하고 있다는 점 및 상속에 의하여 재산권을 취득한 자와 그 밖의 원인에 의하여 재산권을 취득한 자를 합리적인 근거 없이 다르게 취급하고 있다는 점의 두 가지라고 할 수 있다.

위 결정이 선고되자, 2002년 1월 14일 개정된 민법 제999조 제2항은 상속회복청구권에 대한 10년의 제척기간의 기산점을 상속이 개시된 날이 아니라 상속권의 침해행위가 있은 날로 바꾸었다. 그런데 위 개정 규정이 헌재 결정의 취지를 제대로 반영한 것이 아니라는 주장이 제기되었다. 즉 헌법재판소가 위헌의 이유로 제시한 평등 원칙 위반의 문제는 개정 규정에 의하여 해소되지 않았다는 것이다. 그러나 헌법재판소 2002. 11. 28. 선고 2002헌마134 결정은 제999조 제2항은 합헌이라고 하였다.

한편 대법원 2003. 7. 24. 선고 2001다48781 전원합의체 판결은, 제정민법이 시행되기 전에 존재하던 '상속회복청구권은 상속이 개시된 날부터 20년이 경과하면 소멸한다.'는 관습은 헌법을 최상위 규범으로 하는 법질서 전체의 이념에 부합하지 아니하여 정당성이 없으므로, 위 관습에 법적 규범인 관습법으로서의 효력을 인정할 수 없다고 하였는데, 이는 헌법재판소의 위 위헌결정에 영향을 받은 것으로 보인다.[30]

(3) 자필증서 유언의 방식으로서의 주소 기재에 대한 합헌결정

제1060조는 유언의 방식에 관하여, "유언은 본법의 정한 방식에 의하지 아니하면 효력이 생하지 아니한다"라고 하여 요식성을 선언하고, 제1066조 제1항은 자필증서 유언의 방식에 관하여, "자필증서에 의한 유언은 유언자가 그 전문과 연월일, 주소, 성명을 자서하고 날인하여야 한다"라고 규정한다.

그런데 헌법재판소 2008. 12. 26. 선고 2007헌바128 결정은 위 조항 중 '주

---

30) 위 결정에 대하여는 윤진수, "상속회복청구권의 소멸시효에 관한 구관습의 위헌 여부 및 판례의 소급효", 민법논고 5권(주 24), 157면 이하 참조(최초 발표: 2004).

소' 부분이 위헌이 아니라고 하였으나, 여기에는 재판관 4인의 반대의견이 있었다. 그리고 헌법재판소 2011. 9. 29. 선고 2010헌바250,456 결정은 위 2007헌바128 결정을 재확인하였으나, 여기서는 합헌 의견과 위헌 의견이 4:4로 동수였다.

위 결정의 합헌 의견의 요지는 대체로 다음과 같다. 우선 목적의 정당성과 방법의 적절성에 대하여, '주소' 부분은 유언자의 인적 동일성을 명확히 함으로써 유언자의 사망 후 그 진의를 확보하고, 상속재산을 둘러싼 이해 당사자들 사이의 법적 분쟁과 혼란을 예방하여 법적 안정성을 도모하고 상속제도를 건전하게 보호하기 위한 것이므로 그 입법목적은 정당하고, 성명의 자서로 유언자의 인적 동일성이 1차적으로 특정될 것이지만 특히 동명이인의 경우에는 유언자의 주소가 그 인적 동일성을 확인할 수 있는 간편한 수단이 될 수 있을 뿐만 아니라 유언자로 하여금 보다 신중하고 정확하게 유언의 의사를 표시하도록 하기 위한 것이므로 입법목적을 달성할 수 있는 적절한 수단이라고 한다.

그리고 피해의 최소성과 법익의 균형성에 대하여는, 자필증서에 의한 유언에서 자서를 요구하는 주소는 유언자의 생활의 근거가 되는 곳이면 되고, 반드시 주민등록법에 의하여 등록된 곳일 필요가 없으므로 자필증서에 의한 유언을 할 정도의 유언자라면 쉽게 이를 기재할 수 있을 뿐만 아니라, 주소의 기재는 반드시 유언 전문과 동일한 지편에 하여야 하는 것은 아니며, 유언증서로서의 일체성이 인정되는 이상 주소는 유언증서를 담은 봉투에 기재하여도 무방하므로 유언의 자유에 대한 침해를 최소화할 수 있고, 민법은 자필증서에 의한 유언 이외에도 녹음에 의한 유언, 공정증서에 의한 유언, 비밀증서에 의한 유언, 구수증서에 의한 유언 등을 마련하고 있으므로 유언자로서는 다른 방식의 유언을 선택하여 유증을 할 수 있는 기회가 열려 있고, 유언자가 민법이 요구하는 유언의 방식을 구비하여 유증을 하기 어려운 경우에는 생전에 민법 제562조의 사인증여를 함으로써 자신의 의사를 관철할 수도 있으며, '주소의 자서'는 다른 유효요건과는 다소 다른 측면에서 의연히 유언자의 인적 동일성 내지 유언의 진정성 확인에 기여하는 것이므로 기본권침해의 최소성 원칙에 위반되지 않을 뿐 아니라 법익 균형성의 요건도 갖추고 있다고 한다.

그러나 이러한 합헌의견의 설시는 설득력이 부족하다.[31] 우선 자필증서 유

---

31) 윤진수, "법률해석의 한계와 위헌법률심사 — 유언자의 주소가 기재되지 않은 자필증서유언을 중

언에 유언자의 주소의 기재를 요구하는 법규정의 목적은 유언자의 인적 동일성을 확인하려는 것이므로, 그 목적 자체의 정당성은 쉽게 인정될 수 있다. 그러나 이러한 목적을 위하여 주소의 기재를 요구하는 것이 방법상 적정한가가 문제이다. 유언자의 인적 동일성은 동명이인이 있는 경우에 문제될 수 있을 것인데, 동명이인의 경우에 유언자의 주소가 기재되지 않았더라도 그 유언의 내용 등에 비추어 보면 누가 한 유언인지를 쉽게 확인할 수 있을 것이며, 이를 확인할 수 없는 경우란 생각하기 어렵다. 비교법적으로 보더라도 자필증서 유언의 요건으로서 주소의 기재를 요구하는 나라를 찾을 수 없다는 것도, 주소의 기재가 없어서 유언자의 동일성을 확인할 수 없을 수 있다는 염려는 할 필요가 없음을 보여준다.

한 걸음 양보하여 주소의 기재가 유언자의 인적 동일성의 확인을 위하여 적정한 방법이라고 하더라도, 주소의 기재가 없는 자필증서 유언을 무효로 하면서까지 주소의 기재를 요구할 이유는 없다. 즉 누가 한 유언인지 문제가 되는 드문 사례의 경우에는 주소의 기재 아닌 다른 방법에 의하여 이를 입증할 수 있는 것이다. 다시 말하여 유언의 내용뿐만 아니라 필적과 같은 유언 자체에 근거한 입증도 가능할 것이고, 그 외에도 다른 증인이나 증거에 의하여 누가 한 유언인지를 밝혀내는 것은 그리 어려운 문제가 아니다. 결국 자필증서 유언에 주소의 기재를 요구하고, 주소의 기재가 누락되었으면 유언을 무효로 하는 것은 방법의 적정성 내지 피해의 최소성이라는 요건을 충족하지 못하는 것으로서 유언의 자유를 침해하여 위헌으로 보지 않을 수 없다. 위 2007헌바128 결정에서의 3 재판관의 위헌의견과 2010헌바250, 456 결정에서의 4인의 위헌의견도 대체로 같은 취지이다.[32]

V. 「포용적 가족문화를 위한 법제개선위원회」의 권고

이제까지 살펴본 것처럼, 우리나라 가족법은 많은 변화를 겪었고, 이 변화는 양성평등과 자녀의 복리 내지 가족의 행복추구권 실현이라는 관점에서 매우 바람직하다. 그러나 아직도 가족법이 개선되어야 할 점은 많이 남아 있다.

심으로 ― ", 민법논고 7권, 박영사, 2015, 344면 이하 참조(처음 발표: 2011).

32) 필자는 주 31)의 논문 초고를 위 결정이 선고되기 전인 2006년에 작성하였고, 이것이 헌법재판소에 전달되었으며, 헌법재판소의 위헌의견은 이를 참고한 것으로 보인다.

　여기서는 우선 포용적 가족문화를 위한 법제개선위원회(이하 '법제개선위원회')의 권고를 살펴본다. 법무부는 2019년 4월 법제개선위원회를 구성하여 약 1년간 포용적 가족문화를 도입하기 위하여 법제를 어떻게 개선할 것인가를 논의하였다. 필자는 그 위원장이었다.[33] 위원회는 그 활동을 마치고, 2020년 4월 국내 아동을 위한 출생통보제 도입, 자녀의 성·본 결정방법 개선, 민법 제915조 징계권 조항 개선의 세 가지 권고를 하였다. 원래는 더 많은 사항을 다루려고 하였으나, 위원회 활동이 생각보다 일찍 종료되어 더 다루지 못하였다.

1. 국내 아동을 위한 출생통보제 도입

　현행법상 부모는 자녀의 출생 후 1개월 이내에 출생신고를 하도록 하고 있으나(가족관계의 등록 등에 관한 법률 제44조 제1항), 부모가 출생신고를 하지 않을 경우 이에 대한 국가의 현황 파악이나 관리가 어려워 아동권리보호에 공백이 있다. 아동권리협약(Convention on the Rights of Child) 제7조 제1항도 아동은 출생 즉시 등록되어야 한다고 규정하고 있다. 대법원 2020. 6. 8. 자 2020스575 결정은, "대한민국 국민으로 태어난 아동에 대하여 국가가 출생신고를 받아주지 않거나 그 절차가 복잡하고 시간도 오래 걸려 출생신고를 받아주지 않는 것과 마찬가지 결과가 발생한다면 이는 그 아동으로부터 사회적 신분을 취득할 기회를 박탈함으로써 인간으로서의 존엄과 가치, 행복추구권 및 아동의 인격권을 침해하는 것이고, 대한민국 국민으로 태어난 아동은 태어난 즉시 '출생등록될 권리'를 가지며, 이러한 권리는 '법 앞에 인간으로 인정받을 권리'로서 모든 기본권 보장의 전제가 되는 기본권이므로 법률로써도 이를 제한하거나 침해할 수 없다고 하였다.

　그리하여 법제개선위원회는 가족관계의 등록 등에 관한 법률의 개정을 통해 국내 의료기관에서 출생한 모든 국내 아동을 누락 없이 국가기관에 통보하도록 하는 출생통보제의 도입을 추진하기로 하였다. 실제로는 의료기관이 건강보험심사평가원에 보험급여 청구를 하면 이를 활용하여 가족관계등록 공무원에게 출생통보를 하는 것이 될 것이다. 이러한 출생통보를 한다고 하더라도 그것만으로 바

---

33) 위원은 신현호 변호사, 조경애 한국가정법률상담소 법률구조부장, 오종근 이화여대 법학전문대학원장(당시), 황정미 강원대 사회과학연구소 연구교수, 임지봉 서강대 법학전문대학원 교수, 배인구 변호사, 정익중 이화여대 사회복지학과 교수, 현소혜 성균관대 법학전문대학원 교수, 서종희 건국대학교 법학전문대학원 교수였다.

로 출생신고가 되는 것은 아니며, 여전히 출생신고 의무자가 출생신고를 하여야 하는데, 일정한 기간 내에 출생신고가 되지 않을 경우 의무자에게 출생신고를 하도록 최고하고, 그래도 출생신고를 하지 않으면 직권으로 출생신고를 할 수 있도록 하여야 한다.

그런데 의료기관 외에서 출생한 자녀에 대한 대책은 마련하지 못하였다. 또한 많이 문제되는 것은 외국인이 국내에서 출생한 경우인데, 이에 대하여는 추후 검토하기로 하였다.[34]

다른 한편 이처럼 출생등록 또는 출생신고가 강제되면, 오히려 출산 사실을 감추려는 사람에 의한 자녀 유기나 심지어는 살해 등이 증가할 우려가 있다. 그리하여 법제개선위원회는 이에 대비하여 모(母)가 일정한 상담 등 엄격한 요건하에 자신의 신원을 감춘 채 출산 후 출생등록할 수 있도록 하는 이른바 익명출산 제도의 도입도 권고하였다.[35] 다만 이 제도가 도입되면 자녀의 자신의 혈연을 알 권리가 제한되는데, 이를 어느 정도까지 보장할 것인가가 문제된다. 참고로 입양 특례법 제36조는 입양특례법에 따라 양자가 된 사람은 아동권리보장원 또는 입양기관이 보유하고 있는 자신과 관련된 입양정보의 공개를 청구할 수 있다고 하면서, 다만 이 경우에는 입양아동의 친생부모의 동의를 받아야 하고,[36] 친생부모가 사망이나 그 밖의 사유로 동의할 수 없는 경우에는 양자가 된 사람의 의료상 목적 등 특별한 사유가 있는 경우에는 친생부모의 동의 여부와 관계없이 입양정보를 공개할 수 있다고 규정한다.

정부는 2022. 3. 4. 국회에 의료기관의 장은 해당 의료기관에서 아이가 출생한 경우 출생 후 14일 이내에 아이의 출생을 시·읍·면의 장에게 통보하도록 하고, 시·읍·면의 장은 의료기관의 장으로부터 통보받은 출생자에 대하여 출생신고가 되었는지를 확인하며, 출생 후 1개월이 지나도록 출생자에 대한 출생신고가 되지 아니한 경우에는 출생신고의무자인 출생자의 부 또는 모에게 7일 이내에 출생신고를 할 것을 최고하도록 하며, 최고기간 내에 출생신고를 하지 아니한 경우

---

34) 외국인 아동을 위한 보편적 출생등록제의 필요성을 역설하는 것으로는 현소혜, "외국인 아동을 위한 보편적 출생등록제의 도입필요성과 도입방안", 가족법연구 제34권 2호(2020), 141면 이하.

35) 이 문제에 대하여는 국내뿐 아니라 외국에서도 찬반의 논쟁이 많다. 이에 대하여는 서종희, "익명 출산제도에 관한 비교법적 고찰", 국민대 법학논총 제27권 2호(2014), 79면 이하 참조.

36) 친생부모가 정보의 공개에 동의하지 아니하는 경우에는 그 친생부모의 인적사항을 제외하고 정보를 공개하여야 한다.

에는 직권으로 가족관계등록부에 출생을 기록하도록 하는 내용의 가족관계의 등록 등에 관한 법률 일부개정법률안을 제출하였다.

2. 자녀의 성

앞에서 본 것처럼 현행 민법은 자녀의 성에 관하여 원칙적으로 아버지의 성을 따르도록 하되, 부모가 혼인신고 시 모의 성과 본을 따르기로 협의한 경우에는 모의 성과 본을 따른다고 규정하고 있다. 이는 비판의 대상이 되고 있는데, 우선 이는 남녀평등에 반한다는 것이고, 다른 한편 자녀의 성 결정 시점을 혼인신고 시로 못박아서, 나중에 자녀의 성을 결정하는 것을 봉쇄하였다는 점이다.

그리하여 법제개선위원회는 자녀의 성과 본을 부모의 협의로 정하는 것을 원칙으로 하도록 권고하였다. 협의의 시점에 대해서는 출생신고 시로 하는 방안과 혼인신고 시에 정하되 출생신고 시에 변경할 수 있도록 하는 방안으로 의견이 나뉘었으나 전자가 더 많았다. 그리고 부모의 협의가 성립하지 않을 경우에는 법원이 자녀의 성본 지정권자를 정하여 그 자의 의사에 따르도록 하자는 의견이 많았으나, 법원이 자녀의 성·본을 직접 정하도록 하자는 의견도 있었다. 그리고 부모가 같은 형제자매의 성본이 동일해야 할 것인지에 관하여는 동일할 필요가 없다는 의견이 많았다.[37]

한편 혼인외 자녀가 인지된 경우 원칙적으로 부성으로 변경되는 제781조 제5항을 종전 성을 유지하는 것을 원칙으로 개정하도록 권고하였다.

그런데 법무부는 현재 이 점에 관한 민법 개정을 추진하지 않고 있다. 반면 헌법재판소에는 민법 제781조 제1항에 대한 헌법소원이 제기되어 있다.

3. 부모의 징계권 규정 개정

민법 제915조는 "친권자는 그 자를 보호 또는 교양하기 위하여 필요한 징계를 할 수 있고 법원의 허가를 얻어 감화 또는 교정기관에 위탁할 수 있다"고 규정하고 있다. 그리하여 종전에는 이 조항으로부터 자녀에 대하여 신체적 고통을 가하는 체벌권이 도출된다고 보았던 것 같다.[38] 그러나 2015. 3. 27. 신설된 아동복

---

37) 외국에서는 부모가 같은 형제자매의 성은 동일하여야 한다고 보는 나라가 많다.

38) 대법원 1986. 7. 8. 선고 84도2922 판결은, "학대죄는 자기의 보호 또는 감독을 받는 사람에게 육체적으로 고통을 주거나 정신적으로 차별대우를 하는 행위가 있음과 동시에 범죄가 완성되는 상

지법 제5조 제2항은, "아동의 보호자는 아동에게 신체적 고통이나 폭언 등의 정신적 고통을 가하여서는 아니 된다"고 규정하여 신체적 고통을 가하는 체벌은 금지되게 되었다. 그럼에도 민법 제915조가 징계권을 규정하고 있기 때문에, 체벌이 허용될 수 있는 것이라는 의문이 있었다. 그리하여 법제개선위원회는 민법 제915조 자체를 삭제하도록 권고하였다. 제915조는 친권자는 법원의 허가를 얻어 감화 또는 교정기관에 위탁할 수 있다고도 규정하고 있으나, 이는 소년법 제4조 제3항의 보호자 통고제도가 있으므로,[39] 굳이 민법에 이러한 규정을 둘 필요가 없다. 다만 제915조를 삭제하더라도, '필요한 징계'에 대한 부분은 '필요한 훈육'에 대한 내용으로 대체하고, 이를 "친권자는 자를 보호하고 교양할 권리의무가 있다"고 규정하고 있는 민법 제913조에 추가하기로 하였다.

그러나 정부는 2020년 10월 15일 민법 제915조를 삭제하는 것을 주된 내용으로 하는 민법 개정안을 제출하였고, 그에 따라 2021년 1월 26일 민법 제915조를 삭제하는 개정이 이루어졌으며, 제913조는 개정되지 않았다.

VI. 앞으로의 과제

여기서는 앞으로의 과제로서 성소수자의 문제, 금혼규정, 부부재산제, 친생추정과 친생부인, 보조생식, 배우자의 상속법상의 지위 및 유류분에 대하여 살펴본다.

태범 또는 즉시범이라 할 것이고 비록 수십회에 걸쳐서 계속되는 일련의 폭행행위가 있었다 하더라도 그 중 친권자로서의 징계권의 범위에 속하여 위 위법성이 조각되는 부분이 있다면 그 부분을 따로 떼어 무죄의 판결을 할 수 있다"고 판시하였다.

39) 제4조(보호의 대상과 송치 및 통고) ① 다음 각 호의 어느 하나에 해당하는 소년은 소년부의 보호사건으로 심리한다.
  1. 죄를 범한 소년
  2. 형벌 법령에 저촉되는 행위를 한 10세 이상 14세 미만인 소년
  3. 다음 각 목에 해당하는 사유가 있고 그의 성격이나 환경에 비추어 앞으로 형벌 법령에 저촉되는 행위를 할 우려가 있는 10세 이상인 소년
     가. 집단적으로 몰려다니며 주위 사람들에게 불안감을 조성하는 성벽(性癖)이 있는 것
     나. 정당한 이유 없이 가출하는 것
     다. 술을 마시고 소란을 피우거나 유해환경에 접하는 성벽이 있는 것
  ② (생략)
  ③ 제1항 각 호의 어느 하나에 해당하는 소년을 발견한 보호자 또는 학교 · 사회복리시설 · 보호관찰소(보호관찰지소를 포함한다. 이하 같다)의 장은 이를 관할 소년부에 통고할 수 있다.

1. 성소수자

성소수자라고 하면 LGBT, 즉 동성애자, 양성애자 및 성전환자를 가리킨다.[40] 근래에는 남성이나 여성으로 분류할 수 없는 간성(Intersex)을 추가하여 LGBTI라고도 한다. 여기서는 성전환자와 동성애자에 대하여 살펴본다.

(1) 성전환

대법원 2006. 6. 22. 자 2004스42 전원합의체 결정은, 성전환자에 해당함이 명백한 사람에 대하여는 그의 인간으로서의 존엄과 가치를 향유하며 행복을 추구할 권리와 인간다운 생활을 할 권리를 보장하기 위하여, 호적정정에 관한 당시의 호적법 제120조[41]의 절차에 따라 호적의 성별란 기재의 성을 전환된 성에 부합하도록 수정할 수 있도록 허용함이 상당하다고 판시하였다. 위 결정은 성전환자의 인권 보호라는 점에서 획기적인 의의를 가진다.

그러나 위 결정의 이론적인 근거에 대하여는 논란이 없지 않다. 위 결정은 이것이 당시의 호적법 제120조의 해석상 가능하다고 하였다. 그러나 이는 헌법합치적 해석이라기보다는 호적법 제120조의 유추에 의하여 법적 공백을 보충한 것으로 이해하는 것이 정당할 것이다. 나아가 이러한 유추는 기본권 보호라는 측면에서 정당화될 수 있을 것이다.[42] 현재 학자들도 대체로 위 결정을 긍정적으로 평가하고 있으며, 반대하는 견해는 찾아보기 어렵다.

그렇지만 위 대법원 판례만으로 문제가 모두 해결되는 것은 아니다. 현재는 대법원의 성전환자의 성별정정허가신청사건 등 사무처리지침(개정 2020. 2. 21. 가족관계등록예규 제550호)이 이 문제를 규율하고 있으나, 위 지침이 성전환의 요건을 너무 엄격하게 규정하고 있을 뿐만 아니라,[43] 기본적으로 이는 법률에 의하여 규율하여야 할 사항이다.

한편 대법원 2011. 9. 2. 자 2009스117 전원합의체 결정의 다수의견은, 성전

---

40) Lesbian, Gay, Bisexual, Transgender.
41) 현행 가족관계의 등록 등에 관한 법률 제104조에 해당한다.
42) 윤진수 (김수인 역), "성전환자의 인권 보호에 있어서 법원의 역할", 민법논고 제7권, 박영사, 2015, 99-100면(처음 영문 발표: 2008) 참조.
43) 위 개정 전의 예규는 성년자인 경우에도 성별정정 신청을 하려면 부모의 동의를 받을 것을 요구하고 있었으나, 개정된 예규는 이를 없앴다.

환자가 혼인 중에 있거나 미성년자인 자녀가 있는 경우에는, 가족관계등록부에 기재된 성별을 정정하여 배우자나 미성년자인 자녀의 법적 지위와 그에 대한 사회적 인식에 곤란을 초래하는 것까지 허용할 수는 없으므로, 현재 혼인 중에 있거나 미성년자인 자녀를 둔 성전환자의 성별정정은 허용되지 않는다고 판시하였다. 이에 따라 위 사무처리지침은 법원은 성별정정허가신청사건의 심리를 위하여 신청인에 대하여 조사할 수 있는 사유로서 신청인이 현재 혼인 중인지, 신청인에게 미성년인 자녀가 있는지 여부를 들고 있다.

그러나 우선 신청인에게 미성년 자녀가 있는지 여부는 원칙적으로는 고려할 사항이 될 수 없다. 위 결정은 미성년자인 자녀의 복리를 강조하면서, 성전환자에게 미성년자인 자녀가 있음에도 성별정정을 허용한다면 미성년자인 자녀의 입장에서는 법률적인 평가라는 이유로 부(父)가 남성에서 여성으로, 또는 모(母)가 여성에서 남성으로 뒤바뀌는 상황을 일방적으로 감내해야 하므로, 이로 인한 정신적 혼란과 충격에 노출될 수 있음을 쉽게 짐작할 수 있고, 또 성별정정을 허용하게 되면 가족관계증명서상 동성혼의 외관이 현출될 수밖에 없는데, 미성년자인 자녀는 취학 등을 위해 가족관계증명서가 요구될 때마다 동성혼의 외관이 현출된 가족관계증명서를 제출할 수밖에 없으므로, 동성혼에 대한 사회적 차별과 편견은 엄연한 현실이고, 미성년자인 자녀를 이러한 사회적 차별과 편견에 무방비하게 노출되도록 방치하는 것은 친권자로서 또는 사회구성원으로서의 기본적인 책무를 도외시하는 것이라고 하였다.

그렇지만 미성년인 자녀들이 충격을 받는다고 하더라도 이는 성별정정 허가 자체에 의한 것이 아니고, 그 전의 부 또는 모의 변화에 의한 것이다. 그러므로 성별정정 허가 자체가 자녀에게 심리적인 충격을 주는 것은 아니고, 따라서 자녀의 심리적 충격이라는 것은 미성년 자녀를 둔 성전환자의 성별정정을 불허할 이유가 될 수 없다. 또 현행법상 동성혼이 허용되고 있지 않음은 명백하므로, 가족관계등록부의 기재로 인한 '동성혼의 외관'은 애초 성립할 여지가 없다. 추측컨대 위 결정의 진의는 성별정정 허가에 의하여 동성혼의 외관이 현출된다는 점보다는, 가족관계증명서의 기재에 의하여 부나 모가 성전환을 하였다는 사실이 다른 사람에게 알려짐으로써 자녀가 고통을 받을 것임을 우려하는 것으로 보인다. 그렇지만 이는 성전환자에 대한 사회적 차별과 편견을 기정사실로 하여, 미성년 자녀가 이에 노출되어서는 안 된다는 것으로서, 문제가 있는 논증이다. 달리 말한다면 위 결정 자체가 성전환 자체를 부정적인 것으로 보면서, 은혜적으로 성별정정을 허가하는 것이라고 보일 소지가 있고, 위 결정이 그러한 사회적 차별과 편견을 묵인 내지 조장하는 것이라는 비판을 받을 수 있다. 그러므로 미성년 자녀가 있다는 이유만으로 성별정정을 불허하여서는 안 된다.[44]

　　다른 한편 위 결정은 현재 혼인 중에 있는 성전환자에 대하여도 성별정정을 허용할 수 없다고 하였다. 이 문제는 동성혼인(same-sex marriage)을 인정하는지 여부와 관련이 있다. 근래에는 동성혼인을 인정하는 국가가 늘어나고 있는데, 동성혼인을 인정한다면 굳이 성별정정의 요건으로서 혼인 중이 아닐 것을 요구할 필요는 없을 것이다. 반면 우리나라와 같이 동성혼인을 인정하지 않는 경우에도 그렇게 볼 수 있을까 하는 것은 논란이 될 수 있다. 영국에서는 2004년 성전환자의 성별변경을 인정하는 성별승인법이 통과되고 2013년에 동성혼인을 허용하기 전까지는 성별정정의 요건으로서 혼인 중이 아닐 것이 요구되었다. 그러나 독일 연방헌법재판소 2008. 5. 27. 결정[45]은 당시에 아직 동성혼인을 인정하지 않고, 동성간의 생활동반자관계(Lebenspartnerschaft)만을 인정하고 있을 때인데,[46] 혼인 중인 사람의 성별 정정을 인정하기 위하여는 그가 이혼하여야만 한다고 규정한 성전환법은 위헌이라고 하였다. 이 문제에 대하여는 좀 더 깊이 있는 검토를 필요로 한다.

　　그리고 위 2004스42 결정이나 2009스117 결정은, 성전환자가 출생 시와는 달리 전환된 성이 법률적으로도 그 성전환자의 성이라고 평가받을 수 있기 위하여는 성전환수술을 받고 반대 성으로서의 외부 성기를 비롯한 신체를 갖추어야 한다고 보았다. 그러나 하급심 판례 가운데에는 성전환 수술을 받지 않은 경우에도 성별정정 허가를 한 사례가 있다. 서울서부지법 2013. 11. 19.자 2013호파1406 결정은 외부 성기의 형성이 없어도 여성에서 남성으로 성별정정 허가를 할 수 있다고 하였고, 청주지법 영동지원 2017. 2. 14. 자 2015호기302 결정은, 남성에서 여성으로의 성별정정도 외부 성기의 형성 없이도 허용된다고 하였다. 현재

---

44) 윤진수, "미성년 자녀를 둔 성전환자의 성별정정", 서울대학교 법학 제61권 3호(2020), 1면 이하 참조.
45) NJW 2008, 3117.
46) 독일에서는 동성혼인이 2017년에 인정되었다.

여성에서 남성으로 성별정정을 하는 경우에는 성전환수술을 요구하지 않는 사례
들이 여럿 있으나,[47] 남성에서 여성으로의 성별정정에서 외부 성기의 형성을 요
구하지 않는 사례는 위 영동지원 결정 외에는 알려진 바 없다.

해외에서도 초기에는 성별정정의 요건으로서 일반적으로 성전환증 내지 성
별 위화감이 존재한다는 정신과 진단뿐만 아니라 성전환수술과 같은 방법에 의한
불임(생식능력 결여)이 요구되어 왔다. 그러나 근래에는 생식능력 결여를 요구하는
것이 현실적·의료적 견지에서 불합리하며 인권 침해적이라는 비판이 지속적으
로 제기됨에 따라 불임 요건이 점차 철폐되고 있다.[48]

이러한 문제는 명문의 법적 근거 없이 법원이 해석에 의하여 해결할 수 있는
범위를 넘어선 것으로 보인다. 그러므로 성전환자의 문제를 포괄적으로 규율할
수 있는 법률의 제정이 시급하다.

(2) 동성혼인

2000년 네덜란드가 동성 사이의 혼인을 허용한 이래, 현재까지 동성혼인
(same-sex marriage)을 허용하는 나라는 29개국이라고 한다. 그리고 혼인은 아니
지만 그에 준하는 동성 사이의 결합(civil partnership)을 인정하는 나라들도 있
다.[49] 그러나 우리나라에서는 아직 동성혼인이나 동성 사이의 결합이 인정되지
않고 있다.[50]

학설로서는 헌법과 민법의 해석상 동성혼인이 인정된다는 주장[51]도 있다.
그러나 우선 민법은 혼인의 당사자를 부부(夫婦)라고 표현하여 당사자가 서로 성
이 다를 것을 당연한 것으로 보고 있으므로(제826조 등), 현행법상 민법의 해석상
동성혼인이 인정된다고 할 수는 없다. 나아가 헌법 제36조 제1항은 "혼인과 가족

---

47) 이 경우(FTM)는 그 반대의 경우, 즉 남성에서 여성으로 성전환하는 경우(MTF)보다 비용이 더 많
이 들뿐만 아니라 위험성이 더 크다고 한다.
48) 홍성필·이승현, "성전환자의 법적 성별 변경허용시 의료조치 강제에 대한 국제법적 평가", 국제
법학회논총 제58권 2호(2013), 133면 등.
49) 위키피디아의 same-sex marriage에 대한 영어 설명. https://en.wikipedia.org/wiki/Same-sex_
marriage#Same-sex_marriage_around_the_world
50) 서울서부지방법원 2016. 5. 25. 자 2014호파1842 결정 및 그 항고심인 서울서부지방법원 2016.
12. 5. 자 2016브6 결정 참조.
51) 예컨대 성중탁, "동성(同性)혼에 관한 법적 쟁점과 전망", 가족법연구 제31권 1호(2017), 229면
이하; 손명지, "동성혼에 대한 재고", 가족법연구 제33권 3호(2019), 1면 이하 등.

생활은 개인의 존엄과 양성의 평등을 기초로 성립되고 유지되어야 하며"라고 규정하여 혼인이 이성 간의 결합임을 전제로 하고 있으므로, 동성혼인을 인정하지 않는 것이 위헌이라고는 할 수 없다. 기본적으로 민법이나 헌법이 제정될 당시에는 동성혼인이라는 것은 없었으므로, 민법 제정자뿐만 아니라 헌법 제정자도 혼인이 이성 사이의 결합이라는 것에는 아무런 의문을 가지지 않았다. 그런데 그 후 혼인의 개념을 동성 사이도 포함하는 것으로 확장하기 위하여는 그럴 만한 충분한 이유가 있어야 한다.[52]

다만 동성애자도 헌법 제10조가 규정하는 행복추구권을 누릴 수 있어야 한다는 관점에서는 법률로써 동성혼을 인정하는 것은 바람직할 것이다. 독일에서는 연방헌법재판소의 판례와 학설이 독일 기본법 제6조의 혼인은 이성 간의 결합만을 의미한다고 보고 있었으나, 2017년 의회가 혼인의 개념에 동성혼을 포함시키는 것으로 독일 민법 제1353조 제1항을 개정하였다.[53]

2. 금혼규정의 재검토

앞에서 설명한 동성동본 금혼규정에 대한 헌법재판소의 결정은 중대한 의의를 가진다. 그러나 이 결정 이후에는 우리 민법의 금혼 규정이 헌법적으로 타당한가에 대하여는 그다지 논의가 이루어지지 않고 있다. 그렇지만 우리 민법상의 금혼규정은 지나치게 혼인 상대방 선택의 자유를 침해하고 있어서 위헌적인 요소가 많다.[54]

민법 제809조에 따르면 우선 출생에 의하여 맺어지는 자연혈족은 8촌 이내에서는 혼인하지 못하고(제1항), 이는 친양자의 입양에 의하여 친족관계가 소멸하는 자연혈족 사이에도 마찬가지이다. 입양에 의하여 맺어지는 법정혈족도 마찬가지이지만(제1항), 파양 또는 입양의 취소에 의하여 입양관계가 해소되면 6촌 내의 법정혈족이었던 자 사이의 혼인도 금지된다(제3항). 그리고 인척 사이의 혼인은 6촌의 범위 내에서 금지된다(제2항). 다만 입양에 의하여 맺어진 인척 사이에서는

---

52) 헌법의 조문은 그대로 있으면서 그 의미내용이 실질적으로 변경되는 이른바 헌법변천(Verfassungswandel)이라는 개념이 논의되고 있으나, 동성혼을 헌법상 규정된 혼인 개념에 포함시키는 것이 이러한 헌법변천에 해당할지는 의문이다.

53) 윤진수, "유럽에서의 동성혼인 및 동성결합에 관한 최근의 동향", 가족법연구 제35권 2호(2021), 1면 이하 참조.

54) 이하는 윤진수(주 15), 258면 이하 참조.

입양관계가 해소된 때에는 4촌 이내의 인척이었던 자 사이의 혼인은 금지된다(제3항).

우선 자연혈족인 근친 사이의 혼인을 금지하는 것에는 합리적인 이유가 있다. 유전적인 질병의 열성 유전자를 공유할 확률이 남남 사이에 비하여 높고, 따라서 근친이 혼인하여 출생한 자녀가 이러한 유전적인 질병을 나타낼 확률이 높기 때문이다. 그러나 4촌을 벗어나면 그러한 확률은 매우 낮아진다.[55] 우리 민법은 8촌까지의 방계혈족 사이의 혼인을 금지하고 있으나, 다른 나라에서는 이처럼 광범위하게 혼인을 금지하는 예를 찾기 어렵고, 중국이나 대만에서는 6촌까지의 혼인을 금지한다. 그러므로 현행법의 규정을 바로 위헌이라고 하기는 어렵겠지만, 입법론으로는 그 범위를 더 좁힐 필요가 있다.

반면 인척 사이의 혼인, 특히 방계인척 사이의 혼인은 이를 금지할 특별한 이유가 없다. 인척 사이의 혼인을 금지하는 이유로서는 가까운 친족 사이의 혼인은 가정의 안전을 해칠 수 있다는 점과 친족 사이의 혼인 금지는 그에 대한 본능적인 도덕적 거부에 기인한다는 점을 든다. 그러나 방계인척관계를 발생시킨 기존의 혼인이 사망에 의하여 해소된 때에는 방계인척 사이의 혼인이 특별히 가정의 안전을 해칠 우려가 있다고 볼 수 없다. 나아가 가정의 안전을 지킨다는 법익이, 당사자 사이의 혼인의 자유를 제한함으로써 침해되는 이익보다 크다고 할 수 있는가? 이 점은 부정되어야 한다. 이와 같이 비난받을 만한 사정은 간통죄를 범한 상간자들이 서로 혼인하는 경우와 공통되는데, 우리나라에서도 과거에는 이러한 상간자의 혼인을 허용하지 않았으나, 현행 민법은 이러한 규정을 두지 않고 있으며, 다른 나라에서도 현재에는 이러한 것을 찾기 어렵다. 그런데 상간자가 방계인척인 경우에만 혼인을 금지하는 것은 헌법상 평등의 원칙에도 어긋나는 것이다. 이러한 방계인척 사이에 부정행위의 위험이 특별히 더 높다고 볼 수도 없다. 그리고 방계인척 사이의 혼인에 대하여 특별히 도덕적인 거부감이 존재한다고 보기도 어렵다.

그러면 직계인척 사이의 혼인 금지도 위헌이라고 보아야 할까? 방계인척 사

---

55) 형제자매가 유전자를 공유할 확률은 1/2이고, 그들의 자녀인 4촌 남매가 유전자를 공유할 확률은 1/8(12.5%)이며, 이 4촌 남매 사이에서 출생한 자녀가 유전자를 공유할 확률은 1/16(6.25%)이다. 6촌 남매 사이에서 출생한 자녀가 유전자를 공유할 확률은 1/64이고, 8촌 남매 사이에서 출생한 자녀가 유전자를 공유할 확률은 1/256이다.

이의 혼인을 금지하는 입법례는 매우 예외적이지만, 직계인척 사이의 혼인을 금지하는 나라는 그보다 많고, 영국이나 미국에서도 계부모-계자녀 사이의 혼인은 제한적으로만 인정된다. 관점에 따라서는 직계인척 사이의 금혼 또한 방계인척 사이의 금혼과 마찬가지로 법익의 균형성을 갖추지 못하였다고 볼 여지도 있다. 그러나 이는 달리 봄이 옳을 것이다. 왜냐하면 가령 시아버지와 며느리 사이의 부정행위는 형부와 처제 사이의 부정행위보다 배우자에 대한 충격이 훨씬 클 것이기 때문이다. 따라서 이러한 행위는 막을 필요성이 크고, 이는 혼인의 자유를 제한함으로써 생길 수 있는 손실보다도 더 크다고 보아야 할 것이다. 다만 혼인의 금지를 유지할 필요가 없는 사정이 있다면, 법원이 그 금지를 해제하도록 하면 될 것이다. 예컨대 종전의 혼인 당사자 일방이 이미 사망하였다든지, 이들이 혼인에 반대하지 않는 경우 등을 생각해 볼 수 있다. 이것이 법익의 균형성 면에서도 적절한 방법일 것이다.56)

입양으로 인한 혼인 제한에 관하여는 입법례 사이에 차이가 많다. 우선 입양관계가 해소된 때에 관하여 본다. 이때에는 입양에 의한 방계혈족 사이의 혼인을 금지할 특별한 이유가 없다. 이는 입양에 의한 남매 사이라도 마찬가지이다. 이는 대체로 방계인척 사이의 혼인 금지와 마찬가지라고 볼 수 있다. 반면 입양에 의한 직계혈족 사이, 즉 양부모와 양자와 같은 경우에는 입양이 해소되더라도 여전히 혼인을 금지하여야 할 것이다. 이때에도 가족 내에서 성적 경쟁(sexual rivalry)의 문제가 생길 수 있을 뿐만 아니라, 특히 양자의 경우에는 혼인 여부의 결정이 과연 자유롭게 이루어진 것인가에 대하여 의문이 있을 수 있다.

그렇다면 입양관계가 존속하는 경우는 어떻게 보아야 할 것인가? 우선 입양으로 인한 직계혈족 사이의 혼인이 금지되어야 함은 더 말할 필요가 없다. 문제는 입양으로 인한 방계혈족 사이의 혼인도 금지되어야 하는가 하는 점이다. 그러나 양자도 일단 친생자와 법률상 지위가 동일하다고 본다면, 혼인의 허용 여부에 관하여도 친생자와 동일하게 다루는 것이 균형이 맞을 것이다. 그렇지만, 이는 사정에 따라 이들의 혼인의 자유를 심각하게 제한하는 결과가 될 수도 있다. 특히 많은 경우에는 입양은 자녀들의 의사와는 관계없이 이루어질 수 있기 때문에 더

56) 독일에서도 1998년 개정 전까지는 법원이 인척임을 이유로 하는 혼인금지에 대하여 면제를 선언할 수 있다고 규정하고 있었다.

욱 그러하다. 그러므로 이러한 때에는 독일의 입법례에서와 같이 원칙적으로는 혼인을 금지하되, 법원이 금지를 해제함으로써 혼인할 수 있는 길을 열어주는 것이 필요할 것이다.

현재 헌법재판소에는 8촌 이내 혈족 사이에서의 혼인을 금지하고 이를 혼인의 무효 사유로 규정한 민법 제809조 제1항이 위헌이라는 헌법소원 사건(2018헌바115)이 계속중이다. 헌법재판소는 2020년 11월 12일 이 사건에 관하여 공개변론을 열었으나, 아직 선고는 이루어지지 않았다.[57]

3. 부부재산제도

(1) 별산제인가 공동재산제인가?

현재 우리나라의 부부재산제는 부부별산제이고, 다만 이혼과 같이 혼인이 해소된 경우에는 재산분할을 허용하고 있다. 그런데 혼인 중 취득한 재산은 부부의 공동재산으로 하는 공동재산제로 바꾸어야 한다는 주장이 있다.

과거 국회에는 이러한 취지의 민법 개정안이 발의된 적이 있다.[58] 학설 중에도 이와 같은 취지의 주장이 있다.[59] 그러나 상당수의 학자들은 이러한 공유재산제에 대하여 회의적이다. 즉 공동재산제는 채무도 부부가 공동으로 부담하게 되고, 공동재산의 공동관리가 기술적으로 어려우며, 공동재산과 고유재산의 구별이 불명확하다는 점, 부부의 일방과 거래하는 제3자의 보호가 문제될 수 있다는 점 등이 문제라는 것이다.[60] 그러므로 현행 별산제를 기본으로 하면서 이혼 후 재산분할을 인정하는 현행 법정부부재산제를 그대로 유지하고, 다만 그 문제점을 보완하는 것이 바람직할 것이다.

---

57) 현소혜, "현행 민법상 근친혼 제도의 위헌성", 가족법연구 제34권 3호(2020) 참조.

58) 제17대 국회에서는 최순영 의원이 이러한 취지의 민법 개정안을 대표발의하였고, 제20대 국회에도 정춘숙 의원이 이러한 개정안을 대표발의한 바 있다.

59) 김태선, "양성평등을 위한 부부재산제 개정방향", 입법과 정책 제9권 3호(2017), 27면 이하. 다만 여기서는 미국 통일혼인재산법의 법리에 따라 부부재산에 대해 혼인 내부관계에서 부부가 균등한 지분권을 가지지만 외부 관계에서는 소유명의에 따른 관리·처분을 인정하자고 하는데, 이는 일반적으로 이해하는 공동재산제와는 차이가 있다.

60) 이화숙, 비교 부부재산관계법, 세창출판사, 2000, 138-139면; 이화숙, "부부재산제의 이상에 비추어 본 입법론과 개정안", 인권과 정의(2008. 5), 74면; 김주수·김상용, 친족·상속법(제17판), 법문사, 2022, 143면(여기서는 공동재산제를 공유제라고 표현하고 있다); 윤진수, "민법개정안 중 부부재산제에 관한 연구", 민법논고 제4권(주 16), 262면(처음 발표 2006) 등.

(2) 혼인 중 부부재산의 처분제한

제17대 국회에서 정부가 2006년 11월 7일 제안한 민법 개정안은 부부재산의 처분제한에 대하여 다음과 같이 규정하였다. 즉 부부의 일방은 다른 일방이 거주하는 주거용 건물(다른 일방의 주민등록지에 소재하는 것에 한한다) 또는 그 주거용 건물에 대한 권리와 그 주거용 건물의 대지 또는 그 대지에 대한 권리나, 다른 일방이 거주하는 주거용 건물(다른 일방의 주민등록지에 소재하는 것에 한한다)에 대한 임대차보증금반환청구권을 양도하거나 이러한 건물 또는 권리에 대하여 제한물권이나 임차권 또는 질권을 설정하는 경우에는 다른 일방의 동의를 얻어야 하고, 부부의 일방이 다른 일방의 동의 또는 그 동의에 갈음하는 결정을 받지 아니하고 이러한 행위를 한 때에는 그 행위를 취소할 수 있다는 것이다. 그러나 이는 국회에서의 심의 과정에서 주로 거래의 안전을 해친다는 이유로 받아들여지지 아니하였다.

그리고 제20대 국회에서 김삼화 의원이 대표 발의한 민법 개정안 제831조의2와 정춘숙 의원이 대표 발의한 민법 개정안 제831조의2도 대체로 그와 같은 취지이지만,[61] 동의를 얻지 않은 행위의 취소는 선의의 제3자에게 대항하지 못한다고 하였다. 그러나 이 개정안들은 20대 국회의 회기 만료로 폐기되었다.

생각건대 거주권은 개개인의 생존을 위하여 필수불가결한 것이라고 할 수 있다. 따라서 일방 배우자가 주거용 건물이 자신의 소유라고 하여 타방 배우자의 동의 없이 일방적으로 처분함으로써 타방 배우자가 거주할 장소를 잃게 되는 경우에는 국가가 개입하여 이러한 결과를 방지하여야 할 책무가 있다. 이러한 의미에서 거주권의 보호는 주택임대차보호법의 경우에서 볼 수 있는 것처럼 일정한 범위에서는 거래의 안전에도 우선하는 법익이라고 할 수 있을 뿐만 아니라, 주민등록제도와 결합하면 어느 정도는 거래의 안전과도 조화시킬 수 있다고 생각된다. 외국에도 그러한 취지의 입법례가 많다.[62]

(3) 혼인중 재산분할

17대 국회에서 정부가 제안한 민법 개정안 제831조의3은 혼인 중의 재산분

---

61) 다만 정춘숙 의원안은 주거뿐만 아니라 생계를 위한 영업용 자산을 양도하거나 이를 담보로 제공하는 경우에도 배우자의 동의를 얻어야 하도록 하였다.

62) 윤진수(주 60), 242-249면 참조.

할을 규정하였다. 그 사유는 부부의 상대방이 일방의 동의 없이 주거 등을 처분한 때, 정당한 사유 없이 부양의무를 상당한 기간 동안 이행하지 아니한 때, 이혼에 따른 재산분할청구권의 행사가 현저히 곤란하게 될 우려가 있는 때, 부부가 정당한 이유 없이 2년 이상 별거하고 있는 때이다.

　　이러한 혼인 중 재산분할을 인정하여야 할 이유로서는 부부 일방이 혼인 중에 취득한 재산을 낭비하여 가족의 장래를 위태롭게 하는 경우에도 그 재산을 형성하는 데 기여한 상대방 배우자는 이혼 청구를 하지 않고서는 재산의 분할을 청구할 수 없고, 따라서 재산을 보호하기 위하여 어쩔 수 없이 이혼을 해야만 하는 경우가 발생하고 있으므로 굳이 이혼을 하지 않더라도 자신의 기여에 따른 재산의 분할을 허용하는 것이 합리적이고, 그 외에도 장래의 분할 청구권이 위태롭게 될 가능성이 있는 경우에는 혼인 중에도 재산분할 청구를 인정하여야 하며, 부부의 일방이 장기간 부양의무를 이행하지 않는 경우에는 다른 일방의 생계가 곤란해질 뿐만 아니라 장래의 재산분할청구권도 위태롭게 될 가능성이 있으므로 혼인중의 분할 청구를 인정하여야 하고, 부부가 장기간 별거하는 경우에도 혼인공동체가 이미 사실상 해소되어 있으므로 혼인중의 분할 청구를 인정하여야 한다고 한다.[63] 그 외에도 별거 중에 있으면서도 이혼을 원하지 않는 경우에 재산분할 청구가 가능해진다면 자신 명의의 재산권을 갖지 못한 배우자의 정당한 재산권 행사가 가능해진다고 하는 주장도 있다.[64]

　　이처럼 혼인 중에도 일정한 사유가 있으면 재산분할을 허용하여야 한다는 견해는 타당하다고 생각된다. 외국의 입법례 가운데에도 독일 민법 제1385조, 제1386조는 이를 인정하고 있다. 20대 국회에서 정춘숙 의원안도 혼인중의 재산분할을 제안하였다.

(4) 재산분할의 균등원칙

　　제17대 국회에서 정부가 제안한 제839조의2 제2항 개정안은 다음과 같았다.

---

63) 김상용, "부부재산제 개정을 위한 하나의 제안", 가족법연구 Ⅱ, 법문사, 2006, 98-99면.
64) 양정숙, "지정토론문 1", 「부부재산제」 공청회 자료, 가사소년제도개혁위원회 자료집, 서울가정법원 가사소년제도개혁위원회(2005. 6), 232면.

> ② 제1항의 재산분할에 관하여 협의가 되지 아니하거나 협의할 수 없는 때에는 가정
> 법원은 당사자의 청구에 의하여 당사자 쌍방의 협력으로 이룩한 재산의 액수 기타
> 사정을 참작하여 분할의 액수와 방법을 정한다. 이 경우 당사자 쌍방의 협력으로 이
> 룩한 재산은 균등하게 분할함을 원칙으로 한다.(밑줄친 부분이 개정안)

종래 재산분할 비율에 관하여는 실무상 반드시 일정한 관행이 형성되어 있
다고 말하기는 어려우나, 전업주부의 경우에는 직업을 가진 여성에 비하여 낮은
비율로 재산분할을 받고 있는 것이 일반적이다. 그러나 이는 여성의 가사노동을
낮게 평가한 데 기인한 것이라는 비판이 유력하다. 외국에서도 재산분할의 비율
을 1/2로 고정하거나, 균등분할(1/2)을 원칙으로 하고 균등분할이 형평에 어긋나
는 경우에만 이에서 벗어날 수 있다고 하는 입법례들이 있다.

그러므로 재산분할의 기본 출발점은 균등분할이 되어야 할 것이다. 문제는
균등분할을 원칙으로 하되 법원의 재량을 인정할 것인가, 아니면 균등분할로 고
정하고 법원의 재량을 인정할 필요가 없는가 하는 점인데, 법원의 재량을 인정하
지 않으면 구체적인 경우에 타당성을 결여하게 될 우려가 있으므로 균등분할을
원칙으로 하고 법원의 재량에 의하여 분할 비율을 가감할 수 있도록 하는 것이
타당할 것이다.

4. 친생추정과 친생부인

민법 제844조는 아내가 혼인 중에 임신한 자녀는 남편의 자녀로 추정하고,
혼인이 성립한 날부터 200일 후에 출생한 자녀나 혼인관계가 종료된 날부터 300
일 이내에 출생한 자녀는 혼인 중에 임신한 것으로 추정한다. 그리고 제846조와
제847조는 친생부인의 소에 관하여 규정하는데, 친생추정이 미치는 자녀에 대하
여는 친생부인의 소에 의하지 않으면 그 친생추정을 깨뜨릴 수 없다. 제846조는
친생부인권자를 부부, 즉 아버지로 추정되는 자녀를 출산한 여자의 남편과 출산
한 여자로 한정한다. 그리고 제847조는 친생부인의 소는 부(夫) 또는 처가 그 사
유가 있음을 안 날부터 2년 내에 이를 제기하여야 한다고 규정한다. 한편 2017년
개정된 민법 제854조의2는, 혼인관계가 종료된 날부터 300일 이내에 출생하여 제
844조 제3항에 의하여 혼인 중에 임신한 것으로 추정되는 자녀에 대하여, 어머니

또는 어머니의 전(前) 남편은 가정법원에 친생부인의 허가를 청구할 수 있다는 새로운 제도를 창설하였다. 그리고 같이 개정된 제855조의2도 그러한 경우에 생부(生父)가 가정법원에 인지의 허가를 청구할 수 있다고 규정하고 있고, 그 요건은 제854조의2와 마찬가지이다.

대법원은 1983. 7. 12. 선고 82므59 전원합의체 판결 이래, 부부의 한쪽이 장기간에 걸쳐 해외에 나가 있거나 사실상 이혼으로 부부가 별거하고 있는 경우 등 동서(同棲)의 결여로 처가 부(夫)의 자를 포태할 수 없음이 외관상 명백한 경우에는 그러한 추정이 미치지 않고, 따라서 이때에는 친자관계부존재확인의 소를 제기할 수 있다고 하였다. 그러나 이러한 외관설은 가족관계등록 공무원이 형식적 심사에 의하여 동서(同棲)의 결여로 처가 부(夫)의 자를 포태할 수 없음이 외관상 명백한 경우를 가려낼 수 있는 방법이 없다는 점에서 이론적으로 문제가 있다.

뿐만 아니라 2005년 민법이 개정된 후에는 이와 같이 볼 현실적 필요성이 사실상 소멸되게 되었다. 2005년 개정 전에도, 이처럼 처가 부(夫)의 자를 포태할 수 없음이 외관상 명백한 경우에는, 부(夫)가 자신의 처가 자녀를 출산하였다면 그 때 이 자녀가 자신의 자녀가 아님을 알았을 것이고, 따라서 당시의 민법하에서도 1년의 제소기간 내에 친생부인의 소를 제기하는 것이 얼마든지 가능하였다. 다만 당시에는 친생부인권자가 부(夫)뿐이었으므로, 부(夫)가 친생부인의 소를 제기하지 않는다면 처라 하여도 친생자관계를 다툴 방법이 없었다. 그러나 2005년 민법 개정에 따라 처도 친생부인권자로 추가되었으므로, 이러한 불합리는 상당 부분 사라지게 되었다. 따라서 민법의 명문 규정상 인정되지 않는 이러한 외관설을 계속 유지할 필요가 있는지는 의문이다.[65]

이외에도 제844조의 적용 범위를 규정보다 제한하여 적용하려는 제한설로서는 객관적·과학적으로 부자관계가 있을 수 없음이 증명된 경우에는 추정이 미치지 않는다는 혈연설, 이미 지켜져야 할 가정이 붕괴되고 있는 경우에 한하여 혈연주의를 우선시켜 추정이 미치지 않는다는 가정파탄설, 당사자나 관계인의 친생자가 아니라는 점에 대한 동의가 있는 경우에는 추정이 미치지 않는다는 동의설 및 유전자 배치와 같이 부(夫)와 자(子) 간에 혈연관계가 존재하지 않음이 과학적

---

65) 윤진수, "친생추정에 관한 민법개정안", 가족법연구 제31권 1호(2017), 11-12면. 또한 주해친족법 제1권(주 2), 562면 이하(권재문)도 같은 취지이다. 그러나 대법원 2021. 9. 9. 선고 2021므13293 판결은 외관설을 택한 종래의 판례를 유지하였다.

으로 증명되었고, 부(夫)와 자(子) 간에 사회적 친자관계도 소멸한 경우에는 친생추정이 미치지 않는다고 보는 사회적 친자관계설이 주장되고 있다.

그러나 우선 친생추정이 미치는지 여부는 출생 당시를 기준으로 하여, 부모가 언제 혼인하였는가, 아내가 자녀를 언제 임신하였는가에 따라 결정된다. 따라서 출생 이후의 사정을 이유로 하여 친생추정이 미치는지 여부가 달라질 수는 없다. 그러므로 가정파탄설, 동의설 및 사회적 친자관계설은 출생신고 이후의 사정에 따라 친생추정이 미치는지 여부를 결정하려는 것이므로, 처음부터 성립할 수 없는 주장이다. 그리고 혈연설은 현행 민법상 친생추정제도를 형해화(形骸化) 내지 공동화(空洞化)하는 것으로서, 받아들이기 어렵다. 혈연설에 의하면 유전자형 배치가 있다는 것을 확인할 수 있으면 위 2년의 제소기간이 경과한 후에도 언제나 친생부인의 소 아닌 친생자관계부존재확인의 소를 제기할 수 있다는 것이 되어, 실제로는 제소기간의 제한을 받는 친생부인의 소를 제기할 필요가 있는 경우는 없게 된다.

다른 한편 친생추정을 받는 자녀가 출생신고된 경우에는 출생신고를 받은 가족관계등록 공무원이 어머니의 남편을 그 자녀의 아버지로 기재하여야 하므로, 친생추정이 미치는지 여부는 그 공무원의 입장에서 판단하여야 한다. 그런데 현행 가족관계의 등록 등에 관한 법률상의 신고에 대한 가족관계등록 공무원의 심사는 이른바 형식적 심사주의에 따르고 있으므로, 신고인이 제출하는 법정의 첨부서류 만에 의하여 법정의 요건을 구비하고 있는지, 절차에 부합하는지의 여부를 형식적으로만 심사하는 것이고, 그 신고사항의 실체적 진실과의 부합 여부를 탐지하여 심사하여야 하는 것은 아니다. 그런데 가족관계등록 공무원이 자녀가 유전자 검사 결과에 따라 그 어머니의 남편의 친생자인지 아닌지를 심사하는 것은 가족관계등록 공무원의 심사 권한을 초과하는 것이다.

그러므로 친생추정의 범위에 관하여는 민법 제844조의 규정에 따르면 되고, 해석에 의하여 무리하게 그 적용 범위를 제한할 필요가 없다.[66] 대법원 2019. 10. 23. 선고 2016므2510 전원합의체 판결도, 혈연설과 사회적 친자관계설을 배척하였다.[67]

66) 윤진수, "의견서", 가족법연구 제33권 2호(2019), 517면 이하 참조.
67) 윤진수, 민법기본판례(제2판), 홍문사, 2020, 657면 이하 참조.

　　그러나 현행 친생부인 제도를 개선할 필요는 있다. 우선 현행법은 친생부인 권자를 부부, 즉 아버지로 추정되는 자녀를 출산한 여자의 남편과 출산한 여자로 한정한다. 그러나 제일 이해관계가 큰 자녀 본인은 친생부인의 소를 제기할 수 없다. 뿐만 아니라 자녀의 생부가 친생부인의 소를 제기할 수도 없다. 이는 가정 의 평화를 지키기 위하여서라고 하지만, 가정의 평화를 지킨다는 것이 혈연을 밝히려는 자녀나 생부의 기본권을 전혀 부인하는 것은 문제이다.[68] 외국의 입법례 는 자녀나 자녀의 생부의 친생부인권을 인정하는 예가 많다.

　　다른 한편 이처럼 친생부인의 소의 제소기간을 한정하는 목적은 자녀 본인 의 지위 안정을 위한 것이다. 그런데 남편과 자녀(자녀의 법정대리인인 모 포함) 사 이에 자녀가 남편의 자녀가 아님에 관하여 다툼이 없을 때에는 제소기간이 경과 한 후에도 친생부인을 인정할 필요가 있다. 이러한 경우에는 자녀 본인의 이익을 해칠 우려가 없기 때문이다. 말하자면 동의설을 입법화하자는 것이다.

5. 보조생식

　　보조생식[69]에 관하여 가족법상 문제되는 것은 비배우자 간의 인공수정(Arti-ficial Insemination by Donor, AID)과 대리모 및 사후수정(死後受精, posthumous insemination)이다. 이에 관하여는 과거에 여러 개의 법안이 제출된 바 있으나, 어 느 것도 법률로 되지 못하였다.[70]

---

68) 위 대판 2019. 10. 23, 2016므2510에서 김재형 대법관의 다수의견에 대한 보충의견은, 친생추정을 받는 자녀가 친생자관계부존재확인의 소를 제기할 수 있지만, 이 경우에도 특별한 사정이 없는 한 친생부인의 소 규정을 유추적용하여 그 제소기간을 제한하여야 하는데 그 기산점은 친생부인 의 사유가 있음을 알았을 때(자녀가 미성년인 동안 그 사유를 알았다면 성년에 이른 날)로 보아야 하고, 친생부인의 효과를 갖는 친생자관계부존재확인의 소를 제기할 수 있는 자녀라고 하더라도 그러한 판결이 없는 상태에서는 곧바로 친생추정의 예외를 주장하거나 친생추정의 효력을 부인할 수는 없다고 한다. 그러나 이는 친생자관계부존재확인의 소라는 확인소송을 사실상 친생부인의 소라는 형성소송으로 운용하자는 것으로서, 법체계에 어긋난다. 이를 유추라는 이름으로 정당화 할 수도 없을 것이다.

69) 이는 남녀간의 성교라는 자연적 방법 이외의 생식을 통칭한다. 보조생식 외에 인공생식(artificial reproduction)이라는 말도 쓰이지만 근래에는 보조생식이라는 용어가 더 많이 쓰인다.

70) 윤진수, "보조생식기술의 가족법적 쟁점에 대한 근래의 동향", 민법논고 7권(주 31), 207면 이하 (처음 발표: 2008) 참조.

(1) 비배우자간의 인공수정

남편이 있는 여자가 남편의 동의를 얻어 제3자의 정자로 인공수정을 받아 자녀를 출산한 경우에, 동의하였던 남편이 친생부인의 소를 제기할 수 있는가? 대법원 2019. 10. 23. 선고 2016므2510 전원합의체 판결은, 아내가 혼인 중 남편이 아닌 제3자의 정자를 제공받아 인공수정으로 자녀를 출산한 경우에도 친생추정 규정을 적용하여 인공수정으로 출생한 자녀가 남편의 자녀로 추정된다고 보는 것이 타당하고, 남편이 인공수정 자녀에 대해서 출생신고를 하거나 인공수정 자녀의 출생 이후 상당 기간 실질적인 친자관계를 유지해 오는 것과 같이 친자관계를 공시·용인하는 행위를 한 경우 이는 인공수정 자녀를 자신의 자녀로 승인하는 행위로 평가할 수 있으며, 그 후 남편이 친생부인을 주장하는 것은 자의 출생 후에 친생자임을 승인한 자는 다시 친생부인의 소를 제기하지 못한다고 하는 민법 제852조의 취지에 반할 뿐만 아니라 선행행위와 모순되는 행위로서 신의성실의 원칙에 비추어 허용되지 않는다고 보아야 한다고 판시하였다.[71] 이는 지배적인 학설에 따른 것으로서 타당하다.

그러나 이러한 문제를 법으로 규율하지 않고, 판례에만 맡겨 두는 것은 적절하지 않다. 위 판결에서는 과연 남편이 인공수정에 동의하였는지가 분명하지 않았는데, 다수의견은 부부가 정상적인 혼인생활을 하고 있는 경우 출생한 인공수정 자녀에 대해서는 남편의 동의가 있었을 개연성이 높으므로, 혼인 중 출생한 인공수정 자녀에 대해서는 다른 명확한 사정에 관한 증명이 없는 한 남편의 동의가 있었던 것으로 볼 수 있다고 하였다. 반면 민유숙 대법관의 별개 의견은, 동의가 중요한 법률적 의미를 갖는 이상, 동의를 하였는지 여부는 증거에 의하여 인정되어야 함은 당연하고 동의 사실이 인정되지 않는 경우는 물론 동의 여부가 불분명하여 결과적으로 동의 사실을 인정하기 어려운 경우까지 동의를 추정 내지 의제할 수는 없다고 하였다. 그러므로 이러한 점까지 아울러 규율할 수 있는 법의 제정이 필요하다.

또 한 가지 문제되는 것은 인공수정에 의하여 출생한 자녀가 나중에 정자 제

---

71) 위 판결에서 권순일, 노정희, 김상환 대법관의 별개의견은, 혼인 중인 남편과 아내가 인공수정 자녀의 출생에 관하여 의사가 합치되어 이를 토대로 제3자의 정자를 제공받아 인공수정이라는 보조생식 시술에 동의함으로써 자녀가 출생하였다면 그 자녀는 그 부부의 친생자로 보아야 한다고 주장하였다.

공자를 찾아서 그를 상대로 인지청구를 할 수 있는가, 아니면 자녀에게 자신의
생물학적인 아버지, 즉 정자 제공자가 누구인지를 알 권리를 인정하여야 할 것인
가 하는 점이다. 일반적으로 자녀의 정자 제공자를 상대로 하는 인지청구는 부정
되고 있다. 그러나 근래에는 자녀에게 정자 제공자의 신원을 알 수 있게 하는 나
라들이 늘어나고 있다.[72] 이 점에 대하여도 신중한 입법론적 검토가 필요하다.

그리고 독신 여성 또는 사실혼의 당사자도 인공수정을 할 수 있는가에 대하
여도 논의가 있다.[73] 이러한 사람에 대하여 인공수정을 금지할 이유는 없다고 할
것이지만,[74] 이 점도 입법적으로 명백히 할 필요가 있다.

(2) 대리모

대리모란 출생한 자녀를 타인에게 인도할 것을 내용으로 하는 당사자 간의
합의에 의하여 남편 이외의 자의 정자로 수정한 후 임신 및 출산한 여성이라고
정의할 수 있다. 이러한 대리모도 그 난자의 제공자가 누구인가에 따라 이른바
유전적 대리모(genetic surrogate mother)와 출산 대리모(gestational surrogate mother)
의 두 가지로 나누어 볼 수 있다. 전자는 대리모의 난자에 의하여 임신이 이루어
지는 것인 반면, 후자는 출산하는 여성의 난자가 아닌 다른 여성의 난자를 체외
수정의 방법에 의하여 수정시킨 다음 이를 대리모의 자궁에 착상시켜 출산하게
하는 것이다.

우선 이러한 대리모 계약이 유효한가가 문제된다. 이에 관하여는 여러 가지
의견이 대립한다.[75] 그러나 외국에서는 대리모계약을 허용하는 입법례도 많다.[76]

다른 한편 출산 대리모의 경우에 누구를 어머니로 보아야 하는가? 전통적인

---

72) 윤진수(주 70), 218-220면; 김성은, "AID子의 법적 지위에 관한 연구", 가족법연구 제26권 3호
(2012), 179면 이하 참조.
73) 2020년 독신인 방송인 사유리(후지타 사유리) 씨가 일본에서 정자를 제공받아 시험관 출산을 하
면서 많은 화제가 되었다.
74) 윤진수(주 70), 220-221면 참조.
75) 윤진수(주 70), 222-224면; 최성경, "대리모계약의 효력과 모자관계 결정", 홍익법학 제21권 2호
(2020), 360면 이하 등 참조. 서울가정법원 2018. 5. 9. 자 2018브15 결정은, 대리모를 통한 출산
을 내용으로 하는 계약은 선량한 풍속 기타 사회질서에 위반하는 것으로서 민법 제103조에 의하
여 무효라고 하였다.
76) 미국에서의 최근 논의에 관하여는 진도왕, "미국에서의 대리모에 관한 최근 입법 동향", 재산법연
구 제35권 3호(2018), 95면 이하 참조.

견해는 난자 제공자가 아니라 실제로 자녀를 출산한 사람을 어머니로 보았다.[77] 그러나 자녀의 복지를 염두에 둘 때는 난자 제공자를 법률상의 모로 인정하여야 한다는 견해도 있다.[78] 사견으로는 영국의 예와 같이 일단은 출산 대리모를 모로 보되, 법원의 허가에 의하여 의뢰한 부부를 법률상의 부모로 바꾸는 것이 합리적이라고 생각된다.[79]

(3) 사후수정

의학 기술의 발전으로 인하여, 정자 제공자가 이미 사망한 후에 그 정자를 사용하여 임신, 출산을 하는 것이 얼마든지 가능하게 되었다. 이를 사후수정이라고 한다. 이는 민법이 예정하지 못했던 문제로서, 이에 대한 법적인 규율이 충분하지 못하다.

우선 이러한 사후수정이 허용되는가? 생명윤리 및 안전에 관한 법률 제23조 제2항은 사망한 사람의 난자 또는 정자로 수정하는 행위를 금지하고 있다. 그러나 이러한 행위 자체를 금지할 이유가 있을까? 외국에서는 정자제공자가 생전에 서면으로 동의를 하였으면 사후수정을 인정하기도 한다.[80]

나아가 사후수정이 금지된다고 하더라도, 그에 반하여 사후수정 및 그에 따른 출산이 이루어진 경우에는 그 출산한 자녀가 그 정자제공자의 자녀인 지위를 가질 수 있는가 하는 점이 문제된다. 서울가정법원 2015. 7. 3. 선고 2015드단 21748 판결은, 2013. 12. 3. 사망한 남자로부터 생전 추출한 정자를 이용하여 그의 처가 2015. 1. 9. 출산한 자녀의 생물학적 부에 대한 인지청구를 받아들였다.[81] 그리고 이처럼 인지청구가 인정된다면, 그 자녀는 이미 사망한 아버지의 상속인이 될 수 있는가도 문제될 수 있다.

---

77) 서울가정법원 2018. 5. 9. 자 2018브15 결정도 같은 취지이다.

78) 예컨대 박동섭·양경승, 친족상속법, 제5판, 박영사, 2020, 279면 등.

79) 윤진수(주 70), 235면. 현소혜, "대리모를 둘러싼 쟁점과 해결방안", 가족법연구 제32권 1호 (2018), 139면 이하는 영국의 친권명령(Parental Order) 제도로부터 구상을 차용하여, '모(母)를 정하는 소'를 인정하여 어머니를 결정하자고 한다.

80) 윤진수(주 70), 228-229면 참조. 이스라엘은 남편의 사망 후 1년 내에는, 남편의 동의가 없는 경우에도 그 처에 의한 사후수정을 인정한다. 미국의 동향에 관하여는 서종희, "사후포태에 의하여 출생한 자의 법적 지위에 관한 고찰", 국민대학교 법학논총 제27권 1호(2014), 81면 이하 참조.

81) 그러나 일본 최고재판소 2006(平成 18). 9. 4. 판결(民集 60권 7호 2563면)은 이러한 경우에 인지청구가 허용되지 않는다고 하였다.

사후수정에 대하여는 매우 부정적인 견해가 많고, 또 일단 출생한 자녀도 그 생물학적인 아버지의 자녀로 인정하는 것을 꺼리는 경향이 있다. 사후수정을 반대하는 가장 큰 이유는 아버지 없이 태어나게 하는 것이 자녀의 복리에 반한다는 것이나, 이는 일률적으로 말할 수 없고, 어머니 혼자서도 자녀를 충분히 잘 키울 수 있는 경우가 얼마든지 있다. 그러므로 죽은 사람의 명시적인 승낙이 있는 경우에는 길을 열어주는 것이 필요하다.

그리고 이러한 사후수정을 허용할 것인가 여부와 관계없이, 일단 사후수정에 의하여 출생한 자녀는 그 생물학적인 아버지의 자녀로 인정받을 수 있어야 한다. 그 자녀에게는 책임이 없을 뿐만 아니라, 비록 현실적인 이익이 돌아오는 것은 아니라고 하여도, 법적으로 그 아버지의 자녀로 인정받는 것이 심리적으로나 사회적으로 그 자녀에게 이익이 될 수 있는 것이다.

나아가 이러한 자녀에게 상속권과 같은 권리를 인정할 것인가 하는 점은 어려운 문제이지만, 적극적으로 사후수정을 허용한다면 일정한 시기적 제한(예컨대 사망 후 2년)을 두어 상속을 허용하는 것도 생각해 볼 수 있다.

이처럼 보조생식이 행해지는 것은 사람이 자신의 유전자를 퍼뜨리려는 욕망을 가지고 있기 때문이다. 이러한 생식의 권리(right to procreate)는 우리 헌법 제10조가 규정하고 있는 행복추구권에 포함되는 헌법상의 기본권이라고 생각된다.[82] 따라서 보조생식의 선택도 원칙적으로는 보장되어야 한다. 다만 다른 사람들의 권리나 보조생식에 의하여 출생할 자녀의 이익도 고려하지 않으면 안 되므로, 합리적인 범위 내의 규율이 필요하다. 이러한 목적을 달성하기 위하여는 법제도의 정비가 필요한 것은 두말할 필요가 없다.[83]

6. 배우자의 상속법상의 지위[84]

근래 여러 나라에서는 배우자, 그중에서도 처의 상속법상 지위가 강화되는 경향을 보이고 있다. 우리나라도 제정민법과 비교하면 현재 처의 상속법상 상속

---

82) 이 문제에 관하여는 국내에서 아직 많은 논의가 행하여진 것 같지는 않으나, 이론이 제기될 여지는 없다고 생각된다. 미국 연방대법원의 Skinner v. Oklahoma, 316 U.S. 535, 541(1942)은 혼인과 생식은 인간의 기본적 권리의 하나라고 하였다.

83) 윤진수(주 70), 233-234면 참조.

84) 이하의 설명은 윤진수, "배우자의 상속법상 지위 개선 방안에 관한 연구", 윤진수·김형석·이동진·최준규, 상속법 개정론, 박영사, 2020, 1면 이하(처음 발표: 2019)를 바탕으로 하였다.

분은 상당히 강화되었다. 그러나 우리나라의 배우자의 상속법상 지위 강화는 다른 나라들과 비교할 때 아직도 충분하다고 할 수 없다.

이러한 현행법의 규정에 대하여 개선의 필요성이 있다는 주장의 근거는 크게 두 가지로 나누어 볼 수 있다. 그 하나는, 현행법은 생존 배우자 외에 다른 공동상속인이 많을수록 배우자의 상속분은 줄어들게 되어 배우자의 지위가 약화된다는 것이다. 다른 하나는 생존 배우자의 상속분이 쌍방 배우자의 생존 중에 이혼 등으로 혼인이 해소되는 경우에 인정되는 배우자의 재산분할과 차이가 있게 되어 균형이 맞지 않는다는 것이다.

이 중 첫 번째의 문제는 생존 배우자의 부양과 관련이 있다. 근래에는 민법이 제정될 당시와 비교하면 평균수명이 대폭 증가하여, 상속이 개시될 무렵 피상속인의 자녀는 대체로 이미 성년이 되어 독자적으로 생활할 능력이 있는 반면, 피상속인의 배우자는 상속재산에 의존하여 생활할 필요가 있는데, 생존 배우자의 상속분이 작다면, 그 생계에 어려움이 있게 된다. 따라서 생존 배우자가 상속을 받을 수 있는 크기를 늘릴 필요가 있다.

다른 한편 부부 쌍방 생존 중에 이혼 등으로 혼인이 해소되는 경우에도 재산분할이 이루어지는데, 상속과 재산분할 사이에 불균형이 있으면 문제가 생기게 된다. 가령 이혼으로 인한 재산분할이 상속보다 유리하다면, 당사자는 상속을 기다리기보다는 이혼을 요구하기 쉬울 수 있다.

이 문제를 배우자 상속의 근거라는 관점에서 살펴보면, 배우자 상속의 근거는, 혈족 상속에서도 인정되는 사후부양이라는 측면 외에도, 부부관계에서 상속재산 형성과 자녀의 출산·양육 등에 협력한 대가라든지, 앞으로의 자녀 양육을 위한 배려로 설명할 수 있다. 따라서 배우자의 상속분은 이러한 사후부양과 상속재산 형성의 청산이라는 기능에 충실하여야 하는데, 현재의 규정은 이에 미치지 못한다.

종래 이 문제에 대하여는 국회에 개정안이 제출되기도 하였고, 또 법무부에서 개정 시안을 마련하기도 하였으나, 실제 개정에는 이르지 못하였다. 우선 2006년 11월 7일 정부가 제17대 국회에 제출한 민법 개정안은 제1009조 제2항을 개정하여, 피상속인의 배우자의 상속분은 상속재산의 5할로 하도록 규정하였다. 그러나 이 개정안은 2008년 제17대 국회의 임기 만료로 폐기되었다.

또한 법무부는 2013년 10월 민법(상속편) 개정특별위원회를 구성하였고, 위원회는 2014년 1월 개정안을 작성하였다. 그 골자는 피상속인의 배우자는 혼인기간 동안 증가한 피상속인의 재산 중 상속개시 당시 현존하는 재산에서 채무를 공제한 액수의 2분의 1을 다른 공동상속인에 우선하여 선취분으로 취득할 권리가 있고, 다만 그러한 선취분의 취득이 현저히 공정에 반하는 경우에는 공동상속인의 협의나 가정법원이 선취분을 감액할 수 있으며(제1008조의4), 나머지 재산을 공동상속인과 더불어 분배한다는 것이다. 그러나 이러한 방향으로 배우자의 상속분을 늘리는 개정안이 통과되면 이른바 '기업상속'에 방해가 될 것이라는 우려가 일부에서 제기되면서, 개정안은 입법예고 절차에도 나아가지 못하였다.

이에 관한 입법론적인 제안은 크게 두 가지로 나누어 볼 수 있다. 그 하나는 배우자 일방이 사망한 경우에 부부재산관계를 청산한 다음 나머지를 상속재산으로 한다는 것(청산선행형)이고, 다른 하나는 부부재산의 청산은 하지 않고, 대신 배우자의 상속분을 공동상속인의 수와는 관계없이 일정한 비율로 고정하자는 것(일정부분 확보형)이다. 외국의 입법례도 크게 보아 이 두 가지이다.

청산 선행형의 경우에는 이혼 시의 재산분할과 모순이 없는 분배가 가능할 수 있고, 구체적인 타당성에 합치될 가능성이 높을 것이다. 반면 청산 대상인 재산을 확정하기가 반드시 쉽지 않고, 또 배우자의 재산 형성 기여도를 평가하여 분할 비율을 정하는 데 다툼이 생길 수 있으므로, 비용과 시간이 많이 걸리고, 분쟁을 유발하거나 분쟁이 길어질 가능성이 높다. 일정부분 확보형의 경우에는 장단점이 그와 반대이다.

사견으로는 이 중 두 번째 방법인 일정부분 확보형이 더 낫다고 생각한다. 청산 선행형에서는 분할의 대상을 혼인 후 부부가 취득한 재산에 한정한다. 그러나 혼인 전에 취득한 재산인지, 혼인 후에 취득한 재산인지가 반드시 명확하지 않을 수 있고, 따라서 이로 인한 분쟁의 가능성이 높아진다. 그리고 분할의 비율에 관하여도 다툼이 생기기 쉽다. 우선 이혼으로 인한 재산분할과 마찬가지로, 법원이 분할의 비율을 여러 가지 사정을 고려하여 재량으로 정한다면, 예측 가능성이 없어서 분쟁이 장기화될 수 있다.

반면 일정부분 확보형은 비교적 기준이 명확하여 재판에서 분쟁이 생길 우려는 크지 않으므로, 법적 안정성이나 예견가능성의 측면에서는 장점이 있다. 그러나 단점은 구체적 타당성이 떨어진다는 것이다. 즉 이혼에 따른 재산분할과 차이가 생길 우려가 크고, 또 부부재산에 대한 구체적 기여와 무관하게 상속분이 정해지므로, 부당한 결과를 가져올 수 있다는 점이다. 이와 같은 문제점은 부정할 수 없다. 그러나 전체적으로 본다면 이는 감당할 수 있는 수준이라고 여겨진다. 즉 이러한 방법에 의한 결과와 청산 선행형에 의한 결과는 크게 차이가 나지 않을 것이다. 이혼으로 인한 재산분할에서 재산분할을 청구하는 사람이 아내인 경우가 그 반대의 경우보다 많고, 또 그 분할 비율은 전체적으로 보아 혼인 중에 쌍방이 협력하여 취득한 재산의 1/2에 미치지 못하는 것이 보통이다. 한편 여성은 남성보다 평균수명이 길고, 대다수의 혼인에서는 남편이 아내보다 나이가 많으므로, 아내가 남편을 상속하는 경우가 그 반대의 경우보다 많다. 그러므로 아내가 남편을 상속하는 경우에는, 그 법정상속분을 가령 1/2로 한다면 이혼 시 재산분할과 비교하여 결코 적지 않을 것이다.

이러한 점들을 고려한다면, 일정부분 확보형이 분쟁을 최대한 줄이고, 심리가 복잡하게 되는 것을 예방할 수 있다는 점에서 청산 선행형보다 낫다고 생각한다.

7. 유류분

유류분 제도는 민법 제정 당시에는 인정되지 않았는데, 1977년 민법 개정에 의하여 도입되었고, 1977년 1월 1일부터 시행되었다. 이 제도의 도입 배경은 상속인의 평등을 도모하기 위한 것으로 보인다. 특히 피상속인에 의한 아들과 딸의 차별 대우를 막으려는 것이 중요한 동기였다고 생각된다.[85] 유류분 제도의 정당화 논거로서는 피상속인의 유류분권리자에 대한 부양 내지 생활보장, 가족 공동체에 대한 도의적 요구, 가족공동체의 화합·단결, 사회보장의 보충성, 유족의 기여의 청산을 들고 있다.[86]

그러나 근래에는 유류분 제도에 대한 비판론이 제기되고 있다. 유류분 제도는 피상속인의 재산 처분의 자유 내지 유언의 자유를 침해하고, 가족들 사이의 분쟁을 조장하며, 공익 목적의 기부나 유증을 제한한다는 것이다. 가장 비판적인 것으로는 유류분의 정당성 자체가 의심스럽다면서 구체적 부양의 필요성이나 재

---

85) 이동진, "유류분법의 개정방향", 상속법 개정론(주 84), 128-132면(처음 발표: 2019) 참조.
86) 이동진(주 85), 132-133면 참조.

산 형성에의 기여가 인정되는 경우 이외에는 유언의 자유를 존중하는 것이 바람 직하다는 견해가 있다.[87]

생각건대 우선 배우자의 유류분은 원칙적으로 인정되어야 한다. 이는 이혼의 경우 배우자에 대한 재산분할청구권이 인정되는 것과 비교하면 알 수 있다. 재산 분할청구권의 근거로서 재산 형성에 대한 기여와 부양의 필요성을 드는데, 이는 배우자 사망으로 상속이 개시되는 경우에도 마찬가지이다. 미국은 원칙적으로 유류분을 인정하지 않지만, 상속인이 배우자인 때에는 선택분(elective share)이라는 일종의 유류분을 인정한다.[88]

다른 한편 현행 유류분 제도는 지나치게 경직되어 있어서, 이를 유연하게 할 필요가 있다.[89] 첫째, 유류분권자를 배우자와 직계비속으로 제한하고, 직계존속 과 형제자매의 유류분은 인정하지 않아야 한다.

둘째, 현재의 판례는 공동상속인에 대한 증여는 증여의 시기를 불문하고 모두 유류분 산정의 기초재산에 산입하고 있는데,[90] 이는 분쟁을 조장하고 법원의 심리도 복잡하게 하므로, 상속개시의 시점으로부터 일정한 기간 내에 행해진 증여만을 유류분 반환의 대상으로 하여야 한다. 일본의 종전 통설 및 판례의 상황 은 우리나라와 같았으나, 2018년 개정된 일본 민법 1044조 3항은 공동상속인에 대한 증여는 10년 내에 행해진 것에 한하여 반환의 대상이 되는 것으로 하였다.

셋째, 기여분은 유류분 산정의 기초재산에서 제외하도록 하여야 한다.

넷째, 유류분 부족액은 현행처럼 원물반환이 아니라 가액반환으로 바꾸어야 한다. 프랑스는 2003년 상속법 개정에 의하여 원물반환이 아니라 가액반환을 원 칙으로 바꾸었고, 일본도 2018년 개정에서 원물반환을 가액반환으로 바꾸었다.

다섯째, 유류분권의 사전포기를 인정하여야 한다. 이때에는 법원의 허가를 요구하거나, 공정증서에 의하는 방법을 생각해 볼 수 있다.[91]

---

87) 최준규, "유류분 제도는 존속되어야 하는가?", 윤진수·한상훈·안성조 대표편집 법학에서의 위험 한 생각들, 법문사, 2018, 235-237면.
88) 이에 대하여는 윤진수(주 84), 42-45면 참조.
89) 이동진(주 85) 외에 서울대학교 산학협력단(책임연구원 이동진), "유류분법의 입법론적 연구", 2019년 법무부 연구용역 보고서, 2019, 95면 이하 참조.
90) 대판 1995. 6. 30, 93다11715 등. 헌재 2010. 4. 29, 2007헌바144도 그것이 재산권과 평등권을 침 해하는 것이 아니라고 하였다.
91) 윤진수(주 84), 67-69면 참조. 이는 특히 기업의 승계 등과 관련하여 필요하다.

Ⅶ. 결론

제정민법상의 친족상속법은 남녀평등에 어긋나고 가부장제적 요소가 많았다. 그 후 여러 차례의 가족법 개정과 헌법재판소의 판례에 의하여 많은 문제점이 시정되었다. 현행 민법은 적어도 형식적 평등의 면에서는 자녀의 성 문제를 제외하고는 특별히 문제되는 점이 없다. 그러므로 앞으로는 실질적 평등 또는 가족 구성원의 행복추구권을 어떻게 보장할 것인가를 고민하여야 한다.

〈추기〉

강의 중에 상속을 받을 사람이 피상속인에 대하여 부당한 대우를 하는 경우에도 상속이 이루어져야 하는가 하는 질문이 있었다. 이 문제는 최근 자살한 가수 구하라 씨의 상속을 둘러싸고 크게 논란이 되었다. 현재 국회에는 이러한 상속인의 상속 자격을 상실시키는 것(상속권 상실 제도)을 내용으로 하는 여러 개의 법안(이른바 구하라 법안)이 제출되어 있다. 이에 대하여는 윤진수, "상속권 상실에 관한 정부의 민법개정안", 비교사법 제28권 3호(2021), 241면 이하 참조.

참고문헌

김주수·김상용, 친족·상속법, 제18판, 법문사, 2020.
박동섭·양경승, 친족상속법, 제5판, 박영사, 2020.
서울대학교 산학협력단(책임연구원 이동진), "유류분법의 입법론적 연구", 2019년 법무부 연구용역 보고서, 2019.
이화숙, 비교 부부재산관계법, 세창출판사, 2000.
윤진수, 친족상속법강의, 제4판, 박영사, 2022.
윤진수, 민법기본판례, 제2판, 홍문사, 2020.
윤진수·현소혜, 2013년 개정민법 해설, 법무부, 2013.
이태영, 가족법개정운동 37년사, 한국가정법률상담소출판부, 1992.
주해친족법 제1권, 박영사, 2015.

김상용, "부부재산제 개정을 위한 하나의 제안", 가족법연구 Ⅱ, 법문사, 2006.
김상용, "생부(미혼부)의 권리에 관한 소고(小考)", 중앙법학 제22집 1호(2020).
김성은, "AID子의 법적 지위에 관한 연구", 가족법연구 제26권 3호(2012).
김태선, "양성평등을 위한 부부재산제 개정방향", 입법과 정책 제9권 3호(2017).
서종희, "사후포태에 의하여 출생한 자의 법적 지위에 관한 고찰", 국민대학교 법학논총 제27권 1호(2014).
서종희, "익명출산제도에 관한 비교법적 고찰", 국민대 법학논총 제27권 2호(2014).
성중탁, "동성(同性)혼에 관한 법적 쟁점과 전망", 가족법연구 제31권 1호(2017).
손명지, "동성혼에 대한 재고", 가족법연구 제33권 3호(2019).
양정숙, "지정토론문 1", 「부부재산제」 공청회 자료, 가사소년제도개혁위원회 자료집, 서울가정법원 가사소년제도개혁위원회, 2005. 6.
양현아, "호주제 폐지, 여성인권, 이태영 변호사가 남긴 유산(遺産)", 서울대학교 BK21 법학연구단 공익인권법연구센터, 공익과 인권, 제3권 1호(2007).
윤진수, "전통적 가족제도와 헌법", 민법논고 4권, 박영사, 2009.
윤진수, "여성차별철폐협약과 한국가족법", 민법논고 4권, 박영사, 2009.
윤진수, "민법개정안 중 부부재산제에 관한 연구", 민법논고 제4권, 민법논고 4권, 2009.
윤진수, "상속채무를 뒤늦게 발견한 상속인의 보호", 민법논고 5권, 박영사, 2011.

윤진수, "상속의 단순승인 의제규정에 대한 헌법불합치결정의 소급효가 미치는 범위", 민법논고 5권, 박영사, 2011.

윤진수, "특별한정승인의 규정이 소급적용되어야 하는 범위", 민법논고 5권, 박영사, 2011.

윤진수, "상속회복청구권의 연구", 민법논고 5권, 박영사, 2011.

윤진수, "상속회복청구권의 성질과 그 제척기간의 기산점", 민법논고 5권, 박영사, 2011.

윤진수, "상속회복청구권의 소멸시효에 관한 구관습의 위헌 여부 및 판례의 소급효", 민법논고 5권, 박영사, 2011.

윤진수, "법률해석의 한계와 위헌법률심사 ― 유언자의 주소가 기재되지 않은 자필증서 유언을 중심으로 ― ", 민법논고 7권, 박영사, 2015.

윤진수 (김수인 역), "성전환자의 인권 보호에 있어서 법원의 역할", 민법논고 제7권, 박영사, 2015.

윤진수, "보조생식기술의 가족법적 쟁점에 대한 근래의 동향", 민법논고 7권, 박영사, 2015.

윤진수, "친생추정에 관한 민법개정안", 가족법연구 제31권 1호(2017).

윤진수, "한국민법학에 대한 서울대학교의 기여", 서울대학교 법학 제58권 1호 별책 (2017)(＝서울대학교 법학전문대학원, 서울대학교 법과대학 72년, 2018).

윤진수, "민법상 금혼규정의 헌법적 고찰", 저스티스 제170-2호(2019. 2).

윤진수, "의견서", 가족법연구 제33권 2호(2019).

윤진수, "배우자의 상속법상 지위 개선 방안에 관한 연구", 윤진수·김형석·이동진·최준규, 상속법 개정론, 박영사, 2020.

윤진수, "미성년 자녀를 둔 성전환자의 성별정정", 서울대학교 법학 제61권 3호(2020).

윤진수, "상속권 상실에 관한 정부의 민법개정안", 비교사법 제28권 3호(2021).

윤진수, "유럽에서의 동성혼인 및 동성결합에 관한 최근의 동향", 가족법연구 제35권 2호(2021).

윤진수·현소혜, "부모의 자녀 치료거부 문제 해결을 위한 입법론", 법조 62권 5호(2013).

이동진, "유류분법의 개정방향", 윤진수·김형석·이동진·최준규, 상속법 개정론, 박영사, 2020.

이진기, "단순승인 의제규정에 대한 헌재결정의 문제", 민사법학 제40호(2008).

이화숙, "부부재산제의 이상에 비추어 본 입법론과 개정안", 인권과 정의(2008. 5).

최성경, "대리모계약의 효력과 모자관계 결정", 홍익법학 제21권 2호(2020).

최준규, "유류분 제도는 존속되어야 하는가?", 윤진수·한상훈·안성조 대표편집 법학에서의 위험한 생각들, 법문사, 2018.

홍성필·이승현, "성전환자의 법적 성별 변경허용시 의료조치 강제에 대한 국제법적 평가", 국제법학회논총 제58권 2호(2013).

현소혜, "대리모를 둘러싼 쟁점과 해결방안", 가족법연구 제32권 1호(2018).

현소혜, "현행 민법상 근친혼 제도의 위헌성", 가족법연구 제34권 3호(2020).

Rainer Frank(윤진수 역), "자녀의 생부에 의한 친생부인에 관한 비교법적 고찰", 가족법연구 제20권 1호(2006).

가족법과 젠더*

배 인 구**

I. 서론

　　민법 제779조는 가족의 범위를 혈연과 혼인으로 형성되는 공동체를 규정하고 있다. 하지만 최근 가족의 현대적인 의미가 조명되면서 혈연과 혼인으로 생성된 관계라는 측면보다 안위를 같이 걱정하는 친밀한 관계, 책임을 공유하는 집단이라는 실질적인 측면이 부각되고 있다. 다양한 사회조사 결과에 따르면 결혼과 가족생활에 대한 한국인들의 인식과 태도에 변화가 있고, 혼인과 혈연관계가 아니더라도 생계를 함께하는 관계라면 모두 가족으로 볼 수 있다는 인식, 즉 가족의 다양성을 폭넓게 수용하는 태도가 확장되고 있다.[1] 이에 과거에는 비정상으로 보였던 가족의 유형들(비혼 독신, 비혼 동거, 비혼 출산, 무자녀, 다문화가족, 비혈연 가족)을 수용하는 방향으로 사회적 인식은 바뀌고 있다.[2] 그런데 법제도는 이러한 현대적 의미의 가족을 제대로 보호하고 있지 않다. 현실과 법의 간극으로 인해 오히려 보호받아야 할 가족을 차별하고 있다는 지점도 있다.

　　이하 이런 문제의식을 바탕으로 가족법 부분에서 여전히 젠더가 문제되는 부분에 대해 개략적으로 살펴보도록 한다.

---

　* 이 글은 2021. 10. 21. 젠더와 법 아카데미에서 했던 강의의 강의안을 보충하고 수정 보완한 것이다.
　** 법무법인 로고스 변호사, 가사상속센터장
　1) 송효진 외, 개인화 시대, 미래 가족변화에 대응하는 포용적 법제 구축 방안, 한국여성정책연구원, 2021, 12면 참조.
　2) 신연희, 가족의 변화양상과 전망, 2021 한국가정법률상담소 심포지엄Ⅱ, 자녀의 부모폭력에 대한 검토와 대응, 발표문.

II. 자녀의 성과 본

1. 민법의 규정

민법 제781조는 자녀의 성과 본에 관하여 다음과 같이 정하고 있다.

① 자는 부의 성과 본을 따른다. 다만, 부모가 혼인신고시 모의 성과 본을 따르기로 협의한 경우에는 모의 성과 본을 따른다.

② 부가 외국인인 경우에는 자는 모의 성과 본을 따를 수 있다.

③ 부를 알 수 없는 자는 모의 성과 본을 따른다.

④ 부모를 알 수 없는 자는 법원의 허가를 받아 성과 본을 창설한다. 다만, 성과 본을 창설한 후 부 또는 모를 알게 된 때에는 부 또는 모의 성과 본을 따를 수 있다.

⑤ 혼인외의 출생자가 인지된 경우 자는 부모의 협의에 따라 종전의 성과 본을 계속 사용할 수 있다. 다만, 부모가 협의할 수 없거나 협의가 이루어지지 아니한 경우에는 자는 법원의 허가를 받아 종전의 성과 본을 계속 사용할 수 있다.

⑥ 자의 복리를 위하여 자의 성과 본을 변경할 필요가 있을 때에는 부, 모 또는 자의 청구에 의하여 법원의 허가를 받아 이를 변경할 수 있다. 다만, 자가 미성년자이고 법정대리인이 청구할 수 없는 경우에는 제777조의 규정에 따른 친족 또는 검사가 청구할 수 있다.

2. 성본제도의 역사[3]

성이 언제부터 어떠한 형태로 사용되기 시작하였는지 정확히 알기는 어렵지만, 일반적으로는 혈연관계를 기초로 한 고대의 씨족사회나 부족사회에서 각 씨족이나 부족들의 명칭으로부터 성이 유래되었을 것으로 추측되고 있다. 다만 오늘날 사용되고 있는 성은 삼국시대를 거치면서 한자 문화의 도입과 함께 왕실과 귀족을 중심으로 처음 시작된 것으로 보며 성과 본관의 사용이 제도적으로 정립된 것은 대체로 고려의 건국 이후, 중앙관인층(中央官人層)을 중심으로 사용되던

---

3) 전상현, "민법 제781조 제1항 위헌제청", 결정해설집 4집, 헌법재판소, 2005, 765면 이하에서 발췌하여 인용.

성이 지방행정조직의 정비 또는 재편 과정에서 지방의 호족 세력들이 그 출신지나 거주지 단위로 성을 사용하기 시작하거나 사성(賜姓)된 성을 사용함으로써 성의 사용이 전국적으로 확산된 것으로 이해되고 있다. 그러다가 조선 후기와 일제 강점기를 거치면서 신분과 계급이 철폐되면서 모든 사람이 성을 사용하게 되었지만, 새로이 성을 사용하게 된 집단들도 새로운 성과 본을 만들어 사용하지 않고 대부분 이미 존재하는 성과 본을 따름으로써 성을 사용하는 새로운 인구의 증가에도 불구하고 성과 본의 수는 그다지 증가하지 않았다.

이와 같이 성의 사용이 전국적으로 확산됨에 따라 같은 한자성을 사용하는 경우에도 혈통의 연원을 달리하는 경우가 있고 같은 혈통의 연원을 가지더라도 이미 지역적으로 분화된 집단이 존재하게 됨에 따라 성을 특정하기 위해서는 그 지역적 연고가 중요하게 되었고, 이에 같은 한자성을 사용하는 경우에도 그 지연적 표지인 본관(本貫)을 통해 혈연적 동일성을 특정하게 된 것으로 이해된다.

자녀가 그 부(父)의 성을 따르는 부성주의(父姓主義)는 이와 같은 성본 제도의 발전 초기에 이미 나타난 것으로 보이지만, 삼국유사에는 모계를 통해 출계를 밝힌 기록도 있고, 동일인에 대해 서로 다른 성이 전해지는 사례들도 있어 이를 두고 부계의 성과 모계의 성이 같이 사용되었기 때문으로 보는 견해도 있다. 고려시대까지도 왕의 사성(賜姓)에 따라 새로운 성으로 성을 변경한 사례가 적지 않고 성이 다른 자를 양자로 삼을 수 있었으며(異姓養子) 이때 양자는 양부(養父)의 성과 본을 따르는 것이 인정되었던 점 등에 비추어 보면 고려시대에 이르기까지도 부(친부)의 성 이외의 성을 사용할 수 없다는 부성주의 원칙이 강하게 확립되지는 않았던 것으로 추측된다. 그 후 종법제(宗法制)를 바탕으로 한 유교적 가치 질서가 확립되면서 부계 혈통의 계승이 절대적인 원칙으로 받아들여졌고, 이어 어떠한 예외도 인정하지 않는 완고한 부성주의가 정립되었으며, 그 결과 부의 성을 사용하는 것을 당연한 전제로 하여 남자를 통해서만 대를 이을 수 있다고 생각하거나, 절대로 있을 수 없는 일을 가리켜 "성(姓)을 가는 일"과 맞먹는 것으로 받아들여지게 되었다. 또한 강한 혈통계승의식으로 인해 비록 출가외인이라고 하면서 여성이 혼인을 하면 시가(媤家)에 속한다고 여겼으면서도 다른 많은 문화권과 달리 남편의 성으로 변경하지 않았다.

3. 헌재 2005. 12. 22. 선고 2003헌가5 등 결정

가. 재판관 윤영철, 재판관 김효종, 재판관 김경일, 재판관 주선회, 재판관 이공현의 의견

(1) 양계 혈통을 모두 성으로 반영하기 곤란한 점, 부성의 사용에 관한 사회 일반의 의식, 성의 사용이 개인의 구체적인 권리의무에 영향을 미치지 않는 점 등을 고려할 때 민법 제781조 제1항 본문(2005. 3. 31. 법률 제7427호로 개정되기 전의 것) 중 "자(子)는 부(父)의 성(姓)과 본(本)을 따르고" 부분(이하 '이 사건 법률조항'이라 한다)이 성의 사용 기준에 대해 부성주의를 원칙으로 규정한 것은 입법형성의 한계를 벗어난 것으로 볼 수 없다.

(2) 출생 직후의 자(子)에게 성을 부여할 당시 부(父)가 이미 사망하였거나 부모가 이혼하여 모가 단독으로 친권을 행사하고 양육할 것이 예상되는 경우, 혼인외의 자를 부가 인지하였으나 여전히 모가 단독으로 양육하는 경우 등과 같은 사례에 있어서도 일방적으로 부의 성을 사용할 것을 강제하면서 모의 성의 사용을 허용하지 않고 있는 것은 개인의 존엄과 양성의 평등을 침해한다.

(3) 입양이나 재혼 등과 같이 가족관계의 변동과 새로운 가족관계의 형성에 있어서 구체적인 사정들에 따라서는 양부 또는 계부 성으로의 변경이 개인의 인격적 이익과 매우 밀접한 관계를 가짐에도 부성의 사용만을 강요하여 성의 변경을 허용하지 않는 것은 개인의 인격권을 침해한다.

(4) 이 사건 법률조항의 위헌성은 부성주의의 원칙을 규정한 것 자체에 있는 것이 아니라 부성의 사용을 강제하는 것이 부당한 것으로 판단되는 경우에 대해서까지 부성주의의 예외를 규정하지 않고 있는 것에 있으므로 이 사건 법률조항에 대해 헌법불합치결정을 선고하되 이 사건 법률조항에 대한 개정 법률이 공포되어 2008. 1. 1. 그 시행이 예정되어 있으므로 2007. 12. 31.까지 이 사건 법률조항의 잠정적인 적용을 명함이 상당하다.

나. 재판관 송인준, 재판관 전효숙의 의견

(1) 이 사건 법률조항은 모든 개인으로 하여금 부의 성을 따르도록 하고 모의 성을 사용할 수 없도록 하여 남성과 여성을 차별취급하고 있으면서도 그와 같은 차별취급에 대한 정당한 입법목적을 찾을 수 없어 혼인과 가족생활에 있어서

의 양성의 평등을 명하고 있는 헌법 제36조 제1항에 위반된다.

(2) 이 사건 법률조항은 혼인과 가족생활에 있어 개인의 성을 어떻게 결정하고 사용할 것인지에 대해 개인과 가족의 구체적인 상황이나 의사를 전혀 고려하지 않고 국가가 일방적으로 부성의 사용을 강제하고 있음에도 그와 같은 부성 사용의 강제에 대한 구체적인 이익을 찾을 수 없어 혼인과 가족생활에 있어서의 개인의 존엄을 보장한 헌법 제36조 제1항에 위반된다.

(3) 이 사건 법률조항이 헌법에 위반되므로 위헌결정을 하여야 할 것이지만 헌법재판소가 이 사건 법률조항에 대해 위헌결정을 선고한다면 성의 결정과 사용에 대한 아무런 기준이 없어지게 되어 법적 공백과 혼란이 예상되므로 이 사건 법률조항이 개정되어 시행되기 전까지는 그 효력을 유지시켜 잠정적인 적용을 허용하는 내용의 헌법불합치결정을 선고함이 상당하다.

다. 재판관 권성의 반대의견

가족제도 중에도 부성주의는 헌법에 선행하는 문화이다. 기존의 문화 내지 제도가 후행의 헌법적 가치에 어긋난다는 의심을 받는 경우에는 기존의 문화가 가지는 합리성을 확인하고 그 합리성과 헌법적 가치 사이 간극의 크기를 측정한 후, 그 간극의 크기가 더 이상 용납하기 어려운 경우에 그 간극을 해소하는 기술의 합리성을 확인하며, 그 다음으로 시기의 적합성을 판단하여야 한다. 부성주의는 출산과 수유라는 사실로 인해 외관상 확인가능한 모와의 혈통관계에 비해 본질적으로 불확실한 부와의 혈통관계를 대외적으로 공시하고 부와 자녀 간의 일체감과 유대감을 강화하여 가족의 존속과 통합을 보장한다. 기호체계에 불과한 성이 여성의 실체적인 법적 지위나 법률관계에 영향을 미친다고는 볼 수 없으며, 부성의 사용으로 인해 재혼이나 입양 등의 경우에 있어서 개인이 받는 불이익은 재혼이나 입양에 대한 사회적 편견 내지 사시(斜視)가 그 원인이지 부성주의가 그 원인은 아니다. 추상적인 자유와 평등의 잣대만으로 우리 사회에서 여전히 유효하게 존속하면서 그 가치를 인정받고 있는 생활양식이자 문화 현상인 부성주의의 합헌성을 부정하는 것은 시기상조(時機尚早)의 부적절한 일이다.

라. 사견

위 결정은 개정 전 민법 조항(자는 부의 성과 본을 따르고 부가에 입적한다)이 헌법에 합치하지 않는다는 내용의 헌법불합치결정임에도, 다수의견은 부성주의 원칙이 위헌이 아니라고 판시하였다. 아쉬운 부분이다. 재판관 송인준, 재판관 전효숙이 정확하게 지적한 바와 같이, 부성주의는 부(父)의 혈통을 기준으로 개인의 혈통을 인식하고 부계(父系)를 중심으로 혈통을 계승하도록 하는 부계혈통주의(父系血統主義)의 핵심이다. 그리고 부성주의는 부(父)와 남성(男性)을 중심으로 한 혈통 계승을 강제하여 부와 남성이 가족의 중심에 놓이게 함으로써 가부장적(家父長的) 가치 질서를 유지, 강화하고 가족 내 여성의 지위를 남성에 비해 부차적이고 열등한 것으로 놓이게 하여 여성을 차별하고 있다.

4. 민법 제781조 제1항의 문제

가. 부성주의의 문제

민법 제781조 제1항은 원칙적으로 부성주의를 선언하고, 모성의 선택은 오로지 혼인신고시에만 가능하도록 하였다. 이런 사정을 인터넷 검색 등을 통해 미리 알고 있는 부부들도 많겠지만 혼인신고를 하면서 비로소 자녀가 모의 성과 본을 따를 수 있는데, 그런 협의는 혼인신고시에만 가능하다는 사실을 알게 된 부부들도 꽤 있을 것이다. 그런데 자녀의 성과 본을 가장 많이 고민할 때는 자녀의 이름을 정하여 출생신고를 할 무렵일 것이다. 혼인신고를 할 때는 가볍게 넘겼던 사정이 자녀의 출생신고시에 돌이킬 수 없게 되었다는 사실을 알고 낙담하는 부부도 있을 것이다.

이 점에서 부성주의를 원칙으로 규정한 민법 규정이 합리적인가 하는 의문과 함께, 위 민법 규정이 합헌이라고 하더라도 혼인신고시에만 모성을 선택할 수 있도록 하는 방식은 개정되어야 한다는 의견이 대두되었다. 한편 유엔의 여성차별철폐위원회는 2018년의 한국 보고에 대한 최종 견해(Concluding Observation)에서, 민법 제781조 제1항이 자녀는 아버지가 혼인 당시에 동의한 경우에만 어머니의 성을 따를 수 있는 부성주의를 유지하고 있는 점에 대하여 우려를 표시하였다.[4]

---

4) Committee on the Elimination of Discrimination against Women, "Concluding observations on the eighth periodic report of the Republic of Korea", 14 March 2018, para. 46. http://docstore. ohchr.org/SelfServices/FilesHandler.ashx?enc=6QkG1d%2FPPRiCAqhKb7yhsglff%2FiazrVw%2B cyfdY9GxZ7mBisKJhkz08NDJG2gRkXizWkcs2fNL8aB%2FcGTqY2FJ1JLoX9524rsYS5kzCgNbbmc

나. 외국의 입법례[5]

국가	자녀의 성(姓)에 관한 주요 내용
독일	■ 법 규정 －부모가 혼인성을 사용하는 경우 자녀의 성(姓)은 부모의 혼인성(독일 민법 제1616조) －부모가 혼인성이 없는 경우(부부별성), 부모가 공동양육권 행사시 부모가 협의하여 부 또는 모의 성으로 정함(독일 민법 제1617조 제1항). 협의가 되지 않을 경우 법원이 성 부여 결정권을 행사할 부 또는 모를 지정하고, 기한 내에 자녀 성(姓) 결정을 하지 않으면 결정권자로 지정된 부 또는 모의 성이 자녀의 성(姓)(독일 민법 제1617조 제2항). ■ 부부의 성(姓): 혼인성 / 부부별성, 결합성(가능) ■ 자녀의 성(姓): 부모의 혼인성, 부 또는 모의 성 ■ 자녀 성(姓) 결정시점: 출생신고시(첫번째 자녀) ■ 자녀 성(姓)에 관한 협의가 안 된 경우: 불합의인 경우 가정법원에서 결정 ■ 자녀가 2인 이상인 경우: 두 번째 자녀는 첫 번째 자녀의 성(姓) (자녀동성(同姓)) ■ 자녀의 의사에 기한 성(姓)변경 가능 여부: 가능
프랑스	■ 법 규정 －부모는 부, 모, 또는 부의 성(姓)과 모의 성(姓)을 당사자가 원하는 순서대로 조합한 성을 자녀의 성으로 선택(프랑스 민법 제311조의21 제1항) －친자관계가 부모 중 일방에 대해서만 성립된 경우 자녀는 친자관계가 먼저 성립한 부/모의 성을 취득(프랑스 민법 제311조의23 제1항) －자녀가 미성년인 동안에 두 번째 친자관계가 성립된 때에는 그 부/모는 가족관계등록부 담당 공무원에게 공동신고에 의하여 친족관계가 두 번째로 성립된 부모 일방의 성으로 변경하거나, 부모 각각에 대해 하나의 성만을 부모가 선택한 순서로 하여 두 개의 성을 병치하는 것을 선택(프랑스 민법 제311조의23 제2항) ■ 부부의 성(姓): 부부동성, 부부별성, 결합성 가능 ■ 자녀의 성(姓): 부의 성, 모의 성, 부와 모의 성의 연결 성(결합성) 가능 ■ 자녀 성(姓) 결정시점: 출생신고시(첫번째 자녀) ■ 자녀 성(姓)에 관한 협의가 안 된 경우 －자녀의 성(姓)에 대해 신고가 없는 경우: 담당공무원이 친자관계가 먼저 성립한 부/모 성(姓), 친자관계가 부모 동시에 성립된 경우에는 부(父)의 성을 선택 －부모가 불합의인 경우: 친자관계가 부모 동시에 성립한 경우 자녀는 각각 부모의 성(중복성인 경우 첫 번째 성)을 알파벳 순으로 결합한 성(姓)을 취득 ■ 자녀가 2인 이상인 경우: 공동의 자녀1인에 대해서 먼저 승계하거나 선택된 성은 공동의 다른 자녀에 대하여 효력이 있음(자녀 동성(同姓))

WznkBiv5YPR2BmHWhszK.

5) 송효진·박복순, 자녀의 성(姓) 결정 및 혼인외의 출생자 관련 법제 개선방안, "호주제 폐지 10년, 더 평등한 가족의 모색"— 출생 관련 민법, 가족관계등록법 개선을 중심으로 — 포럼 발제문, 2018, <표 1> 친생자의 성(姓) 관련 외국 입법례를 그대로 인용.

	■ 자녀의 의사에 기한 성(姓)변경 가능 여부: 가능
중국	■ 법 규정 　－자녀는 부의 성을 따르거나 모의 성을 따를 수 있음(중화인민공화국 혼인법 제 22조) ■ 부부의 성(姓): 부부별성/부부동성도 가능 ■ 자녀의 성(姓): 부 또는 모의 성 ■ 자녀 성(姓) 결정시점: 출생신고시 ■ 성(姓)에 관한 협의가 안 된 경우: 규정없음, 법원에서 다툼 ■ 자녀가 2인 이상인 경우: 규정없음 ■ 자녀의 의사에 기한 성(姓)변경 가능 여부: 가능
대만	■ 법 규정 　－부모는 자녀의 성(姓)을 정함에 있어서 부모의 성 중 누구의 성으로 할 것인지에 대하여 출생등기 전에 서면으로 약정하여야 함. 약정하지 아니하거나 약정이 성립하지 아니한 경우에는 호적 사무소가 추첨으로 정함.(대만 민법 제1059조 제1항)[6] ■ 부부의 성(姓): 부부별성 ■ 자녀의 성(姓): 부 또는 모의 성 ■ 자녀 성(姓) 결정시점: 출생등기 전 서면 약정 ■ 성(姓)에 관한 협의가 안 된 경우: 호적 사무소가 추첨으로 정함 ■ 자녀가 2인 이상인 경우: 규정없음 ■ 자녀의 의사에 기한 성(姓)변경 가능 여부: 가능

다. 사견

현대 사회에서 본(本) 개념은 폐지해도 무방하다고 생각한다. 본은 같은 한자 성을 사용하는 경우에 혈연적 동일성을 특정하는 역할을 할 뿐, 개인을 특정하는 역할을 하는 것이 아니기 때문이다.

또, 부성주의 원칙을 폐기하여 부모가 협의로 자녀의 성을 선택할 수 있도록 하여야 할 것이다. 다만 부모 사이에 협의가 이루어지지 않는다면 협의가 성립될 때까지 자녀의 출생신고가 지연될 것이고, 이는 자녀의 복리에 치명적이다. 이 경우의 대안으로 앞서 본 입법례 중 개인적으로는 대만 민법에 따라 출생신고를 담당하는 공무원의 추첨으로 정하는 방식이 가장 빨리 자녀의 성이 결정되어 자녀

---

6) 중화민국 민법 제1059조 ① 부모는 자의 출생등기 전에 서면으로 자가 부의 성이나 모의 성을 따를 것인지를 약정하여야 한다. 약정하지 아니하거나 약정이 성립하지 아니한 경우에는 호적사무소가 추첨으로 이를 정한다; 김성수, "대만민법전(중화민국민법전)의 부모와 자(친족편 제3장)에 대한 기초적 연구", 사법행정, 52(5)(2011), 24면, 각주 5)에서 재인용.

가 출생 즉시 등록될 수 있는 방법이라고 생각하지만, 우리 국민들은 독일식으로 가정법원의 결정[7]을 선호하지 않을까 생각한다. 하지만 가정법원이 빠르게 누구의 성을 따르는 것이 자녀의 복리에 적합한지를 정당화할만한 충분한 이유를 찾기 어려운 경우가 많아 상당한 기간이 소요될 것이다. 그리고 과연 가정법원은 이와 같은 사건에서 어떤 기준으로 결정을 할 수 있을지 의문이다. 자칫 귀책 사유를 찾게 되면 자녀의 성을 결정하는 과정에서 가정이 파탄될 수 있을 것이다. 부성주의를 폐지하고 부모의 협의로 자녀의 성을 정한다고 할 때, 협의가 성립되지 않을 경우 어느 방식으로 자녀의 성을 결정하는 것이 좋을지 국민의식조사를 해보아도 좋겠다.

나아가 부모가 협의하여 자녀의 성을 정할 수 있다는 입법이 단행되더라도, 부모의 의사만 합치되면 여러 번 자녀의 성과 본을 변경할 수 있다거나 자녀의 성을 정할 수 있는 시기를 무한정 늘려놓는 것도 바람직하지 않다고 생각한다. 이에 민법이 개정되어 시대착오적인 부성주의를 폐지하고 부모가 협의로 자녀의 성을 정할 수 있게 되거나, 현행 규정과 같이 원칙적으로 부성주의가 유지된다고 하더라도 아무리 늦어도 출생신고를 할 때까지는(자녀가 복수일 경우 각 자녀가 출생할 때를 기준) 부모의 협의로 자녀의 성과 본을 정할 수 있도록 규정하는 것이 자녀의 복리에 부합하는 것이라고 생각한다. 민법 제781조 5항의 규정과 같이 친부의 인지가 있는 경우에도 부모의 협의로 모의 성과 본을 사용할 수 있다는 점에 비추어 보면 현행법상 모성의 선택이 오로지 혼인신고시에만 가능한 것은 문제가 있다고 할 것이다.

5. 민법 제781조 제5항의 문제

민법은 혼인외의 출생자가 인지된 경우에도 제781조 제1항에서 정한 부성주의의 원칙상 자녀는 아버지의 성을 따르게 되지만, 부모의 협의에 따라 종전의

---

7) 앞서 본 바와 같이 공동친권자가 한 달 내에 자녀의 출생성을 정하지 않으면, 가정법원은 부모 중 일방에게 결정권한을 수여할 수 있으며, 그 권한을 수여받은 자가 법원이 정한 일정한 기간 내에 이를 행사하지 않으면, 그 결정권한을 수여받은 자의 성(姓)을 자녀의 출생성으로 한다(독일민법 제1617조 제2항). 또한 자녀 출생 당시 부모 중 일방이 단독으로 친권을 행사하고 있는 경우에는 그 친권행사자의 성(姓)을 자녀의 성(姓)으로 하지만, 친권행사자는 자녀가 부모 중 다른 일방의 성(姓)을 따르도록 할 수도 있되, 이때 자녀가 5세에 달하였다면 자녀 자신과 그 다른 일방의 동의를 받아야 한다(독일민법 제1617조의a 제1항 및 제2항).

성과 본을 계속 사용할 수 있도록 하였다. 또, 종전의 성을 계속 사용하길 원하지만, 부모가 협의할 수 없거나 협의가 이루어지지 아니한 경우에는 법원의 허가를 받아 종전의 성과 본을 계속 사용할 수 있도록 하였다. 그런데 부성주의를 규정한 구 민법 제781조가 헌법에 합치되지 않는다는 위 헌법재판소 2005. 12. 22. 선고 2003헌가5, 6(병합) 결정에서도 출생 직후 자에게 성을 부여할 당시 부가 이미 사망하였거나 부모가 이혼하여 모가 단독으로 친권을 행사하고 양육할 것이 예상되는 경우, 혼인 외의 자를 부가 인지하였으나 여전히 모가 단독으로 양육하는 경우 등과 같은 사례에서 일방적으로 부의 성을 사용할 것을 강제하는 것이 개인의 존엄과 양성의 평등을 침해한다고 판시한 바 있다.

혼인 외의 자녀가 인지되는 경우 아버지의 성을 따라야 할 필연적인 이유가 있는 것이 아니다. 그보다 자녀가 종전의 성을 유지할 이익이 중요하게 고려되어야 한다. 자녀가 아주 어린 나이라면 모르겠지만 학교생활 등을 통해 교우관계를 형성한 경우 친부의 인지로 인하여 성이 변경되는 것은 인격의 동일성에 변화를 가져오게 되는 것이고, 이는 자녀의 복리에 반한다고 생각한다. 따라서 혼인 외의 자녀가 인지되면 원칙적으로 아버지의 성을 따르도록 한 규정을 개정하여 종전의 성을 그대로 쓸 수 있도록 하여야 한다. 필요하면 자녀가 아버지의 성으로 변경할 수 있게 하는 길을 열어놓으면 된다.

나아가 파양 후에도 사건본인의 복리를 위하여 종전의 성을 계속 사용할 수 있도록 해야 한다. 친양자 파양뿐만 아니라 가족관계등록부상 부(父)와 자녀 사이에 친생자 관계 부존재확인의 소가 확정되면 자녀가 본래 사용하던 성을 사용할 수 없게 되는바, 이 경우에도 종전의 성을 계속 사용할 이익이 있다면 종전 성을 계속 사용할 수 있도록 하여야 할 것이다. 우리 민법이 부성주의 원칙을 천명한 바람에 부의 성이 변경되면 그 자녀의 성도 자동으로 변경된다. 따라서 이런 부성주의 원칙을 정한 법률규정이 개정되면 자녀의 성이 부의 성에 종속되는 예규 {친자관계의 판결에 의한 가족관계등록부 정정절차 예규(가족관계등록예규 제300호)}의 개정 역시 필요하다.

이미 이런 입장에 찬성하는 여러 입법 제안(민법 제781조 제5항의 개정입법안)이 발의되었다. 그 내용은 대동소이한데 김상희 의원이 대표 발의한 22741호 내용을 중심으로 입법안의 문제점을 살펴보기로 한다.

> **민법 제781조** ⑤ 다음 각 호의 어느 하나에 해당하는 경우 자녀는 종전의 성과 본을 계속 사용한다. 다만, 자녀가 미성년인 경우에는 부모의 협의로 자녀의 성과 본을 변경할 수 있다.
> 1. 자녀가 인지된 경우
> 2. 성과 본을 정한 후 부 또는 모를 알게 된 경우
> 3. 친양자 파양의 경우

위 입법안은 자녀의 정체성 혼란을 막기 위해서 자녀가 인지된 경우 종전의 성을 계속 사용하는 것을 원칙으로 정한 것이다. 이런 원칙을 정한 것에는 찬성한다. 하지만 위와 같은 내용으로 입법이 되면 엄마의 성을 사용하던 자녀가 인지된 경우 종전 엄마의 성을 사용할 수 있고, 부모의 협의로 부의 성을 사용할 수 있게 된다. 얼핏 아무런 문제가 없는 듯 보인다. 그런데 현재는 엄마의 성을 사용하던 자녀가 인지되면 부모의 협의로 엄마의 성을 사용할 수 있고, 협의가 되지 않으면 부의 성을 사용하나, 이 경우 법원에 종전 성의 사용을 구하는 신청을 할 수 있다. 반면 입법 제안에 따르면 종전 성을 계속 사용하거나 협의로 성을 변경할 수 있을 뿐, 협의가 되지 않은 경우 다툴 수 있는 길이 봉쇄된다. 즉 입법 제안에 따르면, 당사자가 협의할 수 없거나 협의가 되지 않은 경우 문제를 해결할 수 없는 영역이 존재한다. 종전 엄마의 성을 사용하던 자녀가 인지되면 부의 성을 사용하는 것이 필요한 경우도 분명 존재할 수 있다.[8] 그리고 자녀가 미성년자인 경우에는 부모의 협의로 변경할 수 있다고만 할 것이 아니고 부모의 협의 과정에 미성년자의 의견이 반영될 필요가 있다. 성년 자녀가 인지되어 부의 성을 사용하기 위해서는 법원에 성의 변경을 청구해야 한다. 이보다는 인지 신고 시 성년자인 자녀의 의사를 반영하여 부모의 성 중에서 적절한 성을 선택할 수 있도록 하는 방법이 덜 번거롭다고 생각한다.

결론적으로 당사자인 사건본인의 복리를 우선하고 사건본인의 의사가 반영되는 입법안 마련이 필요하다고 할 것이다. 이를 정리하면, 혼인 외 자녀가 인지된 경우에도 무조건 종전 성을 사용하고, 예외적으로 부모의 협의로 부의 성을

---

8) 예를 들면, 자녀가 인지 후 父와 살게 되면서 父의 성과 본을 따르고 싶어 하고, 父 역시 父의 성과 본을 따르게 하고 싶지만, 母와 협의가 되지 않는 경우가 그렇다. 이 경우 자녀의 복리상 종전 성이 아닌 부의 성을 사용할 수 있도록 자녀의 성 변경이 필요하다.

사용할 수 있도록 하기보다는 ⅰ) 원칙적으로 종전 성을 사용하되, 인지 당시 부모의 협의에 의해 성을 결정할 기회를 부여하고, ⅱ) 협의를 할 수 없거나 협의가 되지 않은 경우에는 법원에 성 변경의 허가를 받아 정할 기회를 부여하며, ⅲ) 자녀가 일정 연령(예를 들어 13세) 이상인 경우에는 자녀의 의사를 존중하도록 하고, ⅳ) 성년 자녀가 인지되는 경우에는 성년 자녀의 의사대로 성을 사용할 수 있는 방식으로 법률이 개정되길 희망한다.

Ⅲ. 친생추정과 친생부인의 소

1. 민법의 친생자 추정 규정

> **제844조(남편의 친생자의 추정)**
> ① 아내가 혼인 중에 임신한 자녀는 남편의 자녀로 추정한다.
> ② 혼인이 성립한 날부터 200일 후에 출생한 자녀는 혼인 중에 임신한 것으로 추정한다.
> ③ 혼인관계가 종료된 날부터 300일 이내에 출생한 자녀는 혼인 중에 임신한 것으로 추정한다.

2. 친생추정의 의미

출산이라는 사실에 의하여 직접 만들어지는 모자 관계와 달리, 부자 관계의 성립은 자녀와 어머니를 매개로 한다.[9] 친생추정은 아내(妻)가 혼인 중에 임신하여 출산한 자녀는 남편(夫)의 친생자로 추정하고 그 자녀에게 혼인 중의 자녀의 신분을 가지도록 하는 원칙을 말한다. 로마법 이래로 "혼인 중에 아내가 출산한 경우에는 그 남편이 자녀의 아버지다"라는 명제가 대부분의 나라에 수용되었다. 혼인제도의 본질상 혼인 중 부부는 정조의 의무가 있기 때문에 아내가 자녀를 출산한 경우 그 자녀의 아버지는 아내의 남편일 가능성이 높으므로 이러한 추정은 합리적이다. 한편 친생추정의 원칙을 통하여 부자 관계가 조속히 확정될 수 있으

---

9) 김선화, "친생추정과 '자의 복리' — 대법원 2019. 10. 23. 선고 2016므2510 전원합의체 판결", 저스티스(2020. 12), 343면 참조.

므로 자녀의 입장에서도 신분관계가 안정되어 복리가 구현될 수 있는 장점이 있다.

그런데 인공생식기술과 DNA 검사기법과 같은 과학의 발전은 친생추정을 넘어 '증명된' 혈연관계를 손쉽게 확인할 수 있게 되었고, 이에 친생추정의 원칙에 대한 수정논의가 개진되고 있다.[10]

3. 친생추정의 제한에 관한 대법원 판결

가. 대법원 1983. 7. 12. 선고 82므59 전원합의체 판결

[다수의견]

민법 제844조는 부부가 동거하여 처가 부의 자를 포태할 수 있는 상태에서 자를 포태한 경우에 적용되는 것이고 부부의 한쪽이 장기간에 걸쳐 해외에 나가 있거나 사실상의 이혼으로 부부가 별거하고 있는 경우 등 **동서의 결여로 처가 부의 자를 포태할 수 없는 것이 외관상 명백한 사정이 있는 경우에는 그 추정이 미치지 아니하므로** 이 사건에 있어서 처가 가출하여 부와 별거한 지 약 2년 2개월 후에 자를 출산하였다면 이에는 동조의 추정이 미치지 아니하여 부는 친생부인의 소에 의하지 않고 친자관계부존재확인소송을 제기할 수 있다.

[반대의견]

민법 제844조는 제846조 이하의 친생부인의 소에 관한 규정과 더불어 혼인 중에 포태한 자를 일률적으로 부의 자로 추정하는 일반원칙을 정하고 부가 이를 부인하는 예외적 경우에는 친생부인의 소에 의하여 사실을 입증하여 이를 번복할 수 있게 하고 있으므로 일반원칙에 어긋난 예외적 경우를 미리 상정하여 위 추정을 제한적으로 해석하는 것은 위 법조의 근본취지에 반하고, 위 제844조 소정의 혼인은 모든 법률혼을 의미하므로 그 추정범위를 부부가 정상적인 혼인생활을 영위하는 경우로 제한함은 법조의 명문에 반하고, 나아가 친생부인의 소의 제기기간의 제한은 부자관계의 신속한 확정을 위한 것임에도 이를 이유로 오히려 친생추정의 규정을 제한적으로 해석하려고 하는 것은 본말을 전도한 것이다.

---

10) 자세한 내용은 배인구, 강소영, 김수현, 신수경, "출생신고제도 개선방안에 관한 연구", 법원행정처(2021), 135면 이하 참조.

나. 대법원 2019. 10. 23. 선고 2016므2510 전원합의체 판결[11]

[다수의견]

민법 제844조 제1항(이하 '친생추정 규정'이라 한다)의 문언과 체계, 민법이 혼인 중 출생한 자녀의 법적 지위에 관하여 친생추정 규정을 두고 있는 기본적인 입법 취지와 연혁, 헌법이 보장하고 있는 혼인과 가족제도, 사생활의 비밀과 자유, 부부와 자녀의 법적 지위와 관련된 이익의 구체적인 비교 형량 등을 종합하면, 혼인 중 아내가 임신하여 출산한 자녀가 남편과 혈연관계가 없다는 점이 밝혀졌더라도 친생추정이 미치지 않는다고 볼 수 없다. 상세한 이유는 다음과 같다.

① 혈연관계의 유무를 기준으로 친생추정 규정이 미치는 범위를 정하는 것은 민법 규정의 문언에 배치될 뿐만 아니라 친생추정 규정을 사실상 사문화하는 것으로 친생추정 규정을 친자관계의 설정과 관련된 기본 규정으로 삼고 있는 민법의 취지와 체계에 반한다.

② 혈연관계의 유무를 기준으로 친생추정 규정의 효력이 미치는 범위를 정하게 되면 필연적으로 가족관계의 당사자가 아닌 제3자가 부부관계나 가족관계 등 가정 내부의 내밀한 영역에 깊숙이 관여하게 되는 결과를 피할 수 없다. 혼인과 가족관계가 다른 사람의 기본권이나 공공의 이익을 침해하지 않는 한 혼인과 가족생활에 대한 국가기관의 개입은 자제하여야 한다.

③ 법리적으로 보아도 혈연관계의 유무는 친생추정을 번복할 수 있는 사유에는 해당할 수 있지만 친생추정이 미치지 않는 범위를 정하는 사유가 될 수 없다.

[대법관 권순일, 대법관 노정희, 대법관 김상환의 별개의견]

남편과 자녀 사이에 혈연관계가 없음이 과학적으로 증명되고 그들 사이에 사회적 친자관계가 형성되지 않았거나 파탄된 경우에는 친생추정의 예외로서 친생부인의 소에 의하지 아니하고도 친자관계를 부정할 수 있다고 할 것이나, 혈연관계가 없음이 과학적으로 증명되었더라도 사회적 친자관계가 형성되어 있는 경우에는 함부로 친생추정 예외의 법리로써 친자관계를 부정할 수 없다고 봄이 타

---

11) 위 판결의 사안 중 혼인 중인 부부가 인공수정 자녀의 출생에 관하여 의사가 합치되어 아내가 혼인 중 남편이 아닌 제3자의 정자를 제공받아 인공수정으로 자녀를 출산한 경우에 친생추정 규정을 적용하여 인공수정으로 출생한 자녀가 남편의 자녀로 추정된다는 결론에 대해서는 대체로 대법관들의 견해가 일치되었는바, 이 부분을 제외한 다른 부분만 살펴보도록 한다.

당하다. 이때 사회적 친자관계란 부와 자 사이에 부자로서의 정서적 유대가 형성되어 있고, 부가 부로서의 역할을 수행할 의사를 가지고 자를 보호·교양하는 등 생활의 실태가 형성되어 있는 상태를 의미한다고 볼 수 있다. 그리고 이를 판단할 때는 부부의 혼인계속 여부, 과거 가족공동체로 볼 수 있는 생활관계가 형성되어 있었는지 여부나 그 기간, 부자 사이에 정서적 유대관계의 형성 여부, 친자관계의 파탄 원인과 그에 관한 당사자의 책임 유무, 자녀의 연령, 사회적 친자관계의 회복 가능성, 친자관계의 파탄을 인정하는 것이 자녀의 인격 형성과 정서에 미치는 영향 등 가족관계를 둘러싼 여러 사정을 두루 고려하여야 한다.

[대법관 민유숙의 반대의견]

일정한 요건 아래에 친생추정의 예외를 인정하는 종래의 대법원 판례는 유지되어야 하며, 오히려 확대해석할 필요가 있다. 종래 대법원 판례에서 친생추정 예외 인정 범위와 관련하여 판단 기준으로 삼은 '아내가 남편의 자녀를 임신할 수 없는 외관상 명백한 사정'은 '동거의 결여'뿐 아니라 친생추정 규정을 둘러싼 제반 환경의 변화와 개정된 민법 취지를 참작하여 '아내가 남편의 자녀를 임신할 수 없었던 것이 외관상 명백하다고 볼 수 있는 다른 사정'도 포함하는 것으로 해석되어야 한다. 어느 경우가 '아내가 남편의 자녀를 임신할 수 없었던 것이 외관상 명백한 사정'에 해당하는지는 일률적으로 말할 수 없다. 개별 사건을 심리하는 가정법원이 여러 사정을 고려하여 구체적 타당성을 도모할 수 있도록 합리적으로 판단할 것이다. 그 과정에서 혈액형 검사, 유전인자 검사 등 과학적 방법에 따른 검사 결과뿐만 아니라 별거 유무와 그 기간, 부부 중 일방이 별도의 주거지를 가졌거나 외국 등 먼 장소로의 왕래가 잦았는지 여부 등 제반 사정을 종합적으로 고려할 수 있다. 나아가 부부의 혼인관계가 종료 또는 파탄되어 자녀를 둘러싼 종래의 공동생활을 유지할 수 없을 정도가 되었는지 여부와 경위, 관련자들의 태도와 의사, 친생자관계의 부존재를 주장하는 사람이 부모, 자녀와 같이 친생자관계의 직접 이해당사자인지 여부, 자녀의 생부가 청구하는 경우 그에게 인지 및 양육의 의사가 있는지 여부, 제3자가 청구하는 경우 진실한 신분관계의 확정이라는 본래의 목적을 넘어선 재산적 이해관계같이 다른 의도가 엿보이는지 여부 등 여러 사정도 심리하고 평가하여 '외관상 명백한 사정'을 판단할 수 있을 것이다.

4. 친생추정에 대한 제한 논의

가. 무제한설

민법이 정한 친생추정의 범위를 일체 제한할 수 없고, 친자관계를 부인하기 위해서는 반드시 친생부인의 소로써 다투어야 한다는 견해다. 과거 대법원의 견해였으나,[12] 위 대법원 1983. 7. 12. 선고 82므59 전원합의체 판결로 폐기되었다. 그런데 친생부인의 소 기산점이 자녀 출생 이후 '그 사유를 안 때로부터'로 민법이 개정되었는바, 이를 근거로 혼인 중의 자에 대한 획일적이고 신속한 신분 확정이라는 친생추정의 기능을 제한할 이유가 없다고 주장하는 유력한 견해도 무제한설과 유사하다. 무제한설은 자녀의 복리를 최대한 중시하는 견해라고 하나, 법적 친자관계를 부인하고자 하는 의사가 있음에도 친생부인을 할 수 없어 어쩔 수 없이 친자관계를 유지하는 법률상의 남편이 제대로 아버지 역할을 할 것을 기대하기 어려우므로, 자녀의 복리를 반드시 실현한다고 보기 어렵다는 비판[13]이 있다. 과연 법률상의 남편이 친자관계를 유지할 의사가 없을 정도로 가정이 파탄된 상황에서도 친생추정의 복멸을 친생부인의 소로만 하도록 함으로써 진실한 혈연관계에 어긋난 친자관계의 성립을 강요하는 것이 바람직한지 의문이다.

나. 제한설

1) 외관설

혼인 중의 부부 사이에서 포태되고 출산된 자녀라 하더라도, 포태 당시 남편이 실종되었거나 교도소에 복역하는 등의 이유로 아내가 법률상 남편의 자녀를 포태할 수 없는 외관상의 명백한 사유[14]가 있어 동서(同棲)의 결여가 명백한 경우라면 친생추정이 미치지 않는다는 견해이다. 외관상 명백한 사유가 없으면 DNA 검사 결과로 확인된 유전자형의 불일치에도 원칙적으로 친생추정은 유지된다. 이 점에서 외관설이 비록 친생추정을 일정 범위 내에서 제한하고는 있지만, 법률상의 남편이 현재의 자녀와의 유전자형 불일치를 인지하는 등 친자가 아님을 확인

---

12) 대판 1968. 2. 27, 67므34 참조.
13) 정구태, "친생추정의 한계 및 친생부인의 소의 원고적격 — 대법원 2012. 10. 11. 선고 2012므1892 판결 및 대법원 2014. 12. 11. 선고 2013므4591 판결 — ", 법학연구 제26권 제1호(2015. 6), 132면.
14) 남편의 해외 거주 외에도 혼인 파탄으로 인한 별거도 이에 포함될 수 있다.

하였음에도 친생부인의 소의 제소기간을 경과한 경우에는 친생추정을 부인하지 못하게 되어 사실상 무제한설과 동일하게 된다.

2) 혈연설

남편의 생식불능, 혈액형의 상이(相異), DNA 유전자형의 상이(相異)가 있는 경우와 같이 객관적으로 혈연관계가 존재하지 아니함이 명백한 경우에는 친생추정이 제한된다는 견해다. 이는 혈연진실주의를 구현하려는 것으로, 이 견해를 따른다면 혈연관계가 없는 자녀에 대해서는 제소기간과 제소권자의 요건이 엄격한 친생부인의 소가 아니라 비교적 위 요건이 완화된 친생자관계존부확인의 소에 의하여 친자관계를 바로잡을 수 있다. 그 결과 민법의 친생 '추정' 규정이 무의미하게 된다.[15] 또, 어머니의 법률상 남편과 자녀 사이에 사회적 친자관계가 유지되고 있다고 하더라도 생부(生父)는 제소기간의 제한 없이 유전자 검사 등을 통해 친생자관계존부확인의 소를 거쳐 친생추정 여부를 다툴 수 있어 그에 따른 부작용도 우려된다.

3) 가정파탄설

가정의 평화와 혈연진실주의 사이의 조화를 꾀하려는 절충적인 견해이다. 이 견해는 외관설을 원칙적으로 따르면서도 부자간에 DNA 유전자 정보의 상이 등 진실한 혈연이 존재하지 않음이 명백히 증명되고, 이에 더하여 이혼 등으로 이미 가정이 파탄된 상황이라면, 친생추정을 부인할 수 있다는 것이다.[16] 이러한 경우에도 친생추정을 유지한다면 오히려 자녀의 복리에 반한다는 점을 근거로 한다. 하지만 이 견해에 대해서는 부부관계가 파탄된 경우에는 결국 혈연설과 같은 비판이 가능하다.[17]

---

15) 정구태, 앞의 논문, 133면.

16) 김주수, "친생부인의 소와 친생자부존재확인의 소에 관한 일고찰", 법률연구 제3집(1983), 268면; 양수산, 친족상속법, 한국외국어대학교 출판부, 1998, 349면; 이경희, 가족법, 법원사, 1999, 141면; 이혜리·이상용, "미국법상 부자관계에 있어서 친생추정의 법리 — California 법을 중심으로 —", 충남대학교 법학연구 제29권 제4호(2018), 204면; 각주 10) 연구보고서에서 재인용.

17) 부부 사이의 혼인이 파탄되었지만, 법률상 부가 친자가 아니라는 객관적인 증거가 있는 자녀를 키우겠다는 강한 의지가 있고, 자녀와 법률상 부 사이에 애착 관계가 형성된 경우에도, 생부(生父) 등 외부의 제3자에 의하여 친자관계의 존재 여부가 다퉈지는 상황에 놓일 수 있다.

4) 사회적 친자관계설

외관설을 전제로 하되, DNA 유전자 정보가 다르다는 등 진실된 혈연관계가 아님이 과학적·객관적으로 증명되고, 부자간의 사회적 친자관계가 소멸하였다면 친생추정을 부인하자는 견해다. 이 견해는 부부간의 혼인 파탄이 아닌 부자간에 형성된 생활의 실태와 정서적 유대관계 등을 중심에 둔다. 가정파탄설이 진실한 혈연관계에 대한 과학적·객관적 증거의 존재 여부를 중심으로 이를 제한하는 요소로서 가정의 평화, 특히 '부부관계의 파탄 여부', '혼인관계의 지속 여부' 등을 먼저 고려하고 이에 부수하여 부자 관계와 자녀의 복리를 검토한다면, 사회적 친자관계설은 부부관계의 파탄보다는 '부자 관계의 파탄' 여부를 중심적으로 고려한다는 점이 특징이다. 사회적 친자관계설에 따르면, 부부가 이혼하였음에도 법률상 부(父)가 여전히 자녀를 부양하면서 원만한 친자관계를 유지하고 있다면, 이러한 사회적 친자관계에 반하여 생부(生父) 등의 제3자가 친생관계의 존부를 다툴 수 없게 된다. 물론 이 견해에 대해서도 법률상 부(父)의 일방적 의사에 의해 장기간 지속되어 온 자녀의 신분이 변동될 위험이 있는데, 이것이 과연 자녀의 복리에 부합하는지 하는 반론이 제기될 수 있다.[18] 사회적 친자관계설에 따르면, '자녀의 복리'라는 관점에서 비록 진실한 혈연관계와 어긋나더라도 법률상 부(父)와 자녀 사이에 친자관계가 유지되면 이런 자녀의 신분관계는 유지된다. 반면 혼인관계가 파탄되거나 법률상 부(父)의 변심에 따라 그동안 유지된 자녀의 신분이 변동될 수 있다. 이 점에서 친자관계에서 부의 의사 외에 반대 당사자인 자녀의 의사와 복리 역시 무겁게 고려되어야 할 것이다.

5) 사견

대법원은 위 2019. 10. 23. 선고 2016므2510 전원합의체 판결 및 그 이후 대법원 2021. 9. 9. 선고 2021므13293 판결에서 생물학적 혈연관계가 없다는 점이 친생부인의 소로써 친생추정을 번복할 수 있는 사유지만 처음부터 친생추정이 미치지 않도록 하는 사유는 아니라는 점을 확인하였다. 즉 친생부인권을 실질적으로 행사할 수 있는 기회를 부여받았는데도 제소기간이 지나도록 이를 행사하지

---

18) 자세한 점은 김상용, "생부(미혼부)의 권리에 관한 소고 — 생부의 출생신고와 친생부인권을 중심으로 — ", 중앙법학 22(1), 중앙법학회(2023), 173면 이하 참조.

않아 더 이상 이를 다툴 수 없게 된 경우 그러한 상태가 남편이 가정생활과 신분 관계에서 누려야 할 인격권, 행복추구권, 개인의 존엄과 양성의 평등에 기초한 혼인과 가족생활에 대한 기본권을 침해한다고 볼 수 없다고 하였다. 진실한 혈연관계가 아니라는 사실을 알면서도 제소기간 동안 행사하지 않았다가 그 후 단순한 변심을 이유로 친자관계를 부인하는 경우에는 위와 같은 대법원의 판시가 맞을 수 있다. 하지만 입양의 경우에도 협의로 파양할 수도 있고, 파양 사유가 있으면 재판상 파양을 할 수도 있는데 객관적으로 생물학적 혈연관계가 없음에도 친생부인의 소 제소기간이 지나면 어떠한 경우에도 친자관계에서 해방될 수 없다는 것은 지나치다. 이런 점에 비추어 외관설보다 조금 더 넓게 친생추정을 번복할 수 있는 사회적친자관계설에 찬성한다. 그리고 부자 관계의 파탄 태양은 재판상 파양 사유를 유추적용할 수 있다고 생각한다.

5. 친생부인의 소

가. 민법 규정

> **제846조(자의 친생부인)** 부부의 일방은 제844조의 경우에 그 자가 친생자임을 부인하는 소를 제기할 수 있다.
>
> **제847조(친생부인의 소)** ① 친생부인의 소는 부 또는 처가 다른 일방 또는 자를 상대로 하여 그 사유가 있음을 안 날부터 2년내에 이를 제기하여야 한다.
> ② 제1항의 경우에 상대방이 될 자가 모두 사망한 때에는 그 사망을 안 날부터 2년 내에 검사를 상대로 하여 친생부인의 소를 제기할 수 있다.

나. 친생부인의 소의 제기

친생추정이 미치는 자녀에 대하여는 친생부인의 소에 의하지 않으면 그 친생추정을 깨뜨릴 수 없다. 제846조가 정하고 있는 친생부인의 소를 제기할 수 있는 당사자인 '부부의 일방'은 민법 제844조의 경우에 해당하는 '부부의 일방', 즉 제844조 제1항에서의 '부'와 '자를 혼인 중에 포태한 처'를 가리키고, 그렇다면 이 경우의 처는 '자의 생모'를 의미하며, 제847조 제1항에서의 '처'도 제846조에 규정된 '부부의 일방으로서의 처'를 의미한다고 해석되므로, 결국 친생부인의 소를 제기할 수 있는 처는 자의 생모를 의미한다.[19] 즉 자녀를 출산한 어머니와 그의 법률상 남편으로 한정한다. 그리고 제847조는 친생부인의 소는 부(夫) 또는 처가 그 사유가 있음을 안 날부터 2년 내에 이를 제기하여야 한다고 규정한다. 2005. 3. 31. 법률 제7427호로 개정되기 전에 민법 제847조 제1항은 오로지 법률상 남편만이 자녀 또는 친권자인 모를 상대로 하여 그 출생을 안 날로부터 1년 내에 제기하여야 하였다. 2005년 민법 개정으로 제소기간이 확장되었고, 제소권자에 친모가 추가된 것은 합리적인 것이나, 그럼에도 앞에서 본 바와 같이 친생추정을 완화할 현실적인 필요가 있다. 사회적 친자관계설을 수용할 수 없다고 하더라도 최소한 제소권자에 자녀나 생부가 추가되어야 할 것이다. 친생추정과 친생부인의 소의 제소기간을 한정하는 목적은 가정의 평화를 지키고 자녀의 복리를 위해서라고 설명된다. 그런데 제소기간이 도과되어 법률상 친자관계가 고착된 상태에서 부자가 서로 상대방을 학대하는 등 친자관계의 의무를 현저히 해태하는 경우 이러한 친자관계에서 해방되는 것이 옳을 것이다. 또 법률상의 부모가 자녀를 유기한 상태에서 생부가 자녀를 양육하고 있어 생부의 인지가 무엇보다 필요한 경우도 있는데, 이와 같이 인지하기 위해서는 친생추정이 복멸되어야 한다. 그런데 자녀나 생부는 친생부인의 소를 제기할 수 없으므로 자녀의 지위가 오히려 불안하다. 가정의 평화와 자녀의 복리를 위해 친생추정이나 친생부인의 소 제도를 개선할 필요가 있다.

IV. 부부만 친양자 입양을 할 수 있는가?

1. 헌재 2013. 9. 26. 선고 2011헌가42 결정

가. 원칙적으로 3년 이상 혼인 중인 부부만이 친양자 입양을 할 수 있도록 규정하여 독신자는 친양자 입양을 할 수 없도록 한 구 민법(2005. 3. 31. 법률 제7427호로 개정되고, 2012. 2. 10. 법률 제11300호로 개정되기 전의 것) 제908조의2 제1항 제1

---

19) 대판 2014. 12. 11, 2013므4591; 이 사건에서 자녀의 계모가 친생부인의 소를 제기하였으나 위 판결은 민법 규정의 입법 취지, 개정 연혁과 체계 등에 비추어 보면, 민법 제846조, 제847조 제1항에서 정한 친생부인의 소의 원고적격이 있는 '부, 처'는 자의 생모에 한정되고, 여기에 친생부인이 주장되는 대상자의 법률상 부와 '재혼한 처'는 포함되지 않는다고 판시하였다.

호(이하 '심판대상조항'이라 한다)는 친양자가 안정된 양육환경을 제공할 수 있는 가정에 입양되도록 하여 양자의 복리를 증진시키기 위해, 친양자의 양친을 기혼자로 한정하였다. 독신자 가정은 기혼자 가정과 달리 기본적으로 양부 또는 양모 혼자서 양육을 담당해야 하며, 독신자를 친양자의 양친으로 하면 처음부터 편친 가정을 이루게 하고 사실상 혼인 외의 자를 만드는 결과가 발생하므로, 독신자 가정은 기혼자 가정에 비하여 양자의 양육에 있어 불리할 가능성이 높다. 나아가 독신자가 친양자를 입양하게 되면 그 친양자는 아버지 또는 어머니가 없는 자녀로 가족관계등록부에 공시되어, 친양자의 친생자로서의 공시가 사실상 의미를 잃게 될 수 있다. 한편, 입양특례법에서는 독신자도 일정한 요건을 갖추면 양친이 될 수 있도록 규정하고 있으나, 입양의 대상, 요건, 절차 등에서 민법상의 친양자 입양과 다른 점이 있으므로, 입양특례법과 달리 민법에서 독신자의 친양자 입양을 허용하지 않는 것에는 합리적인 이유가 있다. 따라서 심판대상조항은 독신자의 평등권을 침해한다고 볼 수 없다.

나. 심판대상조항은 친양자가 안정된 양육환경을 제공할 수 있는 가정에 입양되도록 하여 양자의 복리를 증진하는 것을 목적으로 한다. 독신자 가정은 기혼자 가정에 비하여 양자의 양육에 있어 불리할 가능성이 높으므로, 독신자를 친양자의 양친에서 제외하는 것은 위 입법목적을 달성하기 위한 적절한 수단이다. 아울러 성년의 독신자는 비록 친양자 입양을 할 수는 없지만, 일반입양에 의하여 가족을 형성할 수 있고, 민법 제781조에 따라 법원의 허가를 얻어 양자의 성·본을 양친의 것과 동일하게 변경할 수 있을 뿐만 아니라, 일반입양 사실은 가족관계증명서만으로는 외부에 드러나지 않는다. 비록 일반입양의 경우 양자의 입양 전 친족관계가 유지되지만, 일반입양을 통해서도 양자가 가족 구성원으로서 동질감과 소속감을 느낄 수 있는 가정환경의 외관을 조성하는 것이 가능하다. 심판대상조항으로 인하여 양자가 혼인관계를 바탕으로 한 안정된 가정에 입양되어 더 나은 양육조건에서 성장할 수 있게 되므로 양자의 복리가 증진되는 반면, 독신자는 친양자 입양을 할 수 없게 되어 가족생활의 자유가 다소 제한되지만, 여전히 일반입양은 할 수 있으므로 제한되는 사익이 위 공익보다 결코 크다고 할 수 없다. 결국 심판대상조항은 과잉금지원칙에 위반하여 독신자의 가족생활의 자유를 침해한다고 볼 수 없다.

다. 재판관 이정미, 재판관 김이수, 재판관 이진성, 재판관 서기석, 재판관 조용호의 위헌의견

기혼자 중 친양자의 양친에 적합하지 아니한 사람이 있을 수 있듯이, 독신자 중에서도 양자의 복리에 도움을 주는 양육환경을 제공할 수 있는 사람이 있을 수 있으며, 친양자 입양 당시의 혼인관계는 입양 후 이혼 등으로 인하여 변경될 수 있으므로, 친양자 입양 당시 기혼이라는 점이 양자의 복리증진에 적합한 양육환경을 절대적으로 담보해 주는 것은 아니다. 현행 친양자제도는 아동의 복리를 확보할 수 있도록 법원의 허가 절차를 두고 있으므로, 독신자가 친양자 입양을 신청하더라도 법원이 여러 가지 사정을 고려하여 친양자 입양의 허가 여부를 결정할 수 있다. 편친가정에 대한 사회적 편견은 타파되어야 할 대상인바, 이를 이유로 독신자의 친양자 입양을 봉쇄하는 것은 오히려 이러한 사회적 편견을 강화하는 것이어서 타당하지 않다. 가족관계등록부에 아버지 또는 어머니만 기재하는 것 또한 친생자 관계를 공시하는 방법이므로, 독신자에게 친양자 입양을 허용한다고 하여 가족관계등록부에 입양사실이 공시되는 것은 아니다. 입양특례법상의 입양과 민법상의 친양자 입양은 법원이 양친이 될 사람의 입양 동기와 양육능력 등을 고려하여 허가 여부를 결정한다는 점에서 동일하므로, 민법상의 친양자 입양에서만 독신자를 양친에서 제외하여야 할 만큼 입양특례법과 민법 사이에 본질적인 차이가 있다고 할 수 없다. 이러한 사정을 종합하면 독신자라는 이유만으로 친양자 입양을 원천적으로 봉쇄하는 것은 양자의 복리 실현에 적절한 수단이라고 볼 수 없다.

독신자가 일반입양을 할 수 있다 하더라도, 친양자 입양이 일반입양보다 양자와 양친 사이에 더 견고하고 안정된 친자관계를 발생시킬 수 있고, 일반입양의 경우 양자의 성과 본의 변경이 이루어지지 않을 수 있으며, 일반입양이 친양자 입양보다 가족관계등록법상의 증명서를 통해 외부에 드러날 가능성이 더 크므로, 입양가정에 완전히 동화되어 양친과 양자 사이에 친부모, 자녀와 다름없는 관계가 형성될 수 있는 최상의 양육환경을 만들어 주고자 하는 독신자에게, 일반입양이 친양자 입양을 대신할 수 있다고 할 수 없다. 따라서 심판대상조항은 독신자의 평등권 및 가족생활의 자유를 침해한다.

2. 법무부의 민법 개정안 입법 예고

법무부는 2021년 11월 9일 독신자 가정도 친양자 입양을 할 수 있도록 하는 내용의 개정안을 입법 예고하였다. 더불어 법무부는 편친 가정에 대한 사회적 편견 등을 고려해 아동 복리에 소홀함이 없도록 가정법원의 입양 허가 절차 강화 등 유관기관과 협력해 보완책도 마련하겠다고 밝혔다.

필자는 가정법원에 재직할 당시 구 민법(2005. 3. 31. 법률 제7427호로 개정되고, 2012. 2. 10. 법률 제11300호로 개정되기 전의 것) 제908조의2 제1항 제1호가 헌법에 위반된다고 위헌제청결정을 하였다. 헌법재판소는 위와 같이 5분 재판관이 위헌이라고 결정하였지만 위헌 결정을 위한 정족수에 1분이 미달하여 헌법에 위반되지 않는다는 결정을 하였다. 필자도 당사자가 제출한 위헌법률제청신청서를 처음 받아보았을 때 솔직히 민법상 일반 입양제도가 있는데 굳이 독신자에게 친양자 입양을 인정할 필요가 있을까 생각하였다. 그런 점에서 위 헌재 결정의 합헌 의견이 이해되지 않는 것은 아니다. 하지만 독신자인 청구인과 양자가 될 미성년자에게는 친양자 입양을 해야 할 특별한 사정이 있었다. 또 전문직 여성으로서 오래전부터 양자가 될 미성년자의 보호자 역할을 해 온 청구인은 비록 비혼이었지만 충분히 양육할 수 있는 자력과 요소를 갖추고 있었고, 미성년자와 애착 관계도 잘 형성하고 있었다. 무엇보다 친양자입양은 가정법원이 일반입양보다 엄격하게 심사하여 입양 허가를 결정한다. 만약 청구인이 양부모가 되기에 적합하지 않으면 법원은 이를 이유로 허가하지 않으면 된다. 그럼에도 민법은 청구인이 비혼이라는 이유만으로 친양자입양의 문을 굳게 걸어잠그고 있다. 청구인이 기혼인지 비혼인지보다 아동의 복리에 적합한지 여부가 중요하다고 생각한다. 이런 점에서 법무부의 개정입법안에 찬성한다.

V. 제사주재자 관련

1. 대법원 2008. 11. 20. 선고 2007다27670 전원합의체 판결[20]

[다수의견]

제사 주재자는 우선적으로 망인의 공동상속인들 사이의 협의에 의해 정하되, 협의가 이루어지지 않는 경우에는 제사 주재자의 지위를 유지할 수 없는 특별한 사정이 있지 않은 한 망인의 장남(장남이 이미 사망한 경우에는 장남의 아들, 즉 장손 자)이 제사 주재자가 되고, 공동상속인 중 아들이 없는 경우에는 망인의 장녀가 제사 주재자가 된다.

[대법관 박시환, 대법관 전수안의 반대의견]

제사 주재자는 우선 공동상속인들의 협의에 의해 정하되, 협의가 이루어지지 않는 경우에는 다수결에 의해 정하는 것이 타당하다.

[대법관 김영란, 대법관 김지형의 반대의견]

민법 제1008조의3에 정한 제사 주재자라 함은 조리에 비추어 제사용 재산을 승계받아 제사를 주재하기에 가장 적합한 공동상속인을 의미하는데, 공동상속인 중 누가 제사 주재자로 가장 적합한 것인가를 판단함에 있어서 공동상속인들 사이에 협의가 이루어지지 아니하여 제사 주재자의 지위에 관한 분쟁이 발생한 경우에는 민법 제1008조의3의 문언적 해석과 그 입법 취지에 충실하면서도 인격의 존엄과 남녀의 평등을 기본으로 하고 가정평화와 친족상조의 미풍양속을 유지·향상한다고 하는 가사에 관한 소송의 이념 및 다양한 관련 요소를 종합적으로 고려하여 개별 사건에서 당사자들의 주장의 당부를 심리·판단하여 결정하여야 한다.

2. 비판

가. 민법 제1008조의3은 "분묘에 속한 1정보 이내의 금양임야와 600평 이내 의 묘토인 농지, 족보와 제구의 소유권은 제사를 주재하는 자가 이를 승계한다"

---

20) 위 판결은 망인의 공동상속인들 사이에 제사주재자에 관하여 협의가 이루어지지 않은 제사 주재 자의 결정 방법 외에도 망인의 유체, 유골의 승계권자 및 피상속인이 생전행위 또는 유언으로 자 신의 유체 유골의 처분 방법을 정하거나 매장장소를 지정한 경우의 효력에 관하여 판시하고 있는 데 여기서는 제사 주재자의 결정방법에 관해서만 살펴본다.

고 규정하고 있다. 원래 1958. 2. 22. 법률 제471호로 제정된 구 민법은 제사 상속에 관한 일반 규정을 두지 않음으로써 제사 상속을 도덕과 관습의 범주에 맡기면서도, 제996조에서 분묘에 속한 1정보 이내의 금양임야와 600평 이내의 묘토인 농지, 족보와 제구(이하 '제사용 재산'이라 한다)의 소유권은 호주상속인이 이를 승계하도록 규정하고 있었는데, 1990. 1. 13. 법률 제4199호로 개정된 구 민법에서는 호주상속제도를 폐지하고 호주승계제도를 채택하면서 위와 같이 제사용 재산의 승계를 호주승계의 효력이 아닌 재산상속의 효력 중의 하나로 제1008조의3에 규정하고 그 승계권자를 '호주상속인'에서 '제사를 주재하는 자'로 변경하였으며, 2005. 3. 31. 법률 제7427호로 개정된 현행 민법에서는 호주승계제도조차 폐지하고 제1008조의3은 그대로 유지하기에 이른 것이다. 그런데 누가 제사 주재자가 되는지에 관하여는 법률에 아무런 규정이 없고, 제사 주재자에 관한 종래의 관습 내지 판례법이 그 효력을 유지할 수 없게 된 현재 상황에서는, 민법의 일반원리와 아울러 제사용 재산의 성격, 제사용 재산의 승계에 관한 민법 제1008조의3의 입법 목적, 제사가 가지는 역사적·사회적 의미 등을 종합적으로 고려하여 조리에 의해 제사 주재자의 결정방법을 정해야 할 것이다.[21]

나. 위 대법원판결의 판시와 같이 우리 사회 구성원들의 생활양식과 각종 법률 및 제도가 변화함에 따라 상속인들 간의 협의와 무관하게 적장자가 우선적으로 제사를 승계해야 한다는 종래의 관습은, 가족 구성원인 상속인들의 자율적인 의사를 무시하는 것이고 적서 간에 차별을 두는 것이어서 개인의 존엄과 평등을 기초로 한 변화된 가족제도에 원칙적으로 부합하지 않게 되었고, 이에 대한 우리 사회 구성원들의 법적 확신 역시 상당 부분 약화되었으므로, 더 이상 관습 내지 관습법으로서의 효력을 유지할 수 없게 되었으며, 그러한 관습에 터 잡은 종래의 대법원판결들 역시 더 이상 판례법으로서의 효력을 유지할 수 없게 되었다. 따라서 공동상속인들이 있는 경우에는 그 공동상속인들 사이의 협의에 의해 제사 주재자가 정해져야 한다고 봄이 상당하다.

다. 다수의견은 협의가 성립되지 않은 경우 장남 등이 우선적으로 제사 주재자가 되어 제사용 재산을 승계함이 조리에 부합하고 협의가 이루어지지 않는 경우 장남 등이 우선적으로 제사 주재자가 되어 제사용 재산을 승계함으로써 장남

21) 대판 2008. 11. 20, 2007다27670 전합.

등과 다른 상속인들을 차별하는 결과가 생긴다고 하더라도, 이는 상속인들 사이의 협의의 불성립이라는 사정에 의해 초래된 것이고, 이러한 차별은 조상숭배와 제사 봉행이라는 '전통의 보존'과 제사용 재산의 승계에 관한 법률관계를 간명히 하기 위한 것으로서 합리적인 이유가 있다고 하였다. 하지만 대법관 박시환, 전수안의 반대의견과 같이, 협의가 이루어지지 않으면 장남 등이 당연히 제사 주재자가 되는 것으로 할 경우 장남 등은 얼마든지 협의의 불성립을 유도할 수 있고, 따라서 위와 같은 차별은 상속인들 사이의 협의 불성립이라는 객관적 사정에 의해 초래된 것이라기보다는 장남 등의 주관적 의사에 달린 협의 성립 여부에 좌우되는 것이어서 합리적인 이유가 있는 차별이라고 볼 수 없다.

　　라. 또 협의가 되지 않았을 경우 상속인들 사이에서 다수결의 방식에 따라 제사주재자를 정하는 것이 합리적이라는 견해에 대해서도 재산관계의 영역뿐만 아니라 가족관계, 신분관계의 영역에 관한 사항이 포함되어 있는 문제를 다수결 방법으로 결정하는 것은 부적절하고, 재산법적 일반론에 통용되는 획일적 기준을 적용하는 방식을 취함으로써, 제사 주재자의 결정이 문제되는 다양한 사안에서 경우에 따라 정작 중요하게 고려되어야 할 만한 요소들이 제사 주재자 판단 기준에서 전혀 배제될 수도 있어 서로 저촉될 수 있는 전통과 현대에 걸친 다양한 이념과 가치 및 현실 사이의 조화로운 실현을 달성하기 어렵게 하고 구체적 타당성이 없는 결론에 이를 염려가 있다는 대법관 김영란, 김지형의 반대의견에 동의한다. 이 견해에 의하면 민법 제1008조의3의 입법 목적과 위 조항의 문언에 보다 충실한 새로운 해석을 통하여 조리에 맞는 합리적인 판단 기준이 제시되어야 한다고 본다.

　　그렇다면 공동상속인들 사이에서 누구를 제사 주재자로 할 것인지에 관하여 협의가 이루어지지 않거나 협의할 수 없는 때에는, '장남 등을 우선시하는 종래의 관습' 혹은 '공동상속인들 가운데 보다 다수가 지지하는 공동상속인 유무' 등 다수의견이나 대법관 박시환 등의 반대의견이 제시한 하나의 사정만을 유일한 기준으로 삼아 판단하기보다는, 그러한 사정들을 포함하여, 피상속인과 공동상속인들 사이의 생전의 가족관계 및 생활 양태, 종교, 생존 배우자의 부양관계, 공동상속인들 사이에서 협의가 이루어지지 아니한 경위, 주재하여야 할 제사의 종류와 범위, 공동상속인들의 생활 형편, 거주지, 상속재산 및 그 분할의 내용과 승계되는 제사용 재산의 경제적 가치 등의 객관적 요소와 피상속인의 생전 의사 혹은 유지, 생존 배우자 및 공동상속인들의 의사 등의 주관적 요소를 동일한 평면에서 병렬적·포괄적·종합적으로 고려하여 제사 주재자를 정하는 것이 민법 제1008조의3의 신설 취지에 비추어 가장 바람직하다. 이에 제자 주재자의 지위에 관한 분쟁이 발생한 경우 법원이 개별 사건에서 당사자들의 주장의 당부를 심리·판단하여 결정되어야 한다고 본다.22)

마. 대법원에 계속 중인 2018다248626 사건

1) 법률상 아내와 사이에 딸 2명을 두고 있던 망인은 중혼적 사실혼 관계에서 아들을 낳았다. 법률상 아내는 이혼을 거부하던 중이었는데 망인이 갑자기 사망하자 중혼적 사실혼 처가 미성년자인 아들을 대신하여 법률상 아내 및 딸들과 상의 없이 장례를 주도하고 장지를 정하였다. 이에 법률상 아내와 딸들이 유해의 인도를 구하는 소를 제기하였다.

2) 1심인 고양지원 2017가합1134호 사건이나 원심인 서울고등법원 2018나2006493 사건에서는 위 대법원 2007다27670 전원합의체 판결에 따라 ① 시체·유해도 민법 제1008조의 3에 따른 제사용 재산으로서 제사 주재자에게 귀속되며, ② 망인의 공동상속인들 사이에 협의가 이루어지지 않는 경우에는 적서를 불문하고 장남이, 공동상속인들 중 아들이 없는 경우에는 장녀가 제사 주재자가 되어야 한다고 판시하면서 원고들 청구를 기각하였고, 원고들의 항소 역시 기각하였다.

3) 이에 대한 원고들의 상고이유의 요지는 다음과 같다.

① 2005년 화장률(52.6%)이 매장률을 앞선 이후 2016년에는 82.7%가 화장에 의한 장례 방식을 택하는 장례문화의 변화에 따라 매장은 더 이상 보편적인 장례 방식으로 볼 수 없으므로, 제사용 재산, 즉 분묘와 유체의 귀속권자를 일치시킬 필연성은 사라졌다.

② 장기등이식에 관한 법률이 장기등기증의 요건으로 가족·유족의 동의 또는 거부 의사 없음을 들고 있는데, 그 동의권자 등을 정하는 순서가 위 전원합의

22) 위와 같은 법원결정견해에 대해서는 법률해석의 한계를 벗어난 것이다, 가정법원이 상속인들 사이의 협의가 성립되지 않은 경우 제사 주재자를 결정하는 사건을 관할한다는 법규정이 없다, 법률관계를 불안정하게 하거나 분쟁을 유발한다며 법적 안전성이 없다는 비판도 가능하나 이에 대한 논박은 전효숙, "제사주재자의 결정방법 ─ 대법원(전) 2008. 11. 20. 선고, 2007다27670 판결에 대한 비판적 검토", 법학논집 제14권 제3호, 이화여자대학교 법학연구소(2010), 322면 이하 참조.

체 판결에서 제사 주재자를 정하는 순서와 괴리되어 있다.

③ 장사 등에 관한 법률이 정한 분묘의 설치기간이 경과한 후에도 유골 등의 존재가 남아 있는 한 그 귀속이 정하여져야 하므로, 유골의 귀속을 한정된 기간만 유지될 수 있는 분묘 등 제사용 재산의 귀속에 따르도록 할 이유는 없다.

④ 국립묘지에 안장된 유골 등에 대한 이장의 요건으로 망인의 장남 이외에 생존 배우자와 자녀들의 동의를 요하고 있는 대법원 2017. 9. 26. 선고 2017두50690 판결을 보면, 유해는 제사 주재자인 장남에게 전적인 처분 및 관리 권한이 있는 일반적인 제사용 재산과 그 성격상 구별되므로, 유해를 제사용 재산으로 판단한 원심은 이에 대한 법리를 오해하였다.

무엇보다 ⑤ 위 전원합의체 판결은 적장자, 적손, 중자, 서자, 중손, 서손의 순서로 제사상속인이 되는 종래의 관습은 더 이상 효력을 유지할 수 없게 되었다면서, 공동상속인들 사이에 협의에 의해 제사 주재자가 정해져야 하나 협의가 이루어지지 않은 경우 특별한 사정이 있지 않은 한 망인의 장남이 제사 주재자가 되고, 공동상속인 중 아들이 없는 경우에는 망인의 장녀가 제사 주재자가 됨이 조리에 부합한다고 하였으나, 위 전원합의체 판결은 제사용 재산 및 제사 주재자의 본질에 대한 고찰 없이, 막연히 "장남 내지 장손자가 제사 주재자가 되고 아들이 없으면 딸이 제사 주재자가 된다는 점에 관한 인식이 널리 용인되고 있는 것으로 보이고, 동등한 조건과 지위에 있는 사람들 사이에서는 연장자를 우선하는 것이 우리의 전통적인 미풍양속이자 일반적인 사회통념"이라면서 단순히 관습의 일부로 남아 있는 현상을 조리라는 이름으로 포장하여 이를 근거로 삼은 잘못이 있다.

⑥ 양성평등에 입각하여 우리 사회 구성원들의 의식구조와 생활양식에 많은 변화가 있었으며, 민법 또한 이를 실현하는 방향으로 개정되고, 여성에게도 종회 회원의 자격을 인정하는 판결(대판 2005. 7. 21, 2002다1178 전합)이 선고되는 등 우리 사회의 기본이념 및 법질서가 변화되었는바, 장남을 우선시하는 종래의 관습은 더 이상 현재의 관습과 사회적 정당성에 부합하지 않는다.

⑦ 위 전원합의체 판결은 헌법 제11조 제1항 및 제36조 제1항의 평등의 원칙에도 위배되고, 헌법 제36조 제1항에 따라 개인의 존엄과 양성의 평등을 기초로 하는 혼인과 가족생활을 보장할 국가의 의무를 해태하여 헌법에 위배된다.

4) 위 전원합의체 판결이 헌법에 위배되어 아들이, 장남이 우선한다고 판시함으로써 과거로 우리 시대를 회귀시켰고, 위 대상 사건과 같은 문제를 발생시켰다. 이 문제는 입법의 흠결에서 비롯되었으므로 민법 개정으로 이 문제가 해결되어야 할 것이지만 법률의 흠결을 대법원이 어떻게 보충하느냐에 따라 입법의 방향이 달라질 수 있는 것이다.[23] 대법원에 계속 중인 사건에서 현명한 판결을 기대한다.

VI. 미성년 상속인의 보호

1. 대법원 2020. 11. 19. 선고 2019다232918 전원합의체 판결

가. 판결요지

1) 민법 제1019조 제3항은 민법 부칙(2002. 1. 14. 개정 법률 부칙 중 2005. 12. 29. 법률 제7765호로 개정된 것, 이하 같다) 제3항, 제4항에 따라 ① 1998. 5. 27.부터 위 개정 민법 시행 전까지 상속개시 있음을 안 상속인과 ② 1998. 5. 27. 전에 상속개시 있음을 알았지만 그로부터 3월 내에 상속채무 초과사실을 중대한 과실 없이 알지 못하다가 1998. 5. 27. 이후 상속채무 초과사실을 알게 된 상속인에게도 적용되므로, 이러한 상속인들도 위 부칙 규정에서 정한 기간 내에 특별한정승인을 하는 것이 가능하였다. 그러나 위 부칙 규정상 1998. 5. 27. 전에 이미 상속개시 있음과 상속채무 초과사실을 모두 알았던 상속인에게는 민법 제1019조 제3항이 적용되지 않으므로, 이러한 상속인은 특별한정승인을 할 수 없는 것으로 귀결된다.

2) 민법 제1019조 제1항, 제3항의 각 기간은 상속에 관한 법률관계를 조기에 안정시켜 법적 불안 상태를 막기 위한 제척기간인 점, 미성년자를 보호하기 위해 마련된 법정대리인 제도와 민법 제1020조의 내용 및 취지 등을 종합하면, 상속인이 미성년인 경우 민법 제1019조 제3항이나 그 소급 적용에 관한 민법 부칙(2002. 1. 14. 개정 법률 부칙 중 2005. 12. 29. 법률 제7765호로 개정된 것, 이하 같다) 제3항, 제4항에서 정한 '상속채무 초과사실을 중대한 과실 없이 제1019조 제1항의 기간 내

---

23) 전효숙, 앞의 논문, 326면.

에 알지 못하였는지'와 '상속채무 초과사실을 안 날이 언제인지'를 판단할 때는 법정대리인의 인식을 기준으로 삼아야 한다.

따라서 미성년 상속인의 법정대리인이 1998. 5. 27. 전에 상속개시 있음과 상속채무 초과사실을 모두 알았다면, 앞서 본 민법 부칙 규정에 따라 그 상속인에게는 민법 제1019조 제3항이 적용되지 않으므로, 이러한 상속인은 특별한정승인을 할 수 없다.

또한 법정대리인이 상속채무 초과사실을 안 날이 1998. 5. 27. 이후여서 상속인에게 민법 제1019조 제3항이 적용되더라도, 법정대리인이 위와 같이 상속채무 초과사실을 안 날을 기준으로 특별한정승인에 관한 3월의 제척기간이 지나게 되면, 그 상속인에 대해서는 기존의 단순승인의 법률관계가 그대로 확정되는 효과가 발생한다.

3) [다수의견] 미성년 상속인의 법정대리인이 인식한 바를 기준으로 '상속채무 초과사실을 중대한 과실 없이 알지 못하였는지 여부'와 '이를 알게 된 날'을 정한 다음 이를 토대로 살폈을 때 특별한정승인 규정이 애당초 적용되지 않거나 특별한정승인의 제척기간이 이미 지난 것으로 판명되면, 단순승인의 법률관계가 그대로 확정된다. 그러므로 이러한 효과가 발생한 이후 상속인이 성년에 이르러도 상속개시 있음과 상속채무 초과사실에 관하여 상속인 본인 스스로의 인식을 기준으로 특별한정승인 규정이 적용되고 제척기간이 별도로 기산되어야 함을 내세워 새롭게 특별한정승인을 할 수는 없다고 보아야 한다.

[대법관 민유숙, 대법관 김선수, 대법관 노정희, 대법관 김상환의 반대의견] 상속인이 미성년인 동안 그의 법정대리인이 상속채무 초과사실을 알고도 3월 동안 상속인을 대리하여 특별한정승인을 하지 않은 경우 상속인이 성년에 이르러 상속채무 초과사실을 알게 된 날부터 3월 내에 스스로 특별한정승인을 할 수 있다고 보아야 한다.

이는 합헌적 법률해석의 원칙 및 특별한정승인 제도의 입법 경위, 미성년자 보호를 위한 법정대리인 제도, 상속인의 자기책임 원칙 등을 고려하여 법규정을 해석한 결과로서 문언의 통상적인 의미에 충실하게 해석하여야 한다는 원칙에 부합할뿐더러, 상속채권자와의 이익 형량이나 법적 안정성 측면에서도 타당하다.

나. 사안의 내용

1) 피고에 대해 채무를 지고 있던 원고의 아버지가 사망하여 원고의 어머니와 미성년인 원고가 채무를 공동으로 상속하였다.

2) 피고는 1993년과 2003년(소멸시효 중단을 위한 소) 각 원고를 포함하여 채무를 상속한 상속인들을 상대로 대여금 반환청구를 하여 모두 승소하였고 당시 원고의 어머니가 친권자로서 원고를 대리하였다.

3) 피고는 원고가 성년에 이른 다음인 2013년에도 소멸시효 중단을 위해 소를 제기하였고 원고에게 공시송달로 진행된 사건에서 승소 판결을 받았다. 이를 집행권원으로 2017년경 원고의 예금채권에 대해 강제집행을 하자 원고는 곧바로 특별한정승인 신고를 하고 이 사건 청구이의의 소를 제기하였다. 원심은 원고의 특별한정승인이 유효하다고 보아 청구이의를 인용하였다.

2. 빚만 상속받은 미성년자 보호의 필요성

1) 민법은 피상속인이 사망하면 상속인들이 당연하게 적극재산과 소극재산을 상속하는 것을 전제로 상속개시가 있음을 안 날로부터 3월 내에 상속 포기를 하거나 한정승인의 신고를 하면 그에 따른 효과를 부여하고 있다. 그리고 민법 제1019조 제3항은 이른바 "특별한정승인"제도를 정하고 있는데 그 내용은 "상속인은 상속채무가 상속재산을 초과하는 사실을 중대한 과실 없이 제1항의 기간 내에 알지 못하고 단순승인(제1026조 제1호 및 제2호의 규정에 의하여 단순승인한 것으로 보는 경우를 포함한다)을 한 경우에는 그 사실을 안 날부터 3월 내에 한정승인을 할 수 있다"는 것이다.

2) 피상속인에게 적극재산보다 소극재산이 많은 경우 상속인은 상속 포기를 하거나 한정승인의 신고를 하여 피상속인의 채무에서 벗어나고자 한다. 상속인이 미성년자라서 소송능력이 없는 경우 법정대리인에 의해서만 소송행위를 할 수 있고(가사소송법 제12조, 민사소송법 제55조 제1항), 이는 가사비송사건인 상속의 한정승인·포기 신고 수리에 관한 사건의 경우도 마찬가지이다. 즉, 비송사건이라고 하여 미성년자가 법정대리인 없이 비송절차를 구성하는 비송행위를 유효하게 할 수 있거나 그 상대방이 될 수 있는 능력, 즉 비송절차능력(또는 비송행위능력)을 독

자적으로 가진다고 일반적으로 인정되지 않는다. 따라서 상속인이 제한능력자인 경우 상속 승인·포기의 신고 기간인 '상속개시 있음을 안 날부터 3월'은 상속인의 법정대리인인 친권자나 후견인이 상속개시 있음을 안 날부터 기산한다(민법 제 1020조). 그 결과로 미성년자의 법정대리인이 미성년자를 위해 상속 포기나 한정승인을 하면 다행이고, 소극재산이 많다는 사정을 알면서도 착오나 무지 등으로 상속 포기나 한정승인을 할 수 있는 기간을 도과하면 미성년자는 억울하게 피상속인의 채무를 상속하게 된다. 그리고 다수의견은 상속인인 미성년자가 성장하여 성인이 되어 독자적으로 법률행위를 할 수 있게 된 후 이러한 사실, 즉 상속채무가 상속재산을 초과한다는 사실을 알게 되었다고 하더라도 민법이 정한 특별한정승인을 할 수 없다.

3) 위 대법원판결의 다수의견은 현행 민법에 특별한정승인에 관한 법정대리만을 예외적으로 취급할 법적 근거가 전무한 상태임에도 오로지 해석론에 입각하여, 상속인이 성년에 이른 후에 본인 스스로의 인식을 기준으로 별도의 제척기간이 기산됨을 내세워 새롭게 특별한정승인을 할 수는 없고, 이러한 미성년 상속인을 특별히 보호하기 위하여 별도의 제도를 마련하는 것이 입법론적으로 바람직하다고 판시하면서 다른 나라의 입법례에 관하여 다음과 같이 설시하였다.

"우리나라와 같이 상속에 관하여 당연승계주의를 취하는 국가 중 프랑스는 미성년자인 상속인의 법정대리인은 한정승인만 가능하고 상속재산이 채무를 초과하는 것이 명백한 경우에만 법원의 허가를 얻어 단순승인을 할 수 있도록 하고 있다(프랑스 민법 제507-1조). 독일에서는 상속인이 상속채무 초과 사실을 알지 못하고 단순승인을 하였다면 장기간(30년) 동안 단순승인을 취소할 수 있고, 상속승인·포기 신고 기간이 지난 뒤에도 상속재산의 관리나 파산을 신청하여 상속채무에 대한 책임을 상속재산에 한정할 수 있는 등 상속인을 보호하기 위한 여러 규정을 두고 있다(독일 민법 제1954조, 제1980조, 제1981조, 도산법 제317조). 독일은 여기에서 더 나아가 1998년 민법 개정을 통해 미성년자의 상속채무에 대한 책임을 그 미성년자가 성인이 되는 시점에 가진 재산에 한정하는 특별규정을 신설하기에 이르렀다(독일 민법 제1629조a).

우리나라는 상속승인·포기에 관하여 미성년자를 특별히 보호하는 규정을 두고 있지 않다. 상속승인·포기에 취소사유가 있으면 이를 취소할 수 있지만 그 취소기간이 승인·포기한 날부터 1년으로(민법 제1024조 제2항) 앞서 본 독일(30년)뿐만 아니라 프랑스(5년), 일본(10년)에 비해서도 매우 짧아 이를 제대로 활용하기 어렵다. 상속재산에 대한 파산 신청 기간도 실질적으로 상속승인·포기 기간과 같아(채무자 회생 및 파산에 관한 법률 제300조, 민법 제1045조) 상속승인·포기 신고 기간이 지나고 나면 그 제도를 활용하기 어렵다. 상속인 본인이 개인파산이나 개인회생 등을 신청할 수 있겠지만 이는 미성년 상속인을 위한 보호책으로서는 미흡하다.

위와 같은 입법례를 참조하여 우리나라에서도 미성년 상속인을 제도적으로 보호할 수 있도록 입법적 개선이 이루어지기를 기대한다."

4) 어린 자녀를 두고 부모 중 일방이 사망한 경우 남은 부모는 자녀와 살아가기 바빠서 또는 어린 자녀까지 상속 포기를 하지 않아도 되는 줄 알고 그냥 지나치는 경우가 있고, 그렇지 않고 이혼하고 비양육 부모와는 연락하지 않고 지내던 중 비양육부모가 사망한 경우나, 비양육부모의 부모가 사망하였고, 비양육부모가 상속을 포기한 경우에도 문제다. 자녀가 상속인이 되었지만 그런 사실을 모른 채 지내다가 피상속인의 채권자가 보낸 추심서류나 소장을 보면서 비로소 채무자가 된 사실을 알게 된 상속인이면 비로소 상속인이 된 사실을 알았으니 상속 포기의 수리를 구하는 심판청구를 하여 피상속인의 채무에서 벗어날 수 있다. 하지만 만약 자녀가 미성년자이고 법정대리인인 양육자가 자녀를 위해 상속 포기나 한정승인 신청을 하지 않고 기간을 도과하였고, 성년이 되어 (조)부모의 채권자로부터 채권추심을 받게 되면 자녀는 파산을 신청할 수밖에 없다. 미성년 상속인이 부모의 무지로 인해 채무자로서 사회생활을 시작할 수 있다. 이런 결과는 불합리하고 수긍하기 어렵다. 피상속인의 채권자가 상속인이 채무를 변제할 것을 기대하고 소비대차계약을 하지는 않을 것이기 때문이다.

5) 채권자는 채무자인 피상속인의 책임재산에서만 변제를 받아야 한다. 헌법재판소도 "상속채권자는 일반적으로 피상속인을 신뢰하여 그의 일반재산을 담보로 보고서 거래한 것이지, 그의 사망 후 상속인이 채무를 승계할 것까지를 기대하고서 거래한 것으로 볼 수는 없다."고 판시한 바 있다(헌재 1998. 8. 27, 96헌가22 등). 위 전원합의체 결정이 설시한 외국 입법례와 같이 미성년 상속인이 피상속인의 채무에서 벗어날 수 있는 민법 개정이 조속히 이루어지길 희망한다.

VII. 가사사건과 집행

1. 민사집행법상 압류금지채권 규정의 개정 필요성

비양육부모에게 가장 중요한 것이 양육비 이행확보 방안이다. 이를 위해 개정된 양육비 이행확보 및 지원에 관한 법률 제21조의3과 제21조의4는 양육비 채무자가 채무불이행으로 감치 명령 결정을 받았음에도 양육비 채무를 이행하지 않는 경우에는 여성가족부장관이 양육비 채무자의 운전면허 정지 처분과 출국금지를 요청할 수 있는 법률 조항을 신설하였다.

물론, 이미 2009년 가사소송법 일부 개정으로 양육비 지급의 확보를 위해 가사소송법에 양육비 직접지급명령과 담보제공명령, 일시금지급명령 제도를 도입하였다. 그럼에도 양육비를 안정적으로 지급받는 비율은 높지 않다. 프랑스와 같이 친자관계 의무를 불이행한 경우 형사처벌을 하는 새로운 이행확보 방안을 도입하는 것도 양육비의 이행확보에 중요하지만, 현행 법제도가 양육비 이행확보에 방해가 된다면 이런 장애를 개선하는 것은 더욱더 급선무라고 할 것이다.

양육부모가 가장 먼저 이용하는 양육비 이행확보 방법은 비양육부모의 급여채권에 대한 압류 및 추심/전부 명령이다. 그런데 양육비 채무자인 비양육부모의 급여채권이 민사집행법상 압류금지채권에 해당되면 집행 실무상 집행을 할 수 없다. 이런 문제점은 양육비 채권자가 가장 선호하는 이행확보 방법인 양육비 직접지급명령 제도에도 동일하다.

2. 민사집행법의 규정

민사집행법 246조(압류금지채권) ① 다음 각호의 채권은 압류하지 못한다.
1. 법령에 규정된 부양료 및 유족부조료
2. 채무자가 구호사업이나 제3자의 도움으로 계속 받는 수입
3. 병사의 급료
4. 급료 · 연금 · 봉급 · 상여금 · 퇴직연금, 그 밖에 이와 비슷한 성질을 가진 급여채권의 2분의 1에 해당하는 금액. 다만, 그 금액이 국민기초생활보장법에 의한 최저생계비를 감안하여 대통령령이 정하는 금액에 미치지 못하는 경우 또는 표준적인 가구의 생계비를 감안하여 대통령령이 정하는 금액을 초과하는 경우에는 각각 당해

대통령령이 정하는 금액으로 한다.

5. 퇴직금 그 밖에 이와 비슷한 성질을 가진 급여채권의 2분의 1에 해당하는 금액

6. 「주택임대차보호법」 제8조, 같은 법 시행령의 규정에 따라 우선변제를 받을 수 있는 금액

7. 생명, 상해, 질병, 사고 등을 원인으로 채무자가 지급받는 보장성보험의 보험금(해약환급 및 만기환급금을 포함한다). 다만, 압류금지의 범위는 생계유지, 치료 및 장애 회복에 소요될 것으로 예상되는 비용 등을 고려하여 대통령령으로 정한다.

8. 채무자의 1월간 생계유지에 필요한 예금(적금·부금·예탁금과 우편대체를 포함한다). 다만, 그 금액은 「국민기초생활 보장법」에 따른 최저생계비, 제195조 제3호에서 정한 금액 등을 고려하여 대통령령으로 정한다.

② 법원은 제1항 제1호부터 제7호까지에 규정된 종류의 금원이 금융기관에 개설된 채무자의 계좌에 이체되는 경우 채무자의 신청에 따라 그에 해당하는 부분의 압류명령을 취소하여야 한다. <신설 2011. 4. 5>

③ 법원은 당사자가 신청하면 채권자와 채무자의 생활형편, 그 밖의 사정을 고려하여 압류명령의 전부 또는 일부를 취소하거나 제1항의 압류금지채권에 대하여 압류명령을 할 수 있다. <개정 2011. 4. 5>

④ 제3항의 경우에는 제196조 제2항 내지 제5항의 규정을 준용한다. <개정 2011. 4. 5>

3. 양육비 직접지급명령[24]

양육비 직접지급명령은, 양육비 채무자가 급여소득자인 경우에, 양육비 채권자가 양육비 채무자의 소득세원천징수의무자로부터 직접 양육비를 지급받을 수 있는 제도이다. 즉 가정법원은 양육비 채무자가 정당한 사유 없이 정기적으로 지급해야 할 양육비를 2회 이상 지급하지 아니한 경우에 양육비 채권자의 신청에 따라 양육비 채무자에 대하여 정기적 급여채무를 부담하는 소득세원천징수의무자에게 양육비 채무자의 급여에서 정기적으로 양육비를 공제하여 양육비 채권자에게 직접 지급하도록 명할 수 있다(가사소송법 제63조의2). 장래의 정기금 양육비 채권을 집행채권으로 하여 장래의 정기적 급여채권에 대하여 압류 및 전부명령을 발한 것과 같은 효과를 인정하는 것이다.[25] 양육비 직접지급명령에 대해서는 민

---

24) 이 부분은 배인구, "민사집행법상 압류금지채권 규정의 개정 필요성에 대한 소고", 가족법연구 제32권 제3호(2018), 323면 이하 참조.

25) 가사재판연구(2017), 사법연수원, 32면.

사집행법 중 압류명령과, 전부명령에 관한 규정, 성질에 반하지 않은 범위 내의 민사집행규칙이 적용된다.

따라서 민사집행법 제246조 제1항 제4호가 적용되어 매월 지급받는 급여(본봉 및 제수당) 중 제세공과금을 뺀 잔액의 1/2 및 기말수당(상여금) 중 제세공과금을 뺀 잔액의 1/2에 해당하는 금액, 다만, 그 금액이 국민기초생활보장법에 의한 최저생계비를 감안하여 민사집행법 시행령이 정하는 금액(현재 150만 원)에 미치지 못하는 경우 또는 표준적인 가구의 생계비를 감안하여 민사집행법 시행령이 정한 금액(현재 월 300만 원 이상으로서 300만 원에 월 급여채권의 1/2에서 300만 원을 뺀 금액의 1/2을 합산한 금액)을 초과하는 경우에는 이를 제외한 나머지 금액에 대하여만 직접지급명령이 가능하다.

즉, 최저 150만 원에서 300만 원26)까지의 금액은 압류할 수 없고, 직접지급명령도 할 수 없게 된다. 예를 들어 150만 원의 급여를 받는 비양육부모와 150만 원의 수입으로 초등학생 자녀 1명을 양육하는 양육부모가 있고, 가정법원이 양육비산정기준표 등을 참작하여 비양육부모에게 매 월 약 45만 원의 양육비를 지급하라고 한 경우에 양육비 채무자가 그 이행을 계속하지 않아도 양육비 채무자의 급여로부터 직접 지급받기 어렵다. 150만 원까지는 압류가 금지되기 때문이다.

임금채권은 근로자와 그 가족의 생계 수단으로서 소위 '인간다운 생활'을 영위하기 위한 최소한의 물질적인 기초가 되므로, 이에 대한 사회적 보호의 필요성이 매우 크기 때문에(헌재 2008. 11. 27, 2007헌바36) 위와 같이 특별히 보호되고 있다. 임금채권에 대해 위와 같은 지위를 인정하는 것에 대해 반대하는 것은 아니다. 하지만 임금채권에 대해 압류상한선이 있다는 것은 그 근로자만을 고려한 것이 아니라 그와 같이 생활하는 가족의 생존까지 고려된 것이다. 생존을 보호받던 미성년자녀가 부모의 이혼이라는 외부적 요인으로 이제 그 보호범위 밖으로 나가야 한다는 것은 수긍하기 어렵다.

임금을 받는 채무자의 생존권을 고려하여 그 1/2까지 압류가 금지되는 것은 충분히 이해할 수 있다. 하지만 현실적으로 150만 원의 임금을 받는 경우 양육비 채권자는 그 전액에 대해 압류를 할 수 없다. 한편 민사집행법은 또 다른 압류금

---

26) 급여가 300만 원 이상인 경우 압류가 금지되는 범위가 늘어날 수 있지만 간단하게 300만 원이라고 가정한다.

지채권으로 법령에 규정된 부양료 채권을 들고 있다(제246조 제1항 제1호). 임금채권처럼 인간으로서의 최소한 생존을 확보하기 위해서 제일 먼저 규정하고 있다. 부양료 채권의 대표적인 것이 양육비 채권이라는 것은 이론의 여지가 없을 것이다. 결국 양육비 채권과 임금채권은 모두 압류가 금지되는 특별한 보호를 받는다. 양육비 채권과 임금채권이 상충할 경우 어느 채권이 우선해야 하는가? 근로의 대가를 최우선 보장해야 한다는 사회법의 지향에도 불구하고 미성년자녀의 양육권은 특별한 고려가 필요하다. 양육비 직접지급명령은 임금채권의 직접, 전액 지급원칙에 대한 중요한 예외이다. 이런 법의 취지를 고려하면 일정 금액의 급여 채권은 전액까지 압류가 금지된다는 결과는 직접지급명령의 신청 가능성을 원천적으로 배제하는 것이어서 문제다. 특별히 보호가 필요한 양육비 채권에 대해서는 압류가 어느 범위만이라도 허용되는 예외를 인정해야 한다.

4. 보론 — 재산분할대상인 임대차보증금의 압류 가능성

이혼과 재산분할을 청구하는 경우 재산분할대상이 현재 거주하고 있는 주거지 임차보증금인 경우 재산분할이 될 때까지 상대방 배우자가 처분하지 못하도록 가압류를 할 필요가 있다. 그런데 앞서 본 민사집행법 제246조 제1항 제6호는 주택임대차보호법 제8조, 주택임대차보호법 시행령의 규정에 따라 우선변제를 받을 수 있는 금액을 압류금지채권으로 정하고 있다. 2021. 5. 개정된 규정에 따라 압류가 금지되는 임대차보증금의 액수는 서울의 경우 (1억 5천만 원 이하 보증금 중) 5천만 원, 수도권정비계획법에 따른 과밀억제권역은 (1억 3천만 원 이하 보증금 중) 4,300만 원, 그 밖의 광역시, 안산시, 광주시 등은 (7천만 원 이하 보증금 중) 2,300만 원, 그 외 지역은 (6천만 원 이하 보증금 중) 2,000만 원이다.

예를 들어 서울에 보증금 7천만 원의 집에 거주하는 부부가 이혼한다면 그중 5천만 원까지는 위 법의 압류금지채권이 되어 가압류할 수 없다. 물론 위 규정은 원칙이고, 민사집행법 제246조 제3항에 따라 압류할 수도 있다. 따라서 임대차보증금 반환채권이 실질적으로 부부 공동재산이나 그 명의만 남편 앞으로 되어 있을 뿐 재산분할 대상이라면, 재산분할청구권을 보전하기 위해 민사집행법 제246조 제3항에 따라 소액임대차보증금 반환채권에 대하여 가압류를 할 수 있도록 법원에 신청하여 결정을 받아 가압류할 수 있다.

VIII. 그 밖에

1. 미성년 비혼모와 미성년자의 성년의제[27)

민법은 19세가 되면 성년이라고 정하면서 미성년자가 혼인을 한 때에는 성년자로 본다(제826조의2). 여기서 혼인은 법률혼만을 의미한다. 사실혼의 경우에도 성년으로 봐야 한다면 거래의 안전에 도움이 되지 않을 것이다. 미성년자이지만 만 18세가 되면 혼인할 수 있는데 18세는 원칙적으로 미성년자이지만 법률혼을 하면 재산거래나 신분 관계에서 성년자로서 단독으로 법률행위를 할 수 있다. 혼인한 미성년자가 자녀를 출산한 경우 그 자녀에 대한 친권자로서 친권의 행사를 할 수 있다. 따라서 출산한 자녀를 입양 보낼 때 친권자로서 동의할 수 있다.

그런데 미성년 비혼모의 경우에는 성년의제가 되지 않아 그들이 낳은 (혼인 외의) 출생자에 대해서는 미성년 비혼모가 아닌 비혼모의 친권자가 미성년 비혼모에 갈음하여 출생 자녀에 대한 친권을 대행한다(제910조).

미성년 비혼모가 본인의 부모와 함께 생활하면서 자녀의 양육 등 도움을 받는 관계라면 비혼모가 아닌 비혼모의 친권자가 친권을 대행하는 것에 문제가 없을 것이다. 그런데 많은 미성년 비혼모가 부모와 오랫동안 연락을 하지 않고 지내거나 지원이나 지지는커녕 전혀 도울 의사가 없는 경우에도 그 친권자가 미성년 비혼모는 물론 비혼모가 출산한 자녀의 친권까지 대행하는 것은 문제다. 실제로 부모와 연락을 단절하고 지내는 미성년 비혼모는 친권자인 부모의 동의를 받지 못해 지원시설에 입소할 수 없었다거나, 자녀를 위한 보험을 계약할 수도 없고, 한부모로서 신청할 수 있는 임대주택도 신청할 수 없었다는 애달픈 사연을 접할 수 있다. 미성년자를 보호하기 위하여 친권자가 법정대리인이 되도록 하고, 자녀의 친권을 대행하도록 하였는데 위와 같이 부모와 단절된 상태에서 생활하고 있는 미성년 비혼부모에게는 친권으로부터 해방되어 단독으로 법률행위를 하는 것이 더 나을 수도 있다. 참고로 프랑스 민법은 혼인에 의한 성년의제(제476조)와 함께 만 16세가 된 미성년자에게 정당한 이유가 있는 때에는 법원의 결정으로 친

---

27) 자세한 내용은 조은희, "미성년미혼모의 권리보호를 위한 소고 — 미성년미혼모 성년의제와 친권 및 양육권을 중심으로 — ," 미혼모 법적 지위 개선을 위한 민법 개정 토론회(2018. 4.) 발표문 참조.

권에서 해방될 수 있도록 정하고 있다(제477조).

2. 이른바 자궁(출산) 대리모 계약

부부인 甲과 乙이 갑과 을의 수정란을 대리모인 丙에게 착상시켜 丁이 태어났다. 갑은 정의 모(母)를 을로 기재하여 출생신고를 하였다. 그런데 가족관계등록 공무원이 신고서에 기재한 모의 성명이 일치하지 않는다는 이유로 불수리처분을 하자 갑이 가정법원에 이의를 제기하였다. 가정법원은 출생신고서에 기재된 모(乙)의 인적 사항과 출생증명서에 기재된 모(丙)의 인적 사항이 일치하지 아니하므로 갑의 출생신고를 수리하지 아니한 처분은 적법하고, 이른바 자궁(출산) 대리모는 우리 법령의 해석상 허용되지 아니하므로 이러한 대리모를 통한 출산을 내용으로 하는 계약은 선량한 풍속 기타 사회질서에 위반하는 것으로써 민법 제103조에 따라 무효라고 판시하였다(서울가결 2018. 5. 9, 2018브15).

외국에는 대리모 계약이 유효하다는 입법례도 있다고 하나,[28] 보조 생식에 관한 입법이 없는 현재 대리모 계약을 유효하게 보기는 어렵다.

3. 사후 남편 정자로 인공수정하여 태어난 아이의 인지청구는 가능한가?

의학 기술의 발전은 민법이 예상하지 못한 문제를 발생시킨다. 포태가 된 후 아버지가 사망한 경우 태어난 아이는 검사를 상대로 인지청구를 할 수 있다. 그런데 정자를 냉동시켜 보관하다가 정자 제공자인 남편이 사망한 후에 그 정자를 이용하여 임신 출산한 경우에는 어떠한가?

생명윤리 및 안전에 관한 법률 제23조 제2항은 사망한 사람의 난자 또는 정자로 수정하는 행위를 금지하고 있다. 그러나 이러한 행위를 완전히 금지할 타당한 이유가 있는지 의문이다. 외국은 이미 이런 경우를 입법으로 해결하고 있다.

서울가정법원 2015. 7. 3. 선고 2015드단21748 판결은, 2013. 12. 3. 사망한 남자가 생전에 보관해 둔 정자를 이용하여 그의 처가 2015. 1. 9. 출산한 자녀의

---

28) 진도왕, "미국에서의 대리모에 관한 최근 입법 동향 — 2017년 통일친자법을 중심으로 — ", 재산법연구 제35권 3호(2018), 95면 이하 참조: 위 논문은 결론에서 2017년 통일친자법은 출산대리모와 유전적 대리모를 구별하여 각기 규율하고 있고, 이것은 유전적 대리모의 법적 허용을 전제로 하는 것이어서 여전히 논란의 소지가 없는 것은 아니지만, 미국 내 각주들의 판례나 입법이 유전적 대리모의 법적 허용으로 서서히 이동하고 있음을 짐작할 수 있다고 적고 있다.

생물학적 부에 대한 인지청구를 받아들였다. 인지가 된 이상 그 자녀는 이미 사망한 아버지의 상속인이 될 수 있을 것이다. 우리 민법은 배우자의 상속인의 순위를 직계비속이 있으면 직계비속과 함께 동순위로 인정한다. 만약 위 사례에서 사망한 남자에게 자녀가 없었다면 사망한 남자의 직계존속과 처가 공동상속인이 될 것이다. 그런데 남편 사후 자녀를 출산하고 인지청구를 하여 인지가 되면 직계존속은 상속인의 지위를 잃고 직계비속이 1순위 상속인이 된다. 피상속인의 사후에 인위적으로 상속인의 변동을 가져올 수 있는 것이다. 단순하게 사후 수정을 인정할 것인지, 금지할 것인지 또는 사안마다 구체적 해결을 모색할 것이 아니라 입법으로 합리적으로 해결하여야 할 이유가 여기 있다.

4. 생존배우자의 주거권 보장의 필요성

주택임대차보호법 제9조는 임차인이 상속인 없이 사망한 경우에는 그 주택에서 가정공동생활을 하던 사실상의 혼인관계에 있는 자가 임차인의 권리와 의무를 승계한다고 정하고 있다. 이 규정은 승계 대상자가 반대 의사를 표시하지 아니한 경우에 적용되는데, 이는 사실혼 배우자에게 인정되는 것이다. 그런데 법률상 혼인관계에 있는 배우자에게는 법정상속분만을 인정하고 있고, 실질적인 주거 보장을 규정하는 어떤 규정도 없다. 그로 인해 피상속인과 상속인인 배우자가 거주하던 주택에 대해서도 다른 공동상속인들과 상속재산분할을 하는 경우 배우자로서는 생활의 터전을 상실할 우려마저 있다.

최근 개정된 일본 상속법에는 배우자의 장기, 단기 거주권을 인정하고 있다.[29] 상속개시 당시 고령의 배우자가 살아온 거주 건물을 떠나 새로운 주거에서 생활을 시작하는 것은 정신적 육체적으로 큰 부담이 되므로 배우자가 종래의 주택에서 계속 거주하는 것에는 배우자의 생활 안정이라는 점에서 특별히 보호 필요성이 높다는 점이 주요 논거다.[30] 개정된 내용에 의하면, 생존 배우자는 다른 공동상속인들과 건물의 소유권 외에 종신 거주권에 대해 합의를 할 수 있고, 배우자가 피상속인의 상속재산에서 거주하고 있는 경우, 상속재산분할에 관한 협의 또는 심판 등에 의하여 당해 건물의 귀속이 확정될 때까지 계속해서 그 건물을

---

29) 자세한 내용은 박인환, "일본의 상속법 개정동향 ─ 배우자거주권 및 상속재산분할등을 중심으로 ─", 법학연구 제21집 제3호, 인하대학교 법학연구소(2018), 131면 이하 참조.
30) 박인환, 위 논문, 138면.

사용할 수 있다.

생존 배우자의 거주권은 생존의 요소라고 할 수 있다. 부부가 같이 거주하고 있었다면 일방 배우자가 사망한 후에도 생존 배우자는 다른 상속인에게 우선하여 사망할 때까지 그 주택에서 거주하면서 그 주택에 있던 동산을 사용할 권리가 있음을 명확하게 확인할 필요가 있다.

참고문헌

사법연수원, 가사재판연구, 2017.

김상용, "생부(미혼부)의 권리에 관한 소고 — 생부의 출생신고와 친생부인권을 중심으로 — ", 중앙법학, 제22집 제1호(2020).

김선화, "친생추정과 '자의 복리' — 대법원 2019. 10. 13. 선고 2016므2510 전원합의체 판결", 저스티스 통권 제179호(2020).

박인환, "일본의 상속법 개정동향 — 배우자거주권 및 상속재산분할등을 중심으로 — ", 법학연구 제21집 제3호(2018).

배인구, 강소영, 김수현, 신수경, "출생신고제도 개선방안에 관한 연구", 법원행정처 (2021).

배인구, "민사집행법상 압류금지채권 규정의 개정 필요성에 대한 소고", 가족법연구 제 32권 제3호(2018).

송효진 외, "개인화 시대, 미래 가족변화에 대응하는 포용적 법제 구축 방안", 한국여성 정책연구원(2021).

송효진 · 박복순, "자녀의 성(姓) 결정 및 혼인외의 출생자 관련 법제 개선방안", "호주 제 폐지 10년, 더 평등한 가족의 모색" — 출생 관련 민법, 가족관계등록법 개선 을 중심으로 — 포럼 발제문(2018).

신연희, "가족의 변화양상과 전망", 2021 한국가정법률상담소 심포지엄 II, 자녀의 부모 폭력에 대한 검토와 대응(주제발표문)(2021).

전상현, "민법 제781조 제1항 위헌제청", 결정해설집 4집, 헌법재판소(2005).

전효숙, "제사주재자의 결정방법 — 대법원(전) 2008. 11. 20. 선고, 2007다27670 판결 에 대한 비판적 검토", 법학논집 제14권 제3호(2010).

정구태, "친생추정의 한계 및 친생부인의 소의 원고적격 — 대법원 2012. 10. 11. 선고 2012므1892 판결 및 대법원 2014. 12. 11. 선고 2013므4591 판결 — ", 법학연구 제26권 제1호(2015).

조은희, "미성년미혼모의 권리보호를 위한 소고 — 미성년미혼모 성년의제와 친권 및 양육권을 중심으로 — ", 미혼모 법적 지위 개선을 위한 민법 개정 토론회 발표 문(2018).

진도왕, "미국에서의 대리모에 관한 최근 입법 동향 — 2017년 통일친자법을 중심으로 — ", 재산법연구 제35권 3호(2018).

제 4 장 형사법

젠더폭력에 대한 형법적 과제

정 현 미*

Ⅰ. 서론

한국 형법의 발전과정에서 젠더폭력에 대한 입법은 가장 치열한 논쟁을 불러일으킨 것 중의 하나였다. 한국 형법은 1953년 제정된 이후 아직 대폭적인 전면 개정은 한 번도 없었던 반면 수많은 형사특별법의 제·개정을 통해 보완되는 형식으로 발전해왔다. 젠더폭력에 대한 입법 역시 다양한 형사특별법을 통해 전개되면서 다각적인 입법정책들이 구사되어 왔다.

1994년에 '성폭력특별법'을 제정하기까지는 여성단체의 활동이 기본적인 동인이 되었고, 이어 1997년 '가정폭력특별법' 제정에도 계속하여 큰 영향을 끼쳤다. 2000년대 들어 퇴폐·향락 산업의 발달과 인신매매 등의 사회문제가 심각하게 대두되자 성매매에 대한 정책적 페러다임의 전환을 추구한 2004년 '성매매처벌법'을 제정하기에 이르렀다. '스토킹처벌법' 역시 여성단체 및 유관기관의 각별한 노력 끝에 2021년 4월 20일에 제정되었는데 이는 1999년 스토킹관련 입법안이 처음 국회에 발의된 이후 22년 만에 이룬 성과물이다.

우리나라의 경우 섹슈얼리티와 관련된 형사특별법의 제정 및 개정은 여권운동이 주도하였다고 해도 과언이 아닐 정도로 입법운동의 주체로서 활동하였다. 그런데 이제는 입법 단계를 넘어서 어느 정도의 장기간의 시행기간을 거치면서 시행성과를 살펴보고 계속된 부분적 입법 정책의 방향을 점검할 필요가 있다. 이 장에서는 가정폭력, 스토킹범죄, 성매매를 중심으로 관련 특별법들의 입법배경과 제·개정을 통한 변화, 법제의 검토 및 정책적 과제를 살펴보려고 한다.

이화여자대학교 법학전문대학원 교수, 법학전문대학원장

II. 가정폭력

1. 입법배경과 제정 및 개정을 통한 변화

(1) 입법의 배경

1) 1980년대 아내구타 추방운동

한국 사회에 '아내구타'문제가 본격적으로 여성들의 관심영역으로 들어서게 된 것은 1980년대 이후였다. 아내구타추방운동은 서울에서 조직된 '여성의 전화'가 주도하였다. 아내구타 문제를 여성 전반이 겪는 차별과 억압의 맥락에서 파악하여 문제해결을 위해서는 사회적 인식의 변화가 필요하다는 것을 홍보하였다.[1]

2) 1990년대 폭력남편 살해사건과 구명운동

1990년대는 폭력남편 살해 사건이 빈번이 발생하였는데 정당방위적 살인임에도 남성중심적으로 해석되고 사법처리되는 것에 대응하기 위해 '여성의 전화'가 구명운동을 펼쳤다. 구타남편 살해혐의로 구속된 남00,[2] 이00,[3] 최00[4] 에 대한 구명운동을 통해 가정폭력의 심각성을 사회에 알리고 사회적 대책을 촉구하였다. 1996년 3월 아내구타 사위를 살해한 이00 할머니 사건[5]으로 인해 관련법 제정이 시급하다는 언론의 보도에 힘입어 '여성의 전화'는 구명서명운동과 함께 가정폭력방지법 제정 서명운동을 전개하였다.

(2) 「가정폭력범죄의 처벌 등에 관한 특례법」과 「가정폭력방지 및 피해자보호 등에 관한 법률」의 제정 및 개정

가정폭력 관련 입법은 성폭력 관련 특별법처럼 범죄자처벌과 피해자보호를 위한 두 개의 법률로 1997년 12월 13일에 제정되어 다음 해인 1998년 7월 1일부터 시행되었다. 가정폭력사범 처리에 관해서는 「가정폭력범죄의 처벌 등에 관한 특례법」(약칭 가정폭력처벌법)을 법무부 소관으로 만들어 가해자에 대해 형사처분

---

1) 이현숙 · 정춘숙, 아내구타추방운동사: 한국여성인권운동사, 한국여성의전화연합, 1999, 108-112면.
2) 서울지법 91고합356.
3) 서울고법 1994. 11. 4, 94노2240.
4) 서울고법 1996. 2. 13, 95노2953.
5) 96형체29869.

과 보호처분의 두 가지 중에 선택이 가능하도록 하였다. 즉 가정폭력의 특수성에 비추어 형사처벌을 하지 않고 보호처분으로 할 수 있도록 특례규정을 둔 것이 특징이다. 그리고 피해자보호에 관한 사항에 대해서는 「가정폭력방지 및 피해자보호 등에 관한 법률」(약칭 가정폭력방지법)로 여성가족부 소관으로 분리하여 규정하였다. 이 두 법률은 이후 25년의 세월을 거치면서 이 특별법만큼 손질이 잦은 경우가 드물다고 할 정도로 거의 해마다 각각 개정을 거듭해왔다.

가정폭력처벌법의 경우 대표적인 개정사항으로 격리·퇴거 임시조치 위반시 유치장·구치소 유치(2002), 상담조건부기소유예제도 신설(2007), 긴급임시조치와 피해자보호명령 도입(2011), 피해자 신변안전조치의 신설(2014), 응급조치사항에 현행범인 체포명시(2020) 등을 들 수 있다. 가정폭력범죄에 대한 정책의 발전 및 변천사를 파악할 수 있도록 가정폭력처벌법의 주요 개정내용을 발췌하였다.

가정폭력범죄의 처벌 등에 관한 특례법(가정폭력처벌법)의 주요개정 내용	
1997 1998	제정 1997. 12. 31. 시행 1998. 7. 1.
1999	제1차 일부개정 1999. 1. 21. • 교육기관종사자와 그 장에게 가정폭력피해아동의 전학 등 직무상 알게 된 비밀누설을 금지함
2002	제6차 일부개정 2002. 12. 18. • **법의 목적에 피해자와 가족구성원 인권보호를 추가**(제1조) • **격리·퇴거 임시조치 위반시 경찰관서 유치장·구치소에 유치**(제6조 제2항) • 가정법원의 가정보호사건 심리결과 불처분·보호처분취소: 검사의 송치사건이면 대응검찰청검사에게 송치, 법원의 송치사건이면 송치법원에 이송(제37조 제2항, 제46조) • 보호처분 변경·취소·종료시 항고 신청에 검사 추가
2005	제7차 일부개정 2005. 1. 27. • 친고죄·반의사불벌죄 해당 범죄에서 피해자의 고소취소·불처벌의사표시 있어도 보호처분 할 수 있도록 명시적 근거 두고 불이행시 과태료로 처벌
2007	제11차 일부개정 2007. 8. 3. • 피해자의 임시조치 신청 청구 요청권 신설(제8조 제1항·제3항·제4항) • 검사의 임시조치 청구에서 사법경찰관의 응급조치 선행요건 삭제 • **상담조건부기소유예제도의 신설**(제9조의2) • 보호관찰소장에 대한 판사의 조사요구권 신설(제21조) • 임시조치·보호처분에 **전기통신 등 이용 접근금지 추가** • 임시처분·보호처분 기간 연장(제29조 제5항, 제41조) • 피해자의 임시조치결정 변경 신청권 신설(제29조의2)

	• 소환불응자·사회봉사·수강명령·보호관찰 등 불이행시 과태료 100만원에서 500만 원으로 인상
	제10차 일부개정 2007. 5. 17. • 당사자의 사생활침해 방지를 위해 민사소송법의 소송기록의 공개를 이 법의 준용대 항에서 제외
2011	제14차 일부개정 2011. 7. 25. • **긴급임시조치 신설(제8조의2, 제8조의3)** • 피해자보호명령·임시보호명령 위반시 2년 이하 징역·2천만원 이하 벌금 • **임시조치 중 격리·접근금지 불이행시 과태료 부과 신설**
2012	제17차 일부개정 2012. 1. 17. • 성범죄도 가정폭력범죄로 규정하고 피해자보호·지원 받을 수 있게 함 • 보호처분 상습위반자, 피해자보호명령·임시보호명령 상습미이행자: 3년 이하 징역/ 3천만원 이하 벌금이라는 처벌규정 신설 • 신고의무자에 사회복지전담공무원 추가 — 위반시 과태료 300만원 부과
2014	제19차 일부개정 2014. 12. 30. • 가정폭력범죄에 유사강간죄 추가(제2조 제3호 마목) • **피해자신변안전조치 신설(제4조 제2항 제8호)** • 긴급임시조치불이행 300만원 이하 과태료 신설(제66조)
	제18차 일부개정 2014. 1. 28. • 아동학대범죄특례법 제정에 따라 그 법을 우선 적용하게 함
2017	제23차 일부개정 2017. 10. 31. • 제4조 제3항 중 "「성폭력범죄의 피해자보호 등에 관한 법률」에"를 "「성폭력방지 및 피해자보호 등에 관한 법률」에"로 수정
2020	제24차 일부개정 2020. 10. 20. • 가정폭력범죄에 형법의 주거침입죄와 퇴거불응죄/성폭법의 카메라이용촬영범죄 추 가(제2조 제3호) • 법원은 가정폭력행위자에 대하여 **유죄판결**을 선고하거나 **약식명령**을 고지하는 경우 에는 **수강명령/가정폭력 치료프로그램의 이수명령을 병과할 수**, 이행지시에 **불응한 경우 형사처벌**(제3조의2 및 제63조 제4항 신설) • 사법경찰관리의 **응급조치** 사항에 **현행범인의 체포를 명시**, 피해자에게 **피해자보호명 령/신변안전조치 청구를 고지**하도록 함(제5조) • **임시조치 중 접근금지** 조치를 특정 장소가 아닌 **'피해자 또는 가정구성원으로부터 100 미터 이내'에 대해서도 가능하도록**/임시조치에 **상담소 등에의 상담위탁 추가**(제29조) • 검사도 피해자보호명령의 청구 등을 할 수, **피해자보호명령 중 접근금지를 특정 장소 가 아닌 '피해자 또는 가정구성원으로부터 100미터 이내'에 대해서도 가능하도록** 함 • 피해자보호명령에 **면접교섭권행사의 제한을 추가**/피해자보호명령의 기간 및 합산 처 분기간을 **연장**(제55조의2, 제55조의3 및 제55조의8) • **접근금지 등의 임시조치 위반 시 징역, 벌금 또는 구류에 처하도록 함**(제63조 제2항 신설, 현행 제65조 제4호 삭제)

(3) 가정폭력의 실태 및 피해자지원의 허점

가정폭력은 2013년부터 112신고시스템에 별도의 폭력코드가 신설되어 통계가 잡히고 있는데 신고건수는 2013년 16만여 건에서 계속 증가하여 2017년에는 27만 9천여 건으로 최고치로 보였고 최근 2년간은 감소세를 보인다. 반면 검거건수는 감소되는 최근 2년의 신고건수와 달리 증가하고 있다.

이 통계만으로는 최근 가정폭력 신고건수의 감소가 가정폭력의 감소로 인한 것인지 분명하게 알 수 없으나, 검거인원 및 검거건수는 증가하고 있어 가정폭력사범에 대한 엄격한 공적 개입이 늘어나고 있다는 것은 긍정적으로 평가할 수 있다.

〈가정폭력 신고 및 검거 건수〉

구분	신고건수	검거인원(명)	검거건수(건)
2011	–	7,272	6,848
2012	–	9,345	8,762
2013	160,272	18,000	16,785
2014	227,608	18,666	17,557
2015	227,630	47,543	40,828
2016	264,567	53,511	45,619
2017	279,082	45,206	38,489
2018	248,660	43,576	41,905
2019	240,564	59,472	50,277
2020	–	52,431	44,459

출처: 경찰청 통계연보, 2014-2020, 생활안전국
*신고건수: 2013년부터 112신고시스템에 가정폭력코드가 신설됨

가정폭력 실태의 통계를 봐서는 가정폭력이 뚜렷이 예방되고 있다고 볼 수 없지만, 가정폭력 피해자에 대한 지원은 국가적으로 상당히 증가되고 있다. 여성가족부는 국비지원 가정폭력·성폭력 상담소를 2018년 207개소에서 2019년 232개소로 확대하였고(통합 10개소, 가정폭력 15개소 증가), 상담인력도 각 시설당 1명씩 더 충원한 총 232명을 증원하였다(통합상담소 30명, 가정폭력 상담소 98명, 성폭력 상담소 104명). 그런 점에서 여성폭력 피해자가 상담 등 서비스를 보다 원활하게

이용할 수 있는 환경이 마련되었다고 할 수 있다.

그런데 가정폭력의 경우 피해자가 아무리 상담을 많이 받아도 함께 거하는 가해자가 변화되지 않으면 가정폭력으로부터 벗어날 수 없다는 것은 자명한 이치이다. 더욱이 가정폭력의 발생초기에 가해자에 대한 적절한 공적 개입이 이루어지지 않으면 가정폭력은 점차 더 대응하기 어려워지고 피해자는 위험에 처한다. 아무리 가정폭력의 위해성에 대한 사회적 인식이 증가하고 피해자를 더 많이 지원하더라도, 구체적인 피해자 개개인이 맞닥뜨리는 현실에서 공적 개입을 통한 지원과 보호를 제대로 작동시켜주지 않는 것은 가정폭력 대처에서 큰 실책이라 할 수 있다.

김정혜 등의 연구에서 나타난 피해자면접조사의 예를 들면, 가해자에게는 경고조차 하지 않고 피해자만 분리시킨 것에 대한 피해자의 하소연이 나온다.[6] 또 다른 면접참여자는 경찰에게 남편을 퇴거시켜달라고 했지만 경찰은 어렵다고만 하였고, 이 면접참여자는 신고할 때마다 매번 자신이 찜질방 등에서 하루 자고 돌아오는 식으로 피하는 어이없는 현실이 벌어지고 있다.[7]

2. 가정폭력 관련 법제와 정책의 검토

(1) 경찰단계

1) 응급조치

경찰이 출동하면 가장 먼저 응급조치를 취하게 된다. 초등수사에서 가해자에게 어떤 조치를 취하는가가 피해자보호에 결정적인 영향을 미치는 대처의 키포인트이다.

---

6) 김정혜, 윤덕경, 정수연, 이인선, 이주영, 경찰의 가정폭력 사건 대응 실태와 개선방안, 한국여성정책연구원, 131-132면. "가정폭력 피해자가 신고하여 경찰이 출동했을 때 남편으로부터 협박, 신체적 폭력, 상해 등의 피해로 옷이 찢어져 있고 머리도 산발하고 등에 피를 흘리는 상태였는데 경찰은 '크게 심각하게 안 보고' 면접참여자에게 옷을 갈아입고 나오라고 한 뒤 진술을 청취하고, 면접참여자가 무섭다고 하니 경찰이 1366에 가겠냐고 물어보았고, 가겠다고 하자 경찰이 자신만 데리고 나왔고 경찰차 안에서 고소할 것인지 질문하였으며, 경찰은 남편에게 경고조차 하지 않았다."

7) 김정혜, 윤덕경, 정수연, 이인선, 이주영, 경찰의 가정폭력 사건 대응 실태와 개선방안, 한국여성정책연구원, 137-138면. "맞은 나는 밖에서 이렇게 갈 데도 없는데 왜 내가 집에 못들어가냐, 저 사람을 나오게 해줘라. 차라리 저 사람한테 찜질방 가서 자라고 해라. 난 집에 들어가고 싶다. 이게 그 법으로 안 된대요. 강제로 … 그것 또 법적으로 뭐를 신청해야 되고, 뭐 조치가 있어야 되고, 아니 그 당시, 그 … 상황에서, 며칠 걸린다. 지금 당장은 못해준다. 당장 나는 집에 들어가고 싶은데 집에를 못들어간다는 거죠."

경찰의 초등수사에 대해서는 항상 많은 문제점이 지적되곤 하는데, 2020년 개정에서 두 가지의 조치가 추가되었다. 첫째, 형사소송법 제212조에 따른 현행 범인의 체포 등 범죄수사를 할 수 있다는 것, 둘째, 피해자보호명령 또는 신변안전조치를 청구할 수 있음을 고지하는 것을 신설한 것이다. 그런데 응급조치 내용 중에서 현실적으로 가장 문제점으로 지적되고 있는 가해자·피해자의 분리는 그대로 두었다.

제5조(가정폭력범죄에 대한 응급조치)
진행 중인 가정폭력범죄에 대하여 신고를 받은 사법경찰관리는 즉시 현장에 나가서 다음 각 호의 조치를 하여야 한다. <개정 2020. 10. 20>
1. 폭력행위의 제지, 가정폭력행위자·피해자의 분리
1의 2. 「형사소송법」 제212조에 따른 현행범인의 체포 등 범죄수사
2. 피해자를 가정폭력 관련 상담소 또는 보호시설로 인도(피해자가 동의한 경우만 해당한다)
3. 긴급치료가 필요한 피해자를 의료기관으로 인도
4. 폭력행위 재발 시 제8조에 따라 임시조치를 신청할 수 있음을 통보
5. 제55조의2에 따른 피해자보호명령 또는 신변안전조치를 청구할 수 있음을 고지

가. 행위자와 피해자의 분리조치 — 피해자를 피난처 등으로 분리시키고 가해자를 집에 두는 현실

폭력을 당했거나 당할 위험이 있는 피해자를 보호하기 위해 가장 먼저 해야 할 조치가 가해자를 주거지 밖으로 내보내어 피해자를 공간적으로 안전하게 해주는 일이다. 그런데 법에서는 "가정폭력행위자·피해자의 분리"라고만 규정하여 격리당해야 할 대상을 가해자로 명시하고 있지 않다. 그리하여 가해자가 분리에 동의하지 않으면 현장에 출동한 경찰은 피해자를 주거지가 아닌 다른 장소로 분리시키는 식으로 처리하고 있다. 때린 자는 집에 거하고 맞은 자로 하여금 도피케 하는 것은 경찰마저 폭군의 의사를 더 존중하고 군림하게 해주는 형색이 된다. 사회에서 타인에게 폭행이나 상해를 범하였다면 마땅히 응분의 형사책임을 져야 할 가해자로 하여금 당당하게 집에 머물 수 있도록 은사를 베풀어주는 것이 가정폭력특례법이 아니다. 관계폭력 속에서 취약하게 당하기 쉬운 피해자에게 최

선의 안전을 확보해 주려고 특례절차를 만들었는데, 가해자가 받는 반사적 이익에 비하여 피해자는 공적개입의 초기단계에서부터 안전의 확보는커녕 집밖으로 내몰리고 있는 상황은 주객이 전도된 코믹한 장면을 연출하고 있다.

나. 현행범인의 체포 신설 ― 여전히 해결되지 않은 과제

가정폭력 현행범인에 대해서는 형사소송법상 영장 없이 가능한 현행범인 체포를 할 수 있도록 명시하였다.[8] 이 규정의 신설 이전에도 현행범체포 또는 긴급체포[9] 등은 형사소송법의 규정에 의해 당연히 할 수 있는 것인데 굳이 명시한 것은 가정폭력의 경우에도 현행범을 체포할 수 있다는 것을 다시 확인시키며 이 제도를 적극 활용하자는 의미로 볼 수 있다. 그러나 가해자의 강제격리 자체를 신설하지 않은 채, 현행범인체포를 통해 결함을 메우기는 어려울 것이다. 현행범 체포를 활용한다면 경찰관은 가정폭력 가해자의 신병을 최대 48시간 확보할 수 있고, 그 시간만큼 가해자와 피해자의 분리를 도모할 수 있을 것이다. 그러나 가정폭력의 신고를 받고 출동하는 사이 현장을 정리해버리는 경우가 많으며, 언제나 그 요건을 충족시키기 어려울 수 있다. 설령 현행범인체포의 요건이 충족된다고 하더라도 응급조치단계에서 사법처분으로 접근하는 것이 적절한지 검토할 필요가 있다. 응급조치는 사법조치가 아니라 피해자의 안전을 위한 재발방지, 즉 범죄예방을 위해 내려지는 행정작용이다. 체포를 통해 가해자의 신병을 확보하여 분리시키는 목적을 달성할 수는 있겠지만, 체포는 형사절차상 수사의 목적으로 행하는 사법상 강제처분이지 단순히 재범방지를 막기 위한 범죄예방작용이 아니다. 따라서 응급조치 단계에서는 가해자에 대한 강제격리가 필요하다면 사법처분보

---

8) 범죄의 실행 중이거나 실행 즉후인 현행범인(형사소송법 제211조 제1항)은 누구든지 영장없이 체포할 수 있고, 준현행범인(형사소송법 제211조 제2항)에 대하여도 영장 없는 체포가 허용된다(형사소송법 제212조). 검사 또는 사법경찰관리가 48시간 이내에 구속영장을 청구하여야 한다(형사소송법 제213조의2, 제200조의2 제5항). 현행범 체포의 요건은 행위의 가벌성, 범죄의 현행성, 시간적 접착성, 범인·범죄의 명백성 외에 체포의 필요성, 즉 도망 또는 증거인멸의 염려가 있을 것을 요한다. 경미사건, 즉 다액 50만원 이하의 벌금, 구류 또는 과료에 해당하는 죄의 현행범인에 대하여는 범인의 주거가 분명하지 아니한 때에 한하여 현행범 체포를 할 수 있다(형사소송법 제214조).

9) 사형·무기 또는 장기 3년 이상의 징역이나 금고에 해당하는 죄를 범하였다고 의심할만한 상당한 이유가 있는 피의자를 우연히 발견한 경우 등과 같이 체포영장을 받을 시간적 여유가 없는 때에는 영장 없이 체포할 수 있고(형사소송법 제200조의3), 이러한 긴급체포 후 48시간 이내에 구속영장을 청구하지 아니하거나 발부받지 못한 때에는 즉시 석방하여야 한다(형사소송법 제200조의4 제2항).

다는 경찰행정처분으로 처리하는 것이 가정폭력특례법의 취지에 상응할 것이다.

2) 긴급임시조치

긴급임시조치는 사법경찰관이 응급조치에도 불구하고 가정폭력범죄가 재발될 우려가 있고, 긴급을 요하여 법원의 임시조치 결정을 받을 수 없을 때 직권으로 가해자에게 취할 수 있는 조치이다. 즉 사법경찰관은 제29조 제1항 제1호부터 제3호까지의 조치, ① 주거로부터의 퇴거 등 격리, ② 피해자 또는 가정구성원이나 그 주거·직장 등에서 100m 이내 접근금지, ③ 피해자 또는 가정구성원에 대한 전기통신 이용 접근금지를 취할 수 있다(처벌법 제8조의2 제1항).

제8조의2(긴급임시조치)

　① 사법경찰관은 제5조에 따른 응급조치에도 불구하고 가정폭력범죄가 재발될 우려가 있고, 긴급을 요하여 법원의 임시조치 결정을 받을 수 없을 때에는 직권 또는 피해자나 그 법정대리인의 신청에 의하여 제29조 제1항 제1호부터 제3호까지의 어느 하나에 해당하는 조치(이하 "긴급임시조치"라 한다)를 할 수 있다.

　② 사법경찰관은 제1항에 따라 긴급임시조치를 한 경우에는 즉시 긴급임시조치결정서를 작성하여야 한다.

　③ 제2항에 따른 긴급임시조치결정서에는 범죄사실의 요지, 긴급임시조치가 필요한 사유 등을 기재하여야 한다.

제29조(임시조치) 제1항

　1. 피해자 또는 가정구성원의 주거 또는 점유하는 방실(방실)로부터의 퇴거 등 격리
　2. 피해자 또는 가정구성원이나 그 주거·직장 등에서 100미터 이내의 접근 금지
　3. 피해자 또는 가정구성원에 대한 「전기통신기본법」 제2조 제1호의 전기통신을 이용한 접근 금지

긴급임시조치는 경찰이 현장에서 직권으로 바로 취할 수 있는 제도이기 때문에 피해자의 안전을 확보하는데 매우 중요한 기능을 한다. 가해자를 강제퇴거시킬 수 없는 부실한 응급조치를 대신하여 긴급임시조치 발동을 통하여 주거로부터 격리시키는 것은 가능하지만, 긴급임시조치 자체의 요건인 가정폭력범죄가 재발될 우려가 있고 긴급을 요하여 법원의 임시조치 결정을 받을 수 없을 때라는 요건이 충족되는 경우여야 할 것이다.

가. 문제점

긴급임시조치는 법원의 임시조치 결정을 받을 수 없는 긴급성을 요건으로 하는 보충적 제도로서 긴급한 때 한하여 경찰이 먼저 조치를 하고 지체 없이 검사의 신청으로 법원의 결정을 받도록 하는 사법처분으로 디자인되어 있다. 긴급한 경우 취할 수 있는 제도를 응급조치의 제도적 결함을 보완하기 위해 긴급임시조치를 항시 대체적인 제도로 활용하는 데는 한계가 있다. 만약 긴급임시처분을 하더라도 검사가 임시조치를 청구하지 않거나, 법원이 결정을 하지 않는다면 무효인 조치가 된다. 물론 청구를 하면 거의 받아들여지겠지만 후속의 절차가 검사와 법원의 손에 달려있는 긴급임시조치는 현행 요건에 따라 시시비비에 걸리지 않을 상황에서만 내릴 수밖에 없는 제도이다. 응급조치제도는 긴급임시조치와 별개로 명실공히 피해자의 안전과 보호를 확보할 수 있는 방식으로 그 자체의 문제점이 먼저 개선될 필요가 있다.

나. 개선안

긴급임시조치는 사법경찰의 수사활동이 아니라 목전에 임박한 위험을 예방하고 해소하기 위해 발하는 경찰하명의 한 유형으로서 경찰고유의 사무로 볼 수 있기에 초동조치 단계에서 검사 경유를 배제하고 바로 판사 결정 단계에서 신속히 결정될 수 있도록 절차 간소화가 필요하며, 경찰처분으로 전환하는 것이 적절하다.[10]

(2) 검찰단계

1) 임시조치

검사는 가정폭력범죄가 재발될 우려가 있다고 인정하는 경우에는 직권으로 또는 사법경찰관의 신청에 의하여 법원에 임시조치(주거로부터의 퇴거 등 격리, 100m 이내 접근금지, 전기통신 이용 접근금지)를 청구할 수 있다(처벌법 제8조 제1항).

이번 개정으로 임시조치에 신설된 것은 사람에 대한 접근금지로 피해자 또

---

[10] 독일의 경우 퇴거 등 격리, 접근금지를 행정법으로서의 경찰법에 규정하고 있다. 따라서, 독일에서는 목전에 급박한 위험을 방지하기 위한 상황이라면 퇴거 등 격리, 접근금지 명령을 행정상의 즉시강제의 방법으로 실현할 수 있고, 이미 부과된 해당 경찰하명을 이행하지 않는 경우라면 직접강제의 방법으로 행정법상의 구금도 할 수 있다.

는 가족구성원에 대한 100m 이내 접근금지와 상담위탁이다. 그리고 임시조치 위반에 대해서 과태료를 부과하던 것을 형사처벌로 개정하였다. 사람에 대한 접근금지 시설이나 위반에 대한 형사처벌로 변경은 오랫동안 지적되어 오던 문제점을 바로 잡은 것으로 적절하며, 가해자에 대한 상담위탁을 규정한 것도 획기적이며 매우 적절하다고 판단된다.

제29조(임시조치)

① 판사는 가정보호사건의 원활한 조사·심리 또는 피해자 보호를 위하여 필요하다고 인정하는 경우에는 결정으로 가정폭력행위자에게 다음 각 호의 어느 하나에 해당하는 임시조치를 할 수 있다. <개정 2020. 10. 20>

1. 피해자 또는 가정구성원의 주거 또는 점유하는 방실(방실)로부터의 퇴거 등 격리
2. 피해자 또는 가정구성원이나 그 주거·직장 등에서 100미터 이내의 접근 금지
3. 피해자 또는 가정구성원에 대한 「전기통신기본법」 제2조 제1호의 전기통신을 이용한 접근 금지
4. 의료기관이나 그 밖의 요양소에의 위탁
5. 국가경찰관서의 유치장 또는 구치소에의 유치
6. 상담소등에의 상담위탁

제63조(보호처분 등의 불이행죄)

② 정당한 사유 없이 제29조 제1항 제1호부터 제3호까지의 어느 하나에 해당하는 임시조치를 이행하지 아니한 가정폭력행위자는 <u>1년 이하의 징역 또는 1천만원 이하의 벌금 또는 구류</u>에 처한다. <신설 2020. 10. 20>

임시조치는 검사가 직권으로 법원에 청구할 수 있지만, 대체로 현장을 접한 경찰의 신청에 따라 하게 될 것이다. 임시조치는 검사가 피해자의 보호를 위해 청구할 수 있는 조치인데, 검사의 청구와 법원의 결정이라는 법제가 적절한지에 대해 비판이 제기되어 왔는데 이것은 전체의 체계적인 문제로서 이번 개정에서는 손대지 않은 것으로 보인다. 그런데 임시조치도 긴급임시조치와 마찬가지로 행정 작용이라는 조치의 본질과 달리 사법처분의 형식으로 법제를 갖추었기 때문에 신속하고 효율적인 가정폭력 대응에 난점이 발생할 수밖에 없다.

가. 문제점

검사는 수사절차, 공판절차, 재판집행절차 등 형사절차 전반에 걸쳐 검찰권

을 행사하는 국가기관으로서, 주된 업무는 범죄가 발생했을 때 이에 대한 수사와 공소제기 및 유지 등으로 볼 수 있다. 경찰을 지휘·감독하는 경우도 범죄수사와 관련해서 가능하고, 범죄수사와 관련되어 있으므로 모든 경찰이 아니라 사법경찰관리를 지휘·감독할 수 있게 되는 것이다.[11]

수사를 위해 검사는 당연히 개입을 해야 하지만, 접근금지명령이나 퇴거명령은 이러한 제2의 범죄행위가 발생하기 전에 부과되는 처분이므로, 아직 범죄행위가 발생하지 않았다는 것을 전제로 하게 된다. 긴급임시조치를 경찰행정작용으로 본다면 검사의 지휘를 받을 영역이 아니며, 가해자에 대한 임시조치도 형사제재가 아니므로 검찰이 개입할 필요가 없는 영역이다. 법제정 당시에는 임시조치만 두었지만, 현장에서 경찰이 판단하여 신속히 대처할 수 없자 긴급임시조치를 다시 신설하여 경찰이 직권으로 할 수 있게 된 것이다. 가정폭력처벌등특례법에서 임시조치나 긴급임시조치 청구를 하도록 검찰의 권한을 넣은 것은 이 법제의 성격을 벗어난 오류를 범했다고 할 수 있다.

나. 개선안

가정폭력처벌법에서 검찰단계를 제외할 필요가 있다. 검찰단계가 있음으로써 절차가 복잡해지고 형사절차화되어 즉각적인 개입을 통한 폭력방지 및 피해자 보호라는 특례법의 목적을 달성시키기 어려워진다. 이는 검찰의 권한 배제 문제가 아니라 업무의 성격상 경찰과 법원의 일로 맡겨야 한다는 것이다. 독일, 일본, 미국, 캐나다, 스위스 등에서 가정폭력 가해자에게 내리는 퇴거명령이나 접근금지명령을 보더라도 검찰이 중간에 개입하여 청구해주는 나라는 없다. 예방적 경찰활동의 영역으로 경찰과 법원이 직접 통로가 되어 해결하고 있다. 또한 수사경찰이 반드시 관계되어야 하는 것은 아니므로 '사법경찰관'이 아니라 '경찰'로 수정해야 할 것이다.[12]

그리고 가정폭력사건의 처리를 일반 범죄사건에 대한 수사처럼 검사로 하여금 중심적 지위에서 처리하도록 한 것은 적절하지 않다. 법원이 가정폭력사건을

---

11) 성홍재, "경찰의 긴급임시조치권과 검사의 지휘권에 대한 법적 검토 — 가정폭력범죄의 처벌 등에 관한 특례법 일부 개정안을 중심으로", 경찰학연구 제11권 제3호(2011), 21면.

12) 정현미, "가정폭력특례법의 문제점과 개정방향", 법학논집 제17권 제2호, 이대법학연구소(2012), 153면.

다루면서 형사사건으로 적합한 경우만 검찰로 보내는 방식이 장기적 안목에서 합리적이다. 가정폭력의 처리는 검찰 위주가 아니라 경찰과 법원의 중심으로 방향을 선회하는 것이 가정폭력의 특성에 부합한다. 국제적인 경향도 법원 중심의 민사적 보호방향으로 가고 있다.

2) 피해자보호명령제도

가정폭력 피해자의 신변안전에 확보에 관한 권리를 강화하고자 피해자보호명령제도가 2011년 7월 25일 15차 개정안에 의해 도입되어 시행되고 있다.

이번 개정으로 피해자보호명령에도 임시조치에서처럼 사람에 대한 접근금지를 추가하였고, 가정폭력행위자의 피해자에 대한 면접교섭권행사의 제한을 신설하였다. 그리고 검사도 피해자보호명령의 청구 등을 할 수 있도록 하고 피해자보호명령의 기간 및 합산 처분기간을 연장한 것은 피해자보호를 더 강화하는 것으로 적절하다(제55조의2, 제55조의3 및 제55조의8).

제55조의2(피해자보호명령 등)

① 판사는 피해자의 보호를 위하여 필요하다고 인정하는 때에는 피해자, 그 법정대리인 또는 검사의 청구에 따라 결정으로 가정폭력행위자에게 다음 각 호의 어느 하나에 해당하는 피해자보호명령을 할 수 있다. <개정 2020. 10. 20>
1. 피해자 또는 가정구성원의 주거 또는 점유하는 방실로부터의 퇴거 등 격리
2. 피해자 또는 가정구성원이나 그 주거·직장 등에서 100미터 이내의 접근금지
3. 피해자 또는 가정구성원에 대한 「전기통신사업법」 제2조 제1호의 전기통신을 이용한 접근금지
4. 친권자인 가정폭력행위자의 피해자에 대한 친권행사의 제한
5. 가정폭력행위자의 피해자에 대한 면접교섭권행사의 제한

제55조의3(피해자보호명령의 기간)

① 제55조의2 제1항 각 호의 피해자보호명령의 기간은 1년을 초과할 수 없다. 다만, 피해자의 보호를 위하여 그 기간의 연장이 필요하다고 인정하는 경우에는 직권이나 피해자, 그 법정대리인 또는 검사의 청구에 따른 결정으로 2개월 단위로 연장할 수 있다. <개정 2020. 10. 20>
② 제1항 및 제55조의2 제3항에 따라 피해자보호명령의 기간을 연장하거나 그 종류를 변경하는 경우 종전의 처분기간을 합산하여 3년을 초과할 수 없다. <개정 2020. 10. 20>

법원의 피해자보호명령제도는 피해자의 주거 및 직장에의 접근금지, 피해자의 주거로부터의 퇴거, 전화나 메일 등을 통한 접촉 금지 등을 통하여 가정폭력 피해자의 보호를 보장하고, 그럼으로써 가해자의 2차 폭력으로부터의 안전을 추구하는 제도이다.

우리나라는 가정폭력방지법에서 내용이 비슷한 형식의 경찰의 긴급임시조치권과 법원의 피해자보호명령권을 동시에 규율하여 양자가 중복되는 것 같지만 두 제도는 각각 의미가 있을 것이다.

피해자가 직접 법원에 보호명령을 신청할 수 있도록 함으로써 피해자보호가 이중으로 설정될 수 있지만, 현실적으로는 피해자가 쉽게 접근하지 않고 있다. 설령 피해자가 신청한다고 하더라도 결정까지는 몇 일의 시간이 필요하므로 그 기간 동안 가해자로부터의 폭력, 협박 등 각종 위해로부터 안전을 보호받기 위해 경찰이 가해자를 상대로 퇴거명령, 접근금지명령 등 긴급임시조치를 취하는 것이다.

그런데 위에서 본 것처럼 현행법상 긴급임시조치를 통해 피해자의 보호가 잘 실현되지 못하는 현실은 법원의 피해자보호명령도 피해자를 보호하는데 한계에 봉착할 수 있다는 것을 의미한다. 피해자보호명령 자체의 내용이 보완되고 개선되어야 하는 것과 별도로, 경찰의 긴급임시조치가 강력히 담보되고 위반시에도 유치 등의 강제처분이 가능할 때 법원의 피해자보호명령도 가정폭력 피해자를 보호하는 제도의 취지가 살아날 것이다.

3. 가정폭력법제의 한계 및 정책적 과제

이원화된 두 개의 특별법은 처벌법은 법무부, 방지법은 여성가족부 소관으로 되어 있다. 이 법의 시행에도 불구하고 가정폭력의 발생은 줄어들지 않고 있으며, 현행 특례법이 가정보호라는 입법목적에 입각하여 보다 경미한 제재수단인 보호처분제도를 도입하였지만 제대로 기능을 발휘하지 못하고 있다는 지적이 지속적으로 뒤따르고 있다. 가정폭력에 대한 미온적 대처에 대해서는 사회적 질타가 계속되고 있다.

현행 가정폭력특례법의 기본방향은 가해자의 폭력성을 교정하여 가정을 회복하자는 것이지만 현실적으로 가해자 교정이 어려우며, 가정폭력사건이 줄지 않았다는 점이 지적되고 있다. 따라서 특별법은 가정보호 목적이 아닌 피해자의 보호·인권강화 방향으로 수정하여 가정폭력방지를 위한 인프라를 다시 구축하고 위험성평가 및 상담지원 등의 일원적 지원체계를 갖출 필요가 있다.

가정폭력관련법이 형사특별법으로 자리 잡게 된 데에는 가정폭력을 범죄로 규정하여 국가가 적극적으로 개입함으로써 가정폭력을 방지하고 피해자를 효과적으로 구제할 수 있을 것이라는 입법자의 기대가 있었을 것이다. 가정폭력관련법의 시행 역사를 뒤돌아보면 가정폭력에 대한 형사법 중심의 대응은 한계를 보이고 있다고 평가하지 않을 수 없다.

형사처벌은 가해자의 입장에서 보면 형사절차가 진행됨에 따라 피해자에 대한 반감과 증오심만 키워 더 심각한 후속적 폭력을 자행할 가능성이 있다. 다른 한편 보호처분도 재범의 위험성에 대한 지속적이고 효과적인 개입을 보장해 주지 못하고 있으며, 오히려 단순히 징역형 등에 의한 가정파탄을 회피하기 위한 경미한 형사제재 정도로 인식되고 있는 상황이다.[13)]

1) 때린 사람이 나가야 한다

부부, 가족, 파트너관계는 국가가 개입할 수 없는 더 이상 법으로부터 자유로운 영역이 아니다. 사회적 공간에 놓여있는 폭력피해자를 보호하기 위해서는 공동체의 다양한 영역에서 힘을 합해야 하며, "때린 사람이 나가야 한다(Wer schlaegt, muss gehen)"는 원칙이 세워져야 한다. 피해자에게 도피를 권장할 것이 아니라, 가해자가 언제나 추방되어야 하고 가해자가 자신의 책임을 떠안아야 한다. 피해자가 또 다시 새로운 폭력을 당하지 않도록 다양한 현장활동가들, 경찰, 검찰, 가정법원이 함께 피해자를 지원해야 한다.

효과적인 법적 개입에서 가장 우선되어야 할 것은 가해자를 피해자로부터 공간적으로 즉시 격리시키는(가해자의 부담으로) 것이고, 또한 피해자에게 직접적이고도 충분한 보호를 제공하는 것이다.

2) 피해자보호를 위한 경찰의 가정폭력 초기대응

우리 현행 법제에서 응급조치, 긴급임시조치, 임시조치는 피해자보호를 위해 제대로 작동하지 못하고 있다. 초기개입부터 가해자에 대한 강제적 격리조치조차

---

13) 정현미, "가정폭력 사건에 대한 수사단계의 문제점과 효율적 대응방안", 법학논집 제22권 제2호, 이대법학연구소(2017), 179면 이하.

제대로 못하면서 피해자의 안전과 보호의 확립은 뒷전으로 밀려나고 있었다. 복잡하게 산재되어 있는 피해자 보호조치들을 통합하여 경찰이 초기대응을 할 수 있도록 가해자를 퇴거시키고 접근금지 등을 할 수 있는 권한을 주어야 한다.

3) 임시조치, 긴급임시조치의 통합

검사에게 신청하는 임시조치와 긴급조치 이후에 다시 임시조치를 신청하는 이중의 제도를 통합하여 검사의 청구권을 삭제하고 경찰이 직접 법원에 청구할 수 있도록 하는 것이 적절하다. 경찰이 가해자에게 퇴거와 접근금지 명령을 현장에서 내릴 수 있도록 가정폭력처벌법에 명문의 규정을 두어야 한다. 임시조치는 경찰이 직권으로 하거나 피해자의 신청으로 현장에서 명령할 수 있을 것이다.

4) 가정폭력처벌법은 보호처분에 관한 특례법으로 설정

가정폭력처벌법은 가정폭력이 범죄이고 형사사건인 것이 당연하나 가정에서 가족구성원 간에 발생한 폭행이라는 특성을 고려하여 보호사건으로 취급할 수 있는 특례규정을 둔 것이다. 그런 점에서 가정폭력처벌법은 보호사건처리라는 특례를 규정으로 단일한 제재구조로 설정함이 타당하다.

우리 가정폭력 관련법제는 법률의 이원화에서 시작하여 처벌과 예방, 민사적 제재와 형사적 제재, 형사처벌과 보호처분 등의 이원적 내용을 담고 있으면서 통합되지 않은 채 적용에 혼선을 주고 있다. 우리의 가정폭력 대응은 주로 형사법적 접근에 초점을 두고 있기 때문에, 사적 성격의 측면을 부인할 수 없는 가정폭력의 대처에는 잘 맞지 않다.

우리 가정폭력의 법적 개입절차에서 가장 두드러진 문제점은 형사사법기관 위주, 특히 검찰 위주로 소송과정으로 진행되고 있다는 점, 이원적인 절차구조 하에서 가정폭력을 형사절차로 다룰 때는 그 특수성이 전혀 고려되지 않고 일반폭력 범죄와 동일시된다는 점이다. 반면에 선진 각국의 가정폭력 개입과정은 피해자 안전과 향상된 보호조치를 위한 제도 구축에 초점을 두고 경찰과 법원 간에 직접적인 위기개입 채널이 제도적으로 구조화되어 있다.[14]

그러나 가정폭력은 일반 폭력과 달리 복잡한 구조에서 반복될 수 있는 속성

---

14) 김은경, "소송과정에서의 가정폭력 피해자 보호현황과 쟁점들", 형사정책연구 제17권 제4호(2006), 284면.

을 가진다. 그것을 사적 공간에서 끌어내어 사회적 문제로서 다룸으로써 척결할 수 있는 발판을 마련하였지만, 가장 개인적인 영역의 문제이고 특별한 범죄로 다루지 않을 수 없다는 것을 인정해야 한다. 따라서 형사법적으로 대처하려는 관념 자체가 잘못된 출발이다. 가정폭력은 사회악이고 범죄이지만, 함께 살게 하지 않으면 이루어지지 않는다는 속성에 착안한 것이 민사법적 접근방법이다. 가정폭력은 가족이 함께 공동체를 이루면서 생기는 범죄이기에, 그것을 제거하면 되므로 범죄자의 처벌이나 징벌보다 공동체에서 발생되는 폭력을 소멸시켜 피해자를 보호하는 것이 더 중요한 과제가 된다. 따라서 공동체에서 폭력을 일으킨 가해자를 공동체로부터 퇴거 또는 격리시키는 것이 가장 먼저 되어야 한다.

그런 점에서 가정폭력특례법은 보호사건처리라는 특례를 규정으로 단일한 제재구조로 설정함이 타당하다. 검사선의주의나 기소단계의 다이버전, 검사의 처분청구 등의 규정은 이원적 제재구조의 골격으로 가정폭력의 효율적 대응에도 부합하지 않으므로 굳이 특례법에 둘 필요가 없으므로 삭제하여 보호처분에 관한 특례법으로 단일화하는 것이 적절하다.

5) 가정폭력 전담제 필요

가정폭력사건의 특수성을 고려한 사법처리절차는 일반형사절차와 달라야 하므로 가정폭력사건을 전담하는 법원의 설치가 필요하다. 가정폭력전담부를 설치하고 가해자에 대한 형벌부과와 성행교정, 피해자의 안전확보, 자녀의 안전문제 및 이혼문제 해결 등 가정폭력에서 유래하는 다양한 법적 쟁점을 전문적이고 다룰 수 있는 사법절차의 확립이 필요하다. 가정폭력이라는 특수성에 따른 경찰의 초기대응에서부터 민사적 분쟁까지 한 재판부에서 해결할 수 있다면, 실질적인 피해자보호가 보다 잘 달성될 수 있을 것이다.[15)]

전담재판부를 도입하는 경우 굳이 보호사건을 담당하는 재판부와 형사사건을 담당하는 재판부를 분리하지 않고, 전담재판부에서 통합적으로 다루는 것이 바람직할 것이다. 그렇게 한다면 가정법원에서 가정폭력사건을 형사사건으로 이송시킴으로써 가정법원에서 효과적으로 이루어졌던 피해자보호가 형사법원에서

---

15) 김은경, "가정폭력범죄 대응동향과 정책제언 — 외국의 입법 및 정책동향을 중심으로", 한국형사정책연구원(2003), 215면 이하; 김혜정, "가정폭력범죄 대응방안에 대한 재고찰", 홍익법학 제19권 제3호(2018), 291면 이하.

단절되는 문제도 해결될 수 있다.

Ⅲ. 스토킹범죄

스토킹이란 용어는 이제 우리 사회에서 일상적으로 쓰이는 말이 됨과 동시에 공적 개입이 필요한 위협적인 범죄행위로 공감대가 확산되고 있다. 그 수법은 매우 다양하게 나타나고 있고, 최근에는 사이버스토킹으로 범죄의 무대가 확대되는 양상이다. 또한 스토킹은 데이트폭력이나 헤어진 연인 간 폭력 및 가정폭력과도 연결되면서 심각한 사회적 문제로 등장하고 있다.

1. 스토킹의 특성 및 관련 입법의 배경

스토킹 행위는 다른 종류의 범죄처럼 일시적인 행위나 일회의 행위로 종료되지 않고 지속되고 갑작스럽게 치명적인 결과로 발전하기 때문에 스토킹규제 입법을 통하여 스토킹이 범죄의 하나라는 것을 인식하게 하고 스토킹으로 인하여보다 심각한 범죄행위가 발생하는 것을 사전조치로 예방할 필요가 있다.

(1) 스토킹의 특성과 폐해

스토킹을 다룬 연구들은, 1) 가해자와 피해자 사이에 이전부터 존재했던 관계를 바탕으로 이루어지는 '선관계 스토킹'(Former-intimate Stalking) 유형으로 가장 흔한 것이 이별을 받아들이지 못하는 전 연인이 하는 스토킹이며, 과거나 현재의 배우자나 연인이 스토킹을 하는 경우는(intimate partner stalker) 그렇지 않은 경우(non-intimate partner stalker)에 비해 가해자의 협박이 실제 폭력으로 이어질 확률이 높고, 협박과 폭력 과정에 흉기를 사용할 확률이 높으며, 법원의 개입 이후에도 다시 스토킹을 시도할 확률이 높다고 한다.[16] 2) 피해자와 관계를 맺고 싶어 하면서 스토킹 하는 '관계지향적 스토킹'(Desired-intimate Stalking) 유형으로는 유명인에 대한 스토킹을 전형적인 예로 들 수 있다. 이 유형의 스토커들은 정신분열증이나 조울증에 시달리는 경우가 많고, 사회적으로 소속감과 친밀함을 공

---

16) Stalking Prevention, Awareness, and Resource Center (SPARC) (2017), Stalking & Intimate Partner Violence Fact Sheet.

유하는 관계를 맺어보지 못했거나 충분한 애정을 받은 경험이 없는 경우가 많다.
3) '무관계 스토킹'(Non-intimate Persecution) 유형은 상대방과의 관계지향이 목표
가 아니라 스토커 자신이 상처 입고 모욕당했다고 생각하여 다른 사람을 처벌하
려고 하는 동기에서 발생하며, 가해자가 희생자를 모르는 유형으로 반사회적인
스토커, 예컨대 연쇄살인범, 강간범 혹은 약탈적 스토커(predatory stalker)가 자신
의 성적 만족이나 타인을 통제하려는 욕망으로 범죄를 저지르는 경우는 극히 위
험한 상황이 될 수 있다.[17]

스토킹은 성격상 연속적으로 반복되는 행위들로 이루어져 있기 때문에 피해
자들은 언제 시작될지 모르는 스토커들의 비이성적인 행동을 두려워하게 된다.
스토킹에 의한 외상(trauma)에 관한 연구에 의하면, 스토킹으로 인하여 신체나 생
명에 대한 협박 등에 장기간 노출된 경우 피해자에게 심리기능의 이상이 나타나
거나, 집요한 추적으로 인한 공포감과 불안, 우울증 등과 같은 심각한 정신장애가
발생할 수 있다. 사회로부터 보호받을 길이 없는 피해자들 대부분은 학교나 직장
을 그만두거나 이사를 하거나 연락처를 바꾸거나 외출을 자제하는 것은 물론 가
해자로부터 지인들을 보호하기 위해 주변과 관계를 단절하는 등 일상생활 전반에
서 위축된 삶을 살게 된다.[18]

스토커라는 한 사람의 인격장애는 그의 대상이 되는 다른 사람까지도 사회
적으로 고립시키는 결과를 낳는다.[19] 스토킹 가해자의 끊임없고 위협적인 행위는
피해자의 삶의 질을 심각하게 저하시키며 우울증, 불안, 극도의 경계, 자살사고,
외상후스트레스장애(PTSD), 두려움, 공포감, 무기력증, 괴로움, 대인관계에 과도
한 예민성, 분노, 불신을 일으키고 이러한 정신적 피해는 많은 경우 스토킹 행위
가 중단된 뒤에도 수년 간 계속된다.

스토커는 피해자를 위협하여 공포로 대상을 조종하려고 하며, 공포를 느끼게
하는 것을 피해자 조종의 주 기종으로 삼으며, 다른 한편으로 피해자가 죄책감을
느끼거나 미안한 마음을 가질 때 이를 적절히 이용하기도 한다.[20] 이 두 가지가

---

17) 브랜 니콜(우호경 역), 스토킹, 인간사랑, 2008, 42-44면.
18) 곽영길 외, "스토킹의 특징에 관한 연구 — 미국 일본 한국의 스토킹 현황을 중심으로", 한국범죄
   심리연구 제7권 제3호, 통권 제15호(2011), 48면.
19) 브랜 니콜(우효경 역), 위의 책(주 17), 57면.
20) 이규환, 스토킹의 심리학, 미토, 2005, 93-94면.

스토커가 피해자를 조종하는 중요한 심리적 요소이므로 스토킹을 차단하고 피해
자를 보호하기 위해서는 스토커의 심리를 역공격하는 공적 개입이 필요할 것이다.

(2) 스토킹 관련 입법의 배경
1) 스토킹 입법의 실패, 「경범죄처벌법」에 '지속적 괴롭힘' 처벌 신설

스토킹 끝에 살해하는 사건 등 스토킹의 범죄성이 알려지면서 사회적인 요
구에 따라 1999년, 2003년, 2009년 각각 스토킹 방지법안이 국회에 상정되었으나
자동폐기되거나 철회되어 입법화되지 못하였다. 스토킹 대응 입법에 대한 반대
의견으로는 스토킹이란 개념이 불명확하여 범죄구성요건을 두기가 어려우며, 스
토킹에 대해서는 현행법의 폭행죄, 협박죄 등으로 처벌 못할 바가 아니라는 것이
었다.

그러나 여러 가지 나쁜 행위들로 구성된 스토킹이라는 전체 행위를 부분적
으로 잘라서 단편적으로 처벌한다면 스토킹을 제대로 다루지 못하는 문제가 있다
는 지적이 계속되자[21] 미봉책으로 「경범죄처벌법」에 관련조항을 두게 되었다.
2012년 3월 21일 「경범죄처벌법」을 개정하면서 '지속적 괴롭힘'이라고 하여 제3
조 제1항의 41번째 행위로 추가 신설한 것이 그것이다(2013. 3. 22. 시행). 경범죄
처벌법은 10년 이하 벌금 정도의 경미한 행위를 대상으로 하여 경찰서장의 통고
처분으로 처리될 수 있게 하는 특별법인데, 스토킹을 단지 경미한 범죄의 하나로
취급할 수 있는가라는 문제제기와 함께 충분한 논의 없이 스토킹범죄를 경범죄의
하나로 판단하여 개정법을 통과시킨 것에 대한 비판이 잇달았다.

스토킹 피해 규모에 대한 통계는 경찰의 경우 2018년 6월부터 스토킹 행위
에 대한 112 신고를 별도로 집계하고 있었는데, 2018년 6월부터 12월까지의 스토
킹 신고건수는 총 2,772건이며, 2019년에는 5,468건, 2020년에는 4,515건으로 집
계되었다. 그런데 2020년 4,515건의 스토킹 신고 중 「경범죄처벌법」에 의해 처벌
받은 건수는 총 488건(통고처분 338건, 즉결심판 150건)에 불과하며, 그 밖의 스토킹
신고인, 전체의 89.2%에 해당하는 사건은 현장에서 사건이 종결되며 대부분이 법

---

21) 이건호, "스토킹 행위의 형사법적 규제와 스토킹 행위의 유형화에 대한 고찰", 형사정책연구 제15
   권 1호(2004), 193-196면; 김은경, "스토킹 피해실태와 그 쟁점들", 형사정책연구 제14권 3호
   (2003), 91-93면.

적 제재를 받지 않고 있어 스토킹대응과 피해자보호에 많은 결함이 있다는 것을 추측케 하였다.

2) 「스토킹범죄의 처벌 등에 관한 법률」의 제정

스토킹 대응 입법에 대한 논의가 20년 이상 되는 동안, 스토킹 피해자들이 공적 지원의 사각지대에 방치된 채 치명적인 희생으로 이어진 사례들이 적지 않게 있었다. 20년이 넘는 긴 시간 동안 총 29개의 관련 법률안이 국회에 발의되었으며, 여성단체 및 유관기관의 각별한 노력 끝에 2021년 4월 20일 「스토킹범죄의 처벌 등에 관한 법률」(약칭 '스토킹처벌법')이 제정되어 10월 21부터 시행되고 있다. 이 제정법은 1999년 스토킹관련 입법안이 처음 국회에 발의된 이후 22년 만에 이룬 성과물이다. 제정이유에 대해서는 "스토킹이 범죄임을 명확히 규정하고 가해자 처벌 및 그 절차에 관한 특례와 스토킹범죄 피해자에 대한 각종 보호절차를 마련하여 범죄 발생 초기 단계에서부터 피해자를 보호하고, 스토킹이 더욱 심각한 범죄로 이어지는 것을 방지하여 건강한 사회질서의 확립에 이바지하려는 것임"이라고 밝히고 있다.

스토킹처벌법이 제정되기 직전에 발생한 사건인 2021년 3월 23일 노원구 세 모녀 살인사건은 스토킹에 이어진 결과로서 입법의 통과에 결정적 영향을 미치기도 하였다. 이 사건은 가해자인 20대 남성이 온라인 게임을 통해 알게 된 피해자가 만남과 연락을 거부하자 택배 기사로 위장해 피해자의 집에 들어가 피해자와 가족 2명을 살해한 전형적인 스토킹살인이었다.[22] 더욱 유감스러운 일은 스토킹처벌법이 제정되고 시행된 지 1개월여 만인 2021년 11월에 스토킹으로 일상을 위협받던 또 한 여성이 경찰로부터 신변보호를 받던 와중에 목숨을 잃는 비극적 사건이 발생했다는 것이다.[23] 이 사건의 경우 피해자의 신고로 경찰이 피해자에게 스마트워치를 제공하는 등 신변안전 조치를 하였고, 법원이 가해자에게 100m 이내 접근금지 및 정보통신을 이용한 접근금지, 스토킹 중단경고 등의 잠정조치를 결정했음에도 가해자는 귀가하는 피해자를 칼로 찔러 살해한 것으로 스토킹 가해자를 더 일찍 단호하게 배격하였어야 했다. 그 밖에 거의 해마다 수건의 스

---

22) 국제뉴스 https://news.zum.com/articles/67269324 최종검색일: 2022. 4. 20.

23) KBS뉴스 (2021. 11. 23.), "스마트워치서 나온 경찰 목소리에 살해"…신고 시스템 허점, https://news.kbs.co.kr/news/view.do?ncd=5332090 최종검색일: 2022. 4. 20.

토킹살인이 보도되었으며, 연예인 등 유명인에 대한 스토킹은 과거부터 비일비재하게 있어 왔다.

한국여성의전화가 2020년 한해 언론에 보도된 살인사건을 분석한 결과, 남편이나 애인 등 친밀한 관계의 남성에 의해 살해된 여성은 최소 97명, 살인미수 등으로 살아남은 여성은 최소 131명으로 나타났다. 또한 피해여성의 자녀나 부모, 친구 등 주변인이 중상을 입거나 생명을 잃은 경우도 최소 57명에 달했다.[24)]

2. 스토킹처벌법의 검토

(1) 스토킹행위 및 스토킹범죄의 정의

현행 「스토킹처벌법」은 스토킹행위와 스토킹범죄의 개념을 구분하여, 일정한 행위유형을 스토킹행위로 규정하고, 이를 지속적·반복적으로 행하는 것을 스토킹범죄로 정의한다(제2조 제1호 및 제2호). 스토킹행위는 스토킹범죄가 발생하기 이전 단계라고 할 수 있지만, 경찰이 개입할 수 있도록 명문으로 규정하여 경찰의 작용을 확대하고 있다.

스토킹행위의 유형으로는 5가지를 열거하고 있다(제2조 제1호). 1) 접근하거나 따라다니거나 진로를 막아서는 행위, 2) 기다리거나 지켜보는 행위, 3) 정보통신망을 이용하여 물건이나 글·말·영상·화상 등을 도달하게 하는 행위, 4) 물건 등을 도달하게 하거나 두는 행위, 5) 주거 등 또는 그 부근에 놓여져 있는 물건 등을 훼손하는 행위이다.

제2조(정의) 이 법에서 사용하는 용어의 뜻은 다음과 같다.
1. "스토킹행위"란 상대방의 의사에 반하여 정당한 이유 없이 상대방 또는 그의 동거인, 가족에 대하여 다음 각 목의 어느 하나에 해당하는 행위를 하여 상대방에게 불안감 또는 공포심을 일으키는 것을 말한다.
   가. 접근하거나 따라다니거나 진로를 막아서는 행위
   나. 주거, 직장, 학교, 그 밖에 일상적으로 생활하는 장소(이하 "주거등"이라 한다) 또는 그 부근에서 기다리거나 지켜보는 행위

---

24) 한국여성의전화, 2020년 분노의 게이지, 언론보도를 통해 본 친밀한 관계의 남성에 의한 여성살해 분석.

> 　　다. 우편·전화·팩스 또는 「정보통신망 이용촉진 및 정보보호 등에 관한 법률」
> 　　　 제2조 제1항 제1호의 정보통신망을 이용하여 물건이나 글·말·부호·음향·
> 　　　 그림·영상·화상(이하 "물건등"이라 한다)을 도달하게 하는 행위
> 　　라. 직접 또는 제3자를 통하여 물건등을 도달하게 하거나 주거등 또는 그 부근에
> 　　　 물건등을 두는 행위
> 　　마. 주거등 또는 그 부근에 놓여져 있는 물건등을 훼손하는 행위
> 　2. "스토킹범죄"란 지속적 또는 반복적으로 스토킹행위를 하는 것을 말한다.

　스토킹범죄란 이러한 스토킹행위를 지속적 또는 반복적으로 하는 것으로 정의하고 있다(제2조 제2호). 스토킹처벌법은 "상대방의 의사에 반하여 정당한 이유 없이 상대방 또는 그의 동거인, 가족에 대하여 다음 각 목의 어느 하나에 해당하는 행위를 하여 상대방에게 불안감 또는 공포심을 일으키는 것을 말한다."고 한다. 이 정의규정에 의하면 스토킹범죄 구성요건은 4가지가 핵심적 내용을 이루는데, ① 상대방의 의사에 반하여, ② 정당한 이유 없이, ③ 불안감 또는 공포심을 일으키며, ④ 지속적 또는 반복적으로 발생할 것이 그 요건이다.

　스토킹처벌법은 스토킹행위의 구체적인 유형을 제한적으로 열거하는 방식을 취하고 있으나, 스토킹의 형태는 너무나 다양하여 현실적으로 전개되는 구체적인 스토킹행위를 어떻게 포섭할 것인가가 입법의 한계로서 논의되었던 부분인데, 법이 제정되자 바로 그것에 대한 논란이 끊이지 않고 있다. 열거된 스토킹행위의 유형에 포섭되지 못하면 결국 스토킹범죄 피해자는 이 처벌법에 의해 보호받기가 어렵기 때문에, 피해자보호에 미흡하다는 지적은 정의규정의 불충분함에서 시작되고 있다. 법규범의 공백상태를 막기 위해서는 포괄적 규정을 두는 것이 적절하다.[25)]

구분		조치의 요건	조치의 내용
스토킹행위	응급조치 (제3조)	사법경찰관리가 스토킹행위에 대하여 신고를 받은 경우 즉시 현장에 나가 각 호의 조치를 하여야 한다.	1. 스토킹행위의 제지, 향후 스토킹행위의 중단 통보 및 스토킹행위를 지속적 또는 반복적으로 할 경우 처벌 경고 2. 스토킹행위자와 피해자등의 분리 및 범죄수사 3. 피해자등에 대한 긴급응급조치 및 잠정

---

25) 심영주, "피해자보호를 위한 스토킹 행위 규제 방안 — 20대 국회 입법안 분석을 중심으로", 피해자학연구 제27권 제3호(2019), 155면; 이성용, 심희섭, "스토킹에 대한 경찰법적 고찰", 경찰법연구 제13권 제1호(2015), 69면.

			조치 요청의 절차 등 안내 4. 스토킹 피해 관련 상담소 또는 보호시설로의 피해자등 인도(피해자등이 동의한 경우만 해당한다)
	긴급 응급조치 (제4조)	사법경찰관이 신고를 받고 스토킹행위가 지속적 또는 반복적으로 행하여질 우려가 있고 스토킹범죄의 예방을 위하여 긴급을 요하는 경우	1. 스토킹행위의 상대방이나 그 주거 등으로부터 100미터 이내의 접근금지 2. 스토킹행위의 상대방에 대한 「전기통신기본법」 제2조 제1호의 전기통신을 이용한 접근 금지
스토킹범죄	잠정조치 (제9조)	스토킹범죄가 재발될 우려가 있다고 인정되어 검사가 청구하였고, 법원이 스토킹범죄의 원활한 조사·심리 또는 피해자 보호를 위하여 필요하다고 인정하는 경우	1. 피해자에 대한 스토킹범죄 중단에 관한 서면 경고 2. 피해자나 그 주거등으로부터 100미터 이내의 접근 금지 3. 피해자에 대한 「전기통신기본법」 제2조 제1호의 전기통신을 이용한 접근 금지 4. 국가경찰관서의 유치장 또는 구치소에의 유치

(2) 스토킹행위에 대한 응급조치 및 긴급응급조치

응급조치와 긴급응급조치는 스토킹범죄가 발생하기 이전 단계에서 경찰이 개입하는 조치이다. 스토킹행위가 스토킹범죄로 진행되는 것을 예방하고 피해자를 보호하기 위하여 사건 초기단계부터 공권력이 발동될 수 있는 근거가 마련되었다는 점에서 의의가 있다(제3조).

제3조(스토킹행위 신고 등에 대한 응급조치)

사법경찰관리는 진행 중인 스토킹행위에 대하여 신고를 받은 경우 즉시 현장에 나가 다음 각 호의 조치를 하여야 한다.

1. 스토킹행위의 제지, 향후 스토킹행위의 중단 통보 및 스토킹행위를 지속적 또는 반복적으로 할 경우 처벌 경고
2. 스토킹행위자와 피해자등의 분리 및 범죄수사
3. 피해자등에 대한 긴급응급조치 및 잠정조치 요청의 절차 등 안내
4. 스토킹 피해 관련 상담소 또는 보호시설로의 피해자등 인도(피해자등이 동의한 경우만 해당한다)

그런데 스토킹처벌법이 스토킹행위와 스토킹범죄를 양분하면서 스토킹행위에 대해서는 응급조치 및 긴급응급조치를 취하도록 하고, 스토킹범죄에 대해서는 잠정조치를 취하도록 하는바, 이는 현실적으로 신속히 대응하는 데 걸림돌이 될 여지가 크다. 스토킹행위인지 스토킹범죄인지를 먼저 분별해야 그것에 따라 대응을 하는데, 지속성이나 반복성의 판단이 어려운 경우가 많기 때문이다.

스토킹범죄에 대해서는 '서면경고'를 할 수 있지만, 스토킹행위에 대한 응급조치로는 '처벌 경고'를 하도록 되어 있다. 응급조치의 처벌 경고의 경우에도 구두로는 충분하지 않으므로 서면경고장을 통하여 경고를 실시해야 한다는 주장이 있다.[26] 서면으로 하는 것이 공적 개입의 명백한 증거가 되므로 서면경고장이 더욱 효과적일 것이나, 현실적으로 응급조치를 하면서 서면경고장을 발부하기는 어려울 것이다. 경고는 스토킹범죄의 예방을 위해 어느 정도 심리적 억제효과가 있을 것이며, 경고의 내용을 확실히 하는 것(개선안으로 제안: 경고를 받고도 재발의 경우에는 바로 잠정조치가 내려지고 유치될 수 있다는 것)이 중요할 것이다.

긴급응급조치는 스토킹행위가 지속적 또는 반복적으로 행하여질 우려, 즉 스토킹범죄가 될 우려가 있고 범죄의 예방을 위하여 긴급을 요하는 경우에만 가능할 뿐인데, 긴급응급조치의 내용은 단순히 공간적 접근금지, 전기통신을 이용한 접근금지 조치라는 두 가지에 불과하여 다양한 스토킹행위에 대한 대응으로 매우 미흡하다.

제4조(긴급응급조치)
① 사법경찰관은 스토킹행위 신고와 관련하여 스토킹행위가 지속적 또는 반복적으로 행하여질 우려가 있고 스토킹범죄의 예방을 위하여 긴급을 요하는 경우 스토킹행위자에게 직권으로 또는 스토킹행위의 상대방이나 그 법정대리인 또는 스토킹행위를 신고한 사람의 요청에 의하여 다음 각 호에 따른 조치를 할 수 있다.
1. 스토킹행위의 상대방이나 그 주거등으로부터 100미터 이내의 접근 금지

---

26) 정춘숙 의원 대표발의안(2020. 6. 1) 제6조 제3항: "제1항의 신고를 받은 사법경찰관리는 즉시 다음 각호의 조치를 하여야 한다. 1. 가해자에게 스토킹범죄를 중단할 것을 통보, 스토킹범죄를 계속할 경우 제9조에 따른 임시조치 부과와 이 법에 따른 처벌을 받을 수 있다는 내용 등을 기재한 서면경고장을 통한 경고 실시." 김삼화 의원 대표발의안(2016. 10. 13) 제4조 제2항: "지속적 괴롭힘범죄의 신고, 고소, 고발을 접수한 경찰서의 장은 피해자 또는 그 법정대리인이 요청하는 경우 행위자에게 행위를 즉시 중단할 것과 이 법에 따른 처벌을 받을 수 있다는 내용 등을 기재한 서면으로 경고할 수 있다."

> 2. 스토킹행위의 상대방에 대한 「전기통신기본법」 제2조 제1호의 전기통신을 이용한 접근 금지

그 밖에 긴급응급조치라는 부적절한 용어사용을 지적하지 않을 수 없다. 사법경찰관의 긴급응급조치와 관련한 절차는 가정폭력처벌법의 긴급임시조치와 유사하게 디자인 된 것인데, 응급에다 유사한 의미의 긴급이라는 말을 또 덧붙임으로써 '긴급응급'이라는 이상한 말을 만든 것으로 보인다. 용어의 수정이 필요하다.

(3) 스토킹범죄에 대한 잠정조치

스토킹범죄에 대해는 잠정조치를 취할 수 있다. 잠정조치는 1) 서면경고, 2) 100미터 이내 접근금지, 3) 전기통신이용 접근금지, 4) 유치장 또는 구치소의 유지이다. '잠정조치'란 용어도 가정폭력처벌법의 임시조치에 대응한 것인데, 임시조치는 가정폭력사범에 대해 법원의 보호처분 이전에 임시로 내리는 조치인데, 스토킹처벌법에서는 보호처분 자체가 없으면서 '잠정'이라고 하니 무엇을 의미하는지 알 수 없다. 그리고 잠정조치는 스토킹범죄가 재발될 우려가 있다고 인정될 때 내려지는데, 스토킹범죄의 속성이 반복되는 것이므로 재발 우려를 전제조건으로 하고 있지만, 매우 적극적으로 잠정조치를 활용할 것을 요한다.

> **제8조(잠정조치의 청구)**
> ① 검사는 스토킹범죄가 재발될 우려가 있다고 인정하면 직권 또는 사법경찰관의 신청에 따라 법원에 제9조 제1항 각 호의 조치를 청구할 수 있다.
> ② 피해자 또는 그 법정대리인은 검사 또는 사법경찰관에게 제1항에 따른 조치의 청구 또는 그 신청을 요청하거나, 이에 관하여 의견을 진술할 수 있다.
> ③ 사법경찰관은 제2항에 따른 신청 요청을 받고도 제1항에 따른 신청을 하지 아니하는 경우에는 검사에게 그 사유를 보고하여야 한다.
>
> **제9조(스토킹행위자에 대한 잠정조치)**
> ① 법원은 스토킹범죄의 원활한 조사·심리 또는 피해자 보호를 위하여 필요하다고 인정하는 경우에는 결정으로 스토킹행위자에게 다음 각 호의 어느 하나에 해당하는 조치(이하 "잠정조치"라 한다)를 할 수 있다.
> 1. 피해자에 대한 스토킹범죄 중단에 관한 서면 경고
> 2. 피해자나 그 주거등으로부터 100미터 이내의 접근 금지

3. 피해자에 대한「전기통신기본법」제2조 제1호의 전기통신을 이용한 접근 금지
4. 국가경찰관서의 유치장 또는 구치소에의 유치
② 제1항 각 호의 잠정조치는 병과(병과)할 수 있다.
③ 법원은 잠정조치를 결정한 경우에는 검사와 피해자 및 그 법정대리인에게 통지하여야 한다.
④ 법원은 제1항 제4호에 따른 잠정조치를 한 경우에는 스토킹행위자에게 변호인을 선임할 수 있다는 것과 제12조에 따라 항고할 수 있다는 것을 고지하고, 다음 각 호의 구분에 따른 사람에게 해당 잠정조치를 한 사실을 통지하여야 한다.
1. 스토킹행위자에게 변호인이 있는 경우: 변호인
2. 스토킹행위자에게 변호인이 없는 경우: 법정대리인 또는 스토킹행위자가 지정하는 사람
⑤ 제1항 제2호 및 제3호에 따른 잠정조치기간은 2개월, 같은 항 제4호에 따른 잠정조치기간은 1개월을 초과할 수 없다. 다만, 법원은 피해자의 보호를 위하여 그 기간을 연장할 필요가 있다고 인정하는 경우에는 결정으로 제1항 제2호 및 제3호에 따른 잠정조치에 대하여 두 차례에 한정하여 각 2개월의 범위에서 연장할 수 있다.

그리고 잠정조치는 빨리 결정될수록 효과적인데, 경찰이 검사에게 신청하여 검사가 법원에 청구하도록 하여 절차가 복잡한 측면이 있다. 시간지연을 막기 위해 경찰이 법원에 바로 신청할 수 있도록 하는 방향으로 개혁하는 것이 바람직하지만, 장기적인 개편에 맡기고 실무적으로 최대한 조속히 진행시켜야 할 것이다.

또한 스토킹범죄의 재발이 우려되는 경우에도 피해자는 독자적으로 법원에 대해 잠정조치의 청구를 할 수 없으며, 검사 또는 사법경찰관에게 잠정조치의 청구 또는 신청을 요청할 수 있을 뿐인데, 스토킹범죄의 재발 위험성이 있는 경우 신속한 조치가 요구됨에도 불구하고 피해자 → 경찰 → 검사 → 법원의 단계를 거치도록 함으로써 즉각적인 대응이 어려워 피해자보호에 충실하지 못하다. 피해자가 독자적으로 법원에 직접 접근금지 명령을 청구할 수 있는 제도가 마련될 필요가 있다.

잠정조치의 기간은 100m 이내의 접근 금지와 전기통신을 이용한 접근금지는 2개월이며 피해자의 보호를 위해 연장이 필요한 경우에는 두 차례 각 2개월의 범위에서 연장 가능하므로 6개월이 한도이며, 유치는 1개월을 초과할 수 없도록 되어 있다. 스토킹범죄는 장기간 지속되는 경우가 많은데, 잠정조치의 기간은 스토킹범죄의 특성을 고려한 것인지 심히 이해하기 어렵다.

한국여성의전화의 사전설문조사에 의하면, 스토킹처벌법에 마련된 피해자 보호조치(응급조치, 긴급응급조치, 잠정조치)가 피해자 보호 및 가해자 제재를 위해 충분한지에 대한 질문에 대해, '그렇지 않다'가 80%(32명), '보통이다' 17.5%(7명), '그렇다' 2.5%(1명)로, 보호조치에 관한 아쉬움과 함께 실효성에 대한 우려를 드러냈다. 특히, 응답자의 대부분이 그 이유로 보호조치의 핵심 내용인 접근금지의 기간이 짧다는 점을 꼽았다. '임시적인 조치'로는 제대로 피해자를 보호할 수 없을 뿐만 아니라 오히려 끈질긴 스토킹 가해자의 보복 가능성만 높인다는 것이다.[27)]

(4) 스토킹범죄에 대한 벌칙

1) 처벌대상, 반의사불벌죄

스토킹행위만으로는 원칙적으로 처벌대상으로 하지 않고, 스토킹범죄가 인정되는 경우에 처벌이 이루어진다. 스토킹범죄를 저지른 사람은 3년 이하의 징역 또는 3천만원 이하의 벌금에 처할 수 있다(제18조 제1항). 스토킹범죄를 저지른 경우에도 피해자가 구체적으로 밝힌 의사에 반하여 공소를 제기할 수 없도록 반의사불벌죄로 규정하고 있다(제18조 제3항).

제18조(스토킹범죄)

① 스토킹범죄를 저지른 사람은 3년 이하의 징역 또는 3천만원 이하의 벌금에 처한다.
② 흉기 또는 그 밖의 위험한 물건을 휴대하거나 이용하여 스토킹범죄를 저지른 사람은 5년 이하의 징역 또는 5천만원 이하의 벌금에 처한다.
③ 제1항의 죄는 피해자가 구체적으로 밝힌 의사에 반하여 공소를 제기할 수 없다.

---

2) 가중적 구성요건

흉기 또는 그 밖의 위험한 물건을 휴대하거나 이용하여 스토킹범죄를 저지른 경우에는 행위의 위험성이 크기 때문에 5년 이하의 징역 또는 5천만원 이하의 벌금으로 가중처벌되며(제18조 제2항), 이 경우는 반의사불벌죄가 아니다.

---

27) 김다슬, 스토킹처벌법 관련 법·제도 개선 토론회: 스토킹, 당사자의 목소리로 '정책'을 말하다, 한국여성의전화, 2021. 9. 3. 토론회 자료집, 10면.

3) 잠정조치 불이행죄

법원의 잠정조치에 위반하는 경우 2년 이하의 징역 또는 2천 만원 이하의 벌금에 처한다(제20조).

제20조(잠정조치의 불이행죄)

제9조 제1항 제2호 또는 제3호의 잠정조치를 이행하지 아니한 사람은 2년 이하의 징역 또는 2천만원 이하의 벌금에 처한다.

제21조(과태료)

① 정당한 사유 없이 긴급응급조치(검사가 제5조 제2항에 따른 긴급응급조치에 대한 사후승인을 청구하지 아니하거나 지방법원 판사가 같은 조 제3항에 따른 승인을 하지 아니한 경우는 제외한다)를 이행하지 아니한 사람에게는 1천만원 이하의 과태료를 부과한다.

② 제19조 제1항에 따라 수강명령 또는 이수명령을 부과받은 후 정당한 사유 없이 보호관찰소의 장 또는 교정시설의 장의 수강명령 또는 이수명령 이행에 관한 지시에 불응하여 「보호관찰 등에 관한 법률」 또는 「형의 집행 및 수용자의 처우에 관한 법률」에 따른 경고를 받은 후 다시 정당한 사유 없이 수강명령 또는 이수명령 이행에 관한 지시에 불응한 사람에게는 500만원 이하의 과태료를 부과한다.

③ 제1항 및 제2항에 따른 과태료는 대통령령으로 정하는 바에 따라 관계 행정기관의 장이 부과 · 징수한다.

---

3. 스토킹처벌법의 한계 및 정책적 과제

치열한 논의과정을 거쳐 만들어진 「스토킹처벌법」은 스토킹행위 전반에 대한 실효성 있는 대응책이 되지 못할 뿐 아니라 실질적인 피해자보호에도 크게 미흡하다는 지적이 있으며, 추가적인 제도개선과 보완입법의 요구가 계속 이어지고 있는 실정이다. 스토킹 범죄에 대한 실효적 규제 및 형사절차 안에서의 피해자의 합리적인 보호조치를 위한 개선 방안은 다음과 같다.

(1) 처벌의 공백과 정의규정의 개선

스토킹처벌법은 스토킹행위의 구체적인 유형을 제한적으로 열거하고, 보충적 구성요건은 두고 있지 않고 있다. 규제의 대상이 되는 행위를 명확히 제시한 점은 공권력의 자의적 행사를 방지하기 위한 의의를 지니지만, 현실에서 다양한 방식으로 전개되는 구체적인 스토킹행위를 모두 망라하지는 못하는 한계점이 있다. 특히 정보통신기술의 비약적인 발전에 따라 과거와는 다른 방식으로 전개되는 이른바 '사이버 스토킹'에 대한 대응으로는 미흡한 부분이 많다. 예컨대, SNS 등을 통해 타인의 정보를 엿보고 흔적을 남긴다든지, 타인에 관한 정보를 배포 또는 게시하는 등의 행위가 사회적 인식에 의하면 '스토킹'으로 포섭되지만, 현행의 스토킹처벌법상 규제대상이 되지 않는 문제가 발견된다.

현행법은 스토킹의 피해를 입히는 대상을 상대방 또는 그의 동거인, 가족에 한정하고 있으나, 현실적으로는 그 주변사람들에게도 영향이 미칠 수밖에 없다는 점을 고려하여, 스토킹행위의 대상을 상대방의 친족, 직장동료 등 생활상 밀접한 관계에 있는 사람에게도 확대하며, 스토킹의 표지로 '불안감 또는 공포심을 일으키는 것' 이외에 '안전에 위협이 되는 것'도 추가할 필요가 있다.

현행법에서는 불안감 또는 공포심이 실제로 발생했을 것을 요구하는 침해범 형태로 규정되어 있으나, '일으킬 위험이 있는'으로 요건을 수정하여 위험범의 형태로 수정하고, 스토킹행위규정에 전형적인 행위유형이라고 할 수 있는 "피해자, 그의 가족 또는 그와 친밀한 관계를 맺고 있는 다른 사람의 생명, 신체 또는 자유를 위협하는 행위"를 추가하고, 다수의 사이버 스토킹의 유형들을 신설하며, "그 밖에 위 각 목의 행위에 준하는 행위"라고 하여 보충규정을 신설하여 열거된 행위 이외도 포섭할 필요가 있다.

(2) 반의사불벌죄 조항의 삭제

현행 「스토킹처벌법」에서 가장 큰 문제점으로 지적되는 것이 바로 '반의사불벌' 규정이라고 할 수 있다.

이와 관련하여서는, i) 스토킹행위의 개념표지에 "피해자의 의사에 반할 것"이 포함되어 있기 때문에 스토킹범죄도 피해자의 의사를 고려하여 반의사불벌죄로 규정하는 것이 타당하다는 견해와 ii) 스토킹행위를 별도의 범죄로 규정하여 규율하고자 하는 법의 제정 취지상 피해자의 두터운 보호를 위하여 반의사불벌죄 조항을 폐지하는 것이 타당하다는 견해가 대립할 수 있기는 하다.

그러나 스토킹사건의 상당수가 과거의 연인 사이 등과 같은 친밀한 관계에서 행해지는 것으로 파악되는데, 이러한 경우 피해자는 자신에 대한 많은 정보를 갖고 있는 가해자와의 관계를 고려해야 하거나 또는 보복이 두려워 어쩔 수 없이 처벌불원의 의사를 밝힐 수밖에 없는 것이 현실이다. 반의사불벌조항은 스토킹의 특성을 제대로 고려하지 못한 규정이며 삭제하는 것이 바람직하다. 독일과 일본의 경우도 스토킹관련 규정을 만든 초기에는 스토킹범죄를 친고죄로 규정하였으나 문제점이 드러났고, 최근의 개정을 통해 친고죄 조항을 삭제한 것을 참고할 필요가 있다.

(3) 응급조치, 긴급응급조치 및 잠정조치의 문제점
1) 용어수정: 긴급응급조치는 긴급금지조치로, 잠정조치는 금지조치로 수정
우선 긴급응급조치라는 용어는 매우 부적절하다. 응급에다 유사한 의미의 긴급이라는 말을 또 덧붙인 '긴급응급'이라는 이상한 용어를 만들었고, 내용은 응급조치를 긴급으로 하는 것이 아니라 잠정조치를 긴급으로 한다는 것으로 사실 긴급잠정조치인 셈이다. 그런데 잠정조치라는 용어도 무엇을 잠정적으로 하겠다는 것인지 알 수 없으며 전혀 절차와 맞지 않다. 가정폭력처벌법에서는 보호처분 조치 전에 내린다고 하여 임시조치 혹은 긴급임시조치라고 만든 제도를 스토킹처벌법에도 끌어온 것으로 추측되는데 스토커에게는 잠정적 조치가 아니라 확실한 금지처분을 내리는 것이 마땅하므로 용어를 수정하여 잠정조치를 금지조치로, 긴급응급조치는 긴급금지조치로 개정하는 것이 적절할 것이다.[28]

2) 조치 기간의 연장
스토킹의 재발위험으로부터 피해자를 보호하기 위해서는 가해자가 피해자에게 접근하는 것을 막아야 한다는 점에서 가해자 처벌과 별도로 긴급응급조치, 잠정조치의 의의가 인정된다. 그러나 현행법이 규정하고 있는 긴급응급조치, 잠정조치의 기간이 너무 짧아서 피해자를 실효성 있게 보호하기 어렵다. 잠정조치의 접근금지는 2개월이며 피해자의 보호를 위해 연장이 필요한 경우에는 6개월이 한도로 되어 있다.

한국성폭력상담소에 2014년 접수된 스토킹 상담 50건 중에서 1/3가량이 적

---

28) 정현미, "스토킹범죄 규제를 위한 입법방향", 이화젠더법학 제12권 제3호(2020), 253면.

어도 6개월 이상 지속되었고 장기 6년까지 피해가 고루 분포된 것을 보면, 2개월의 금지조치로 시작하는 현행법은 너무나 피해자보호에 미흡하다.

피해자들도 스토킹처벌법이 만들어졌지만 현재의 조치들은 피해자들을 지켜줄 것이라고 거의 확신하지 않는 것을 본다면 현재 조치에 대한 기간을 대폭 늘여야 한다. 잠정조치의 기간은 적어도 현재 기간의 3배로 연장하여 접근금지를 내리며, 유치기간도 가정폭력의 경우처럼 2개월까지 연장할 필요가 있다. 그리고 수사 또는 재판이 끝나지 않은 상태에서 가해자가 피해자에게 재차 접근할 위험이 있으므로 스토킹 재발 위험으로부터 피해자가 안전해질 때까지 조치의 효력이 지속될 필요가 있다.

3) 조치위반에 대한 제재 강화

현행법은 스토킹행위에 대한 긴급응급조치를 위반하는 행위에 대하여 과태료를 부과할 뿐이며, 법원의 잠정조치에 위반하는 경우에도 2년 이하의 징역 또는 2천만원 이하의 벌금에 처할 뿐이다. 이러한 벌칙으로는 긴급응급조치, 잠정조치의 실효성을 확보하기 어렵다는 지적도 가능하다. 스토킹행위자가 긴급응급조치를 위반하여 피해자 등에게 재차 접근하는 행위는 단순히 행정처분 위반에 불과한 것이 아니라 '스토킹범죄'를 구성하는 것으로 이해해야 하며, 잠정조치에 위반하여 재차 접근하는 경우에는 '스토킹범죄의 재발'로 보아야 한다. 긴급응급조치 위반의 경우 스토킹범죄에 준하여 처벌하여야 하며, 잠정조치 위반의 경우 가중처벌이 필요하다.

(4) 의무적 단기유치 도입

긴급응급조치는 스토킹행위가 지속적 또는 반복적으로 행하여질 우려, 즉 스토킹범죄가 될 우려가 있고 범죄의 예방을 위하여 긴급을 요하는 경우에만 가능할 뿐인데, 긴급응급조치의 내용은 단순히 공간적 접근금지, 전기통신을 이용한 접근금지 조치라는 두 가지에 불과하여 다양한 스토킹행위에 대한 대응으로 매우 미흡하다.

스토킹범죄의 가해자의 처벌도 중요하지만 피해자의 안전을 뒷전으로 하는 처벌은 잘못된 대응이다. 스토킹은 연인들 사이에서 일어나는 가벼운 폭행이나 다툼과는 분명히 다르다는 것을 인식해야 한다. 스토킹의 대응에서는 피해자안전을 가장 염두에 둔 행위의 근절과 가해자에 대한 제재를 찾아야 한다. 스토커의 접근을 어떻게 하면 가장 안전하게 막을 수 있을까 하는 것이 핵심이다.

그런데 스토킹처벌법의 스토킹범죄 대응체계는 기본적으로 가정폭력 사건을 처리하는 절차와 비슷하게 디자인되어 있다. 따라서 경찰의 응급조치, 검사의 청구에 의한 법원의 결정이라는 잠정조치 같은 제도는 효율적인 초기대응을 못하고 있다고 비판을 받는 가정폭력대응의 문제점을 그대로 다시 떠안는 것일 수 있다.

스토킹범죄의 특성에 맞게 대응하고 적시에 피해자의 안전과 보호를 확립하기 위해서는 즉각적인 가해자 차단과 피해자보호가 필요하다. 스토킹범죄는 가정폭력과 달리 가해자를 보호처분의 특례를 통해서 보호할 근거가 없다. 그럼에도 스토킹범죄에 대한 처벌의 특례를 두는 이유는 스토킹행위에 대해 신고를 받은 후 금지조치(잠정조치)를 내리고 그것이 가해자에 의해 잘 이행되어 피해자의 안전이 확보된다면 기소하지 않는 길을 열어두기 위함이다. 스토킹범죄를 가벼이 보아 처벌하지 않으려는 것이 아니라 피해자의 보호를 초기대응으로 최대한 이끌어 내려는 것이고, 나아가 가해자를 기소하더라도 피해자보호조치는 피해자의 안전을 위해 유지될 수 있도록 하는 것이다.[29]

스토킹의 특성은 반복적으로 지속이며, 스토커 개인의 특성이 있긴 하지만 그 수법이 진화되므로 피해자보호를 위해서는 초기의 공적대응으로 승부를 내는 것이 무엇보다 중요하다는 것은 일반적으로 인정되며, 각국의 스토킹 대응 법들도 초기대응으로 스토커를 무력하게 하는데 초점을 맞추고 있다. 독일은 스토킹범죄에 대한 대응으로 스토킹이 구속사유가 될 수 있도록 형사소송법에 예외적 규정까지 두고 있다.

스토킹범죄에 대한 신고가 들어오고 스토커를 초기에 무력화시키기 위해서는 스토커의 행위를 공적으로 단호히 부정하고 제재할 필요가 있다. 이에 신고된 스토킹행위로 경고를 받고도 스토킹행위를 범하였거나 스토킹범죄가 이미 2회 이상 행해진 경우에는 피해자에 대한 위해를 차단하기 위해 필수적으로 취하도록 해야 한다. 스토킹행위를 지속적 반복적으로 행하면 현행법 제2조 제2호에 의한 스토킹범죄가 되며, 제18조 제1항에 따라 "스토킹범죄를 저지른 사람은 3년 이하

---

29) 정현미, "스토킹범죄 규제를 위한 입법방향", 이화젠더법학 제12권 제3호(2020), 255면.

의 징역 또는 3천만원 이하의 벌금" 처해질 수 있는 사람이다. 다만 그에 따라 기소하고 재판받는데 많은 시일을 요하므로 그 기간 중에 스토킹범죄가 더 발전 진화할 위험이 크다. 피해자를 보호하기 위해서는 스토킹가해자에 대해 단호한 공적조치를 통해 초기에 반복적인 접근을 차단하고 심리적으로 억압할 필요가 있다. 1주일 유치라는 단기유치는 물론 스토킹을 완전히 차단할 수 있는 제재는 아니지만, 반복된 행위를 범하는 스토킹범죄자는 신고하면 바로 유치된다는 법적 합의는 스토커들에게 의미 있는 경종이 될 것이다. 물론 의무적 단기유치와는 별도로 접근금지 조치 등 금지조치도 명하여져 유치에서 풀려나더라도 접근이 금지되고 또 다시 스토킹을 하는 경우 잠정조치(금지조치)에 의한 유치도 재차 가능하다.

(5) 신변안전조치의 미비와 신고인 등에 대한 보호조치 등의 개선

「특정범죄신고자 등 보호법」, 「성폭력범죄의 처벌 등에 관한 특례법」, 「가정폭력범죄의 처벌 등에 관한 특례법」 등에서는 범죄신고자 등이나 그 친족 등이 보복을 당할 우려가 있는 경우, 일정기간 검찰 또는 경찰공무원으로 하여금 신변안전을 위해 필요한 조치를 하게 하거나 직접 요청할 수 있도록 신변안전조치를 별도로 규정하고 있는데 비해, 스토킹처벌법에서는 이러한 취지의 규정이 없다.

신변안전조치 조항을 신설하여, 검사 또는 경찰서장은 스토킹행위 상대방의 신청이 있거나 스토킹행위가 지속적 또는 반복적으로 행하여질 우려가 있는 경우 일정기간 동안 신변안전조치를 취할 수 있도록 한다. 신변안전조치의 내용으로는 ① 신변경호, ② 참고인 또는 증인으로 출석·귀가 시 동행, ③ 주거에 대한 보호, ④ 그 밖에 신변안전에 필요하다고 인정되어 대통령령으로 정하는 조치가 포함된다.

법원 또는 수사기관이 스토킹범죄의 피해자 또는 스토킹범죄를 신고(고소 고발을 포함한다)한 사람을 참고인 또는 증인으로 신문하거나 조사하는 경우에는 「특정범죄신고자등 보호법」 제5조 및 제7조부터 제12조까지, 그리고 제15조의 규정을 준용하도록 한다. 다만 스토킹범죄의 특성을 고려하여, 이 경우 보복을 당할 우려가 있음을 요하지 아니하도록 한다(제17조의3).

직계존속 고소제한에 대한 특례를 신설하여, 스토킹범죄에 대하여는 「형사소송법」 제224조(고소의 제한) 및 「군사법원법」 제266조에도 불구하고 자기 또는 배우자의 직계존속을 고소할 수 있도록 한다(제22조).

4. 요약 및 소결

오랜 기간 동안 우리 사회에서 스토킹은 경범죄, 또는 사소한 감정싸움 정도로만 치부되어 왔고, 가해자에 대한 처벌뿐 아니라 피해자 보호 역시 적절히 하지 못하다가, 현재 '스토킹처벌법'이 제정되어 실시됨으로써, 스토킹의 대표적인 유형인 계속적인 연락, 따라다니기, 집이나 학교, 직장으로 찾아와 접촉 시도 등은 범죄로 처벌될 수 있게 되었다. 사건의 초기단계에서도 가해자에게 접근금지 등의 조치를 취할 수 있도록 된 점은 다행이지만, 현실의 스토킹 발생 유형들을 통해 현행법의 적용을 시뮬레이션 해 보면, 여전히 미흡한 부분들이 발견된다. 스토킹범죄의 합리적 대응을 위한 과제로 위에서 언급한 내용을 중심으로 제도적 보완이 절실하며, 그럼으로써 스토킹의 조기차단을 통해 피해자 보호 및 지원을 강화할 필요가 있다.

IV. 성매매범죄

성매매범죄와 관련해서는 2004년 3월 22일 「성매매알선 등 행위의 처벌에 관한 법률」(약칭 성매매처벌법)과 「성매매방지 및 피해자보호 등에 관한 법률」(약칭 성매매피해자보호법)이 제정되어 같은 해 9월 23일부터 시행되고 있다. 이 법률들 역시 한국여성단체연합을 중심으로 한 여성운동진영에서 여성인권 혹은 성판매여성 보호를 위해 입법운동을 벌여 이루어낸 성과라고 할 수 있다.

다만 이 법률이 제정되었음에도 성매매 규제정책을 둘러싼 논쟁은 불식되지 않고 논쟁이 계속되고 있는 것은 사실이다. 점차 확대되는 성산업의 규모, 미성년 청소년을 상대로 한 개인형 청소년 성매매, 인터넷을 통한 개인적 거래, 출장 마사지, 전단지 배포를 통한 성매매 등의 증가로 성매매규제는 현실을 따라가기 어려우며, 특히 지구화의 흐름과 더불어 성산업 또는 성매매를 중심으로 한 여성의 이주라는 새로운 문제에도 직면하고 있다.

성매매 정책과 관련한 논쟁의 주된 내용은 성매매방지법 자체에 대한 규범적 정당성에 대한 의문부터 처벌범위의 축소 내지 자발적 성매매의 비범죄화와 관련해서까지 매우 다양하게 전개되고 있다. 우선 현재의 성매매처벌법을 두게된 입법과정과 시행경과를 살펴보고 우리 사회현실에서 성매매와 관련 어떤 입법정책이 합리적일지 다시 한 번 검토할 필요가 있다.

1. 성매매처벌법의 입법과정

2004년 제정된 '성매매처벌법'은 1961년 제정된 「윤락행위등 방지법」을 기본으로 하는데 동법은 성을 파는 여성들만 처벌의 대상으로 취급하고 성을 구매하는 남성들을 처벌하지 않는 근본적 문제점이 있었다. 1990년대 들어 퇴폐·향락 산업의 발달과 인신매매 등의 사회문제가 심각하게 대두되자, 1995년 「윤락행위 등 방지법」을 전부 개정하여 쌍벌주의를 골자로 윤락행위를 한 자와 그 상대방이 된 자에 대한 법정형을 높여 1년 이하의 징역이나 300만 원 이하의 벌금, 구류 또는 과료에 처하도록 하였다(제26조 제3항). 그러나 그것 역시 성매매의 확산과 방지에 적절히 대처하지 못한다는 비판에 떠밀려 2001년 1월 여가부와 법무부가 공동으로 대체 입법화를 준비하고 있던 중,[30] 성매매방지법의 제정에 직접적인 영향을 미친 핵심적 촉발기제라 할 수 있는 화재참사가 연이어 발생하였다.

2000년 9월 전북 군산시 대명동에서 발생한 집창촌의 화재사건으로 쪽방에 기거하면서 강제로 성매매에 종사하고 있던 5명의 성매매 여성들이 쇠창살에 갇혀 제때에 탈출하지 못해 희생되었고, 그에 이어 2001년 부산 완월동과 2002년 군산 개복동에서 화재사건으로 업주 두 명을 포함해 열다섯 명의 여성이 사망하였다. 이러한 화재사건으로 성매매 여성들에 대한 비인간적 처우와 현대판 노예 문서로 불리는 선불금 차용증 등의 문제가 공론화되었고, 때마침 여성단체와 여성 국회의원, 여성 장관들의 강력한 연대가 형성됨으로써 입법이 추진되어 2004년 '성매매처벌법'이 제정되기에 이르렀다.[31] '성매매처벌법'의 주요골자는 '윤락'이라는 용어를 삭제하여 성매매로 대체하고, 성매매는 인신매매이며 성매매 여성은 피해자라는 개념을 도입한 것이다.

성매매처벌의 제정을 통하여 성매매를 실질적 범죄로 규정하고 방지대책을 마련한 것은 큰 성과라고 할 수 있는데, 이 법이 시행된 직후부터 수혜자로 예상

---

30) 목진휴, 홍성걸, "성매매방지정책에 대한 사례연구", 한국행정연구 제15권 제1호(2006), 244면.
31) 목진휴, 홍성걸, 위의 글(주 30), 238면.

되었던 성판매여성들이 생존권 투쟁 및 성노동운동을 벌이며 성매매처벌법을 폐
지하라는 반발이 있었고, 합헌결정이 내려졌지만[32] 자발적 성인 간의 성매매를
처벌하는 규정에 대한 위헌법률심판 제청이 신청되기도 하였다. 성매매처벌법에
대해 제기된 수많은 비판에 비해, 대폭적인 개정은 현실적으로 추진되지 않았고
3회의 일부개정에 그쳤으며, 성매매피해자보호법은 타법개정을 제외한 일부개정
이 9회로 2년에 한번 정도의 손질이 있었다.

2. 성매매방지를 위한 대응전략

세계 각국의 성매매와 관련한 정책은 그 역사적·사회문화적 배경, 성매매
현장의 특성 및 성매매에 대한 정부의 입장 등의 현실적 상황에 따라 다양하고
독특한 체계의 법률을 가지고 있다. 성매매관련법은 고전적으로 성매매에 대한
국가의 개입가능성 여부와 성매매에 대한 도덕적 비난가능성 여부를 기준으로 삼
고 있다.

먼저 성매매 행위 자체를 범죄로 볼 것인가 아닌가에 대한 입장은 금지주의,
규제 폐지주의, 합법적 규제주의로 나뉜다. 금지주의가 성매매를 범죄로 규정하
고 이를 인정하지 않는 반면, 규제 폐지주의와 합법적 규제주의는 성매매를 범죄
로 규정하지 않고 성매매의 가능성을 남겨둔다. 금지주의와 합법적 규제주의는
성매매를 도덕적으로 나쁜 것으로 규정하고, 사회에 해악을 끼치는 것이라고 파
악하고 있는 반면, 폐지주의는 성매매 자체에 대한 도덕적 판단을 하지 않는 것
이 특색이다.

(1) 금지주의(처벌주의)

금지주의(Panelization)는 성매매를 범죄로 규정하고 이를 위반하는 사람을 처
벌하는 입법정책으로, 성매매 자체를 금지하는 입법태도를 말한다.[33] 따라서 금
지주의 입법체계에서 모든 성매매는 불법이며, 성판매자와 성구매자 모두 처벌대
상이 범죄자가 된다. 금지주의는 다시 성을 파는 행위만을 금지하는 경우,[34] 성
을 사고 파는 행위 모두를 금지하는 경우[35]로 나뉜다.

---

32) 헌재 2016. 3. 31, 2013헌가2.
33) 여기에는 성 구매행위, 성 판매행위, 알선행위 등이 모두 포함된다.
34) 일본, 대만, 필리핀에서 이러한 방식을 채택하고 있다.

금지주의에 의할 경우 성매매 여성은 모두 범죄자로 처벌되기 때문에 업주 및 알선자에 대한 성매매 여성의 의존성이 더욱 심화될 수 있는 위험이 발생할 수 있다. 또한 성매매종사여성들이 업주에 의해 경제적·정신적 착취를 당하면서도 사회나 가족구성원들에게 도움을 요청하는 것이 쉽지 않기 때문에 결국 한쪽으로는 성매매업소, 다른 한쪽으로는 국가의 통제 하에 놓이는 문제점이 노출된다.[36] 따라서 이러한 문제점을 지적하는 입장에서는 성매매 여성을 피해자로 간주하고, 성매매 여성의 보호와 자활을 지원할 것을 주장한다.

다른 한편 급진적 여성주의가 취하는 편면적 금지주의 모델로 성매매를 금지하되 성판매자는 피해자이므로 처벌되지 않아야 한다는 입장이 있다. 이 입장의 대표적인 예가 스웨덴의 노르딕 모델이다. 이 입장은 성매매는 성에 기반한 수탈이고 여성에 대한 억압의 한 전형으로 보아 성판매여성은 비범죄화 대상이지만, 성구매자, 장소제공자, 알선자는 처벌의 대상이 된다.

(2) 규제 폐지주의(비범죄화주의)

규제 폐지주의(Abolition)는 법적으로 성매매 자체를 규제하거나 금지하지 않는 입법정책으로서, 성매매를 자유로운 거래행위로 용인하지만 합법적 직업으로는 인정하지는 않는 입법태도를 말한다. 학교·병원 등의 특정 지역에서의 성매매나 특정 시간 내지 특정 유형의 성매매는 불법으로 간주된다. 스웨덴, 프랑스, 영국, 노르웨이, 브라질, 스페인, 폴란드, 핀란드, 이탈리아, 아일랜드, 호주 퀸스랜드 주 등에서 채택하고 있다.

이 규제폐지주의는 성매매의 원인을 성매매 여성을 착취하는 업주들에게 두고, 성판매자와 성구매자 양자에 대한 법적 처벌보다는 성매매를 통해 이익을 얻는 제3자에 대한 처벌이 성매매 근절과 성매매 여성들을 보호하는데 더 효과적이라는 입장이다. 성매매 당사자를 비범죄화하는 것은 성매매를 금지하고 처벌하는 것과 병행될 수 없다.

그러나 규제폐지주의는 성매매 여성들을 업주로부터 보호하려는 취지와는 달리 오히려 성매매 여성들의 일할 수 있는 권리, 신체적 안전에 대한 최소한의

---

35) 한국, 미국, 중국, 태국, 알바니아에서 이러한 방식을 채택하고 있다.

36) 이은애/김재광, "유럽 10개국 성매매 관련법제 비교연구", 한국법제연구원(2006), 36면.

방어, 사회적 소통의 권리를 제한하는 경우를 발생시킬 수도 있다는 문제점이 발생한다.

(3) 합법적 규제주의

합법적 규제주의는 행정당국의 성매매에 대한 관리와 통제폐지를 의미하며, 성매매를 완전히 직업으로 인정하여 국가에서 이에 대한 세금도 징수하고 간섭을 하지 않는 입법정책이다. 즉 현재 성매매가 현실로 존재하는 것을 법으로 불법화하거나 금지하지 않고 인정하는 대응전략이며, 이러한 합법화에는 필연적으로 규제[37]가 결합된다. 다만, 착취나 호객행위, 공고적 방법에 의한 성매매는 금지하고 있다. 독일, 스위스, 캐나다, 뉴질랜드 등에서 채택하고 있다.

합법화는 그 자체만으로 성판매자의 안정적인 노동조건을 확보해주지 않는 문제점이 있다. 합법화가 일정 정도 안정된 조건의 기반은 마련할 수 있지만, 그 해결까지 보장해주지는 못한다. 이는 성매매에 대한 낙인과 차별의 해결을 자동적으로 보장하지 않기 때문이다. 따라서 합법화에 매몰될 것이 아니라, 성매매에 대한 사회 전체적인 비범죄화의 필요성이 대두된다.

(4) 검토

살펴본 것처럼 세계의 각국은 성매매를 어떻게 보는가에 대한 가치판단을 기반으로 이를 사회구조적 문제로 보고 금지하는 입장과 개인의 선택으로 보고 규제하는 입장을 취하고 있다.

우리나라의 경우는 성매매를 전면적으로 금지하고 있기는 하나, 예외적으로 성매매여성을 처벌하지 않는 조항을 규정하고 있어 독일이나 스웨덴과의 직접적 비교에는 무리가 따른다. 독일 성매매법은 일부에서 주장하는 성매매의 비범죄화 내지 합법화 — 국가적·사회적 허용 — 와 관련되어 의미를 찾을 수 있고, 스웨덴의 성구매자처벌법은 우리나라의 여성단체 등에서 선호하는 방식이므로 이들 성매매와 관련된 법률을 살펴보는 것은 우리가 앞으로 나아갈 방향과 관련하여 의미가 있다.

---

37) 성매매영업에 대한 세금징수, 의료감시체계, 활동지역 규제(일정 조건에서 성매매를 정부가 관리하는 것으로 특정지역에서의 성매매 허용) 등 정부의 감독과 규제를 통해 성매매를 부분적으로 인정하는 것이다.

성매매에 대하여 어떠한 규율방식을 택하든 시장은 이에 반응을 한다는 점에 주목할 필요가 있다. 예컨대 성매매 규제주의를 택하면 길거리 성매매가 증가하고, 성매매금지주의를 채택하면 성매매 음성화(지하화)가 이루어진다는 것이다. 따라서 각국은 각자의 사회구조하에서 개인의 자기결정권, 혹은 인간의 존엄의 보호 목적을 설정하고 이를 달성하기 위한 최선의 방법을 찾는 것이다. 이러한 결정은 입법자가 판단할 영역이라고 할 수 있다. 즉, 성매매에 대한 법정책은 입법자가 각 나라의 사회 현실에 알맞게 수립하는 것으로 파악할 수 있다. 이는 성매매에 관한 한 큰 범주로 구분은 될 수 있지만 세부적으로는 모든 나라가 상이한 입법정책을 취하고 있는 현실에서도 잘 살펴 볼 수 있다.

3. 성매매처벌법의 검토

(1) 금지행위

성매매처벌법은 성매매를 불특정인을 상대로 금품이나 그 밖의 재산상의 이익을 수수하거나 수수하기로 약속하고 성교행위나 유사성교행위를 하거나 그 상대방이 되는 것으로 정의하고 있다(제2조 제1항 제1호). 그리고 성매매처벌법의 금지행위는 성매매를 포함하여 성매매알선, 성매매 목적의 인신매매, 성판매자 고용·모집, 성매매 직업소개·알선, 광고행위 등이다(제4조).

제2조(정의)
① 이 법에서 사용하는 용어의 뜻은 다음과 같다.
1. **"성매매"란** 불특정인을 상대로 금품이나 그 밖의 재산상의 이익을 수수하거나 수수하기로 약속하고 다음 각 목의 어느 하나에 해당하는 행위를 하거나 그 상대방이 되는 것을 말한다.
   가. 성교행위
   나. 구강, 항문 등 신체의 일부 또는 도구를 이용한 유사 성교행위

제4조(금지행위)
누구든지 다음 각 호의 어느 하나에 해당하는 행위를 하여서는 아니 된다.
1. 성매매
2. 성매매알선 등 행위
3. 성매매 목적의 인신매매
4. 성을 파는 행위를 하게 할 목적으로 다른 사람을 고용·모집하거나 성매매가 행하

여진다는 사실을 알고 직업을 소개·알선하는 행위

5. 제1호, 제2호 및 제4호의 행위 및 그 행위가 행하여지는 업소에 대한 광고행위

(2) 성매매피해자 개념의 도입

성매매처벌법에서는 성매매피해자의 개념을 도입하여 성매매를 강요당한 여성들을 성매매피해자로 규정해 형사처벌을 면제하고 단순 성매매자에 대해서는 보호처분을 원칙으로 하는 등 처벌중심주의적인 법제를 탈피한 것이 특징이다.

성매매피해자란 ① 위계, 위력으로 성매매를 강요당한 사람, ② 업무 및 고용관계로 보호 또는 감독하는 사람에 의하여 마약 등에 중독되어 성매매를 한 사람, ③ 청소년이나 심신미약 또는 중한 장애인으로서 성매매하도록 알선 유인된 사람, ④ 성매매 목적의 인신매매를 당한 사람이다(제2조 제1항 제4호).

제2조(정의) ① 이 법에서 사용하는 용어의 뜻은 다음과 같다.

4. "성매매피해자"란 다음 각 목의 어느 하나에 해당하는 사람을 말한다.
   가. 위계, 위력, 그 밖에 이에 준하는 방법으로 성매매를 강요당한 사람
   나. 업무관계, 고용관계, 그 밖의 관계로 인하여 보호 또는 감독하는 사람에 의하여 「마약류관리에 관한 법률」 제2조에 따른 마약·향정신성의약품 또는 대마(이하 "마약등"이라 한다)에 중독되어 성매매를 한 사람
   다. 청소년, 사물을 변별하거나 의사를 결정할 능력이 없거나 미약한 사람 또는 대통령령으로 정하는 중대한 장애가 있는 사람으로서 성매매를 하도록 알선·유인된 사람
   라. 성매매 목적의 인신매매를 당한 사람

성매매피해자의 성매매는 처벌하지 않으며, 오히려 신변보호를 받으며, 수사도 비공개로 하며 지원시설이나 피해상담소에 인계할 수 있도록 특례를 두고 있다(제6조). 성매매를 한 경우라도 일정한 전제하에서는 범죄자가 아니라 피해자로서 보호의 대상이 된다는 점을 분명히 한 것은 성매매 피해자의 인권과 권리보호의 측면에서 타당하다.

제6조(성매매피해자에 대한 처벌특례와 보호)

① 성매매피해자의 성매매는 처벌하지 아니한다.

② 검사 또는 사법경찰관은 수사과정에서 피의자 또는 참고인이 성매매피해자에 해당한다고 볼 만한 상당한 이유가 있을 때에는 지체 없이 법정대리인, 친족 또는 변호인에게 통지하고, 신변보호, 수사의 비공개, 친족 또는 지원시설·성매매피해상담소에의 인계 등 그 보호에 필요한 조치를 하여야 한다. 다만, 피의자 또는 참고인의 사생활 보호 등 부득이한 사유가 있는 경우에는 통지하지 아니할 수 있다.

③ 법원 또는 수사기관이 이 법에 규정된 범죄를 신고(고소·고발을 포함한다. 이하 같다)한 사람 또는 성매매피해자(이하 "신고자등"이라 한다. 이하 같다)를 조사하거나 증인으로 신문(訊問)하는 경우에는 「특정범죄 신고자 등 보호법」 제7조부터 제13조까지의 규정을 준용한다. 이 경우 「특정범죄 신고자 등 보호법」 제9조와 제13조를 제외하고는 보복을 당할 우려가 있어야 한다는 요건이 필요하지 아니하다.

(3) 성매매자에 대한 처벌, 보호사건 처리 가능

성매매에 대해서는 1년 이하의 징역이나 300만원 이하의 벌금·구류 또는 과료의 형사처벌이 가능하다. 그러나 성매매를 한 사람에 대해 사건의 성격, 동기, 행위자의 성행 등을 고려하여 보호처분을 하는 것이 적절하다고 인정할 때는 특별한 사정이 없으면 검사가 보호사건으로 처리하도록 보호처분의 길을 오히려 널리 열어두고 있다. 판사가 심리한 결과 보호처분이 필요할 때는 일정한 지역의 출입금지, 보호관찰, 사회봉사 수강명령, 상담위탁, 치료위탁의 결정을 하게 된다.

성매매처벌법은 성매매를 원칙적으로 범죄로 규제하지만, 형벌의 수위는 비교적 낮은 편이며, 형사처벌보다는 보호처분을 널리 할 수 있도록 함으로써 예방을 꾀하는 정책을 기반으로 하고 있다.

제12조(보호사건의 처리)
① 검사는 성매매를 한 사람에 대하여 사건의 성격·동기, 행위자의 성행 등을 고려하여 이 법에 따른 보호처분을 하는 것이 적절하다고 인정할 때에는 특별한 사정이 없으면 보호사건으로 관할법원에 송치하여야 한다.
② 법원은 성매매 사건의 심리 결과 이 법에 따른 보호처분을 하는 것이 적절하다고 인정할 때에는 결정으로 사건을 보호사건의 관할법원에 송치할 수 있다.

제14조(보호처분의 결정 등)
① 판사는 심리 결과 보호처분이 필요하다고 인정할 때에는 결정으로 다음 각 호의 어느 하나에 해당하는 처분을 할 수 있다.

1. 성매매가 이루어질 우려가 있다고 인정되는 장소나 지역에의 출입금지
2. 「보호관찰 등에 관한 법률」에 따른 보호관찰
3. 「보호관찰 등에 관한 법률」에 따른 사회봉사·수강명령
4. 「성매매방지 및 피해자보호 등에 관한 법률」 제10조에 따른 성매매피해상담소에의 상담위탁
5. 「성폭력방지 및 피해자보호 등에 관한 법률」 제27조 제1항에 따른 전담의료기관에의 치료위탁

제21조(벌칙)
① 성매매를 한 사람은 1년 이하의 징역이나 300만원 이하의 벌금·구류 또는 과료에 처한다.
② 제7조 제3항을 위반한 사람은 500만원 이하의 벌금에 처한다.

(4) 성매매 알선, 강요, 장소제공을 한 자에 대한 처벌 강화

성매매를 한 사람은 1년 이하의 징역이나 300만원 이하의 벌금·구류 또는 과료에 처하나, 성매매알선은 3년 이하의 징역 또는 3천만원 이하의 벌금에 처하며(제19조 제1항), 폭행이나 협박, 위계나 위력으로 성을 파는 행위를 하게 한 사람은 10년 이하의 징역 또는 1억원 이하의 벌금에 처한다(제18조 제1항). 그리고 청소년이나 심신미약자에게 성을 팔게 한 경우는 1년 이상 유기징역(제18조 제2항), 감금이나 단체·다중의 위력으로 성매매를 강요한 경우에는 3년 이상의 유기징역(제18조 제3항), 업무관계, 고용관계나 보호 또는 감독을 받는 사람에게 마약을 사용하여 성을 파는 행위를 하게 한 사람은 5년 이상의 유기징역에 처하도록(제18조 제4항) 처벌을 매우 강화하였다.

제18조(벌칙)
① 다음 각 호의 어느 하나에 해당하는 사람은 <u>10년 이하의 징역 또는 1억원 이하의 벌금</u>에 처한다.
1. 폭행이나 협박으로 성을 파는 행위를 하게 한 사람
2. 위계 또는 이에 준하는 방법으로 성을 파는 사람을 곤경에 빠뜨려 성을 파는 행위를 하게 한 사람
3. 친족관계, 고용관계, 그 밖의 관계로 인하여 다른 사람을 보호·감독하는 것을 이용하여 성을 파는 행위를 하게 한 사람
4. 위계 또는 위력으로 성교행위 등 음란한 내용을 표현하는 영상물 등을 촬영한 사람

② 다음 각 호의 어느 하나에 해당하는 사람은 <u>1년 이상의 유기징역</u>에 처한다.

1. 제1항의 죄(미수범을 포함한다)를 범하고 그 대가의 전부 또는 일부를 받거나 이를 요구·약속한 사람

2. 위계 또는 위력으로 청소년, 사물을 변별하거나 의사를 결정할 능력이 없거나 미약한 사람 또는 대통령령으로 정하는 중대한 장애가 있는 사람으로 하여금 성을 파는 행위를 하게 한 사람

3. 「폭력행위 등 처벌에 관한 법률」 제4조에 규정된 단체나 집단의 구성원으로서 제1항의 죄를 범한 사람

③ 다음 각 호의 어느 하나에 해당하는 사람은 <u>3년 이상의 유기징역</u>에 처한다.

1. 다른 사람을 감금하거나 단체 또는 다중의 위력을 보이는 방법으로 성매매를 강요한 사람

2. 성을 파는 행위를 하였거나 할 사람을 고용·관리하는 것을 이용하여 위계 또는 위력으로 낙태하게 하거나 불임시술을 받게 한 사람

3. 삭제 <2013. 4. 5>

4. 「폭력행위 등 처벌에 관한 법률」 제4조에 규정된 단체나 집단의 구성원으로서 제2항 제1호 또는 제2호의 죄를 범한 사람

④ 다음 각 호의 어느 하나에 해당하는 사람은 <u>5년 이상의 유기징역</u>에 처한다.

1. 업무관계, 고용관계, 그 밖의 관계로 인하여 보호 또는 감독을 받는 사람에게 마약 등을 사용하여 성을 파는 행위를 하게 한 사람

2. 「폭력행위 등 처벌에 관한 법률」 제4조에 규정된 단체나 집단의 구성원으로서 제3항 제1호부터 제3호까지의 죄를 범한 사람

그동안 간과되어 왔던 제3자인 성매매알선, 권유, 유인, 강요, 장소제공을 한 자에 대한 처벌을 매우 강화하는 한편, 채권무효화, 내부고발자 보호, 보호시설과 상담소 활성화 등 성매매방지와 피해자 지원을 위한 국가의 책임을 강조한 것은 성매매의 불법성을 제대로 조망하며 예방의 기저를 넓히는 것으로 평가된다.[38]

제10조(불법원인으로 인한 채권무효)

① 다음 각 호의 어느 하나에 해당하는 사람이 그 행위와 관련하여 성을 파는 행위를 하였거나 할 사람에게 가지는 채권은 그 계약의 형식이나 명목에 관계없이 무효로 한다. 그 채권을 양도하거나 그 채무를 인수한 경우에도 또한 같다.

---

38) 이나영, "성판매자 비범죄화를 위한 시론 — 성매매특별법을 둘러 싼 쟁점과 여성주의 대안 모색", 페미니즘연구 제15권 제1호, 한국여성연구소(2015), 212면; 박찬걸, "최근의 성매매피해자 개념 확대 논의에 대한 검토", 형사정책연구 제25권 제1호(2014), 176면.

1. 성매매알선 등 행위를 한 사람
2. 성을 파는 행위를 할 사람을 고용·모집하거나 그 직업을 소개·알선한 사람
3. 성매매 목적의 인신매매를 한 사람
② 검사 또는 사법경찰관은 제1항의 불법원인과 관련된 것으로 의심되는 채무의 불이행을 이유로 고소·고발된 사건을 수사할 때에는 금품이나 그 밖의 재산상의 이익 제공이 성매매의 유인·강요 수단이나 성매매 업소로부터의 이탈방지 수단으로 이용되었는지를 확인하여 수사에 참작하여야 한다.
③ 검사 또는 사법경찰관은 성을 파는 행위를 한 사람이나 성매매피해자를 조사할 때에는 제1항의 채권이 무효라는 사실과 지원시설 등을 이용할 수 있음을 본인 또는 법정대리인 등에게 고지하여야 한다.

(5) 단순성매매의 처벌에 대한 논란

1) 성매매알선 등 행위의 처벌에 관한 법률 제21조 제1항 위헌제청(합헌)

2012년 서울북부지방법원은 "성매매를 한 사람은 1년 이하의 징역이나 300만원 이하의 벌금·구류 또는 과료에 처한다."고 규정한 성매매처벌법 제21조 제1항에 대하여 위헌법률심판을 제청하였다. 위헌법률심판제청의 요지는 강요되지 않은 성판매자를 처벌하는 것은 성적 자기결정권을 존중하는 사회의 가치관을 반영하지 못하며 성매매 근절에 실효성이 없고 성판매자들은 사회적 요인으로 성매매로 내몰렸다는 점에서 보호와 선도의 대상으로 바라보아야 한다는 것이었다.

위헌제청에 대해 헌법재판소는 다수의견으로 합헌결정을 하였는데, 다수의견의 요지는, "개인의 성행위 그 자체는 사생활의 내밀영역에 속하고 개인의 성적 자기결정권의 보호대상에 속한다고 할지라도, 그것이 외부에 표출되어 사회의 건전한 성풍속을 해칠 때에는 법률의 규제를 받아야 하는 것이다. 외관상 강요되지 않은 <u>자발적인 성매매행위도 인간의 성을 상품화함으로써 성판매자의 인격적 자율성을 침해할 수 있고, 성매매산업이 번창하는 것은 자금과 노동력의 정상적인 흐름을 왜곡하여 산업구조를 기형화시키는</u> 점에서 사회적으로 매우 유해한 것이다. 성매매는 그 자체로 폭력적, 착취적 성격을 가진 것으로 경제적 대가를 매개로 하여 경제적 약자인 성판매자의 신체와 인격을 지배하는 형태를 띠므로 대등한 당사자 사이의 자유로운 거래 행위로 볼 수 없고, <u>인간의 성을 상품화하여 성범죄가 발생하기 쉬운 환경을 만드는</u> 등 사회 전반의 성풍속과 성도덕을 허물<u>어뜨린</u>다. 성매매를 형사처벌함에 따라 성매매 집결지를 중심으로 한 성매매 업

소와 성판매 여성이 감소하는 추세에 있고, <u>성구매사범 대부분이 성매매처벌법에</u>
<u>따라 성매매가 처벌된다는 사실을 안 후 성구매를 자제하게 되었다고 응답하고</u>
<u>있는 점 등에 비추어 보면, 성매매를 형사처벌함으로써 사회 전반의 건전한 성풍</u>
<u>속 및 성도덕을 확립하려는 심판대상조항의 입법목적은 정당하고 수단의 적절성</u>
<u>도 인정된다.</u>

한편, 성매매에 대한 수요는 성매매 시장을 형성, 유지, 확대하는 주요한 원
인인바, 우리 사회는 잘못된 접대문화 등으로 인하여 성매매에 대한 관대한 인식
이 팽배해 있으며, 성매매 집결지를 중심으로 한 전통적인 유형의 성매매뿐만 아
니라 산업형(겸업형) 성매매, 신·변종 성매매 등 다양한 유형의 성매매 시장이 활
성화되어 있고, <u>불법 체류자나 이주 노동자들의 성매매, 청소년·노인의 성매매</u>
<u>등 성매매의 양상도 점차 복잡해지고 있다. 이러한 상황에서 성매매에 대한 지속</u>
<u>적인 수요를 억제하지 않는다면, 성인뿐만 아니라 청소년이나 저개발국의 여성들</u>
<u>까지 성매매 시장에 유입되어 그 규모가 비약적으로 확대될 우려가 있고, 재범방</u>
<u>지 교육이나 성매매 예방교육 등이 형사처벌과 유사하거나 더 높은 효과를 갖는</u>
<u>다고 볼 수 없으므로 성구매자에 대한 형사처벌이 과도하다고 볼 수 없다.</u>"고 한
다.[39]

2) 국제엠네스티의 「성노동자의 인권보호정책」(Policy to Protect Human Rights of
Sex Workers)

국제엠네스티는 2015년 8월 11일 성노동자의 실태파악 및 대책 제시를 위한
결의안을 채택하였고, 그 후속조치로 2016년 5월 26일 「성 노동자의 인권 존중,
보호 및 실천 을 위한 국가의무에 관한 국제엠네스티 정책」(Amnesty International
Policy on State Obligations to Respect, Protect and Fulfil the Human Rights of Sex
Workers)을 발표하였다. 국제엠네스티는 성적 착취를 포함한 인신매매는 당연히
형사처벌의 대상이 되어야 하는 범죄로 규정되어야 한다는 입장과 함께 합의된
성매매의 비범죄화를 지지한다는 입장을 명시하였다. 국제엠네스티는 회원국의
정부가 성노동을 범죄화(Criminalization)하고 이를 처벌함으로써 결국 성 노동자가
범죄인으로 전락하고 이는 사회적 차별과 낙인, 그리고 인권침해 등 악순환의 고

---

39) 헌재 2016. 3. 31, 2013헌가2.

리가 된다고 지적하며, 국가는 획일적인 성매매 금지 및 그 처벌법을 폐지하여야
하며, 인신매매나 인권침해적인 성매매 환경에 대한 개선책을 강구할 것을 요구
하고 있다.[40]

3) 성매매의 범죄성에 대한 견해대립

성매매로 인한 인권침해가 갖는 범죄성에 대해서는 의견 대립이 있어 왔다.
먼저 범죄성을 인정하는 입장으로, 성매매는 인격과 인간의 신체적 자유에 대한
침해행위, 인권착취적이고 인신매매적인 범죄이며, 여성의 몸과 인격에 대한 통
제권을 이양한다는 점에서 인격적 자율성을 침해하고, 성매매는 남성지배의 권력
구조를 강화시키고 사회적 관점에서도 유해성이 있으므로 범죄성이 인정된다는
견해가 있다.[41] 그에 반하여 성매매의 경우 "구조적으로 제한된 자발성"을 전제
하면서 자기결정권의 행사를 비롯한 기본권 보호를 위하여 물리적으로 강요되지
않은 성매매에 대해 비범죄화를 주장하기도 한다.[42] 그리고 성매매처벌법의 성매
매처벌규정에 대해 성매매가 인권을 침해하는 행위여서가 아니라 입법과정에서
도덕주의 관념이 스며들었기 때문이며, 입법출발단계와 다르게 남성 성윤리를 바
로 잡아보겠다는 도덕적 이상주의가 개입되었고, 대가가 개입하는 모든 일탈적
성관계를 근절하겠다는 정치적 의도로 규제 범위를 확대함으로써 제정목적이 불
명확해졌다고도 비판한다.[43]

4. 성매매처벌법의 한계 및 정책적 과제

단순성매매와 착취와 강요의 성매매를 구별하며 전자의 경우에는 비범죄화

---

40) 허경미, "국제엠네스티의 합의된 성매매의 비범죄화전략", 최신외국법제정보(2017), 67면 이하.
41) 정현미, "성매매방지정책의 검토와 성매매처벌법의 개정방향", 법학논집 제18권 제2호, 이화여대
   법학연구소(2013), 224면; 이호중, "성매매방지법안에 대한 비판적 고찰", 형사정책 제14권 제2호,
   한국형사정책학회(2002), 27-29면.
42) 박지현, "성매매의 비범죄화를 위한 규범적 고찰", 민주법학 제60권 제60호(2016), 277-282면; 박
   상식, "성매매 탈출의 전환점 연구, 성매매특별법 시행 12년의 평가와 제언", 경상대학교 법학연
   구소, 법학연구 제24권 제4호(2014); 김성천, "성매매의 비범죄화", 중앙법학 제6집 제4호(2004),
   135-136면; 임상규, "성매특별법의 필요성과 문제점", 형사정책 제17권 제1호(2005), 191-193면;
   이상돈, "성매매의 범죄 화와 인권침해", 시민과 변호사 12월호(2004), 21-22면.
43) 주승희, "법여성주의 이론의 흐름과 형사법에의 투영 — 성매매특별법을 중심으로", 법철학연구
   제8권 제2호(2005), 275-296면; 김은경, "성매매에 대한 페미니즘 담론과 형사정책 딜레마", 형사
   정책 제14권 제2호(2002), 66면.

로 가며, 후자에 처벌의 초점을 두어야 한다는 주장은 국내외적으로 있지만, 성매매를 둘러싼 성산업 구조 속에서 단순성매매의 비범죄화 기반 속에서 범죄적 성매매를 효율적으로 규제하고 예방할 수 있을지 결론을 내리기가 쉽지 않다.

현행 성매매처벌법의 가장 큰 성과는 시행 초기 강력한 단속을 통한 실질적인 성매매 감소였다. 그러나 강해진 단속에 대응해 신·변종 성매매업소도 증가하고 정보통신 기술의 발달로 인해 웹사이트를 통한 성매매 유입도 활발해지면서, 성매매가 어떤 방식으로, 어느 정도의 규모로 이루어지는지 정확히 파악하고 있지 못하다. 성매매에 대한 느슨한 규제 속에서 청소년에 대한 성매매가 퍼져나가는 심각한 현실을 직면하고 성매매를 근절해나가는 방안을 찾아야 한다.

(1) 성매매 유입 및 탈출경로 분석과 탈성매매 지원

최근 성구매자의 유입경로로 부각되는 것은 인터넷 성매매 조장 사이트이다. 온라인상 잠재적 성구매자의 성매매 업소 접촉이 용이해짐에 따라, 일반인의 성매매 알선행위 진입이 확대되었고 기존의 조직폭력배 중심적인 성매매 사업 구조를 벗어난 형태의 성매매 산업구조가 구축되고 있다. 성매매 조장 사이트에서는 성구매자들에게 성매매 업소를 전국에 걸쳐 위치와 업소 형태에 따라 나누어 소개하고 있으며 각 업소별 성매매 코스와 주의사항, 성판매여성의 프로필, 이용후기가 제공되고 있다.[44]

성판매자의 성매매 유입은 크게 비자발적 유입과 자발적 유입으로 나뉘나, 생계 유지를 위한 불가피한 선택으로서의 성매매 유입을 비자발적 유입으로 본다면 대부분의 성판매여성의 성매매 유입은 비자발적인 유입에 해당한다. 유입경로는 다양하나, 눈에 띄는 것은 청소년성매매 경험이 있는 여성이 지속적으로 성판매에 노출됨으로써 성인 성판매여성이 되는 경우와 생계유지 자력이 없거나 본인이 해결할 수 없는 부채로 대안이 없는 상태에서 성매매로 유입되는 성판매여성이 대부분을 차지한다는 점이다.[45]

반면 성판매여성의 탈성매매 요인으로는 안정적인 파트너, 임신과 자녀, 신체적·심리적 소진, 몸가치의 하락, 부채의 과중화, 단속과 외부지원을 들 수 있

---

44) 박찬걸, "성매매 조장 사이트와 이에 대한 형사법적 규제 분석", 홍익법학 제21권 제1호(2020), 323-325면.
45) 정혜원, "성매매 탈출의 전환점 연구", 한국범죄학 제11권 제1호(2017), 152면.

으며, 이러한 요인이 성매매를 지속할 수 없겠다고 생각될 만한 전환점으로 작용하는 경우 성판매여성이 성매매로부터의 탈출을 시도하게 된다.[46)]

따라서 이러한 성판매여성의 성매매 유입경로에 따른 성판매여성의 탈성매매 지원 대책의 수립과 성매매 유입 예방책의 고안이 필요한 지점이다.

(2) 성매매 규제 정책의 방향: 성매매피해자 보호 및 지원 강화

성매매처벌법상 단순성매매에 대한 형사처벌을 규정하고 있지만, 실무상 기소유예나 보호처분, 벌금 등의 처분에 불과한 사후처리가 이루어지고 있어 다른 범죄에 비해 상당히 관대하게 처리되고 있다. 이는 우리가 성매매에 대해 금지주의의 원칙을 취하고 있지만, 사실상 일반 국민들에게 성매매가 엄격히 금지되고 사회통념에 반하는 행위라는 것을 강하게 느끼게 하는 데에는 거의 효과가 없는 수준에 가깝게 운영된다는 것을 보여준다. 우리 성매매처벌법 자체가 완전한 금지주의도 합법적 규제주의도 아닌 중간형태라고 할 수 있다. 성매매처벌법의 목적을 보면 금지주의인 것처럼 보이나, 성판매자를 일종의 성매매피해자로 규정하고 있기 때문이다. 여성 성판매자에 대해서는 비범죄화는 아니지만 법적 제도적으로 보호와 지원을 통한 탈성매매를 목표로 한다는 취지가 담겨 있다.

그러나 현실적으로 성매매피해자의 구출과 보호를 위한 후속조치가 매우 미흡한 것이 문제이다. 여성가족부에서 성매매피해자의 보호방안의 시행이 확대되고 있다고 매년 평가하고 있으나, 이러한 조치로 성매매피해자가 실질적으로 보호되는 효과는 미비한 정도에 그치고 있다. 성판매 여성에 대한 실질적인 보호와 지원이 강화할 수 있는 방안이 모색되어야 한다.

그리고 성매매피해자를 구분하는 방법에 대해서 논란이 있으므로 더 정밀하게 규정할 필요가 있다. 성매매처벌법이 성매매된 자, 즉 성매매피해자와 성매매한 자를 구별하고, 성매매된 자로 분류되면 법의 보호를 받아 처벌대상에서 제외되지만, 성매매한 자로 분류되면 처벌대상이 된다는 점에 비추어 볼 때, 양자의 구별기준은 상당히 중요하다. 이러한 구별의 어려움을 해소하기 위해 성매매피해자 추정규정을 신설하고, 수사과정에서는 성매매를 알선한 업주에 대하여 단순히 성매매알선죄를 적용할 것이 아니라 성매매 강요사실에 대한 죄의 성립 여부를

---

46) 정혜원, 위의 글(주 45), 154면.

반드시 고려해야 할 필요성이 있다.[47]

(3) 성매매에 대한 사회 전반의 인식 제고

성매매를 둘러싸고 여전히 많은 시각이 존재한다. 성매매를 합법화해야 한다는 견해부터 성매매를 엄격한 관리 하에 국가에 의해서만 운영되는 제한적 공창제를 실시해야 한다는 견해, 성구매자와 성판매자를 모두 처벌의 대상으로 삼아야 한다는 견해, 성구매자만 처벌해야 한다는 견해 등 다양한 시각이 첨예하게 대립하는 영역이 성매매이다. 그러나 성매매는 단순히 성을 판매하고 구매하는 경제적인 행위가 아니라 대가를 지급하고 일정 시간 타인의 신체에 대한 지배권을 얻는다는 측면에서, 성매매를 목도하는 모든 사람은 그 행위에 내포된 권력적인 지배와 종속의 관계를 인식하고 인권의 측면에서 성매매 문제를 젠더폭력과 결부시켜 바라보아야 한다.

성매매가 성판매여성의 자유로운 자기결정에 의한 선택이라는 것은 허울뿐인 환상에 불과하다. 성판매여성이 성매매를 선택하는 순간, 자유로운 직업인으로서 사회의 건전한 구성원으로서 살아갈 수 없게 된다는 점, 사회의 시각에서 자유로울 수 없고 보편적 사회에서 소외된다는 점에서 성매매는 직업의 문제가 아닌 신분의 문제로 귀결된다. 또한 자유로운 직업의 문제로 성매매를 바라본다면, 성판매여성이 성매매를 하는 기간이 축적되고 '직업적 숙련도'가 증가될수록 성판매여성으로서의 가치가 높아져야 할 것이나, 성판매여성은 성매매 기간이 길수록 그 가치가 하락한다는 점 또한 성매매를 직업으로 볼 수 있을지에 대한 통찰을 요한다.

5. 요약 및 소결

성매매규제에 대해 비교법적으로 살펴본 바에 따르면 각 나라의 현 상황과 입법정책에 따라서 성매매관련법과 제도가 서로 다르게 규정되어 있음을 알 수 있다. 전 세계적으로 성매매의 착취 고리에 있는 사람의 처벌을 강화하는 방향으로 나아가고 있고 국내법에서도 동일한 방향을 취하고 있으나, 독일과 스웨덴의

---

47) 박찬걸, "성매매처벌법상 성매매피해자 규정에 대한 검토", 피해자학연구 제20권 제1호, 한국피해자학회(2012), 318면.

성매매 관련 법률과 제도를 참고하여 우리나라 성매매 정책의 바른 방향을 정립하는데 유용한 도구로 작동해야 할 것이다. 성매매를 단순히 금지와 허용의 문제로 보는 것이 아니라, 사회 전체가 성매매 안에 내포되어 있는 타인의 몸에 대한 권력적 지배, 폭력적인 가부장제의 모습, 성판매여성의 성매매 유입과 탈성매매 좌절을 불러오는 모든 정치경제학적 요인, 한국에서의 성매매의 특징 등을 종합적으로 고찰하여야 성매매의 근절을 위한 대책 수립과 적극적 실행이 더욱 효과를 볼 수 있을 것이다.

V. 결론: 젠더폭력에 대한 형법적 과제

우리나라에서 젠더폭력범죄 관련 입법은 매우 다양하게 전개되고 계속하여 변화하고 있다. 이처럼 다각적이고 화려한 입법정책도 없을 것이다. 이 장에서는 1994년에 제정된 성폭력특별법은 논외로 하고, 1997년에 제정된 가정폭력특례법, 2004년 제정된 성매매처벌법 및 2021년 제정된 스토킹처벌법을 중심으로 입법의 과정과 법제를 검토하고 정책인 개선책을 제시하였다.

우리나라에서 젠더폭력과 관련된 형사특별법의 입법활동은 여성단체가 거의 주도하면서 많은 기여를 하였다는 것은 자타가 공인하는 사실이다. 그런데 그 법이 만들어진 후 기간이 지나면서 너무나 개정법은 처음의 것에 비해 많이 개정되어 마치 새로운 모습처럼 되었고, 그 동안 실효성의 면에서는 별로 점검되지 않았다. 최근 의원발의입법안이 과거 어느 때보다도 많이 제출되면서 젠더폭력관련 입법들은 완성품을 수정하는 데 열중하고 있다. 젠더폭력 토픽들은 국회의원들의 입법안 발의 건수로 실적을 쌓는 데 기여하기도 하였다. 젠더폭력 관련법 개정안들은 해마다 쏟아져 나오지만, 그것이 어떤 방향으로 가는지 전체적인 구상이 없이 중형위주로 형벌의 확장이나 포플리즘적 입법으로 가고 있지 않은지 우려된다.

앞으로도 젠더폭력과 관련된 형법문제들은 여전히 제기될 것이다. 가정폭력의 경우 이원적 처리는 사실상 대응의 효과를 내지 못하고 있고, 스토킹의 경우 처벌법이 있음에도 사각지대에서 발생하는 피해사례의 예방에 만전을 기해야 할 것이다. 성매매의 담론은 계속될 것이고 아직도 남아 있는 이중적 성윤리는 성폭력과 성의 상품화를 가속시킬 것이다. 일탈적 성과 관련된 많은 문제영역에서 취약계층의 보호는 앞으로 형사법영역의 중요한 과제이다. 입법기관과 형법학계와 여성계의 원활한 의사소통 속에서 형법의 임무와 기능을 설정해 나가야 할 것이다.

참고문헌

• **가정폭력범죄**

김은경, "소송과정에서의 가정폭력 피해자 보호현황과 쟁점들", 형사정책연구 제17권
    제4호(2006).

김정혜, 윤덕경, 정수연, 이인선, 이주영, 경찰의 가정폭력 사건 대응 실태와 개선방안,
    한국여성정책연구원(2014).

김혜정, "가정폭력범죄 대응방안에 대한 재고찰", 홍익법학 제19권 제3호(2018).

성홍재, "경찰의 긴급임시조치권과 검사의 지휘권에 대한 법적 검토 ― 가정폭력범죄의
    처벌 등에 관한 특례법 일부 개정안을 중심으로", 경찰학연구 제11권 제3호
    (2011).

이현숙, 정춘숙, 아내구타추방운동사: 한국여성인권운동사, 한국여성의전화연합, 1999.

정현미, "가정폭력 사건에 대한 수사단계의 문제점과 효율적 대응방안", 법학논집 제22
    권 제2호, 이화여대 법학연구소(2017).

정현미, "가정폭력특례법의 문제점과 개정방향", 법학논집 제17권 제2호, 이화여대 법
    학연구소(2012).

• **스토킹범죄**

곽영길 외, "스토킹의 특징에 관한 연구 ― 미국 일본 한국의 스토킹 현황을 중심으로",
    한국범죄심리연구 제7권 제3호(2011).

김다슬, 스토킹처벌법 관련 법·제도 개선 토론회: 스토킹, 당사자의 목소리로 '정책'을
    말하다, 한국여성의전화, 2021. 9. 3. 토론회 자료집.

김은경, "스토킹 피해실태와 그 쟁점들", 형사정책연구 제14권 3호(2003).

브랜 니콜(우효경 역), 스토킹, 인간사랑, 2008.

심영주, "피해자보호를 위한 스토킹 행위 규제 방안 ― 20대 국회 입법안 분석을 중심으
    로", 피해자학연구 제27권 제3호(2019).

이건호, "스토킹 행위의 형사법적 규제와 스토킹 행위의 유형화에 대한 고찰", 형사정
    책연구 제15권 1호(2004).

이규환, 스토킹의 심리학, 미토, 2005.

이성용, 심희섭, "스토킹에 대한 경찰법적 고찰", 경찰법연구 제13권 제1호(2015).

장응혁, "스토킹범죄의 정의에 관한 연구 — 독일과 일본의 논의를 중심으로", 법학연구 제27권 제1호, 연세대학교 법학연구원(2017).

정현미, "스토킹범죄 규제를 위한 입법방향", 이화젠더법학 제12권 3호, 이화여대 젠더 법학연구소(2020).

• 성매매범죄

김성천, "성매매의 비범죄화", 중앙법학 제6집 제4호, 중앙법학회(2004).

김은경, "성매매에 대한 페미니즘 담론과 형사정책 딜레마", 형사정책 제14권 제2호, 한 국형사정책학회(2002).

목진휴·홍성걸, "성매매방지정책에 대한 사례연구", 한국행정연구 제15권 제1호(2006).

박상식, "성매매 탈출의 전환점 연구, 성매매특별법 시행 12년의 평가와 제언", 경상대 학교 법학연구소, 법학연구 24권 4호(2016).

박지현, "성매매의 비범죄화를 위한 규범적 고찰", 민주법학 제60권 제60호(2016).

박찬걸, "성매매 조장 사이트와 이에 대한 형사법적 규제 분석", 홍익법학 제21권 제1 호(2020).

박찬걸, "최근의 성매매피해자 개념 확대 논의에 대한 검토", 형사정책연구 제25권 제1 호(2014).

박찬걸, "성매매처벌법상 성매매피해자 규정에 대한 검토", 피해자학연구 제20권 제1 호, 한국피해자학회(2012).

이나영, "성판매자 비범죄화를 위한 시론 — 성매매특별법을 둘러 싼 쟁점과 여성주의 대안 모색", 페미니즘연구 제15권 제1호, 한국여성연구소(2015).

이상돈, "성매매의 범죄 화와 인권침해", 시민과 변호사 12월호, 서울지방변호사회 (2004).

이은애/김재광, "유럽 10개국 성매매 관련법제 비교연구", 한국법제연구원(2006).

이호중, "성매매방지법안에 대한 비판적 고찰", 형사정책 제14권 제2호, 한국형사정책 학회(2002).

임상규, "성매특별 법의 필요성과 문제점", 형사정책 제17권 제1호, 한국형사정책학회 (2005).

정현미, "성매매방지정책의 검토와 성매매처벌법의 개정방향", 법학논집 제18권 제2호, 이화여대 법학연구소(2013).

정혜원, "성매매 탈출의 전환점 연구", 한국범죄학 제11권 제1호(2017).

주승희, "법여성주의 이론의 흐름과 형사법에의 투영 — 성매매특별법을 중심으로", 법 철학연구 제8권 제2호(2005).

허경미, "국제엠네스티의 합의된 성매매의 비범죄화전략", 최신외국법제정보(2017).

새로운 유형의 디지털 성범죄와 피해자 보호

박 수 진*

Ⅰ. 서론

우리 사회 전반이 빠르게 디지털로 전환되고 있다. 대면 만남이 줄고 비대면이 일상이 되었다. 기술 혁신과 맞물려 온라인 소통과 유통, 교육 등 대부분의 영역이 디지털로 대체되고 있다. 시공간의 제약이 없는 이러한 디지털 세상은 범죄자들에게 새로운 범죄 기회를 제공한다. 성범죄 역시 디지털 매체나 기술을 이용한 다양한 유형이 새롭게 생겨나고 있다. 디지털화된 삶에서 성범죄도 디지털화되고 있는 것이다.

한국에서 디지털 성범죄[1]는 최근에 새롭게 등장한 성범죄 유형이 아니다. '소라넷' 사건(2003-2016년), '웹하드 카르텔' 사건(2015-2018년), '웰컴투비디오' 사건(2015-2020년), '텔레그램 성착취' 사건(2020-2021년) 등 지난 20년간 끊임없이 발생했다. 그러다가 2020년 3월경 텔레그램을 이용한 N번방, 박사방 사건과 같이 온라인상에서의 성착취 범죄(이하에서 '텔레그램 성착취 사건'이라 지칭한다)가 크게 보도되면서 전 사회적으로 디지털 성범죄의 심각성이 알려지게 되었다. 당시 피해자 중에는 미성년자도 다수였고, 범죄 수법은 잔인할 뿐만 아니라 지능적이었다. 가해자들에 대한 강력한 처벌의 요구하는 청와대 신문고 청원 참여자가 200만명을 넘을 정도로 국민적 공분이 대단히 컸다. 또한 당시 시행 중이던 성범죄 관련 법률로는 점점 고도화되고 진화하는 다양한 유형의 디지털 성범죄를 규율하

---

* 법무법인 덕수 변호사
1) '디지털 성범죄'는 현행 법률에 존재하는 용어는 아니다. 통상적으로 정보통신 기술이나 디지털 기기를 매개로 해서 온라인/오프라인 공간에서 발생하는 성범죄를 폭넓게 일컫는다.

기 어려워서 처벌 공백이 발생한다는 지적이 많았다. 이에 2020년 상반기 20대 국회에서 디지털 성범죄 관련 법령들의 제·개정이 상당히 이루어졌다. 21대 국회에서도 아동·청소년을 상대로 한 이른바 '온라인 그루밍' 범죄 처벌, '디지털 성범죄 위장수사' 도입 등에 관련한 개정안이 통과되었다. 텔레그램 성착취 사건을 결정적인 계기로 형사 실정법에 다양한 형태의 디지털 성범죄가 새로운 범죄 유형으로 들어오게 된 것이다. 이 글에서는 '디지털 성범죄'라고 지칭되는 새로운 유형의 성범죄 관련 규제현황을 텔레그램 성착취 사건 전후의 주요 제·개정 내용을 중심으로 비교해가며 살펴보고, 앞으로의 남은 과제를 살펴보고자 한다.

Ⅱ. 새롭게 등장한 디지털 성범죄의 유형 및 주요 제·개정 내용

디지털 성범죄는 다양한 행위 태양을 띠고 있어서 무엇을 기준으로 삼느냐에 따라서 다양한 유형화가 가능하다. 이 글에서는 디지털 성범죄 중 불법촬영, 비동의 유포, 유포 협박, 불법 합성 등을 현행법상 성범죄로 인정되고 있는 것들로 범위를 한정하고 살펴보기로 하고, 유형은 「성폭력범죄의 처벌 등에 관한 특례법」(이하 '성폭력처벌법'이라 한다), 「아동청소년의 성보호에 관한 법률」(이하 '청소년성보호법'이라고 합니다) 등 관련 법률상의 조문 체계를 바탕으로 필자의 생각을 더하여 아래와 같이 나누었다.

1. 불법촬영(비동의 촬영)

불법촬영은 카메라 등 기계장치를 이용하여 신체 일부나 성관계 장면을 상대방의 의사에 반하여 촬영하는 범죄이다. 비동의 촬영은 2021년 현재 우리나라에서 가장 많이 발생하는 디지털 성범죄 유형이며, 주로 지하철, 화장실 등 공공 장소에 카메라를 설치하여 촬영하는 경우가 많다. 증가추세도 꽤 빠른 편으로 2007년에 3.9%에서 2015년에는 24.9%로 급증하였다. 불법 촬영물은 디지털 매체의 특성으로 인하여 한번 제작(촬영)되면 그 피해가 1회에 그치지 않고 언제든 복제가 무한대로 가능하며 유포 등 추가적인 피해로 이어지기 쉽다.

성폭력처벌법에는 2010년 4월 제정될 당시부터 상대방의 동의를 받지 않은 촬영행위에 대한 처벌 조항이 존재하였다. 이후 조문의 위치나 문구가 조금씩 변화하여 현행 성폭력처벌법 상에는 제14조 제1항에 규정되어 있다.

성폭력범죄의 처벌 등에 관한 특례법 [법률 제10258호, 2010. 4. 15, 제정]	성폭력범죄의 처벌 등에 관한 특례법 [법률 제15977호, 2018. 12. 18, 일부개정]	성폭력범죄의 처벌 등에 관한 특례법 [법률 제17264호, 2020. 5. 19, 일부개정]
제13조(카메라 등을 이용한 촬영) ① 카메라나 그 밖에 이와 유사한 기능을 갖춘 기계장치를 이용하여 성적 욕망 또는 수치심을 유발할 수 있는 다른 사람의 신체를 그 의사에 반하여 촬영하거나 그 촬영물을 반포·판매·임대 또는 공공연하게 전시·상영한 자는 5년 이하의 징역 또는 1천만원 이하의 벌금에 처한다.	제14조(카메라 등을 이용한 촬영) ① 카메라나 그 밖에 이와 유사한 기능을 갖춘 기계장치를 이용하여 성적 욕망 또는 수치심을 유발할 수 있는 사람의 신체를 촬영대상자의 의사에 반하여 촬영한 자는 5년 이하의 징역 또는 3천만원 이하의 벌금에 처한다. <개정 2018. 12. 18.>	제14조(카메라 등을 이용한 촬영) ① 카메라나 그 밖에 이와 유사한 기능을 갖춘 기계장치를 이용하여 성적 욕망 또는 수치심을 유발할 수 있는 사람의 신체를 촬영대상자의 의사에 반하여 촬영한 자는 7년 이하의 징역 또는 5천만원 이하의 벌금에 처한다. <개정 2018. 12. 18, 2020. 5. 19.>

그동안 디지털 성범죄는 대면으로 일어나는 성범죄에 비하여 범죄의 중대성, 피해의 심각성 등이 경시되어 왔다. 그러나 전통적인 의미의 성범죄가 대부분 일회적으로 발생하는 것에 반하여 디지털 성범죄의 경우 디지털 매체의 무한 복제성, 정보통신망의 무한확장성 등으로 인하여 그 피해의 확산이 대단히 빠르다. 피해자가 느끼는 공포와 불안감도 더 크다. 이러한 특성을 고려하여 텔레그램 성착취 사건 이후 이뤄진 개정에서는 법정형을 '5년 이하의 징역 또는 3천만 원 이하의 벌금'에서 '7년 이하의 징역 또는 5천만 원 이하의 벌금'으로 상향함으로써 처벌을 강화하였다.

2. 비동의 유포, 재유포

불법촬영한 사진이나 영상을 유포하는 범죄로, 주로 웹하드, 포르노 사이트, SNS 등에 업로드하거나 단톡방에 유포하는 경우이다. 해당 사진이나 영상을 촬영할 당시 상대방의 동의를 구했다고 하더라도 그 영상물을 동의 없이 유포하였다면 성폭력처벌법 제14조의 제2항에 의거해서 7년 이하의 징역 또는 5천만원 이하의 벌금에 처한다. 영리를 목적으로 촬영대상자의 동의 없이 제2항의 죄를 범한다면 3년 이상의 유기징역으로 가중처벌 된다.

　비동의 유포, 재유포 범죄는 그동안 여러 차례의 개정을 통하여 처벌의 사각지대를 줄여왔다. 2018. 12. 18. 개정되기 전의 성폭력처벌법(법률 제11556호, 2012. 12. 18, 전부개정)에서는 성적 욕망 또는 수치심을 유발할 수 있는 다른 사람의 신체를 그 의사에 반하여 촬영하거나 그 촬영물을 유포한 경우 카메라 등을 이용한 촬영죄 등으로 처벌하고 있었다. 그러나 자의에 의해 스스로 자신을 신체를 촬영한 촬영물이 촬영당사자의 의사에 반하여 유포된 경우에는 다른 사람의 신체를 촬영한 촬영물이 아니라는 이유로 성폭력처벌법상의 카메라등이용촬영죄로 처벌할 수 없고 그보다 형이 낮은 음화반포죄 등으로만 처벌이 가능하여 죄질이나 불법의 중대성 등에 비하여 적절한 처벌이 이루어지지 않고 있다는 문제가 제기되었다. 이에 2018. 12. 18. 제14조 제1항 및 제2항을 각각 아래와 같이 개정하고, 같은 조 제3항 중 "제1항의 촬영물을"을 "촬영대상자의 의사에 반하여"로, "유포한"을 "제2항의 죄를 범한"으로, "징역 또는 3천만 원 이하의 벌금에"를 "징역에"로 변경함으로써, 자의에 의해 스스로 자신의 신체를 촬영한 촬영물을 촬영대상자의 의사에 반하여 유포한 경우에도 처벌할 수 있도록 하였다. 그 외에도 2018. 12. 18.자 개정에서는 유포의 객체에 사람의 신체를 촬영한 촬영물 외에 "복제물(복제물의 복제물을 포함한다)"을 추가하였으며, 촬영대상자의 의사에 반하여 유포된 이상 촬영에 대한 동의 유무가 그 피해에 본질적인 차이를 가져온다고 볼 수 없다는 점을 고려하여 촬영 당시에는 촬영대상자의 의사에 반하지 아니하여도 사후에 그 의사에 반하여 유포되는 경우 촬영 당시 촬영대상자의 의사에 반하여 촬영된 촬영물을 유포하는 경우와 동일하게 처벌하도록 하였다.

성폭력범죄의 처벌 등에 관한 특례법 [법률 제11556호, 2012. 12. 18, 전부개정]	성폭력범죄의 처벌 등에 관한 특례법 [법률 제15977호, 2018. 12. 18, 일부개정]	성폭력범죄의 처벌 등에 관한 특례법 [법률 제17264호, 2020. 5. 19, 일부개정]
제14조(카메라 등을 이용한 촬영) ① 카메라나 그 밖에 이와 유사한 기능을 갖춘 기계장치를 이용하여 성적 욕망 또는 수치심을 유발할 수 있는 다른 사람의 신체를 그 의사에 반하여 촬영하거나 그 촬영물을 반포·판매·임대·제공 또는 공공연하게 전시·상영한 자는 5년 이하의 징역 또는 1천만원 이하의 벌금에 처한다. ② 제1항의 촬영이 촬영 당시에는 촬영대상자의 의사에 반하지 아니하는 경우에도 사후에 그 의사에 반하여 촬영물을 반포·판매·임대·제공 또는 공공연하게 전시·상영한 자는 3년 이하의 징역 또는 500만원 이하의 벌금에 처한다. ③ 영리를 목적으로 <u>제1항의 촬영물을</u> 「정보통신망 이용촉진 및 정보보호 등에 관한 법률」 제2조 제1항 제1호의 정보통신망(이하 "정보통신망"이라 한다)을 이용하여 <u>유포한</u> 자는 7년 이하의 징역 또는 3천만원 이하의 <u>벌금</u>에 처한다.	제14조(카메라 등을 이용한 촬영) ② 제1항에 따른 촬영물 또는 <u>복제물(복제물의 복제물을 포함한다. 이하 이 항에서 같다)</u>을 반포·판매·임대·제공 또는 공공연하게 전시·상영(이하 "반포등"이라 한다)한 자 또는 제1항의 촬영이 촬영 당시에는 촬영대상자의 의사에 반하지 아니한 경우에도 사후에 그 촬영물 또는 복제물을 촬영대상자의 의사에 반하여 반포등을 한 자는 5년 이하의 징역 또는 3천만원 이하의 벌금에 처한다. <개정 2018. 12. 18> ③ 영리를 목적으로 <u>촬영대상자의 의사에 반하여</u> 「정보통신망 이용촉진 및 정보보호 등에 관한 법률」 제2조 제1항 제1호의 정보통신망(이하 "정보통신망"이라 한다)을 이용하여 <u>제2항의 죄를</u> 범한 자는 7년 이하의 징역에 처한다. <개정 2018. 12. 18>	제14조(카메라 등을 이용한 촬영) ② 제1항에 따른 촬영물 또는 복제물(복제물의 복제물을 포함한다. 이하 이 조에서 같다)을 반포·판매·임대·제공 또는 공공연하게 전시·상영(이하 "반포등"이라 한다)한 자 또는 제1항의 촬영이 촬영 당시에는 촬영대상자의 의사에 반하지 아니한 경우(<u>자신의 신체를 직접 촬영한 경우를 포함한다</u>)에도 사후에 그 촬영물 또는 복제물을 촬영대상자의 의사에 반하여 반포등을 한 자는 <u>7년</u> 이하의 징역 또는 <u>5천만원</u> 이하의 벌금에 처한다. <개정 2018. 12. 18, 2020. 5. 19> ③ 영리를 목적으로 촬영대상자의 의사에 반하여 「정보통신망 이용촉진 및 정보보호 등에 관한 법률」 제2조 제1항 제1호의 정보통신망(이하 "정보통신망"이라 한다)을 이용하여 제2항의 죄를 범한 자는 <u>3년 이상</u>의 유기징역에 처한다. <개정 2018. 12. 18, 2020. 5. 19>

　　텔레그램 성착취 사건이 보도된 이후에 이뤄진 2020. 5. 19.자 개정에서도 법정형을 상향하고, 제14조 제2항에 "자신의 신체를 직접 촬영한 경우를 포함한다"를 추가함으로써 자신의 신체를 직접 촬영한 경우에도 그 촬영물을 촬영대상자의 의사에 반하여 반포 등을 한 사람은 처벌된다는 점을 명확히 규정하였다.

　　한편 법정형도 점차 높여왔다. 2018. 12. 18.자 개정에서 카메라 등을 이용한 촬영죄의 벌금형을 현행 1천만 원 이하에서 3천만 원 이하로 상향하고, 영리를 목적으로 촬영대상자의 의사에 반하여 정보통신망을 이용하여 촬영물 또는 복제물을 유포한 경우에는 법정형에서 벌금형을 삭제함으로써 처벌을 강화하였다.

3. 유포 협박

성적 욕망 또는 수치심을 유발할 수 있는 촬영물 등을 이용하여 협박하거나 협박하여 의무 없는 일을 하게 하는 범죄이다. 헤어지자는 여자친구에게 몰래 찍은 성관계 영상을 가족, 지인 등에게 유포하겠다고 협박하는 사례, 유포 협박하면서 금전을 요구하거나 다른 영상을 찍도록 하는 사례 등이다. 텔레그램 성착취 사건에서도 피해자들이 가해자로부터 각종 협박을 당하였는데 이때 가해자들이 주로 이용하는 것이 불법 촬영물이었다.

성폭력범죄의 처벌 등에 관한 특례법
[법률 제17264호, 2020. 5. 19, 일부개정]

제14조의3(촬영물 등을 이용한 협박·강요) ① 성적 욕망 또는 수치심을 유발할 수 있는 촬영물 또는 복제물(복제물의 복제물을 포함한다)을 이용하여 사람을 협박한 자는 1년 이상의 유기징역에 처한다.
② 제1항에 따른 협박으로 사람의 권리행사를 방해하거나 의무 없는 일을 하게 한 자는 3년 이상의 유기징역에 처한다.
③ 상습으로 제1항 및 제2항의 죄를 범한 경우에는 그 죄에 정한 형의 2분의 1까지 가중한다.
[본조신설 2020. 5. 19.]

기존 성폭력처벌법은 촬영행위와 유포행위만 처벌하고 있어서 촬영물 등을 이용한 협박이나 강요 행위는 성범죄로 의율할 수 없고 형법상의 협박죄 또는 강요죄로만 처벌받았다. 이 경우 성범죄가 아니어서 피고인에게 신상정보 공개명령 등 성범죄 관련 부가 처분(보안처분)이 이뤄질 수 없고 피해자도 성범죄피해자 보호제도를 적용받을 수 없다는 문제가 있다. 이에 텔레그램 성착취 사건 이후 유포 협박 행위를 일반범죄가 아니라 성폭력 범죄로 처벌해야 한다는 목소리가 높아졌고 그 결과 성폭력처벌법 제14조의 3에 촬영물 등을 이용한 협박·강요죄가 신설되었다.

4. 합성 제작(딥페이크) 및 유포

합성 기술을 이용하여 특정 개인의 얼굴이나 신체 이미지, 음성 등을 성적인 사진과 합성·편집·가공하거나 그 편집물 등을 유포하는 범죄이다. 주로 선정적인 영상물에 유명 연예인이나 지인의 얼굴을 합성하여 유포하는 이른바 '딥페이크', '지인능욕' 등이 사례이다.

성폭력범죄의 처벌 등에 관한 특례법 [법률 제17086호, 2020. 3. 24, 일부개정]	성폭력범죄의 처벌 등에 관한 특례법 [법률 제17264호, 2020. 5. 19, 일부개정]
제14조의2(허위영상물 등의 반포등) ① 반포등을 할 목적으로 사람의 얼굴·신체 또는 음성을 대상으로 한 촬영물·영상물 또는 음성물(이하 이 조에서 "영상물등"이라 한다)을 영상물등의 대상자의 의사에 반하여 성적 욕망 또는 수치심을 유발할 수 있는 형태로 편집·합성 또는 가공(이하 이 조에서 "편집등"이라 한다)한 자는 5년 이하의 징역 또는 5천만원 이하의 벌금에 처한다. ② 제1항에 따른 편집물·합성물·가공물(이하 이 항에서 "편집물등"이라 한다) 또는 복제물(복제물의 복제물을 포함한다. 이하 이 항에서 같다)을 반포등을 한 자 또는 제1항의 편집등을 할 당시에는 영상물등의 대상자의 의사에 반하지 아니한 경우에도 사후에 그 편집물등 또는 복제물을 영상물등의 대상자의 의사에 반하여 반포등을 한 자는 5년 이하의 징역 또는 5천만원 이하의 벌금에 처한다. ③ 영리를 목적으로 영상물등의 대상자의 의사에 반하여 정보통신망을 이용하여 제2항의 죄를 범한 자는 7년 이하의 징역에 처한다. [본조신설 2020. 3. 24.]	제14조의2(허위영상물 등의 반포등) ① 반포등을 할 목적으로 사람의 얼굴·신체 또는 음성을 대상으로 한 촬영물·영상물 또는 음성물(이하 이 조에서 "영상물등"이라 한다)을 영상물등의 대상자의 의사에 반하여 성적 욕망 또는 수치심을 유발할 수 있는 형태로 편집·합성 또는 가공(이하 이 조에서 "편집등"이라 한다)한 자는 5년 이하의 징역 또는 5천만원 이하의 벌금에 처한다. ② 제1항에 따른 편집물·합성물·가공물(이하 이 항에서 "편집물등"이라 한다) 또는 복제물(복제물의 복제물을 포함한다. 이하 이 항에서 같다)을 반포등을 한 자 또는 제1항의 편집등을 할 당시에는 영상물등의 대상자의 의사에 반하지 아니한 경우에도 사후에 그 편집물등 또는 복제물을 영상물등의 대상자의 의사에 반하여 반포등을 한 자는 5년 이하의 징역 또는 5천만원 이하의 벌금에 처한다. ③ 영리를 목적으로 영상물등의 대상자의 의사에 반하여 정보통신망을 이용하여 제2항의 죄를 범한 자는 7년 이하의 징역에 처한다. ④ 상습으로 제1항부터 제3항까지의 죄를 범한 때에는 그 죄에 정한 형의 2분의 1까지 가중한다. <신설 2020. 5. 19.> [본조신설 2020. 3. 24.]

합성 제작 및 유포는 중대한 범죄임에도 호기심 등을 이유로 관련 범죄가 끊이지 않았다. 특히 10대 사이에서 딥페이크 불법 합성물이 집단 괴롭힘의 도구로 악용되고 있다. 하지만 기존 성폭력처벌법에는 불법촬영물과 달리 편집되거나 가공된 영상물의 경우에는 처벌 규정이 부존재하였고, 처벌 규정이 없다 보니 「정보통신망 이용촉진 및 정보보호 등에 관한 법률」상의 음란물 유포죄[2](제74조 제1

2) 제44조의7(불법정보의 유통금지 등) ① 누구든지 정보통신망을 통하여 다음 각 호의 어느 하나에

해당하는 정보를 유통하여서는 아니 된다. <개정 2011. 9. 15, 2016. 3. 22, 2018. 6. 12.>
1. 음란한 부호·문언·음향·화상 또는 영상을 배포·판매·임대하거나 공공연하게 전시하는 내용의 정보
2. 사람을 비방할 목적으로 공공연하게 사실이나 거짓의 사실을 드러내어 타인의 명예를 훼손하는 내용의 정보
3. 공포심이나 불안감을 유발하는 부호·문언·음향·화상 또는 영상을 반복적으로 상대방에게 도달하도록 하는 내용의 정보
4. 정당한 사유 없이 정보통신시스템, 데이터 또는 프로그램 등을 훼손·멸실·변경·위조하거나 그 운용을 방해하는 내용의 정보
5. 「청소년 보호법」에 따른 청소년유해매체물로서 상대방의 연령 확인, 표시의무 등 법령에 따른 의무를 이행하지 아니하고 영리를 목적으로 제공하는 내용의 정보
6. 법령에 따라 금지되는 사행행위에 해당하는 내용의 정보
6의2. 이 법 또는 개인정보 보호에 관한 법령을 위반하여 개인정보를 거래하는 내용의 정보
6의3. 총포·화약류(생명·신체에 위해를 끼칠 수 있는 폭발력을 가진 물건을 포함한다)를 제조할 수 있는 방법이나 설계도 등의 정보
7. 법령에 따라 분류된 비밀 등 국가기밀을 누설하는 내용의 정보
8. 「국가보안법」에서 금지하는 행위를 수행하는 내용의 정보
9. 그 밖에 범죄를 목적으로 하거나 교사(敎唆) 또는 방조하는 내용의 정보
② 방송통신위원회는 제1항 제1호부터 제6호까지, 제6호의2 및 제6호의3의 정보에 대하여는 심의위원회의 심의를 거쳐 정보통신서비스 제공자 또는 게시판 관리·운영자로 하여금 그 처리를 거부·정지 또는 제한하도록 명할 수 있다. 다만, 제1항 제2호 및 제3호에 따른 정보의 경우에는 해당 정보로 인하여 피해를 받은 자가 구체적으로 밝힌 의사에 반하여 그 처리의 거부·정지 또는 제한을 명할 수 없다. <개정 2016. 3. 22, 2018. 6. 12.>
③ 방송통신위원회는 제1항 제7호부터 제9호까지의 정보가 다음 각 호의 모두에 해당하는 경우에는 정보통신서비스 제공자 또는 게시판 관리·운영자에게 해당 정보의 처리를 거부·정지 또는 제한하도록 명하여야 한다. <개정 2016. 3. 22, 2018. 12. 24.>
1. 관계 중앙행정기관의 장의 요청[제1항 제9호의 정보 중 「성폭력범죄의 처벌 등에 관한 특례법」 제14조에 따른 촬영물 또는 복제물(복제물의 복제물을 포함한다)에 대하여는 수사기관의 장의 요청을 포함한다]이 있었을 것
2. 제1호의 요청을 받은 날부터 7일 이내에 심의위원회의 심의를 거친 후 「방송통신위원회의 설치 및 운영에 관한 법률」 제21조 제4호에 따른 시정 요구를 하였을 것
3. 정보통신서비스 제공자나 게시판 관리·운영자가 시정 요구에 따르지 아니하였을 것
④ 방송통신위원회는 제2항 및 제3항에 따른 명령의 대상이 되는 정보통신서비스 제공자, 게시판 관리·운영자 또는 해당 이용자에게 미리 의견제출의 기회를 주어야 한다. 다만, 다음 각 호의 어느 하나에 해당하는 경우에는 의견제출의 기회를 주지 아니할 수 있다.
1. 공공의 안전 또는 복리를 위하여 긴급히 처분을 할 필요가 있는 경우
2. 의견청취가 뚜렷이 곤란하거나 명백히 불필요한 경우로서 대통령령으로 정하는 경우
3. 의견제출의 기회를 포기한다는 뜻을 명백히 표시한 경우
제74조(벌칙)
① 다음 각 호의 어느 하나에 해당하는 자는 1년 이하의 징역 또는 1천만원 이하의 벌금에 처한다. [개정 2012. 2. 17, 2014. 5. 28] [시행일 2014. 11. 29]
1. 제8조 제4항을 위반하여 비슷한 표시를 한 제품을 표시·판매 또는 판매할 목적으로 진열한 자
2. 제44조의7 제1항 제1호를 위반하여 음란한 부호·문언·음향·화상 또는 영상을 배포·판매·임대하거나 공공연하게 전시한 자
3. 제44조의7 제1항 제3호를 위반하여 공포심이나 불안감을 유발하는 부호·문언·음향·화상 또

항 2호, 제44조의7 제1항 제1호)나 명예훼손죄3)(제70조 제1항)로만 의율되었다. 이 경우 일반 범죄여서 피해자가 성폭력 피해자 보호제도 적용받기 어렵고 가해자도 수강명령 등 성범죄 관련 부가 처분을 받지 않게 되는 문제가 있다. 이에 2020. 3. 24.자 개정에서 제14조의 2를 신설함으로써, 반포 등을 할 목적으로 사람의 신체 등을 대상으로 한 촬영물 등을 대상자의 의사에 반하여 성적 욕망 또는 수치심을 유발할 수 있는 형태로 편집·합성·가공한 자, 이러한 편집물·합성물 또는 복제물의 반포 등을 한 자, 편집·합성·가공 당시에는 대상자의 의사에 반하지 아니하였으나 사후에 그 편집물 등을 대상자의 의사에 반하여 반포 등을 한 자 등에 대한 처벌 근거를 마련하였다. 또한 2020. 5. 19.자 추가 개정을 통하여 영리를 목적으로 정보통신망을 이용하여 이러한 죄를 범한 자를 가중처벌할 수 있도록 하였다.

5. 불법촬영물 등의 소지·구입·저장·시청

불법촬영물 및 그 유포물, 아동청소년 성착취물 등을 소지, 구입, 저장, 시청하는 범죄이다. 2020. 5. 19.자 개정 전에는 불법촬영물을 촬영하거나 판매·제공 또는 공공연하게 전시·상영하는, 이른바 제작이나 유포행위만을 처벌하였다. 그러나 2020. 5. 19.자 개정에서 성폭력처벌법 제14조 제4항을 신설함으로써 불법촬영물 등을 소지·구매·저장 또는 시청한 사람도 처벌하도록 하였다. 불법촬영

는 영상을 반복적으로 상대방에게 도달하게 한 자
4. 제50조 제5항을 위반하여 조치를 한 자
5. 삭제 [2014. 5. 28] [시행일 2014. 11. 29]
6. 제50조의8을 위반하여 광고성 정보를 전송한 자
7. 제53조 제4항을 위반하여 등록사항의 변경등록 또는 사업의 양도·양수 또는 합병·상속의 신고를 하지 아니한 자
② 제1항 제3호의 죄는 피해자가 구체적으로 밝힌 의사에 반하여 공소를 제기할 수 없다.
[전문개정 2008. 6. 13] [시행일 2008. 12. 14]
3) 제70조(벌칙)
① 사람을 비방할 목적으로 정보통신망을 통하여 공공연하게 사실을 드러내어 다른 사람의 명예를 훼손한 자는 3년 이하의 징역 또는 3천만원 이하의 벌금에 처한다. [개정 2014. 5. 28] [시행일 2014. 11. 29]
② 사람을 비방할 목적으로 정보통신망을 통하여 공공연하게 거짓의 사실을 드러내어 다른 사람의 명예를 훼손한 자는 7년 이하의 징역, 10년 이하의 자격정지 또는 5천만원 이하의 벌금에 처한다.
③ 제1항과 제2항의 죄는 피해자가 구체적으로 밝힌 의사에 반하여 공소를 제기할 수 없다.
[전문개정 2008. 6. 13] [시행일 2008. 12. 14]

물 등을 제작하거나 유포한 주요 공범뿐만 아니라 유포된 불법촬영물 등을 소
지, 구입하는 등의 이른바 '이용자'도 처벌할 수 있게 수요자 처벌범위를 확대한
것이다.

성폭력범죄의 처벌 등에 관한 특례법 [법률 제17264호, 2020. 5. 19, 일부개정]
제14조(카메라 등을 이용한 촬영) ④ 제1항 또는 제2항의 촬영물 또는 복제물을 소지·구입·저장 또는 시청한 자는 3년 이하의 징역 또는 3천만원 이하의 벌금에 처한다. <신설 2020. 5. 19.> ⑤ 상습으로 제1항부터 제3항까지의 죄를 범한 때에는 그 죄에 정한 형의 2분의 1까지 가중한다. <신설 2020. 5. 19.>

청소년성보호법도 아동·청소년성착취물 범죄에 대한 처벌범위를 확대하고
법정형도 상향하였다. 기존에는 아동·청소년성착취물을 '소지'하는 경우에만 처
벌하였으나 2020. 5. 19.자 개정에서 '시청'한 경우를 추가하였다. 또한 시청의 경
우까지 그 형량을 대폭 강화하고 벌금형을 삭제함으로써 처벌을 강화하였으며,
소지죄도 신상공개, 고지의 대상 범죄로 추가하였다(청소년성보호법 제49조 제1항
제1호, 제50조 제1항 제1호).

아동·청소년의 성보호에 관한 법률 [법률 제16622호, 2019. 11. 26, 일부개정]	성폭력범죄의 처벌 등에 관한 특례법 [법률 제17264호, 2020. 5. 19, 일부개정]
제11조(아동·청소년이용음란물의 제작·배포 등) ⑤ 아동·청소년이용음란물임을 알면서 이를 소지한 자는 1년 이하의 징역 또는 2천만원 이하의 벌금에 처한다.	제11조(아동·청소년성착취물의 제작·배포 등) ⑤ 아동·청소년성착취물을 구입하거나 아동·청소년성착취물임을 알면서 이를 소지·시청한 자는 1년 이상의 징역에 처한다. <개정 2020. 6. 2.>

이러한 아동·청소년성착취물 범죄에 대한 처벌범위 확대 및 법정형 상향은
아동·청소년 성범죄의 심각성을 반영한 것으로서, 관련 범죄에 대한 경각심을
강화하고 성착취물 수요를 억제할 수 있다는 측면에서 의의가 있다.

한편 불법촬영물 등의 소지·구입·저장·시청에 대한 처벌 규정을 신설한
것과 관련하여, 일각에선 소지 등이 금지되는 불법촬영물의 기준이 명확하지 않
아서 국가가 개인의 성적(性的) 사생활을 지나치게 침해한다는 주장을 제기하였

다. 하지만 성폭력처벌법 제14조 제4항에 따라 소지 행위가 처벌되는 것은 같은 조 제1항 및 2항의 촬영물 또는 복제물, 즉 '성적 욕망 또는 수치심을 유발할 수 있는 사람의 신체를 촬영대상자의 의사에 반해 촬영한 촬영물', '촬영 당시에는 촬영대상자의 의사에 반하지 아니한 경우에도 사후에 촬영대상자의 의사에 반해 반포한 촬영물', 그리고 각 복제물이라는 점이 그 문언상 명확하다. 따라서 적법한 제작 시스템 안에서 출연 배우의 동의 아래 촬영·유통된 영상물의 경우 소지할 시 처벌되지 아니한다. 출연 당사자가 촬영과 유통에 동의한 영상물의 경우 이를 소지하거나 시청하는 행위는 형사처벌 대상이 아닌 것이다.

또한 성폭력처벌법 제14조 제4항은 범죄를 저지른다는 인식이 있는 경우에만 처벌하는 '고의범' 규정이다. 불법촬영물 또는 복제물이라는 사실을 인지하지 못한 상태에서 시청했거나, 이를 알 수 있었는데도 주의를 기울이지 않아 실수로 시청한 것이 입증된다면 처벌할 수 없다. 반면 불법촬영물 또는 복제물이라는 사실을 사전에 인식한 상태에서 시청하거나, 시청 도중에 해당 사실을 인식했음에도 불구하고 계속해서 시청한 경우라면 형사처벌 대상에 해당한다.

6. 아동·청소년에 대한 성적 착취를 목적으로 한 대화 등(일명 '온라인 그루밍')

온라인 그루밍은 법률상의 용어가 아니다. 통상적으로 가해자가 성적인 목적을 숨긴 채 SNS나 채팅앱 등을 통하여 접근하여 피해자의 호감이나 신뢰를 얻어 지배관계를 형성한 뒤 심리적으로 지배하여 성범죄를 가하는 것을 지칭한다. 텔레그램 성착취 사건과 같은 아동·청소년을 상대로 한 디지털 성범죄는 성적인 목적의 접근에서 시작되는 경우가 많다. 오프라인 공간의 경우 실제 대면이 이뤄지다 보니 가해자가 피해자의 신뢰를 얻기 위해 많은 시간이 필요한 반면, 온라인에서는 익명성, 접근 가능성 등과 같은 디지털 환경의 특성으로 인하여 가해자가 피해자와 빠르게 친밀감을 형성해간다. 가해자는 게임 아이템 등을 선물하거나 고민을 채팅으로 상담해주는 방식으로 피해자에게 친밀하게 접근하고 정서적으로 길들인다. 하지만 이러한 친밀한 접근과 교묘한 조종 때문에 온라인 그루밍 범죄는 피해자 스스로 성범죄 피해를 인식하지 못하는 경우가 많다. 인지하더라도 피해자 대부분이 아동·청소년이거나 심리적으로 곤경에 처한 고립된 성인들이어서 주변의 도움을 구하기가 쉽지 않다. 2019년 유엔 아동권리위원회는 우리나라에 미성년자 온라인 그루밍을 형사범죄로 규정하라고 권고하였지만, 한국에서 2020년 텔레그램 성착취 사건이 공론화되기 전까지 온라인 그루밍은 생소한 범죄형태였다.

아동·청소년의 성보호에 관한 법률
[법률 제17972호, 2021. 3. 23, 일부개정]

제15조의2(아동·청소년에 대한 성착취 목적 대화 등)
① 19세 이상의 사람이 성적 착취를 목적으로 정보통신망을 통하여 아동·청소년에게 다음 각 호의 어느 하나에 해당하는 행위를 한 경우에는 3년 이하의 징역 또는 3천만원 이하의 벌금에 처한다.
1. 성적 욕망이나 수치심 또는 혐오감을 유발할 수 있는 대화를 지속적 또는 반복적으로 하거나 그러한 대화에 지속적 또는 반복적으로 참여시키는 행위
2. 제2조 제4호(아동·청소년의 성을 사는 행위) 각 목의 어느 하나에 해당하는 행위를 하도록 유인·권유하는 행위
② 19세 이상의 사람이 정보통신망을 이용하여 16세 미만인 아동·청소년에게 제1항 각 호의 어느 하나에 해당하는 행위를 한 경우 제1항과 동일한 형으로 처벌한다.

이에 2021년 3월 23일 아동·청소년을 성적으로 착취하기 위해 정보통신망을 통하여 유인·권유하는 행위를 처벌하는 조항이 청소년성보호법 제15조의 2에 신설되었다. 기존에는 아동·청소년이 채팅앱이나 사회관계망서비스(SNS)에서 피해자를 유인하고 길들이는 '온라인 그루밍'에 노출되어 있는 현실에도 불구하고, 아동·청소년의 성을 사기 위해 권유·유인하는 경우에만 처벌(제13조 제2항)하거나 강간 또는 성착취물 제작 범죄 등이 발생하기 이전에는 온라인 그루밍을 별도로 처벌할 수 있는 법적 근거가 없었다. 하지만 신설 조항에 따라 온라인에서 아동·청소년을 성적으로 착취하기 위한 목적으로 △성적 욕망이나 수치심, 혐오감을 유발하는 대화를 지속적·반복적으로 하거나, △성적 행위를 하도록 유인·권유하는 '그루밍' 행위를 처벌할 수 있게 되었다. 성인의 아동·청소년에 대한 성적 대화나 성적 행위 유인·권유 등의 접근 자체를 처벌할 수 있게 된 것이다. 이로써 아동·청소년을 유인, 길들임으로써 동의한 것처럼 가장하여 성적으로 착취하는 온라인 그루밍 범죄에 대한 처벌 공백을 없애고 피해를 예방할 수 있게 될 것으로 기대된다. 다만 청소년성보호법 제15조의2에서는 행위자가 성인이고 피해자가 아동·청소년일 것을 요구하고 있으므로, 행위자가 아동·청소년이거나

피해자가 19세 이상인 경우에는 적용되지 아니한다.

Ⅲ. 피해자 보호 및 지원을 위하여 남은 과제

1. "성적 욕망 또는 수치심을 유발할 수 있는" 문구의 삭제

(1) 문제의 소재

성폭력처벌법 제14조 제1항은 카메라 등을 이용하여 "성적 욕망 또는 수치심을 유발할 수 있는 사람의 신체를 촬영대상자의 의사에 반하여 촬영한 자"를 처벌한다고 되어 있다. "성적 욕망 또는 수치심"을 유발할 수 있는 신체 부위인지 아닌지가 범죄 성립을 좌우하는 것이다. 물론 성범죄 피해자 스스로가 성적 수치심이라는 감정을 느끼는 것은 가능하다. 하지만 성폭력특별법의 보호법익이 성적 자기결정권이라는 점에 비추어 과연 법률에서 성범죄의 구성요건으로서 성적수치심을 요구하는 것이 적절한지가 문제된다.

(2) 관련 판례

한 남성이 버스에서 내리려고 서 있는 여성 피해자의 뒷모습을 몰래 8초 동안 동영상으로 촬영한 혐의로 성폭력처벌법위반(카메라등이용촬영)죄(이하, '카메라등이용촬영죄')로 기소되었다.

원심(2019. 10. 24. 선고 의정부지방법원 2018노3606)은 카메라등이용촬영죄는 성적 욕망 또는 수치심을 유발할 수 있는 사람의 신체를 촬영한 것이어야 하는데, 이 사안의 경우 피해자의 신체가 직접 노출되지 않은, 더구나 일상복인 레깅스를 입은 모습을 촬영한 것이어서 촬영 대상이 성적 욕망 또는 성적 수치심을 유발하는 사람의 신체에 해당하지 않는다고 판단하였다. 또한 피해자의 수사기관에서의 진술을 보더라도 피해자가 불쾌감이나 불안감을 느꼈을지언정 성적 수치심을 느꼈다고 보기 어렵다는 이유로 피고인에게 무죄를 선고하였다.

하지만 대법원(대법원 2020. 12. 24. 선고 2019도16258 판결)은 원심을 파기하면서, 성폭력처벌법상 촬영 대상이 성적 수치심을 유발하는 타인의 신체에 해당하는지 여부는 신체의 노출 정도로 판단되는 것이 아니라고 판시하였다. 이 사안과 같이 의복이 몸에 밀착해 몸의 굴곡이 드러나는 경우에도 성적 수치심을 유발하는 신체에 해당할 수 있으며, 무엇보다도 피해자가 공개된 장소에서 자신의 의사에 의하여 드러낸 신체 부분이라고 해도 이를 본인의 뜻에 반해 함부로 촬영 당했다면 성적 수치심이 들 가능성이 있다고 보았다. 육안으로 보는 것과 달리 카메라 등을 이용한 촬영은 그 촬영물의 고정성과 확대 등 변형 가능성, 전파 가능성에 의해 촬영대상자의 인격권까지 중대하게 침해할 수 있다는 점을 고려한 것이다.

또한 대법원은 피해자의 '성적 수치심'은 "부끄럽고 창피한 감정으로만 나타나는 것이 아니라 분노·공포·무기력·모욕감 등 다양한 형태로 나타날 수 있다"고 봤으며 더 나아가 "부끄럽고 창피한 감정이 표출된 경우만으로 한정하면 피해자가 느끼는 다양한 피해 감정을 소외시키고, 피해자로 하여금 그러한 감정을 느낄 것을 강요하는 결과가 될 수 있"어 신중하게 판단해야 한다고 판시하였다.

이 판결은 피해자가 인격적 존재로서 성적 대상화가 되었을 경우 느낄 수 있는 분노와 같은 폭넓은 감정들이 '성적 수치심'에 해당할 수 있다고 인정하였다는 점에서 기존 대법원이 성희롱·성폭력 사건 심리의 기준으로 삼은 '합리적 피해자 관점'에 따라 구체적이고 다양한 피해자의 사정을 고려한 판결이라고 평가될 수 있다.

(3) 제언

누구나 자신의 신체가 의사에 반하여 성적으로 촬영되거나 편집되지 아니할 권리를 가지며, 이러한 권리는 성범죄 처벌조항의 보호법익인 성적 자기결정권의 한 내용이다. 그러나 2022년 3월 현재 성폭력처벌법 제14조를 비롯해 '아동 청소년의 성보호에 관한 법률', '아동복지법' 등 성범죄 관련 법률에는 '성적 수치심'이라는 단어가 포함돼 있다. 최근 대법원이 해석을 통해 '성적 수치심'의 범위를 넓히고 있긴 하지만 여전히 법률에는 '성적 수치심'이란 단어가 성범죄 성립의 구성요건으로 남아있는 것이다. 존엄한 인격을 가진 한 개인이 자신의 권리를 침해받고 폭력 피해를 입었을 때 느끼는 것은 부끄러움이나 당혹감이 아닌 보다 다양한 감정들이다. 그럼에도 법률이 성범죄의 피해자라면 수치심을 느낄 것이라고 전제하거나 규범적으로 요구하는 것은 성범죄를 순결과 정조의 문제로 여기는 가부장적인 통념과 무관하지 않다. 여성을 성의 주체로 보지 않고 욕망의 객체로 보는 성차별적 인식에 기반한 것이다.

　따라서 성차별적인 통념을 강화하고 피해자다움을 강요하는 시대착오적 용어는 성범죄 관련 모든 법령에서 삭제되어야 한다. 성범죄 피해자들이 느끼는 감정을 보다 정확하게 전달하는 용어가 법률에 들어와야 한다. 이와 관련하여 2018년부터 성폭력처벌법상의 '성적 욕망 또는 수치심'이라는 용어를 '성적 불쾌감' 등으로 변경하는 내용의 개정안이 여러 차례 발의됐지만 임기 만료로 폐기되거나 여전히 계류 중이다. 검찰은 2021. 5. 대검찰청 훈령인「대검찰청 공무직 등 근로자 관리지침」제52조(직장 내 성희롱 발생시 조치)에서 '성적 수치심'을 '성적 불쾌감'으로 변경한 바 있다.

2. 피해자 인권을 보다 고려한 피해영상물 증거조사 방법 마련

(1) 문제의 소재

　디지털 성범죄 사건의 주요 증거 중 하나는 피해영상물이다. 그런데 형사소송법 및 형사소송규칙에 따르면 녹음·녹화매체 등에 대한 증거조사는 녹음·녹화매체 등을 재생하여 청취 또는 시청하는 방법으로 하게 되어 있다. 법원실무제요에는 증거 조사를 '공판정'에서 하도록 정하고 있다. 성범죄 피해가 고스란히 담긴 피해영상물을 증거로써 조사하기 위해서는 공판정에서 재생하여 시청하는 방식에 의해야만 하는 것이다.

(2) 디지털 성범죄의 피해 사진 및 영상물에 관한 증거조사 규정 및 실무

　현행 형사소송법 및 형사소송규칙은 디지털 성범죄의 피해영상물과 같은 영상자료에 관한 증거조사에 대하여 아래와 같이 규정하고 있다.

형사소송법 [법률 제18799호, 2022. 2. 3, 일부개정]
제286조의2(간이공판절차의 결정) 피고인이 공판정에서 공소사실에 대하여 자백한 때에는 법원은 그 공소사실에 한하여 간이공판절차에 의하여 심판할 것을 결정할 수 있다. <개정 1995. 12. 29.> [본조신설 1973. 1. 25.] 제292조의3(그 밖의 증거에 대한 조사방식) 도면·사진·녹음테이프·비디오테이프·컴퓨터용디스크, 그 밖에 정보를 담기 위하여 만들어진 물건으로서 문서가 아닌 증거의 조사에 관하여 필요

한 사항은 대법원규칙으로 정한다. [본조신설 2007. 6. 1.]
제297조의2(간이공판절차에서의 증거조사) 제286조의2의 결정이 있는 사건에 대하여는 제161조의
2, 제290조 내지 제293조, 제297조의 규정을 적용하지 아니하며 법원이 상당하다고 인정하는
방법으로 증거조사를 할 수 있다. [본조신설 1973. 1. 25.]

형사소송규칙
[대법원규칙 제3016호, 2021. 12. 31, 일부개정]

제134조의8(음성·영상자료 등에 대한 증거조사)
① 녹음·녹화테이프, 컴퓨터용디스크, 그 밖에 이와 비슷한 방법으로 음성이나 영상을 녹음 또
는 녹화(다음부터 이 조문 안에서 "녹음·녹화 등"이라 한다)하여 재생할 수 있는 매체(다음부
터 이 조문 안에서 "녹음·녹화매체 등"이라 한다)에 대한 증거조사를 신청하는 때에는 음성이
나 영상이 녹음·녹화 등이 된 사람, 녹음·녹화 등을 한 사람 및 녹음·녹화 등을 한 일시·장
소를 밝혀야 한다.
② 녹음·녹화매체 등에 대한 증거조사를 신청한 당사자는 법원이 명하거나 상대방이 요구한
때에는 녹음·녹음매체 등의 녹취서, 그 밖에 그 내용을 설명하는 서면을 제출하여야 한다.
③ 녹음·녹화매체 등에 대한 증거조사는 녹음·녹화매체 등을 재생하여 청취 또는 시청하는 방
법으로 한다. [본조신설 2007. 10. 29.]

　　형사소송법은 녹음테이프 비디오 테이프 등에 대한 증거조사 방법을 대법원
규칙에 위임하고 있고, 형사소송규칙에 따르면 증거가 음성이나 영상을 녹음 또
는 녹화하여 재생할 수 있는 매체의 경우 해당 녹음·녹화매체를 재생하여 청취
또는 시청하는 방법으로 조사하는 것이 원칙이다. 다만 예외적으로 피고인이 공
소사실을 자백한 경우에 재판부는 간이공판절차를 결정할 수 있고 이 경우 "법원
이 상당하다고 인정하는 방법"으로 증거조사를 간이하게 할 수 있다.

　　실무에선 디지털 성범죄 피해영상물과 같은 디지털증거의 경우 통상 법정
내 검사석 또는 피고인석 뒤에 설치된 대형 화면을 통해 피해영상물이 재생되면
이를 재판부와 검사, 피고인, 피고인의 변호인 등 사건 관계자들이 함께 시청하는
방식으로 증거조사가 이루어진다. 이때 원칙은 피해영상물을 그대로 재생하는 것
이다. 하지만 재판부에 따라서는 피해영상물을 초반 몇 초만 재생하거나 피고인
의 공소사실에 관한 인정/부인 취지에 따라 해당 부분만을 정지화면으로 확인하
는 방법 등으로 증거조사를 진행하는 경우가 있다. 디지털 증거가 성착취 피해가
담긴 증거라는 점을 고려한 실무적 관행이다. 하지만 재판부마다 피해자 인권 보
호를 위한 증거조사 방식에 관한 수용범위가 다르고, 특히 재판정이 아닌 판사사
무실 등 법정외 공간에서 증거조사를 하는 것은 받아들이지 않고 있다.

상황이 이렇다 보니 공판 검사나 피해자 변호사는 피해영상물에 대한 증거조사시 대개 비공개 심리를 요청한다. 방청석에 있는 사람을 퇴정시키는 등 비공개 상태로 증거조사를 진행해달라는 것이다. 하지만 현행 관련 법령에는 비공개로 증거조사를 할 명확한 근거 규정이 없어서4) 공개 수위 및 비공개 여부 등에 재판부별 편차가 존재한다. 증거조사 방식이 재판장의 배려에 달린 것이다.

비공개로 증거조사가 이뤄지더라도 문제는 남는다. 방청객만 퇴정할 뿐이며, 법정에는 재판부, 피고인과 그 변호인, 공판 검사 등 사건 관계자 이외에도 법정 경위, (피고인이 구속상태라면) 교도관 등도 필수인력으로 남게 된다. 이러한 인원은 경우에 따라서 십 수명에 달한다. 실제로 조주빈 등 텔레그램 성착취 사건의 주요 공범들이 범죄단체조직죄 등으로 기소된 재판에서 비공개로 진행한 증거조사임에도 피고인이 6명에 달하고 모두 구속재판 중이어서 법정에는 20명이 넘는 인원이 남아있었다. 이 중 피해자 변호사 5-6명을 제외하고는 모두 남성이다.

(3) 제언

재판 절차에서의 피해자 보호, 2차 피해 방지 등을 위하여 디지털 성범죄 등 성범죄 사건의 심리 절차와 방식을 전반적으로 개선하여야 한다. 특히 법정에 있는 다수인 앞에서 성착취 피해가 담긴 영상물이 재생될 경우 피해자의 수치심, 불안감 등 2차 피해가 야기될 수 있는바, 피해자 인권 및 사생활 보호를 위하여 피해영상물에 관한 엄밀하고 필요 최소한의 증거조사 방법을 법률로 마련할 필요가 있다.

이를 위해서 첫째, 피해자의 신체 등이 촬영된 피해영상물에 대한 증거조사시 필수적으로 비공개로 진행되도록 명확한 근거를 법률에 규정하여야 한다. 두 번째로 증거조사로서 피해영상물 재생 방식 관련하여 예를 들어 현재처럼 법정 내 대형 스크린에 보이도록 재생하는 방식이 아닌 필수적인 사건 관계자만이 각자의 영상·음성 장치를 통하여 재생하는 방식으로 시청할 수 있도록 하는 등의 방식을 도입하여야 한다.

---

4) 디지털성범죄 사건 피해영상물 증거조사는 성폭력처벌법 제31조(심리의 비공개)에 규정된 '심리'에 해당하지 않는다.

3. 피해영상물을 신속하고 복구불가능하게 폐기하기 위한 압수 및 몰수 제도 개선

(1) 문제의 소재

디지털 성범죄의 피해영상물은 유체물이 아닌 전자파일 형태로 존재한다. 무한 복제될 수 있고 원본 및 모든 사본이 삭제되지 않는 한 언제든지 재유포될 수 있는 위험이 상존한다. 수사 실무에서는 현행 형법 및 형사소송법상의 압수 및 몰수 관련 규정에 따라 휴대전화, 외장하드 등 물리적 저장매체에 대한 압수가 이뤄지고 있긴 하나, 클라우드와 같은 비물리적 공간에 저장되는 피해영상물의 경우 그 존재 및 위치탐지가 소극적이고 수사기관의 역량이나 의지에 따라 편차가 발생하고 있다. 이 때문에 디지털 성범죄 피해자는 가해자가 검거된 뒤에도 여전히 가해자가 촬영물을 가지고 있고 언제든 그 영상이 재유포될 수 있다는 극심한 불안감에 시달린다. 기존의 제도로는 복제본의 생성, 전파가 용이한 디지털 성범죄 피해영상물에 대한 실효성 있는 압수 및 몰수가 이뤄지지 못하고 있는 것이다.

(2) 현행 압수 및 몰수 제도

현행 형법 및 형사소송법은 압수 및 몰수에 관하여 아래와 같이 규정하고 있다.

형법 [법률 제17571호, 2020. 12. 8, 일부개정]
제48조(몰수의 대상과 추징) ① 범인 외의 자의 소유에 속하지 아니하거나 범죄 후 범인 외의 자가 사정을 알면서 취득한 다음 각 호의 물건은 전부 또는 일부를 몰수할 수 있다. 1. 범죄행위에 제공하였거나 제공하려고 한 물건 2. 범죄행위로 인하여 생겼거나 취득한 물건 3. 제1호 또는 제2호의 대가로 취득한 물건 ② 제1항 각 호의 물건을 몰수할 수 없을 때에는 그 가액(價額)을 추징한다. ③ 문서, 도화(圖畵), 전자기록(電磁記錄) 등 특수매체기록 또는 유가증권의 일부가 몰수의 대상이 된 경우에는 그 부분을 폐기한다. [전문개정 2020. 12. 8.]
형사소송법 [법률 제18799호, 2022. 2. 3, 일부개정]
제106조(압수) ①법원은 필요한 때에는 피고사건과 관계가 있다고 인정할 수 있는 것에 한정하여 증거물 또는 몰수할 것으로 사료하는 물건을 압수할 수 있다. 단, 법률에 다른 규정이 있는

때에는 예외로 한다. <개정 2011. 7. 18.>
② 법원은 압수할 물건을 지정하여 소유자, 소지자 또는 보관자에게 제출을 명할 수 있다.
③ 법원은 압수의 목적물이 컴퓨터용디스크, 그 밖에 이와 비슷한 정보저장매체(이하 이 항에서 "정보저장매체등"이라 한다)인 경우에는 <u>기억된 정보의 범위를 정하여 출력하거나 복제하여 제출받아야 한다.</u> 다만, 범위를 정하여 출력 또는 복제하는 방법이 불가능하거나 압수의 목적을 달성하기에 현저히 곤란하다고 인정되는 때에는 정보저장매체등을 압수할 수 있다. <신설 2011. 7. 18.>
④ 법원은 제3항에 따라 정보를 제공받은 경우「개인정보 보호법」제2조 제3호에 따른 정보주체에게 해당 사실을 지체 없이 알려야 한다. <신설 2011. 7. 18.>

몰수는 범죄로 인한 이득을 금지할 목적으로 재산을 박탈하는 재산형의 일종이다. 형법 제48조는 범죄 행위와 관련된 일정한 물건 중 범인 이외의 자의 소유에 속하지 아니하거나 범죄 후 범인 이외의 자가 그 정을 알면서 취득한 '물건'을 몰수할 수 있도록 규정하고 있다. 몰수 대상이 전자기록 등 특수매체기록의 일부일 때에는 그 부분을 폐기하도록 몰수방법을 규정하고 있다. 또한 형법상 임의규정으로 몰수 대상 물건에 대한 몰수여부는 원칙적으로 법관의 재량이다.

압수의 경우, 디지털 증거는 형사소송법 제106조 제3항에 의하여 출력 복제의 방법으로 하는 것이 원칙이며 예외적으로 범위를 정하여 출력 복제하는 방법이 불가능하거나 압수의 목적을 달성하기 현저히 곤란하다고 인정되는 때에 정보저장매체 등을 압수할 수 있다. 또한 '피고 사건과 관계가 있다고 인정할 수 있는 것에 한정하여' 즉 범죄사실과 관련된 정보만으로 그 범위를 정하여 디지털 증거를 압수해야 한다.

(3) 디지털 성범죄에서 피해영상물에 관한 압수 및 몰수 실무

현행 압수·수색 제도상 출력·복제(원칙) 또는 원본 정보저장매체 압수(예외)의 방법으로만 디지털 증거의 압수가 가능하다. 이에 디지털 성범죄 사건에서 수사기관은 디지털 증거의 출력물 또는 사본을 취득하는 방식으로 압수하는 경우가 대부분이다. 하지만 출력·복제 방식으로 압수할 경우 피압수자인 가해자가 디지털 증거의 원본을 계속 점유하게 되는 문제가 있다. 게다가 이후 해당 디지털 증거에 대한 몰수의 필요성이 인정되더라도 압수된 디지털 증거가 사본이므로 몰수를 집행할 수 없다. 또한 형사소송법 제106조 제3항 단서상의 예외 사유가 인정되어 원본 정보저장매체를 압수하더라도, 만약 해당 디지털 증거가 웹하드, 클라우드, 이메일, 메신저와 같이 제3자인 전기통신사업자 소유의 정보저장매체에 저장된 경우에는 압수가 불가능하다. 즉 정보저장매체를 압수하더라도 클라우드 등에 복제본이 있는 경우 여전히 피압수자와 제3자의 공유 및 점유를 배제할 수 없는 것이다.

이러한 문제점을 보완하고자 실무에서는 디지털 성범죄 피해영상물 원본 파일을 복제해 압수한 다음 형사소송법 제120조에 의거 '영장의 집행의 필요한 처분'의 하나로 원본 파일을 삭제하는 방식(이하 '잘라내기식')으로 압수를 실시하고 있고, 이러한 잘라내기식 압수는 피압수자의 점유를 배제한다는 점에서 일응 긍정적이다. 하지만 기본적으로 압수수색 단계에서 휴대전화, 외장하드디스크와 같은 전통적인 저장매체가 아닌 클라우드 등 비물리적 공간에 저장되는 피해영상물의 존재 및 위치에 대한 탐색이 거의 이뤄지지 않거나 협소하게 이뤄지고 있다. 또한 여전히 피압수자가 아닌 제3자의 동시 공유 및 점유 문제도 해결되지 않고 있다.

(4) 제언

디지털 성범죄에서 위와 같은 문제를 해결하고 피해영상물의 재유포를 방지하기 위해서 다음과 같은 두 가지 점이 현행 압수 및 몰수 제도에서 보안될 필요가 있다. 첫째 출력·복제 압수 후 원본 정보저장매체에서 해당 디지털 증거를 삭제하는 압수 절차를 성폭력처벌법에 명문화할 필요가 있다. 현재 실무에서 형사소송법 제120조를 적용하는 방식으로 '잘라내기식' 압수를 하고 있긴 하지만, 디지털 성범죄 사건의 수사 및 재판에서 보다 일률적으로 적용되기 위해서는 이 같은 압수 방법을 성폭력처벌법에 명시하고 하위 법령에 그 구체적인 절차를 정할 필요가 있다. 두 번째로 몰수 대상 디지털 증거에 대한 피압수자의 접근을 제한하는 등의 피해영상물에 대한 보전명령제도를 마련할 필요가 있다. 현행법상 압수영장을 발부받기 전까지 수사기관이 압수 대상의 피해영상물을 보전할 수 있도록 명령하는 제도가 존재하지 않는다. 이에 수사기관은 정보통신망을 통하여 유포 중인 피해영상물을 발견하더라도 영장을 발부받지 않는 한 적극적으로 압수하기 어렵다. 또 압수영장을 발부받는 동안 피해영상물이 광범위하게 유포될 위험이 있다. 따라서 수사기관에 의하여 정보통신망에 피해영상물이 유포되고 있는 것이 발견될 경우, 전기통신사업자 등과 같은 피해영상물의 소지자(제3자)에게 피해영상물이 피압수자에 의해 삭제되지 않도록 피해영상물을 보전하도록 하는 동시에 추가 유포피해가 발생하지 않도록 접근을 차단하도록 명령하는 제도의 도입이 필요하다.

4. 피해자의 신고 등이 없어도 피해영상물에 대한 선제적 삭제 지원 근거 마련

(1) 문제의 소재

디지털 성범죄에서 피해영상물의 신속한 삭제는 추가피해 방지를 위해 무엇보다 중요하다. 하지만 현행 관련 법령상 삭제지원 신청권자의 범위가 지나치게 좁고, 피해자의 신고나 요청이 없을 경우라도 지원기관이 선제적으로 삭제할 근거 조항이 존재하지 않는다.

(2) 피해영상물의 삭제지원 관련 현행 근거 조항

「성폭력방지 및 피해자보호 등에 관한 법률」 (일부개정 2020. 10. 20. 시행 2021. 1. 21.)
제7조의 3(불법촬영물등으로 인한 피해자에 대한 지원 등) ① 국가는 「성폭력범죄의 처벌 등에 관한 특례법」 제14조에 따른 촬영물 또는 복제물(복제물의 복제물을 포함한다. 이하 이 조에서 "촬영물등"이라 한다)이 「정보통신망 이용촉진 및 정보보호 등에 관한 법률」 제2조 제1항 제1호의 정보통신망에 유포되어 피해를 입은 사람에 대하여 촬영물등의 삭제를 위한 지원을 할 수 있다. ② 제1항에 따른 지원 대상자, 그 배우자(사실상의 혼인관계를 포함한다), 직계친족 또는 형제자매는 국가에 촬영물등의 삭제를 위한 지원을 요청할 수 있다. ③ 제1항에 따른 촬영물등 삭제 지원에 소요되는 비용은 「성폭력범죄의 처벌 등에 관한 특례법」 제14조에 해당하는 죄를 범한 성폭력행위자가 부담한다. ④ 국가가 제1항에 따라 촬영물등 삭제 지원에 소요되는 비용을 지출한 경우 제3항의 성폭력행위자에 대하여 구상권(求償權)을 행사할 수 있다. ⑤ 제1항 및 제2항에 따른 촬영물등 삭제 지원의 내용·방법, 제4항에 따른 구상권 행사의 절차·방법 등에 필요한 사항은 여성가족부령으로 정한다.

성폭력방지법 제7조의3 제2항 소정의 삭제지원 요청권자의 범위는 피해자 및 가족 등에 한정된다. 피해자 외에 피해자와 혼인, 혈연으로 이어진 친족만이 국가에게 삭제지원을 신청할 수 있는 것이다.

(3) 제언

현행 조항으로는 피해영상물임이 명백함에도 피해자가 신고 또는 삭제요청을 하지 않거나, 수사기관 등에서 피해자를 특정할 수 없는 경우 삭제할 법적 근거가 없다. 한국여성인권진흥원, 경기도디지털성폭력원스톱지원센터 등 정부기관에서 사전 모니터링을 통해 피해영상물을 발견하더라도, 피해자가 나타나길 기다리거나 사실상 유포를 방치할 수밖에 없는 것이다. 따라서 피해자가 삭제요청을 하기 이전이라도 지원기관에서 피해 사실을 채증한 뒤에 선제적으로 삭제할 수 있는 지원의 명확한 법적 근거 마련이 필요하다.

Ⅳ. 결론

새로운 유형의 디지털 성범죄는 계속 등장하고 있다. 텔레그램 성착취 사건을 계기로 상당한 유형의 디지털 성범죄가 형사 실정법에 새롭게 포함되었다. 범죄의 중대성을 고려하여 법정형이 상향됐고, 대법원 양형위원회에서 디지털 성범죄의 특성을 고려한 양형 기준안도 마련하였다. 하지만 절차법적으로는 여전히 많은 과제가 남아있다. 수사 및 재판과정에서 디지털 성범죄의 태양과 특성이 구체적으로 고려되어야 함에도 현재까지 이를 위한 소송법적 개정은 거의 이뤄지지 못했기 때문이다. 주지하다시피 디지털 성범죄는 시공간의 제약이 없고 피해영상물의 영구삭제가 불가능해서 유포 등 추가적인 피해가 발생하기 쉽다. 신상정보가 유출될 경우 피해를 가중시키기 쉬우므로 피해자의 개인정보 보호의 필요성도 높다. 이러한 특성들을 고려하지 않은 채 수사 및 재판이 진행되는 것은 가해자 처벌에 미흡할 뿐만 아니라 오히려 피해자에게 2차 피해를 가져올 수 있다. 따라서 향후에는 디지털 성범죄 피해자를 확실히 보호하고 지원을 내실화할 수 있는 소송법적 개정이 반드시 뒤따라야 할 것이다.

제 5 장   노동법

고용상 성차별 구제 제도와 사례

김 진*

I. 현행법상 고용상 성차별금지 및 권리구제절차[1)]

1. 고용상 차별금지 관련 법제 내용 및 특징

고용상 차별이란 모집·채용에서 근로관계의 종료에 이르는 고용상의 전 과정과 고용관련영역(직업훈련, 직업소개, 근로자단체에의 가입과 활동 등)에서 합리적 이유 없이 특정한 사유에 근거하여 특정 사람이나 그룹을 불이익하게 대우하거나 그러한 결과를 초래하는 제도나 관행 또는 행위를 의미한다.

고용상 차별을 금지하는 현행법에는 균등처우 원칙을 규정하고 있는 근로기준법, 고용상의 성차별을 금지하는 '남녀고용평등과 일·가정 양립에 관한 법률'(이하 '남녀고용평등법'으로 약칭), 기간제근로자와 단시간근로자에 대한 차별적 처우를 금지한 '기간제 및 단시간근로자 보호 등에 관한 법률', 파견근로자에 대한 차별적 처우를 금지한 '파견근로자 보호 등에 관한 법률', 연령차별을 금지하는 '고용상 연령차별금지 및 고령자 고용촉진에 관한 법률', 장애 차별을 금지하는 '장애인차별금지 및 권리구제 등에 관한 법률', 성별을 비롯하여 다양한 사유의 차별에 대해서 금지하고 있는 '국가인권위원회법' 등이 있다.

---

* 법무법인 지향 변호사

1) 이 부분은 2018년 중앙노동위원회에 제출된 한국노동법학회(박귀천, 박은정, 김미영, 김진, 이정현, 신수정)의 연구보고서 제2장 중 필요한 부분을, 연구진의 양해를 얻어 축약하고 증보한 것이다.

법률	차별금지 사유	차별금지 영역	법원 외의 권리구제기관
근로기준법	성별, 국적, 신앙, 사회적 신분	근로조건	노동위원회
남녀고용평등 및 일·가정 양립 지원에 관한 법률	성별, 혼인, 가족 안에서의 지위, 임신 또는 출산 등	모집과 채용, 임금, 임금외의 금품 등, 교육·배치 및 승진, 정년·퇴직 및 해고	국가인권위원회 노동위원회
기간제 및 단시간 근로자 보호 등에 관한 법률/파견근로자 보호 등에 관한 법률	고용형태 (기간제, 단시간, 파견근로자)	근로조건 및 복리후생 등에 관한 사항 일체	노동위원회
고용상 연령차별 금지 및 고령자 고용촉진에 관한 법률	연령	모집·채용, 임금, 임금 외의 금품 지급 및 복리후생, 교육·훈련, 배치·전보·승진, 퇴직·해고	국가인권위원회 고용노동부장관 (시정)
장애인차별금지 및 권리구제 등에 관한 법률	장애	모집·채용, 임금 및 복리후생, 교육·배치·승진·전보, 정년·퇴직·해고	국가인권위원회 법무부장관(시정)
국가인권위원회법	성별, 종교, 장애, 나이, 사회적 신분, 출신 지역(출생지, 등록기준지, 성년이 되기 전의 주된 거주지 등을 말한다), 출신 국가, 출신 민족, 용모 등 신체 조건, 기혼·미혼·별거·이혼·사별·재혼·사실혼 등 혼인 여부, 임신 또는 출산, 가족 형태 또는 가족 상황, 인종, 피부색, 사상 또는 정치적 의견, 형의 효력이 실효된 전과(前科), 성적(性的) 지향, 학력, 병력(病歷) 등	고용(모집, 채용, 교육, 배치, 승진, 임금 및 임금 외의 금품 지급, 자금의 융자, 정년, 퇴직, 해고 등)	국가인권위원회

2. 사법적 구제와 비사법적 구제

(1) 사법적(司法的) 구제[2]

① 헌법재판(위헌법률심판, 헌법소원 등)

공무원의 공권력 행사로 인한 헌법의 평등권 침해 행위에 관해서는 헌법소원심판 청구가 가능하고, 법률에 의하여 평등권이 침해되었을 때는 당해 재판 도중 위헌법률심판 청구를 할 수 있다. 일단 헌법재판소에서 평등권을 침해하여 위헌이라고 판정되면 그 인용 결정은 모든 국가기관과 지방자치단체를 기속한다(헌법재판소법 제75조 제1항)는 점에서 강력한 효과가 있지만, 위헌법률심판은 법률의 위헌성만을 다루고 헌법소원은 (비록 평등권의 대사인적 효력에 관해서는 여러 논의가 있지만) 공권력의 행사 또는 불행사를 대상으로 한다는 점[3]에서 그 대상이 매우 한정적이다.

② 민사상 구제

차별을 금지하고 있는 법령은 모두 강행규정이므로[4] 차별금지 규정을 위반한 법률행위는 사법적으로 무효이다. 그러나 차별의 구제라는 측면에서 볼 때 차별금지규정을 위반한 행위가 획일적으로 무효가 된다고 하는 것만으로는 부족하며, 균등대우라는 적극적인 행위의무가 부과되어야 하고,[5] 그 반대급부로 차별피해자에게 임금 차액 등 균등대우 청구권과 차별행위의 중지를 구할 수 있는 이행청구권, 나아가 위법한 차별행위(불법행위)로 인한 손해배상 청구권이 인정되어야

2) 박선영 외, 고용 상 차별관련 정책의 효율성 제고방안(여성정책연구원, 2011) 중 김진 집필 부분 수정.
3) 헌법재판소법 제68조(청구 사유) ① 공권력의 행사 또는 불행사로 인하여 헌법상 보장된 기본권을 침해받은 자는 법원의 재판을 제외하고는 헌법재판소에 헌법소원심판을 청구할 수 있다. 다만, 다른 법률에 구제절차가 있는 경우에는 그 절차를 모두 거친 후에 청구할 수 있다.
② 제41조 제1항에 따른 법률의 위헌 여부 심판의 제청신청이 기각된 때에는 그 신청을 한 당사자는 헌법재판소에 헌법소원심판을 청구할 수 있다. 이 경우 그 당사자는 당해 사건의 소송절차에서 동일한 사유를 이유로 다시 위헌 여부 심판의 제청을 신청할 수 없다.
4) 이 점에 관해서는 김민기, "균등대우원칙의 사법적 실현", 노동법연구 2008년 하반기(제25호), 서울대학교 노동법연구회, 246면 이하 참조 — 이에 대하여 독일에서의 논의를 중심으로 "차별에 대한 구제방법은 근로관계의 영역별로 다를 수 있기 때문에 차별행위는 언제나 민법 제103조에 반하여 무효라는 식의 도식화는 지양되어야 할 것"이라는 주장으로는 전윤구, "소송을 통한 차별구제방안 연구", 노동법논총 제15집(2009), 한국비교노동법학회, 205면 이하.
5) 김민기, 앞의 글, 249면.

한다.

장애인차별금지법 제46 내지 48조와 같이 손해배상을 물론, 차별적 행위의 중지, 임금 등 근로조건의 개선, 그 시정을 위한 적극적 조치 등의 판결을 할 수 있다는 명시의 규정을 두고 있는 경우도 있으나, 이 규정은 차별금지의 영역에 있어서 법원의 권한을 창설한 규정이라고 볼 수는 없고 이를 구체적으로 확인한 것으로 보아야 하므로,6) 다른 차별금지법령에 관해서도 이와 같은 사법적 구제가 가능하다고 보아야 한다.

③ 형사처벌에 의한 구제

금지된 차별행위에 대한 형사처벌은 차별피해자의 피해를 구제하는 직접적 수단이 아니라는 이유 때문에 '구제조치'에서 제외한다는 의견7)이 없는 것은 아니지만, 앞서 본 것처럼 '구제'의 의미를 원상회복·손실전보에 한정하지 않고 폭넓게 재발방지나 예방으로까지 확대한다면, 위하 내지 일반예방의 관점에서 차별을 규제하고 차별행위를 법적으로 평가하는 형사처벌도 구제절차에 포함할 수 있을 것이다.

현행법상 차별행위에 대하여 형사처벌을 정하고 있는 법은 근로기준법과 남녀고용평등법이 유일하고, 고령자고용법·장애인차별금지법은 한정된 형태로만 처벌규정을 두어 원칙적으로「원상회복주의」를 취하고 있다. 차별을 단순히 반규범적으로 규정하는 것에 머무르지 않고 사회적 또는 국가적 기본질서를 침해하는 범죄로 보고 형사 처벌하는 것에 대해서는, 피해자의 보복 감정을 만족시키고 위하에 의한 일반예방의 효과는 있으나 실체적 차원에서 뿐만 아니라 절차적 차원에서도 억제되어 있기 때문에 그 실효성은 별로 크지 않다는 비판이 계속되고 있으며,8) 죄형법정주의(특히 명확성과 과잉금지 원칙) 등과의 관계에서 위헌론이 제기되고 있다.9)

---

6) 김민기, 앞의 글, 253면.

7) 홍관표, "피해자 구제의 측면에서 본 국내 차별금지법", 저스티스 통권 제121호(2010. 12), 한국법학원, 621-622면.

8) 강희원, "부당노동행위제도의 실효성 제고 및 형사 처벌 규정 개선방안", 노동부 연구용역 보고서(2005), 91-92면.

9) 차별행위 처벌에 관한 것은 아니지만, 부당해고에 대한 형사처벌 규정(2007. 1. 26. 법률 제8293호 근로기준법 개정으로 폐지된 것)의 위헌성에 관해서는 정진경, "부당해고와 형사처벌", 노동법연구, 2008년 상반기(제24호), 서울대학교 노동법연구회, 230면 이하 참조.

(2) 국가인권위원회의 차별 진정

2001년 출범한 국가인권위원회는 고용뿐 아니라 재화·용역·교통수단·상업시설·토지·주거시설의 공급이나 이용, 교육시설이나 직업훈련기관에서의 교육·훈련이나 그 이용 등 영역에서 성별, 종교, 장애, 나이, 사회적 신분, 출신 지역(출생지, 등록기준지, 성년이 되기 전의 주된 거주지 등을 말한다), 출신 국가, 출신 민족, 용모 등 신체조건, 기혼·미혼·별거·이혼·사별·재혼·사실혼 등 혼인 여부, 임신 또는 출산, 가족 형태 또는 가족 상황, 인종, 피부색, 사상 또는 정치적 의견, 형의 효력이 실효된 전과, 성적 지향, 학력, 병력 등을 이유로 한 차별행위에 대하여 진정 사건을 처리한다. 2018년까지 인권위에 접수된 고용 영역에서의 차별행위 진정 건수 통계는 다음과 같다.[10]

	합계	모집	채용	배치	교육	승진	임금	임금외 금품	자금 융자	정년	퇴직	해고	기타
2020	700	60	109	9	48	36	190	21		3	1	25	198
2019	850	59	110	22	66	34	222	31	1	11	27	31	236
2018	603	75	112	23	48	31	89	24		6	10	48	137
2017	797	76	183	20	41	39	136	37		3	36	71	155
2016	494	65	93	16	29	12	91	28		6	14	45	95
2015	594	58	124	13	37	16	141	27		10	18	50	100
2014	576	65	123	14	48	27	72	41	1	14	15	70	86
2013	616	56	157	9	41	15	46	27	2	30	11	53	169
2012	773	125	138	27	11	21	112	35	1	58	23	44	178
2011	480	75	114	28	7	14	57	16		14	16	49	90
2010	578	118	112	33	5	16	66	8	1	32	18	43	126
2009	532	162	91	15	7	12	45	13		27	21	41	98
2008	463	99	60	30	8	15	67	17		4	12	50	101
2007	499	124	98	27	6	20	51	13	1	17	12	58	72
2006	387	101	97	21	2	14	52	8		13	18	26	35
2005	503	90	148	17		36	50	12		3	10	45	86
2004	175	51	22	18		9	12	4		3	5	17	34
2003	209	21	54	14		11	26	4		3	6	61	9
2002	55	6	14	1	1	7	11	3				8	4
2001	19		4			2	6	3			1	2	1

---

10) 국가인권위원회, 2020 국가인권위원회 통계(2021. 6), 109면.

전체 차별행위 진정 사건의 권리구제율[11]은 10~39% 수준[12]이지만 '조사 중해결'로 각하·기각된 것은 제외한 인용률은 15%를 넘지 않는다.

	전체처리 건수	권리구제					권리구제율
		합계	인용	조사중 해결			
				소계	각하	기각	
2018	2,437	944	365	579	285	294	39%
2017	2,375	725	192	533	317	216	31%
2016	2,410	559	117	442	256	186	23%
2015	2,016	428	77	351	205	146	21%
2014	2,223	483	162	321	158	163	22%
2013	2,858	743	216	527	169	358	26%
2012	2,559	694	216	478	203	275	27%
2011	1,898	636	272	364	128	236	34%
2010	2,108	643	207	436	202	234	31%
2009	1,660	503	169	334	143	191	30%
2008	1,143	376	119	257	164	93	33%
2007	1,253	416	152	264	214	50	33%
2006	899	296	148	148	137	11	33%
2005	837	140	62	78	67	11	17%
2004	368	26	26	−	−	−	7%
2003	296	33	33	−	−	−	11%
2002	102	10	10	−	−	−	10%
2001	−	−	−	−	−	−	−

한편 국가인권위원회에 정보공개 청구를 통해 받은 자료에 따르면, 차별 영역을 '고용'으로 한정하였을 때 모두 7,881건의 사건 중 인용률(≠권리구제율)이 10% 미만이고, 2018년 기준 고용차별 사건 중 사유가 '성별 등(임신, 출산, 혼인 여부, 용모, 신체조건, 가족상황을 포함)'인 것은 96건으로 20% 정도이다. 2018년만을

---

11) "진정사건 조사 과정에서 조사관의 노력 또는 중재, 상세한 설명 등으로 진정사건이 원만하게 해결되거나 별도의 구제조치가 필요하지 않는 등 진정 당사자들에게 만족할 만한 수준의 구제조치가 이루어진 경우 '조사중 해결'로 처리하고 있다"— 같은 자료, 201면, 각주 47); "'구제율'은 2011. 11. 28. 전원위원회에서 '진정사건 효율적 처리 개선 방안' 논의 시 결정한 사항이다"— 같은 자료 각주 48).
12) 같은 자료, 208면.

놓고 보면 고용 차별사건의 '인용률'은 전체 차별사건 인용률보다 낮은 편이지만, 고용차별 사건 중에서는 '성별 등 차별' 사건의 인용률이 조금 높은 편이다.

종료 년도	차별사유	합계	인용					미인용					조사 중지
			소계	조정	권고	징계 권고	합의 종결	소계	각하	이송	기각	조사 중지	
누계(2002~2018)		7,881	785	20	568	4	193	7,059	5,105	46	1,862	46	37
2018	성별	23	2	–	2	–	–	21	16	–	5	–	–
	임신, 출산	27	6	–	5	–	1	21	18	–	3	–	–
	혼인여부	10	2	–	2	–	–	8	5	–	3	–	–
	용모, 신체조건	23	3	–	2	–	1	20	13	–	7	–	–
	가족상황	13	3	–	–	–	3	10	5	–	5	–	–
	성희롱	15	3	–	3	–	–	12	10	–	2	–	–
	장애	68	9	–	7	1	1	59	42	–	17	–	–
	나이	55	7	–	7	–	–	48	22	–	26	–	–
	사회적신분	97	8	–	7	–	1	89	59	–	30	–	–
	출신국가	4	1	1	–	–	–	3	1	–	2	–	–
	인종	1	–	–	–	–	–	1	1	–	–	–	–
	종교	19	6	–	6	–	–	12	6	–	6	–	1
	출신지역	9	–	–	–	–	–	9	8	–	1	–	–
	사상, 정치적의견	1	–	–	–	–	–	1	–	–	1	–	–
	전과	7	–	–	–	–	–	7	5	–	2	–	–
	성적지향	1	–	–	–	–	–	1	1	–	–	–	–
	학벌/학력	9	2	–	2	–	–	7	5	–	2	–	–
	병력	17	3	–	3	–	–	14	7	–	7	–	–
	기타	76	3	–	3	–	–	73	54	–	19	–	–
	합계	475	58	1	49	1	7	416	278	0	138	0	1

(3) 노동위원회의 차별시정

노동위원회는 ① 근로자에 대한 해고, 징계, 배치전환 등 인사명령이 근로기준법 및 남녀고용평등법에서 금지하는 규정에 위반하여 이루어진 경우 그러한 인사명령의 정당성을 판단하는 과정에서 고용상 성차별 이슈를 다룰 수 있고, ② 기간제 및 단시간근로자 보호 등에 관한 법률(이하, 기간제법)과 파견근로자보호 등에 관한 법률(이하, 파견법)에서 금지하는 비정규직 차별적 처우(기간제법 제8조, 파견법 제21조, 이때 차별적 처우란 근로기준법상의 임금, 정기상여금·명절상여금 등 정기적으로 지급되는 상여금, 경영성과에 따른 성과금, 기타 근로조건 및 복리후생 등에 관한 사항에 있어서 합리적인 이유 없이 불리하게 처우하는 것을 의미한다)에 대하여 시정 사건을 처리한다.

노동위원회의 일반 구제신청 사건 중, 고용상 성차별이 문제된 사건 처리 현황을 별도로 집계한 통계가 없으나, 고용형태 차별시정 사건 처리 현황은 다음과 같이 집계되어 있다.[13)]

	초심							재심						
	소계	인정	기각	각하	취하	조정	중재	소계	인정	기각	각하	취하	조정	중재
2007	145	55	15	1	73	1	0	0	0	0	0	0	0	0
2008	1,897	23	557	74	768	475	0	51	18	20	7	4	2	0
2009	80	10	5	6	48	11	0	15	8	0	4	3	0	0
2010	131	12	19	53	26	19	2	21	12	7	2	0	0	0
2011	77	39	4	3	11	20	0	11	2	4	1	4	0	0
2012	65	5	6	10	27	17	0	13	2	7	4	0	0	0
2013	84	14	12	3	35	20	0	15	9	1	3	2	0	0
2014	150	4	35	4	100	7	0	11	2	4	0	1	4	0
2015	105	22	23	3	47	10	0	51	18	15	3	7	8	0
2016	111	35	17	11	37	11	0	56	27	18	6	4	1	0
2017	164	57	38	8	45	16	0	69	34	27	5	1	2	0
2018	326	58	21	30	84	133	0	76	34	13	16	12	1	0

한편 2021. 4. 29. 국회에서는 고용차별 사건에 대한 노동위원회 관할을 넓히는 남녀고용평등법 개정안을 의결하였는데(공포 2021. 5. 18. 시행 2022. 5. 19), 그 내용은 다음과 같은 제26조~29조의 2를 신설하고 시정 절차와 관련해서는 비정규직법(기간제법·파견법)과 거의 같은 조항을 두는 것이다.

제26조(차별적 처우등의 시정신청) ① 근로자는 다음 각 호의 어느 하나에 해당하는 행위(이하 "차별적 처우등"이라 한다)가 있는 경우 「노동위원회법」 제1조에 따른 노동

---

13) 중앙노동위원회, 차별시정판정·판결례분석집(2015), 6면과 중앙노동위원회, 2018년 노동위원회 통계연보, 21면을 재구성.

위원회(이하 "노동위원회"라 한다)에 그 시정을 신청할 수 있다. 다만, 차별적 처우등이 있은 날(계속되는 제1호 및 제3호에 따른 차별적 처우등은 그 종료일)부터 6개월이 지난 때에는 그러하지 아니하다.

1. 제7조부터 제11조까지의 규정을 위반한 차별적 처우
2. 제14조 제4항 또는 제14조의2 제1항에 따른 적절한 조치를 하지 아니한 행위
3. 제14조 제6항에 따른 불리한 처우 또는 제14조의2 제2항에 따른 해고나 그 밖의 불이익한 조치

② 근로자가 제1항에 따른 시정신청을 하는 경우에는 차별적 처우등의 내용을 구체적으로 명시하여야 한다.

③ 제1항 및 제2항에 따른 시정신청의 절차·방법 등에 관하여 필요한 사항은 「노동위원회법」 제2조 제1항에 따른 중앙노동위원회(이하 "중앙노동위원회"라 한다)가 따로 정하여 고시한다.

Ⅱ. 고용상 성차별 관련 국내 법원 판결례[14]

1. 사법적(司法的) 구제 개관[15]

(1) 헌법재판(위헌법률심판, 헌법소원 등)

공무원의 공권력행사로 인한 헌법의 평등권 침해 행위에 관해서는 헌법소원심판 청구가 가능하고, 법률에 의하여 평등권이 침해되었을 때는 당해 재판 도중 위헌법률심판 청구를 할 수 있다. 일단 헌법재판소에서 평등권을 침해하여 위헌이라고 판정되면 그 인용결정은 모든 국가기관과 지방자치단체를 기속한다(헌법재판소법 제75조 제1항)는 점에서 강력한 효과를 갖지만, 위헌법률심판은 법률의 위헌성만을 다루고 헌법소원은 (비록 평등권의 대사인적 효력에 관해서는 여러 논의가 있지만) 공권력의 행사 또는 불행사를 대상으로 한다는 점[16]에서 그 대상이 매우 한

---

14) 이 부분은 2020년 고용노동부가 발간한 '고용상 성차별 사례집'의 기초가 된 원고(법무법인 지향 위탁과제)를 정리한 것이다.

15) 이 부분은 2008년 한국여성정책연구원의 보고서 「고용 상 차별관련 정책의 효율성 제고방안」 중 김진 집필 부분을 바탕으로, 보완하여 2011. 6. 9. 한국여성정책연구원 차별포럼에서 발표한 글을 일부 수정한 것이다.

16) 헌법재판소법 제68조(청구 사유) ① 공권력의 행사 또는 불행사로 인하여 헌법상 보장된 기본권을 침해받은 자는 법원의 재판을 제외하고는 헌법재판소에 헌법소원심판을 청구할 수 있다. 다만, 다른 법률에 구제절차가 있는 경우에는 그 절차를 모두 거친 후에 청구할 수 있다.

② 제41조 제1항에 따른 법률의 위헌 여부 심판의 제청신청이 기각된 때에는 그 신청을 한 당사

정적이다.

(2) 민사상 구제

차별을 금지하고 있는 법령은 모두 강행규정이므로[17] 차별금지 규정을 위반한 법률행위는 사법적으로 무효이다. 그러나 차별의 구제라는 측면에서 볼 때 차별금지규정을 위반한 행위가 획일적으로 무효가 된다고 하는 것만으로는 부족하며, 균등대우라는 적극적인 행위의무가 부과되어야 하고[18], 그 반대급부로 차별피해자에게 임금 차액 등 균등대우 청구권과 차별행위의 중지를 구할 수 있는 이행청구권, 나아가 위법한 차별행위(불법행위)로 인한 손해배상 청구권이 인정되어야 한다.

장애인차별금지법 제46 내지 48조와 같이 손해배상은 물론, 차별적 행위의 중지, 임금 등 근로조건의 개선, 그 시정을 위한 적극적 조치 등의 판결을 할 수 있다는 명시의 규정을 두고 있는 경우도 있으나,[19] 이 규정은 차별금지의 영역에

자는 헌법재판소에 헌법소원심판을 청구할 수 있다. 이 경우 그 당사자는 당해 사건의 소송절차에서 동일한 사유를 이유로 다시 위헌 여부 심판의 제청을 신청할 수 없다.

17) 이 점에 관해서는 김민기, "균등대우원칙의 사법적 실현", 노동법연구 2008년 하반기(제25호), 서울대학교 노동법연구회, 246면 이하 참조 — 이에 대하여 독일에서의 논의를 중심으로 "차별에 대한 구제방법은 근로관계의 영역별로 다를 수 있기 때문에 차별행위는 언제나 민법 제103조에 반하여 무효라는 식의 도식화는 지양되어야 할 것"이라는 주장으로는 전윤구, "소송을 통한 차별구제방안 연구", 노동법논총 제15집(2009), 한국비교노동법학회, 205면 이하.

18) 김민기, 앞의 글, 249면.

19) 장애인차별금지법 제46조(손해배상) ① 누구든지 이 법의 규정을 위반하여 타인에게 손해를 가한 자는 그로 인하여 피해를 입은 사람에 대하여 손해배상책임을 진다. 다만, 차별행위를 한 자가 고의 또는 과실이 없음을 증명한 경우에는 그러하지 아니하다.

② 이 법의 규정을 위반한 행위로 인하여 손해가 발생한 것은 인정되나 차별행위의 피해자가 재산상 손해를 입증할 수 없을 경우에는 차별행위를 한 자가 그로 인하여 얻은 재산상 이익을 피해자가 입은 재산상 손해로 추정한다.

③ 법원은 제2항에도 불구하고 차별행위의 피해자가 입은 재산상 손해액을 입증하기 위하여 필요한 사실을 입증하는 것이 해당 사실의 성질상 곤란한 경우에는 변론 전체의 취지와 증거조사의 결과에 기초하여 상당한 손해액을 인정할 수 있다.

제47조(입증책임의 배분) ① 이 법률과 관련한 분쟁해결에 있어서 차별행위가 있었다는 사실은 차별행위를 당하였다고 주장하는 자가 입증하여야 한다.

② 제1항에 따른 차별행위가 장애를 이유로 한 차별이 아니라거나 정당한 사유가 있었다는 점은 차별행위를 당하였다고 주장하는 자의 상대방이 입증하여야 한다.

제48조(법원의 구제조치) ① 법원은 이 법에 따라 금지된 차별행위에 관한 소송 제기 전 또는 소송 제기 중에 피해자의 신청으로 피해자에 대한 차별이 소명되는 경우 본안 판결 전까지 차별행위의 중지 등 그 밖의 적절한 임시조치를 명할 수 있다.

② 법원은 피해자의 청구에 따라 차별적 행위의 중지, 임금 등 근로조건의 개선, 그 시정을 위한

있어서 법원의 권한을 창설한 규정이라고 볼 수는 없고 이를 구체적으로 확인한 것으로 보아야 하므로,[20] 다른 차별금지법령에 관해서도 이와 같은 사법적 구제가 가능하다고 보아야 한다.

(3) 형사처벌에 의한 구제

금지된 차별행위에 대한 형사처벌은 차별피해자의 피해를 구제하는 직접적 수단이 아니라는 이유로 '구제조치'에서 제외한다는 의견[21]이 없는 것은 아니지만, 앞서 본 것처럼 '구제'의 의미를 원상회복·손실 전보에 한정하지 않고 폭넓게 재발 방지나 예방으로까지 확대한다면, 위하 내지 일반예방의 관점에서 차별을 규제하고 차별행위를 법적으로 평가하는 형사처벌도 구제 절차에 포함할 수 있을 것이다.

현행법상 차별행위에 대하여 형사처벌을 정하고 있는 법은 근로기준법과 남녀고용평등법이 유일하고, 고령자고용법·장애인차별금지법은 한정된 형태로만 처벌 규정을 두어 원칙적으로 「원상회복주의」를 취하고 있다. 차별을 단순히 반규범적으로 규정하는 것에 머무르지 않고 사회적 또는 국가적 기본질서를 침해하는 범죄로 보고 형사 처벌하는 것에 대해서는 피해자의 보복 감정을 만족시키고, 위하에 의한 일반예방의 효과는 있으나 실체적 차원에서뿐만 아니라 절차적 차원에서도 억제되어 있기 때문에 그 실효성은 별로 크지 않다는 비판이 계속되고 있으며,[22] 죄형법정주의(특히 명확성과 과잉금지원칙) 등과의 관계에서 위헌론이 제기되고 있다.[23]

적극적 조치 등의 판결을 할 수 있다.

③ 법원은 차별행위의 중지 및 차별시정을 위한 적극적 조치가 필요하다고 판단하는 경우에 그 이행 기간을 밝히고, 이를 이행하지 아니하는 때에는 늦어진 기간에 따라 일정한 배상을 하도록 명할 수 있다. 이 경우 「민사집행법」 제261조를 준용한다.

20) 김민기, 앞의 글, 253면.

21) 홍관표, "피해자 구제의 측면에서 본 국내 차별금지법", 저스티스 통권 제121호(2010. 12), 한국법학원, 621~622면.

22) 강희원, "부당노동행위제도의 실효성 제고 및 형사 처벌 규정 개선방안", 노동부 연구용역 보고서(2005), 91~92면.

23) 차별행위 처벌에 관한 것은 아니지만, 부당해고에 대한 형사처벌 규정(2007. 1. 26. 법률 제8293호 근로기준법 개정으로 폐지된 것)의 위헌성에 관해서는 정진경, "부당해고와 형사처벌", 노동법연구 2008년 상반기(제24호), 서울대학교 노동법연구회, 230면 이하 참조.

(4) 소결

별도의 차별시정 기구를 이용하지 않더라도, 법 위반의 벌칙 규정이 있는 경우 피해자나 이해관계인은 법 위반 행위를 검찰청이나 노동사무소에 고소·고발 또는 진정을 통해 형사 소추를 구하는 것이 가능하고, 법 위반의 차별행위에 관해서는 민사 소송을 청구하여 법원에 손해배상을 구하거나 그 차별행위의 근거가 되는 취업규칙이나 단체협약, 근로계약 등의 효력을 부인하면서, 임금 차액을 직접 구하는 임금청구 소송 또는 손해배상청구 소송을 제기할 수 있다. 하지만 실제 헌법상 평등 원칙이나 다른 법의 차별금지 규정에 근거한 민·형사상 소추 사례는 그렇게 많지 않다.

2. 모집·채용상 성차별 사건

(1) 지원 자격을 특정 성으로 제한한 경우

1) 남성으로 특정한 모집공고: 대전지방법원 천안지원 2009. 5. 1. 선고 2009고단310 판결; 항소심 대전지방법원 2009. 7. 22. 선고 2009노1195 판결 (명시적 차별 공고, 유죄)

2) 여성으로 특정한 모집 공고: 청주지방법원 충주지원 2010. 8. 26. 선고 2009고단681, 687, 844, 960, 2010고단80(병합) 판결, 청주지방법원 2010. 12. 30. 선고 2010노1035-1(분리) 판결 (명시적 차별 공고, 원장 무죄)

(2) 채용 기준 및 방법을 남녀 간 달리 배정한 경우

1) 군가산점 위헌 결정: 헌법재판소 1999. 12. 23. 선고 98헌마363 결정

① 사실관계

7급 또는 9급 국가공무원 공개경쟁채용시험에 응시하기 위하여 준비 중에 있던 여성들이, 제대군인이 6급 이하의 공무원 또는 공·사기업체의 채용시험에 응시한 때에 필기시험의 각 과목별 득점에 각 과목별 만점의 5퍼센트 또는 3퍼센트를 가산하도록 규정하고 있는 제대군인지원에관한법률 제8조 제1항, 제3항 및 동법시행령 제9조가 자신들의 헌법상 보장된 평등권, 공무담임권, 직업선택의 자유를 침해하고 있다고 주장하면서 헌법소원심판을 청구하였다.

② 판결요지

전체여성 중의 극히 일부분만이 제대군인에 해당될 수 있는 반면, 남자의 대부분은 제대군인에 해당하므로 가산점제도는 실질적으로 성별에 의한 차별이고, 가산점을 받을 수 있는 현역 복무를 하게 되는지 여부는 병역의무자의 의사와 관계없이 징병검사의 판정 결과, 학력, 병력 수급의 사정에 따라 정해지는 것이므로 가산점제도는 현역 복무나 상근예비역 소집 근무를 할 수 있는 신체 건장한 남자와 그렇지 못한 남자, 즉 병역면제자와 보충역복무를 하게 되는 자를 차별하는 제도이다. 평등 위반 여부를 심사함에 있어 엄격한 심사척도에 의할 것인지, 완화된 심사척도에 의할 것인지는 입법자에게 인정되는 입법형성권의 정도에 따라 달라지나, 헌법에서 특별히 평등을 요구하고 있는 경우와 차별적 취급으로 인하여 관련 기본권에 대한 중대한 제한을 초래하게 된다면 입법형성권은 축소되어 보다 엄격한 심사척도가 적용되어야 할 것인바, 가산점제도는 헌법 제32조 제4항이 특별히 남녀평등을 요구하고 있는 "근로" 내지 "고용"의 영역에서 남성과 여성을 달리 취급하는 제도이고, 또한 헌법 제25조에 의하여 보장된 공무담임권이라는 기본권의 행사에 중대한 제약을 초래하는 것이기 때문에 엄격한 심사척도가 적용된다.

제대군인에 대하여 여러 가지 사회정책적 지원을 강구하는 것이 필요하다 할지라도, 그것이 사회공동체의 다른 집단에 동등하게 보장되어야 할 균등한 기회 자체를 박탈하는 것이어서는 아니 되는데, 가산점제도는 아무런 재정적 뒷받침 없이 제대군인을 지원하려 한 나머지 결과적으로 여성과 장애인 등 이른바 사회적 약자들의 희생을 초래하고 있으며, 각종 국제협약, 실질적 평등 및 사회적 법치국가를 표방하고 있는 우리 헌법과 이를 구체화하고 있는 전체 법체계 등에 비추어 우리 법체계 내에 확고히 정립된 기본질서라고 할 '여성과 장애인에 대한 차별금지와 보호'에도 저촉되므로 정책 수단으로서의 적합성과 합리성을 상실한 것이다.

③ 평가

이 사건은 모집·채용에서의 성차별적 기준 적용의 대표적인 사례라고 할 수 있고, 성별, 장애에 대한 차별금지를 법체계 내에 확립된 기본질서로 천명하고, 성차별 또는 장애 차별 등과 관련하여 문제된 법률의 위헌성을 심사할 때 엄격한

비례성 심사기준을 적용해야 함을 확인했다는 데 의의가 있다.[24]

2) 군가산점제로 인한 채용차별: 울산지방법원 2000. 9. 20. 선고 2000구508 판결;
   항소심 — 부산고등법원 2001. 6. 29. 선고 2000누3528 판결 (군가산점이 위헌이
   라고 밝힌 위 헌법재판소 결정에 따른 것으로 특별히 다른 내용이 있는 것은 아니
   나, 가산점제의 근거 법률이 위헌일 뿐 아니라, 시험실시 기관에게도 가산점을 부여
   하는 재량의 여지가 없다고 선언)

(3) 남녀의 직급, 직군 분리 채용

1) 택시사업조합 성별 분리채용: 부산지방법원 2008. 5. 22. 선고 2007노
4889 판결 (유죄, 양형이 지나치게 가벼움)

2) 한국전기공사협회 사건: 대법원 2006. 7. 28. 선고 2006두3476 판결 (정년
차별 사례로 상술)

3. 임금 및 복리후생 상 성차별 사건

(1) 기본급 및 호봉 차별

1) 연세대 청소원 임금차별 사건: 서울지방법원 서부지원 1991. 6. 27. 선고 90가단
   7848 판결

① 사실관계

연세대학교의 일용직 청소원인 원고는 자신의 노동이 정규직 방호원의 노동
과 동일가치임에도 불구하고 임금차별을 받고 있다고 주장하며 차액을 청구하
였다.

② 판결요지

동일가치의 판단 기준에 대하여 「남녀고용평등법」이 동일가치노동의 징표로
들고 있는 요소 중 기술은 자격증, 학위, 습득된 경험에 의한 능력을, 노력은 육
체적 및 정신적 노력, 작업수행과 관련된 물리적 및 정신적 긴장 즉 노동강도를,
책임은 직업에 내재한 의무의 성격, 범위, 복잡성, 그리고 고용주가 피고용주에게
의지하는 정도를, 작업조건이란 소음, 열, 물리적 위험, 고립, 추위 등의 물리적

---

24) 구미영, "성차별 사건 판례의 검토", 노동법연구 제27호(2009), 서울대학교 노동법연구회, 18-19면.

환경을 각각 의미한다고 설시하였다. 담당하는 업무의 성질, 내용, 책임의 정도, 작업조건 등에 비추어 비교 대상 업무는 동일가치가 아니라고 판단하였다. 특히 일용직 청소원의 직무 내용을 검토하면서 채용 절차의 차이에 주목하였다. 법원은 "특별한 임용절차를 거침이 없이 결원이 생기는 경우 대학교 총무처 관리과에서 학교주변의 가정주부들에게 일자리를 주는 형태로 고용"했음을 볼 때 고용 형태의 차이가 크고 이로 인해 책임의 정도에서 차이가 있다고 판단하였다.

③ 평가

이 사건은 남녀고용평등법상 동일가치노동 동일임금에 관한 사실상 최초의 판결이라고 할 수 있다. 법원은 '동일가치노동'을 판단함에 있어 주로 미국의 「동일임금법」과 관련 규칙을 참조하여 동일가치노동의 판단 기준을 구체적으로 제시하였다고 평가되고 있으며, 1992년 제정된 「남녀고용평등업무 처리규정(예규)」은 이 판결이 판시한 동일가치노동의 판단 요소를 반영한 것이다.[25] 하지만 실제로는 '동일가치노동' 여부를 분석하지 않고, 고용 형태가 업무내용이 다르다는 것을 주된 판단이유로 제시하며 원고패소 판결을 내렸기 때문에, 사실상 '동일노동' 여부를 판단한 것이라는 평가를 받고 있다.[26]

2) 세종연구소 동일가치노동 임금차별 사건: 서울지방법원 1998. 1. 8. 선고 96가합 32886 판결 (확정)

① 사실관계

피고 연구소는 직제개편을 실시하면서, 남자들로만 구성된 기능직 안전원(경호 담당)과 기술원(운전 및 시설관리 담당)은 관리직 또는 기술직 4급으로, 그 중에서도 6호봉 이상인 자들은 같은 3급으로 편입하였다. 그 결과 70여 명의 기능직 남자 직원 중 15명 정도만이 4급으로 편입되고 나머지는 모두 3급으로 편입되었다. 반면에 여자로만 구성된 21명의 사무직은 학력이나 호봉과 관계없이 모두 관리직 5급 또는 기술직 5급(교환원 한정)으로 편입하였다. 이에 대하여 원고인 여성들이 성차별적인 직제개편으로 인하여 지급받지 못한 임금 차액의 지급을 청구하였다.

---

25) 김엘림, [광복 후 2012년까지] 성차별 관련 판례와 결정례 연구, 에피스테메, 2013, 172면.
26) 김엘림, 위의 책, 172면.

② 판결요지

법원은 동일가치노동 동일임금원칙은 "강행규정으로 노사 간의 합의에 의하여 이의 적용을 배제할 수 없는바, 인사 규정 개정 당시 원고들은 남자 직원들과 마찬가지의 관리직 업무를 수행하고 있었고, 그 후에도 계속하여 관리직 업무를 수행하고 있으므로, 인사 규정의 개정으로 관리직으로 전환된 다른 기능직 남자 직원과 임금의 차이가 없도록 직급과 호봉을 부여해야한다"고 판시했다.

③ 평가

이 사건은 직제개편을 실시하면서 기능직을 세분화하여 여성으로만 구성된 직군에 대해 남성으로 주로 구성된 직군보다 낮은 임금을 지급한 조치에 대하여 동일가치노동 동일임금원칙을 적용하면서, 이 원칙이 강행규정으로 노사 간 합의에 의하여 그 적용을 배제할 수 없음을 확인하였다.[27)]

3) 동일가치노동 임금차별 형사처벌(한길사건): 대법원 2003. 3. 14. 선고 2002도 3883 판결

① 사실관계

이 사건 사업장의 타일 제조공정은 성형, 시유, 소성, 선별, 포장, 제유, 잉크제조, 스크린판 제조공정의 8개 공정으로 크게 나누어지고 위 각 공정 중 남자 직원의 근무 인원은 합계 16명이고 여자 직원의 근무 인원은 합계 5명인데 2교대로 근무하므로 남자 직원 총 32명, 여자 직원 총 10명이 교대로 근무하고 있으며, 남자 직원들이 여자 직원들보다 높은 급여를 지급받아 왔다. 여성 근로자들이 사용자를 고소하여 "사용자는 근로자에 대하여 남녀의 차별적 대우를 하여서는 아니 되며 동일한 사업 내의 동일가치의 노동에 대하여는 동일한 임금을 지급하여야 함에도, 남녀근로자에게 서로 다른 일급을 지급함으로써 성별을 이유로 근로자들을 부당하게 대우하였다"는 취지로 1997. 12. 26. 평택지원에 남녀고용평등법위반으로 기소되었고, 1심 법원에서는 기소 3년 10개월만인 2001. 9. 26. 유죄판결을 하였으나(수원지방법원 평택지원 2001. 9. 26. 선고 97고단1484 판결) 피고인이 항소하였고, 2심 법원이 피고인의 항소를 받아들여 1심 판결을 취소하고 피고인에게 무죄를 선고하여(수원지방법원 2002. 7. 11. 선고 2001노3321 판결) 검사가 상고

---

27) 김엘림, 위의 책, 190면.

하였다.

② 판결요지

원심은 여자 직원들이 담당하여 왔던 공정의 업무는 특별한 기술이나 숙련도, 체력을 요하지 아니하는 업무인 반면, 남자 직원들이 담당하여 왔던 공정의 업무는 무거운 기계나 원료를 운반, 투입하여야 하는 체력을 필요로 하는 업무이거나, 기계에 대한 숙련도와 전문적인 기술을 요하는 업무인 사실 등을 인정한 다음, 회사의 여자 직원들이 담당하여 왔던 노동과 남자 직원이 담당하여 왔던 노동은 그 담당하는 업무의 성질, 내용, 기술, 노력, 책임의 정도, 작업조건 등에 비추어 '동일가치의 노동'에 해당된다고 볼 수는 없어 피고인에게 무죄를 선고하였다. 하지만 상고심에서 대법원은, (1) 남녀 모두 하나의 공장 안에서의 연속된 작업공정에 배치되어 협동체로서 함께 근무하고 있고 공정에 따라 위험도나 작업환경에 별 차이가 없어 '작업조건'이 본질적으로 다르다고 할 수 없고 (2) 이들은 모두 일용직 근로자로서 그 '책임'의 면에서 별다른 차이가 있다고 보기도 어려우며, (3) 일반적으로 앞서 본 '기술'과 '노력'의 면에서 임금 차별을 정당화할 만한 실질적인 차이가 없는 한 체력이 우세한 남자가 여자에 비하여 더 많은 체력을 요하는 노동을 한다든가 여자보다 남자에게 적합한 기계 작동 관련 노동을 한다는 점만으로 남자 근로자에게 더 높은 임금을 주는 것이 정당화되지 않는 것인데, 소외 회사의 공장의 경우 남녀근로자가 하는 작업이 작업의 성격이나 기계작동의 유무에 있어 다소 차이가 있고, 작업공정에 따라서는 남자 근로자가 무거운 물건을 운반하고 취급하는 등 여자 근로자에 비하여 더 많은 체력을 소모하는 노동에 종사한 것이 사실이지만, 그렇다고 하여 남자 근로자의 작업이 일반적인 생산직 근로자에 비하여 특별히 고도의 노동강도를 요하는 것이었다든가 신규 채용되는 남자 근로자에게 기계 작동을 위한 특별한 기술이나 경험이 요구되었던 것은 아닌 것으로 보이므로 원심 인정과 같은 정도의 차이만으로 남녀 간 임금의 차별 지급을 정당화할 정도로 '기술'과 '노력'상의 차이가 있다고 볼 수는 없다고 판단하였다.

③ 평가

이 사건 판결 당시만 해도 규정 자체의 실효성과 규범적 효력이 의심되고 있는 상황에서, 이 판결은 '동일가치노동 동일임금 원칙'의 규범적 내용을 확인한 최초의 대법원 판결로서 크게 화제가 되었다. 단순히 원심 판단을 부정하거나 차별적 임금체계를 지적함에 그치지 않고, "체력이 우세한 남자가 여자에 비하여 더 많은 체력을 요하는 노동을 한다든가 여자보다 남자에게 적합한 기계 작동 관련 노동을 한다는 점만으로 남자 근로자에게 더 높은 임금을 주는 것이 정당화되지는 않는 것"이라고 하여 판단 요소 중 '기술'과 '노력'을 '체력'과 구분하였다. 또한 "작업의 성격이나 기계 작동의 유무의 면에서 다소의 차이가 있고, 작업공정에 따라서는 남자 근로자가 무거운 물건을 운반하고 취급하는 등 여자 근로자에 비하여 더 많은 체력을 소모하는 노동에 종사한 것이 사실이지만, 그렇다고 하여 남자 근로자의 작업이 일반적인 생산직 근로자에 비하여 특별히 고도의 노동강도를 요하는 것이었다든가 신규 채용되는 남자 근로자에게 기계 작동을 위한 특별한 기술이나 경험이 요구되었던 것은 아닌 것"이라고 하여, '노동 강도'도 '체력 소모'와는 다른 것이라고 한다.[28] 이는 종래 성차별적 통념에 의해 남성의 직무를 여성의 것보다 더 많은 기술, 노력이 필요한 것으로 평가하여 성차별적 결과를 초래할 가능성을 고려하여, 남녀 간에 직무가 다르더라도 임금차별이 인정되는 경우를 매우 제한함으로써 동일가치노동 여부를 판단하는 모형을 제시한 것이다.[29]

이 사건은 또한 연세대학교 청소원이나 한국통신 계약직 사건 등과는 달리, 법률 규정에 기한 임금 차액 청구 소송이 아니라, 위법성 여부만이 문제가 된 형사 사건이라는 특수성을 가지며, 사실 그렇기 때문에 동일가치노동의 판단 기준이 간명하게 제시되면서 쉽게 효력을 인정할 수 있었을 것이다. 그러나 반면 바로 그렇기 때문에 그 규범력이 구체적으로 어떻게 효력을 발휘하는 것인지 — 남녀 간의 직무에 임금차별을 정당화할 만한 실질적 차이가 있으려면 어느 정도 차이가 있어야 하는지, 위 회사에서 남녀의 노동 가치가 완전히 동일한 것인지 아니면 임금 차액만큼 차이가 나지는 않는다는 것인지, 어느 정도 차이가 났을 때

---

28) 이에 대해 반대하는 견해는 "… 그러나 동일가치노동의 기준은 직무수행에서 요구되는 기술, 노력, 책임 및 작업조건 등으로 한다는 남녀고용평등법 제8조의 내용을 남녀고용평등법 전체에 비추어 볼 때 정확한 해석인지 의문스럽다"고 하면서, "… 진정한 실질적 요인에 의하여 여자근로자가 할 수 없기 때문에 배제되는 경우에는 동일가치노동의 판단에 있어서 신중해야 하며, 이 경우에 여자 근로자가 할 수 없다는 이유가 노동의 강도 때문이라면 동일가치의 노동이 아니라고 생각된다"고 한다 — 이달휴, "남녀근로자에 있어서 동일가치노동의 판단기준", 중앙경제사(2003. 6), 월간 노동법률, 74-77면.

29) 김엘림, "동일가치노동·동일임금원칙", 한국노동법학회 2003년 하계 학술대회 자료집(2003), 24면.

법 위반이라고 할 수 있는 것인지, 노동 가치는 약간 차이가 있다고 인정되는 경우에는 얼마만큼 임금 차액을 보전해 주어야 하는 것인지 — 에 대해서는 답이 되지 않는다는 한계가 있다.[30]

4) 인천공항 미화원 임금차별 사건 [주식회사 경암 사건]: 인천지방법원 2012. 8. 16. 선고 2011가합15717 판결 (2심에서 합의로 소 취하)

① 사실관계

인천국제공항 여객터미널의 환경미화업무를 수행하는 용역회사인 피고는 환경미화원들 중 주간조 남성 근로자에게는 주간조 여성 근로자보다 월 85,000원에서 월 90,000원, 야간조의 경우 월 40,000원의 급여를 더 지급하였다. 이에 여성 근로자들이 동일가치노동 동일임금 조항에 근거하여 임금차액지급 소송을 제기한 사건이다. 피고 회사는, 여성 근로자인 원고들과는 달리 주간조 남성 근로자들의 경우 ① 소변기 추가 세밀 작업, ② 우천 시 방풍실 매트 및 우산꽂이 설치, 제거 작업, ③ 세면대 및 음수대 매트 세척 시 운반 및 재설치 작업, ④ 사다리를 이용한 작업 및 높은 지역의 싸이니지 및 디퓨저 먼지 제거 작업, ⑤ 환경미화용품(미화소모품 및 약품) 등 물품 수령 및 이동작업, ⑥ 커브사이드 모래 및 물 운반 작업, ⑦ 각종 환경미화용 기계작업(입식 장비 이상) 및 장비 고장시 수리작업 등을 전담하고 있고, 야간조 남성 근로자들의 경우에도 ① 왁스·우드작업, ② 커브사이드 물세척 작업, ③ 우천 시 방풍실 매트 및 우산꽂이 설치, 제거 작업 등을 전담하고 있으므로 여성 근로자들과 동일가치의 노동을 한 것으로 볼 수 없다고 주장하였다.

② 판결요지

높은 지역에서 이루어지는 작업, 환경미화용품 운반 등에 있어 남녀근로자들의 업무분담에 어느 정도 차이가 있다고 보이지만, 관련 증거를 종합하면, ① 과업내용서 상 업무의 내용과 투입 인원의 자격 및 관리기준, 업무 분담에 있어 남녀 간의 구분이 전혀 없는 점, ② 남녀근로자가 대부분 함께 환경미화작업을 하고 있어 '작업환경'에 별다른 차이가 있다고 볼 수 없는 점, ③ 신규 근로자를 채용할 때 특별한 기준이나 자격을 요구하지 않았고 신체건강한 자를 채용조건으로

---

30) 김진, "동일가치노동·동일임금 규정의 규범력", 민주사회를 위한 변론 54호(2003), 25면.

하고 있으며 달리 위 여객터미널에서 남성 근로자의 작업이 일반적인 환경미화원에 비하여 특별히 고도의 기술이나 노동 강도를 요한다고 인정할 만한 자료가 없으므로 남녀 간 임금의 차별 지급을 정당화할 정도로 '기술'과 '노력'상의 차이가 있다고 볼 수는 없는 점, ④ '기술'과 '노력' 면에서 임금 차별을 정당화할 만한 실질적 차이가 없는 한 체력이 우세한 남자가 여자에 비하여 더 많은 체력을 요하는 노동을 한다든가 여자보다 남자에게 적합한 기계 작동 관련 노동을 한다는 점만으로는 남성 근로자에게 더 높은 임금을 주는 것은 정당화되지 않는 점 등의 사정에 비추어 보면, 피고 회사의 주간조(오후조) 남녀근로자들 사이에 위 업무 분담 차이에도 불구하고 그 임금 격차가 직무수행에 요구되는 기술, 노력, 책임, 작업조건의 차이, 근로자의 학력·경력·근속연수 등의 차이 등에 따른 것으로 볼 수 없고, 달리 이를 인정할 만한 증거가 없으므로, 피고는 동일가치의 노동에 대하여 성별을 이유로 원고들에게 동일한 임금을 지급하지 않은 것이다.

③ 평가

이 사건은 한길사건에서 확인된 '동일가치노동' 판단 기준에 관한 판례 기준을 민사사건에서 가장 충실하게 구현한 것으로 볼 수 있다. 업무 분담 차이가 아니라 기술, 노력, 책임, 작업조건 등의 차이에 따른 것으로 볼 수 있는지를 하나하나 따져 노동의 가치를 판단하려 하였기 때문이다. 다만 항소심에서 합의로 소가 취하되어 상급심의 판단으로 남지 않았다는 아쉬움이 있다.

5) 기륭전자 동일가치노동 임금 차액 청구 사건: 서울행정법원 2008. 6. 12. 선고 2007구합45057 판결[31]

① 사실관계

원고 회사는 생활정보지에 '생산직 또는 전자제품 조립 경험자를 구한다'는

---

31) 다만 이 사건에 대해 원고가 항소하였고, 서울고등법원이 "국가인권위원회법 제44조는 인권침해나 차별행위에 대한 구제조치의 이행 등의 권고를 받은 소속기관 등의 장은 권고사항을 존중하고 이행하기 위해 노력해야 하고 이행하지 않을 경우 문서로 이유를 설명해야 한다고 정하고 있을 뿐"이라며 "권고의 효력이나 불이행시 불이익에 대해서는 아무런 정함이 없다"고 하고, "인권위가 기륭전자에 대해 한 손해배상권고가 기륭전자의 권리를 제한하거나 의무를 부과하는 등으로 구체적인 권리의무에 직접적 변동을 초래하는 것은 아니므로, 행정소송의 대상이 되는 행정처분에 해당하지 않으므로 권고결정의 취소를 구하는 소송은 부적법하다"고 하여 소를 각하하였다(서울고판 2009. 5. 28, 2008누17631). 한편 이 회사 총무부장과 대표이사는 남녀고용평등법 위반으로 처벌 받았다(서울남부지판 2009. 10. 12, 2008고정3051, 항소심 — 서울남부지판 2010. 2. 11, 2009노1951).

내용으로 신규 생산직 직원 채용을 공고해 왔는데, 업무나 공정에 따라 남·녀를 달리 모집한다는 내용은 포함되지 않았다. 원고 회사의 생산업무에는 특별한 기술이 필요하지 않았기 때문에 신입 직원들은 간단히 생산 공정을 익힌 후 작업 배치에 따라 각 공정에 바로 투입되었고, 작업 배치에 남녀 성별에 따른 업무 구분은 없었으며, 각 부서의 조장은 작업량이나 인력 수요에 따라 수시로 작업 배치를 변경할 수 있었다. 조립 및 검사 공정, 포장 공정을 마친 제품들을 일정 분량에 이르면 한꺼번에 컨테이너로 운반하는 상차작업을 하였는데 생산 부문에 근무하던 남녀근로자 전원이 동원되기도 하였다. 그런데 계약직 직원 6명의 여성 근로자에 대하여 같은 계약직 남성 근로자 이○○, 김○○ 등보다 적은 임금을 받았다.

여성 근로자들이 해고를 당한 후 임금차별에 대해 국가인권위원회에 진정을 하였고, 국가인권위원회가 손해배상 권고를 하자 회사 측에서 이를 취소해 달라는 행정소송을 제기하였다.

② 판결요지

진정인들과 이○○은 원고 회사의 생산직 근로자로서 연속된 작업공정의 각 단계에 배치되어 협동체로서 육체적, 정신적 부담이 거의 비슷한 일련의 업무를 수행한 것으로 봄이 상당하고, 달리 이○○이 진정인들에 비해 기본급을 더 지급 받을 합리적인 이유를 인정할 만한 증거가 없다. 가사 원고의 주장대로 진정인들이 조립업무를 담당하였던 반면 이○○은 주로 육체적 부담이 더 큰 상차업무를 담당하였다 해도 체력이 상대적으로 우세한 남성이 여성에 비해 더 많은 체력을 요하는 노동을 한다는 점만으로는 남성 근로자에게 더 높은 임금을 주는 것이 정당화되지 않으며, 단순한 근력을 필요로 하는 상차업무가 섬세함과 집중력, 경험을 필요로 하는 조립업무에 비해 더 높은 임금을 지급해야 할 만큼의 많은 노력과 높은 기술을 요하는 업무로도 보이지 않는다. 또한, 원고는 이○○, 안○○, 박○○, 김○○ 등 이○○보다 기본급이 높은 여성 근로자들도 존재하였으므로 이○○이 반드시 여성 근로자보다 높은 임금을 받은 것은 아니라고도 주장하나, 위 사람들이 원고 회사에 입사한 시기는 1993년경부터 1996년경 사이인 사실이 인정되어 그들의 기본급을 이 사건 진정의 비교 대상으로 삼기는 어려우므로 원고의 위 주장도 받아들일 수 없다.

③ 평가

이 사건은 차별로 인한 임금 차액 지급을 구한 민사소송이 아니라 국가인권위원회의 차액 지급 권고의 취소를 구하는 행정소송이라는 점에서 의미가 있다. 하지만 내용상으로는, 작업 내용에 있어 실질적인 차이가 없고, 작업배치에 남녀 성별에 따른 업무 구분이 없었으며 각 부서 조장이 수시로 작업배치를 변경할 수 있었음에도 불구하고, 성별에 따라서 차등 임금을 지급하였다는 점에서, 전형적인 임금차별이라고 볼 수 있다.

6) 콜텍 임금차별 사건: 대법원 2011. 4. 28. 선고 2011다6632 판결[32](심리불속행)

① 사실관계

악기 및 관련 제품을 제조하는 피고 회사의 공장 생산과정은 성형라인(재단반, 기계반, 제통반, 사상반), 도장라인(중도반, 연마반, 상도반), 완성라인(광택반, 조립반, 포장반)으로 구성되는데, 근로자를 신규 채용하는 경우 근무부서를 남녀 사이의 구분 없이 생산직으로 포괄적으로 지정하거나 일부 부서 지정을 하더라도 현장 사정에 따라 다른 공정으로 이동시키기도 하지만, 남녀근로자는 하나의 공장 안에서 연속된 작업공정에 배치되어 협동체로서 함께 근무하고, 신규 근로자를 채용할 때 특별한 기준이나 자격을 요구하지 않았으며, 여성 근로자가 기계 작동을 하는 경우도 있었고, 임금책정 기준과 관련된 취업규칙, 단체협약 등의 규정이 없었고 공장장이 임의로 책정하였다(기계반 소속 남성 근로자로 5년 8개월을 근속한 직원에게는 일급 30,700원을 지급한 데 반하여 같은 공장 같은 소속의 여성 근로자로서 10년 4개월을 근속한 직원에게는 일급 25,300원을 지급). 이에 이 공장에서 근무하다 해고된 여성 근로자들이 차별적 임금에 대하여 형사 고소 및 민사소송 제기하였다.

② 판결요지

남녀고용평등법은 근로기준법 제6조의 내용을 구체화한 법률로서 근로기준과 관련되는 부분에서 법이 정하는 기준에 미치지 못하는 근로조건을 정한 근로계약은 그 부분에 한하여 무효로 하고 무효로 된 부분은 법에서 정한 기준에 따

---

32) 이 판결은 심리불속행 사건이므로 아래 사실관계와 판결요지는 제1심인 서울남부지방법원 2010. 7. 28. 선고 2008가소346192 판결과 항소심인 서울고등법원 2010. 12. 24. 선고 2010나90298 판결을 주로 참고하였다. 민사 사건보다 조금 일찍 진행된 형사사건은 대전지방법원 논산지원 2007 고단731, 대전지법 2008노2053, 대법원 2008도9909 판결이다.

른다고 규정한 근로기준법 제15조의 규정이 적용될 수 있는 점… 동일가치노동
에 대해 성별을 이유로 동일 임금을 지급받지 못한 원고들은 피고 회사에 차별받
은 임금 상당액을 청구할 권리가 있다. 남녀고용평등법 제8조 제1항에서의 '동일
가치의 노동'이라 함은 당해 사업장 내의 서로 비교되는 남녀 간의 노동이 동일하
거나 실질적으로 거의 같은 성질의 노동 또는 그 직무가 다르더라도 객관적인 직
무평가 등에 의하여 본질적으로 동일한 가치가 있다고 인정되는 노동에 해당하는
것을 말하는 것이다. 동일가치의 노동인지 여부는 같은 조 제2항 소정의, 직무수
행에서 요구되는 기술, 노력, 책임 및 작업조건을 비롯하여 근로자의 학력·경
력·근속연수 등의 기준을 종합적으로 고려하여 판단하여야 하며, '기술, 노력, 책
임, 작업조건'은 당해 직무가 요구하는 내용에 관한 것으로서, '기술'은 자격증, 학
위, 습득된 경험 등에 의한 직무수행능력 또는 솜씨의 객관적 수준을, '노력'은 육
체적 및 정신적 노력, 작업수행에 필요한 물리적 및 정신적 긴장, 즉 노동강도를,
'책임'은 업무에 내재한 의무의 성격·범위·복잡성, 사업주가 당해 직무에 의존
하는 정도를, '작업조건'은 소음, 열. 물리·화학적 위험, 고립, 추위 또는 더위의
정도 등 당해 업무에 종사하는 근로자가 통상적으로 처하는 물리적 작업환경을
말한다. 피고는 인력수급 정책상 이직률이 높은 남성 근로자에 대하여 여성 근로
자에 비하여 높은 임금을 지급하였던 것으로 보인다. 그러나, 이 사건 공장 내에
서의 남녀근로자들이 하는 일에 다소 차이가 있기는 하지만 그것이 남녀근로자의
임금에 있어서 차등을 둘 만큼 실질적으로 중요한 차이라고 보이지 않는다. 피고
는 남녀 간의 업무에 있어서 작업강도가 달라 남성이 더 보수가 높다고 진술하였
으나, 일반적으로 '노력'의 면에서 임금차별을 정당화할 만한 실질적인 차이가 없
는 한 체력이 우세한 남자가 여자에 비하여 많은 체력을 요하는 노동을 한다는
점만으로는 남자 근로자에게 더 높은 임금을 주는 것이 정당화되지 않는다. 그
밖에 노동강도나 학력, 경력, 근속연수, 직급 등의 차이에 따른 객관적·합리적
기준을 정립하여 임금을 차등 지급하지도 않았다.

③ 평가

이 사건은 공식적인 임금 결정 기준이 부재한다 하더라도 성별과 임금 격차
사이에 상관관계가 있는 것으로 차별을 입증할 수 있고, 당해 사업장의 임금 결
정 관행상 드러나는 결정 기준들을 추출하여 이에 따라 임금 차액을 산정할 수

있다고 판시하였다는 점에서 의미가 있다.

비공식적이고 임의적인 고용 관행이라고 해서 자동적으로 고용차별이 부인되는 것은 아니라는 점, 임금차별 피해자의 실효성 있는 구제를 위해서 차액청구권이 인정된다고 판단했다는 점에서 대상판결은 고용차별 관련 법리의 발전에 중요한 기여를 할 것으로 보인다.[33)]

(2) 직군·직렬 분리로 인한 임금차별

1) 효성 임금차별 사건: 대법원 2011. 3. 10. 선고 2010다13282 판결[34)]

① 사실관계

나일론 원사와 타이어 보강재를 생산하는 화학섬유 제조업체에서 생산직 근로자로 근무하는 여성 근로자들은 전원 '생산직'으로, 남성 근로자들은 전원 '기능직'으로 분류되어 생산직 근로자는 기능직 근로자에 비해 상대적으로 낮은 임금을 지급받았다. 기능직 근로자에 대해서는 피고 회사의 전체 공정에 순환배치하고 있으나 생산직 근로자는 제직공정, 연사리와인딩 공정 등에 한정하여 순환배치하고 있으며 현재 생산직 근로자는 연사리와인딩 공정에 8명, 검사업무에 10명이 근무하였다.

원고들은 제직공정과 연사리와인딩 공정에 근무하면서 같은 공정에서 일하는 기능직 남성 근로자와 동일가치의 노동을 피고 회사에게 제공하였음에도 더 적은 임금을 지급받는 차별을 당하였고, 당사자들 사이의 근로계약 중 구 남녀고용평등법 제8조 제1항에 위반한 임금 약정은 무효이므로 피고 회사는 원고들과 근속기간이 동일한 기능직 남성 근로자들과의 임금 차액에 해당하는 금원을 원고들에게 지급할 의무가 있다고 주장하며 민사소송을 제기하였다(국가인권위원회 진정도 제기하여 임금차별로 인정받았다. — 국가인권위원회 2008. 10. 27. 자 07진차981 결정).

② 판결요지

남녀가 하는 노동이 동일가치를 가지는지 여부는 대상이 되는 노동의 비교를 통해서 알 수 있는데, 남녀고용평등법은 동일가치노동의 비교범위를 동일 사업장으로 한정하고 있고 이 사건에서 기능직 남성 근로자는 각 공정에 전환 배치

---

33) 구미애, "콜텍 임금차별 소송 판결의 의의", 이화젠더법학 제3권 제2호(2011. 12), 17면.

34) 아래 사실관계와 판결요지는 제1심인 울산지방법원 2009. 2. 19. 선고 2007가단22834 판결과 항소심인 부산고등법원 2010. 1. 27. 선고 2009나4947 판결을 함께 참고하였다.

되고 있으므로 중합, 방사, 권취, 연사, 제직공정에서 기능직의 노동과 원고들이 근무한 제직 또는 연사리와인딩 공정에서 생산직의 노동을 비교하여 그 동일가치 여부를 판단할 수 있고, 원고들이 근무한 제직공정과 연사공정 내의 기능직 남성 근로자의 노동에 비교 대상을 한정할 수는 없다.

피고 회사의 화학섬유 생산 공정은 생산용 기계와 장비를 관리하고 각 기계를 점검하는 작업이 주종을 이루나 작업기계의 성격상 고온, 고소음의 작업장에서 장시간 상당한 주의력을 가지고 기계를 관리할 것이 요구되고 기계 관리에 상당한 노동력을 필요로 하므로 노동집약적 성격이 강하다고 할 것이다. 이 사건 각 공정별 업무의 내용이 상이하여 각 공정별로 요구되는 노동의 가치에 관하여 엄밀하게 동일성을 비교, 판단하기는 쉽지 않으므로 각 공정별 노동의 범주를 파악하여 그 노동 가치의 스펙트럼을 비교하여 판단할 수밖에 없다고 할 것이다. 이런 관점에서 피고 회사의 ○○공장에서 일하는 기능직 근로자와 원고들을 포함한 생산직 근로자들의 노동의 차이가 그 임금 차이를 정당화할 수 있을 정도로 기술, 노력, 책임, 작업조건의 면에서 차이가 있는지 살펴보면, 제직공정 내의 생산직과 기능직은 책임의 측면에서, 연사공정과 연사리와인딩 공정은 책임과 작업조건의 측면에서 동일가치라고 평가하기 어려울 뿐 아니라, 전체 공정 중 중합·방사공정의 기능직 근로자들의 기술과 노력 측면에서의 노동 가치, 중합·방사·권취·연사 공정의 작업조건 측면에서의 기능직 근로자들의 노동가치 등을 고려하면 기능직 근로자들의 노동가치가 나타내는 스펙트럼과 원고들이 속한 생산직 근로자들의 노동가치 스펙트럼이 동일하다고 할 수는 없으며 이러한 차이는 상이한 임금을 지급하는 피고 회사의 조치를 정당화할 수 있을 정도라 할 것이므로 원고들의 노동과 기능직 남성 근로자들의 노동이 동일가치임을 전제로 한 원고들의 주장은 이유 없다.

③ 평가

이 사건보다 앞선 한길 사건이 형사사건이고, 콜텍 사건이 심리불속행 판결이었다는 점에서, 효성 임금차별 사건은 임금 차액 청구를 다룬 최초의 대법원 판결이라고 할 수 있다. 또한 이 사건은 직무 가치의 비교 대상 설정이 쟁점으로 다뤄진 최초의 판결이기도 하다.[35]

---

35) 김엘림, 앞의 책, 185면.

그런데 남성 직군의 담당 공정이 여성 직군에 비해 더 다양하다는 이유로, 전체 기능직이 아니라 기능직의 일부(연사, 제직만을 담당)를 비교 대상으로 설정할 것을 주장하는 근로자 측 주장이 배척되고 "이 사건에서 기능직 남성 근로자는 각 공정에 전환 배치되고 있으므로 중합, 방사, 권취, 연사, 제직공정에서 기능직의 노동과 원고들이 근무한 제직 또는 연사 리와인딩 공정에서 생산직의 노동을 비교하여 그 동일가치 여부를 판단할 수 있고, 원고들이 근무한 제직공정과 연사 공정 내의 기능직 남성 근로자의 노동에 비교 대상을 한정할 수는 없다"고 판시했다. 남성과 여성의 입사 당시 자격 요건은 동일했는데, 여성이 중합, 방사 공정에 배치되지 못해서 해당 공정의 고난도 기술을 배울 기회를 얻지 못했고, 제직공정 내에서도 조, 반장 업무를 기능직에 부여한 것도 차별이라는 주장도 받아들여지지 않은 것이어서, 차별적인 배치로 인한 성별 직무분리는 동일가치 판단 단계에서 고려될 필요가 없다고 보았다는 점에서 문제가 있다.

2) TDK 임금차별 사건: 대법원 2013. 3. 14. 선고 2010다101011 판결[36]

① 사실관계

비정규직(시간제) 여성 근로자인 원고가 소성실 전기로를 관리하는 정규직 남성 근로자와 '동일가치노동'을 함에도 임금에 있어서 차별을 받아 왔음을 이유로, 청구취지 상당 금액을 지급하여야 한다고 주장하였다.

② 판결요지

원고들의 정렬 작업과 남자 직원들의 전기로 관리 작업은 1994년경부터 각기 운영된 작업 규정과 원고들의 경력서 기재에 비추어 각기 본연의 업무로 보이는 점, 원고들은 남자 직원들이 전담하는 온도 관리 업무에 관여한 적은 전혀 없는 점, 원래 정렬실 작업자가 아닌 남자 직원들도 원고들 업무를 할 수 있었다는 점은 원고들 업무를 단순노동으로 볼 여지가 있는 점, 소성실 전기로 온도 관리가 잘못될 경우 당해 전기로에 투입된 모든 제품이 손상되는 반면에 원고들의 정렬 업무가 초래하는 위험은 당장에 정렬 작업 중인 소량의 수량에 불과한 점, 남자 직원들의 전기로 작업은 모든 제품을 대상으로 하고, 품목별 설정 온도는 영업비밀로서 관리되는 반면 원고들의 정렬 작업은 수취기로 자동 정렬이 안 되는

---

36) 아래 사실관계와 판결요지는 제1심인 서울남부지방법원 2008. 7. 2. 선고 2007가단16179 판결과 항소심인 서울고등법원 2010. 10. 29. 선고 2009나41184 판결을 함께 참고하였다.

전체 20~25%가량의 제품만을 대상으로 하는 점 등을 종합하면, 원고들과 전기로 관리 남자 직원들의 업무는 책임이 다르다고 할 것이다. 남자 직원들의 작업인 전기로 1회 공정은 12시간가량의 장시간이고 오작동이 일어나는 경우 이러한 긴 공정이 허사가 될 뿐 아니라 물량 손실도 크며, 24시 3교대 체제로 업무 인수인계가 필요한 점에서 원고들 업무와 정신적 노력과 긴장의 차이를 인정할 수 있다. 따라서 원고들과 비교 대상 남자 직원의 작업은 '책임'과 '노력' 면에서 다르므로 "동일가치" 노동으로 볼 수 없다.

③ 평가

이 사건은 효성사건처럼 비교 대상이 문제가 되었고, 동시에 '동일가치' 판단 요소에 관한 상세한 판단도 포함되어 있다. 원고들은 비교 대상을 소성부 남자 직원뿐 아니라 포장부 남자 직원도 포함시켜야 한다고 주장했으나, 법원은 소성부 남자 직원들뿐 아니라 포장부 남성 근로자의 직무도 동일가치가 아니라고 판단하였다. 이 판결 역시 처음 작업배치에서 합리적 이유 없는 차별적 처분이 이루어졌다는 점에 관해서는 고려되지 않았다.

4. 정년 · 퇴직 · 해고 성차별 사건

(1) 정년 차별

1) 전화교환원 정년차별 사건 [제1차]: 대법원 1988. 12. 27. 선고 85다카657 판결

① 사실관계

피고 공사는 1982. 1. 1.자로 체신부의 전기통신업무를 이관받았다. 원고는 1961. 6. 1.부터 체신부 교환직렬직원으로 근무하다가 1982. 12. 31. 피고 공사로부터 교환원의 정년인 43세에 달하였다는 이유로 정년퇴직 발령을 받았다. 당초 체신부 공무원으로 재직시 정년은 관계 법령에 의하여 43세이었으나, 피고 공사가 발족하면서 취업규칙이라 할 수 있는 인사 규정을 새로 제정하면서 교환직렬직원을 일반직 직원으로 분류하고, 일반직원의 정년은 일률적으로 55세로 규정하여 결과적으로 원고와 같은 직렬의 정년이 위 55세로 되었는데, 피고 공사는 1982. 5. 20. 위 인사 규정을 개정하면서 교환직렬직원의 정년은 43세로 한다는 단서 조항을 삽입하였다. 원고는 교환직렬직원의 직종이 전통적 여성 직종이고 현재도 대다수가 여성으로 구성되어 있는 현실을 감안할 때 위 단서 조항은 실질적인 남녀 차별 규정임이 분명하여 헌법 제10조 제1항에 위반되어 무효이며, 원·피고 간의 계약을 사법상 고용계약으로 보더라도, 남녀 차별을 금지한 근로기준법 제5조, 노동조합법 제11조에 위반되며, 민법 제103조 위반이라고 주장한다. 또, 근로조건의 불이익 변경을 내용으로 할 때에는 기득권을 가진 개별조합원의 특별수권이 있을 것을 요하는바, 피고 공사는 원고 등의 개별수권 없이 일방적으로 인사 규정을 불이익하게 개정하였으므로 절차 위반으로 무효라고 주장한다.

② 판결요지

피고 공사의 교환직렬은 전통적으로 여성 근로자로 충당되어 왔고 남녀근로자의 수나 비율을 보더라도 약 4,800명가량의 교환직렬 가운데 남성은 불과 3명 정도였으며 그 후 교환직렬직원이 7,480명으로 증가되었는데도 남성은 3명에 머물러 있었다면 위 3명의 취업사정과 남성들의 취업경향 여하에 따라서는 교환직렬직종은 이를 여성전용직종으로 볼 여지가 있으므로 만약 이를 여성전용직종으로 볼 경우 이 직렬직종의 정년을 다른 일반직직렬의 정년에 비해 12년이 낮게 정하여진 것은 여성에 대한 불합리한 차별에 해당되는지의 여부를 검토하여야 할 것이다. 이에 심리미진과 이유불비가 있어 원심판결을 파기하고 사건을 원심법원으로 환송한다(원심은 직렬 자체의 정년이고 남성도 3명 포함되어 있었다는 이유로 합리적 이유를 인정).

③ 평가

이 사건은 남녀고용평등법이 제정되기 전 시작된 사건으로, 특정성 전용직종에 대한 근로조건 차별이 헌법과 근로기준법, 민법이 금지하는 성별에 따른 차별에 해당한다고 인정한 첫 대법원 판결이다. 이 소송 과정에서 여성 고용차별 문제에 관한 사회적 관심이 높아지고 정부와 공공기관에서 여성 공무원과 여성 근로자 정년을 연장하게 되었으며, 여성들이 소송과 고소, 진정을 통해 권리를 확보하는 일을 촉진시켰으며, 무엇보다 1987년 12월 남녀고용평등법이 제정되는데 기여하였다.[37]

---

37) 김엘림, 앞의 책, 226면.

2) 전화교환원 정년차별 사건 [제2차]: 대법원 1996. 8. 23. 선고 94누13589 판결[38]

① 사실관계

1차 사건 이후 단체협약과 취업규칙에서 남자의 경우는 55세, 여자의 경우는 53세로 정년퇴직을 변경하였고, 같은 원고가 1992년 12월 31일이 정년인 53세 정년으로 퇴직한 후 다시 정년퇴직 무효확인 소송을 제기하였다. 원고의 교환직원의 수는 1982년 설립 당시 4,790명, 1989년 3월 경 6,700명, 1993년 3월 경 6,400명, 1994년 5월 경 6,208명이었으나 그중 남성은 1978년부터 1981년 사이에 체신부의 교환원 공개채용시험에 합격하여 교환원으로 임용되었다가 원고의 교환원으로 옮겨 근무하던 3명뿐이었고, 그나마 이 사건 참가인에 대한 정년퇴직 발령 당시에는 퇴직하거나 다른 직군으로 전환되어 원고의 교환직렬 직원은 모두 여성으로 구성되어 있었던 사실, 1987. 9. 4.부터 1994. 5. 31.까지 사이에 원고의 교환원 869명이 퇴직하였는데 그중 53세 정년에 달하여 퇴직한 자는 1명뿐이고 41세 이전까지 퇴직한 자는 786명으로 총퇴직자의 90%를 넘고 있는 사실 등이 인정되었다.

② 판결요지

1987년 9월 4일부터 1994년 5월 30일까지의 원고의 교환직렬 직원의 퇴직자 869명 중 53세의 정년으로 퇴직한 자는 1명뿐이고, 그 나머지는 모두 정년에 이르기 전에 조기퇴직한 사실(이러한 점에 비추어 볼 때 53세가 넘는 고령의 여성근로자가 야간근무 등을 수반하는 교환직의 업무를 담당하는 것이 적합한지도 의문이다), 1994년 5월 30일 현재 교환직렬 직원 중 53세가 10명, 52세가 35명, 51세가 51명, 50세가 40명, 49세가 64명, 48세가 70명에 이르는 점에 비추어 보면 잉여 인력으로 말미암아 신규 채용이 이루어지지 않고 있는 교환직렬의 경우 담당 인력의 고령화가 지속되고, 게다가 원고의 교환직렬의 정년을 다른 직렬의 경우와 같이 58세로 연장하면 교환직렬은 더욱 고령화되고, 신규인력의 유입이 어려워짐에 따라 연공서열제를 채택하고 있는 원고의 고용 비용은 증가되고 상대적으로 생산성은 낮아질 수밖에 없는 사실을 알 수 있는바, 사정이 그러하다면 원고의 교환직렬에서의 인력의 잉여 정도, 연령별 인원 구성, 정년 차이의 정도, 차등 정년을 실시함에 있

---

38) 이 판결의 영향으로 이후 희망퇴직한 여성전화 교환원들이 제기한 민사소송에서도 모두 청구가 기각되었다 — 서울지판 1997. 2. 20, 95가합103071; 1997. 3. 27, 96가합51559.

어서 노사 간의 협의를 거친 점, 신규 채용을 하지 못한 기간, 현재의 정년에 대한 교환직렬 직원들의 의견 등에 비추어 보아 원고가 교환직렬에 대하여 다른 일반직 직원과 비교하여 5년간의 정년 차등을 둔 것이 사회 통념상 합리성이 없다고 단정하기는 어렵다.

③ 평가

여성전화교환원 43세 정년 무효 확정판결 후 복직한 원고가 다시 53세 정년으로 퇴직하게 되어 제기한 소송에서 (남녀고용평등법이 제정되었음에도 불구하고) 대법원이 정반대의 판단을 한 문제적 사례이다. 이 판결에 대해서는 우리 법과 판례에서 채택되고 있는 '합리성' 판단 기준이 판단자의 주관에 의해 좌우될 수 있다는 문제를 여실히 드러낸 것이며, 교환직렬의 정년 차등이 합리성이 있는 직종 차별인가, 아니면 성차별 여부를 판단함에 있어 필수적으로 해야 할 비교집단 선정과 교환업무의 특수성, 남녀평등권 법리에 대한 규명도 하지 않은 채 교환직렬 정년 연장에 따른 원고 측 경영 부담 가중 가능성과 오래 전 원고가 의뢰하여 실시된 표본조사 결과만을 중시하여 우리나라 최초로 제기된 남녀고용평등 소송의 의의와 성과를 무색케 하고 향후 남녀고용평등권의 실현에 부정적 역할을 초래할 우려를 준다는 등 비판이 가해졌다.[39]

3) 우림산업 사건: 대법원 1993. 4. 9. 선고 92누15765 판결

① 사실관계

우림산업사의 단체협약서 제21조는 "조합원의 정년은 남자 55세, 여자 53세로 하되 일반직 부서에 해당되는 조합원은 제외된다"라고 정하고 있고, 취업규칙 제12조 제1항은 "종업원의 정년퇴직 연령은 남자 만 55세, 여자 만 53세가 되는 다음날로 한다"고 정하고 있다.

② 판결요지

성별 작업구분이나 근로조건의 구분을 명확히 하지 아니한 채 남녀를 차별하여 정년을 규정한 것은 합리적인 이유 없이 남녀의 차별적 처우를 하지 못하도록 한 근로기준법 제5조와 근로자의 정년에 관하여 여성인 것을 이유로 남성과 차별해서는 아니된다고 한 남녀고용평등법 제8조 등 강행법규에 위배되어 무효

---

39) 김엘림, 앞의 책, 233면.

이다.

③ 평가

이 사건은 노사가 합의하여 정한 단체협약이라도 강행규정인 근로기준법과 남녀고용평등법의 차별금지에 위반되는 경우에는 효력이 인정될 수 없다는 점을 확인하였고, "작업 특성상 고도의 시력을 요하는 부서의 정년을 낮추는 것" 자체의 합리성은 인정하면서도, 구체적인 사실인정을 통해 "같은 부서의 근로자가 성별 구분에 따라 시력 감퇴 정도에 차이가 있다는 합리적 근거는 발견할 수 없다"고 하여 구체적 사안에서의 합리성은 부인하였다.

4) 기능직과 선별·포장직의 정년차별 등: 서울지방법원 동부지원 1994. 1. 18. 선고 93가단46606 판결 [임금]

① 사실관계

피고 회사는 근로자의 정년을 기능직은 만 55세로, 선별·포장직은 만 52세로 하였으나 양 직렬은 처음부터 특별한 기능의 차이 없이 채용되고, 작업의 특성에도 아무런 차이가 없어 서로 상대방의 일을 대신하기도 하는 등 업무 내용에 뚜렷한 구분이 없고, 단지 기능직은 162명 중 1명을 제외하고는 모두 남자 사원이고, 선별·포장직은 49명 중 주임 1명을 제외하고는 모두 여성이라는 점에 차이가 있을 뿐이다.

② 판결요지

선별·포장직 여성 근로자들 전원이 피고 회사에 채용될 당시 기능직으로 분류된 남자 근로자들과 아무런 특별한 기능의 구분 없이 채용되었고, 업무 내용에 뚜렷한 구분이 있지도 않았던 사실 등을 볼 때, 피고 회사의 1990년 3월 28일자 단체협약서 제20조 정년규정에 정한 기능직과 성별·포장직의 구별은 성별 작업 구분이나 근로조건의 구분이 명확한 작업의 특성에 따른 합리적 구분이라기보다 실질적으로 기능직과 선별포장직의 정년을 달리 해야 할 근로조건 및 작업내용의 차이가 없음에도 합리적인 이유 없이 남녀를 차별적으로 대우하는 규정이라고 인정되고 이는 사용자는 근로자에 대하여 남녀의 차별적 대우를 하지 못한다는 근로기준법과 근로자의 정년에 관하여 여성인 것을 이유로 남성과 차별해서는 안된다는 남녀고용평등법 등 강행법규에 위배되어 무효라고 할 것이다.

③ 평가

이 사건 역시 노사 합의로 정한 단체협약의 내용이 차별적이라면 그 효력을 부인할 수 있음을 인정한 사례이다. 특히 이 사건에서는 성별로 작업을 구분한 경우에도 그 구분에 따른 차등이 합리적이라고 하기 위해서는 "명확한 작업의 특성에 따른 합리적인 구분"이어야 함을 기준으로 제시하였고, 사용자 측에서 "정년을 달리해야 할 근로조건 및 작업내용의 차이"를 설명하지 못하는 이상 차별의 합리성을 인정할 수 없다고 하였다는 점에서 의미가 있다.

5) 한국전기공사협회 정년차별 사건: 대법원 2006. 7. 28. 선고 2006두3476 판결[40]

① 사실관계

원고는 1985년 피고 보조참가인 협회(이하 참가인 협회)에 행정직 6직급으로 입사했다. 원고가 채용될 당시 행정직 5, 6직급은 학력 요건은 동일했으나, 참가인 협회는 행정직 6직급의 채용은 주로 상고 여자 졸업자를 채용했고, 행정직 5직급은 주로 전문대졸 이상 30세 전후의 군필 남자로서 관련학과 졸업자를 채용했다. 이 점이 산업자원부 감사에서 지적되자 6직급을 없애고 '상용직'으로 전환하였으나, 다시 차별 소지가 문제되자 종전 상용직을 6직급으로 환원하였다. 원고는 2000년에 5직급으로 승진했지만 5직급의 직급정년은 5직급 직급정년인 40세가 되자 참가인 협회로부터 2001년 정년을 이유로 직위 해제되고 정년퇴직처리되었다.

② 판결요지

원래 정년제도는 근로자가 일정 연령에 도달하면 능력, 의사에 상관없이 근로관계를 종료시키는 제도로서, 이는 종신고용제하에서 연공급을 전제로 하는 노무 관리상 업무의 성질이나 내용에 걸맞지 않은 고임금·고연령 근로자를 배제하고 인사의 신진대사를 제도적으로 확보하려는데 그 취지가 있고, 젊은 근로자가 상위직급을 맡으면 조직의 위계질서에 영향을 주는 것을 막기 위해 직급에 따라 하위 직급의 조기 정년 제도를 마련해 두고 있는 것이므로, 참가인 협회 취업규

---

40) 행정소송 확정 이후 2006년 원고는 일단 복직되었으나, 정년 규정 자체를 변경한 것은 아니었고, 원고를 2002년으로 소급하여 4직급으로 승진 처리한 것이었다. 이후 다시 4직급 정년인 45세가 되어 정년퇴직되었고, 이에 대해 민사소송을 제기하여 서울남부지방법원 2008. 5. 9. 선고 2007가합9697 판결 승소판결을 받았으며, 피고가 항소하였으나 서울고등법원 2008. 12. 5. 선고 2008나52699 판결로 항소 기각으로 확정되었다.

칙상 하위직급 조기정년제도 자체는 여성을 합리적 이유 없이 차별한 것이 아니다. 그러나 직제개편으로 인한 승진에 있어서의 불합리성을 시정하지 않고 참가인 협회의 직급정년제 규정을 일률적으로 적용하면, 행정직 6직급에 재편된 여성 근로자의 경우 낮은 직급으로 인한 조기정년도래가 분명하므로, 참가인 협회가 이러한 여성 근로자들에 대해서까지 조기정년의 직급정년제 규정을 그대로 적용하는 것은 현저히 합리성을 잃은 조치이다. 원고는 상용직이 폐지될 때까지 10여 년간 승진의 기회를 부여받지 못하다가 상용직이 폐지되면서 행정직 6직급으로 환원되어, 입사 후 14년 6개월이 걸려서야 5직급으로 승진한바, 참가인 협회의 인사관리 규정이 5직급 및 4직급에로의 승진요건으로 6직급 및 5직급에서 각 2년 이상 근무할 것을 들고 있고, 상용직 폐지 후 입사한 6직급 여성 근로자들이 5직급으로 승진하는데 소요된 기간이 최장 6년, 5직급 남성 근로자들이 4직급으로 승진하는데 소요된 최장기간이 5년, 상용직이던 여성 근로자의 경우 5직급에서 4직급으로 승진하는데 4년 1월 소요, 원고가 근무평정 등에서 승진하지 못할 만한 특별한 사정이 없는 점 등에 비추어 보면 원고가 직제개편에 따른 불이익을 받지 않았으면 5직급 정년인 만 40세에 이르기 전에 4직급으로 승진하여 만 40세 정년 규정의 적용을 피할 수 있었으므로, 참가인 협회가 취업 규정상 하위직급 조기정년규정을 들어 원고의 직위를 해제하고 원고가 만 40세가 되는 해의 말일자로 정년퇴직 처리한 것은 원고의 승진 및 정년을 차별한 것이다.

③ 평가

이 사건은 여성만 존재하는 6직급을 10여 년간 승진이 제한되는 상용직으로 직제변경하고, 15년 만에 5직급으로 승진하여 40세 정년으로 퇴직한 것은 '결과적으로 여성 근로자인 원고의 승진 및 정년을 차별'한 것이라고 하여 간접차별을 인정한 것으로 평가받고 있다. 그러나 여전히 채용상 성차별은 인정하지 않았고, 이 점은 전통적 성역할 고정관념에 기반한 것으로 한계가 있다.

6) 한국건설기술인협회 정년 차별 사건: 서울행정법원 2008. 7. 29. 선고 2008구합 8888 판결 (확정)

① 사실관계

원고는 1995년 10월 15일 피고보조참가인 협회에 입사하여 일반직 5급 직원으로 근무하던 중, 협회가 1998년 IMF 경제위기를 극복하기 위하여 구조조정을 단행하여 1998년 10월 27일 구조조정 추진계획에 따라 정년 하향 조정 등을 포함한 인사관리 규정을 개정하였다(이로 인하여 4급 이하 직원의 정년은 55세에서 50세로 단축, 3급은 60세에서 55세로 단축). 참가인 협회는 2007년 6월 28일 원고에게 정년에 달하였기에 같은 해 6월 30일자로 정년퇴직 처리됨을 내용으로 하는 인사발령을 통보하였다.

② 판결요지

정년 규정은 당해 사업장에 있어서 근로자가 제공하는 근로의 성질, 내용, 근무형태 등 제반 여건에 따라 합리적인 기준을 둔다면 같은 사업장 내에서도 직책 또는 직급에 따라 서로 차이가 있을 수 있는 것이고, 이와 같은 기준에 따라 참가인 협회가 정한 정년 규정이 하위직 노동자의 정년이 상위직 근로자의 정년보다 다소 하회한다고 하여 부당한 차별로서 이 사건 정년 규정이 실체적 정당성이 없다고 볼 수 없고, 4급 이하 하위직 근로자에 여성 근로자가 집중되어 있다는 사정만으로 여성 근로자에 대한 부당한 차별이라고 볼 수도 없다.

③ 평가

위 전기공사협회 사건과 마찬가지로 직급정년이 문제된 사안이지만, 주된 쟁점이 인사 규정 개정 과정의 노동조합의 동의와 그 효과에 관한 것이었고, 다른 직급에서도 정년 단축이 공통적으로 이루어졌다는 점 때문에 여성 집중 직급에 특별히 가혹한 단축이 아니었다고 판단된 것으로 보인다. 여성의 경우 4직급에 머물러 있게 된 배경(예컨대 채용이나 승진 상의 차별)도 특별히 드러나 있지 않다.

7) 국정원 전산사식 직렬 정년차별 사건: 대법원 2019. 10. 31. 선고 2013두20011 판결

① 사실관계

원고들은 국가정보원에서 출판물 편집 등의 업무를 담당하는 직원(전산사식 분야 직원)으로 근무하다가 정년을 이유로 2010년 당연퇴직하였는데, 국가정보원은 시행령과 행정규칙을 통해 여성이 주로 담당하는 전산사식, 입력작업, 안내 업무에 대해서는 그 정년을 만 43세로 정한 반면 남성이 주로 담당하는 영선, 원예 업무에 대해서는 그 정년을 만 57세로 정하였기 때문이었다.

한편 원고들은 1986년 국가정보원에 기능직 국가공무원으로 공채되어 업무를 수행하다가 1999년 3월 31일 기능직 중 전산사식, 입력작업, 전화교환, 안내, 영선 및 원예의 6개 직렬이 폐지되고 이들 직렬이 계약직 직원의 운용 분야로 재편되면서 1999년 4월 30일 의원 면직되었다가 1999년 5월 1일 계약직 공무원으로 재임용되어 전산사식 직렬에서 같은 업무를 수행하였고, 계약을 갱신하며 근무해 오다가 근무상한연령인 만 43세에서 2년을 더 연장하여 2010년 퇴직하였다.

② 판결요지

이에 대해 1심 법원은 "원고들이 속한 전산사식 직렬의 근무상한연령을 만 43세로 정한 규정이 양성평등에 반하는 위법한 규정이라 단언할 수 없으며, 달리 국가정보원장이 위 근무상한연령을 정하는 데에 있어 성별을 이유로 합리적 이유 없이 근로의 조건을 다르게 하였다거나 퇴직에서 남녀를 차별하였다고 인정할 만한 별다른 사정은 보이지 아니한다"고 판결하였고(서울행판 2012. 10. 11, 2012구합16824), 항소심 법원은 "재계약 기간이 만료됨으로써 퇴직처리되었을 뿐"이라며, 정년을 달리 정한 것이 남녀 차별인지 판단하지 않았다(서울고판 2013. 8. 23, 2012누34206).

그러나 대법원은 "사업주의 증명책임을 규정한 남녀고용평등법 제30조에 따라, 사실상 여성 전용 직렬로 운영되어 온 전산사식 분야의 근무상한연령을 사실상 남성 전용 직렬로 운영되어 온 다른 분야의 근무상한연령보다 낮게 정한 데에 합리적인 이유가 있는지는 국가정보원장이 증명하여야 하고, 이를 증명하지 못한 경우에는 전산사식 분야의 근무상한연령을 만 43세로 정하거나 또는 만 45세로 연장할 수 있도록 정한 것은 강행규정인 남녀고용평등법 제11조 제1항과 근로기준법 제6조에 위반되어 당연무효"라고 하면서 파기·환송하였다(대판 2019. 10. 31, 2013두20011; 서울고판 2020. 8. 19, 2019누80으로 확정).

③ 평가

공무원에 대해 남녀고용평등법과 근로기준법의 균등처우 원칙이 적용될 수 있다고 명시적으로 판시했고, 원심이 피고 주장을 받아들여 계약직 직원인 원고들에 대한 계약기간이 만료되었고 계약 갱신을 거절한 것이 퇴직 사유이므로, 이 사건 연령 규정은 퇴직 사유와 무관하다고 판단한 반면, 대법원에서는 이 사건 연령 규정이 원고의 퇴직 사유가 된다는 것으로 판단하고 남녀고용평등법 위반 여부 판단에 초점을 맞추었다.

이 사건에서 전산사식 및 입력 직렬은 여성만이 채용, 배치되었고, 2000년도의 채용 공고에서는 '고졸 여성'으로 응시 자격을 명시한 바 있었는데(여성전용직렬), 1심 판결에서는 영선·원예 외에 안전 직렬도 비교 대상에 포함하고 남성 직렬임에도 정년 연령이 30세로 더 낮다는 것을 차별을 부인하는 근거로 본 반면, 상고심은 비교 대상을 영선·원예 직렬로 한정한 다음 "여성 근로자들이 전부 또는 다수를 차지하는 분야의 정년을 다른 분야의 정년보다 낮게 정한 것이 여성에 대한 불합리한 차별에 해당하는지는, 헌법 제11조 제1항에서 규정한 평등의 원칙 외에도 헌법 제32조 제4항에서 규정한 '여성 근로에 대한 부당한 차별금지'라는 헌법적 가치를 염두에 두고, 해당 분야 근로자의 근로 내용, 그들이 갖추어야 하는 능력, 근로시간, 해당 분야에서 특별한 복무규율이 필요한지 여부나 인력수급 사정 등 여러 사정들을 종합적으로 고려하여 판단하여야 한다"고 판단하였다.

또한 차별의 합리적 이유에 대한 증명책임과 관련하여 "사실상 여성 전용 직렬로 운영되어 온 전산사식 분야의 근무상한연령을 사실상 남성 전용 직렬로 운영되어 온 다른 분야의 근무상한연령보다 낮게 정한 데에 합리적인 이유가 있는지는 피고 측이 증명하여야 하고, 이를 증명하지 못한 경우에는 이 사건 연령 규정은 당연무효"라고 하여, 대법원 판결로는 처음으로 남녀고용평등법의 입증책임 전환 조항의 해석론을 설시하였다.

(2) 해고 차별

1) 알리안츠 사내부부 사건: 대법원 2002. 7. 26. 선고 2002다19292 판결

① 사실관계

1997년 IMF 외환위기로 구조조정이 필요하게 된 피고(회사)는 전례 없이 30세 이상의 여참사들에게 점포장양성 교육에 참여하게 하여 여성으로서는 체력에 부담이 되는 행동력 강화 훈련, 산악 훈련 등을 직무와 상관없이 실시하여 장기근속 여직원들의 사직을 유도하였고 사내부부 중 일방의 사의를 구조조정의 좋은 예라고 하며 계속 강조하여, 결국 사내부부 88쌍 중 86쌍 중 적어도 한 명(여성 86명, 남성 2명 — 나머지 2명의 여성도 1999년 결국 사직)이 사직하였다.

② 판결요지

사용자가 근로자로부터 사직서를 제출받고 이를 수리하는 의원면직의 형식을 취하여 근로계약관계를 종료시킨 경우, 사직의 의사 없는 근로자로 하여금 어쩔 수 없이 사직서를 작성, 제출하게 하였다면 실질적으로 사용자의 일방적인 의사에 의하여 근로계약관계를 종료시키는 것이어서 해고에 해당한다 할 것이다.

원고들(근로자)에 대하여 피고 회사의 중간관리자들이 계속, 반복적으로 행한 퇴직권유 또는 종용행위는 원고들에 대하여 우월적인 지위에 있는 피고 회사의 강요행위라고 인식될 것이어서, 사직서를 제출한 대가로 별도의 이득도 얻지 못한 원고들이 퇴직을 원하는 내용의 사직서를 제출함으로써 표명한 사직 의사는 피고의 강요에 의하여 어쩔 수 없이 이루어진 것으로서 내심의 효과의사 없는 비진의표시라 할 것이고 따라서 이는 의원면직의 외형만을 갖추고 있을 뿐 실질적으로는 피고 회사에 의한 해고에 해당하고, 나아가 원고들을 해고할만한 정당한 사유가 있고 정당한 징계 절차를 밟아 해고하였다거나 근로기준법 제31조에 따른 정리해고의 요건을 갖추었다는 점에 관하여 피고로부터 아무런 주장, 입증이 없으므로 위 해고는 부당해고로서 당연무효이다.

③ 평가

이 사건은 IMF 외환위기 시기, 자발성의 외피를 띤 성차별적 구조조정에 제동을 건 사건이라고 할 수 있다. 다만 먼저 형사 사건에서 검사의 기소가 있었고, 여성에 대한 차별이라는 점이 강조되기보다는 '우월적 지위에 있는 강요행위'에 따른 비진의표시라는 점이 주된 쟁점이 되었다.

2) 농협 사내부부 사건: 대법원 2002. 11. 8. 선고 2002다35379 판결

① 사실관계

구조조정으로 명예퇴직제도를 실시하면서 사내부부의 경우 아내 직원이 퇴직신청하지 않으면 남편은 순환명령 휴직이 되고, 아내는 지방발령일 뿐 아니라, 휴직되면 복직이 어려울 수 있다며 여러 차례 명예퇴직을 종용하였다. 원고들은 1999년 1월 25일 사직원을 제출하여 의원 면직되었다. 당시 피고 회사에 근무하던 762쌍의 부부직원 중 각 한 쪽 배우자(그 중 688쌍은 아내직원)가 명예퇴직하였으며, 명예퇴직하지 않은 10쌍의 부부직원 중 남편 직원들에 대해서는 당시 방침에 따라 순환명령휴직 명령이 내려졌으나, 1999년 10월 모두 복직되었다.

② 판결요지

사용자가 사직의 의사 없는 근로자로 하여금 어쩔 수 없이 사직서를 작성·제출하게 한 후 이를 수리하는 이른바 의원면직의 형식을 취하여 근로계약관계를 종료시키는 경우에는 실질적으로 사용자의 일방적인 의사에 의하여 근로계약관계를 종료시키는 것이어서 해고에 해당한다고 할 것이나, 그렇지 않은 경우에는 사용자가 사직서 제출에 따른 사직의 의사표시를 수락함으로써 사용자와 근로자의 근로계약관계는 합의해지에 의하여 종료되는 것이므로 사용자의 의원면직처분을 해고라고 볼 수 없다고 할 것이다(대판 1996. 7. 30, 95누7765; 2000. 4. 25, 99다34475; 2001. 1. 19, 2000다51919, 51926 등 참조).

③ 평가

이 사건은 위 알리안츠 사건과 함께 IMF 외환위기 시기 성차별적 구조조정을 다툰 대표적인 사례이다.

1심부터 대법원에 이르기까지 법원은 모두 의사표시 하자 이론에 집중하여 '사직의 의사표시가 유효하다'고 한 다음, 나머지 주장에 관해서는 "더 나아가 살필 필요 없이" 이유 없다고 함으로써, 회사가 만든 '우선퇴직 대상자' 기준이 정당한 것인지는 판단 대상이 아니라고 하였다. 그러나 이러한 판단 순서는 논리적으로 정치(精緻)해 보일지 모르지만 명예퇴직이 강요되는 상황의 특수성을 간과한 것이라는 지적을 피할 수 없다.

한편 알리안츠와 농협, 두 사건 모두 법원은 남녀고용평등법을 적용하지 않았다. '해고'가 아니므로 근로기준법뿐 아니라 남녀고용평등법도 적용될 여지가 없다는 것이다. 두 사건이 발생한 1998년 현재 남녀고용평등법 제8조 제1항은 "사업주는 근로자의 정년 및 해고에 관하여 여성인 것을 이유로 남성과 차별하여서는 아니된다"는 규정만을 두고 있었고, 간접차별에 관한 명문의 규정도 없었다. 이후 1999. 2. 8. 개정에서 차별 개념 정의에 관한 제2조의 2 제1항에 간접차별 개념 정의[41]가 추가되고, 이 사건을 계기로 '해고' 아닌 '퇴직' 일반에 관해서도

---

41) 일부개정 1999. 2. 8. 법률 제5933호 제2조의 2 ① … . 이 경우 사업주가 여성 또는 남성 어느 한 성이 충족하기 현저히 어려운 인사에 관한 기준이나 조건을 적용하는 것도 차별로 본다.
전문개정 2001. 8. 14. 법률 제6508호 제2조의 2 ① …. 사업주가 채용 또는 근로의 조건은 동일하게 적용하더라도 그 조건을 충족시킬 수 있는 남성 또는 여성이 다른 한 성에 비하여 현저히

차별 금지를 적용해야 실효성이 있다는 판단에서 2001. 8. 15. 전면 개정 시에는 제11조에서 "사업주는 근로자의 정년·퇴직 및 해고에 있어서 남녀를 차별하여서는 아니된다"는 부분이 추가되었다. 법원이 이러한 법 개정과 적용 시점 때문에 남녀고용평등법을 적용하지 않은 것인지에 관해서 명시적인 언급을 하지 않고 있기 때문에 적용하지 않은 이유는 정확히 알 수 없으나, 이러한 법 개정에도 불구하고 법원이 여전히 '사직의 의사표시 하자론'에 중심을 둔다면, 이 규정이 직접 적용되기는 쉽지 않을 것이다.

3) 일간스포츠 정리해고 사건: 대법원 2008. 12. 24. 선고 2008두16346 판결[42]

① 사실관계

피고보조참가인 00000 주식회사는 스포츠연예전문 신문사이며 원고들은 참고인 회사의 편집국 소속 근로자들이다. 무료신문 출현 등의 영향으로 참가인 회사는 적자에 허덕이며 경영이 악화되자 희망퇴직 실시, 연봉삭감 등의 자구의 노력을 해오다 경영위기 극복을 위해 단체협약 제20조에 따른 경영상 해고를 실시할 계획임을 노조에게 알리고 협조를 요청하였으나 노조는 참가인의 경영상 해고 관련 협의 요청을 거부하였다. 참가인은 경영상 해고 대상자 선정기준을 정하고 부양가족 수 파악을 위한 건강보험증 사본을 제출토록 하였으나 노조가 협조하지 않아 직원들에게 회사 메일로 개별 통보하였다. 참가인은 경영상 해고대상자 선정 기준을 제시하고 노조의 최종협의를 요청하였다. 참가인은 노조가 경영상 해고에 관한 최종회의에 불참하자, 선정기준표 중 '가'안을 평가기준으로 채택하여 업무실적 10점, 업무태도 10점, 상벌 20점, 배우자 소득유무 20점, 부양가족수 20점, 입사역순 20점 등 합계 100점으로, 평가점수를 계산하여 평점 미만의 편집국 소속 근로자 23명(원고들 모두 이에 해당)에 대하여 경영상 해고된다는 사실을 개별적으로 통보하였다. 이에 원고들은 피고 노동위원회에 해고 구제 재심을 신청하였으나 받아들여지지 않았고, 이 사건 부당해고구제재심판정의 취소를 구하는 행정소송을 제기하였다.

적고 그로 인하여 특정 성에게 불리한 결과를 초래하며 그 기준이 정당한 것임을 입증할 수 없는 경우에도 이를 차별로 본다.

42) 이 판결 자체는 심리불속행 기각이고 항소심 판결(서울고판 2008. 9. 3, 2008누1261)은 인용 판결 (민사소송법 제420조)이므로, 사실관계와 판시는 제1심 판결(서울행판 2007. 11. 22, 2006구합 27281) 내용이다.

② 판결요지

이 사건에서 경영상 해고 대상자 선정기준의 정당성 여부에 관하여, 참고인이 주관적 요소(업무실적, 업무태도 등)보다 객관적 요소(상벌, 배우자 직업유무, 부양가족수, 입사역순 등)에 높은 점수를 부여한 것은 합리적인 것으로 볼 수 있고 이 사건 노조가 의견을 제시하지 않은 것은 근로자 보호 의무를 포기까지 한 것으로 볼 수 있는 점에 비추어, 이 사건 해고 시 참가인이 적용한 해고 기준은 합리적이고 공정한 기준이다.

근로계약의 성질상 근로의 양과 질에 관한 평가는 사용자인 참가인의 고유권한이고 근로자에 대한 평가가 불합리하거나 불공정하여 정의의 관념에 반하지 않는 한 유효한 것으로 승인되어야 하는데 이 사건 해고를 위한 평가에는 그와 같은 사정이 있다고 보기에 충분한 자료가 없으며, 부양가족수 산정을 위한 건강보험증 사본 제출을 하지 않은 귀책사유가 원고들에게 있다.

③ 평가

이 사건에서 법원은 "남성 근로자의 취업비율이 높고, 부양가족을 남성 근로자의 직장 건강보험에 편제하며 이혼율의 증가와 부부별산제 채택으로 인하여 가정이 해체되는 경우 여성 근로자가 생계를 스스로 해결해야 하는 비율이 점차 증가하여 가고 있는 우리나라 현 상황에서 배우자의 직업유무ㆍ부양가족수에 관하여 기준을 일률적으로 적용하게 되면, 여성 근로자가 남성 근로자에 비하여 불이익을 입을 가능성이 크다. 따라서 이러한 사회환경의 변화에 맞추어 앞으로는 근로자 개인의 사정을 중시하고 가족의 노동력 제공비율 및 부양가족의 규모 등의 비중은 점차 줄여나가는 것이 바람직하다"고 하면서도(1심 판결문), 정리해고 대상자 선정이 정당했다고 보고 있다.

그런데 우리 법이 해고자 대상자 선정과 관련하여 유일하게 두고 있는 개별규정이 바로 구 근로기준법 제31조(현행법 제24조) 제2항 후문의 "이 경우 남녀의 성을 이유로 차별하여서는 아니된다"는 조항이다. 이 사건에서 회사가 노조에 통보한 첫 번째 기준에 의할 때에는 여성 중 4명이 대상자에 포함되지 않았으나, 배우자 직업ㆍ부양가족수가 비중을 각 10%에서 각 20%로 대폭 증가시키자 6명 모두 해고대상자가 된 것을 보더라도, 단순히 불공정하다거나 정도가 과도하다는 것을 넘어서, 구 남녀고용평등법 제2조 제1항에서 말하는 '사업주가 채용 또는 근로의 조건은 동일하게 적용하더라도 그 조건을 충족시킬 수 있는 남성 또는 여성이 다른 한 성에 비하여 현저히 적고 그로 인하여 특정 성에게 불리한 결과를 초래하는 기준'에 해당한다고 할 것이므로, 이를 적용하여 해고대상자를 선정한 것은 간접차별에 의한 해고로 볼 수밖에 없다. 이러한 기준을 만든 것의 바탕에는, 남성을 1차적 생계담당자로 취급하고 "남편이 있는 여성은 상대적으로 보호의 필요성이 적다"는 전통적인 성역할 분담론이 명시적 또는 묵시적으로 자리 잡고 있는바, 이러한 기준이 구 근로기준법 제31조 제2항과 구 남녀고용평등법 제11조에 위반된다.

4) 부국개발 정리해고 사건: 서울고등법원 2010. 7. 21. 선고 2009누33807 판결[43] (확정)

① 사실관계

원고는 식물관람서비스 및 유류판매업 등을 하는 사용자이다. 참가인들은 원고의 식물원 영업팀, 운영팀 등에 소속되어 기념품 판매 등의 업무를 수행하던 여성 근로자인데, 원고는 참가인들을 경영상의 이유로 해고하였다. 식물원은 전체적으로 영업이익을 보고 있으나, 상품판매부는 계속하여 영업 손실을 내어 왔고, 영업 부분을 폐쇄하거나 임대할 것이라는 경영환경평가를 받았다.

② 판결요지

근로기준법 제24조 제2항은 사용자가 긴박한 경영상의 필요에 따라 근로자를 해고하는 경우 합리적이고 공정한 해고의 기준을 정하고 이에 따라 그 대상자를 선정하여야 하고, 이 경우 남녀의 성(姓)을 이유로 차별하여서는 아니 된다고 규정하고 있다. 또한, 정리해고가 불가피하여 해고대상자를 선정하는 경우에는 비교 대상의 범위에 든 근로자 중에서 해고로부터 보호하여야 할 필요성이 높은 근로자를 보호하여야 한다는 근로자적 요소, 사용자적 요소가 적절하게 고려되어야 한다. 그러나 원고는 근속기간이 긴 근로자, 연령이 많은 근로자에게 가산점을 주는 형태로 환산점수를 적용하였고, 이 사건 해고대상자 선정 당시 전체 81명의 근로자 중 34명의 근로자가 여성으로서 여성의 비율이 약 41%에 해당하였으나, 해고대상자에는 전·현직 노동조합장을 제외하고는 모두 여성이 선정되어 해고

---

43) 관련 사건(근로자는 다르고, 경영상 긴박한 필요성이 부정되어 원고들 승소): 서울고판 2010. 7. 21, 2009누33814; 2010. 7. 21, 2010누4560.

대상자의 약 86%가 여성이었다. 따라서 원고의 해고대상자 선정은 합리적이고 공정하다고 볼 수 없다.

③ 평가

이 사건은 정리해고에서 대상자 선정 기준으로 삼은 점수 계산에서 '근속기간, 연령'을 우대한 것이 성차별적 효과로 나타난 경우, 합리적이고 공정한 기준이 아니라고 판단한 드문 사례이다. 하지만 그것뿐 아니라 사전에 정해진 기준에 없던 '대체불가자'라는 명목으로 4명을 제외하고 해고대상자를 임의로 조정하는 등 현저하게 합리성·공정성을 갖추지 못한 다른 사정의 영향을 받은 것으로 보이고,[44] 사회적으로 상당한 것으로 받아들여지는 근속기간·연령을 기준으로 삼아 그 효과가 여성에게 불리하다는 이유만으로 차별이 인정된 것으로 보기는 어렵다.

5) 한국소비자(보호)원 정리해고 사건: 대법원 2004. 2. 27. 선고 2001두6838 판결

① 사실관계

원고는 정부출연금으로 예산을 편성, 운영하는 기관인데, 1998년에 들어서면서 국가가 국제구제금융기구의 지원을 받는 등 심각한 외환위기상황을 맞게 되자, 정부는 공공부문 구조조정 계획을 추진하였고, '정부출연·위탁기관 경영혁신 추진계획'에 따라 원고도 인원 감축을 실시하게 되었다. 그 대상자는 인력감축 대상자 선정 특별위원회를 구성하여 선정하였는데, 무기명 투표로 선정하되, 특별히 선정 기준을 서면이나 구두로 제시하지도 아니한 채 전적으로 위원들의 주관적이고 임의적인 판단에 맡겨 투표하게 하였다.

② 판결요지[45]

자료 없는 무기명 투표를 통한 대상자 선정은 위원회의 위원들이 200명이 넘는 원고의 모든 직원들의 직위, 신상 및 업무 내용, 업무 태도 등을 파악하기 어려운 점, 투표의 방식으로 대상자를 선정하는 경우에는 정리해고를 실시하는 기업의 입장보다 개인적인 친소관계가 투표에 영향을 미침으로써 그 결과가 왜곡될 가능성이 클 뿐만 아니라, 정리해고 대상자의 선정 권한을 위원들로 하여금 자유재량으로 행사할 수 있게 하는 결과를 낳게 되어 결국 투표를 하는 위원들이

---

44) 김엘림, 앞의 책, 270면.
45) 구체적인 판단은 원심인 서울고판 2001. 6. 29, 2000누8839 내용이다.

누구인가에 따라 그 선정 결과가 달라질 가능성이 다른 기준들에 의할 때보다 훨씬 큰 점, 특히 위원들의 대부분이 남성이고 우리나라에서는 남성이 가정 경제를 책임지고 있는 경우가 많아 여성의 사회 활동에 대하여는 그다지 중요하게 생각하지 아니하고, 경우에 따라서는 다소 폄하하는 경향까지 있음을 고려하면 여성인 A의 경우는 상대적으로 불리한 위치에 놓이게 되는 점, 그 밖에 정리해고가 그 대상자에게 미치는 불이익의 정도와 정리해고를 실시하는 목적 등에 비추어 볼 때 위와 같이 위원들의 투표 결과만으로 A와 B를 정리해고 대상자로 선정한 것은 그 기준이 합리적이고 공정한 것이라 할 수 없다.

③ 평가

이 사건은 정리해고의 대상자를, 간부들이 주로 참여한 위원회 투표를 통해 선정하였다는 점 자체가 현저하게 불공정하고 자의적인 것으로 평가되었지만, 원고 중 여성의 경우 "위원들의 대부분이 남성이고 우리나라에서는 남성이 가정 경제를 책임지고 있는 경우가 많아 여성의 사회 활동에 대하여는 그다지 중요하게 생각하지 아니하고, 경우에 따라서는 다소 폄하하는 경향까지 있음을 고려하면 여성인 A의 경우는 상대적으로 불리한 위치에 놓이게 되는 점"을 부당성 인정의 근거로 들고 있다는 점에서 의미가 있다.

6) 새마을금고 계약 해지 사건: 창원지방법원 2010. 8. 19. 선고 2008가합10556 판결 (항소심에서 강제조정으로 종결)

① 사실관계

원고는 2005년 1월 10일 피고(새마을금고)와 최초 근로계약을 체결한 이후 총 5회의 재계약을 하여 약 2년 6개월간 근무하였고, 2007년 1월 28일 결혼을 하였고, 결혼 당시 임신중으로 같은 해 9월 2일 자녀를 출산하였다. 2007년 2월 5일에 개최된 피고의 인사위원회에서 원고와 같은 날 입사한 시간제업무보조원 A에 대하여는 일반직으로 전환하는 것으로 의결하였으나, 원고는 일반직 전환이 부결되었다. 원고는 위 근로계약 해지가 임신을 이유로 한 차별행위라며 국가인권위원회에 진정을 제기하였고, 국가인권위원회에서 '피고는 원고를 복직시키고 2007년 7월 9일부터 복직일까지의 미지급 임금을 지급하며 향후 이 사건과 같은 차별행위가 발생하지 않도록 재발방지대책을 수립할 것을 권고한다'는 결정을 하였다.

② 판결요지

계약기간을 정하여 임용된 근로자의 경우 단기의 근로계약이 장기간에 걸쳐서 반복하여 갱신되는 등의 사정으로 그 정한 기간의 만료에도 불구하고 계약이 갱신되리라는 합리적 기대가 존재한다고 인정되는 예외적인 경우에는 같은 기간의 계약으로서 동일한 조건으로 갱신된다고 보아야 하고, 그 경우에 사용자가 정당한 이유 없이 갱신계약의 체결을 거절하는 것은 해고와 마찬가지로 무효라고 할 것이다. 원고가 2005년 1월 10일 입사 이후 2년 6개월간 계속 근무하면서 근로계약이 5차례에 걸쳐 반복적으로 갱신되어 온 점, 수차례 근로계약을 갱신하면서도 퇴직금의 정산은 없었던 점, 피고의 나머지 시간제업무보조원 3명의 경우는 10여 년간 근무를 계속하여 오고 있었던 점, 피고가 원고에게 근무성적이 좋으면 정규직으로 임용될 것이라고 한 점 등을 고려하며, 원고에게는 합리적인 기준에 의한 공정한 심사에 의하여 일정한 근무성적을 거두면 특별한 사정이 없는 한 계약이 갱신될 것이라는 합리적 기대가 있다고 인정된다.

원고의 근무성적이나 교육성적에 문제가 없으며, 비록 민원이 제기된 사실이 있으나 원고의 업무 처리 능력에 크게 문제가 있다거나 위 민원제기 사실이 계약갱신 거절의 주요한 이유가 된 것으로 보이지 않을 뿐 아니라, 오히려 '품위유지 관련'이 원고를 일반직으로 전환하지 않은 주요한 이유가 된 것으로 보이는데 피고는 원고의 결혼 및 임신 이외에 별다른 해명을 하지 못하고 있으며, 달리 원고와의 계약갱신을 거절할 만한 특별한 사정이 없으므로, 피고가 이 사건 근로계약의 갱신을 거절한 것은 정당한 이유가 없어 무효라고 할 것이다.

③ 평가

이 사건은 기간제 계약 근로자의 갱신기대권을 인정하면서, 갱신하지 않은 이유가 임신·출산에 있다는 점을 인정한 드문 사례이다. 이러한 결론이 나올 수 있었던 것은 국가인권위원회에서의 조사를 통해 사실관계가 많이 드러났고, 국가인권위원회가 차별임을 인정하고 복직시킬 것을 권고하였음에도 이를 이행하지 않은 것의 영향이 있었다고 할 수 있다. 남녀고용평등법상 임신차별 조항 위반이 구체적으로 언급되지 않은 것은 아쉬운 부분이다.

7) 노동부 산업상담원(전원 여성) 직제폐지 사건: 대법원 2002. 11. 8. 선고 2001두 3051 판결[46]

① 사실관계

1999년 5월 24일 정부조직개편의 일환으로 '노동부와 그 소속기관 직제'가 대통령령 제16359호로 개정되면서 산업상담원 직제를 폐지하는 방향으로 별정직 공무원의 정원이 감축되었고, 그에 따라 전원 여성으로 구성된 산업상담원들이 전원 직권 면직되었다. 이들은 전국적으로 정원감축의 대상을 여성으로 삼은 것은 남녀고용평등법 제8조에 위반되는 것이며 근로기준법의 보호 또한 받아야 하는데 이 과정에서 근로기준법이 정한 해고 및 정리해고의 요건을 갖추지 못하고 있으므로 위 면직처분은 위법하다고 주장하며 직권면직 처분 취소소송을 제기하였다.

② 판결요지

국가공무원법에 특별한 규정이 없는 경우에는 국가공무원에 대하여도 그 성질에 반하지 않는 한 근로기준법이 적용될 수 있다. 그러나 국가공무원 중 별정직 공무원에 대한 임면 등의 인사와 복무에 관해서는 구 국가공무원법과 그 위임에 따라 제정된 별정직공무원인사규정 및 별정직 공무원에게 적용되는 개별 법령에 특별한 규정이 있어 별정직 국가공무원의 직권면직에 대해서는 근로기준법이 적용될 수 없다.

구 남녀고용평등법 제8조 제1항은 '사업주는 근로자의 정년 및 해고에 관하여 여성인 것을 이유로 남성과 차별하여서는 아니된다'고 규정하고 있다. 그러나 피고가 원고를 직권면직한 것은 원고가 여자이기 때문이 아니라 정부조직의 개편 과정에서 일어난 것으로 직권면직대상자를 선정함에 있어 여성을 차별하기 위하여 산업상담원제를 폐지하기로 하였다고 볼 아무런 근거가 없으므로 피고의 원고에 대한 직권면직은 구 남녀고용평등법 제8조 제1항에 위반되지 않는다.

③ 평가

이 사건은 전원 여성으로 구성된 직제를 폐지하고, 그 직렬 공무원들을 모두 면직시킨 사례이다. 법원은 근로기준법 중 정리해고에 관한 규정은 공무원에게

---

46) 관련사건으로 부산고판 2001. 7. 13, 2001누69(창원지판 2000. 11. 30, 2000구724); 전주지판 2001. 4. 6, 2000구297 등이 있다. 이들 사건은 상소되지 않고 그대로 확정되었다.

적용되지 않는다고 하면서도 남녀고용평등법은 적용된다는 점을 인정하였으나, '정부조직 개편 과정'에서 일어났고 "여성을 차별하기 위하여" 한 것이 아니라는 이유로 법 위반이 아니라고 판단하였다. 그러나 이는 간접차별도 엄연히 금지된 다는 점을 간과하고 '성차별을 위한 직접적 차별적 처우'만 위법하다는 잘못된 전 제에서, 각 성별에 미친 '차별적 결과(영향)'를 전혀 고려하지 않았다는 점에서 문 제가 있다.

8) 경찰청 고용직 직제폐지 사건: 서울행정법원 2005. 9. 22. 선고 2005구합10002 판결[47]

① 사실관계

2003년 12월 18일 '경찰청과 그 소속기관 등 직제'가 대통령령 제18162호로 개정되면서 당시 673명이던 경찰청 고용직 공무원(대부분 여성)의 정원이 584명이 감축된 89명으로 되었고, 과원에 대하여는 고용직공무원규정 제5조 제2호의 규정 에 의한 직권면직사유에 해당한다는 이유로 전원 직권면직 처분을 하였다.

② 판결요지[48]

남녀고용평등법 제7조 제1항은 '사업주는 근로자의 모집 및 채용에 있어서 남녀를 차별하여서는 아니된다'고 규정하고 있으나, 인정 사실에 의하면, 피고들 이 원고들을 직권으로 면직하게 된 것은 원고들이 여성이기 때문이 아니라 행정 수요의 증대 등으로 인하여 고용직 공무원 직제의 정원을 축소하기로 하는 '경찰 청과 그 소속기관 등 직제' 개정이 이루어졌기 때문이므로, 결과적으로 여성인 원 고들이 직권면직의 대상이 되었다고 하더라도 그 점만을 들어 이 사건 처분이 남 녀고용평등법에 위반된다고 할 수 없다.

③ 평가

이 사건 역시 여성 집중 직렬을 폐지하면서 그 소속 공무원들을 모두 면직시 킨 사안으로 위 산업상담원 사례와 같은 문제가 있다. 나아가 이 사건은 특히 경

---

47) 항소심 진행 중 기능직으로 전환하여 신규 채용하는 특별시험이 실시되어 2005. 12. 24. 소 취하 로 종료되었다. 관련사건으로 서울행판 2005. 9. 22, 2005구합20108(예산경찰서 사건); 창원지판 2005. 10. 13, 2005구합850(통영경찰서 사건); 춘천지판 2005. 11. 17, 2005구합768(원주경찰서 사건); 대구지판 2005. 11. 18, 2005구합1796(의성경찰서 사건); 광주지판 2005. 12. 1, 2005구합 1176(고흥경찰서 사건) 등이 있으나, 모두 비슷한 시기에 항소 없이 확정되었다.

48) 공무원법 해석과 관련된 다른 쟁점(특히 재량권의 일탈·남용)도 있었으나, 여기에서는 차별 관련 논점만 약술한다.

찰·일반직 공무원을 증원하면서 "고용직 공무원을 상계 감축"한 사안인데, 고용직 감축 대신 '상계' 대상으로 늘어난 경찰·일반직 공무원의 경우 대부분 남성이라는 점에서, 차별적 효과(영향)에 대한 검토가 더욱 필요한 사안이라고 할 수 있다.

(3) 결혼·임신·출산 관련 고용관계 종료

1) 대한제분 결혼퇴직 사건: 대법원 2001. 12. 27. 선고 2000두7797 판결[49]

① 사실관계

참가인은 원고 회사에 입사하여 근무하던 중 1998년 8월경 같은 해 11월 8일 결혼을 한다는 사실을 통보하고 같은 해 11월 2일자 사직서를 제출하여 같은 날짜로 의원면직 처리되었다. 참가인은 1998년 12월 22일 강원지방노동위원회에 결혼을 이유로 퇴직당한 것으로 부당해고 구제신청을 하여 1999년 2월 11일 구제명령을 받았으며, 중앙노동위원회는 1999년 5월 15일 위 구제명령에 대한 원고회사의 재심신청을 기각하는 재심판정을 하였다.

② 판결요지

참가인이 원고 회사에 입사할 당시 결혼과 동시에 사직하겠다는 내용의 여직원계약서를 작성, 제출하였거나 원고 회사에서는 여직원이 결혼을 하면 퇴직하는 관행이 있었고 사직서 제출 당시 박씨 등 원고 회사 측에 의하여 사직서 제출이 강요되었다는 피고 및 참가인의 주장에 부합하는 증거 및 증언은 이를 믿지아니하고, 위 사실만으로는 원고 회사에 여직원이 결혼을 하면 퇴직하는 관행이 있음을 추단하기 부족하며, 참가인이 사직서 제출 무렵 사직 의사가 없음을 표시하였다는 점에 관하여도 이를 인정할 아무런 증거가 없으므로 이를 전제로 하여 참가인의 사직서 제출이 근로기준법 및 남녀고용평등법에 위반되는 것으로 비진의 의사표시에 해당하여 무효로서 원고 회사가 참가인의 사직서를 수리한 것은 부당해고에 해당한다는 피고 및 참가인의 주장은 이유 없다(1심은 근로자 승소, 항소심·상고심에서 회사 측 승소).

③ 평가

이 사건은 결혼 퇴직 사건의 대표 사건으로, 입사 시 작성한 결혼퇴직각서를

---

49) 행정사건 판결 이후 다시 민사소송을 제기하였으나 1~3심 모두 기각되었다(대판 2004. 4. 28, 2003다66745).

근거로 사직을 강요하는 전형적인 '결혼퇴직제'의 현실이 대법원까지 다투어진 사례이다.50) 노동위원회와 1심 법원에서는 결혼퇴직제 관행을 인정하고, 그로 인해 말미암은 사직서 제출의 효력을 부인하였으나, 항소심과 대법원은 이를 인정하지 않았다. 창사 이래 결혼 이후 근무한 여성 사원이 단 한 사람도 없다는 통계적 증거는 고려하지 않은 채, 2심 소송 진행 과정에서 증인의 진술이 번복되었다는 사실에만 주목하여 사직 의사표시의 진의성만 판단한 것이다. 이는 여성 근로자 집단 전체적으로 불이익이 발생하는 경우 또는 비슷한 사례가 누적되어 있는 경우 차별을 더 쉽게 인정하는 외국의 판례 경향과 대비된다.51)

2) 유산 후 복직신고 의무 위반 직권면직: 서울고등법원 1995. 3. 24. 선고 94구6040 판결

① 사실관계

원고는 피고인 강동교육청 교육장에 의하여 중학교 교사로 임용되어 교사로 근무하던 중 임신으로 휴직을 하던 도중 유산을 하였는데 그 후 유산일로부터 1년 11개월이 경과한 후 피고에게 복직신청을 하였다. 그러나 피고는 위 유산으로 휴직 사유가 소멸되었음에도 불구하고 원고가 30일 이내에 복직 절차를 밟지 않았다는 이유로 원고를 휴직 사유 소멸일(유산일)자로 소급하여 직권 면직하는 처분을 하였다.

② 판결요지

임신을 이유로 한 휴직 사유가 소멸되었다고 보아야 할 것이고 이에 여교사가 신고 의무를 위반한 것은 휴직 사유가 소멸한 이후에도 직무에 복귀하지 아니한 경우에 해당하여 피고로서는 국가공무원법에 따라 원고를 직권면직할 수는 있지만, 당시에는 임신을 이유로 한 휴직의 경우 유산이 휴직 사유의 소멸 사유가 된다는 것이 교직 사회에 널리 알려지지 않은 상태이었기 때문에 자신이 유산을 하였을 때 그로 인하여 휴직 사유가 소멸되었다는 것을 모르고 육아와 유산의 후

---

50) 이전에도 교통사고를 당한 미혼 여성의 손해배상 사건에서 "결혼퇴직하는 25세까지는 근로자로서의 임금을 지급하고, 26세부터는 가정주부에 준하여 도시여성일용직의 수당을 지급해야 한다"는 제1심 판결에 대해 사회적으로 크게 이슈가 되고, 대법원에서 결혼퇴직의 관행을 인정하지 않아 취업규칙상 정년인 55세까지 일실수익을 인정한 사례(대판 1987. 9. 7, 86다카816)가 있었으나, 본격적인 고용차별 사례라고 보기는 어렵다.

51) 박선영 외, 여성·가족 관련 판례에 대한 성인지적 분석 및 입법과제(Ⅰ)― 여성노동분야, 한국여성정책연구원, 2012, 86면.

유증 및 모친의 병간호 등으로 바로 복직하기 어려운 형편에 있었다 할 것이어서 참작할 바가 있고 다른 복직 지체 여교사들에 대하여는 경징계나 경고 등의 가벼운 처분만이 가해졌던 점과의 균형 등을 감안해보면 복직 신고 지체의 사유를 가지고 면직에까지 이른 이 사건의 처분은 그로 인하여 원고가 받는 불이익의 정도가 그로 인하여 유지하고자 하는 공익상의 필요 또는 제3자의 이익 보호의 필요에 비하여 현저히 크다 할 것이므로 이 사건 처분은 형평에 어긋나는 지나치게 무거운 처분으로 재량권의 범위를 벗어난 위법한 처분이라고 할 것이다.

③ 평가

이 사건은 정면으로 유산 등 모성과 관련된 차별 문제를 다루지는 않았지만, '징계재량권의 범위' 기준을 통해 실질적으로 보호의 필요성을 제기하고 있다.

3) 육아휴직 복귀자에 대한 해고: 서울동부지방법원 2009. 10. 28 선고 2009가합 1267 판결

① 사실관계

원고는 2002년 3월 20일 피고 회사에 입사하여 2003년 말경부터 홍보팀장으로 근무하다가 2007년 3월 1일부터 2007년 8월 31일까지 출산휴가 및 육아휴직을 사용한 후 2007년 9월 3일 복직하였다. 그러나 피고 회사의 직속상관이던 경영지원실장 강○○ 등은 원고의 복직에 즈음하여 원고에게 사직을 종용하였으나 이를 거부하자 팀원으로 강등 발령하고 대외홍보업무에서 배제하여 뉴스클리핑 등의 업무만 맡겼다. 피고 회사는 2008년 12월 5일 원고에게 1개월간의 대기발령을 명한 다음 배치전환면담, 원고의 희망보직지원, 배치전환미팅을 거쳐 2009. 1. 7. 원고에게, '직무수행능력 및 근무성적 저조, 인사평가 3회 연속 D등급(07-08)을 이유로 인사 규정 10조 4항에 의거 2009. 2. 6.자로 해고한다'는 내용의 해고예고 통보를 하였다.

② 판결 요지

사회통념상 당해 근로자와의 고용관계를 계속할 수 없을 정도인지의 여부는 당해 사용자의 사업의 목적과 성격, 사업장의 여건, 당해 근로자의 지위 및 담당 직무의 내용, 비위행위의 동기와 경위, 이로 인하여 기업의 위계질서가 문란하게 될 위험성 등 기업질서에 미칠 영향, 과거의 근무태도 등 여러 가지 사정을 종합적으로 검토하여 판단하여야 한다(대판 2007. 5. 31, 2007두1460 등). 피고 회사의 주장에 부합하는 듯한 증인 김○○, 강○○의 각 증언은 믿기 어렵고 달리 위 대기발령 당시 이미 사회통념상 피고 회사가 원고와의 고용관계를 계속할 수 없을 정도의 사유가 존재하였거나 대기발령기간 중 그와 같은 해고 사유가 확정되었다고 볼 만한 아무런 증거가 없으므로, 위 해고는 무효이다.

③ 평가

이 사건 역시 실질적으로는 출산·육아휴직 등을 이유로 한 차별의 부당성이 관계있으나, 그러한 기준에 관하여 명시적으로 언급하지 않고 일반적인 해고 제한 법리의 문제로 이를 해결하고 있다.

4) 임신을 이유로 한 부당해고: 인천지방법원 2009. 9. 8. 선고 2009나2347 판결

① 사실관계

원고는 5인 미만 사업장인 내과에서 방사선사로 근무하면서 육아 등의 이유로 반일 근무를 하고 있었는데, 출산을 2개월 앞둔 시점에서 내과 원장은 건강보험공단으로부터 건강보험 무료암 검진을 위해서는 전일 근무 방사선사가 필요하다는 지적을 받아 전일 근무를 할 수 없는 원고를 해고하였다. 원고는 부당한 해고로 산전후 휴가급여 육아휴직 등 일가정 양립을 위한 기회를 박탈당하였다며 산전후휴가 급여 등과 위자료 합계 금 2,290만 원의 배상을 청구하였다.

② 판결요지

1심 법원은 4인의 근로자를 고용하고 있었고 고용기간의 정함이 없으므로 민법 제660조 제1항에 의하여 특별한 이유가 없더라도 언제든지 고용계약을 해지할 수 있는 것이므로, 불법행위를 구성하지 않는다는 이유로 원고 청구를 전부 기각하였다. 이에 원고가 항소하였으나, 항소심 법원 역시 "사실조회결과만으로는 피고가 출산을 앞두고 있다는 이유로 원고를 아무런 이유 없이 부당하게 해고하였다는 점을 인정하기에 부족하고, 달리 이를 인정할 만한 증거가 없으며, 그 밖에 이 사건 근로계약의 종료에 관하여 피고에게 어떤 불법행위가 성립한다고 볼 만한 아무런 근거도 없다"고 하여 원고의 항소를 기각하였다.

③ 평가

구조적으로는 상시근로자 5인 미만 사업장에 해고제한법(근로기준법 제23조)

이 적용되지 않기 때문이기도 하지만, 출산 후 휴가에 관한 법 제74조가 5인 미만 사업장에도 적용된다는 점과 그 취지를 고려하여, 출산에 임박한 근로자에 대해 해고가 이루어진 경위를 좀 더 면밀히 살폈어야 했다.

(4) 비정규직(화) 관련 차별(여성의 비정규직화[52])

1) 우리은행 계약직 근로계약 갱신거절 사건: 서울행정법원 2006. 1. 27. 선고 2005 구합16468 판결

① 사실관계

원고는 근로자 10,000여 명을 고용하여 금융업을 영위하는 은행이고, 피고보조참가인(이하 참가인이라 한다)들은 원고 은행에 공과금 수납 전담 계약직 사무행원으로 입사하여 근무하던 중 계약기간 만료로 근로관계가 종료되었다. 원고는 공과금 수납을 전산화하는 과정에서 담당 직원의 필요 인원수나 상시 고용 필요성이 불확실하여 고용관계를 탄력적으로 조정하기 위해 위 계약직 사무행원을 3개월 단기 채용하였고, 이후 업무상 필요에 의하여 3개월 단위로 6~7회 고용계약을 갱신하였으며, 그때마다 새로운 구비서류를 작성하였으나, 계약직 사원의 의사에 반하여 재계약이 거부된 사례는 없었다. 공과금 수납 업무가 개선되어 참가인들의 업무량이 감소함에 따라 원고는 공과금 수납 전담 계약직 행원 고용계약을 더 이상 갱신하지 않았는데, 참가인들은 자신들의 근로계약은 기간의 정함이 없는 근로계약으로서 원고의 고용계약 갱신 거부가 부당해고에 해당한다고 주장하였다.

② 판결요지

원고는 공과금 수납업무에 투입된 인력을 탄력적으로 조절할 필요성이 있었던 점, 참가인들이 담당한 업무의 내용도 정규직과 달리 위 업무에 한정된 점, 근무시간 및 급여체계도 정규직과 구분된 점 등을 종합하면 원고와 참가인의 근로계약이 사실상 기간의 제한이 없는 근로자의 지위에 있다고 보기는 어렵다. 다만, 이러한 경우라도 그 고용이 계절적·임시적인 것이 아니고 상당 기간 반복 갱신되어 계속적인 고용이 기대되고 있는 경우에는 해고제한의 법리가 유추 적용되어

52) 그 경향에 관해서는 김진, "여성노동의 현안: 비정규직화를 중심으로", 젠더법학, 한국젠더법학회, 제1권 제1호(2009), 127-150면 참조.

경제 사정의 변동에 의한 잉여 인력의 발생 등과 같이 사회통념상 상당하다고 인정되는 합리적인 이유 없이 근로계약의 갱신을 거절하는 것은 신의칙상 허용될 수 없다 할 것이나, 이 사건의 경우는 공과금 수납업무의 개선 과정에서 인력조절의 필요성에서 고용되어 업무 개선 후 인력의 필요가 없어졌다는 점에서 근로계약 갱신의 거절에 합리적 이유가 있다.

③ 평가

비록 판결이나 재판 과정에서 전면화되지는 않았으나 이 사건은 출산·육아 등으로 인한 경력단절 여성을 불안정한 지위의 기간제 근로자로 재채용하고 손쉬운 구조조정의 대상으로 삼은 '여성의 비정규직화' 현상이 적나라하게 드러난 사안이다. 그러한 재채용 과정과 성차별적 고용 관행이 전혀 주목받지 못하였다는 점이 가장 큰 문제이다.

2) PCA 생명 콜센터 외주화 사건: 서울중앙지방법원 2011. 3. 29. 선고 2010가합 86193 판결 (확정)

① 사실관계

원고는 피고 회사에 입사하여 고객서비스팀의 콜센터 직원 교육담당 트레이너로 근무하고 있었는데, 피고 회사는 경영적자로 지점 통폐합 등 비용 절감을 위한 경영합리화 조치를 추진하면서 그 일환으로 경쟁 업체에 비하여 그 운영에 더 많은 비용이 소요되고 있던 콜센터 업무를 도급전환하기로 결정하였고, 그에 따라 발생한 잉여 인력을 정리해고하기로 하여, 콜센터 소속 직원 49명 중 관리직 5명을 제외하고 전화로 고객을 응대하는 콜센터 업무를 직접 수행하는 근로자 44명(모두 여성) 모두 정리해고되었다.

② 판결요지

설립 이래 거의 매년 적자가 발생하여 2009년 누적 적자액이 1,591억에 달하였고, 이를 극복하기 위해 지점 통폐합 등 비용절감을 위한 경영합리화 조치를 추진하면서 그 일환으로 경쟁 업체에 비하여 그 운영에 더 큰 비용이 소요되고 있던 콜센터 업무를 도급전환하기로 결정하였고, 그에 따라 발생한 잉여 인력을 이 사건 정리해고를 통하여 감축한 것인바, 이는 객관적으로 보아 합리성이 있으므로 정리해고에 있어서 긴박한 경영상의 필요성이 인정되는 점, 피고는 해당 근로자들에게 도급업체로의 전적 시 고용 및 동일한 임금수준 보장, 복리후생제도 변경에 따른 금전적 보상, 퇴직위로금 및 특별보너스 지급 등을 약속하면서 희망 퇴직 또는 전적 신청할 것을 요청하였고, 비서직 등 사내 공모 시 우선권을 부여 하는 등 정리해고를 회피하기 위해 노력하였던 점, 피고는 콜센터 소속 직원 49 명 중 관리직 5명을 제외하고 전화로 고객을 응대하는 콜센터 업무를 직접 수행 하는 근로자 44명 모두를 정리해고 대상으로 하였는바, 이는 콜센터 업무를 도급 전환함에 따른 당연한 결과로서 관리직은 콜센터 업무를 관리·감독하던 직원들 이어서 도급대상인 업무와는 직접 관련성이 없고, 여성들만 차별적으로 정리 해 고한 것도 아니므로, 이 사건 정리해고는 그 해고 선정자 선정에 있어 객관적인 기준에 의하였다고 봄이 상당한 점, 피고는 이 사건 정리해고에 이르기까지 근로 자 대표와 성실히 협의를 진행하였던 점 등을 종합해보면, 이 사건 정리해고는 근로기준법 제24조의 요건을 모두 충족한 것으로서 적법하다.

③ 평가

이 판결은 이른바 '경영합리화'를 위한 외주화는 모두 정당하고 그것을 이유 로 한 정리해고 역시 정당성이 있다는 판례 법리의 연장선에 있기는 하지만, 콜 센터 직원 49명 중 44명이 여성이고 5명이 남성인데 이들 중 여성 44명만 외주화 한 것도 정당하다고 하였다는 점에 특수성이 있다. 법원은 이들 남성 직원이 '관 리·감독하던 직원으로서 도급대상 업무와는 직접 관련성이 없다'고 하였으나, 이 는 여성의 업무는 단순·미숙련 업무이고 남성의 업무는 관리감독·숙련 업무라 고 양분하여 보는 차별적 성역할 분담론을 의심 없이 받아들였다는 비판을 피하 기 어렵다.

Ⅲ. 결론에 갈음하여

1. 차별의 비가시화, 과소대표

거듭 지적되는 것이지만 법원의 판결 수가 상대적으로 적고 분야도 한정되 어 있다. 이를테면 '차별문제의 과소대표' 현상이라고 할 수 있다.

차별은 구조화되어 있어 드러나지 않고, 드러난다고 해도 입증이 쉽지 않으며(비가시성), 법원을 통한 승리의 경험이 많지 않아 사법을 통한 해결을 기대하지 않게 되기 때문이다(불투명한 전망). 또한 어렵게 이긴다고 하더라도 그로 인한 이득도 크지 않아 장시간·고비용의 사법절차를 감당할 엄두가 나지 않고(사법의 비용), 성차별의 주된 피해자가 되는 '여성'들이 사법적 절차를 활용하여 권리를 주장하는 문화에 친하지 않고 상대적으로 덜 조직화되어 있다는 점(문제제기 주체의 특성) 때문이기도 하다.53)

한 연구자는 이를 "피해자들의 주장이 법적 정당성을 확보하기 어렵고, 성차별은 판단되거나 인정받지 못하는 경우가 대부분이지만 간혹 근로자가 승소하는 경우도 있기 때문에 결과에 대해서는 아무도 예측하기 어려운 현실" 때문이라고 하였고,54) 다른 연구자는 여성 노동에 관한 미국, 유럽연합, 일본의 판례들을 분석한 다음, 우리 법원에 대하여 "법원은 어떤 문제가 젠더 문제임을 인식하는데 종종 인색하다"라고 하면서 「젠더문제 인정의 회피」라는 표현을 사용한 적도 있다.55) 비단 '법원'만이 아니라 차별 문제의 당사자 또는 그 당사자들을 지원하여야 할 법률가들이나 활동가들도 법원을 통한 해결을 회피하고 있다고 보기도 한다.56)

하지만 법적 권리 주장이 차별 피해자가 구제받을 수 있는 사실상 유일한 수단57)이라는 점을 고려한다면, 사법적 구제는 결코 포기할 수 없는 것이다.

2. 유형별 사건의 다과(多寡)

위에서 본 것처럼 고용상 성차별 사건의 판결례는 고용관계가 종료된 후, 그 종료의 효력을 다투는 것이 압도적으로 많고, 배치·승진 등 고용계속 중 불이익 처분을 다투는 것은 거의 없다. 비교적 최근에 임금차별 사건이 늘어난 것은 사실이지만, 퇴직 근로자들이 제기한 형사사건이거나 노사 갈등이 심각한 사업장에서 노동조합의 주도로 이루어지는 경우를 제외하면, 고용관계 계속 중 임금 차별로 문제를 제기하는 것은 매우 예외적이다.

고용관계에서 근로자들이 경제적 열위에서 종속된 지위에 있기 때문에 섣불

53) 김진, "지정토론문", 저스티스 통권 제134-2호(2013. 2), 한국법학원, 602면.
54) 정형옥, '남녀고용평등'의 법적 실효성 고찰, 이화여자대학교 법학박사 학위 논문, 2007, 250면.
55) 오정진, 여성노동현안에 관한 국내외 판례의 동향과 과제, 한국여성개발원, 2003, 326면.
56) 김진, 위의 글, 603면.
57) 정형옥, 위의 논문, 251면.

리 근로조건에 관해 법적인 구제를 구하기 어려운 처지에 있음을 생각하면 쉽게 이해되는 일이다.

그러나 고용차별을 금지하고 규제하는 법률은 계속 중인 고용관계에서의 위법·부당한 상태를 해소하고, 근로조건·환경을 바로잡아 더 나은 조건·환경 아래에서 근로 제공을 계속할 수 있게 하는 역할을 해야 하므로, 이러한 문제를 해결하기 위한 소송법적 보완이 필요하다. 차별시정 기구가 주체가 되어 제소하고 소송을 유지하는 이른바 '부권소송'이나 노동조합 등이 익명의 조합원을 위하여 제기하는 대표소송의 형태를 고민해야 하고, 아울러 퇴직 후에 재직 중 차별에 관한 문제를 쉽게 제기할 수 있도록 임금채권의 소멸시효를 퇴사 시점부터 기산되는 것으로 하는 법 개정이 검토되어야 한다.

3. 간접차별

남녀고용평등법은 우리 법제에서 '간접차별' 개념을 가장 먼저 도입하였다. 1999년 남녀고용평등법 제3차 개정에서 정의 규정(제2조의 2)에 "이 경우 사업주가 여성 또는 남성 어느 한 성이 충족하기 현저히 어려운 인사에 관한 기준이나 조건을 적용하는 것도 차별로 본다"는 후문이 추가되었고, 2001년 전부 개정 시에 '인사에 관한 기준이나 조건'을 '채용 또는 근로의 조건'으로 바꾸어 "사업주가 채용 또는 근로의 조건은 동일하게 적용하더라도 그 조건을 충족시킬 수 있는 남성 또는 여성이 다른 한 성에 비하여 현저히 적고 그로 인하여 특정 성에게 불리한 결과를 초래하며 그 기준이 정당한 것임을 입증할 수 없는 경우에도 이를 차별로 본다."고 하였다(제2조 제1호).

이후 2008년에 제정된 장애인차별금지법에 "장애인에 대하여 형식상으로는 제한·배제·분리·거부 등에 의하여 불리하게 대하지 아니하지만 정당한 사유 없이 장애를 고려하지 아니하는 기준을 적용함으로써 장애인에게 불리한 결과를 초래하는 경우"라고 표현되었고(제4조 제2호), 고령자고용촉진법에 연령차별 금지를 추가한 2008년 고령자고용법 전면 개정 시에도 "제1항을 적용할 때 합리적인 이유 없이 연령 외의 기준을 적용하여 특정 연령집단에 특히 불리한 결과를 초래하는 경우에는 연령차별로 본다(제4조의 4 제2항)"는 조항이 들어갔다.

그럼에도 불구하고 앞서 본 것처럼 법원 판결 중에 '간접차별'에 관한 조항을 간접적으로나마 인용하고 있는 것은 한국전기공사협회 사건이 거의 유일하다(그나마 판결 본문에서 '간접차별에 해당한다'고 한 것은 아니다). 차별로 인한 책임을 면탈하고자 하는 사용자들이 직접적이고 명시적으로 차별적 처우를 하는 경우가 점점 줄 것으로 예상되는 이 시점에서는 더욱, 그러한 경우를 규율하기 위해 이미 20년 전에 도입한 '간접차별' 개념을 널리 활용할 필요가 있다. 그리고 이처럼 간접차별 법리가 거의 활용되지 못하고 있는 현실을 고려할 때 성차별 문제가 제기된 사건에 대해서는 우선적으로 이 사안이 직접차별에 해당되는 문제는 아닌지 보다 세심하게 검토하는 자세도 중요할 것이다.

4. 소송구조와 입증책임의 문제

앞서 본 바와 같이 적지 않은 사건에서 차별로 인정받지 못하는 이유는 "인정할 증거가 없다"는 것이다. 물론 이러한 판단 중에는 간접차별 문제를 이해하지 못하거나 전혀 고려하지 않은 채 "성별로 인한 제한·배제·분리·거부"라는 직접차별만을 요구하기 때문인 경우도 있으나, 구체적인 사실관계에 관해서 아예 입증이 되지 않았다고 보는 경우가 더 많다.

일찍이 남녀고용평등법이 "이 법과 관련한 분쟁 해결에서 입증책임은 사업주가 부담한다(제30조)"는 과감한 입증책임 전환 규정을 두고 있다는 점을 고려하면 믿기 어려울 정도로 사실인정의 벽은 높고 견고하다. 차별이 얼마나 교묘하게 비가시화되고 구조화되는지 알지 못한다면, 왜 그러한 입증책임 전환 규정이 남녀고용평등과 일·가정 양립에 관한 법률에 들어가 있는지 제대로 알기 어렵고, 그 조항은 의미를 잃게 될 것이다.

5. 국가인권위원회 등 다른 구제 절차와의 관계

곧바로 민사소송을 제기하는 경우도 있기는 하지만 노동위원회 구제신청 절차를 거쳐 행정소송에 이르는 경우가 적지 않다. 또한 많지는 않지만, 효성 임금차별 사건이나 PCA생명 사건 등과 같이 국가인권위원회에 대한 진정을 거쳐서 민사소송에 이르는 경우도 있고, 기륭전자 사건처럼 임금차별을 인정한 국가인권위원회 결정에 대해 행정소송을 제기한 사례도 있다. 노동위원회나 국가인권위원회와 같은 구제 절차를 두고 있는 까닭은, 차별의 피해자들이 비용과 시간을 단축하고 입증책임을 경감 받아 손쉽게 권리구제를 받게 하려는 것이라는 점을 생각한다면, 이러한 구제 절차를 거친 경우 차별이 더 많이 인정되어야 하고, 법원은 이러한 기관에서의 전문성과 조사 결과를 더 신뢰해야 한다. 그런데 국가인권위원회 결정과 관련된 판결에서, 법원이 그러한 신뢰를 부여하였다는 유의미한 근거는 발견하기 어려웠다.

차별시정기구의 전문성과 조사절차의 엄격성을 강화해야 하는 것은 물론, 법관들이 이러한 제도와 과정에 관한 이해할 수 있도록 교육과 소통의 기회를 확대할 필요가 있다.

직장 내 성희롱의 판단과 구제

박 귀 천*

I. 성희롱의 개념

1. 성희롱 개념 형성의 발전 과정

현행법상 법률용어로 규정되어 있는 '성희롱'이라는 용어는 서구에서 형성된 개념인 '성적 괴롭힘(sexual harassment)'을 번역한 것이다. 성희롱의 개념은 1974년에 미국의 파얼리(Farley)가 일하는 여성들이 전형적으로 겪는 이름 없는 고충을 '성적 괴롭힘(sexual harassment)'이라고 명명한 것에서 유래한다. 이후 미국의 저명한 법여성학자인 맥키넌(MacKinnon)의 입론과 각종 판례들, 그리고 1980년 미국의 고용평등위원회(EEOC)의 지침에 의해 성희롱 개념이 정립된 이래 성희롱은 성별에 근거한 차별 행위로 간주되고 있다.[1]

미국 고용평등위원회(EEOC) 지침에 따르면 성희롱은 "원하지 않는 성적 접근, 성적인 호의의 요구, 그 밖에 다른 성적 성질을 가지는 언어적, 육체적 행위"이다. 또한 유럽연합(EU) 지침은 성희롱을 "성적 성질을 가지는 모든 형태의 원하지 않는 언어적, 비언어적 또는 육체적 행위로서 개인의 존엄을 해치려는 목적을 가지거나 그러한 결과를 초래하는 행위 특히 위협적, 적대적, 굴욕적이거나 불쾌한 환경을 만들거나 그러한 결과를 초래하는 행위"라고 규정하고 있다.

미국에서 성희롱에 대한 본격적인 법적 논의를 전개한 맥키넌의 '불평등이

---

* 이화여자대학교 법학전문대학원 교수

[1] 신상숙, "대학교 성희롱·성폭력 피해구제의 현황과 쟁점 — 실태조사 결과를 중심으로 —", 대학 캠퍼스의 권력형 성희롱·성폭력, 무엇이 문제인가, 서울대 여성연구소·인권센터 공동주최 학술 포럼 자료집(2015), 4면.

론'에 따르면 성희롱은 여성의 성적 종속을 가져오기 때문에 성차별이며, 여성의 사회적 지위라는 관점에서 판단되어야 할 집단적 피해라고 한다. 또한 맥키넌의 '불평등처우이론'에 따르면 동일한 상황에 있는 사람은 동일하게 취급될 것이 요구되는데 성희롱은 여성의 지위가 남성과 동일하게 취급되지 않기 때문에 성차별이라고 한다. 성희롱에 의해 여성은 남성처럼 성적 조건 없이 생활할 기회를 박탈당하게 된다는 것이다.[2]

한편, 1993년 12월 UN이 만장일치로 채택한 '여성폭력철폐선언'은 직장 내 성희롱이 여성의 인간으로서의 존엄성과 일할 권리를 해치는 한편, 남녀 간에 불균형한 권력관계에서 발생하고 여성의 종속적 지위를 심화시키는 여성에 대한 폭력의 일종이자 여성차별철폐협약에서 말하는 여성 차별에 해당된다는 점을 분명히 하고 있다.

국내에서 성희롱이 처음으로 사회적으로 공론화된 계기는 1993년 소송이 제기되었던 S대 S교수의 조교에 대한 성희롱 사건이다. 이는 대학교수의 조교에 대한 성희롱이 문제되어 조교가 가해 교수 등을 상대로 손해배상을 청구한 사건으로서 1993년 소송제기 이후 6여 년이 지난 후에 대법원 판결이 내려졌다. 이 판결에서 대법원은 "성적인 언동은 비록 일정 기간 동안에 한하는 것이지만 그 기간 동안만큼은 집요하고 계속적인 까닭에 사회 통념상 일상생활에서 허용되는 단순한 농담 또는 호의적이고 권유적인 언동으로 볼 수 없고, 오히려 피해자로 하여금 성적 굴욕감이나 혐오감을 느끼게 하는 것으로서 피해자의 인격권을 침해한 것이며, 이러한 침해행위는 선량한 풍속 또는 사회질서에 위반하는 위법한 행위이고, 이로써 피해자가 정신적으로 고통을 입었음은 경험칙상 명백하다. 이른바 성희롱의 위법성의 문제는 종전에는 법적 문제로 노출되지 아니한 채 묵인되거나 당사자 간에 해결되었던 것이나 앞으로는 빈번히 문제될 소지가 많다는 점에서는 새로운 유형의 불법행위이기는 하나, 이를 논함에 있어서는 이를 일반 불법행위의 한 유형으로 파악하여 행위의 위법성 여부에 따라 불법행위의 성부를 가리면 족한 것"이라고 판시하여 성희롱이 새로운 유형의 불법행위라고 판단했고, 또한 대법원은 직장 내 성희롱을 조건적 성희롱과 환경형 성희롱으로 구분하였고, "특

---

2) 최희경, "미연방대법원의 성희롱판결에 대한 연구", 법학논집 제16권 제1호, 이화여자대학교 법학연구소(2011), 203면.

히 환경형 성희롱의 경우, 그 성희롱의 태양이 중대하고 철저한 정도에 이르러야 하며, 불법행위가 성립하기 위하여는 가해자의 성적 언동 자체가 피해자의 업무수행을 부당히 간섭하고 적대적 굴욕적 근무환경을 조성함으로써 실제 피해자가 업무능력을 저해 당하였다거나 정신적인 안정에 중대한 영향을 입을 것을 요건으로 하는 것"이라고 판시했다.[3] 이 사건을 계기로 우리 사회에서 성희롱에 대한 인식 변화의 계기가 마련되었고, 확정판결이 내려진 직후인 1999년 2월 직장 내 성희롱의 심각성을 인식하게 된 사회 분위기를 반영하여 직장 내 성희롱 규율에 관한 내용을 신설하는 남녀고용평등법 개정이 이루어졌다.

2. 현행법상 성희롱의 개념

현재 우리나라에서 성희롱의 개념에 대해 규정하고 있는 법은 '남녀고용평등법과 일·가정 양립 지원에 관한 법률'(이하 '남녀고용평등법'이라 함), 양성평등기본법 및 국가인권위원회법이다. '남녀고용평등법'상 직장 내 성희롱에 관한 규정은 같은 사업 소속의 사업주, 상급자, 근로자에 대해 적용되고, 이 경우 성희롱 피해자는 근로자에 한한다. 이에 비해서 양성평등기본법과 국가인권위원회법상 성희롱에 관한 규정은 사용자와 공공기관 종사자(국가기관, 지방자치단체, 각급학교, 공직유관단체 종사자를 의미)가 성희롱 행위자이고 근로자, 학생, 일반시민 등 모든 불특정의 사람이 피해자인 경우에 대해 적용한다. 즉, 양성평등기본법 및 국가인권위원회법상 성희롱 행위자와 피해자의 범위는 남녀고용평등법보다 넓다.

위 법률들에서 규정하고 있는 성희롱의 개념은 사실상 동일하다. 즉, 남녀고용평등법상 성희롱의 개념은 "사업주·상급자 또는 근로자가 직장 내의 지위를 이용하거나 업무와 관련하여 다른 근로자에게 성적 언동 등으로 성적 굴욕감 또는 혐오감을 느끼게 하거나 성적 언동 또는 그 밖의 요구 등에 따르지 아니하였다는 이유로 고용에서 불이익을 주는 것"이고(법 제2조 제2호), 양성평등기본법 및 국가인권위원회법상 성희롱의 개념은 "업무, 고용, 그 밖의 관계에서 공공기관의 종사자,[4] 사용자 또는 근로자가 그 직위를 이용하여 또는 업무 등과 관련하여 성적 언동 등으로 성적 굴욕감 또는 혐오감을 느끼게 하거나 성적 언동 또는 그 밖

---

3) 대판 1998. 2. 10, 95다39533.

4) '양성평등기본법'에서는 "국가기관 등의 종사자"라고 표현하고 있는데 의미는 동일하다(양성평등기본법 제3조 제2호).

의 요구 등에 따르지 아니한다는 이유로 고용상의 불이익을 주는 것"이다(국가인권위원회법 제2조 제3호 라목). 다만, 국가인권위원회법은 성희롱을 차별행위의 한 유형이라고 명시하고 있다.[5]

II. 직장 내 성희롱의 판단

1. 판단 절차

어떠한 행위가 남녀고용평등법상 직장 내 성희롱에 해당되는지 여부를 판단하기 위해서는 다음과 같은 세 가지 측면에서의 판단을 필요로 한다.

1) 직장 내 성희롱의 당사자 요건 　－행위자: 사업주, 상급자, 근로자 　－피해자: 다른 근로자
2) 직장 내 성희롱의 행위 요건 　－업무 관련성: 직장 내의 지위를 이용하거나 업무와 관련하여 이루어질 것 　－행위 양태: 상대방이 원치 않는 성적 언동 또는 그 밖의 요구
3) 행위로 인한 피해 　－성적 굴욕감이나 혐오감 　－고용 및 근로조건상의 불이익

2. 직장 내 성희롱 당사자 요건 판단

(1) 성희롱 행위의 주체(가해자)가 될 수 있는 자

1) 사업주

"사업주"란 근로자를 사용하여 사업을 하는 자를 말한다. 개인기업의 경우에

---

5) '국가인권위원회법'; 제2조(정의) "평등권 침해의 차별행위"란 … 다음 각 목의 어느 하나에 해당하는 행위를 말한다.
　…
　라. 성희롱[업무, 고용, 그 밖의 관계에서 공공기관(국가기관, 지방자치단체, 「초·중등교육법」 제2조, 「고등교육법」 제2조와 그 밖의 다른 법률에 따라 설치된 각급 학교, 「공직자윤리법」 제3조의2 제1항에 따른 공직유관단체를 말한다)의 종사자, 사용자 또는 근로자가 그 직위를 이용하여 또는 업무 등과 관련하여 성적 언동 등으로 성적 굴욕감 또는 혐오감을 느끼게 하거나 성적 언동 또는 그 밖의 요구 등에 따르지 아니한다는 이유로 고용상의 불이익을 주는 것을 말한다] 행위

는 개인을 말하고 법인체인 기업의 경우에는 그 법인 자체를 말한다.[6] 한편, 국가인권위원회법이 성희롱 행위의 주체로 규정한 "사용자"는 근로기준법 제2조 제1항 제2호 소정의 "사업주", "사업의 경영담당자",[7] "그 사업의 근로자에 관한 사항에 대하여 사업주를 위하여 행동하는 자"[8]를 말하는 것으로, "사업주" 개념보다 훨씬 더 포괄적이라고 할 수 있다.

2) 상급자

상급자라는 용어는 근로기준법이나 노동조합 및 노동관계조정법 등 일반적인 노동관계법령에서는 흔히 발견되지 않는 용어이다.[9] 상급자의 사전적 의미는 더 높은 등급이나 계급에 있는 사람을 의미하는 것으로, 하급 근로자와의 관계에서 성립되는 상대적인 개념이라고 할 수 있다.

3) 근로자

근로자는 개별적 근로관계를 규율하는 근로기준법상의 근로자를 말하는 것으로 본다. 근로기준법 제2조 제1항 제1호에 따르면 '근로자'란 "직업의 종류와 관계없이 임금을 목적으로 사업이나 사업장에 근로를 제공하는 자"를 말한다. 즉, 임금을 받기 위해서 사용자의 지휘·명령하에 실질적으로 사용종속관계에서 노무를 제공하는 자를 말한다. 근로기준법상 근로자는 현재 어딘가에 고용된 자를 말하지만, 남녀고용평등법상 근로자는 취업할 의사를 가진 자까지 포함하고 있다.

근로계약기간 및 근로형태 등을 불문하여 임시직, 계약직, 시간제 근로자도

---

6) 임종률, 노동법(제20판), 박영사, 2022, 44면.

7) 사업의 경영담당자라 함은 사업주가 아니면서 사업경영 일반에 관하여 책임을 지는 자로서 사업주로부터 사업경영의 일부 또는 전부에 대해 포괄적인 위임을 받고 대외적으로 사업을 대표하거나 대리하는 자를 말한다. 주식회사의 대표이사, 지배인, 회사정리 절차 시작 이후의 관리인(대판 2008. 4. 10, 2007도1199) 등이 이에 해당한다(임종률, 노동법(제20판), 박영사, 2022, 45면).

8) 이는 사업주 또는 사업경영담당자로부터 그 권한을 위임받아 자신의 책임 아래 근로자를 채용하거나 해고 등 인사처분을 할 수 있고, 직무상 근로자의 업무를 지휘·감독하여 근로조건에 관한 사항을 결정하고 집행하는 자를 말한다. 이러한 책임과 권한의 유무는 부장 또는 과장이라는 형식적인 직위 명칭에 따를 것이 아니라 구체적인 직무내용에 의해 판단되어야 한다(임종률, 노동법(제20판) 박영사, 2022, 45면).

9) 산업안전보건법에는 작업 중지와 관련하여 근로자는 산업재해가 발생할 급박한 위험으로 인하여 작업을 중지하고 대피하였을 때에는 지체 없이 그 사실을 바로 위 상급자에게 보고해야 한다는 규정이 있다(산업안전보건법 제26조 제1항).

모두 포함되며, 성별과 관계없이 성희롱의 행위자가 될 수 있다.

4) 고객 등 제3자

남녀고용평등법, 국가인권위원회법 모두 고객 등 제3자는 성희롱의 주체로 규정하고 있지 않다. 다만, 사업주는 고객 등 업무와 밀접한 관련이 있는 자가 업무수행 과정에서 성적인 언동 등을 통하여 근로자에게 성적 굴욕감 또는 혐오감 등을 느끼게 하여 해당 근로자가 그로 인한 고충 해소를 요청할 경우, 근무 장소 변경, 배치전환, 유급휴가의 명령 등 적절한 조치를 하여야 한다. 또한 사업주는 근로자가 고객 등으로 인한 성희롱 피해를 주장하거나 고객 등으로부터의 성적 요구 등에 불응한 것을 이유로 해고나 그 밖의 불이익한 조치를 하여서는 아니 된다(남녀고용평등법 제14조의2).

(2) 성희롱 피해자(성희롱의 대상)

남녀고용평등법은 직장 내 성희롱을 사업주, 상급자 또는 근로자가 "다른 근로자"에게 하는 성적인 언동 등으로 규정하고 있고, 법 제2조 제4호는 "근로자란 사업주에게 고용된 자와 취업할 의사를 가진 자를 말한다."고 규정하고 있어, 재직 중인 근로자와 채용 과정에 있는 자가 성희롱의 대상이 될 수 있다. 따라서 근로자가 사용자에 대하여 한 성적 언동은 현행 남녀고용평등법상의 직장 내 성희롱에 해당되지 않는다고 해석된다.

반면 국가인권위원회법의 성희롱 개념 규정은 성희롱이 누구에게 행하여져야 하는가의 문제, 즉 대상자에 관하여 명시하지 않고 있다. 따라서 누구라도 성희롱 피해자로서 국가인권위원회에 진정할 수 있다.

(3) 성희롱 가해자 및 피해자의 성별

남성, 여성 모두 직장 내 성희롱 행위자 및 피해자가 될 수 있으며, 동성 간의 행위도 직장 내 성희롱이 될 수 있다. 즉, 남성이 여성에게, 여성이 남성에게, 남성이 남성에게, 여성이 여성에게 직장 내 성희롱을 하는 경우 모두가 법률상 직장 내 성희롱에 해당된다.[10]

---

10) 고용노동부, 직장내 성희롱 예방·대응 매뉴얼, 2020, 11면.

3. 직장 내 성희롱의 행위 요건

(1) 업무 관련성

남녀고용평등법에 따르면 사업주, 상급자 또는 근로자가 직장 내 지위를 이용하거나 업무와 관련이 있는 경우에는, 사업장 내부에서 근무시간에 성희롱이 발생한 경우뿐만 아니라 사업장 밖에서 근무시간 외에 성희롱을 한 경우에도 직장 내 성희롱으로 처벌받을 수 있다. 예를 들어 출장 중 차 안이나 업무와 관련이 있는 회식 장소, 야유회 장소, 업무협의를 위해 불러내어 외부 장소에서 행위자의 성적 언동 등으로 인해 피해자가 성적 굴욕감이나 혐오감을 느낀 경우 이는 직장 내 성희롱으로 인정된다.[11] 또한, 정당하지 않은 지위 이용 및 권한 남용에 의한 행위라도, 해당 행위가 적법한 것이었는가 여부는 업무 관련성을 판단하는 데 있어 고려하지 않는다.

하급법원 판결 중에는 원고인 대표이사와 근로자인 피해자에 대한 개인 면담이 식당과 호프집 등을 거치면서 계속되었다고 보이고 비록 술을 마시면서 사적인 이야기도 나누었다 하더라도 업무상 개인 면담을 위하여 이루어진 만남이었고, 호프집에 이르기까지 회사와 관련된 이야기가 계속하여 나누어졌을 뿐 아니라, 경과에 비추어 만남의 성격이 업무상 개인 면담에서 순수한 사적인 만남으로 전환되었다고 보기도 어렵다고 하면서 술자리에서 이루어진 성희롱의 업무관련성을 인정한 경우가 있다.[12]

국가인권위원회는 업무관련성에 관해 상당히 광범위하게 인정하는 경향을 보이고 있다. 즉, 근무시간 외에 발생한 성적 언동이 성희롱에 해당하는지에 대하여 행위 장소 및 시간을 가리지 않고 당사자 간에 실질적인 업무관련성이 있으면 업무관련성을 인정한다. 국가인권위원회 사건 중에는 대학교수인 학생처장이 당시 파업으로 대치 중이던 노동조합 전임자인 여직원의 가슴을 가리키면서 가슴이나 잘 가리고 다니라고 한 발언과 관련하여, 업무의 일환으로 회의에 참석하였으며 당시 파업 중이던 노동조합원들과 대치하는 상황에서 발생한 일로 업무관련성이 인정된다고 보아 성희롱으로 인정한 사례가 있다.[13]

---

11) 고용노동부, 직장내 성희롱 예방·대응 매뉴얼, 2020, 12면.
12) 서울행판 2003. 8. 12, 2002구합36737.
13) 국가인권위원회 2007. 3. 28. 자 06진차401 결정.

(2) 행위 양태: 피해자가 원하지 않는 성적 언동 또는 그 밖의 요구

1) 피해자가 원하지 않을 것

상대방이 원하지 않는 성적 의미가 내포된 행위자의 육체적·언어적·시각적 언어나 행동이 성희롱에 해당된다. 성적 언동을 단 1회만 한 것이라도 성희롱이 성립될 수 있고, 특정인을 염두에 두지 않은 언동이라도 그것을 보고 듣는 사람에게 성적 굴욕감이나 혐오감을 준다면 성희롱이 된다.

"상대방이 원하지 않는" 행동이란, 상대방이 명시적으로 거부 의사를 표현한 경우만이 아니라, 적극적, 소극적 또는 묵시적으로 거부하는 경우도 포함된다. 즉, 행위자의 성적 언동에 대해 피해자가 직접적으로 분명하게 거부하지 않았더라도 성희롱은 성립될 수 있다. 특히 현실에서 발생되는 성희롱의 전형적이고 중요한 특징은 가해자가 상급자이거나 고위직이어서 피해자와 가해자 간의 불평등한 권력관계로 인해 피해자가 직접적·적극적으로 거부하기 쉽지 않다는 점을 유의해야 한다.[14]

2) 성적 언동 또는 그 밖의 요구

가. '성적인(sexual)' 것

"성적 언동" 또는 "그 밖의 요구"는 성적인(sexual) 의미가 내포되어 있는 경우를 의미한다. 이와 관련하여 이른바 '젠더 괴롭힘(Gender harassment)'은 일반적으로 남녀고용평등법상 성희롱에는 해당되지 않는 것으로 해석한다. 그런데 노동현장에서는 사용자, 상급자, 동료 등의 성차별적인 언동 혹은 성별 및 성역할에 대한 고정관념과 편견에 기반한 언동, 괴롭힘으로 인해 여성 노동자들이 고통받는 사례들이 발생하는 문제가 있다. 현행 법체계 내에서 젠더 괴롭힘을 규율하기에 가장 적합한 법적 근거는 근로기준법상 직장 내 괴롭힘 규정(제76조의2)이라고 할 수 있을 것이다. 현장에서는 근로기준법상 직장 내 괴롭힘 규정에 대한 행정관청의 감독 시스템이 차별금지 관련 구제제도나 행정제도 등에 비해 보다 강력한 효과를 가질 수 있는 측면도 있다고 본다. 다만, 근로기준법상 직장 내 괴롭힘이 성차별금지 법리의 취지와 의미를 잘 반영하여 활용될 수 있을지에 대해서는 지속적인 관심이 필요하다.

---

14) 고용노동부, 직장내 성희롱 예방·대응 매뉴얼, 2020, 13면.

나. 육체적 성희롱 행위

육체적 성희롱 행위는 상대의 의사와 상관없이 신체적으로 접촉하거나 특정 신체 부위를 만짐으로써 피해자에게 성적 굴욕감이나 혐오감을 주는 행위이다. 남녀고용평등법 시행규칙 제2조 별표1은 직장 내 성희롱을 판단하기 위한 기준의 예시에서 육체적 성희롱 행위의 예로 입맞춤, 포옹 또는 뒤에서 껴안는 등의 신체적 접촉행위, 가슴·엉덩이 등 특정 신체부위를 만지는 행위, 안마나 애무를 강요하는 행위 등을 들고 있다. 그 밖에 블루스를 추자고 허리에 손을 대고 쓰다듬는 행위, 테이블 아래에서 발로 다리를 건드리는 행위, 업무를 보고 있는데 의자를 끌어와 몸을 밀착시키는 행위 등도 육체적 성희롱 행위에 해당된다.

다. 언어적 성희롱 행위

상대의 의사와 상관없이 음란하고 상스러운 말을 하거나, 외모에 대한 성적인 비유나 평가를 하거나, 성적인 사생활을 묻거나 유포하는 등의 행위이다. 음란한 농담을 하거나 음탕하고 상스러운 이야기를 하는 행위(전화통화 포함), 외모를 평가하거나 성적으로 비유하거나 신체부위를 언급하는 행위, 성적인 사실관계를 묻거나 성적인 내용의 정보를 퍼뜨리는 행위, 성적인 관계를 강요하거나 회유하는 행위, 회식 자리 등에서 무리하게 옆에 앉혀 술을 따르도록 강요하는 행위(남녀고용평등법 시행규칙 제2조 별표1), 상대방을 성적 대상화하거나 성적 서비스 제공자로 대하는 언동 등이 언어적 성희롱 행위에 해당된다.

예를 들어 회식 자리에서 여직원에게 술따르기를 강요하는 행위는 해당 여성을 성적 대상화해서 행한 것인지, 단순히 권위적이고 강압적인 태도에서 기인한 것인지 여부가 상황에 따라 문제될 수 있는데, 여성에게만 술따르기를 강요하는 행위는 여직원을 남직원과 동등한 동료나 하급 직원으로만 대하는 것이 아니라 성적 대상화하여 성희롱한 것으로 판단될 가능성이 높다.

라. 시각적 성희롱 행위

상대방의 의사와는 상관없이 눈으로 인지가 가능한 행동을 통해 성적 혐오감이나 불쾌감을 주는 것이다. 음란한 사진·그림·낙서·출판물 등을 게시하거나 보여주는 행위(전화, 문자, SNS, 팩시밀리 등을 이용하는 경우를 포함한다), 자신의 특정 신체부위를 고의적으로 노출하거나 만지는 행위(남녀고용평등법 시행규칙 제2조 별표1), 상대방의 특정 신체부위를 음란한 시선으로 쳐다보는 행위 등이 이에 해당한다.

보다 구체적인 사례로는 음란한 사진이나 농담 시리즈를 카톡이나 메신저 등을 통해 전송하는 행위, 컴퓨터 모니터로 음란한 사진을 보여주거나 바탕화면, 스크린세이버로 깔아 놓는 행위 등이 있다.

마. 기타 성희롱 행위

사회통념상 성적 굴욕감 또는 혐오감을 느끼게 하는 것으로 인정되는 언행은 기타 성희롱 행위에 해당될 수 있다. 예를 들어 원하지 않는 만남이나 교제를 강요하는 행위, 퇴폐적인 술집에서 이루어진 회식에 원치 않는 근로자의 참석을 종용하는 행위, 거래처 접대를 해야 한다며 원치 않는 식사 또는 술자리 참석을 강요하거나 거래처 직원과의 만남을 강요하는 행위 등이 이에 속한다.

바. 그 밖의 요구

"그 밖의 요구"라 함은 상대방이 원하지 않는 성적인(sexual) 언동을 요구하는 것을 말한다.

〈**직장 내 성희롱을 판단하기 위한 기준의 예시(남녀고용평등법 시행규칙 제2조 별표1)**〉
1. 성적언동의 예시
  가. 육체적 행위
    (1) 입맞춤, 포옹 또는 뒤에서 껴안는 등의 신체적 접촉행위
    (2) 가슴·엉덩이 등 특정 신체 부위를 만지는 행위
    (3) 안마나 애무를 강요하는 행위
  나. 언어적 행위
    (1) 음란한 농담을 하거나 음탕하고 상스러운 이야기를 하는 행위(전화통화를 포함한다)
    (2) 외모에 대한 성적인 비유나 평가를 하는 행위
    (3) 성적인 사실관계를 묻거나 성적인 내용의 정보를 의도적으로 퍼뜨리는 행위
    (4) 성적인 관계를 강요하거나 회유하는 행위
    (5) 회식자리 등에서 무리하게 옆에 앉혀 술을 따르도록 강요하는 행위

다. 시각적 행위

    (1) 음란한 사진·그림·낙서·출판물 등을 게시하거나 보여주는 행위(컴퓨터통신이나 팩시밀리 등을 이용하는 경우를 포함한다)

    (2) 성과 관련된 자신의 특정 신체 부위를 고의적으로 노출하거나 만지는 행위

라. 그 밖에 사회 통념상 성적 굴욕감 또는 혐오감을 느끼게 하는 것으로 인정되는 언어나 행동

2. 고용에서 불이익을 주는 것의 예시

채용탈락, 감봉, 승진탈락, 전직(轉職), 정직(停職), 휴직, 해고 등과 같이 채용 또는 근로조건을 일방적으로 불리하게 하는 것

비고: 성희롱 여부를 판단하는 때에는 피해자의 주관적 사정을 고려하되, 사회 통념상 합리적인 사람이 피해자의 입장이라면 문제가 되는 행동에 대하여 어떻게 판단하고 대응하였을 것인가를 함께 고려하여야 하며, 결과적으로 위협적·적대적인 고용환경을 형성하여 업무능률을 떨어뜨리게 되는지를 검토하여야 한다.

4. 행위로 인한 피해

(1) 피해의 분류

행위자의 성적 언동 등으로 인해 i) 피해자가 성적 굴욕감이나 혐오감을 느끼거나 ii) 피해자가 행위자의 성적 요구에 불응한 것을 이유로 근로조건 또는 고용에서 불이익을 주는 경우 성희롱이 된다. i)을 환경형 성희롱이라고 하고, ii)를 조건형 성희롱이라고 한다.

(2) 성적 굴욕감이나 혐오감

"성적 굴욕감 또는 혐오감"이란 성적 언동으로 인하여 상대방(피해자)이 느끼게 되는 불쾌한 감정을 말한다. 대법원은 피해자가 굴욕감 또는 혐오감을 느꼈다는 주관적인 판단 외에 "객관적으로 상대방과 같은 처지에 있는 일반적이고도 평균적인 사람으로 하여금 성적 굴욕감이나 혐오감을 느끼게 하는 행위"여야 한다는 판단기준을 제시하고 있다.[15]

한편, 대법원은 2018년 판결에서 "법원이 성희롱 관련 소송의 심리를 할 때에는 그 사건이 발생한 맥락에서 성차별 문제를 이해하고 양성평등을 실현할 수

---

15) 대판 2007. 6. 14, 2005두6461.

있도록 '성인지 감수성'을 잃지 않아야 한다."고 하면서 "우리 사회 전체의 일반적이고 평균적인 사람이 아니라 피해자들과 같은 처지에 있는 평균적인 사람의 입장에서 성적 굴욕감이나 혐오감을 느낄 수 있는 정도였는지를 기준으로 심리, 판단"해야 한다고 판시했다.16) 즉, 성희롱 해당 여부는 합리적 피해자의 관점에서 성인지 감수성을 가지고 판단되어야 한다는 것이다.

'성인지 감수성'17)이라 함은 어떤 현실이 마치 객관적이고 중립적인 것처럼 보이나, 실제로는 남성중심적인 사고방식과 사회문화적 구조로 인해 여성과 남성이 처한 상황과 조건, 기대되는 요구, 자원에 대한 접근 기회와 통제 권한, 의사결정 권한 등에 있어 차이가 존재하며, 이로 인해 성별에 따라 다른 결과와 영향을 초래하게 되는 상황에 대해 인식하는 능력을 말한다.18)

또한 위 대법원 판결은 성희롱 사건에 대해 심리·판단함에 있어서 피해자 관점에 대한 고려를 강조했다는 점에서 의미가 있다. 즉, 성희롱 사건에 대해 우리 사회가 오히려 가해자를 옹호하고 피해자를 비난하는 등의 가해자 중심적인 문화로 인해 피해자에게 2차 피해가 발생할 우려가 크기 때문에 피해를 당해도 피해 사실을 즉시 신고하기 어려운 상황에 대한 사정을 충분히 고려해야 한다는 점을 밝혔다.19)

국가인권위원회는 통상적으로 피해자가 여성이라는 점을 전제하여 이른바 합리적인 여성의 관점에서 판단기준을 제시하고 있다. 즉, 어떠한 행위가 성희롱에 해당하는지 여부는 양 당사자의 연령이나 관계, 행위가 행해진 장소 및 상황, 행위 상대방의 명시적 또는 추정적인 반응 등의 구체적 사정을 종합하여, 행위의 상대방이 그러한 행위를 원치 않고 불쾌감을 느꼈는지, 일반 여성의 합리적 관점에서 볼 때 성적 함의가 있는 불쾌감을 주는 행위였는지에 의해 결정하여야 한다는 것이다.20)

16) 대판 2018. 4. 12, 2017두74702.
17) '성인지'라는 용어는 여러 법률에서 사용되고 있다. 즉, 양성평등기본법은 '성인지 예산', '성인지 통계', '성인지 교육'에 대해 규정하고 있고, 국가재정법은 성인지 예산서 작성에 대해 규정하고 있다(국가재정법 제26조).
18) 고용노동부, 직장내 성희롱 예방·대응 매뉴얼, 2020, 15면.
19) 이 판결에 대한 평석은 박귀천, "성희롱 관련 소송의 심리 기준 — '성인지 감수성' — 대법원 2018. 4. 12. 선고 2017두74702 판결 — ", 노동리뷰 제159호(2018. 6) 참조.
20) 국가인권위원회 2005. 9. 13. 자 05진차470 결정.

(3) 고용 및 근로조건상의 불이익

성적 요구에 불응한 것을 이유로 채용 또는 근로조건을 불리하게 하는 경우 직장 내 성희롱이 된다. 채용탈락, 감봉, 승진탈락, 징계, 강등, 전직, 정직, 휴직, 해고 등과 같이 고용상 불이익은 물론 임금, 근로시간, 휴게시간, 상여금이나 제수당, 휴일·휴가, 직무배제나 직무 재배치 또는 업무 과다부여, 교육훈련 기회 제한, 복리후생이나 안전에 관한 사항, 인사평가 등 근로조건상 불이익까지 포함한다.[21]

III. 직장 내 성희롱 관련 사업주 등의 의무[22]

1. 직장 내 성희롱 관련 사업주 의무 규정의 의의

남녀고용평등법은 사업주의 의무 위반과 관련해서만 과태료 또는 형벌 규정을 두고 있을 뿐 사업주 이외의 성희롱 행위자에 대해서는 공적 제재 규정을 별도로 마련하고 있지 않다. 다만 직장 내 성희롱 발생 사실이 확인된 때에는 사업주가 지체 없이 직장 내 성희롱 행위를 한 사람에 대하여 징계, 근무 장소의 변경 등 필요한 조치를 하여야 하고 이 경우 사업주는 징계 등의 조치를 하기 전에 그 조치에 대하여 직장 내 성희롱 피해를 입은 근로자의 의견을 들어야 한다(남녀고용평등법 제14조 제5항). 따라서 직장 내 성희롱 가해자인 근로자의 행위가 형법이나 성폭력 처벌 관련 법상 형사처벌의 대상이 되지 않는 한 현재 성희롱 가해 근로자에 대한 제재는 전적으로 사업주에게 맡겨져 있다고 할 수 있다.

남녀고용평등법상 직장 내 성희롱 관련 제 규정들은 기본적으로 사업주에게 각종 의무를 부과하여 우선적으로는 직장 내에서 자율적인 해결을 도모하는 방식을 취하고 있다. 사업주 의무의 내용 및 관련 제재는 아래와 같다.

---

21) 고용노동부, 직장내 성희롱 예방·대응 매뉴얼, 2020, 19면.
22) 이 부분은 박귀천 외, 고용상 성차별, 성희롱 피해자 차별적 처우 관련 노동위원회 권리구제절차 운영에 관한 방안 연구, 중앙노동위원회 연구용역보고서, 한국노동법학회, 2021, 45-55면의 내용을 주로 참고하여 정리했다.

〈남녀고용평등법상 직장 내 성희롱 관련 사업주의 의무 및 위반 시 제재〉

사업주의 의무	위반 시 제재
(1) 성희롱 금지 의무(제12조)	
사업주, 상급자, 근로자는 직장 내 성희롱을 하여서는 아니 된다.	사업주 위반의 경우, 1,000만 원 이하 과태료(법 제39조 제1항)
(2) 성희롱 예방 의무(제13조, 제13조의2)	
1) 근로자 1인 이상 모든 사업장에서 매년 1회 이상 전체 직원에 대한 성희롱 예방 교육을 실시해야 한다. 사업주, 상급자, 근로자 모두 교육을 받아야 한다.	교육을 하지 아니한 사업주에 대해 500만 원 이하 과태료(법 제39조 제2항 제1의2호)
2) 성희롱 예방 교육의 내용을 근로자가 자유롭게 열람할 수 있는 장소에 항상 게시하거나 갖추어 두어 근로자에게 널리 알려야 한다.	500만 원 이하 과태료(법 제39조 제2항 제1의3호)
3) 고용노동부령으로 정하는 기준에 따라 직장 내 성희롱 예방 및 금지를 위한 조치를 하여야 한다.	없음
4) 성희롱 예방 교육을 위탁하여 실시하는 경우, 대통령령으로 정하는 내용을 성희롱 예방 교육기관에 미리 알려 그 사항이 포함되도록 하여야 한다.	없음
(3) 성희롱 발생 시 조치의무(제14조, 제14조의2)	
1) 사업주는 신고를 받거나 성희롱 발생 사실을 알게 된 경우 지체 없이 그 사실 확인을 위한 조사를 해야 한다. 이 경우 사업주는 직장 내 성희롱과 관련하여 피해를 입은 근로자 또는 피해를 입었다고 주장하는 근로자(이하 "피해근로자 등")가 조사과정에서 성적 수치심 등을 느끼지 않도록 해야 한다(법 제14조 제2항). ※ 누구든지 직장 내 성희롱 발생 사실을 알게 된 경우 그 사실을 해당 사업주에게 신고할 수 있다(법 제14조 제1항).	500만 원 이하 과태료(법 제39조 제2항 제1의4호)
2) 조사 기간 동안 피해근로자 등을 보호하기 위해 필요한 경우 해당 피해근로자등에 대하여 근무 장소의 변경, 유급휴가 명령 등 적절한 조치를 해야 한다. 이 경우 피해근로자 등의 의사에 반하는 조치를 하여서는 아니 된다(법 제14조 제3항).	없음
3) 조사 결과 성희롱 발생 사실이 확인된 때에는 피해근로자가 요청하면 근무 장소의 변경, 배치전환, 유급휴가 명령 등 적절한 조치를 하여야 한다(법 제14조 제4항).	500만 원 이하 과태료(법 제39조 제2항 제1의5호)
4) 성희롱 발생 사실이 확인된 때에는 지체 없이 성희롱 행위를 한 사람에 대해 징계, 근무 장소의 변경 등 필요한 조치를 하여야 한다. 이 경우 사업주는 징계 등의 조치를 하기 전에 그 조치에 대해 성희롱 피해를 입은 근로자의 의견을	500만 원 이하 과태료(법 제39조 제2항 제1의6호)

들어야 한다(법 제14조 제5항).	
5) 사업주는 성희롱 발생 사실을 신고한 근로자 및 피해근로자 등에게 다음 중 어느 하나에 해당하는 불리한 처우를 해서는 안 된다(법 제14조 제6항). 　1. 파면, 해임, 해고, 그 밖에 신분 상실에 해당하는 불이익 조치 　2. 징계, 정직, 감봉, 강등, 승진 제한 등 부당한 인사조치 　3. 직무 미부여, 직무 재배치, 그 밖에 본인의 의사에 반하는 인사 조치 　4. 성과평가 또는 동료평가 등에서 차별이나 그에 따른 임금 또는 상여금 등의 차별 지급 　5. 직업능력 개발 및 향상을 위한 교육훈련 기회의 제한 　6. 집단 따돌림, 폭행 또는 폭언 등 정신적·신체적 손상을 가져오는 행위를 하거나 그 행위의 발생을 방치하는 행위 　7. 그 밖에 신고를 한 근로자 및 피해근로자 등의 의사에 반하는 불리한 처우	3년 이하 징역 또는 3,000만 원 이하 벌금 (법 제37조 제2항 제2호)
6) 성희롱 발생 사실을 조사한 사람, 조사 내용을 보고 받은 사람 또는 그 밖에 조사 과정에 참여한 사람은 해당 조사과정에서 알게 된 비밀을 피해근로자 등의 의사에 반하여 다른 사람에게 누설하여서는 안 된다. 다만, 조사와 관련된 내용을 사업주에게 보고하거나 관계 기관의 요청에 따라 필요한 정보를 제공하는 경우는 제외한다(법 제14조 제7항).	500만 원 이하 과태료 (법 제39조 제2항 제1의7호)
7) 고객 등 업무와 밀접한 관련이 있는 자가 업무수행 과정에서 성적인 언동 등을 통하여 근로자에게 성적 굴욕감 또는 혐오감 등을 느끼게 하여 해당 근로자가 그로 인한 고충 해소를 요청할 경우 근무 장소 변경, 배치전환, 유급휴가의 명령 등 적절한 조치를 해야 한다(법 제14조의2 제1항).	300만 원 이하 과태료 (법 제39조 제3항 제1의2호)
8) 근로자가 고객 등에 의한 성희롱 피해를 주장하거나 고객 등으로부터의 성적 요구 등에 불응한 것을 이유로 해고나 그 밖의 불이익한 조치를 하여서는 안 된다(법 제14조의2 제2항).	500만 원 이하 과태료 (법 제39조 제2항 제2호)

2. 사업주 의무의 구체적 내용

(1) 신고권 보장 의무

직장 내 성희롱 사실을 알게 된 사람은 누구든지 사업주에게 그 사실을 신고할 수 있다. 직장 내 성희롱 행위를 신고할 권리는 직장 내 성희롱 피해를 입은 근로자 또는 피해를 입었다고 주장하는 근로자를 통칭하는 피해근로자 등에게만 보장되는 것이 아니며 직장 내 성희롱 행위를 목격하였거나 간접적으로 알게 된 근로자를 포함하여 누구에게나 인정된다.

직장 내 성희롱 신고자를 피해근로자 등으로 한정할 경우 피해근로자 등이 사업장 내에서의 소문, 2차 피해나 불리한 처우 등을 두려워하여 피해 사실을 신고하지 못할 우려가 있다. 직장 내 성희롱은 피해근로자 등과 행위자만 있는 은밀한 상황에서 이루어지거나 직장 내에서의 권력관계에서 상급자가 하급자에 대하여 이루어지는 경우가 많고, 이러한 속성으로 인해 은폐될 우려가 있으므로 신고할 권리의 주체를 넓게 보장하여 직장 내 성희롱이 사업주에게 신속히 알려지도록 하기 위한 규정이다.

직장 내 성희롱 행위는 발생 후 신속하게 신고가 이루어져 사업주의 관리 감독 아래 놓일 필요가 있다. 직장 내 성희롱 행위의 성격상 지체될수록 증거를 확보하는 데 어려움이 있을 수 있고, 피해근로자 등과 행위자 간에 갈등이 심화되어 2차 피해를 양산할 우려가 있으며, 이로 인해 근로자의 안전한 근로환경을 저해할 수 있다. 피해근로자 등으로부터 신고를 받은 이후 발생한 피해에 대하여는 사용자책임 관계가 명확해지게 된다.

(2) 사업주의 신속한 조사 의무

사업주는 직장 내 성희롱 사실에 대하여 신고를 받거나 직장 내 성희롱 발생 사실을 알게 된 경우 신속히 조사해야 할 의무를 진다. 조사는 신속하고 공정하게 이루어져야 한다.

조사는 피해근로자 등에 대한 사실 확인 조사와 더불어 행위자로 지목된 상급자 또는 근로자에 대한 사실 확인 조사를 모두 진행해야 한다. 조사는 객관적이고 공정하게 이루어져야 하며 직장 내 성희롱 예방 지침에 정해진 절차에 따라 진행될 수 있다. 별도의 조사 없이 신고된 내용을 직장 내 성희롱 사실로 확정할 수 없으며, 사실이 아닌 것으로 확정할 수도 없다. 이에 신속하고 공정한 조사는 다음으로 나아가기 위한 중요한 단계가 된다.

판례는, 성희롱 피해 주장을 받은 사업주가 그 진위에 대하여 신속하고 정확하게 조사할 의무가 있음에도 성희롱 사실을 고지받은 후 관련 진술만 청취하고 성희롱 사실이 없었다고 판단하여 조사를 종결하였고, 진술이 엇갈리는 상황에서 같은 사무실에서 근무하던 근로자들의 진술을 통해 진위를 파악하려는 시도도 하지 않은 채 성희롱 행위가 발생하지 않았다고 판단하고 조사를 종결한 것은 부적절하고 안이한 대처로 조사의 적정성을 인정할 수 없다고 판시했다.[23]

한편 대법원은 성희롱 피해자 등의 진술의 신빙성을 판단함에 있어서, 우리 사회의 가해자 중심적인 문화와 인식, 구조 등으로 인하여 피해자가 성희롱 사실을 알리고 문제 삼는 과정에서 오히려 부정적 반응이나 여론, 불이익한 처우 또는 그로 인한 정신적 피해 등에 노출되는 이른바 2차 피해를 입을 수 있다는 점을 유념하여야 하며, 피해자가 이러한 2차 피해에 대한 불안감이나 두려움으로 인하여 피해를 당한 후에도 가해자와 종전의 관계를 계속 유지하는 경우도 있고, 피해 사실을 즉시 신고하지 못하다가 다른 피해자 등 제3자가 문제를 제기하거나 신고를 권유한 것을 계기로 비로소 신고하는 경우도 있으며, 피해 사실을 신고한 후에도 수사기관이나 법원에서 그에 관한 진술에 소극적인 태도를 보이는 경우도 적지 않으므로 이와 같은 성희롱 피해자가 처하여 있는 특별한 사정을 충분히 고려하여 피해자 진술의 신빙성을 가볍게 배척하지 않도록 해야 한다고 판시하고 있다.[24]

(3) 조사과정에서의 피해자 보호 의무

사업주 또는 사업주로부터 직장 내 성희롱 발생 사실 조사 업무를 위임받은 조사담당자는 피해근로자 등에게 성적 수치심 등을 주는 행위를 하지 않도록 주의해야 한다. 피해근로자 등이 주장하는 내용에 대해 믿기 어렵다고 단언하거나, 행위자를 일방적으로 두둔하거나, 피해근로자 등을 비난하거나, 조사에 필요한 정도를 넘어 실제 신체접촉 행위를 재현해보라고 요구하는 등의 방식으로 수치심을 주는 것은 2차 피해를 발생시킬 우려가 있으며, 사업주의 사용자책임이 문제될 수 있다.

(4) 근무 장소의 변경, 유급휴가 명령 등 보호 조치 의무

직장 내 성희롱 발생 사실 신고 후 조사 절차가 진행되는 동안에는 직장 내

---

23) 서울행판 2009. 8. 27, 2008구합46279.
24) 대판 2018. 4. 12, 2017두74702.

성희롱 행위는 확정된 사실이 아니므로 확정된 사실로 취급될 수 없으며 잠재적 사실로 취급되어야 한다. 그럼에도 직장 내 성희롱이라는 문제의 본질적인 특수성에 비추어 사실에 대한 조사 기간에도 피해근로자 등에 대한 보호 조치가 필요할 수 있다.

조사가 이루어지는 기간 동안 피해근로자 등을 보호하기 위하여 필요한 경우 사업주는 해당 피해근로자 등에 대하여 근무 장소의 변경, 유급휴가 명령 등 적절한 조치를 하여야 한다. 이 경우 사업주는 피해근로자 등의 의사에 반하는 조치를 해서는 안 된다. 이에 사업주는 보호 조치를 함에 있어서 먼저 피해근로자 등에 대하여 의사를 확인하는 절차를 거치는 것이 필요하다.

(5) 직장 내 성희롱 행위가 확인된 경우 사업주의 조치 의무
1) 피해근로자등에 대한 보호의무
사업주는 직장 내 성희롱 행위가 확인된 경우 피해근로자 등의 요청이 있으면 근무 장소의 변경, 배치전환, 유급휴가 명령 등 적절한 조치를 취해야 한다.

2) 행위자에 대한 징계 등 조치의무
가. 행위자에 대한 징계 의무
사업주는 직장 내 성희롱 행위가 확인된 경우 지체 없이 행위자에 대하여 징계, 근무 장소의 변경 등 필요한 조치를 하여야 한다. 사업주는 징계 등의 조치를 하기 전에 그 조치에 대하여 직장 내 성희롱 피해를 입은 근로자의 의견을 들어야 한다.

사업주가 행하는 시정조치가 피해근로자 등에게 불리한 내용이어서는 안 된다. 행위자와 피해근로자가 같은 공간에서 근무해 온 경우 근무 장소를 분리해야 할 필요가 있다면 행위자를 전출시키는 조치를 취해야 할 필요가 있다. 직장 내 성희롱에 대한 사업주의 조치가 효과적이지 못한 경우, 오히려 피해자에게 심리적 고통을 줄 수 있고 이로 인해 피해근로자가 결근 등이 잦아지게 되면 이후 승진이나 이직에 불리할 수 있다. 사업주의 시정조치가 피해자에게 불이익한 조치라면 이는 불리한 처우가 될 수 있다.[25]

---
25) 한국형사정책연구원, 성희롱 피해자에 대한 기업의 조치와 구제방안, 2014, 17면.

나. 행위자에 대한 징계의 정당성 판단기준

직장 내 성희롱 행위가 확인된 이후 사업주가 행위자에 대하여 징계 조치를 하였을 때 그 정당성 판단기준이 문제 될 수 있다.

징계해고는 사회 통념상 고용관계를 계속할 수 없을 정도로 근로자에게 책임 있는 사유가 있는 경우에 행하여져야 그 정당성이 인정되는 것이고 사회통념상 근로자와의 고용관계를 계속할 수 없을 정도인지의 여부는 당해 사용자의 사업의 목적과 성격, 사업장의 여건, 당해 근로자의 지위 및 담당 직무의 내용, 비위행위의 동기와 경위, 이로 인하여 기업의 위계질서가 문란하게 될 위험성 등 기업 질서에 미칠 영향, 과거의 근무태도 등 여러 가지 사정을 종합적으로 검토하여 판단하여야 한다.26)

직장 내 성희롱 행위에 대하여 사업주에게 행위자를 징계하도록 명한 입법 취지는 피해자의 근로할 권리를 행위자로부터 보호하는 데 있으며, 따라서 행위자가 해고되지 않은 채 같은 직장에서 계속 근무하는 것이 성희롱 피해자의 고용환경을 수인할 수 없을 정도로 악화시키는 것이라면 징계해고의 정당성이 인정될 수 있다.27)

직장 내 성희롱 행위를 이유로 한 징계해고 사건에서 판례는 직장 내 성희롱 행위를 이유로 한 징계해고 처분에 대하여 객관적으로 명백히 부당하다고 인정되는 경우가 아닌 한 쉽게 징계권을 남용하였다고 보아서는 안 된다는 견해를 밝히고 있다. 카드회사 지점장이 관리 감독하는 8명의 여성 직원을 상대로 14회에 걸쳐 반복적으로 성희롱 행위를 한 사안에 대하여, 대법원은 객관적으로 상대방과 같은 처지에 있는 일반적이고도 평균적인 사람의 입장에서 보아 어떠한 성희롱 행위가 고용환경을 악화시킬 정도로 매우 심하거나 반복적으로 행해지는 경우 사업주가 사용자책임으로서 피해근로자에 대해 손해배상 책임을 지게 될 수도 있을 뿐 아니라 성희롱 행위자가 징계해고되지 않고 같은 직장에서 계속 근무하는 것이 성희롱 피해근로자들의 고용환경을 감내할 수 없을 정도로 악화시키는 결과를 가져올 수도 있으므로, 근로관계를 계속할 수 없을 정도로 근로자에게 책임이 있다고 보아 내린 징계해고 처분은 객관적으로 명백히 부당하다고 인정되는 경우가

---

26) 대판 2006. 11. 23, 2006다48069.
27) 서울행판 2011. 8. 12, 2010구합28717; 2012. 7. 19, 2012구합7042.

아닌 한 쉽게 징계권을 남용하였다고 보아서는 안 된다고 판단하였다.[28]

특히 사업주를 대신하여 직장 내 성희롱을 방지하여야 할 지위에 있는 상급자가 오히려 자신의 우월한 지위를 이용하여 성희롱을 하였다면 그 피해자로서는 성희롱을 거부하거나 외부에 알릴 경우 자신에게 가해질 명시적·묵시적 고용상의 불이익을 두려워하여 성희롱을 감내할 가능성이 클 수 있으며, 이러한 상급자의 성희롱은 더욱 엄격하게 취급되어야 한다. 이러한 측면은 징계양정을 판단하는 데 고려될 수 있을 것이다.[29]

다. 행위자에 대한 징계양정의 적정성 판단

성희롱 가해근로자에 대한 징계양정과 관련하여 '남녀고용평등법 시행규칙' 제9조(직장 내 성희롱을 한 자에 대한 징계 등)는 "사업주는 법 제14조 제1항에 따라 직장 내 성희롱을 한 자에 대한 징계나 그 밖에 이에 준하는 조치를 하는 경우에는 성희롱의 정도 및 지속성 등을 고려하여야 한다."고 규정하고 있다.

성희롱에 대한 문제 제기가 증가함에 따라 성희롱 가해 근로자에 대한 사업주의 징계 사례가 증가하고 있고 징계를 받은 근로자가 징계의 법적 효력을 다투는 분쟁 역시 증가하고 있다. 사업주가 성희롱 가해 근로자에 대해 징계를 하는 경우 여타 사유에 의한 징계와 마찬가지로 징계사유, 징계양정, 징계절차 등에 관한 근로계약, 취업규칙, 단체협약상 근거 규정을 준수하면서 비위행위의 중대성 정도에 상응하는 적정한 수준의 징계가 이루어지도록 해야 한다. 어떠한 비위행위가 성희롱에 해당된다고 판단하더라도 성희롱은 육체적, 언어적, 시각적 행위 및 기타 행위 등 그 유형이 다양하고 행위의 심각성 정도 역시 다양하기 때문에 징계양정의 적정성 여부를 판단하는 것이 쉽지 않은 경우가 많다. 실제 사례에서는 성희롱에 대한 객관적 증거가 부족한 경우도 많다는 점이 징계에서의 어려움으로 작용하게 된다. 그렇지만 객관적인 물적 증거의 수집이 어렵다는 점은 성희롱 사건의 특성 그 자체와 연결되는 문제라고도 할 수 있고, 징계처분에서도 이러한 점이 고려되어야 한다.

한편, 육체적 성희롱에 비해 언어적·시각적 성희롱은 중대하지 않다고 생각되거나 다소 가볍게 다루어져도 된다고 보는 경향이 있다. 그러나 최근에는 언어

28) 대판 2008. 7. 10, 2007두22498.
29) 대판 2008. 7. 10, 2007두22498.

적 성희롱이라 하더라도 SNS 등 온라인을 통해 반복적, 지속적으로 이루어지는 경우가 증가하고 있고, 이로 인한 피해의 심각성도 높아지고 있다는 점을 유의해야 한다.

또한, 최근에는 성희롱만이 아니라 직장 내 괴롭힘이 함께 징계사유로 문제 되는 사례도 증가하고 있다. 직장 내 성희롱이 발생하는 사업장의 경우 권위적이고 차별적인 조직문화로 인해 성차별 역시 만연해 있는 경우도 많다. 이러한 현상은 성희롱 행위의 본질이 불균형한 권력관계에서 발생하는 강자의 약자에 대한 괴롭힘 내지 폭력행위이자 차별행위라는 점과 관련된다.

성희롱 외의 업무상 비위행위 등 다른 징계사유와 직장 내 성희롱 등 여러 개의 징계사유가 함께 문제 되어 징계해고가 결정되는 경우도 많기 때문에, 성희롱이 징계사유로 인정된다고 하더라도 실제 양정에서 어느 정도의 영향을 주는지는 결국 사안마다 달라질 수밖에 없다.

판례의 경향을 종합하여 볼 때 성희롱 가해자 징계에 대한 양정의 정당성 판단 요소는 일반적인 징계해고 사건에서 제시되는 판단 요소와 성희롱 행위로 인한 피해자의 상황 및 피해의 특성을 반영한 판단 요소가 종합적으로 고려되고 있다고 할 수 있다. 즉, 사업의 목적·성격·여건 등 당해 사업의 특성, 가해자의 지위 및 담당 직무, 비위행위의 동기와 경위, 비위행위로 인하여 기업의 위계질서가 문란하게 될 위험성 등 기업 질서에 미칠 영향, 과거의 근무태도, 성희롱 행위의 반복성·지속성 혹은 일회성·우연성, 2차 피해 유무, 피해자의 고용환경, 피해자의 의견 등이 판단 요소로 고려되고 있는 것으로 보인다. 그 구체적 내용을 사례 중심으로 살펴보면 다음과 같다.

① 사업의 목적·성격·여건 등 당해 사업의 특성

공기업, 공공기관 종사 근로자에 대해서는 민간기업 종사 근로자에 비해 보다 높은 수준의 품위유지 의무를 요구하고 있고, 성희롱 관련 비위행위가 회사의 사회적 평가를 훼손할 염려가 크다는 점을 고려하여 보다 중한 징계처분이 정당화될 수 있다.[30]

한편, 여직원에 대하여 반복적인 성희롱 행위를 하여 유죄판결이 확정된 지

---

30) 대전고판 2017. 6. 8, 2016누12514; 서울행판 2019. 3. 29, 2018구합65361 등.

점장에 대한 정직 처분에 이은 당연퇴직 처리는 정당하다고 판단된 사건에서 상시근로자가 20명에 불과하고 당해 지점장이 근무하던 지점의 경우 참가인을 포함하여 직원이 3명에 불과하다는 점이 중징계를 정당화하는 요소로 고려되고 있음을 확인할 수 있다.[31]

전체 직원 중 여직원 비율의 정도와 그에 따른 피해자 보호의 필요성이나 성희롱 가해자의 성희롱 행위 재발 가능성 등을 고려하여 징계양정에서 반영할 수 있다. 예컨대 성희롱 가해자에 대한 징계양정 판단과 관련하여 대전고등법원은 여직원의 비율이 높은(전체 직원 수 대비 약 43.5%) 회사의 특성상 성희롱에 대해 엄한 징계처분이 필요하다고 보았고,[32] 피해자가 부서 내에서 가장 낮은 직위에 있는 유일한 여직원이라는 점을 고려한 경우도 발견된다.[33]

또한 사업장 특성상 고객 대다수가 여성인 경우 근로자의 성희롱 행위는 사업 운영에 막대한 영향을 줄 수 있다는 점이 양정 요소로 고려된 경우도 있다.[34]

② 가해자의 지위 및 담당 직무

가해자가 부서장 혹은 팀장 등으로서 하급 직원들을 관리하는 지위에 있거나 당해 사업 내에서 사업주 내지 사용자에 가까운 지위에 있는 경우 등이 보다 중한 징계양정의 요소가 될 수 있다.[35] 성희롱은 본래 불균형한 권력관계에서 보다 강한 지위에 있는 자가 약한 지위에 있는 자에 대해 행하는 괴롭힘 행위라는 점과, 보다 상급자의 지위에 있는 자는 하급 근로자들을 성희롱으로부터 보호하고 성희롱을 예방할 의무가 있다는 점이 고려되는 것이다.

③ 비위행위의 동기와 경위

성희롱 가해자로 지목되는 자는 자신의 행위가 성적 의도 없이 행한 것이라거나 좋은 의도(예컨대 부하직원을 격려·독려하거나 위로하기 위한 의도)에서 행한 것

---

31) 서울행판 2013. 3. 28, 2012구합14408(서울고판 2013. 10. 30, 2013누12678(항소기각)); 대판 2014. 3. 13, 2013두25351(심리불속행기각).

32) 대전고판 2016. 6. 30, 2015누13701.

33) 서울행판 2019. 1. 31, 2018구합63709.

34) 서울고판 2013. 1. 10, 2012누15946. 이는 다수의 미혼 여성 회원들을 상대로 영업하는 헬스클럽에서의 성희롱이 문제된 사안이다.

35) 대판 2008. 7. 10, 2007두22498; 대전고판 2017. 6. 8, 2016누12514; 서울행판 2013. 3. 28, 2012구합14408 등.

이라고 주장하는 경우를 자주 볼 수 있다. 그러나 현행법상 성희롱 개념은 가해자의 성적 의도나 고의를 성희롱 성립 요소로 보지 않기 때문에 성희롱 가해자의 성적 의도나 당해 행위가 이루어지게 된 동기는 징계 수준을 감경시키는 요소는 될 수 없다고 보아야 할 것이다.

대법원은 2008년 판결[36])에서 설시한 바와 같이 가해자가 성희롱 행위를 별 문제의식 없이 했다거나 조직의 단결 등을 위한 언행이었다는 등의 이유로 당해 행위를 가볍게 평가할 수는 없다고 보았다.

④ 비위행위로 인하여 기업의 위계질서가 문란하게 될 위험성 등 기업질서에 미칠 영향

사립학교 교수의 학생에 대한 성희롱이 문제되었던 2018년 대법원 판결[37])에 대한 파기환송심 판결[38])에서는 '면학 분위기와 건전한 교풍을 현저하게 어지럽힌다'는 점이 징계양정 판단 요소로 고려되었다.

노동위원회 판정 중에는 남성 하급 직원이 자신보다 나이 어린 여성 상사를 성희롱한 사안에서 이는 피해자에게 성적 수치심을 주는 것뿐만 아니라 직장 내의 위계질서를 심각하게 파괴하는 것이라고 본 사례가 있다.[39])

⑤ 과거의 근무태도

법원 판결 및 노동위원회 판정에서는 징계양정 판단 시 가해 근로자가 과거 징계 이력이 없다는 점, 오랫동안 성실하게 근무했거나 업무능력 또는 근무실적이 뛰어나다는 점 등을 양정 과다 판단 이유로 제시하는 경우가 많다.

그러나 성희롱이나 괴롭힘, 폭언, 폭력행위 등의 비위행위가 아닌 업무나 근태상의 비위행위가 문제되는 경우에는 직접적인 피해근로자가 존재하지 않는다는 점, 성희롱 가해자의 업무능력이나 근무 실적이 좋다는 것이 타인의 인격권 내지 성적 자기결정권을 침해하는 성희롱 행위를 정당화시켜줄 수는 없다는 점 등을 유의해야 한다. 현실에서는 오히려 자신의 업무능력이 뛰어나다는 점을 내세워 하급 직원을 성희롱하거나 괴롭히는 경우도 있다는 점을 고려해야 한다.

---

36) 대판 2008. 7. 10, 2007두22498.
37) 대판 2018. 4. 12, 2017두74702.
38) 서울고판 2018. 9. 12, 2018누42469.
39) 중앙노동위원회 2018. 1. 18. 판정 중앙2017부해1095.

⑥ 성희롱 행위의 반복성·지속성

법원 판결 및 노동위원회 판정을 통해 성희롱 행위가 일회적이거나 우연적이지 않고 지속적, 반복적, 상습적, 습관적으로 행해진 경우 이는 해고 등 중징계를 정당화할 수 있는 중요한 근거가 됨을 알 수 있다.[40] 반복적, 지속적 성희롱은 그 고의성까지도 추론할 수 있다.

반복적, 지속적으로 성희롱을 행하는 가해자가 계속 근로관계를 유지하는 경우 새로운 피해자들이 계속 생길 수 있다는 점, 사용자 역시 사용자책임을 면하기 위해서 당해 근로자와 근로관계를 단절해야 한다는 점도 고려된다. 고등법원 판결 중에는 "원고(가해자)의 상습적·습관적으로 성희롱 언동을 하는 성향은 해고 당시에 이미 피해자뿐만 아니라 다른 여성 근로자들에게도 발현되어 그로 인하여 다수의 여성 근로자들에게 피해를 줄 위험성은 단순히 위험의 단계에 그치는 것이 아니라 현실화되었다고 보아야 하므로, 사용자 입장에서는 그러한 피해를 방지하여 여성 근로자들을 보호하고 그에 관한 자신의 책임을 면하기 위해서라도 원고와 근로관계를 단절할 필요성이 있다"고 설시한 경우가 있다.[41]

⑦ 2차 피해, 피해자의 정신적·육체적 피해

위의 대법원 2018년 판결에 대한 파기환송심 판결에서는 성희롱 가해 교수가 소송을 자신에게 유리하게 전개시키기 위해 피해 학생들에게 종용, 압박, 회유 등의 2차 가해를 가했다는 점이 징계양정에서 고려되었다. 이러한 점은 위의 2008년 대법원판결에서도 동일하다.

성희롱 피해로 인한 피해자의 정신적·육체적 질환도 징계양정의 고려 요소가 된다. 예를 들어 노동위원회 판정 중 성희롱 가해자에 대한 징계양정 판단에서 "피해 여직원은 이 사건 근로자의 행위로 인해 심한 불안, 불면, 우울, 소화기 증상 등으로 '적응장애' 진단을 받았고, 이 사건 근로자를 상대로 접근금지 가처분 신청을 하여 법원으로부터 인용 결정을 받는 등 피해가 적지 않다."라고 한 경우가 발견되었다.[42]

---

40) 대판 2008. 7. 10, 2007두22498; 서울고판 2017. 8. 30, 2017누36368.
41) 서울고판 2017. 8. 30, 2017누36368.
42) 중앙노동위원회 2018. 9. 18. 판정 중앙2018부해765.

⑧ 피해자의 고용환경, 피해자의 의견

피해자의 "고용환경 악화"라는 요소와 관련하여서는 1999년 남녀고용평등법(법률 제5933호, 1999. 2. 8, 일부개정, 시행 1999. 2. 8.)에 처음 성희롱 개념 규정이 도입되던 당시에 비해 2001년 법 개정(법률 제6508호, 2001. 8. 14, 전부개정, 시행 2001. 11. 1.)을 통해 성희롱 개념 규정이 달라졌다는 점을 유의할 필요가 있다.

즉, 1999년 처음으로 성희롱 개념이 남녀고용평등법에 규정되던 당시에는 "이 법에서 "직장 내 성희롱"이라 함은 사업주, 상급자 또는 근로자가 직장 내의 지위를 이용하거나 업무와 관련하여 다른 근로자에게 성적인 언어나 행동등으로 또는 이를 조건으로 고용상의 불이익을 주거나 또는 성적 굴욕감을 유발하게 하여 고용환경을 악화시키는 것을 말한다."라고 규정하였던 것에 비해 2001년 법 개정을 통해 "이 법에서 "직장 내 성희롱"이라 함은 사업주, 상급자 또는 근로자가 직장 내의 지위를 이용하거나 업무와 관련하여 다른 근로자에게 성적인 언동 등으로 성적굴욕감 또는 혐오감을 느끼게 하거나 성적언동 그 밖의 요구 등에 대한 불응을 이유로 고용상의 불이익을 주는 것을 말한다."라고 개념을 변경하여, '고용환경 악화'가 성희롱 개념 규정에서 삭제되었다는 점을 유의해야 한다.

따라서 피해자의 고용환경이 악화되었거나 악화될 위험이 있다는 등의 사정은 보다 무거운 징계처분을 정당화하는 요소로 참작할 수는 있겠으나 고용환경 악화라는 사정이 없음을 이유로 징계양정이 과다하다고 하면서 징계양정 판단에 영향을 주어서는 안 될 것이다. 최근의 판결 및 판정에서 '고용환경 악화'에 대해 언급하는 내용이 자주 발견되는데, 더욱 세심한 주의가 필요하다.

한편, 남녀고용평등법 제14조 제5항은 사업주가 성희롱 행위를 한 사람에 대하여 징계 등의 조치를 하기 전에 그 조치에 대하여 직장 내 성희롱 피해를 입은 근로자의 의견을 들어야 한다고 규정하고 있다. 피해자의 의견을 그대로 받아들여야 하는 것은 아니지만 징계양정 시 피해자의 의견을 고려할 수 있을 것이다.

⑨ 가해자의 반성, 개전의 정, 사과

가해자의 반성 정도, 개전의 정, 피해자에 대한 사과 등은 징계양정 시 고려 요소가 될 수 있다. 위의 대법원 2018년 판결에 대한 파기환송심 판결의 판시 내용 중에는 가해자의 피해자에 대한 진심 어린 사과가 있었다면 징계양정에서 감경을 받을 수 있었을 것이라는 설시 내용이 있다. 가해자의 반성과 개전의 정, 피해자에 대한 사과 등은 징계양정 판단 요소가 될 수 있을 것이다.

(6) 불리한 처우 금지 의무
1) 취지

사업주는 직장 내 성희롱 행위를 신고한 근로자와 피해근로자 등에 대하여 불리한 처우를 하여서는 안 된다. 사업주의 불리한 처우에 대하여는 형벌을 부과하여 엄격히 금지하고 있다.

성희롱은 발생 자체만으로도 심각한 신체적·정신적 피해를 수반하지만 이후 성희롱 사건의 처리 과정에 따라 더욱 심한 피해를 겪게 되기도 한다. 특히 조직의 안녕과 질서유지를 높은 가치로 여기는 조직문화에서는 성희롱을 문제시한다는 이유만으로 피해자가 불이익을 입게 될 가능성이 커서 오히려 피해자가 정신적 피해와 후유증에 시달리고 직장을 그만두게 되거나 인사상 불이익을 받게 되는 경우가 발생한다.[43]

이에 직장 내 성희롱 행위를 신고한 근로자와 피해근로자 등에 대하여 불리한 처우를 하는 경우 사업주에 대하여 강력히 형벌을 부과함으로써 사업주로 하여금 법 이행에 대한 강한 의지를 갖게 하고 나아가 위법행위에 대한 책임을 엄중하게 부과하려는 데 그 취지가 있다.[44]

2) 불리한 처우의 내용

사업주가 피해근로자 등에 대하여, ① 파면, 해임, 해고, 그 밖에 신분 상실에 해당하는 불이익 조치, ② 징계, 정직, 감봉, 강등, 승진 제한 등 부당한 인사 조치, ③ 직무 미부여, 직무 재배치, 그 밖에 본인의 의사에 반하는 인사 조치, ④ 성과평가 또는 동료평가 등에서 차별이나 그에 따른 임금 또는 상여금 등의 차별 지급, ⑤ 직업능력 개발 및 향상을 위한 교육훈련 기회의 제한, ⑥ 집단 따돌림, 폭행 또는 폭언 등 정신적·신체적 손상을 가져오는 행위를 하거나 그 행위의 발생을 방치하는 행위, ⑦ 그 밖에 신고를 한 근로자 및 피해근로자 등의 의사에 반하는 불리한 처우를 하는 경우 남녀고용평등법 위반의 불리한 처우에 해당하게

---

43) 국가인권위원회 2008. 8. 25. 자 07진차463 결정.
44) 한국형사정책연구원, 성희롱 피해자에 대한 기업의 조치와 구제방안, 2014, 14면.

된다.

3) 불리한 처우의 판단기준

사업주는 직장 내 성희롱과 관련하여 피해근로자 등에게 해고나 그 밖의 불리한 처우를 해서는 안 된다. 그러나 사업주의 피해근로자 등에 대한 조치가 직장 내 성희롱 피해나 그와 관련된 문제 제기와 무관하다면 불리한 처우에 해당하지 않는다. 또한 사업주의 조치가 직장 내 성희롱과 별도의 정당한 사유가 있는 경우에도 위 조항 위반으로 볼 수 없다.

불리한 처우의 판단기준과 관련하여 판례는, 사업주의 조치가 피해근로자 등에 대한 불리한 조치로서 위법한 것인지 여부는 불리한 조치가 직장 내 성희롱에 대한 문제 제기 등과 근접한 시기에 있었는지, 불리한 조치를 한 경위와 과정, 불리한 조치를 하면서 사업주가 내세운 사유가 피해근로자 등의 문제 제기 이전부터 존재하였던 것인지, 피해근로자 등의 행위로 인한 타인의 권리나 이익 침해 정도와 불리한 조치로 피해근로자 등이 입은 불이익 정도, 불리한 조치가 종전 관행이나 동종 사안과 비교하여 이례적이거나 차별적인 취급인지 여부, 불리한 조치에 대하여 피해근로자 등이 구제신청 등을 한 경우에는 그 결과 등을 종합적으로 고려하여 판단해야 한다고 판시하였다.[45] 위 판결은 2017년 11월 2일 법률 개정 전 법률에 근거한 판례이기는 하나 선고는 법률 개정 이후에 이루어졌다.

(7) 비밀유지 의무
1) 취지

직장 내 성희롱 발생 사실을 조사한 사람, 조사 내용을 보고 받은 사람 또는 그 밖에 조사과정에 참여한 사람은 해당 조사과정에서 알게 된 비밀을 피해근로자 등의 의사에 반하여 다른 사람에게 누설해서는 안 된다.

피해근로자 등의 신상이나 피해의 내용 등이 피해근로자 등의 의사에 반하여 직장 내에서 알려질 경우 피해근로자 등에게 2차 피해가 발생할 우려가 높다. 또한 직장 내 성희롱이 갖는 속성상 개인의 사생활의 비밀과 자유를 침해받지 않을 권리는 헌법 제17조가 보장하는 권리이자 형법 제316조 내지 제317조가 금지

---

45) 대판 2017. 12. 22, 2016다202947.

하는 행위이기도 하다. 이에 조사과정에 관여하여 피해근로자 등의 직장 내 성희롱 피해를 알게 된 경우 철저하게 비밀을 유지해야 할 의무를 진다.

다만, 조사와 관련된 내용을 사업주에게 보고하거나 관계 기관의 요청에 따라 필요한 정보를 제공하는 경우에는 비밀유지 의무에서 제외된다.

2) 비밀유지 의무 불이행에 대한 책임

판례는 비밀유지 의무를 불이행한 조사참여자의 행위에 대하여 사용자책임을 인정하고 있다. 판례는, 직장 내 성희롱 사건에 대한 조사가 진행되는 경우 조사참여자는 특별한 사정이 없는 한 비밀을 엄격하게 지키고 공정성을 잃지 않아야 하며, 조사참여자가 직장 내 성희롱 사건을 조사하면서 알게 된 비밀을 누설하거나 가해자와 피해자의 사회적 가치나 평가를 침해할 수 있는 언동을 공공연하게 하는 것은 위법하다고 판단하였다. 또한 그와 같은 언동으로 말미암아 피해근로자 등에게 추가적인 2차 피해가 발생할 수 있고, 이는 결국 피해근로자 등으로 하여금 직장 내 성희롱을 신고하는 것조차 단념하도록 할 수 있기 때문에, 사업주는 조사참여자에게 위와 같은 의무를 준수하도록 하여야 하며 이에 비밀을 누설한 조사참여자의 행위에 대하여 사무 집행 관련성을 인정할 수 있으므로 사용자책임이 발생한다고 판단했다.[46)]

Ⅳ. 직장 내 성희롱 관련 분쟁해결 및 구제절차

1. 자율적 고충처리

남녀고용평등법상 자율적 고충처리 제도로는 다음과 같은 제도들이 있다.

① 노사협의회(고충처리위원): 차별, 직장 내 성희롱, 모성보호, 일·가정 양립에 대한 고충처리

② 명예고용평등감독관: 차별·직장 내 성희롱의 상담, 조언

③ 민간단체 고용평등상담실: 고용차별, 직장 내 성희롱, 모성보호, 일·가정 양립에 대한 상담 및 자문

---

46) 대판 2017. 12. 22, 2016다202947.

2. 노동위원회를 통한 분쟁 처리 절차

(1) 부당해고 등 구제신청제도

기존의 노동위원회를 통한 분쟁 처리 절차로는 부당해고, 부당징계 등 부당한 인사발령에 대한 구제신청제도가 있다. 예를 들어 성희롱 피해자가 성희롱 피해를 주장했다는 이유로 해고를 당한 경우, 노동위원회에 부당해고 구제신청을 할 수 있다. 노동위원회를 통한 부당해고 등 구제신청 관련 주요 내용은 다음과 같다.

① 신청당사자: 부당한 해고, 휴직, 전직, 감봉 기타 징벌을 당한 근로자. 단, 상시 5인 미만 사업장 소속 근로자는 신청할 수 없다.

② 신청상대방: 부당한 징계 등을 행한 사용자

③ 신청방법: 사업장 관할 지방노동위원회에 신청한다. 사용자의 징계 등 부당한 조치가 있은 날로부터 3개월 이내에 신청하여야 한다.

(2) 차별적 처우 등의 시정제도

2021. 5. 18. 개정(2022. 5. 19. 시행) 남녀고용평등법은 고용에서의 성차별 또는 직장 내 성희롱이 발생한 경우 노동위원회가 차별적 처우 등의 중지, 근로조건의 개선 등(이하 "차별적 처우 등의 시정"이라 함)의 조치를 할 수 있도록 하는 규정들을 신설했다(제26조부터 제29조의7까지 신설 등). 법 개정 이유에 따르면 "현행법은 근로자에게 평등한 기회와 대우를 보장하기 위하여 성별, 혼인, 임신 또는 출산 등을 사유로 합리적인 이유 없이 차별을 하지 못하도록 하고 있으나 근로자가 차별에 대해 시정을 신청할 수 있는 구제 수단은 명시되어 있지 않음. 근로자를 더욱 두텁게 보호하기 위해서는 사업주의 합리적 이유 없는 차별에 대하여 벌칙을 부과하는 소극적 보호에서 더 나아가, 해당 차별을 적극적으로 시정하도록 요구하고 이에 대해 배상을 받을 수 있는 규정을 마련할 필요가 있음. 이에 이 법에 따른 차별에 대하여 노동위원회에 구제신청을 할 수 있도록 하고 노동위원회가 사업주에게 시정명령 등을 할 수 있도록 함. 또한, 고용에서의 차별을 개선하기 위하여 모집·채용 시 신체, 미혼 등의 조건을 제시하거나 요구할 수 없는 대상을 모든 근로자로 확대함."이라고 밝히고 있다.

개정법에 따르면 사업주가 고용상 성차별을 하였거나 직장 내 성희롱 피해를 입은 근로자에 대한 조치 의무 등을 위반한 경우 노동위원회에 그 시정을 신청할 수 있도록 하고 있는바, 모집 · 채용, 임금, 교육 · 배치 및 승진, 정년 · 퇴직 및 해고 등에서의 남녀차별 금지에 관한 조항(제7조~제11조), 성희롱 피해근로자에 대한 적절한 조치 의무에 관한 조항(제14조 제4항 · 제14조의2 제1항), 성희롱 피해근로자등에 대한 불리한 처우 금지에 관한 조항(제14조 제6항 · 제14조의2 제2항)에 대한 위반이 문제된다.

이 중 직장 내 성희롱과 관련하여, 남녀고용평등법 제14조 제4항 또는 제14조의2 제1항에 따른 적절한 조치는 피해근로자에 대한 근무 장소의 변경, 배치전환, 유급휴가 명령 등이라고 규정하고 있어, 전직 등의 인사명령, 유급휴가 부여가 대표적인 조치에 해당되지만 그 밖에도 피해근로자 보호를 위해 필요한 다양한 조치가 이루어질 수 있다. 이 경우, i) 사업주가 전혀 조치를 취하지 않은 경우와 ii) 사업주가 조치는 취하였지만 피해자는 당해 조치가 적절하지 않다고 주장하는 경우로 나누어 볼 수 있을 것이다.

또한 제14조 제6항을 위반한 불리한 처우 또는 제14조의2 제2항을 위반한 불리한 처우 내지 불이익한 조치의 내용은 크게 ① 인사조치가 문제되는 경우, ② 차별이나 기회의 제한이 문제되는 경우, ③ 괴롭힘이 문제되는 경우, ④ 기타 경우로 나누어 볼 수 있을 것이다.

① 인사조치가 문제되는 경우(제14조 제6항 제1호 내지 제3호)
 ─파면, 해임, 해고, 그 밖에 신분 상실에 해당하는 불이익 조치
 ─징계, 정직, 감봉, 강등, 승진 제한 등 부당한 인사조치
 ─직무 미부여, 직무 재배치, 그 밖에 본인의 의사에 반하는 인사조치
② 차별이나 기회의 제한이 문제되는 경우(제14조 제6항 제4호 내지 제5호)
 ─성과평가 또는 동료평가 등에서 차별이나 그에 따른 임금 또는 상여금 등의 차별 지급
 ─직업능력 개발 및 향상을 위한 교육훈련 기회의 제한
③ 괴롭힘이 문제되는 경우(제14조 제6항 제6호)
 ─집단 따돌림, 폭행 또는 폭언 등 정신적 · 신체적 손상을 가져오는 행위

를 하거나 그 행위의 발생을 방치하는 행위
④ 기타 경우(제14조 제6항 제7호)
   -그 밖에 신고한 근로자 및 피해근로자 등의 의사에 반하는 불리한 처우

①, ②에 대해서는 원칙적으로 노동위원회가 본래 담당하는 부당해고 등 구제 및 차별시정의 법리를 적용할 수 있겠지만, 성희롱 사건의 특수성이 고려되어야 할 것이다. ③에 대해서는 괴롭힘 행위를 중단하도록 하거나 괴롭힘 행위의 발생이 방치되지 않도록 적절한 조치를 취하도록 하는 방식으로 시정명령이 내려져야 할 것이다.

차별적 처우 등의 시정신청을 받은 노동위원회는 당사자 조사ㆍ심문 절차 이후 사업주에게 시정명령 또는 기각 결정을 내리게 되고, 시정명령 내용에는 차별적 처우 등의 중지, 임금 등 근로조건의 개선(취업규칙, 단체협약 등의 제도개선 명령을 포함) 또는 적절한 배상 등의 시정조치 등을 포함할 수 있다. 배상을 하도록 한 경우 그 배상액은 차별적 처우 등으로 근로자에게 발생한 손해액을 기준으로 정한다. 다만, 노동위원회는 사업주의 차별적 처우 등에 명백한 고의가 인정되거나 차별적 처우 등이 반복되는 경우에는 그 손해액을 기준으로 3배를 넘지 아니하는 범위에서 배상을 명령할 수 있다(남녀고용평등법 제29조의2).

그 밖에 개정법에서는 고용노동부 장관의 차별적 처우 시정요구(제29조의5), 확정된 시정명령의 효력 확대(제29조의6), 차별적 처우등의 시정신청 등으로 인한 불리한 처우의 금지(제29조의7)에 관한 규정이 신설되었다.

3. 고용노동부를 통한 진정, 고소, 고발

(1) 진정

사용자의 성희롱 법규 위반에 대하여 근로자가 행정기관에 그 시정을 요구할 수 있는바, 이는 근로감독관이 조사하고 종결한다. 25일의 처리기한 내에 처리함을 원칙으로 하되 연장할 수 있다. 불복절차는 없고 같은 사건으로 재진정이 가능하다. 진정인, 피진정인을 조사하고 법 위반 사실이 있는 경우 시정명령을 내리게 되며, 시정된 경우에는 내사 종결하고, 시정되지 않는 경우 과태료 처분을 하거나 혹은 형사처벌 가능한 행위인 경우 입건 후 검찰 송치를 하게 된다.

(2) 고소, 고발

고소, 고발이 이루어진 경우 검사가 최종 수사지휘하고 종결하게 된다. 2개월 이내에 처리하고 1개월 연장이 가능하다. 검사의 불기소처분에 대해서는 항고가 가능하다. 수사 후 범죄사실이 있는 경우 시정된 경우라도 시정내용을 참고하여 의견을 첨부하여 검찰에 송치한다. 검찰에서 최종적으로 기소 여부를 결정한다.

4. 국가인권위원회를 통한 분쟁 처리 절차

성희롱 피해에 대해서 국가인권위원회에 진정을 제기할 수 있다. 국가인권위원회의 분쟁 처리와 관련된 주요 내용은 다음과 같다.

① 진정당사자: 성희롱 피해자(근로자 외에도 가능)가 진정당사자가 된다. 피해당사자 이외에 피해 사실을 알고 있는 제3자(단체도 가능)도 진정할 수 있다. 국가인권위원회의 직권조사도 가능하다.

② 진정방법: 진정은 차별행위가 있은 날로부터 1년 이내에 제기하여야 한다.

③ 법률에 의해 다른 기관에서 같은 진정 원인사실에 대해 권리구제절차가 진행 중이거나 종결한 경우에는 진정할 수 없다.

④ 합의권고, 조정, 조사대상 차별행위 중지, 원상회복, 손해배상 그 밖의 필요한 구제조치, 동일 또는 유사 차별행위 재발을 방지하기 위해 필요한 조치, 징계권고, 고발, 법률구조요청 등을 한다.

5. 검찰에의 고소, 고발

남녀고용평등법을 위반하여 성희롱 관련 피해 주장을 제기하거나 또는 피해를 입은 근로자에 대하여 불이익 조치를 한 사업주를 상대로 고용노동부뿐만 아니라 검찰에 직접 고소, 고발할 수 있다. 현실적으로는 고용노동부에 고소, 고발하는 것과 같은 절차를 밟게 된다.

6. 민사소송

직장 내 성희롱 피해에 대한 민사상 손해배상은 성희롱을 직접 행한 가해자뿐만 아니라 사용자에게도 그 책임을 물을 수 있다(민법 제750조, 제751조, 제756조).

대법원은 "사업주가 피해근로자등을 도와준 동료 근로자에게 부당한 징계처분 등을 하였다면, 특별한 사정이 없는 한 사업주가 피해근로자등에 대한 보호의무를 위반한 것으로 볼 수 있다. 피해근로자등을 도와준 동료 근로자에 대한 징계처분 등으로 말미암아 피해근로자등에게 손해가 발생한 경우 이러한 손해는 특별한 사정으로 인한 손해에 해당한다. 따라서 사업주는 민법 제763조, 제393조에 따라 이러한 손해를 알았거나 알 수 있었을 경우에 한하여 손해배상책임이 있다고 보아야 한다."라고 판시한 바 있다.[47] 요컨대 '직장 내 성희롱' 피해자에 대한 불리한 조치로 인한 사용자의 불법행위책임뿐만 아니라 성희롱 피해근로자 등을 도와준 제3자(동료근로자)에 대한 불리한 조치가 피해근로자 등에 대한 불법행위를 구성할 수 있다고 본 것이다.

V. 성희롱과 조직문화

1. 조직문화의 의미

조직문화의 정의가 무엇인지에 대해서는 학자마다 다양한 입장을 보이고 있지만 조직문화는 대체로 조직구성원 간의 공유된 가치와 신념 및 규범체계를 바탕으로 이뤄지고 있다고 보는 것이 일반적이다.[48]

문화는 사회 구성원에 의하여 습득, 공유, 전달되는 행동 양식이나 언어, 풍습, 예술 등을 총칭하는 종합적인 개념으로서 사회 구성원의 행위에 영향을 주는 중요한 요소라고 할 수 있는데 이러한 문화의 개념을 사회체계의 한 구성단위인 미시적인 조직수준에 적용한 것이 바로 조직문화이다. 조직문화에는 사회문화·관습·규범이 영향을 미칠 뿐만 아니라 조직 내 리더의 조직관리 이념과 전략 그리고 구성원들의 특성이 반영되어 있다고 할 수 있다.[49]

그런데 기업의 조직문화는 절대적으로 사업주의 의지와 성향에 좌우된다고

---

47) 대판 2017. 12. 22, 2016다202947.
48) 김호균, "조직문화, 리더십, 조직몰입간 인과관계 고찰", 한국사회와 행정연구 제18권 제2호(2007), 25면; 안경섭, "공공부문의 조직문화가 조직성과에 미치는 영향: 중앙정부부처를 중심으로", 한국정책과학학회보 제12권 제4호(2008), 105면.
49) 안경섭, "공공부문의 조직문화가 조직성과에 미치는 영향: 중앙정부부처를 중심으로", 한국정책과학학회보 제12권 제4호(2008), 105면.

해도 과언이 아니다. 예컨대 사업주가 성희롱 금지와 예방에 대한 강력한 의지를 표명하고 이를 주도적으로 실천하는 모습을 보이게 되면 직원들도 영향을 받고 조심하게 된다.

2. 우리나라 조직문화의 특성

우리나라 기업에서는 위계질서를 강조하는 권위주의, 가부장성, 성별역할분업관이 결합하여 조직 성별분리현상이 나타나는 경우가 많다. 예컨대 기업 내 가부장적 사고로는 남성상사에 대한 여성의 복종 요구, 여성은 커피를 타고 청소를 해야 하는 존재, 남성 중심의 회사 관리, 회사의 경영 사정이 어려울 때는 여성의 일자리를 먼저 없애야 한다는 사고, 남성은 기업의 부양자라는 사고 등을 들 수 있다.

한편 우리나라 기업 조직문화의 특징 중 하나로 우리나라 특유의 술자리 문화, 접대문화를 들 수 있는데, 이는 우리나라에서 술자리가 단지 유흥목적이 아니라 인간관계의 관리, 비즈니스의 성공 등 사업상 중요한 매개로 규정되고 있다는 점과 관련된다. 술자리를 중심으로 한 접대문화의 만연은 조직 구성원인 남성들이 여성의 성적 대상화·상품화를 습득하고 재생산하는 매커니즘을 마련하며, 기업의 일상화된 접대문화에서 얻은 남성들의 경험은 여성 근로자들에 대한 성적 대상화, 여성 근로자를 성적 서비스 공급자로 취급하는 현상과 연결된다. 이로 인해 회식 자리에서 여직원들에게 술 따르기를 강요하거나 원치 않는 신체접촉을 강요하는 등의 성희롱이 발생되기 쉽다.[50]

또한 남성 가장 이데올로기 중심의 문화가 조직문화에도 영향을 미쳐 남성 가해자가 가족 생계를 책임지고 있으니 성희롱 피해 여성은 그냥 참아야 한다는 식의 회유, 협박, 강요를 하는 상황이 발생되기도 하고, 여성의 순결 이데올로기를 강요하는 문화는 피해 여성의 평소 행실에 문제가 있어서 오히려 피해 여성에게 책임이 있다는 식의 공격을 가하는 2차 피해를 야기하게 된다. 성희롱 여부를 판단하고 가해자에 대한 징계를 결정해야 하는 경우 성희롱 행위의 종류와 정도에 따라 적정한 수위의 징계를 결정하여야 한다는 일반적인 원칙은 지켜져야 하

---

50) 이성은, "성희롱-이성애제도-조직문화 그 연관성에 관한 고찰", 한국여성학 제19권 제2호(2003), 234-236면.

지만 남성의 노동은 가족부양 책임자로서의 중요한 노동이고 여성의 노동은 피부
양자로서의 일시적이고 부차적인 노동이라는 전통적 성 고정관념에 근거한 잘못
된 성별역할분업관이나 성 고정관념이 개입되어서는 안 된다.

3. 조직문화와 성희롱의 관계

조직 내에서 성희롱이 왜, 어떻게 발생하는지를 검토하기 위해서는 조직문화
의 특성에 대해 살펴볼 필요가 있다. 많은 여성주의자들은 성희롱이 조직의 젠더
문화 내지 성문화와 밀접하게 연관되어 있다고 보고, 특히 노동 현장에서 발생되
는 성희롱이나 여성의 성애화는 조직 내에 존재하는 성별 관계와 연관되어 있다
고 한다. 따라서 어느 조직 내에서 발생된 성희롱 문제를 다루기 위해서는 그 조
직이 위치하는 사회·문화적인 특성에 근거한 성별 문화, 성문화에 대한 고찰을
필요로 한다.[51]

남성과 여성에 대한 전통적 성별역할분업관에 따르면 남성은 "고용영역에
적합한 특질과 능력을 가진 자, 가족부양책임자"로 보는 반면, 여성은 "고용영역
에 부적합하거나 불충분한 특질과 능력을 가진 자, 육아 기타 가사노동에 적합한
자, 신체적·정신적 약자, 피부양자, 가계보조자, 일시적인 근로자"로 보기 때문
에 여성은 남성보다 취업하기가 어렵고, 취업이 되더라도 비정규직으로 취업되거
나 근로조건에서 차별을 받거나 주로 성적 대상화되어 성희롱·성폭력의 위협에
노출된다.[52]

성희롱을 유발하기 쉬운 조직문화의 특징은 주로 다음과 같이 정리해 볼 수
있다.[53]

① 수직적 위계 구조와 권위적인 문화가 강한 조직에서는 성희롱이 발생할
가능성이 더 높다.

② 조직 내에 성차별적 문화가 있는 경우 이는 성희롱으로 연결되기 쉽다.
조직 내 여성 비율 및 여성 관리자 비율이 낮고, 성별로 직군·직무가 분리되어
있으며 여성의 업무는 보조업무, 남성의 업무는 핵심 업무로 평가되는 조직은 고

---

51) 이성은, "성희롱-이성애제도-조직문화 그 연관성에 관한 고찰", 한국여성학 제19권 제2호(2003), 226-227면.
52) 김엘림, "여성노동관계법 60년사의 성찰", 노동법학 제47호(2013), 60-61면.
53) 이영희·김명희, 직장내 성희롱 ABC, 여성노동법률지원센터, 2012, 44-47면.

용 전 과정에서 성차별이 존재하는 것이고 성차별적 고정관념은 여성 근로자를 동등한 동료로 생각하는 것이 아니라 성적으로 접근할 수 있는 존재로 생각하게 하여 성희롱으로 연결되기 쉽다.

③ 기업에서 성으로 접대하는 문화가 만연해 있는 경우 여성 근로자 역시 성적 서비스 공급자로 대상화하기 쉽다. 예를 들어 회식 자리에서 이러한 현상이 발현되어 성희롱이 발생한다.

④ 성희롱이나 성폭력을 당하는 여성에 대해서 당할 만한 이유가 있다, 헤프다, 먼저 유혹했을 것이다 등의 비난을 하는 등 피해자를 오히려 가해자로 만들고, 성적으로 개방적인 여성을 혐오하는 태도는 성희롱의 원인을 왜곡하는 것으로서 성희롱 발생의 원인이 된다.

⑤ 성희롱의 가해자인 남성에 대해서 가장이고 자녀도 있으니 피해자가 봐줘야 한다는 식의 가부장적 이데올로기, 가해자에 대한 온정주의는 성희롱을 가볍게 생각하게 하여 성희롱을 유발하는 요소가 된다.

⑥ 성희롱이 남성의 여성에 대한 적극적인 구애라고 보는 시각도 있다. 이는 적극적인 남성과 소극적인 여성이라는 고정관념에 기인한다. 성희롱을 남성의 구애 행위 정도로 보는 조직문화는 성희롱을 유발한다.

⑦ 성희롱이 발생해도 별다른 징계나 조치를 하지 않고 피해자를 방치하는 등 성희롱에 대해 관대한 조직문화는 성희롱의 재발을 유발하게 될 가능성이 높다.

4. 조직문화의 개선과 성희롱 예방

성희롱을 예방하고 근절하기 위해서는 조직 내에서의 성평등 및 인권 존중의 조직문화, 성희롱에 대해 엄격하고 공정하게 처리하는 조직문화 확립이 중요하다. 사업주 등 조직의 책임자는 성희롱 예방 정책 및 처리 절차 등에 대해 전체 직원이 숙지할 수 있도록 교육하여야 하고 필요시 전체 구성원에 대한 성희롱 실태조사를 통해 조직문화를 점검하여 문제를 조기에 발견하고 시정할 수 있도록 해야 한다. 특히 기업에서는 사업주가 성희롱 금지 및 예방에 대한 강력한 의지를 표명하고 이를 주도적으로 실천하는 모습을 보이는 것이 중요하다. 조직문화 개선을 위해서는 다음과 같은 여러 노력이 필요하다.[54]

---

54) 고용노동부, 직장내 성희롱 예방·대응 매뉴얼, 2020, 67면.

① 조직 내 전반에서의 성평등 확립이 필요하다. 기업에서는 고용의 전체 과정에서 성평등한 인사관리를 하여 직원 중 여성 비율, 여성의 관리자 비율, 여성의 근속 년수, 여성의 직급, 여성의 연령이 높아지도록 하여 남성 편향적 불균형을 해소한다.

② 음주 위주의 회식문화, 접대문화를 건전하게 바꾼다.

③ 직급, 성별을 불문하고 서로를 존중하고 존칭하는 언어문화를 확립한다.

④ 근무 시 공사를 명확히 구분하고 품위 있는 태도를 유지하도록 한다.

⑤ 타인의 사생활을 존중하고 간섭하지 않는 태도를 장려한다.

⑥ 성희롱 관련 규칙을 수립하고 교육하여 조직에서 성희롱이 허용되지 않는다는 점을 구성원들이 인식하도록 한다.

⑦ 성희롱 예방 및 해결 방법을 구성원들에게 주지시켜 성희롱 피해자로 하여금 해당 조직에서 문제를 공정하게 해결할 수 있을 것이라는 신뢰를 주어야 한다. 이러한 신뢰가 형성되면 피해자는 성희롱 발생 초기에 문제를 제기하여 분쟁이 악화되는 것을 방지할 수 있다.

⑧ 가해자에 대해서는 공정하고 명확한 징계 조치를 하여 성희롱이 허용되지 않는다는 점을 인식하도록 한다. 1회의 성희롱 행위에 대해서도 경고 등을 통해 재발되지 않도록 해야 향후 더 심각한 수준의 성희롱이 발생하는 것을 방지할 수 있다.

참고문헌

고용노동부, 직장내 성희롱 예방·대응 매뉴얼, 2020.

이영희·김명희, 직장내 성희롱 ABC, 여성노동법률지원센터, 2012.

임종률, 노동법(제20판), 박영사, 2022.

한국형사정책연구원, 성희롱 피해자에 대한 기업의 조치와 구제방안, 2014.

김엘림, "여성노동관계법 60년사의 성찰", 노동법학 제47호(2013).

김호균, "조직문화, 리더십, 조직몰입간 인과관계 고찰", 한국사회와 행정연구 제18권 제2호(2007).

박귀천, "성희롱 관련 소송의 심리 기준 — '성인지 감수성' — 대법원 2018. 4. 12. 선고 2017두74702 판결 — ", 노동리뷰 제159호(2018. 6) 참조.

박귀천외, 고용상 성차별, 성희롱 피해자 차별적 처우 관련 노동위원회 권리구제절차 운영에 관한 방안 연구, 중앙노동위원회 연구용역보고서, 한국노동법학회, 2021.

신상숙, "대학교 성희롱·성폭력 피해구제의 현황과 쟁점 — 실태조사 결과를 중심으로 — ", 대학 캠퍼스의 권력형 성희롱·성폭력, 무엇이 문제인가, 서울대 여성연구소·인권센터 공동주최 학술포럼 자료집, 2015.

안경섭, "공공부문의 조직문화가 조직성과에 미치는 영향: 중앙정부부처를 중심으로", 한국정책과학학회보 제12권 제4호(2008).

이성은, "성희롱-이성애제도-조직문화 그 연관성에 관한 고찰", 한국여성학 제19권 제2호(2003).

최희경, "미연방대법원의 성희롱판결에 대한 연구", 법학논집 제16권 제1호, 이화여자대학교 법학연구소(2011).

사항색인

[ㄱ]

가야트리 스피박 69

가정파탄설 345

가정폭력 374, 377

가정폭력·성폭력 상담소 377

가정폭력처벌법 384

가족제도와 젠더평등 141

가족주의 273

간접차별 118, 187, 496

간통죄 156, 157

강간 224

강간의 구성요건 253

강압적 상황 252

강제력 모델 260

강제적 불임 162

강행규정 460

개별적 차별금지법 189

개인 구제 심사 대상 242

갱신기대권 494

결혼퇴직 497

경력단절 502

경영상 해고 대상자 489

경험칙 242

고용상 연령차별금지 및 고령자고용촉진에 관한 법률 187

고용상 차별 451

공사구별 137

공정성 242

과부순장(sati) 68

과소대표 503

관계지향적 스토킹 390

관습 68

관습존중론 274

괴롭힘 183

구 유고슬라비아 국제형사재판소(ICTY) 248

구 유고슬라비아 내전 251

구조조정 484

국가인권위원회 188

국가인권위원회법 183, 510

국제 강행규범 265

국제사회 223

국제인권규약 262

국제인권기준 242

국제인권조약 241

국제형사법 224, 245

국제형사재판소 253

군가산점 462

군복무와 젠더평등 145

권리구제율 456

규제 폐지주의 410

균등처우 451

근로자 512

금지주의 409

금혼규정의 재검토 307

기간제 및 단기간근로자 보호 등에 관한 법률 187

기타 성희롱 행위 517

[ㄴ]

낙태   163

낙태죄   163, 164, 166

남녀고용평등과 일·가정 양립 지원에 관한
  법률   183, 510

남녀평등   5, 6, 23, 38, 39

남성만의 병역의무   148

노동위원회   457

뉘른베르크 전범 재판   246

[ㄷ]

다른 목소리로   49

단체협약   481

담론   61

대리모   318

대문자 여성(Woman)   69

대표성 결여   204

도덕발달(moral development)   50

도쿄 전범 재판   247

동등처우   111

동성동본 금혼   143, 275

동성혼인   306

동일가치노동   464

동일가치노동 동일임금   465

디지털 성범죄   427

딥페이크   432

딸들의 반란   74

[ㄹ]

로마조약   256

로빈 웨스트   49

르완다 국제형사재판소(ICTR)   248

르완다 사태   249

[ㅁ]

맞춤형 타겟광고   207

명예훼손범죄 양형기준   191

모든 형태의 인종차별철폐에 관한 국제협약
  180

모집·채용   462

무관계 스토킹   391

미성년 상속인의 보호   357

미성년자의 성년의제   366

[ㅂ]

반인도 범죄   246

방송법   184

방송심의에 관한 규정   184

배우자의 상속법상의 지위   320

법여성학   3, 4, 6, 31, 41, 196

법정단순승인에 대한 헌법불합치결정   292

법정상속분   277

법정 조언자 의견서   250, 264

법학전문대학원 설치인가   149

베이징 선언   230

병역의무조항   145

보살핌의 윤리(ethics of care)   52

보조생식   316

보호 조치 의무   524

복수의 여성들(women)   69

복합차별   195

부모의 징계권 규정   301

부모의 친권공동행사   278

부부재산제도   310

부성주의   331

분리 채용   464

불리한 처우 금지   533

불법촬영   428

비가시화   503

비교 대상   475

비동의 유포   429

비동의 촬영   428

비밀유지 의무 534
비배우자간의 인공수정 317
비범죄화주의 410
비정규직(화) 501
비정규직차별금지법 187
비진의표시 487

[ㅅ]
사내부부 486
사법부 240
사업주 511
사업주의 의무 520
사회국가원리 115
사회적 친자관계설 346
사후 남편 정자로 인공수정하여 태어난 아이
 367
사후수정(死後受精) 316, 319
상급자 512
상속권 상실 제도 325
상속회복청구권의 제척기간에 대한 위헌결정
 295
생존배우자의 주거권 보장 368
서브알턴 연구(Subaltern Studies) 69
선관계 스토킹 390
성년후견제 도입 282
성노동자의 인권보호정책 418
성노예 247
성매매범죄 407
성매매처벌법 408, 412
성매매피해자 413
성범죄 245
성별 177
성소수자 303
성인지 감수성 224, 232, 519
성적 괴롭힘(sexual harassment) 508
성적 굴욕감 518

성적 수치심 439
성적 언동 또는 그 밖의 요구 515
성전환 303
성 주류화 238
성차별 138, 509
성차별에 대한 심사기준 140
성평등 13, 38, 39, 40, 178
성희롱 197, 508
성희롱 피해자 513
성희롱 행위의 주체 511
세계 인권선언 245
스토킹 390
스토킹범죄 395, 400
스토킹처벌법 393, 402
스토킹행위 394
시각적 성희롱 행위 516
시민적 및 정치적 권리에 관한 국제규약
 180
식민지성 67
식민지적 관습 82
신고권 보장 의무 522
실질적 평등 115

[ㅇ]
"아래로부터의" 역사 86
알고리즘의 공정성 211
알고리즘의 설명 가능성과 투명성 212
압류금지채권 362
약탈적 스토커 391
양성평등기본법 183, 236, 510
양성평등채용목표제 151, 153
양자 280
언론중재 및 피해구제 등에 관한 법률 184
언론중재위원회 184
언어적 성희롱 행위 516
업무 관련성 514

여성의 고통 58
여성의 관점 47
여성의 "목소리" 48
여성의 자기결정권 167
여성의 차이 62
여성의 프라이버시 권리 154, 156, 158, 163
여성 인권 12, 18, 31
여성전용직종 478
여성주의 법정책 196
여성주의 법학(Feminist Jurisprudence) 47
여성차별철폐협약 227
여성 참여 확대 210
여성채용목표제 152
여자대학의 약학대학 150
연령차별금지법 187
"영혼을 가진" 존재 93
옥외광고 등의 관리와 옥외광고산업 진흥에 관한 법률 184
온라인 교육 224
온라인 그루밍 437
외관설 344
외주화 502
용인 이씨 사맹공파 종중 49
위안부 224, 247
유럽 인권협약 261
유류분 323
유색인종 페미니즘(Women of Color Feminism) 66
유엔 224, 264
유포 협박 432
육아휴직 500
육체적 성희롱 행위 516
의식고양(consciousness raising) 56
이루다 201
인공지능 스피커 200

인공지능(AI) 윤리기준 216
인권 223, 230
일가정 양립 500
일본군 성노예제 피해생존자 49
임부의 자기결정권 165
임신차별 494

[ㅈ]
자녀의 성 281
자녀의 성과 본 330
자필증서 유언의 방식으로서의 주소 기재 296
장경근 274
장애인차별금지 및 권리구제 등에 관한 법률 183
재산분할청구권 279
재유포 429
재판 240
적극적 평등실현조치 116, 188
전통 68
전통적인 성역할 분담론 491
점진적 개혁론 274
정광현 274
정년 차별 477
정리해고 489
정보통신망 이용촉진 및 정보보호 등에 관한 법률 184
정보통신에 관한 심의규정 184
정일형 274
정체성 요소 183
제3세계 페미니즘(Third World Feminism) 66
제대군인가산점제 139, 146
제사주재자 352
젠더 13, 17, 37, 40, 62, 103, 177
젠더 괴롭힘 515

젠더 데이터 공백   203
젠더 문제   195
젠더법학   3, 8, 30, 41
젠더 시각(gender perspective)   229
젠더와 인권   230
젠더 유형화   243
젠더적 고정관념   201
젠더 주류화   226, 228
젠더평등   103, 136, 141, 146, 149, 264
젠더평등전략(Gender Parity Strategy)   225
젠더폭력   373, 423
조건형 성희롱   518
조사 의무   523
조선민사령 제11조   68
조안 스콧   49
조직문화   540
종속된 지위   504
종전의 성을 계속 사용   338
종회회원 확인의 소(訴)   49
중립성   242
증명책임   485
증언   49
직급정년   483
직장 내 성희롱   509
직장 내 성희롱 관련 분쟁해결 및 구제절차
   535
직제폐지   495
진정직업자격   188
집단살해   178, 191
집단살해죄   192
집합적 목소리   65
징계 등 조치의무   525
징계양정의 적정성   527
징계의 정당성   526

[ㅊ]
차등처우   111
차별금지사유   186
차별금지영역   187
차별시정기구   507
차별적 괴롭힘   197
차별행위   185, 187
최협의   258
출생통보제 도입   299
친권   280, 282
친권법 개정   283
친권의 일부 정지, 제한 및 친권자의 동의를
   갈음하는 재판   283
친권자의 징계권   284
친생부인   281
친생부인의 소   340
친생추정   290, 340
친양자 입양   348
친양자 제도   282

[ㅋ]
캐더린 맥키논   48
캐롤 길리건   48
쾌락적 삶(hedonic lives)   59
크메르루즈 특별재판소   224

[ㅌ]
특별한정승인   358

[ㅍ]
파견근로자 보호 등에 관한 법률   187
페미니즘 법이론   46
편향   205
평등   103
평등과 차이 기준   54
평등권   138

평등권에 대한 심사기준   138
평등헌법   104
포괄적 차별금지법   188, 193
포스트구조주의(poststructuralism) 여성주의
    61
포스트식민 법여성주의 (Postcolonial Legal
    Feminism)   49, 66
포스트식민 페미니즘   66
포스트식민성   93
포스트식민주의(postcolonialism)   67
포스트식민주의에서 "포스트(post)"   67
포용적 가족문화를 위한 법제개선위원회
    298
폭행·협박   257, 258
피임에 대한 권리   161
피해자   242
피해자보호명령제도   385, 386
피해자 보호 의무   524
피해자의 동의   250, 251, 261
피해자의 동의 결여   255, 259
피해자 진술의 신빙성   243

[ㅎ]
학생인권조례   185
한 많은 피해자   86
합리성   480
합리적 이유   486
합법적 규제주의   411
합성 제작   432
헌법   273
헌법과 젠더   135

헌법 존중론   274
현상학적 여성주의 법학   58
혈연설   345
혐오   178
혐오감   518
혐오범죄   178, 189
혐오의 피라미드   179
혐오·차별에 대한 법정책   195
혐오표현   178
호주 승계   279
호주제   143, 144, 275
호주제의 폐지   281
혼인빙자간음죄   158, 160
혼인외의 출생자가 인지된 경우   337
환경형 성희롱   518

Akayesu 판결   249
Articial Intelligence Act   215
CEDAW   227
Deepfake   202
ECCC   224, 263
EEOC 대 Sears, Roebuck & Co. 판결   61
Gender Focal Point   225
gender neutral   229
gender sensitive   229
gender-blind   229
I Know Gender   224
ICC Elements of Crimes   253
Kunarac 판결   251
M.C. v. Bulgaria 사건   259
UN WOMEN   231

집필진 약력

전수안   현 사단법인 올 이사, 연구소 대표
전 대법관
전 국립대학법인 서울대학교 이사장
전 공익인권법재단 공감 이사장
서울대학교 법과대학 졸업

전효숙   현 사단법인 올 이사장, 변호사
전 헌법재판소 재판관
전 이화여자대학교 법학전문대학원장
전 대법원 양형위원회 위원장
이화여자대학교 법학과 졸업, 동 대학원 법학석사

김엘림   현 한국방송통신대학교 법학과 교수
현 국가인권위원회 차별시정 전문위원
전 법무부 양성평등정책위원회 위원장
전 한국젠더법학회 회장
이화여자대학교 법학과 졸업, 동 대학원 법학박사

양현아   현 서울대학교 법학전문대학원/법과대학 교수
전 한국젠더법학회 회장
전 대한민국 국가인권위원회 인권위원
전 일본군 '위안부' 연구회 회장
서울대학교 사회학과 졸업,
사회학 박사(The New School for Social Research)

김하열   현 고려대학교 법학전문대학원 교수
전 국가인권위원회 정책자문위원
전 한국공법학회 부회장
전 헌법재판소 헌법연구위원
고려대학교 법학과 졸업, 동 대학원 법학박사

최희경   현 이화여자대학교 법학전문대학원 교수
현 이화여자대학교 젠더법학연구소 소장
현 중앙행정심판위원회 위원
전 공법학회 부회장, 헌법학회 부회장
이화여자대학교 법학과 졸업, 동 대학원 법학박사

홍성수   현 숙명여자대학교 법학부 교수
현 사단법인 올 이사
현 경찰청 성평등위원회 위원
현 국가인권위원회 혐오차별대응특별위원회 위원
고려대학교 법학과 졸업, 런던 정경대학 대학원(LSE) Ph.D

한애라   현 성균관대학교 법학전문대학원 교수, 변호사
현 사단법인 올 이사
전 김앤장 법률사무소
전 대법원 재판연구관
서울대학교 사법학과 졸업, Harvard Law School L.L.M, 서울대학교 법과대학원 박사과정 수료

백강진   현 광주고등법원 전주재판부 부장판사
전 UN 국제재판관(캄보디아 크메르루즈 특별재판소, ECCC)
전 서울고등법원 고법판사
전 서울동부지방법원 판사
서울대학교 법과대학 졸업, 미국 George Washington대학교 L.L.M.

윤진수   현 서울대학교 법학전문대학원 명예교수, 변호사
현 사단법인 올 이사
전 수원지방법원 부장판사
전 한국가족법학회, 한국민사법학회 회장
서울대학교 법과대학 졸업, 동 대학원 법학박사

배인구   현 법무법인 로고스 변호사, 가사상속센터장
전 서울가정법원 부장판사(가사소년 전문법관)
전 사법연수원 교수
전 이화여자대학교 법학전문대학원 겸임교수
고려대학교 법학과 졸업, 동 대학원 박사과정 수료(민법)

정현미   현 이화여자대학교 법학전문대학원 교수, 법학전문대학원장
현 법무부 교정정책자문단 위원
현 대검찰청 수사심의위원회 위원
현 법무부 젠더폭력처벌법 개정 특별분과위원회 위원장
이화여자대학교 법학과 졸업, 독일 Freiburg대학교 법학박사

박수진   현 법무법인 덕수 변호사
현 민주사회를 위한 변호사 모임 여성인권위원회 위원장
전 여성가족부 정책자문위원
전북대학교 법학전문대학원 법학석사
이화여자대학교 일반대학원 여성학과 석사(수료)

김 진   현 법무법인 지향 변호사
현 사단법인 올 이사
전 민주사회를 위한 변호사 모임 노동위원장, 여성위원장, 사무차장
전 경제사회노동위원회 공익위원
서울대학교 법과대학 졸업, 동 대학원 노동법 박사

박귀천   현 이화여자대학교 법학전문대학원 교수
현 사단법인 올 이사
현 한국젠더법학회 부회장
현 중앙노동위원회 공익위원
이화여자대학교 법학과 졸업, 독일 Frankfurt 대학교 법학박사

젠더와 법

초판발행   2022년 9월 25일

엮은이   사단법인 올
펴낸이   안종만·안상준

편 집   김선민
기획/마케팅   조성호
표지디자인   이솔비
제 작   고철민·조영환

펴낸곳   (주) **박영사**
               서울특별시 금천구 가산디지털2로 53, 210호(가산동, 한라시그마밸리)
               등록 1959. 3. 11. 제300-1959-1호(倫)

전 화   02)733-6771
f a x   02)736-4818
e-mail   pys@pybook.co.kr
homepage   www.pybook.co.kr
ISBN   979-11-303-4273-3 93360

copyright©사단법인 올, 2022, Printed in Korea

* 파본은 구입하신 곳에서 교환해 드립니다. 본서의 무단복제행위를 금합니다.
* 편저자와 협의하여 인지첩부를 생략합니다.

정 가   35,000원